부동산학개론

김원규 · 김행조 · 서영천 공저

도서출판 상 학 당

머리말

우리나라에서 부동산학이 학문으로 태동한 시점을 1970년 1월로 본다면, 어느덧 55년에 가까운 시간이 흘렀다. 특히 1972년, 고(故) 김영진 교수가 발표한 《부동산학 원론》은 부동산을 처음으로 체계적인 학문이론의 대상으로 정립한 기념비적인 저작으로, 이후 부동산학이 학문분야로 자리잡는 데 중요한 전환점이 되었다. 이러한 학문적 흐름 속에서 후학으로서 연구와 정리에 참여할 수 있었던 점을 매우 뜻깊고 영광스럽게 생각한다.

부동산은 인간 삶의 공동터전이다. 우리가 살아가는 지구촌 자체가 지상 최대의 공간개념을 지닌 부동산이라 할 수 있으며, 인간의 역사 또한 부동산과의 관계 속에서 전개되어 왔다고 해도 과언이 아니다.

우리 민법 제99조는 부동산을 '토지와 그 정착물'로 규정하고 있다. 이 개념을 연구대상으로 삼는 부동산학은 인간과 부동산의 관계를 보다 합리적이고 조화롭게 개선하는 데 그 지도이념(목적)을 두고 있다. 아울러 부동산의 이용과 개발, 그리고 보존과 관리를 학문적 목표로 삼아, 개별 부동산의 경제적 가치증대와 효율적 활용이라는 과제와 인문적 가치 및 자연환경 보존이라는 명제 사이의 갈등을 조화롭게 해결하고자 한다.

이 책은 이러한 관점에서 부동산학을 앞으로 더욱 발전시켜 나가야 할 응용과학 분야로서의 토대를 마련하는 데 작은 보탬이 되고자 하였다. 동시에 부동산학 입문서로서의 역할을 충실히 수행하는 것을 목표로 한다.

이 책의 구성은 다음과 같다.

제Ⅰ부에서는 부동산학의 기초이론으로서 부동산의 특성과 활동을 중심으로 다루었다. 제Ⅱ부에서는 부동산의 거래활동을 주제로 경제 · 경영 · 시장 · 중개 · 권리분석 · 상담 · 입지 · 금융 등을 체계적으로 정리하였다. 제Ⅲ부에서는 부동산의 이용활동에 초점을 맞추어 관리 · 개발 · 투자를 다루었으며, 제Ⅳ부에서는 부동산의 행정 및 감정평가의 행정영역으로서 정책과 조세, 그리고 부동산 평가를 중심으로 서술하였다.

또한 이 책은 공인중개사 시험을 준비하는 수험생들에게 실질적인 도움이 될 수 있도록 최근까지의 기출문제를 심층분석하고, 이를 바탕으로 예상문제를 수록한 점도 하나의 특징이라 할 수 있다.

다만 아직 내용 전반에 걸쳐 보완하고 수정해야 할 부분이 적지 않음을 부인할 수 없다. 독자 여러분의 소중한 조언과 비판을 겸허히 받아들여, 앞으로도 보다 완성도 높은 내용으로 지속적으로 보완해 나갈 것을 약속드린다.

끝으로 자료정리와 출간을 위해 애써주신 도서출판 상학당의 남승우 사장님을 비롯한 임직원 여러분께 깊은 감사의 말씀을 전한다.

공저자 씀

차 례

제 I 부 부동산학의 기초이론

제II부 부동산의 거래활동

제Ⅲ부 부동산의 이용활동

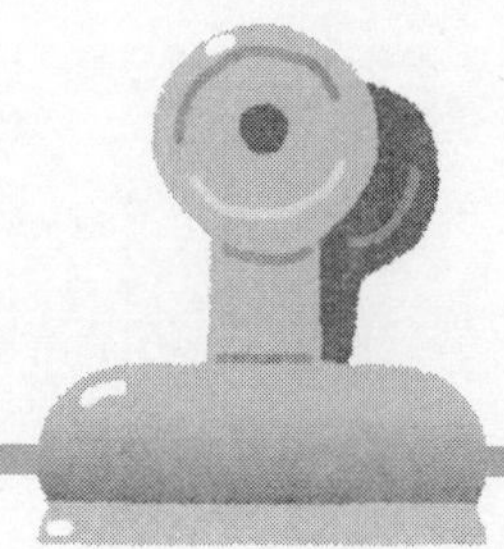

제 Ⅰ 부

부동산학의 기초이론

제1장 부동산과 부동산학

부동산학(不動産學)은 토지 및 주택을 중심으로 하는 부동산의 이용·거래·관리·개발 및 건설활동을 체계화하기 위한 원리 및 기법을 연구·개발하는 종합응용 사회과학이다.

1.1 부동산이라는 용어

우리나라에서 부동산이라는 용어가 처음으로 쓰인 것은 조선 말기 1906년에 한국정부가 설치한 부동산조사회(不動産調査會)라고 알려져 있다. 그후 1912년의 조선부동산증명령(朝鮮不動産證明令) 및 부동산등기령(不動産登記令)으로 보다 공식화된 것으로 추정되고 있다.

부동산이란 토지와 같이 지리적인 위치가 거의 고정되어 이동이 불가능하거나 용이하지 않은 비이동성(非移動性) 물건을 말한다.

영어의 'real estate'라는 용어는 실제로 세 가지 의미로 쓰이고 있다.

첫째로는 토지와 그 정착물, 즉 부동산을 지칭하는 용어로서의 'real estate'이며, 둘째로는 부동산업(real estate business) 또는 부동산산업(real estate industry)을 의미하는 'real estate'이고, 셋째로는 부동산학을 의미하기도 한다. 이때는 특히 첫 글자를 대문자로 써서 'Real Estate'라고 쓴다.

1.2 부동산학의 의의

부동산학은 부동산을 대상으로 하는 인간의 활동을 연구하며 그 부동산 활동이 바람직하게 전개되어 부동산과 인간과의 관계를 개선하고자 하는 이상(理想)을 추구하는 학문이다. 따라서 부동산학을 연구하는 구체적인 목적은 “우리에게 주어진 부동산자원을 어떻게 효율적으로 이용하고 관리하여야 하는가”에 있다.

왜냐하면 토지는 자연적 특성으로 인하여 그 양(量)이 한정적이기 때문에 이를 어떻게 합리적이고 효율적으로 개발, 이용하고 관리할 것인가에 대한 인간활동에서 부동산학은 성립되었기 때문이다[1].

1.3 부동산학의 연구대상

부동산학의 연구대상은 부동산 및 부동산을 대상으로 하는 인간의 부동산 활동이 된다. 따라서 부동산학의 연구목적은 한정된 부동산이라는 자원을 어떻게 효율적이고 합리적으로 이용, 관리하는가에 대한 것이므로 그 연구대상은 부동산 현상과 부동산 활동으로 구분될 수 있다.

여기에서는 이를 자세하게 살펴보면 다음과 같다.

1. 부동산 현상 : 정적 대상(靜的對象)

부동산 현상이란 인간의 삶의 터전으로서 토지 및 건축물 즉, 부동산으로부터 일고 있는 여러 가지 법칙성을 말한다. 따라서 부동산 현상은 부동산의 본질적인 요소와 이를 이용, 관리하려는 인간과의 총화로서 존재하는 것이며, 이러한 존재를 연구대상으로 하는 것이다.

2. 부동산 활동 : 동적 대상(動的對象)

부동산 활동이란 ‘부동산과 인간과의 관계’를 의미한다. 이는 쌍방적인 것으로 끊임없는 교류이며, 작용과 반작용의 연속성을 띤 반복이다. 따라서 부동산학의 연구대상은 부동산과 인간과의 관계에서, 그 관계를 개선해 나가기 위해 부동산에 전개되는 인간의 대(對)부동산 활동의 측면을 주요 대상으로 한다.

3. 부동산 환경

부동산 환경은 각 분야가 공통적으로 어떠한 기능과 역할을 수행하고 있느냐에 따라

1) 김원규, 강의교재, 2쪽, 1998.

서 부동산 기초 분야2), 부동산 결정지원 분야3), 부동산 결정 분야4)로 구분되기도 한다. 물론 이들 각 분야는 다른 분야와 상호의존적이 된다.

1.4 부동산학의 접근방법

부동산학은 부동산을 대상으로 하는 인간의 활동을 연구하여 부동산 활동이 바람직하게 전개되어 부동산과 인간과의 관계를 개선하고자 하는 학문이다. 즉, 부동산으로 인하여 나타나는 문제를 해결하고, 부동산 활동의 능률화를 도모하고자 하는 학문이라 할 수 있다. 따라서 부동산 문제의 해결이나 개선을 위해서는 부동산 분야를 다룰 수 있는 학문적 연구가 지원되어야 한다.

이에 접근방법을 숙지할 필요가 있다. 특히 부동산학은 국가별로 다른 환경을 지니고 있기 때문에 각 나라별로 이에 부합하는 이론을 구축하여야 하고, 인접과학이 많기 때문에 상호관계, 연구의 한계 등의 방향이 제시되어야 하며, 부동산 자체의 연구목적, 범위, 방법 등이 과제가 되기 때문이다.

1. 분산식 접근방법

분산식 접근방법(分散式 接近方法)이란 일반 주변과학(법학 · 경제학 · 공학 등)의 입장에서 부동산학을 설명하려는 접근방법이다. 이 방법은 부동산이라는 단일연구 분야가 여러 학문 분야로 분산되어 취급되기 때문에 종합적인 부동산학을 이해하는 데 한계가 있다. 예를 들어 건축공학자들은 건축물의 구조, 안전, 설비, 기능 등에 관심이 있는 반면 부동산의 관리, 평가, 조사 등에는 지원에 한계가 있다.

2. 중점식 접근방법

중점식 접근방법(重點式 接近方法)이란 부동산 및 부동산 활동의 특정측면(법률 · 경제 · 기술 등)에 중점을 두어 부동산학을 설명하려는 접근방법으로서 중점주변과학에 의한 경우가 많으나 때로는 일반 주변과학의 관점에서도 이루어지고 있다. 이는 주변 전문지

---

2) 부동산 기초 분야로는 물리적 특성, 도시 및 농촌지역, 부동산 정책 및 법률, 부동산시장, 금융 등이 이에 해당한다.

3) 부동산 결정지원 분야는 부동산관리, 부동산중개, 부동산마케팅, 부동산컨설팅, 부동산권리분석 등이 이에 해당한다.

4) 부동산 결정 분야는 부동산개발, 부동산대출, 임대, 지분투자 등이 이에 해당한다.

식을 활용하여 수월하게 부동산학에 관한 연구 참여가 가능하여 부동산학 체계화 이전의 과도기적 방법에 유용하다는 점이다. 다만, 특정 분야에 중점을 둔 나머지 부동산학 활동의 종류, 지식 등에 있어서 커버리지가 약하다.

3. 종합식 접근방법

종합식 접근방법(綜合式 接近方法)이란 부동산 및 부동산 활동과 직·간접으로 관련성을 갖는 여러 주변 과학의 연구결과를 종합·체계화[5]하여 부동산 분야의 개발 및 능률화를 이루려는 접근방법이다. 즉 부동산학을 제도(법률), 행정 및 정책, 경제, 경영은 물론 물리적·기술적 등 복합개념으로 이해하여 접근하는 방법이다.

〈표 1-1〉 종합식·분산식·중점식 접근방법

구분	종합식 접근방법	분산식 접근방법	중점식 접근방법
장점	• 부동산학과 관련 있는 주변 과학의 연구결과를 체계화 • 단기간에 통일적으로 정착 • 복합개념으로 접근, 종합적 기능 발휘	• 주변과학 입장에서 개별적·부분적으로 접근 • 부분적인 논점 파악이 비교적 명확	• 부동산활동의 특정 측면에만 중점 • 특정한 부동산활동의 능률화에 기여
단점	• 개별 학문과의 마찰 가능성 • 개척기에 겪는 어려움	• 종합적 기능의 결여 • 학문 간의 연계성 단절	• 특정한 부동산활동에만 응용 • 전체적인 인식수단의 결여

4. 행태과학적 접근방법

행태과학적 접근방법(行態科學的 接近方法)이란 부동산 활동에 내재하는 인간적 요인에 착안하여 부동산 행태(real estate behavior)를 중심으로 부동산학의 본질을 규명하려는 방법이다. 즉 부동산에 관한 의사결정을 분석하려는 태도이다. 이러한 분야와 관련이 깊은 인접과학은 사회학·심리학·문화인류학 등이 있다.

부동산경영, 마케팅, 중개 분야에서 중요한 영역을 이루고 있다.

5) 체계화는 첫째, 부분의 상호관련성과 상호의존성 둘째, 전체성 셋째, 목표지향성(조직과 그 하위 시스템은 목표지향적임) 넷째, 개방성 다섯째, 통제 등의 속성이 있다.

5. 의사결정 접근방법

의사결정 접근방법(意思決定 接近方法)이란 합리적인 의사결정의 분석에 초점을 둔 접근방법이다. 이 접근방법은 인간은 합리적 존재이며, 자기이윤의 근대화를 목표로 논리적이고 합리적으로 행동한다는 기본 가정(假定)에서 출발한다.

다시 말하면 부동산 활동을 하는 인간은 논리적이고 예측 가능한 사고 과정이나 의사결정 과정을 만들어내고, 자기이윤의 극대화를 위한 대안을 택한다는 것이다.

1.5 부동산의 개념

1. 부동산의 물리적 개념

이 개념은 부동산의 자연적 특성(自然的 特性)을 설명하는 데 중요한 역할을 하고, 부동산 활동의 대상인 유형측면(有形側面)의 부동산을 이해하는 데 도움이 된다.

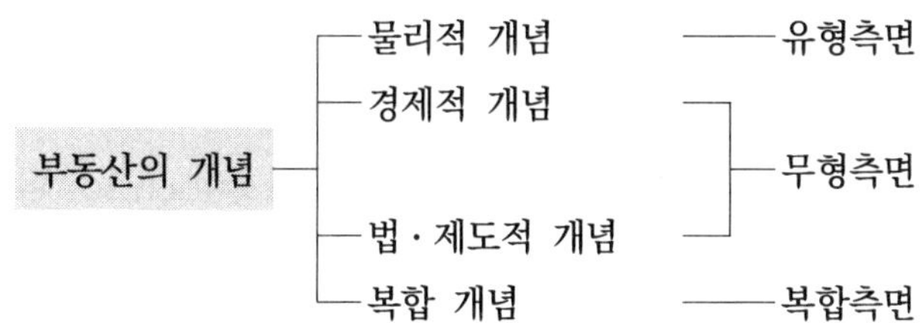

(1) 자 연

토지는 자연(nature) 그 자체이기 때문에 인류에게 항구적으로 제공되는 자원이다. 이 토지는 부동산학의 관점에서 본다면 자연물(自然物)이기 때문에 자연특성의 설명이 가능하고, 일반 경제이론의 적용을 어렵게 하며, 사유화(私有化)를 가능하게 함으로써 여러 가지 문제를 발생시키게 하며, 부동산이론이 필요한 근거가 되고 있다. 또 생산이 불가능한 것이어서 잘 보전하려는 인간의 욕구가 생기게 된다.

(2) 공 간

부동산을 대상으로 전개하는 활동은 공중(空中) · 지표(地表)·지하(地下)의 공간(空間)으로 3차원의 공간(space)에 대한 활동이다.

농촌 부동산 활동은 수평공간의 활동이 중심이 되고, 도시 부동산 활동은 주로 입체공간의 활동이 중심이 된다. 인구밀도가 높은 대도시에서는 공중공간의 높이와 지중공간의 깊이가 확대되어 가는 현상이 고층화나 지하화로 나타나고 있다. 이에 따라 근래에는 입체공간에 대한 법률관계 및 공간이용에 대한 평가기술이 발전되고 있다.

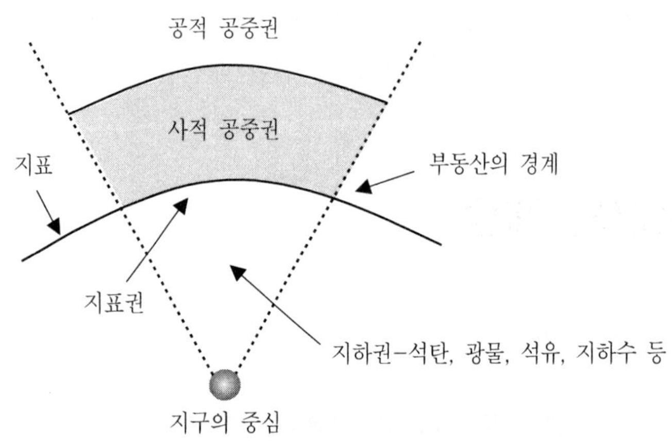

[그림 1-1] 공간으로서의 부동산

(3) 위 치

토지는 용도에 따라 그 위치의 중요성이 다르며, 위치(location)라는 개념은 토지의 개별성 때문에 발생하는 어떤 특정 장소가 갖는 시장성 · 지형 · 지세 · 여타 자원 등을 포함한다. 따라서 어떤 특정한 가격을 발생시키며, 대부분 토지의 이용은 이 위치와 접근성에 따라 결정된다.

(4) 환 경

부동산은 환경(environment)의 한 부분으로서 주변 환경의 영향을 받아 여러 가지 부동산 현상을 발생시킨다. 따라서 능률적인 부동산 활동을 통하여 환경을 개선하여야 한다.

2. 부동산의 경제개념

(1) 자 산

부동산은 타 재화에 비교하여 일반적으로 경제가치가 크기 때문에 자산(資産 · property)으로서 성격이 강하다. 자본주의 국가에서는 누구든지 부동산을 소유하고 자유로이 이용·처분하여 거기서 수익을 얻을 수 있다. 한편 통제경제를 채택하는 공산주의 국가에서는 부동산을 국유로 하므로 자산으로서 의미가 적으나, 최근에는 일부 사유(私有)를 인정하는 등 변화가 일어나고 있다.

(2) 자 본

토지란 사회 전체의 입장에서는 무료로 주어지는 재화일지는 모르지만 개인이나 기업의 입장에서는 결코 그렇지 않다. 생산자의 입장에서는 토지란 다른 자본재(資本財)와 마찬가지로 임대하거나 구입해야만 하는 재화이다.

토지는 사회 전체적으로서는 자본이 아닐지 모르지만 개인적으로는 분명히 자본(capital)이다.

(3) 생산요소

토지(土地)는 자본, 노동과 더불어 3대 생산요소(a factor of production) 중의 하나이다. 토지는 인간생활에 필요한 재화를 생산해내는 데에 중요한 역할을 담당하고 있다.

(4) 소비재

토지는 생산재(生産財)인 동시에 소비재(消費財)이다. 토지는 인간생활에 필요한 재화를 생산하는 데에 필수 불가결한 생산요소일 뿐만 아니라 생활의 편의를 제공하는 최종 소비재(consumption goods)이다.

(5) 상 품

부동산이 소비재인 만큼 이것은 상품(commodity)이다. 부동산은 자본주의 사회제도에서 전형적인 상품(商品)이며, 특히 우리나라에서는 타 상품에 비교하여 가격이 훨씬 비싼 상품이다. 부동산 그 자체는 지표에 고정되어 움직이지 않는 상품이나 그 소유권(所有權)이 빈번히 유통된다.

3. 부동산의 법·제도 개념

물건을 동산(動産)과 부동산(不動産)으로 구분하는 것은 법적인 측면에서 실익이 있다. 물건을 매매함에 있어서 동산의 경우에는 매수자가 그 대가를 지불하고 점유함으로써 소유권이 이전되지만, 부동산의 경우에는 단순한 점유 외에도 등기를 위시한 소정의 법적 절차를 거쳐야만 비로소 소유권이 이전된다.

동산과 부동산은 이와 같은 법적 공시방법(公示方法)의 차이 외에도 취득시효(取得時效), 공신력(公信力), 담보물권(擔保物權)이나 용익물권(用益物權) 등의 설정에서도 여러 가지 차이를 보이고 있다.

(1) 좁은 뜻의 부동산

부동산의 협의(狹義)의 개념은 민법 제99조1항에서 규정한 '토지(土地) 및 그 정착물(定着物)'을 말하는데 이 개념은 부동산에 관한 민법적인 개념이면서 일반적인 개념이라 하겠다.

즉 부동산은 동산과 서로 대립되는 개념이며, 그 구별에 있어서는 권리변동에 따른 효력발생 요건의 차이와 경제적 가치의 차이 및 지리적 위치의 이동 가능성의 여부 등을 들 수 있으나, 부동산과 동산의 구별 및 그 범위가 언제나 이처럼 명확하게 구분되는 것은 아니며, 때에 따라서는 그 기초를 달리할 수도 있다.

(2) 넓은 뜻의 부동산

좁은 뜻의 부동산과 준부동산을 합친 개념을 넓은 뜻의 부동산이라 한다. 준부동산은 특정의 부동산 또는 부동산의 집단을 말한다. 특히 준부동산은 법제도상의 개념이기 때문에 나라 · 시대 · 사람 등에 따라 차이가 있을 수 있다.

〈표 1-2〉 광의의 부동산

<table>
<tr><th colspan="2">협의의 부동산</th><th rowspan="4">+</th><th>의제부동산(준부동산)</th></tr>
<tr><td colspan="2">토지</td><td rowspan="3">• 입목(立木)
• 공장 · 공장재단
• 광업권 · 광산 · 광업재단
• 어업권
• 선박
• 건설기계
• 자동차
• 항공기</td></tr>
<tr><td colspan="2">정착물</td></tr>
<tr><td>건물</td><td>• 건물
• 수목의 집단과 농작물</td></tr>
</table>

(광의의 부동산=협의의 부동산+의제부동산)

우리나라의 준부동산(準不動産)은 다음과 같다.

- 공장저당법에 의한 공장재단(工場財團)
- 광업재단저당법에 의한 광업재단(鑛業財團)
- 선박법 및 선박 등기법에 의한 선박(船舶)
- 입목에 관한 법률에 의한 입목(立木)
- 항공기저당법 등에 따른 항공기 · 자동차 · 건설기계
- 수산업법에 의한 어업권(漁業權)

4. 부동산의 복합개념

부동산 활동과 현상은 이들 각각의 단순측면만으로는 이해가 불가능하고, 이들을 복합적으로 고려하여 이해하여야 한다. 이러한 유·무형의 측면을 좀더 구체적으로 집약한 것이 법률 · 경제 · 기술의 각 개념으로 이해하며, 특별히 이것을 복합개념의 3대 측면이라 부른다.

이들 3가지 측면의 단일측면에 속하는 것도 있고, 둘 또는 세 가지 전부가 복합적으로 해당되는 수도 있다.

(1) 경제적 측면

공동생활을 하는 데에 필요한 재화(財貨)를 획득·이용하는 활동 및 이를 통하여 이루어지는 사회관계의 측면에서 부동산의 가격, 건축 비용, 부동산 경기, 수익성, 부동산의 수요·공급 등이 있다.

(2) 법률적 측면

사회생활을 유지하기 위한 강제적인 규범 측면에서 공·사법적인 측면 모두 중요하다. 정치, 행정, 정책, 사회적 규범, 조세관련법 등 무형적인 여러 가지가 있다. 예를 들면 소유권 등의 권리관계, 등기관계, 국토이용관리법 · 도시계획법 · 건축법 등의 지역 · 지구제가 있다.

(3) 기술적 측면

건물의 설계, 시공, 설비, 자재, 측량, 지질, 지형, 지반, 토양, 지대의 고저, 평야, 산악, 하천, 기상조건 등 자연조건이 있다.

〈표 1-3〉 부동산과 동산의 차이점

3대 측면	구분	부동산	동산
기술적 측면	위치	부동성	이동성
	용도	용도의 다양성	용도의 제한성
경제적 측면	가치	비교적 큼	비교적 작음
	가격형성	일물일가의 원칙 배제	일물일가의 원칙 적용이 가능
	시장	추상적 시장	구체적 시장
법률적 측면	공시방법	등기	점유(사실적 지배)
	공신력	불인정	인정(선의취득)
	취득시효	20년 (등기부취득 : 10년)	10년 (선의, 무과실 : 5년 점유)
	제한물권	용익물권 설정(○)	용익물권 설정(×)
		담보물권(질권설정 ×)	담보물권(저당권 설정 ×)
	무주물 귀속	국유로 함	선(先) 점자
	저당권	가능	불가능(유치권과 질권은 인정)
	강제집행	법원의 강제경매	집행관의 압류에 의함

1.6 부동산학의 학문적 성격

1. 부동산학의 정의

부동산학은 여러 학자들에 의해 정의되고 있는데, 김영진 교수는 "부동산 활동의 능률화 원리(能率化 原理) 및 그 응용기술(應用技術)을 개척하는 종합응용과학(綜合應用科學)"이라 하였다. 즉, 부동산학은 인간의 부동산 활동의 여러 가지 측면을 연구하여 그 이면에 흐르는 논리를 찾아냄으로써 부동산 활동의 과정이나 현상에서 야기되는 부동산 문제의 해결을 위한 대책 마련은 물론 부동산 활동의 능률화를 도모할 수 있도록 사고(思考)의 체계를 정리하는 학문이다.

2. 부동산학의 성격

(1) 응용과학

부동산학은 종합 응용과학이다. 부동산 활동의 원리와 그 응용기술을 부동산행위의 기본으로 삼는 점에서 부동산학은 실천과학으로서 인간생활이나 산업생활에 실제로 활용될 기술을 연구하는 과학이다. 따라서 인간과 부동산의 관계개선 혹은 부동산의 공평한 배분과 이용이라는 궁극적 목적을 달성하기 위한 '수단(手段)의 이론'이다.

(2) 경험과학

부동산학은 추상적인 학문이 아니라 현실의 부동산 활동을 대상으로 하는 구체적인 경험과학(經驗科學)이다. 경험과학은 사물의 인식보다는 현실의 사실을 설명하는 과학이다. 논리학이나 수학처럼 비현실의 사고방식에 근거를 두지 않고 어디까지나 현실(現實)과 경험사실(經驗事實)을 중요하게 다룬다.

(3) 종합과학

부동산학의 연구대상은 광범위한 분야에 걸쳐 있어 이를 이론으로 설명할 때 경제학(經濟學)·법학(法學)·행정학(行政學)·사회학(社會學)·심리학(心理學) 등 다분야 학문의 지원을 받아야 하는 점에서 종합 학문성격을 갖고 있다고 볼 수 있다.

(4) 규범과학

규범(規範)에는 여러 가지 의미가 있으나 부동산학의 규범은 부동산 문제 해결을 위한 정언적 규범(定言的 規範)이어야 한다. 어떤 부동산 현상을 보고 그중 어떤 부동산 행위가 사회에서 바람직한 것인가를 밝히고, 그 바람직한 부동산 행위를 판단할 수 있는 이론 분야도 있다.

3. 부동산학의 일반 원칙

(1) 능률성의 원칙

부동산학은 부동산 활동의 능률화를 목표로 삼는다. 따라서 능률성(能率性)의 원칙은 부동산의 일반 3대 원칙 중 가장 중요한 원칙이다. 이 원칙은 부동산에 대한 우리의 모든 활동이 능률적으로 전개되어야 한다는 원칙이다. 이 원칙의 능률성은 다음과 같다.

- 부동산 실무활동의 능률성
- 부동산 이론의 개발 및 그 전달과정의 능률성
- 부동산 이론의 개발과정에서 실무활동의 능률화에 대비하는 노력

(2) 안전성의 원칙

부동산 활동을 할 때는 일련의 활동에 대한 안전성(安全性)을 의식하여야 한다는 원칙이다. 능률성과 안전성은 서로 견제관계에 있다. 즉 능률성은 안전성을, 안전성은 능률성을 각각 저하시키는 요인이 될 염려가 있다. 또한 안전성의 개념은 복합개념의 논리에 따라 경제적(經濟的) 안전성, 법률적(法律的) 안전성, 기술적(技術的) 안전성을 고려해야 한다. 이는 부동산 거래활동의 사고와 관계가 있다.

(3) 경제성의 원칙

경제성의 원칙은 부동산 활동에서 경제원칙의 추구를 강조하자는 것이다. 부동산 활동은 경제적 이익 및 합리성을 추구하려는 비중이 크다.

경제원칙이란 최소의 희생으로 최대의 효과를 올리려는 것으로 이해하는 것이 일반적이다. 최소(最小)와 최대(最大)의 개념은 다소 애매한 경우도 있으나 희생(犧牲)이 일정하면 효과를 최대로, 효과가 일정하면 희생을 최소로 하는 활동 목표이며, 이 원칙은 부동산 활동 전반에 걸친 합리적 선택의 원칙이라고도 할 수 있다.

4. 부동산 활동의 특별 원칙

(1) 권리분석의 원칙

① 안전성의 원칙
② 능률성의 원칙
③ 증거주의 원칙
④ 탐문주의 원칙

(2) 감정평가의 원칙

① 안전성의 원칙
② 능률성의 원칙
③ 전달성의 원칙

1. 부동산학의 접근방법에 대해서 기술하시오.

2. 부동산의 개념에 대해서 기술하시오.

3. 부동산학의 학문적 성격에 대해서 쓰시오.

공인중개사 기출 및 예상문제

1. 토지의 자연적 특성이 아닌 것은?

① 부동성 ② 부증성 ③ 영속성
④ 용도의 다양성 ⑤ 개별성

[해설]
용도의 다양성은 토지의 인문적 특성이다. 토지의 자연적 특성으로는 부동성, 부증성, 영속성, 개별성, 인접성, (지력성) 등이 있다.

2. 쓰레기 소각장, 매립지 또는 공원의 설치 등과 같은 토지이용행위는 부동산 시장에 외부효과를 발생시킨다. 이러한 외부효과가 발생하는 원인을 설명해 줄 수 있는 부동산의 특성은? (14회 기출)

① 용도의 다양성 ② 개별성 ③ 합병분할의 가능성
④ 영속성 ⑤ 부동성

[해설]
외부효과는 부동성 또는 인접성에서 파생되는 특성이다.

3. 다음은 부동산의 특성 중 부동산문제의 가장 근원적인 부동산의 특성은 어느 것인가?

① 부동성 ② 영속성 ③ 부증성
④ 개별성 ⑤ 인접성

[해설]
토지를 물리적으로 생산할 수 없는 것은 희소성의 증대로 수요가 증대됨으로써 지가고 현상, 소득분배의 불평성 등 많은 문제의 근원이 된다.

4. 다음 중 용도의 다양성에서 파생되는 특성이 아닌 것은?

① 입지선정에 있어서 적지론(適地論)의 근거가 된다.
② 최유효이용의 판단근거가 된다.
③ 토지의 이행과 전환을 가능케 한다.

정답 1. ④ 2. ⑤ 3. ③

④ 가격 일원설의 근거가 된다.
⑤ 창조적 토지의 이용이 가능하다.

[해설]
용도의 다양성에 의해 토지이용이 여러 형태로 이루어질 수 있기 때문에 그 이용 상태에 따라 토지의 가격은 다양해질 수 있다. 따라서 용도의 다양성은 가격다원설의 근거가 된다.

5. 병합분할의 가능성에 대한 내용과 관계없는 것은?

① 필지의 합필 분필은 용도의 다양성을 지원한다.
② 필지 합병 시 증가될 수도 있고 감가될 수도 있으나 합병증가가 일반적이다.
③ 합병 시 규모의 경제가 발생하여 토지이용효율을 높일 수 있다.
④ 한정가격은 병합분할을 전제로 한 가격이다.
⑤ 플롯테이지 현상은 병합분할의 가능성과 관계없다.

[해설]
토지이용에 있어서 수개의 획지가 일체로 이용될 경우가 개별적으로 이용되는 경우보다 토지이용의 효용성을 증대시키는 경우가 많다. 이를 플롯테이지(plottage) 현상이라고 하는데 이는 병합분할의 가능성과 밀접하다.

6. 특정토지에 인접하여 도시계획도로가 개설되었다면, 부동산의 특성 중에서 어떤 것에 가장 큰 영향을 미치게 되는가? (13회 기출)

① 내구성 ② 접근성 ③ 물리적 개별성
④ 부동성 ⑤ 부증성

[해설]
이는 인과관계(因果關係)를 묻는 문제이다. 원인과 결과에 관한 문제로 기존의 단편적 지식보다는 사고의 논리성을 요구한다. '도로 개설'을 원인으로 하여 그 결과 어떤 영향이 나타나는지를 묻는 것이다 즉, 도로가 없었을 때보다 접근성이 좋아지는 것은 당연하다.

7. 다음 중 건물의 특성에 속하는 것은?

① 비종속성(독립성) ② 비대체성 ③ 비동질성
④ 비영속성 ⑤ 비생산성

[해설]
건물은 인위적인 축조물로 재생산이 가능한 내구소비재이며 내용연수를 가진 부동산이다.

정답 4. ④ 5. ⑤ 6. ② 7. ④

8. 부동산을 공간개념으로 설명한 것 중 틀린 것은?

① 공중공간을 이용할 수 있는 권리는 공중을 향해서 끝없이 연장되는 공간이 아니라 사회통념상의 범위로 한정된다.

② 도시지역일수록 수평공간의 가치가 높게 평가되고 농촌지역일수록 공중공간의 가치가 높게 평가된다.

③ 부동산은 수평·공중·지중 공간 등의 물리적 공간을 형성하고, 이러한 공간으로부터 법적 권리가 형성되며, 권리들은 경제적 가치를 형성하게 되어 가격이 결정된다.

④ 공적 공중권은 공공기관이 공익을 목적으로 이용하는 권리로 항공기의 통행, 전파의 발착 등에 이용되어진다.

⑤ 획지의 개념은 수평공간뿐만 아니라 공중공간과 지중공간까지 확대되는 개념이다.

[해설]

도시지역일수록 공중공간의 가치가 높게 평가되고 농촌지역일수록 수평공간의 가치가 높게 평가된다.

9. 이자율의 하락이 부동산 시장에 미치는 영향으로 타당한 것은? (단, 이자율 상승 이외에 부동산의 수요와 공급에 영향을 미치는 요인들의 변화는 없다고 가정한다) (13회 기출)

① 생산비 하락으로 신규주택의 공급이 장기적으로 감소한다.

② 전세금의 기회비용이 하락하면서 전세수요가 감소한다.

③ 투자에 따른 기회비용의 감소로 부동산에 대한 수요가 증가한다.

④ 경기가 위축되면서 부동산의 공간서비스에 대한 수요가 감소한다.

⑤ 전세금의 운용수익이 줄어들면서 월세공급이 감소한다.

[해설]

① 생산비가 하락하면 신규공급량은 장기적으로 증가한다.

② 임차인 입장에서 예금이자가 싸므로 예금을 전세보증금으로 활용하는 것이 유리하게 되므로 월세보다는 전세를 선호하게 되므로 전세에 대한 수요가 증가한다.

③ 대체투자의 수익률이 하락하므로 자금은 부동산 시장으로 유입되어 부동산에 대한 수요가 증가한다.

④ 이자율이 하락하면 자금에 대한 수요가 증가하여 경기가 활성화되며 이로 인하여 부동산 공급이 활성화되어 공간서비스에 대한 수요도 증가한다.

⑤ 임대인 입장에서는 전세금 운용 이자수입이 줄게 됨으로써 전세보다는 월세를 선호하게 되어 월세공급이 증가한다.

정답 8. ② 9. ③

10. 부동산학의 학문적 성격에 관한 기술이다. 다음 기술 중 가장 적절하지 않은 것은? (15회 기출)

① 부동산학은 부동산과 관련된 의사결정과정을 연구하기 위하여, 부동산의 법적·경제적·기술적 측면의 접근을 시도하는 종합응용 사회과학이다.
② 부동산학이란 부동산 활동의 능률화의 원리 및 그 응용기술을 개척하는 종합응용과학이다.
③ 부동산학은 추상적인 학문이 아니라 현실의 부동산 활동을 대상으로 하는 구체적인 경험과학이다.
④ 부동산학이 추구하는 가치를 민간부문에 한정하여 볼 때는, 효율성보다는 형평성을 중시하게 된다.
⑤ 부동산학은 순수과학과는 달리 복잡한 현실적 사회문제를 해결하고자 하는 응용과학이다.

[해설]
① 부동산학은 종합응용사회과학의 성격, 구체적인 부동산 활동을 다루는 경험과학, 부동산의 사회적 문제를 해결하고자 하는 응용과학의 성격을 가지고 있다(② ,③ ,⑤).
④ 부동산 활동의 주체로 민간부문인 사적 주체들은 일반적으로 효율성 측면을, 그리고 공적 부문인 공적 주체들은 형평성 측면을 상대적으로 중시한다.

11. 부동산의 개념에 관한 설명 중 가장 적절하지 않은 것은? (15회 추가 기출)

① 부동산은 등기함으로써 공시의 효과를 가진다.
② 공장재단이나 광업재단은 부동산에 준하여 취급된다.
③ 임차인의 정착물(tenant fixture)은 부동산으로 간주되는 것이 원칙이다.
④ 민법상 부동산은 토지 및 그 정착물로 정의된다.
⑤ 부동산에 관한 권리는 거래의 대상이 될 수 있다.

[해설]
① 부동산은 등기함으로써 공시효과가 발생하여 동산은 점유를 통해서 나타난다.
② 공장재단이나 광업재단은 준부동산으로 구분된다.
③ 법률적 측면에서 임차인의 정착물은 동산으로 간주하는 것이 원칙이지 부동산으로 간주되는 것은 아니다. 임차인이 이사 갈 때 가져갈 수 있기 때문이다. 이러한 임차인의 정착물로 거래정착물, 가사정착물, 농업정착물 등이 있다.
④ 민법상 부동산은 법률적 개념의 부동산으로 협의의 부동산이라고도 한다. 이에는 토지 및 그 정착물이 포함된다.
⑤ 부동산 자체뿐만 아니라 부동산으로부터 발생되는 권리도 거래의 대상이 될 수 있다.

12. 다음 용어설명 중 가장 적절하지 않은 것은? (15회 추가 기출)

① '후보지'는 부동산의 용도적 지역이 상호간에 전환되고 있는 지역의 토지를 말한다.
② '지역권'은 자기 토익의 편익을 위해 타인의 토지 위에 설정하는 권리이다.

정답 10. ④ 11. ③

③ '나지'는 지목이 대로 설정된 토지이다.
④ '필지'는 하나의 지번을 가진 토지로서 등기의 한 단위를 말한다.
⑤ '맹지'는 도로와 접하고 있지 않는 구획 내부의 토지를 의미한다.

[해설]
③ 나지는 감정평가상의 용어로 건축물이 없는 토지를 말하는 것으로 지적법상의 용어가 아니며 지적법에 의해 지목이 대로 설정된 토지라도 건축물이 서 있는 건부지일 수도 있고 아니면 나지상태일 수도 있다.

13. 다음은 부동산학이 무엇인가를 설명한 것이다. 가장 거리가 먼 것은? (10회 기출)
① 부동산학은 부동산 활동을 능률화하는 원리 및 그 응용기술을 개척하는 종합응용과학으로 된다.
② 체계화된 지식으로 부동산 활동의 원리를 설명할 때에는 과학성이 인정되고, 그것을 실무활동에 응용하는 기술면에는 기술성이 인정된다.
③ 부동산 활동이라는 표현은 인간이 부동산을 대상으로 전개하는 활동에 착안점을 둔 사고방식으로 이해할 수 있다.
④ 부동산학이 추구하는 이념으로써 능률성의 원칙은 부동산 활동을 할 때에 그 활동이 합리적이고, 경제적 이익이 최고가 되도록 해야 한다는 원칙이다.
⑤ 부동산 활동에는 부동산평가, 부동산중개, 권리분석, 입지선정 등 여러 가지 활동이 있으며, 이것은 언제나 고정적인 것이 아니고 시대나 나라에 따라 가변적이다.

[해설]
① 부동산학이란 부동산 활동의 능률화원리 및 그 응용기술을 개척하는 종합응용과학이라는 견해와 토지와 토지상에 부착되어 있거나 연결되어 있는 여러 항구적인 토지개량물에 관하여 그것과 관련된 직업적·물적·법적·금융적 여러 면을 기술하고 분석하는 학문연구의 분야라고 정의하는 경우도 있다.
② 부동산학이론의 개발이나 실무활동의 일반지도 이념으로 능률성의 원칙, 안정성의 원칙, 경제성의 원칙이 있다.
㉠ 능률성의 원칙 : 부동산 활동의 능률화란 곧 부동산 활동의 과학화·기술화 내지는 합리화·근대화를 뜻한다.
㉡ 안정성의 원칙 : 부동산 활동에 있어서 거래사고와 관련하여 안정성을 의미하며 경제적 안정성, 법률적 안전성, 기술적 안정성을 들고 있다.
㉢ 경제성의 원칙 : 부동산 활동은 경제적 이익 및 합리성을 추구한다는 것이다. 경제원칙이란 최소의 희생으로 최대의 효과를 올리려는 것이다.

정답 12. ③ 13. ④

14. 다음 중 필지의 개념에 관한 설명으로 옳지 않은 것은? (1회 기출)

① 토지의 면적단위이다.

② 토지의 법률적 등록단위이다.

③ 한 개의 지번을 갖는 토지이다.

④ 한 개의 토지소유권이 미치는 범위와 한계를 표시한다.

⑤ 토지에 대한 법률관계, 특히 권리변동관계의 기본적 단위 개념이다.

[해설]

필지란 지적법(또는 부동산등기법)상의 용어로서 토지소유자의 권리를 구분하기 위한 표시이다.

〈필지와 획지 비교〉

필 지	획 지
· 공간정보의 구축 및 관리 등에 관한 법률(또는 부동산등기법)상의 용어 · 한 개의 토지에 대한 물권(특히 소유권)이 미치는 범위와 한계를 표시한다. · 토지에 대한 법률관계 특히 권리변동관계의 기준적 단위개념이다. · 하나의 지번이 붙는 토지의 등록단위이다. · 토지의 법률적인 최소등록단위로 하나의 같은 지번으로 에워싸인 토지이다. · 토지소유자의 권리를 구분하기 위한 법적 개념이다.	· 인위적 · 법률적 · 행정적 · 자연적 · 물리적 기준에 의해 다른 토지와 구별되어 가격수준이 비슷한 일단의 토지이다. · 획지는 적당한 면적을 갖고 하나의 거래활동 또는 이용 등의 부동산 활동과 부동산 현상의 단위면적이 되는 일획의 토지이다. · 가격수준을 구분하기 위한 경제적 개념이다.

15. 다음 중 토지의 용어를 틀리게 설명한 것은? (10회 기출)

① 갱지는 토지 위에 건물이 없고 사적 부담과 공법상 규제가 없는 토지를 말한다.

② 맹지는 도로에 직접 접하고 있지 못한 땅을 말한다.

③ 공한지는 도시토지로서 지가상승만을 기대하고 장기간 방치하는 토지를 말한다.

④ 포락지는 개인의 사유지로서 전 · 답 등이 하천으로 변한 토지를 말한다.

⑤ 건부지는 건물이 토지상의 부가물의 부지로 제공되고 있는 토지를 말한다.

[해설]

① 갱지는 건물 등의 정착물이 없는 상태로 공법상의 규제는 받지만 사법상의 제약은 받지 않는 것을 말한다.

② 나지와 구별 : 나지도 그 지상에 건물 등 정착물이 없는 토지인 점은 같으나 공법은 물론 지상권 등 토지의 사용 · 수익을 제한하는 사법상의 권리가 설정되어 있지 아니한 토지를 말한다.

정답 14. ① 15. ①

제2장 부동산의 특성

부동산의 특성은 다음과 같이 분류할 수 있다.

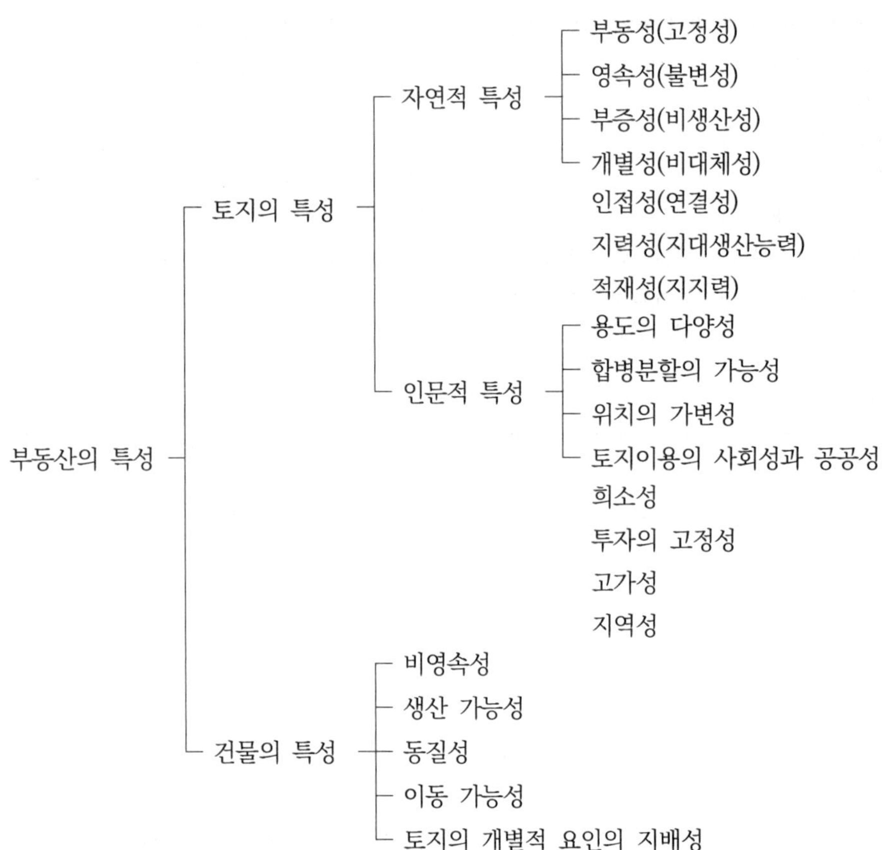

2.1 토지의 특성

1. 자연적 특성

토지의 자연적 특성에는 부동성(不動性), 영속성(永續性), 부증성(不增性), 개별성(個別性) 등의 특성을 들 수 있으며, 이러한 토지의 자연적 특성을 구체적으로 살펴보면 다음과 같다.

(1) 부동성(위치의 고정성, 비이동성)

토지의 가장 큰 물리적인 특징은 그 지리적 위치의 고정성(固定性)·부동성(不動性)이다. 토지의 위치는 인위적으로 이를 이동하거나 지배하지 못하며, 모든 부동산 활동은 이 부동성을 전제로 하여 전개된다. 토지의 대표적 특성인 부동성은 다음과 같은 특성을 파생시킨다.

- 부동산과 동산을 구별 짓는 근거가 된다.
- 부동산 활동 및 부동산 현상을 국지화시킨다. 즉 부동산 활동이 전개되는 공간은 지리적으로 한정되는 동시에 부동산 현상과 가격현상 등도 국지적으로 그 모습을 달리하는 경우가 많다.
- 부동산은 부동산 활동을 임장활동, 정보활동으로 만든다. 즉 부동산 활동은 탁상에서의 분석·판단만으로 불가능한 것이 원칙이며, 사람이 당해 부동산의 현장으로 직접 나가야 한다. 또한 부동성은 일반상품의 거래처럼 견본거래도 가능하지 않게 하는 등 부동산의 거래활동을 특수하게 만든다.
- 동산과 공시방법을 달리하는 이유가 된다.
- 부동산 시장을 불완전시장 및 추상적으로 만든다. 이는 부동산 특징의 하나인 부동성에 기인하는 것이다. 이로 인해서 부동산 유통기구의 하나인 공인중개사 제도가 성립되는 것이기도 하다. 왜냐하면 지리적 공간에 한정하는 구체적인 시장이 형성되기 때문이다.
- 토지 관계법이 복잡성이 생긴다(규제대상)
- 부동성에 의한 그 밖의 특성

① 입지선정의 중요성 부여

② 토지의 유용성과 관련된 지배적 영향(가격결정의 적합)

③ 재산신용가치 평가 발생

④ 거래활동의 견본(본보기)제시 어려움
⑤ 특정한 위치는 위치 지대를 발생하는 요인을 작용(환경을 구매)
⑥ 지방자치단체의 재원(지방세)

(2) 영속성(불변성, 내구성, 비소모성)

토지는 사용에 의하여 소모되거나 마멸되지 않는 영속성(永續性)을 가진다. 이로 인해 토지는 가격보존 수단으로서의 중요성을 가진다. 즉 토지의 불변성(不變性)은 부동산의 투자 내지는 투기 심리의 요인이 되는 것이다.

다만, 토지를 물리적으로 보지 않고 경제적, 사회적으로 본다면 영속성은 부정될 수 있다. 왜냐하면 토지의 유용성에 영향을 미치는 사회적 · 경제적 · 행정적 제 요인이 가변적이기 때문이다.

토지의 영속성은 부동산 분야에 다음과 같은 특징을 파생시킨다.

- 토지에 감가상각의 적용을 배제시킨다.
- 토지의 소유이익과 이용이익을 분리하여 타인으로 하여금 이용 가능케 한다.
- 토지의 이용 등의 유용성을 영속적으로 만든다.
- 부동산 활동을 장기적으로 배려하게 한다.
- 부동산 관리의 의의를 크게 한다.
- 부동산 가격원칙의 하나인 예측의 원칙 등의 근거가 된다.

(3) 부증성(유한성, 희소성)

토지는 다른 생산과는 달리 생산요소를 투입하여 그 물리적인 양을 임의로 증가시키지 못한다. 물론 수면의 매립이나 택지의 조성 등을 통하여 다소는 증가시킬 수 있으나 이것은 토지의 물리적 증가보다는 토지이용의 전환측면에서 파악하는 것이 타당하다.

부증성(不增性)은 다음과 같은 특징을 파생시킨다.

- 토지는 생산비의 법칙이 원칙적으로 적용되지 않게 한다.
- 토지부족 문제의 근원이 되어 지가상승의 원인이 된다.
- 토지의 희소성을 지속시킨다.
- 토지에는 균형가격이 형성되지 않게 한다.
- 부증성은 오늘날 많은 나라의 과제인 토지문제의 가장 큰 원인이다.

이로 인하여 첫째, 토지이용에 있어서 사회성과 공공성이 요구되며, 둘째, 토지이용의 집약화를 추구하며, 셋째, 인간이 부동산에 관한 이용과 관리 개발로 인한 토지자원의 유용성과 관련된 수익증대의 가능성을 촉진한다.

(4) 개별성(비동질성, 비대체성)

토지는 지리적 위치의 고정성을 가지므로 매우 강한 개별성(個別性), 즉 비대체성을 지닌다. 물리적으로 완전히 동일한 복수의 토지는 있을 수 없다. 같은 아파트 단지 내에서 동일지형·동일면적을 가진 필지가 있다고 할지라도 그 지리적 위치의 특수성으로 각 필지는 학교 · 시장 · 버스정류장 등과 거리 · 전망 · 일조 등에서 각각 차별화되는 요인을 가지게 된다. 그러나 사회적 · 경제적으로 본다면 용도면에서의 유용성이 유사한 토지는 많이 있다.

토지의 개별성은 다음의 특징을 파생시킨다.

- 개개의 부동산을 구별하고 그 가격 · 수익 등을 개별화 · 구체화시킨다.
- 부동산의 비교를 어렵게 한다.
- 일물일가(一物一價)의 법칙의 적용을 배제시킨다. 즉 일반상품은 한 가지 상품에 한 가지 가격이 형성된다는 '일물일가의 법칙'이 적용되지만, 부동산은 개별성으로 인하여 이것이 적용되지 않는다.
- 개개의 부동산을 독점화시킨다.
- 부동산학에 있어서 원리나 이론의 도출을 어렵게 한다.

(5) 인접성(연속성, 연결성)

1) 의 의

토지는 지표의 일부이므로 물리적으로 보는 토지는 반드시 다른 토지와 연결되어 있다는 특성이다. 특정 토지의 개발과 사용은 인접 토지에 커다란 영향을 주기 때문에 외부효과, 즉 외부경제 및 불경제와 밀접한 관계가 있다.

2) 인접성으로부터 파생되는 특징

① 각각의 부동산은 인접지와의 협동적 이용을 필연화 시킨다.
② 토지이용에 있어 협동적 논리 주창의 근거가 된다.
③ 소유와 관련하여 경계문제를 불러일으킨다.
④ 가격형성시 인접지의 영향을 받게 하며, 지역분석을 필연하게 한다.
⑤ 개발이익의 사회적 환수논리의 근거가 된다.
⑥ 부동산의 용도 면에서 대체 가능성을 존재하게 한다.

2. 인문적 특성

토지의 인문적 특성(人文的 特性)은 토지를 사람이 이용하는 측면에서 시작된 것이며, 토지의 이용상에는 다양성(多樣性)과 가변성(可變性) 및 분합(分合)의 가능성이 있다. 즉 토지는 자연적으로는 영구히 천연의 토지로 존재하지만 사회 · 경제 · 산업 및 문화 등에 의해 이용의 효용을 최대한 필요로 하기 때문에 인간의 지혜에 의하여 사회적 및 경제적으로 용도상 다양성과 가변성을 가지고 있는 것이다.

따라서 인문적 특성은 부동산이란 토지와 그 정착물이 인간의 생활에 없어서는 안 될 절대적 기반이라는 점을 기반으로 하여 사회적 경제적 행정적(법률적) 상호작용을 하는 것을 말한다.

(1) 용도의 다양성

토지의 용도(用途)는 매우 다양(多樣)하다. 토지는 농 · 공 · 상업 용지를 비롯하여 공공용지, 주거지 등으로 다양하게 사용되며, 같은 용도에 속하는 경우라고 할지라도 그 규모와 방법 등이 항상 같지는 않다. 토지의 용도가 이와 같이 다양한 탓으로 동일한 토지의 이용에도 2개 이상의 용도가 동시에 경합하는 것이 상례이고, 경합된 용도 중에서 가장 우선하는 용도를 발견하여 이용도와 유통성을 증대시켜야 할 과제가 주어진다.

이러한 전제 아래 부동산학은 토지에 대한 최유효이용의 원칙을 개척하여 부동산의 거래활동에 있어서 행위의 기준으로 삼는다.

부동산의 오용은 공공적 · 개인적 측면에서 큰 손실일 뿐더러 한 번 잘못된 토지의 이용은 이를 시정하기가 매우 어렵다. 때문에 부동산 활동에 있어서 최유효이용(最有效利用)의 원칙을 전제로 하여 부동산의 오용방지를 기하는 것이 무엇보다 중요한 것이다.

그러므로 용도의 다양성은 다음과 같은 특징을 지닌다.

- 자연적 특성인 부증성 개별성 및 상대적 희소성을 증대시킨다.
- 이행과 전환, 창조적 이용을 가능하게 한다.
- 위치의 가변성과 용도 전환을 통해 가용면적을 늘린다.
- 용도에 따른 가격 다원설의 근거가 된다.
- 부동산의 경제적 특성인 상호의존성이 있다.
- 위치를 평가하는 데 있어서 가장 먼저 파악하여야 할 내용이 용도가 되는 근거가 된다.

(2) 합병분할의 가능성(분합성)

토지는 이용 주체의 편의에 따라 분할되고, 분할된 토지는 다시 용이하게 합필된다.

토지의 효과적인 분할(分割)·병합(倂合)과 최유효의 이용은 불가분의 관계에 있다.

그러므로 합병분할의 가능성으로 인하여 다음과 같은 특성을 갖게 된다.

- 용도의 가능성, 즉 최유효 이용을 간접적으로 지원하게 된다.
- 부동산 평가원칙 중 균형의 원칙, 기여의 원칙, 적합의 원칙 등의 지원을 가능하게 한다.
- 분할·합병의 가능성이 부동성과 함께 작용하여 한정가격을 존재하게 한다.

(3) 사회적·경제적·행정적 위치의 가변성

토지의 자연적 위치는 불변이지만 사회적·경제적·행정적 위치는 인간활동에 따라 가변적(可變的)이다. 예컨대 주택지로서 적합하였던 곳에 공장이 들어서거나 혹은 학교가 옮겨갈 경우에는 주택지로서의 환경이 부적합하게 변한다. 또 농경지로서 생산이 저하되고 있는 토지가 공장용지로 사용된다면 훨씬 높은 수익성과 생산성을 가지게 된다.

(4) 토지이용의 사회성과 공공성

토지는 국가형성의 토대가 될 뿐 아니라 국민의 생활기반이 되는 것이기 때문에 비록 사유재산이거나 기업의 재산이라 하더라도 다른 재화에 비해 그 이용면에 있어서 공공성(公共性)이 강조되는 특성이 있다. 특히 오늘날에는 토지이용의 사회성(社會性)과 공공성(公共性)을 우선하는 경향이 있다.

(5) 그 밖의 인문적 특성

1) 희소성(scarcity)

최유효이용 용도에 따른 공급이 원활하지 못하면 토지는 희소성을 띠게 된다. 예를 들어 토지나 그 공간 자체는 희소성이 없으나 어떤 주어진 특정용도나 특정입지는 비교적 공급이 불충분하기 때문에 이용경쟁(입지경쟁)이 생겨 희소성의 문제가 발생한다.

2) 투자의 고정성

부동산 활동은 장기적으로 배려하여야 하는 속성이 있는데 이러한 이유로 대지와 건물에 투자한 비용의 회수까지는 많은 기간이 소요되는 것이 통상적이다. 이러한 현상을 투자의 내구성(durability) 또는 투자의 고정성, 투자의 장기성이라고 한다.

3) 고가성(high capital value)

부동산은 다른 상품에 비하여 단위도 크고 가격이 고가이다. 그래서 자금조달은 금융조달을 통해 의존하는 것이 보통이다. 이런 연유로 다른 상품을 구입하는 것처럼 쉽게 시장에서 거래되기 어렵다.

4) 지역성

부동산은 자연적·인문적 조건에 따라 그가 속한 지역 즉, 당해 지역의 구성분자와 상호의존, 보완, 협동 또는 대체 경쟁의 관계에 있고 이런 상호작용을 통하여 사회적·경제적·행정적 위치가 결정되는데 이를 부동산의 지역성이라 한다.

이러한 특성으로 부동산 가격은 다음과 같이 구체적인 내용으로 나타난다.

- 부동산은 다른 부동산과 함께 어떤 지역을 형성하고 그 상호관계를 통하여 사회적·경제적·행정적 위치가 결정된다.
- 각 지역은 다른 지역과 구별되는 지역적 특성을 가지며 이 특성은 그 지역 부동산의 가격수준에 전반적인 영향을 준다(가격형성의 지역적 요인이 된다).
- 부동산이 속하는 사회적·경제적·행정적 위치는 항상 변화의 과정에 있고 가격 또한 지역의 사회적·경제적·행정적 위치의 변화에 따라 항상 변화의 과정에 있다. 따라서 부동산의 지역성과 가격은 중요한 연관성이 있다. 그러므로 이 지역적 특성을 예측하여야 한다(가격의 원칙 중 변동의 원칙, 예측의 원칙을 고려하여야 하는 근거가 된다).
- 지역성은 그 지역의 일반적이고 표준적인 사용이 구체적으로 나타난 당해 부동산이 속해 있는 지역(인근지역)의 용도 지역이 판정되면 가격으로 나타난다. 이는 인근지역의 분석을 필요로 하는 근거가 된다.

2.2 토지의 분류

1. 지적법에 의한 분류

토지는 지적법에 의하여 '필지'로 구분하며 또한 토지마다 그 쓰임에 따른 이름을 정하고 있다. 즉, 이러한 토지의 용도적 관점에서 토지에 붙여지는 이름을 가리켜 '지목(地目, land classification)'이라 하며 토지의 주된 사용목적에 따라 토지의 종류를 28 지목으로 구분 표시하고 있다.

지목의 종류로는 전, 답, 과수원, 목장용지, 임야, 광천지, 염전, 대, 공장용지, 학교용지, 주차장, 주유소용지, 창고용지, 도로, 철도용지, 제방, 하천, 구거, 유지, 양어장, 수도용지, 공원, 체육용지, 유원지, 종교용지, 사적지, 묘지, 잡종지로 구분된다.

또한 지목은 부호와 코드로 표기하고 있다.

〈표 2-1〉 지목의 부호 및 코드 표기

지목	부호	코드	지목	부호	코드
전	전	01	철도용지	철	15
답	답	02	제방	제	16
과수원	과	03	**하천**	**천**	**17**
목장용지	목	04	구거	구	18
임야	임	05	유지	유	19
광천지	광	06	양어장	양	20
염전	염	07	수도용지	수	21
대	대	08	공원	공	22
공장용지	**장**	**09**	체육용지	체	23
학교용지	학	10	**유원지**	**원**	**24**
주차장	**차**	**11**	종교용지	종	25
주유소용지	주	12	사적지	사	26
창고용지	창	13	묘지	묘	27
도로	도	14	잡종지	잡	28

2. 토지의 이용에 의한 분류

토지는 정착물이 있고 없음에 따라 토지를 여러 가지로 분류할 수 있다.

토지의 활동상 분류는 나지, 부지, 공지, 대지(垈地), 대지(貸地), 대지(袋地), 택지, 소지, 선하지, 맹지, 포락지, 법지, 빈지, 유휴지, 휴한지, 후보지, 이행지, 필지, 획지 등이 있다.

〈표 2-2〉 후보지와 이행지의 비교

구 분	후보지	이행지
의 미	택지지역, 농지지역, 임지지역 상호간 전환 중인 토지 예) 농지지역 → 택지지역	택지지역, 농지지역, 임지지역 내 세분된 지역의 상호간 이행 중인 토지 예) 주거지역 → 공업지역

〈표 2-3〉 필지와 획지의 비교

구분	필지	획지
개념	· 공간정보의 구축 및 관리 등에 관한 법률 또는 부동산등기법상의 용어 · 하나의 지번이 붙는 토지의 등기 · 등록 단위 · 토지소유자의 권리를 구분하기 위한 표시 · 권리를 구분하기 위한 법적 개념	· 감정평가에서 중시 · 인위적 · 자연적 · 행정적 조건에 의해 다른 토지와 구별되는, 가격수준이 비슷한 일단의 토지 · 부동산 활동 또는 부동산 현상의 단위면적이 되는 일획의 토지 · 가격수준을 구분하기 위한 경제적 개념

(1) 택지(宅地)

부동산 감정평가상의 용어로서 택지는 주거 · 상업 · 공업용지 등의 용도로 이용되고 있거나 해당 용도로 이용할 목적으로 조성된 토지를 말한다(표준지공시지가 조사 · 평가 기준 제2조 제6호). 법률상 택지란 「택지개발촉진법」에서 정하는 바에 따라 개발 · 공급되는 주택건설용지 및 공공시설용지를 말한다(택지개발촉진법 제2조 제1호). 따라서 법률상 택지는 주택을 건설하는 용지뿐만 아니라 도로, 철도, 공항, 주차장, 광장, 공원, 학교 등의 기반시설이 포함된 공공시설용지를 포함하는 개념이다. 주택건설용지는 주택을 건설하는 용지를 말하며, 공공시설용지란 도로, 철도, 공항, 주차장, 광장, 공원, 학교 등의 기반시설을 설치하기 위한 토지를 말한다.

(2) 부지(敷地)

부지는 도로부지, 하천부지와 같이 일정한 용도로 이용되는 바닥토지를 말하며 하천, 도로 등의 바닥토지에 사용되는 포괄적 용어이다. 대지보다 넓은 뜻으로 사용되는데, 건축용지 외에 하천부지 · 철도용 부지 수도용 부지 등으로 사용되는 포괄적인 용어이다.

(3) 농지(農地)

「공간정보의 구축 및 관리 등에 관한 법률」상의 지목 여하에도 불구하고 실제로 농경지 또는 다년생 식물의 재배지로 이용되는 토지와 그 개량시설의 부지이다. 용도에 따라, 물을 대지 않고 식물을 재배하는 전, 물을 직접 이용하여 식물을 재배하는 답, 과수류를 집단적으로 재배하기 위한 과수원으로 구분한다.

① 연접되는 토지 사이에 고저가 없는 경우 : 그 지물 또는 구조물의 중앙 경계(중앙)

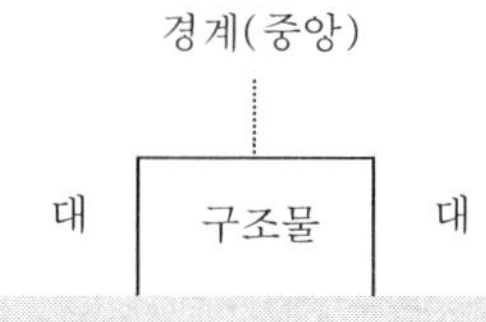

② 연접되는 토지 사이에 고저가 있는 경우 : 그 지물 또는 구조물의 하단부

③ 토지가 해면 또는 수면에 접하는 경우 : 최대 만조위 또는 최대 만수위가 되는 선

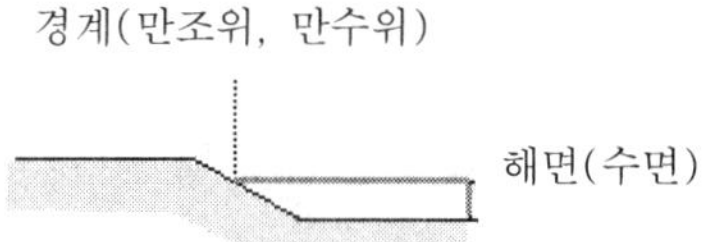

④ 도로·구거 등의 토지에 절토된 부분이 있는 경우 : 경사면의 상단부

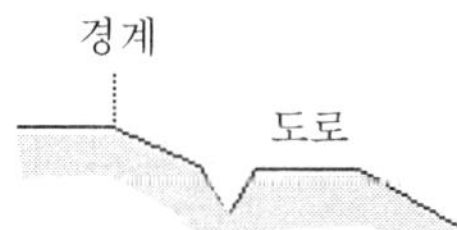

⑤ 공유수면 매립지의 토지 중 제방 등을 토지에 편입하여 등록하는 경우 : 바깥쪽 어깨부분

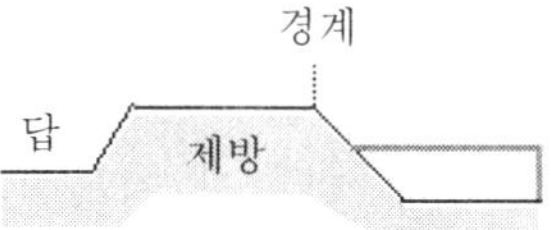

[그림 2-1] 경계의 설정 기준

(4) 대지(垈地)

「건축법」에서 '대지(垈地)'란 건축할 수 있는 토지를 말한다. 구체적으로 대지란 「공간정보의 구축 및 관리 등에 관한 법률」에 따라 각 필지(筆地)로 나눈 토지를 말하는데, 필지 중 건축행위가 가능한 필지를 말한다. 다만, 대통령령으로 정하는 토지는 둘 이상의 필지를 하나의 대지로 하거나 하나 이상의 필지의 일부를 하나의 대지로 할 수 있다(건축법 제2조 제1항 제1호). 이것과 구분해야 할 용어 중 「공간정보의 구축 및 관리 등에 관한 법률」에 서의 '대(垈)'가 있다.

「공간정보의 구축 및 관리 등에 관한 법률」에서 '대(垈)'는 토지의 주된 사용목적에 따라 정한 지목(地目) 중의 하나이다. 만일 지목이 전답이라면 건축이 불가능하나 전답이라도 형질변경 허가를 얻는 경우 건축이 가능하며, 바로 대지가 된다. 따라서 주거용·상업용 대지 외에 공업용 대지도 가능하며, 「공간정보의 구축 및 관리 등에 관한 법률」에 의한 지목과 특별한 관계를 가지지 않는다.

(5) 임지(林地)

산림지와 초지를 모두 포함하는 포괄적인 용어이다. 즉, 입목·죽목을 집단적으로 생육하기 위한 토지와 그 토지 내의 암석지·소택지를 말하는 산림지, 다년생·개량목초의 재배에 이용되는 토지와 목도 진입도로 축사 및 부대시설을 위한 토지를 모두 일컫는 것이다.

(6) 후보지(候補地)와 이행지(移行地)

① 후보지 : 인근지역의 주위환경 등의 사정으로 보아 현재의 용도에서 장래 택지 등 다른 용도로의 전환이 객관적으로 예상되는 토지를 말한다 (표준지공시지가 조사·평가 기준 제2조 제7호), 즉, 부동산의 용도적 지역인 택지지역·농지지역·임지지역 상호간에 전환되고 있는 지역의 토지를 말한다. 다른 말로 가망지(可望地) 또는 예정지(豫定地)라고도 한다. 토지의 유용성을 높이기 위해 전환되는 토지로 임지지역보다 농지지역으로, 농지지역보다 택지지역으로 이용하는 것이 토지의 유용성을 증대 시킨다고 본다. 후보지의 경우 반드시 지목변경이 뒤따른다.

② 이행지 : 택지지역(주택·상업·공업지역 간의 이행), 농지지역(전·답·과수 원지역 간의 이행), 임지지역(용재림지역·신탄림지역 간의 이행) 내에서 전환이 이루어지고 있는 토지이다. 이행지의 경우 지목변경이 뒤따를 수 도 있고 그렇지 않을 수도 있다.

(7) 맹지(盲地)

타인의 토지에 둘러싸여 도로에 어떤 접속면도 가지지 못하는 토지로 도로에 직접 연결되지 않은 한 필지의 토지이다. 맹지에는 「건축법」에 의해 원칙적으로 건물을 세울 수 없다.

(8) 대지(袋地)

어떤 택지가 다른 택지에 둘러싸여 좁은 통로에 의해 도로에 접하는 자루형의 모양을 띠게 되는 택지이다.

(9) 필지(筆地)

「공간정보의 구축 및 관리 등에 관한 법률」에 의하면 구획되는 토지의 등록단위로서 하나의 지번을 가지고 지적공부에 등록되는 토지의 기본단위를 말한다. 이는 면적이 아닌 소유권을 기준으로 구분하는 단위이다. 토지의 법률적인 최소 단위로, 같은 지번으로 에워싸인 토지이다. 보통 1개의 필지에 1개의 지번과 지목이 부여된다. 필지는 권리변동관계의 기준적 단위개념으로서 한 개의 토지소유권이 미치는 범위와 한계를 표시하며, 권리를 구분하기 위한 법적 개념이다.

(10) 획지(劃地)

인위적 · 자연적 · 행정적 조건에 의해 다른 토지와 구별되는 가격수준이 비슷한 일단의 토지이다. 이는 ① 인위적으로 경계가 이루어져서 다른 토지 와 구별되는 일단의 토지, ② 자연적 조건, 즉 산 · 하천 · 언덕 등으로 다른 토지와 구별되는 일단의 토지, ③ 법적(행정적), 즉 지목 · 지번 등으로 다른 토지와 구별되는 일단의 토지 등을 말한다. 이는 토지이용을 상정하여 구획되는 경제적 · 부동산학적인 단위 개념이다. 또한 행정적 · 법률적 · 인위적 · 물리적 · 자연적 기준에 따라 다른 토지와 구별되어 토지의 이용이나 부동산 활동 또는 부동산 현상의 단위면적이 되는 일획의 토지이다. 적당한 면적을 갖고 하나의 거래 활동 또는 이용 활동의 단위를 이루는가 하면, 부동산의 등가격수준(等價格水準)을 갖는 경우도 있다. 이는 가격수준을 구분하기 위한 경제적 개념이다.

(11) 나지(裸地)

나지란 토지에 건물이나 그 밖의 정착물이 없고 지상권 등 토지의 사용 · 수익을 제한하는 사법상의 권리가 설정되어 있지 아니한 토지를 말한다(표준지 공시지가 조사 · 평가 기준 제2조 제4호), 또한 경작이나 농업용 토지로도 이용되지 않고 있는 토지이며, 지상에 건축물이 없으므로 거래에 번거로움이 없어 시장성이 높다. 건부지에 비하여 최유효이용이 기대되기 때문에 매매에 있어서 가격이 높으며, 토지가격에 대한 감정평가의 기준이 된다.

(12) 건부지(建敷地)

건물의 부지로 제공되고 있는 토지로서, 건물 및 그 부지가 동일 소유자에게 속하고 해당 소유자에 의하여 사용되며, 그 부지의 사용·수익을 제약하는 권리 등이 부착되어 있지 않은 토지이다. 그러나 건물 등의 용도에 제공되고 있는 토지이므로 지상에 있는 건물에 의하여 사용·수익이 제한되는 경우가 있다. 또한 건부지는 건물 등이 부지의 최유효이용에 적합하지 못한 경우, 나지에 비해 최유효이용의 기대 가능성이 낮다.

(13) 공지(空地)

「건축법」에 의한 건폐율 등의 제한으로 인해 한 필지 내에 건물을 꽉 메워서 건축하지 않고 남겨 둔 토지이다.

(14) 공한지(空閑地)

도시 토지로서 지가상승만을 기대하고 장기간 방치하는 토지이다.

(15) 소지(素地)

대지 등으로 개발되기 이전의 자연 상태로서의 토지를 말하는데, 원지(原地)라고도 한다.

(16) 선하지(線下地)

고압선 아래의 토지로 이용 및 거래의 제한을 받는 경우가 많다. 따라서 보통은 선하지 감가를 행한다.

(17) 포락지(浦落地)

지적공부에 등록된 토지가 물에 침식되어 수면 밑으로 잠긴 토지를 말한다. 즉, 개인의 사유지로서 전·답 등이 하천으로 변한 토지를 말한다.

(18) 법지(法地)

법으로만 소유할 뿐 활용실익이 없는 토지이다. 택지의 유효지표면 경계와 인접지 또는 도로면과 경사된 토지부분을 말한다. 토지의 붕괴를 막기 위하여 경사를 이루어 놓은 것인데 측량면적에는 포함되지만 실제로 사용할 수 없는 면적이다.

(19) 빈지(濱地)

일반적으로 바다와 육지 사이의 해변 토지를 말하는데, 「공유수면 관리 및 매립에 관한 법률」에서는 '바닷가'라 부른다. 이는 해안선으로부터 지적공부에 등록된 지역까지의 사이를 말한다. 만조수위선 으로부터 간조수위선 까지의 사이를 말하는 '간석지'와 구분된다.

(20) 유휴지(遊休地)와 휴한지(休閑地)

① 유휴지 : 바람직스럽지 못하게 놀리는 토지이다.
② 휴한지 : 농지 등을 지력회복을 위해 정상적으로 쉬게 하는 토지이다.

(21) 일단지(一團地)

용도상 불가분의 관계에 있는 2필지 이상의 일단의 토지를 말한다. 지적 공부상 구분되어 있는 여러 필지가 일체로 거래되거나 용도상 불가분의 관계에 있는 토지를 '일단지'라고 한다.

(22) 한계지(限界地)

택지이용의 최원방권 상의 토지이다.

2.3 건물의 특성과 용어

1. 비영속성

건물은 토지와는 다르게 인위적인 축조물이기 때문에 재생산이 가능한 내구소비재(耐久消費財)이며, 내용연수를 가진 부동산이므로 감가상각이 되어 토지의 자연적인 특성의 하나인 영속성과는 반대로 비영속성(非永續性)인 특성을 가지고 있는 것이다.

2. 생산 가능성

건물은 물리적 · 경제적인 내용연수를 가지고 있지만 개축이나 보수 등으로 어느 정도의 수명을 연장할 수 있으며, 개축이나 증축 등으로 그 규모를 증가시킬 수 있을 뿐만 아니라 일정한 설계에 따라 다량의 아파트 · 연립주택 및 빌딩을 건축할 수 있기 때문에 건축에 의한 생산 가능성(生産可能性)이라는 특성을 지니고 있는 것이다. 그러므로 토지에 있어서와 같은 부증성이란 특성은 건물에는 해당되지 않는다.

〈표 2-4〉 건축 관련 용어의 정리

건축면적	건축면적은 건축물의 외벽의 중심선으로 둘러싸인 부분의 수평투영면적을 말한다(건축법시행령 제119조 제1항).(가장 넓은 층 기준)
바닥면적	바닥면적은 건축물의 각 층 또는 그 일부로서 벽 · 기둥 기타 이와 유사한 구획의 중심선으로 둘러싸인 부분의 수평투영면적을 말한다(건축법시행령 제119조 제1항).
연면적	연면적은 하나의 건축물의 각 층의 바닥면적의 합계를 말한다. 다만 용적률을 산정할 때에는 지상층의 주차용(당해 건축물의 부속용도인 경우에 한함)으로 사용되는 면적과 지하층의 면적은 연면적에 포함되지 아니한다(건축법시행령 제119조 제1항).
건폐율	건폐율은 건축면적(대지에 2 이상의 건축물이 있는 경우에는 이들 건축면적의 합계)을 대지면적으로 나눈 값을 말한다(건축법 제48조).
용적률	용적률은 연면적(대지에 2 이상의 건축물이 있는 경우에는 이들 연면적의 합계)을 대지면적으로 나눈 값을 말한다(건축법 제 48조).
호수(戶數)밀도	호수밀도는 취락지구 1만m^2당 주택의 수를 말한다(개발제한구역의 지정 및 관리에 관한 특별조치법시행령 제25조 제1항 제2호).

3. 동질성

생산 가능한 건물은 인위적인 축조물이기 때문에 동일한 형이나 구조 및 규격의 건물을 생산할 수 있기 때문에 동질성(同質性)의 특성을 가진다. 그러므로 토지의 자연적 특성인 개별성 또는 비동질성은 건물에는 해당되지 않는다.

4. 이동 가능성

최근 이동 가능한 컨테이너나 이동식 주택 등의 등장과 건축 기술의 발달로 비이동성의 성격이 있다고 주장할 수는 없으며, '프리패브'나 '모빌하우스'는 건물의 이동성을 대표하는 것이라 하겠다.

5. 토지의 개별적 요인의 지배성

건물은 토지 위에 정착하여 축조되는 것이기 때문에 그 정착된 토지를 개별적으로 지배하는 특성, 즉 토지의 개별적 요인의 지배성(支配性)을 가지고 있다.

6. 주택의 분류

주택이란 세대의 구성원이 장기간 독립된 주거생활을 영위할 수 있는 구조로 된 건축물의 전부 또는 일부 및 그 부속토지를 말하며, 단독주택과 공동 주택으로 구분한다(주택법 제2조 제1호).

(1) 단독주택

① 의의 : 1세대가 하나의 건축물 안에서 독립된 주거생활을 할 수 있는 구조로 된 주택을 말한다(주택법 제2조 제2호),

② 분류

㉠ 단독주택 : 일반적으로 1건물에 1세대가 거주하는 주택을 말한다.

㉡ 다중주택 : 다음의 요건을 모두 갖춘 주택을 말한다.

ⓐ 학생 또는 직장인 등 여러 사람이 장기간 거주할 수 있는 구조로 되어 있는 것

ⓑ 독립된 주거의 형태를 갖추지 아니한 것(각 실별로 욕실은 설치할 수 있으나, 취사시설은 설치하지 않은 것을 말함)

ⓒ 1개 동의 주택으로 쓰이는 바닥면적(부설주차장 면적 제외)의 합계가 660㎡ 이하이고 주택으로 쓰는 층수(지하층 제외)가 3개층 이하일 것. 다만, 1층의 전부 또는 일부를 필로티 구조로 하여 주차장으로 사용하고 나머지 부분을 주택 외의 용도로 쓰는 경우에는 해당 층을 주택의 층수에서 제외한다.

ⓓ 적정한 주거환경을 조성하기 위하여 건축조례로 정하는 실별 최소 면적, 창문의 설치 및 크기 등의 기준에 적합할 것

㉢ 다가구주택 : 다음의 요건을 모두 갖춘 주택으로서 공동주택에 해당하지 아니하는 것을 말한다.

ⓐ 주택으로 사용하는 층수(지하층 제외)가 3개 층 이하일 것. 다만, 1층의 전

부 또는 일부를 필로티 구조로 하여 주차장으로 사용하고 나머지 부분을 주택 외의 용도로 쓰는 경우에는 해당 층을 주택의 층수에서 제외한다.

ⓑ 1개 동의 주택으로 쓰이는 바닥면적(부설주차장 면적 제외)의 합계가 660m² 이하일 것

ⓒ 19세대(대지 내 동별 세대수를 합한 세대를 말함) 이하가 거주할 수 있을 것

㉣ 공관(公館)

(2) 공동주택

① 의의 : 공동주택이란 건축물의 벽·복도 계단이나 그 밖의 설비 등의 전부 또는 일부를 공동으로 사용하는 각 세대가 하나의 건축물 안에서 각각 독립된 주거생활을 할 수 있는 구조로 된 주택을 말한다(주택법 제2조 제3호).

② 분류

㉠ 아파트 : 주택으로 쓰는 층수가 5개 층 이상인 주택

㉡ 연립주택 : 주택으로 쓰는 1개 동의 바닥면적(2개 이상의 동을 지하주차장으로 연결하는 경우에는 각각의 동으로 본다) 합계가 660m²를 초과하고, 층수가 4개 층 이하인 주택

㉢ 다세대주택 : 주택으로 쓰는 1개 동의 바닥면적 합계가 660m² 이하이고, 층수가 4개 층 이하인 주택(2개 이상의 동을 지하주차장으로 연결하는 경우에는 각각의 동으로 본다.)

㉣ 기숙사 : 다음의 어느 하나에 해당하는 건축물로서 공간의 구성과 규모 등에 관하여 국토교통부장관이 정하여 고시하는 기준에 적합 한 것. 다만, 구분소유된 개별 실(室)은 제외한다.

ⓐ 일반기숙사 : 학교 또는 공장 등의 학생 또는 종업원 등을 위하여 사용하는 것으로서 해당 기숙사의 공동취사시설 이용 세대 수가 전체 세대수(건축물의 일부를 기숙사로 사용하는 경우에는 기숙사로 사용하는 세대수로 한다)의 50% 이상인 것(교육기본법 제27조 제2항에 따른 학생복지주택을 포함한다)

ⓑ 임대형기숙사 : 「공공주택 특별법」 제4조에 따른 공공주택사업자 또는 「민간임대주택에 관한 특별법」 제2조 제7호에 따른 임대사업자가 임대사업에 사용하는 것으로서 임대 목적으로 제공하는 실이 20실 이상이고 해당 기숙사의 공동취사시설 이용 세 대수가 전체 세대수의 50% 이상인 것

연 습 문 제

1. 토지의 특성에 대해서 기술하시오.

2. 건물의 특성에 대해서 기술하시오.

3. 토지의 분류 가운데 28지목에 대하여 기술하시오.

4. 필지와 획지를 비교하여 기술하시오.

5. 경계의 설정기준 5가지를 설명하시오.

공인중개사 기출 및 예상문제

1. 토지의 자연적 특성인 부증성(不增性)에 대한 설명으로 볼 수 없는 것은? (13회 기출)

① 후보지나 이행지와 같은 용어에 내포되어 있는 토지의 개념은 절대량의 토지증가가 아니며 용도전환을 의미하는 것이다.

② 생산비를 투입하여 물리적으로 양을 늘릴 수 없다.

③ 부증성은 면적의 유한성이라고도 한다.

④ 매립 등으로 농지의 양이 증가된 것은 용도의 전환이지 절대량의 증가는 아니다.

⑤ 토지는 생산비를 투입하여 생산할 수 없기 때문에 물리적 공급과 용도적 공급이 불가능하다.

[해설]

⑤ 토지의 부증성으로 인해 생산비를 투입한다 하여 토지의 물리량이 증대되는 것은 아니다. 그러나 생산비를 투입한다면 농지를 택지로 용도 전환할 수가 있어 토지 이용상의 전환이 가능하여 토지의 경제적 공급은 가능하다.

2. 부동산 특성에 관한 설명 중 틀린 것은? (16회 기출)

① 부증성(비생산성)으로 인해 토지이용이 점차 집약화하는 경향이 있다.

② 영속성이 있으므로 장기투자를 통해 자본이득과 소득이득을 얻을 수 있다.

③ 희소성의 차이로 도시중심 토지는 도시교외 토지보다 임대료가 더 높은 경향이 있다.

④ 개별성이 있어 부동산 상품 간 완전한 대체관계가 성립한다.

⑤ 용도의 다양성이 있으므로 최유효이용방법을 선택하게 된다.

[해설]

④ 부동산의 개별성 때문에 완전 대체관계가 성립하기 곤란하다.

3. 부동산의 위치(접근성)에 대한 평가는 용도에 따라 그 기준이 다르다. 다음 부동산의 위치에 관한 설명 중 가장 타당한 것은? (13회 기출)

① 공공용 부동산의 위치에 대한 평가는 주민의 편리성, 공익성, 주변경관과 안식, 인구의 사회적 지위 등이 그 판단기준이 된다.

② 부동산의 가치에 상당한 영향을 미치는 것은 접근성이지만 농업용 부동산에서는 기후, 강수량, 재해위험성 등이 중요하므로 위치관계는 중요하지 않다.

정답 1. ⑤ 2. ④

③ 부동산의 현재 위치에서의 용도사용이나 다른 용도로의 전환은 주변의 토지이용의 상태로 판단하기보다는 토지이용의 주체에 의하여 많은 영향을 받게 된다.

④ 일반적으로 주거용은 거주자의 사회환경과 매물습관, 상업용은 배후지를 둘러싼 공익시설의 배치상태, 공업용은 소득수준과 개발비용 등이 부동산의 위치가치의 판단기준이 된다.

⑤ 위치는 절대적 위치와 상대적 위치가 있다. 부동산 간에는 상대적 위치에 따라 효용성에서 차이가 있으며, 효용성이 유사한 부동산 간에는 상호대체관계가 인정된다.

[해설]

① 공공용 부동산에 대한 위치의 평가요인에는 주민이용상의 편리성, 공익성 등이 중요하다. 주변경관과 안식은 주거용 부동산의 위치평가요인이 되고, 인구의 사회적 지위는 상업용 부동산의 평가요인이 된다.

② 농업용 부동산의 경우에도 당해 농지로의 접근성이 중요하게 작용한다.

③ 토지이용의 주체는 당해 토지를 어떤 용도로 이용하는 것이 합리적인가를 결정하고자 할 경우에 주변의 토지이용상황을 분석하여 주변지역과 어울리는 토지이용을 모색하게 된다. 대상 부동산을 최유효이용하고자 한다면 주변과 어울리는 토지이용이 요구된다.

④ 거주자들의 사회환경과 매물습관은 상업용 부동산의 위치가치의 판단기준이며, 공익시설의 배치상태는 주거용 부동산의 판단기준이 되고, 소득수준과 개발비용은 상업용 부동산의 위치가치의 판단기준이 된다.

4. 다음은 토지소유권의 공간적 범위에 대한 설명이다. 가장 거리가 먼 것은? (15회 기출)

① 민법에서 토지의 소유권은 정당한 이익이 있는 범위 내에서 토지의 상하에 미친다고 규정하고 있어, 토지소유권의 효력범위를 입체적으로 규정하고 있다.

② 민법 규정에 의하면, 토지소유자는 광업법에서 열거하는 미채굴광물에 대한 권리를 가진다.

③ 공중권(air right)이란 소유권자가 토지구역상의 공중공간을 타인에게 방해받지 않고, 정당한 이익이 있는 범위 내에서 이용·관리할 수 있는 권리를 말한다.

④ 토지소유자가 토지소유권이 미치는 범위 내에서 적법하게 건물을 건축했다면, 그 인접에 위치하고 있는 민간지상파 방송사업자의 전파송신에 영향을 미쳤다고 하더라도, 특별한 사정이 없는 한 그 사실만으로 방송사업자의 권리를 침해한 것이라고 볼 수 없다.

⑤ 공익사업이라도 토지의 지하 또는 지상공간을 사실상 영구적으로 사용하는 경우에, 공익사업자는 토지소유자에게 토지의 이용이 저해되는 정도에 따라 보상해야 한다.

[해설]

① 토지의 소유권은 정당한 이익이 있는 범위 내에서 상하에 미친다는 규정은 실질적 규정임과 동시에 입체적 규정이나 구체적이지는 못하다.

② 민법규정에 의하면, 지하의 미채굴광물에 대한 토지소유권은 미치지 못하며, 이에 관한 권리는 민법상의 규정을 준용하는 것이 아니라 광업법에 따른다.

정답 3. ⑤ 4. ②

5. 부동산학의 관점에서 토지소유권의 공간적 범위에 관한 설명 중 틀린 것은? (16회 기출)
   ① 토지지표를 토지소유자가 배타적으로 이용하여 작물을 경작하거나 건물을 건축할 수 있는 등의 권리를 지표권이라고 한다.
   ② 토지소유자가 공중공간을 타인의 방해 없이 일정한 고도까지 포괄적으로 이용할 수 있는 권리를 공중권이라 한다.
   ③ 토지의 지하에 관한 권리의 하나인 광업권은 토지소유자의 권리로 인정된다.
   ④ 토지소유자가 지하공간에서 어떤 이익을 얻거나 지하공간을 사용할 수 있는 권리를 지하권이라 한다.
   ⑤ 국가가 사유지 지하의 일부를 사용하기 위해 구분지상권을 설정할 수 있다.

   [해설]
   ③ 우리나라에서는 광업권의 객체가 되는 광물에 대해서는 토지소유권의 효력이 미치지 못하도록 되어 있다.

6. 부동산 활동 및 특성에 관한 설명이다. 가장 적절한 것은? (15회 기출)
   ① 정착물은 계속하여 토지에 부착되어 있지 않다고 하더라도, 사회 · 경제면에서 인정되는 독립된 물건이면 된다.
   ② 부동산의 물리적 특성 중 모든 부동산에 공통되는 물리적 특성을 개별적 특성이라 한다.
   ③ 부동산의 가치(value)는 장래 기대되는 편익을 현재가치로 환원한 값으로 정의되는데, 이러한 정의는 영속성(내구성)과 관련이 깊다.
   ④ 우리나라 표준산업분류상의 중분류 항목에서는, 부동산 활동을 임대활동, 분양공급활동, 중개활동, 평가활동 등으로 분류하고 있다.
   ⑤ 부동산 활동은 정부부문, 사적부문, 전문협회의 활동으로 나눌 수 있다. 이 중에서 가장 활발한 것은 전문협회의 활동이다.

   [해설]
   ① 정착물은 원래 분리된 동산이었으나 토지나 건물에 항구적으로 부착되어 부동산의 일부가 된 물건을 말한다. 민법에서는 정착물을 토지에 부착되어 있는 물건으로 정의하고 있다. 그리고 정착물은 다시 토지로부터 독립된 부동산으로 간주하는 것과 토지의 일부로 간주되는 것이 있다. 당사자 간에 합의나 계약이 없는 경우에, 어떤 물건을 정착물로 간주하는 것은 법적 구분에 따른 것이지 사회·경제면에 따른 구분이 아니다.
   ② 부동산의 물리적 특성 중 부동산마다 달라질 수 있는 것이 개별적 특성이라 한다.
   ④ 부동산서비스활동, 부동산임대활동, 주거용 부동산공급활동, 비주거용 부동산공급활동, 부동산개발활동 등으로 분류하고 있다.
   ⑤ 사적부문의 활동이 비교적 가장 활발한 편이다.

정답 5. ③ 6. ③

7. 부동산의 자연적 특성에 관하여 설명한 것 중 적당하지 않은 것은? (5회 기출)

① 선천적이며 원천적이고, 본질적이며 근본적이고, 불변적인 특성이다.
② 부동산이 원초적으로 생성될 때 선천적 · 자연적으로 함축한 특성이다.
③ 특정위치의 부동산공간(토지공간)덩어리인 '위치제(位置體)'에서 연유된 특성이다.
④ 논자에 따라서는 부동성, 부증성, 영속성, 개별성, 지력성 등으로 추리·분석하기도 한다.
⑤ 부동산은 크고, 변하지 않고, 각양각색이며, 토지와 건물로 구성되어 있다는 데서 나타나는 특성이다.

[해설]
토지의 자연적 특성은 토지가 본원적으로 지니고 있는 물리적 특성으로서 선천적이고 원천적이며 본질적이고 불변적인 특성이다. 토지의 자연적 특성은 토지 고유의 성질에서 비롯된 것으로 ① 부동성 ② 영속성 ③ 부증성 ④ 개별성 등을 들 수 있다. 토지와 건물로 구성되어 있다는 데서 나오는 특성이 아니다.

8. 토지는 개별성이 강하고 토지시장은 비교적 국지적이다. 이는 토지의 어떠한 특성과 관련이 있는가? (5회 기출)

① 부동성 ② 부증성 ③ 영속성
④ 재생산성 ⑤ 분할 · 합병의 가능성

[해설]
토지가 가지는 지리적·위치적 고정성(부동성, 비이동성)은 토지의 가장 큰 물리적인 특성이다. 모든 부동산 활동은 이 부동성을 전제로 하여 부동산 활동 및 부동산 현상을 국지화시키고 지리적 위치의 고정성은 개별성이 매우 강하다.

9. 주택은 인간이 일정한 장소에 거처를 정하여 개인적인 삶과 가정의 생활을 영위하는 터전이며, 안식처로 다음과 같은 특성이 있다. 옳지 않은 것은? (7회 기출)

① 주택은 토지를 필요로 하기 때문에 일정한 장소에 고정되어 있어 상품으로서의 유통성이 높다.
② 주택은 비교적 큰 상품으로서 생산을 취해서는 큰 자본이 소요되며, 따라서 주택가격도 비싼 것이 보통이다.
③ 주택의 생산과 유통과정에는 이익이 창출되기 때문에 주택은 생산업자의 이윤창출의 수단이 된다.
④ 주택공급의 비탄력적, 주택수요의 필수적 성격 때문에 주택시장은 항상 불완전한 특성을 지니고 있다.
⑤ 주택은 공공서비스의 필요성이 있으며, 주택시장은 정부의 정책과 인근지역의 영향을 크게 받는다.

정답 7. ⑤ 8. ① 9. ①

[해설]
토지의 가장 큰 물리적 특징은 지리적 위치의 고정성·부동성이다. 부동성은 부동산 활동 및 부동산 현상을 국지화하고 부동산 시장을 불완전한 시장으로 만들며 부동산유통성이 낮아 유동기구로서 부동산중개업을 제도화하는 이유가 있다.

10. 부동산의 자연적 특성 중 인접성 또는 연결성으로부터 파생되는 성격으로 틀린 것은? (7회 기출)

① 각각의 부동산은 인지와의 협동적 이용을 필연화시킨다.
② 토지이용에 있어 협동적 논리주장의 근거가 되며, 가격구성에 있어 인접지의 영향을 받게 하며, 지역분석을 필연케 한다.
③ 특정토지의 개발과 사용은 인접토지에 커다란 영향을 주기 때문에 외부경제 및 비경제와 밀접한 관계가 있다. 따라서 개발이익의 사회적 환수논리의 근거가 된다.
④ 부동산의 용도 면에서의 대체 가능성을 존재케 한다.
⑤ 소유와 관련하여 경제문제를 불러일으키며, 토지에는 생산비의 법칙이 해당되지 않는다.

[해설]
① 토지는 지표의 일부이다. 본래 토지는 연속되어 있고 인접토지와 긴밀한 공간관계에 있다. 따라서 물리적으로 보는 토지는 반드시 다른 토지와 연결되어 있다. 토지의 인접성은 다음과 같은 특징을 파생시킨다.
㉠ 소유와 관련하여 경제적 문제를 불러일으킨다.
㉡ 각각의 부동산에 대하여 인지와의 협동적 이용을 필연화시킨다.
㉢ 토지이용에 있어 협동적 논리주장의 근거가 된다.
㉣ 가격구성에 있어 인접지의 영향을 받게 하며 지역분석을 필연화시킨다.
㉤ 개발이익의 사회적 환수논리의 근거가 된다.
㉥ 부동산용도 면에서 대체 가능성을 존재하게 된다.
② 토지에 생산비의 법칙이 원칙적으로 적용되지 않게 하는 것은 토지의 부증성의 특성에서 파생된 것이다.

11. 다음은 부동산의 지역적 특성을 설명한 것이다. 옳지 않은 것은? (10회 기출)

① 부증성은 거시로 보는 토지의 양이 불변이라는 것이며, 수량고정성 또는 면적이 유한성이라고도 한다.
② 태양광선, 공기 및 비와 같은 자연물은 무한하여 소유욕이 안 생기나, 자연물인 토지는 유한하여 소유욕을 발생시킨다.
③ 토지의 개별성은 표준지 선정을 어렵게 하며, 수익이나 가격을 개별로 형성되게 한다.
④ 토지의 가치보존력이 우수한 것은 다른 상품과 같이 가치소모가 없기 때문인데, 이는 영속성이라는 특성이 있기 때문이다.

정답 10. ⑤

⑤ 간척지와 같은 해면을 육지로 만드는 것은 국토면적을 증가시키는 행위이기 때문에 부증성 이론은 해당되지 않는다.

[해설]
①, ② 부증성
③ 개별성
④ 영속성
⑤ 해면의 매립 등을 통하여 다소 증가시킬 수 있으나 이것은 토지의 물리적 증가라기보다는 토지 자원의 이용전환의 측면에서 파악하는 것이 타당하므로 부증성의 이론은 해당된다.

12. 부동산특성이 인간의 부동산생활현상에 작용하는 실제적 예를 열거한 것 중 옳지 않은 것은? (6회 기출)

① 부동산 절대량증가의 불가
② 부동산기록제도의 가능
③ 장기적 고려의 필요
④ 임장활동(臨場活動)의 요구
⑤ 일물일가의 법칙적 요소

[해설]
토지는 지리적 위치의 고정성을 가지고 있기 때문에 개별성이 매우 강하다. 토지의 개별성으로 인하여 개개의 부동산을 구별하고, 그 가격 · 수익 등을 구체화, 개별화하고 부동산의 비교를 어렵게 하여 일물일가의 법칙의 적용을 배제한다.

13. 다음 중 부동산의 인문적 특성에 대한 설명으로 옳지 않은 것은? (4회 기출)

① 후천적 · 인위적 · 현상적 · 가변적 특성이다.
② 부동산과 인간의 관계에서 부동산에 나타나는 특성이다.
③ 인간본성과의 결합 때문에 나타나는 특성이라기보다는 부동산 자체가 갖는 특성이다.
④ 인간의 부동산생활, 곧 부동산 활동과 현상으로부터 도출되어지는 특성이다.
⑤ 견해에 따라 국토성 · 다용도성 · 분합성 · 환경성 등으로 분류될 수 있는 특성이다.

[해설]
토지의 인문적 특성이란 토지가 인간과 어떠한 관계를 가질 때 나타나는 특성으로서 인간과 부동산과의 관계, 곧 부동산 생활관계에서 인간이 인위적으로 부동산에 부여한 특성이다. 이 특성에는 ㉠ 용도의 다양성, ㉡ 병합 · 분할의 가능성, ㉢ 사회적 · 경제적 · 행정적 위치의 가변성을 들 수 있다.

14. 토지의 특성 중 최유효이용의 원칙과 관련이 있는 특성은? (3회 기출)

① 영속성
② 부증성
③ 생산 가능성
④ 경제적 위치의 가변성
⑤ 용도의 다양성

정답 11. ⑤ 12. ⑤ 13. ① 14. ⑤

[해설]
용도의 다양성이라는 토지의 특성은 주어진 토지의 이용 가능한 다양한 용도 중에서 최유효의 이용이 될 수 있는 토지이용을 행하도록 하는 데 있으므로 최유효이용의 판단의 근거가 된다.

15. 다음은 토지의 공공성 · 사회성의 근거에 대한 설명이다. 적절하지 않은 것은? (10회 기출)

① 토지는 인류공동의 필수적인 재화이다.
② 토지는 인간의 노동에 의한 생산물이 아닌 자연 그 자체이다.
③ 토지는 재생산이 불가능한 자원으로 그 공급량이 한정되어 있다.
④ 토지는 근본적으로 다른 토지와 인접하고 있어 그 이용에 상린성이 강하다.
⑤ 토지는 그 용도가 다양하다.

[해설]
토지는 국민모두의 생활기반이며 소유보다는 그것을 이용하는 데 궁극적인 목적이 있다는 전제 아래 토지의 소유와 이용에 있어서 국가정책적인 차원에 있어서 사익과 공익의 조화를 꾀하고 공공복리를 우선시킴으로써 유한한 국토자원의 효율적 이용을 추구하고자 한다. 그러므로 자연물로서의 토지는 공급량의 한정성 때문에 경제이론의 원칙이 그대로 적용되지 않고 그 이용에도 국가적 차원에서 합리적인 조정이 필요하며 그 사회성 · 공공성이 특히 강조되며 최유효이용의 근거인 용도의 다양성과는 거리가 멀다.

16. 위치로서의 부동산에 관한 설명으로 옳지 않은 것은? (7회 기출)

① 대상물건이 위험이나 혐오의 대상이 아니라면 접근성이 좋으면 좋을수록 위치로서 유리하다.
② 접근성이 양호하려면 어떤 목적물에 도달하는 데 시간적 · 경제적 · 거리적 부담이 적어야 한다.
③ 위치의 가치판단에 있어서는 특히 어떤 대상과의 접근성에 의하여 이루어지는 경우가 많다.
④ 위치의 양부에 따라 부동산의 유용성이 달라지고 가격의 차이가 발생한다.
⑤ 토지의 위치가치는 환경가치와 밀접한 관련을 갖고 상호 경쟁·보완영향을 준다.

[해설]
① 부동산에는 위치의 고정이 있기 때문에 주어진 위치를 인위적으로 이동할 수 없고 인간의 모든 활동은 주어진 위치 그대로를 놓고 행해질 수밖에 없다. 따라서 위치의 유용성이 곧 부동산의 유용성이라고 해도 과언이 아닐 수 없다.
② 위치와 접근성의 문제 : 지대는 위치에 의존하고, 위치는 편리함에 의존하며, 편리함은 가까움에 의존한다. 결국 지가는 가까움에 의존한다.
㉠ 어떤 목적물에 도달하는데 시간적·경제적 거리의 부담이 적은 것을 접근성이라고 한다. 접근성이 좋을수록 부동산의 입지조건은 양호하고 그 가치는 크다.

정답 15. ⑤ 16. ①

㉡ 접근성의 특징

ⓐ 접근의 대상물 - 어떤 대상물에 대한 접근성은 좋아도 그 대상물이 인간생활에 위험성을 주거나 혐오의 대상이라면 오히려 감가요인이다.

ⓑ 접근의 정도 - 대상물이 인간생활을 위해서 필요한 경우라도 지나치면 오히려 불리한 경우가 있다(예 시장안의 주택).

ⓒ 거리의 접근성 - 거리가 가까워도 접근성이 나쁜 경우가 있다.

ⓓ 부동산의 용도와 접근성 - 부동산의 용도에 따라 접근성의 중요성과 평가기준이 달라진다.

17. 부동산의 위치를 평가하는 데 있어서 가장 먼저 파악하여야 할 내용은? (8회 기출)

① 부동산의 가치 ② 부동산의 상태 ③ 부동산의 용도
④ 부동산의 전망 ⑤ 부동산의 특징

[해설]
부동산의 평가는 그 유용성이 기준이 되는바, 이것은 부동산의 위치를 평가할 때도 마찬가지로 그 부동산의 유용성으로 평가한다. 위치로서의 부동산은 부동산의 특성 중 부동성과 밀접한 관계가 있으며 부동산의 유용성에 가장 큰 영향을 미치는 속성을 지니고 있다는 것이다. 부동산의 위치가치는 부지의 선정주체·용도·규모에 따라 그 높고 낮음이 다양하게 부여된다. 그 위치의 용도 내지는 유용성이 그 위치의 평가기준이 된다.

18. 부동산과 환경과의 관계를 설명한 것으로 잘못된 것은? (8회 기출)

① 부동산은 환경의 구성분자로서 환경으로부터 큰 영향을 받는다.
② 부동산 활동 및 현상은 환경으로부터 지배와 영향을 받으며 적응하도록 하고 있다.
③ 인간은 부동산 활동을 통해서 환경의 개선을 위해 부단히 노력하며, 부동산 현상에 영향을 미친다.
④ 부동산 활동에 있어서는 환경의 경계를 파악하여 접근하도록 한다.
⑤ 개개의 부동산은 환경으로부터 독립되어 존재하면서도 환경의 가변성은 언제나 피할 수 있다.

[해설]
① 부동산은 환경의 구성분자이다. 환경과 개개의 부동산 사이에는 전체와 부분의 관계가 있다. 부동산은 환경으로부터 큰 영향을 받는다.
② 부동산 활동 및 현상은 환경으로부터 지배와 영향을 받으며 적응하도록 하고 있다.
③ 부동산 활동을 통해 인간의 환경개선을 위한 노력은 부동산 현상에 영향을 미치는 동시에 새로운 부동산 활동을 지배하는 요인이다.
④ 부동산 활동에 있어서는 환경의 경계를 파악하여 접근하도록 해야 한다. 환경은 공간적 확대현상이므로 무한대로 확대되는 것이 아니라 경계의 작용으로 확대현상이 차단되기 때문이다.

정답 17. ③ 18. ⑤

19. 토지에 관련된 용어이다. ( )에 들어갈 내용으로 옳은 것은? (35회 기출)

(㉠) 지적제도의 용어로서, 토지의 주된 용도에 따라 토지의 종류를 구분하여 지적공부에 등록한 것
(㉡) 지가공시제도의 용어로서, 토지에 건물이나 그 밖의 정착물이 없고 지상권 등 토지의 사용 수익을 제한하는 사법상의 권리가 설정되어 있지 아니한 토지

① ㉠ 필지, ㉡ 소지
② ㉠ 지목, ㉡ 나지
③ ㉠ 필지, ㉡ 나지
④ ㉠ 지목, ㉡ 나대지
⑤ ㉠ 필지, ㉡ 나대지

[해설]
㉠ 지목(地目)이란 지적제도의 용어로서, 토지의 주된 용도에 따라 토지의 종류를 구분하여 지적공부에 등록한 것을 말한다.
㉡ 나지(裸地)란 지가공시제도의 용어로서 토지에 건물이나 그 밖의 정착물이 없고 지상권 등 토지의 사용·수익을 제한하는 사법상의 권리가 설정되어 있지 아니한 토지를 말한다.

20. 토지 관련 용어의 설명으로 옳게 연결된 것은? (34회 기출)

㉠ 소유권이 인정되지 않는 바다와 육지 사이의 해변 토지
㉡ 택지경계와 인접한 경사된 토지로 사실상 사용이 불가능한 토지
㉢ 택지지역 내에서 공업지역이 상업지역으로 용도가 전환되고 있는 토지
㉣ 임지지역 농지지역 택지지역 상호간에 다른 지역으로 전환되고 있는 일단의 토지

① ㉠공지, ㉡번지, ㉢후보지, ㉣이행지
② ㉠법지, ㉡빈지, ㉢이행지, ㉣후보지
③ ㉠법지, ㉡공지, ㉢후보지, ㉣이행지
④ ㉠빈지, ㉡법지, ㉢이행지, ㉣후보지
⑤ ㉠빈지, ㉡법지, ㉢후보지, ㉣이행지

[해설]
㉠ 소유권이 인정되지 않는 바다와 육지 사이의 해변 토지는 '빈지'이다.
㉡ 택지경계와 인접한 경사된 토지로 사실상 사용이 불가능한 토지는 '법지'이다.
㉢ 택지지역 내에서 공업지역이 상업지역으로 용도가 전환되고 있는 토지는 '이행지'이다.
㉣ 임지지역 농지지역 택지지역 상호간에 다른 지역으로 전환되고 있는 일단의 토지는 '후보지'이다.

정답 19. ② 20. ④

21. 다음은 용도별 건축물의 종류에 관한 '건축법 시행령' 규정의 일부이다. ( )에 들어갈 내용으로 옳은 것은? (35회 기출)

다세대주택 주택으로 쓰는 1개 동의 ( ) 합계가 660제곱미터 이하이고, 층수가 ( ) 이하인 주택(2개 이상의 등을 지하주차장으로 연결하는 경우에는 각각의 동으로 본다)

① ㉠ : 건축면적, ㉡ : 4층
② ㉠ : 건축면적, ㉡ : 4개 층
③ ㉠ : 바닥면적, ㉡ : 4층
④ ㉠ : 바닥면적, ㉡ : 4개 층
⑤ ㉠ : 대지면적, ㉡ : 4층

[해설]
다세대주택은 주택으로 쓰는 1개 동의 바닥면적 합계가 660제곱미터 이하이고, 출수가 4개 층 이하인 주택(2개 이상의 동을 지하주차장으로 연결하는 경우에는 각각의 동으로 본다)을 말한다(건축법 시행령 제3조의5)

22. 토지의 특성에 관한 설명으로 틀린 것은? (34회 기출)

① 용도의 다양성으로 인해 두 개 이상의 용도가 동시에 경합할 수 없고 용도의 전환 및 합병 분할을 어렵게 한다.
② 부증성으로 인해 토지의 물리적 공급이 어려우므로 토지이용의 집약화가 요구된다.
③ 부동성으로 인해 주변 환경의 변화에 따른 외부효과가 나타날 수 있다.
④ 영속성으로 인해 재화의 소모를 전제로 하는 재생산이론과 물리적 감가상각이 적용되지 않는다.
⑤ 개별성으로 인해 토지별 완전한 대체 관계가 제약된다.

[해설]
토지는 용도의 다양성으로 인해 두 개 이상의 용도가 동시에 경합하는 것이 통상적이며, 토지의 용도의 전환 및 합병 분할을 가능하게 한다.

정답 21. ④ 22. ①

제3장 부동산 활동

3.1 부동산 활동의 개념 및 분류

1. 부동산 활동의 개념

부동산 활동(不動産 活動)이란 우리 인간이 토지와 정착물을 대상으로 의사를 결정하고 실행에 옮기는 여러 가지 관리적 측면의 행위이다. 그런데 부동산 활동을 하는 주체는 개인·기업·정부가 있고, 이들 주체는 그들의 목적에 따라 여러 가지 부동산 활동을 전개하는데, 부동산학이 다루고자 하는 것도 이 부동산 활동을 어떻게 경제적이며 능률적이고 공정하게 해야 할 것인가 하는 것이다.

2. 부동산 활동의 분류

부동산 활동은 사회현상의 일부로서 사회가 늘 변화하듯이 부동산 활동의 종류도 변할 수 있으며, 항상 고정적이라 할 수 없다. 이러한 부동산 활동을 주체별, 산업별, 전문직업별 등으로 구분하여 분류하여 볼 수 있다.

(1) 일반적 분류

1) 부동산 소유활동

일반개인이나 기업이 부동산을 소유함으로써 행하는 활동으로서 부동산 가치상승 등의 목적으로 이루어지며, 사적이익을 추구하는 활동으로 볼 수 있다. 부동산 이용활동, 부동산 관리활동, 부동산 개발활동이 이에 해당한다.

2) 부동산 거래활동

개인이나 기업이 주로 부동산을 거래하는 과정에서 행하는 활동으로서 중개활동, 감정평가 활동, 권리분석 활동, 부동산입지선정 활동, 금융활동 등으로 분류한다.

(2) 주체에 따른 분류

1) 사적 부동산 활동(사익 부동산 활동)

일반인이나 기업이 행하는 부동산 활동으로서 주로 부동산의 가치상승 또는 쾌적성(快適性) 확보 등의 목적으로 이루어지며, 사적(私的) 이익을 추구하는 활동으로 볼 수 있다.

2) 공적 부동산 활동(공익 부동산 활동)

정부나 지방자치 단체 등이 부동산 활동으로서 국토공간의 항구적 보존과 효율적 이용 및 공정한 분배를 목적으로 하며, 공공(公共)의 이익을 목적으로 한다.

여기에는 국·공유지 등의 부동산 관리, 각종 부동산 활동의 규제, 부동산 조세정책 등의 활동이 있다.

3) 공·사 부동산 활동

부동산 활동을 함에 있어서 공적 부문과 사적 부문이 혼재되어 있는 부동산 활동을 말한다. 예를 들어 한국토지주택공사(LH), 한국수자원공사(K-water), 한국도로공사(EX), 한국국토정보공사(LX), 한국자산관리공사(Kamco)등의 부동산 활동 등이 있다.

(3) 표준산업 분류상 분류

1) 서비스 활동

부동산 서비스(service)를 업으로 하는 업종으로서 부동산 중개 · 평가 · 관리활동이 제도화되어 국가로부터 보호를 받고 있다.

2) 임대활동

부동산을 조성(造成) 혹은 개량(改良)한 후 필요한 사람에게 빌려주는 활동이다. 주체에 따라 사적 활동과 공적 활동이 있다.

(4) 전문직으로 본 분류

부동산 전문직(專門職)은 보통 제도화되어 법의 보호를 받는 경우도 있고, 혹은 동업자 단체에서 스스로 통제하여 일반인의 신뢰를 받아 형성되는 수가 있는데 전문직으로 다음과 같은 것이 있다.

1) 평가활동

평가활동(評價活動)은 지가공시 및 토지 등의 평가에 관한 법률에 근거하여 부동산의 경제가치를 판정하는 활동이다.

토지공법, 부동산 감정 평가이론 등의 지식이 있어야 하며, 감정평가사의 자격이 요구되는 활동이다.

2) 부동산 중개활동

중개활동(仲介活動)은 타인의 부동산 거래를 도와주는 활동으로 부동산중개업법에 근거하고 있다. 공인중개사 자격이 요구되며, 부동산학개론, 토지공법, 부동산 중개 등의 이론에 관한 지식이 요구되는 활동이다.

3) 주택관리 활동

주택관리 활동(住宅管理 活動)은 공공주택의 관리를 담당하는 일로 주택법과 공동주택관리법에 근거하고 있다. 주택관리사의 자격이 있어야 하며 건축구조, 공동주택의 이론과 실무 등의 지식이 요구되는 활동이다.

4) 부동산 컨설팅 활동

의뢰인의 의뢰에 따라 부동산 의사결정을 지원해 주는 일을 하는 활동이다.

상담사의 자격이 요구되며 부동산 시장론, 타당성 분석, 입지분석, 부동산계량 등의 지식이 필요하며, 전문직 활동 중에서도 전문성이 가장 높은 활동이다.

5) 권리분석 활동

권리분석 활동(權利分析 活動)은 부동산 권리의 하자를 조사하는 활동으로 전문지식을 갖추어야 할 수 있는 활동이며, 이 활동이 전문직의 하나가 되고 있다.

권리분석사의 자격이 요구되며, 부동산법 일반, 물권법, 권리분석론 등의 지식이 필요하다.

(5) 학문체계상 분류

부동산 활동을 여러 가지로 분류할 수 있으나 현재 일반화되어 있는 분류에 따르면 다음과 같이 분류된다.

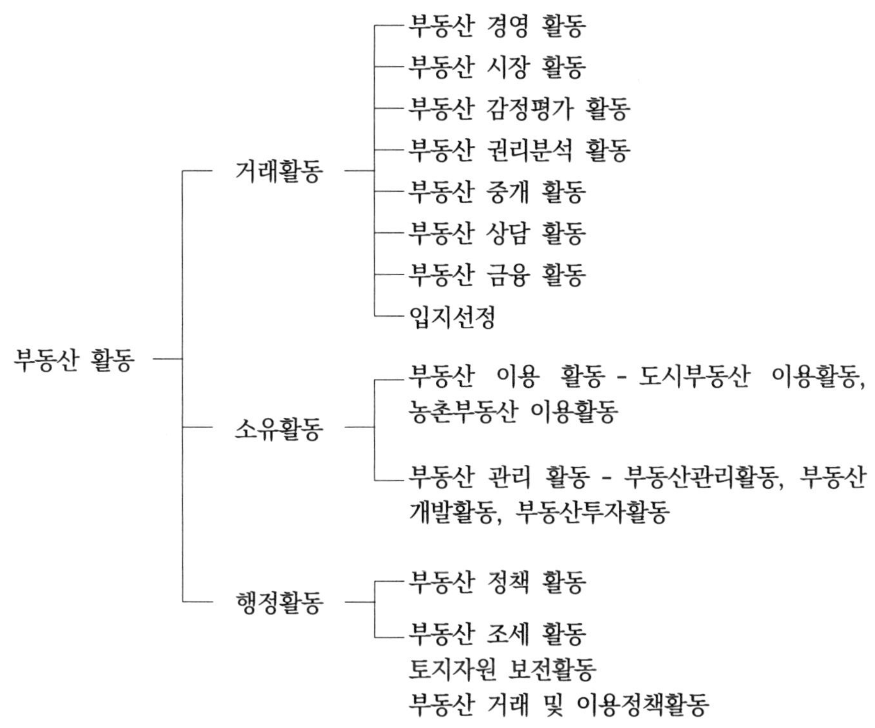

〈표 3-1〉 부동산 활동의 분류

소유활동	거래활동
부동산 이용활동 부동산 관리활동 부동산 개발활동	부동산 취득·처분활동 부동산 임대차 활동 부동산 감정·평가활동 부동산 중개활동 부동산 권리분석 활동 부동산 중개활동 부동산 금융활동 등

(6) 전문성으로 본 분류

부동산 활동의 이론이나 지식수준의 차이와 주의 의무의 차이, 신뢰도의 차이, 부동산 윤리의 차이 등으로 구분하는 것이다.

1) 제1차 수준의 활동

부동산에 대한 이론이나 지식의 수준이 높지 않아도 가능한 활동으로 이른바 비전문가 자신(自身)을 위한 활동을 하는 것을 의미한다. 이 활동의 빈도는 높으나 부동산 분야가 발전할수록 활동이 감소된다.

2) 제2차 수준의 활동

전문성(專門性)의 정도가 1차 수준보다는 높은 활동이다. 활동주의 의무도 1차 수준보다 높다. 일상 업무로 부동산 활동을 하지만 전문가의 활동이 아닌 경우이다. 예컨대 과세업무담당 공무원의 토지평가 활동, 중개사의 권리분석 활동 등이 이 수준에 해당한다.

3) 제3차 수준의 활동

부동산 활동 중 가장 수준이 높은 활동이다. 주의 의무도 가장 크게 요구되며, 또 윤리성이나 전문지식의 정도, 그리고 신뢰성도 가장 크게 요구되는 활동이다. 감정평가사의 토지평가 활동, 공인중개사의 중개활동, 권리분석사의 권리분석 활동, 카운슬러(counselor)의 컨설팅 활동 등이 있다.

3.2 부동산 활동의 속성

1. 과학성 및 기술성

부동산 활동이 과학(科學)인가 아니면 기술(技術)인가 하는 논제이다. 이는 행정학, 경영학 등에서도 거론되는 전통적인 논쟁과 유사하다. 부동산 활동의 체계화된 지식(원리)의 관점에서는 과학성을, 그 지식을 실무활동에 응용하는 숙련·기교의 관점에서는 기술성을 갖는다고 생각한다. 즉 부동산 활동은 과학성 및 기술성의 양면성(兩面性)을 갖는다고 할 수 있다.

2. 경험 중요성

부동산 현상은 부동산 행위의 결과이며, 그 현상을 설명하여 이론을 구축하고 다시 그 이론에 따라서 부동산 행위를 하게 되는 것은 경험(經驗)을 중요시하기 때문이다. 따라서 부동산 행위를 더 타당하게 하는 것은 경험법칙이 밑받침되기 때문에 부동산 활동은 경험을 중시한다.

3. 사회성 · 공공성

오늘날에는 많은 부동산 활동이 그 관점에서 규제 · 조장 · 지도됨으로써 사회성(社會性)과 공공성(公共性)이 더욱 크게 인식되고 있다. 따라서 부동산업도 이를 자유업으로 방임하지 않고 전문직업으로 육성하도록 국가차원에서 노력을 경주하고 있는 나라가 많으며, 주로 업자의 자격제 · 영업의 업무감독 등을 하고 있는데, 이것은 사회성 · 공공성에 근거한 까닭이다.

4. 전문성

부동산의 활동에는 높은 전문성(專門性)이 인정되고 있다. 이 때문에 여러 가지 전문직업이 제도화되고, 또 이론도 발달하여 높은 전문지식을 가져야 소기의 부동산 활동을 할 수 있게 된다.

5. 윤리성

부동산 활동은 고가인 재산을 다루는 활동이므로 거래당사자나 부동산 서비스업의 종사자에게는 높은 윤리성(倫理性)이 요구된다. 감정평가사에게는 감정평가 윤리가 있고, 중개업자에겐 중개윤리가 있다.

6. 정보활용성

토지에는 부동성의 특성이 있고 부동산을 에워싼 환경에는 통제 불가능한 요인도 많기 때문에 정보가 아주 중요하다. 따라서 부동산 활동은 정보활동(情報活動) 및 정보활용이 중요하다. 즉 부동산업은 정보업이다.

7. 대인활동성 및 대물활동성

부동산 활동은 대인활동(對人活動) 또는 인간활동이라 할 수 있다. 부동산학의 이론은 인간의 사고방식을 합리적인 방향으로 제시하는 것을 목적으로 한다. 또 부동산 활동의 객체는 당연히 부동산이다. 따라서 부동산 활동은 대물활동성(對物活動性)이 있다.

8. 임장활동성

부동산 활동은 임장활동(臨場活動)이다. 어떤 부동산 활동을 효과적으로 하기 위해서 탁상을 떠나서 대상 부동산의 현장에서 조사·확인 등의 활동을 하여야 하는 임장활동성이 있다.

9. 배려의 장기성

부동산 활동은 장기적인 후일에 대한 배려(配慮)를 거쳐 결정·실행된다. 따라서 일반 경제활동과는 달리 그 성격 및 행동과정에 큰 차이가 있으며, 동시에 부동산 활동에도 여러 가지의 특징을 낳게 한다. 이러한 성격이 생기는 근거에는 부동산이 갖는 영속성과 투자의 고정성이라는 특성이 있다.

10. 공간활동성

우리는 부동산을 3차원의 공간(空間)으로 이해하고 그 공간을 대상으로 활동을 전개한다. 이를 공간활동이라 한다. 부동산 활동은 공간활동 성격을 가지고 있다.

3.3 부동산 활동의 환경

1. 자연환경

자연환경(自然環境)은 우리가 부동산 활동을 전개하는 데 직·간접으로 영향을 미치기 때문에 부동산 활동을 전개할 때에는 어떤 활동을 막론하고 이와 직면하게 된다. 따라서 부동산 활동에는 지형·지세·방위·일조·통풍 등 이러한 환경에 대한 조사·연구가 필요하다.

(1) 자연자질(선천적 환경 : 命)

자연자질이란 무리적인 지표(surface), 지세, 토양(soil), 태양(일조), 강우, 강설, 바람, 기후 등을 말한다. 이 중에서 지표는 택지, 농경지, 임야 등으로 이루어지며 부동산 활동의 대상이 된다. 지표 이외의 자연자질은 대상 부동산 및 그 활동에 있어서 의사결정에 영향을 미치는 환경요소들이다.

(2) 자연자원(후천적 환경 : 運)

자연자원이란 인간생활에 필요한 욕망충족의 대상인 양식, 섬유, 건축자재, 광물, 동력자원, 수산자원, 수력 등을 말한다.

2. 인문환경

부동산 활동의 주변환경 중 주체 간의 관계에서 발생하는 것이 인문환경(人文環境)이라 할 수 있다. 이것은 주로 사회계층, 소비자 행동, 가족, 교육, 공공시설의 상태 등에 영향을 받는다.

- 법 · 정치 · 행정 등의 제도 환경
- 사회 · 문화 환경
- 경제 · 기술 환경

등으로 크게 나눌 수 있다.

(1) 제도적 환경

제도적 환경은 법, 행정, 정치적 환경의 개념이다. 이러한 환경은 부동산 활동에 대해 통제 내지 기회를 부여하는 강력한 역할을 한다. 특히 오늘날은 법적, 행정적인 환경이 부동산 활동에 대한 법적규제의 강화 형태로 나타나고 있으며, 부동산 활동에서 극복하여야 할 과제로 등장하고 있다.

(2) 사회 · 문화적 환경

사회·문화라는 말은 개념적 구성이다. 따라서 개념적 모형이기 때문에 그 요소는 보는 시각에 따라 다양할 수 있다.

(3) 경제적 · 기술적 환경

부동산 활동은 경제 시스템의 일부분을 구성하고 있다. 따라서 특정기간에 있어서 경제구조와 정책, 자원 및 경제상황 등은 부동산 활동에 크게 관련된다. 여기에서 경제환경 요소는 정부의 재정정책, 경제성장, 경기변동, 물가, 임금, 세금의 부담 등을 들 수 있으며, 국제적으로는 통화상태, 무역수지, 관세 등이다.

그리고 부동산 활동에 있어서 기술혁신은 부동산 활동을 능률화하거나 다른 여러 기회를 창출한다. 기술혁신은 부동산 활동에 혁신적인 공헌을 하고 있다.

연 습 문 제

1. 전문직으로서 부동산 활동분야에 대해서 설명하시오.

2. 전문성 수준으로 본 부동산 활동에 대해서 설명하시오.

3. 부동산 활동에 따른 속성에 대해서 기술하시오.

4. 부동산 활동 가운데 학문적 체계에 대하여 설명하시오.

공인중개사 기출 및 예상문제

1. 부동산의 소유활동으로 잘 묶어 놓은 것은?

   ① 부동산 이용 · 관리 · 개발 활동
   ② 부동산 이용 · 거래 · 행정 활동
   ③ 부동산 행정 · 거래 · 감정평가 활동
   ④ 부동산 중개 · 관리 · 행정 활동
   ⑤ 부동산 임대차 · 관리 · 경영 활동

   [해설]
   부동산 활동은 크게 소유활동, 거래활동, 행정활동으로 분류된다.
   ① 소유활동 : 부동산이용활동 · 관리활동 · 개발활동
   ② 거래활동 : 부동산 감정평가활동 · 중개활동 · 권리분석활동 · 입지선정활동 등
   ③ 행정활동 : 법 · 제도, 정책 등을 다루는 활동

2. 부동산 활동과 부동산 현상에 대한 설명으로 잘못된 것은?

   ① 부동산 활동과 부동산 현상은 부동산학의 연구대상으로 부동산에 대한 인간의 활동을 인과관계로 파악할 수도 있다.
   ② 부동산 활동은 동태적 측면에서 부동산에 대한 인간의 활동에 중점을 두므로 부동산 활동의 주체는 부동산이고 인간은 그 객체가 된다.
   ③ 부동산 활동은 인간이 부동산에 영향을 미치기도 하지만 부동산의 본질적 측면이인간의 부동산 활동에 영향을 미치기도 한다.
   ④ 부동산 현상은 부동산 활동에 따른 인간의 행위에 의해 나타나는 사실들에서 하나의 법칙성을 띠고 있는 것을 의미하는 것으로 정태적 분석이라고 볼 수 있다.
   ⑤ 부동산 현상은 이와 같이 인간의 부동산 활동으로부터 발생할 수도 있고 부동산의 본질에 의해서도 발생할 수 있다.

   [해설]
   부동산 활동의 주체는 인간이고, 객체는 부동산이다.

정답 1. ① 2. ②

3. 다음은 부동산 활동에서의 정부의 역할을 설명한 것이다. 옳지 않은 것은?

① 부동산업 권익을 보호하고 고급정보서비스 제공의 원동력이 된다.
② 공익을 보호하기 위한 토지이용, 건축·환경규제 등의 강제적 권한을 행사한다.
③ 국·공유지의 매입과 처분을 통하여 토지의 수요·공급을 조절한다.
④ 저소득층의 주거안정을 위한 주택보조금을 지원한다.
⑤ 부동산 경기과열과 투기활동을 단속한다.

[해설]
주로 부동산업의 전문협회의 활동으로 소속 전문가들의 권익을 옹호하는 차원인 면에서 공익성을 목적으로 하는 정부의 부동산 활동과 거리가 멀다.

4. 부동산 현상의 유형으로 보기 어려운 것은?

① 부동산과 관련된 자연현상
② 지역적 부동산 현상
③ 개별적 부동산 현상
④ 지역적 확대·수축현상
⑤ 전이현상

[해설]
자연현상은 인간의 행위가 개입된 것이 아니기 때문에 부동산 현상이 아니다.

5. 다음 중 부동산 거래가 아닌 것은?

① 부동산 교환
② 부동산 상속
③ 부동산 증여
④ 부동산 환매
⑤ 부동산 감정평가

[해설]
부동산 거래라 함은 부동산의 권리의 발생·변경·소멸이 되는 권리변동을 일으키게 하는 법률행위를 말하며 부동산 거래의 유형으로 매매, 상속, 증여, 교환, 임대차, 전세권설정 등이 있다. 부동산 감정평가는 부동산거래를 하기 위한 이전 단계로 부동산거래 활동에 속한다.

정답 3. ① 4. ① 5. ⑤

6. 부동산 활동의 성격 및 특성에 관한 설명 중 가장 적절하지 않은 것은? (15회 기출)

① 부동산 활동은 토지 등을 대상으로 의사를 결정하고 실행에 옮기는 관리적 측면의 행위이다.
② 부동산 활동은 윤리성이 강조된다.
③ 부동산 활동은 과학성과 기술성이 요구된다.
④ 부동산 활동은 높은 전문성이 요구된다.
⑤ 부동산 활동은 수익성보다 공익성을 중시한다.

[해설]
⑤ 부동산 활동의 목적은 그 주체에 따라 다르다. 사적 주체는 수익성을, 공적 주체는 공익성을, 사적 주체와 공적 주체가 동시에 참여하는 형태인 제3섹터는 수익성과 공익성의 적절한 조화를 추구한다.

7. 부동산 관련제도 및 토지이용규제와 관련된 법률적 근거가 되는 법령을 서로 연결한 것 중 틀린 것은? (15회 추가기출)

① 최저주거기준의 설정 - 도시 및 주거환경정비법
② 개발부담금제 - 개발이익환수에 관한 법률
③ 지정지역(투기지역)의 지정 - 소득세법
④ 투기과열지구의 지정 - 주택법
⑤ 표준주택가격의 공시 - 부동산 가격공시 및 감정평가에 관한 법률

[해설]
① 최저주거수준의 설정에 관해서는 주택법에서 규정하고 있다.

8. 토지부동산의 본질적 가치 또는 개념과 관련된 설명으로 옳지 않은 것은? (9회 기출)

① 개발보다 보전을 더욱 중요시해 가는 경향은 자연으로서 부동산가치를 점차 크게 의식하기 때문이다.
② 부동산의 위치가치는 부지의 선정주체 · 용도 · 규모에 따라 그 높고 낮음이 다양하게 부여된다.
③ 자산으로서 부동산가치는 국가의 가장 중요한 부의 원천 가운데 하나이다.
④ 어떤 부동산의 환경가치는 지역분석을 통해 더욱 자세하게 인식해 갈 수 있다.
⑤ 단위 체적당 공간가치는 위치상 차이보다 용적률 크기에 의해 높고 낮음이 결정이 된다.

[해설]
용도별 지역이나 위치에 따라 공간활동의 가치는 다르게 나타난다.

정답 6. ⑤ 7. ① 8. ⑤

9. 부동산 거래활동에 직접 관련되는 부동산업 분야가 아닌 것은? (6회 기출)

① 부동산 매매
② 부동산 중개
③ 부동산 감정평가
④ 부동산 권리분석
⑤ 부동산 관리

10. 부동산 활동의 분석에서 전문적인 지식은 물론이려니와 이론보다는 기술을 가장 크게 요구하는 활동분야를 열거한 것 중 해당되지 않는 것은? (5회 기출)

① 부동산 중개활동
② 부동산 정책입안 활동
③ 부동산 측량활동
④ 부동산 감정평가 활동
⑤ 부동산 권리분석과 입지선정 활동

[해설]
기술성은 지식을 실무활용에 응용하는 숙련·기교의 관점에서 기술성을 인정할 수 있으며, 기술은 이론적으로 전달되기보다는 스스로의 경험을 통해서 축적되는 기능이라고 할 수 있다. 그러므로 부동산 정책입안 활동은 이론을 요구하는 활동 분야이다.

정답 9. ⑤ 10. ②

제 II 부

부동산의 거래활동

제4장 부동산 경제론

4.1 부동산 수요

1. 부동산 수요에 대한 개념

(1) 수요에 대한 일반적 개념

일반적으로 부동산 수요라 함은 어떤 재화의 가격수준에 대응하여 구매하려는 재화의 수량을 의미한다. 이는 단순한 구매의욕만을 의미하는 것이 아니라 구매력을 수반하는 유효수요를 말한다. 즉 부동산의 가격발생에 영향을 주는 수요가 유효수요이다.

참고로 수요에 관하여 분류해 보면 다음과 같은 유형이 있다.

- 유효수요 : 구매욕구와 구매력을 수반한 수요(실질수요)이다.
- 파생수요 : 직접수요에서 파생되는 수요, 예를 들면 주거지에 대한 택지수요는 주택수요의 파생수요, 즉 간접수요인 셈이다.
- 잠재수요 : 구매력이나 구매욕구가 부족하여 유효수요층에 해당하지 않으나 언제든지 유효수요화할 수 있는 예비수요를 말한다.
- 가수요 : 재화의 품귀현상이 가격상승을 가져올 것을 예측, 실물선호가 급격히 증가하는 현상을 말한다. 즉 정상수요가 아닌 투기목적의 수요가 대표적인 가수요라 할 수 있다.
- 실수요 : 평상시의 정상수요이다.

(2) 부동산 수요의 특성

부동산은 일반경제재에 비하여 가격비중이 크므로 구매자금을 축적하는 데 오랜 시간이 요구된다.

가계나 기업을 막론하고 부동산은 우리들의 일상생활에 필요불가결한 것이다. 그러나 그 수요활동에 영향을 미치는 주안점은 수요활동의 주체와 부동산의 종류에 따라 차이가 있다. 왜냐하면 구매결정을 함에 있어서 검토하여야 할 사항이 일반경제재에 비하여 전문적이고 복잡하기 때문이다. 아울러 그 구매절차에 있어서도 일반경제제와 다른 방법으로 전개된다.

수요의 탄력성은 부동산에도 원칙적으로 적용된다. 그러나 그 폭은 부동산의 유형에 따라 각기 다르게 나타난다.

일반적으로 부동산 수요의 특성은 다음과 같다.

- 소득이 높을수록 수요는 증가한다.
- 금리가 낮을수록 수요는 증가한다.
- 융자지원이 많을수록 수요는 증가한다.
- 가격이 높을수록 수요는 감소한다.
- 부동산 관련 세금이 많을수록 수요는 감소한다.

▶ 참고 : 주택상품의 특성

- 주택은 교통, 공공시설의 상태 등이 소비자 선택의 주요 요인으로 작용하는 상품이다.
- 주택상품 정보제공 및 유통이 충분하지 않은 재화이다. 그 이유는 부동성이라는 입지적 특성과 상품 간의 질적인 차이, 상품 간 표준성 결여 등이 작용하기 때문이다.
- 주택은 입주자 및 거주자의 평가가 주택이라는 상품 및 기업의 이미지 형상에 영향을 미치는 재화이다.
- 주택은 생산기간의 장기화와 높은 가격으로 수요와 공급이 모두 비탄력적이다.
- 주택은 상품정보의 비대칭성과 공공성, 사회성이 요구되는 상품이기 때문에 정부개입이 요구되며, 이로 인한 기업의 마케팅 활동이 제한적이다.

2. 부동산의 수요곡선

(1) 개별수요와 시장수요

개별수요는 소비자 각 개인마다의 수요이며, 시장수요는 시장 전체의 수요이다. 따라서 소비자 수요가 상호독립적인 경우에 시장수요는 개별수요의 수평적 합계이다.

(2) 수요법칙

수요법칙은 재화의 가격이 내리면 수요량[1)]은 증대한다는 법칙이다. 그러므로 수요법칙은 가격만을 변수로 한다. 이에 가격과 수요량은 반비례관계로 나타난다.

(3) 수요함수

수요함수란 어떤 부동산에 대한 수요에 영향을 주는 요인들과의 함수관계를 의미하는 것을 의미한다.

수요량은 부동산의 가격에 의해 변화되나 부동산 수요는 다른 요소가 고정되어 있다고 가정할 경우 다음과 같은 결정요인(변동요인)에 의해서 변화(증감)된다.

① 매수자의 수 : 인구증가나 가구분리(핵가족화, 단독세대, 이혼 등)로 인해 가구 수와 주택매수자의 수가 많아질 경우 수요가 증가한다.

② 대체재의 가격
- 생산측면에서 대체관계에 있는 상품의 가격이 내릴 때 시장공급이 증가한다.
- 소비측면에서 대체관계에 있는 상품의 가격이 오를 때 시장수요가 증가한다.

③ 보완재의 가격
- 소비측면에서 보완관계에 있는 상품의 가격이 내릴 때 시장수요가 증가한다.
- 생산측면에서 보완관계에 있는 상품의 가격이 오를 때 시장공급이 증가한다.

④ 시장변동이나 정부정책에 대한 기대(예측)심리 : 부동산 시장의 호경기나 정부의 부동산 투자 촉진정책에 대한 기대심리 등 미래에 대한 긍정적인 예측은 부동산 수요를 증가시킨다.

⑤ 소득 : 소득이 증가할 경우 수요가 증가한다.

⑥ 세금 : 세금이 중과세될 경우 수요는 감소한다.

⑦ 이자율(금리) : 이자율이 상승할 경우 구입자금의 조달비용이 높아져 수요가 감소한다.

⑧ 융자지원 : 융자지원이 많을수록(융자지원이 수월할수록) 수요는 증가한다.

⑨ 선호도의 변화 : 특정유형의 부동산에 대한 선호도가 증가할 경우 수요가 증가한다.

⑩ 공공용지의 확보 및 기타 : 공공용지의 확보나 산업용지의 확보는 주택의 수요를 증대시킨다.

(4) 수요곡선

수요곡선은 가격을 Y축으로, 그 상품의 수량을 X축으로 하는 좌표상에 그 상품의 가

1) 수요량이란 소비자가 구매하고자 하는 상품의 수량을 말한다. 수요량을 주어진 가격수준에서 막연히 의도된 수량이 아닌 구매력을 가지고 구매하고자 하는 최대수량이다. 수요량은 일정기간 명시하여야만 그 의미가 주어지는 유량(flow)개념이다.

격 이외의 다른 요인들을 모두 불변으로 놓고 수요와 가격 간의 관계를 나타낸 곡선을 말한다. 즉 다른 조건이 동일할 경우 부동산에 대한 가격(임대료)이 상승하면 수요는 감소하고, 가격(임대료)이 하락하면 수요는 증가한다. 이는 수요곡선이 우하향하는 것을 말한다.

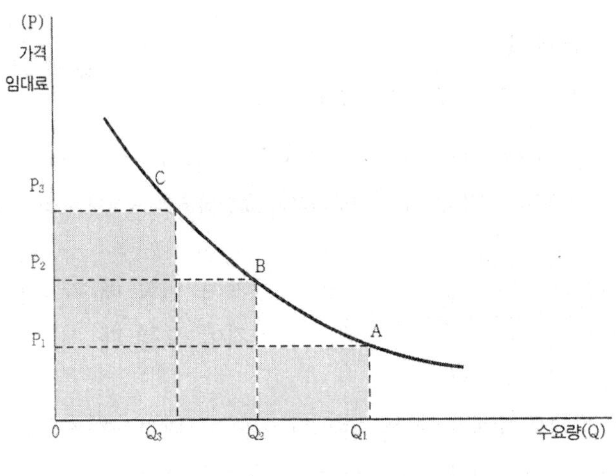

[그림 4-1] 수요량의 변화곡선

따라서 부동산의 수요곡선은 이러한 가격과 수요량과의 관계를 그림으로 나타낸 것을 말한다.

수요곡선이 우하향하는 이유는 다음과 같다.

- 상품의 가격이 하락하면 다른 상품에 비해 상대적으로 가격이 싸지므로 그 상품에 대한 수요량이 증가하는 대체효과가 나타난다.
- 어떤 상품의 가격이 하락하면 동일한 비용으로 이전보다 더 많은 상품량을 구매할 수 있으므로 수요량이 증가하는 소득효과가 일어난다.

부동산 시장은 부동산의 여러 특성으로 인하여 완전경쟁시장이 이루어지지 않고 국지성을 띤다. 그러나 재화 상호간에 어느 정도 대체효과가 있기 때문에 [그림 4-1]과 같은 수요곡선을 도출할 수 있다. 즉 가격이 P_1일 경우 수요량이 Q_1이지만, 가격이 상승하여 P_2일 때에는 수요량은 Q_2로 줄어든다.

한편 부동산 수요의 결정요인과 제약요인을 살펴보면 다음과 같다.

1) 부동산 수요의 발생(증가)요인

- 인구증가
- 가구분리(핵가족화, 혼인에 의한 분가)
- 각종 공공시설을 위한 용지확보
- 소득수준의 향상
- 대체투자대상의 불경기(증권, 채권 등)
- 주의식의 변화(이용의식 소유의식)
- 금리의 인하

2) 부동산 수요의 제약(감소)요인

- 공·사법상의 거래규제
- 유사부동산의 과잉공급
- 대체투자대상의 호경기(증권, 채권 등)
- 부동산에 대한 중과세
- 해당 부동산의 용도의 특수성(제약)
- 금리의 인상

3. 부동산 수요의 가격탄력성

(1) 수요의 가격탄력성

수요의 가격탄력성이란 재화의 가격변동률에 대하여 수요자들이 보이는 반응의 정도를 말한다.

$$\text{수요의 가격탄력성(E)} = \frac{\text{수요량의 변동률}}{\text{가격변동률}} = \frac{\dfrac{\text{수요량 변화분}}{\text{원래의 수요량}}}{\dfrac{\text{가격변화분}}{\text{원래의 가격}}} = \frac{\dfrac{\Delta Q}{Q}}{\dfrac{\Delta P}{P}}$$

가격과 수요량은 역의 관계로 되어 있기 때문에 수요의 가격탄력성은 부(負)의 기호를 갖게 된다. 그리하여 부(-)의 부호를 갖게 되는 것을 피하기 위하여 부(負)의 부호를 무시하고, 가격탄력성계수 E로써 가격탄력성을 표시한다. 수요의 가격탄력성은 다음과 같이 구분된다.

① 완전 비탄력적 : 탄력성이 0인 경우로 가격인하에도 불구하고, 수요량이 변동하지 않으므로 총수입은 줄어든다.
② 비탄력적 : 탄력성이 0보다 크고 1보다 작은 경우로 가격인하율보다 수요량의 증가비율이 작기 때문에 총수입은 줄어든다.
③ 단위 탄력적 : 탄력성이 1인 경우로 가격변동률과 수요량 변동비율이 동일하여 총수입은 증감이 없다.
④ 탄력적 : 탄력성이 1보다 크고 무한대보다 작은 경우로 수요량 변동비율이 가격변동비율보다 더 크므로 총수입은 가격의 인상 또는 인하에 의해 증가되거나 감소한다.
⑤ 완전 탄력적 : 탄력성이 무한대인 경우로 수요량은 약간의 가격인상 또는 인하에 따라 총수요가 없어지거나 무한대로 증가되며, 총수입도 0이 되거나 무한대가 된다.

이를 토대로 수요의 탄력성은 수요량의 변화율을 수요변화를 일으키는 요인의 변화율로 나눈 값이라고 정리할 수 있으며 다음과 같은 특징을 갖고 있다.

① 수요의 탄력성은 0에서부터 무한대까지 존재한다. 가격이 변화하여도 수요량이 전혀 변화하지 않는다면 즉, 수요량이 가격의 변화에 대하여 아무런 반응을 보이지 않으면 수요의 탄력성은 0이 되며 이에 수요곡선은 수직이 된다.
② 주어진 가격변화율에 대한 수요량의 변화율이 커짐에 따라 수요의 탄력성은 값이 커지게 된다. 그러나 수요량의 변화율이 가격변화율보다 작다면 수요의 탄력성은 1보다 작은 값을 가지게 되며, 이 경우 수요곡선은 급격한 기울기를 가지게 된다. 만약 수요량의 변화율이 가격변화율과 동일하다면 수요의 탄력성은 1이 되며 이 경우는 수요가 단위탄력성을 갖는다고 말한다.
③ 수요량의 변화율이 가격변화율보다 크면 수요의 탄력성은 1보다 큰 값을 갖게 되는데 이 경우 수요가 탄력적이라고 한다. 이 경우에 수요곡선은 일반적으로 완만한 기울기를 가지게 된다.
④ 가격이 매우 소폭적으로 하락했을 때 수요량이 0에서 무한대로 증가하는 경우 수요의 탄력성은 무한대로 되며, 이때 수요곡선은 횡축에 대하여 수평선이 된다. 탄력성의 크기를 곡선으로 표시하면 우하향이지만 [그림 4-2]에서와 같이 탄력성이 큰 것은 기울기가 완만하고 탄력성이 적은 것은 급경사이다.

(2) 부동산 수요 탄력성의 영향요인

부동산 수요의 탄력성에 영향을 주는 요인들에는 부동산의 가격, 소득, 인구, 가구수(세대수), 시간, 기대이익 등이 있다.

이들 요소 중 탄력성에 가장 영향을 주는 것은 대체재의 존재 유무이다. 일반적으로 부동산의 경우에는 대체재가 적은 편이다. 그리고 유용성이란 관점에서 살펴보아도 거의 물리적인 측면에서 제한적이다. 예를 들어 임대료가 상승한다고 하더라도 임차인들이 다른 대안을 마련하기가 수월하지 않은 것이다.

용도별 부동산 즉, 주거용, 상업용, 공업용 부동산에 대하여 서로 대체재가 없는 것은 아니다. 그러나 상대적으로 대체재를 마련하기가 어렵다는 점이 특징이라 할 수 있다.

이런 연유로 수요의 탄력성이 클수록(탄력적) 가격이 낮아지는 경향이 높고, 탄력성이 작을수록(비탄력적) 가격이 높아지는 경향이 있다.

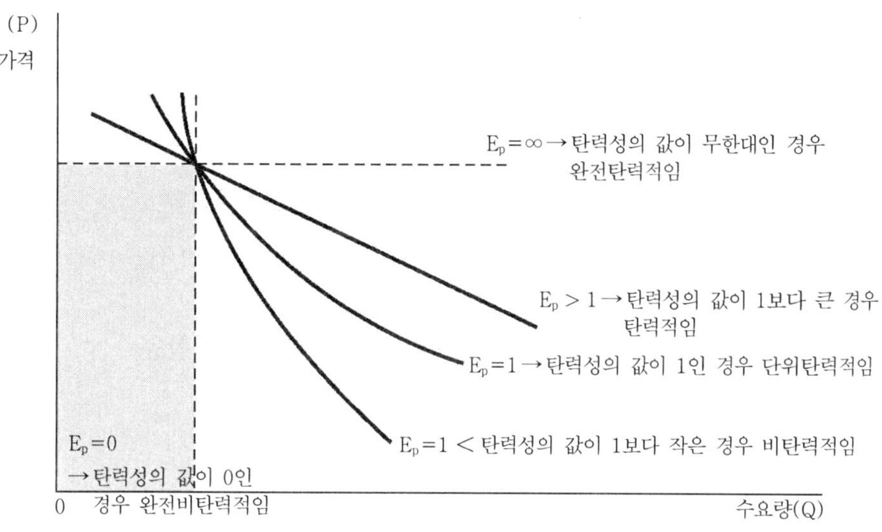

[그림 4-2] 수요의 가격 탄력성의 크기

4.2 부동산 공급

1. 부동산 공급의 개념

공급이란 일반적으로 생산자들이 일정기간 동안 판매하려고 의도한 재화의 양을 말한다. 그리고 공급량이란 일정기간 동안 생산자가 판매하고자 하는 최대수량을 말한다.

공급량은 주어진 가격수준에서 생산자가 판매하고자 하는 최대수량으로서 실제로 판매된 수량과는 구분된다. 공급량은 생산자가 실제로 판매할 수 있는 능력을 구비한 상태에서 판매하고자 하는 상품의 수량을 말한다. 공급량은 일정기간을 명시하여야 그 의미가 분명한 유량(flow)이다.

한편 공급의 법칙은 "가격의 상승은 공급의 증가를 가져오고, 가격이 하락하면 공급량이 감소하는 법칙"을 말한다.

부동산의 공급에 대한 생산자는 건설업자나 개발업자는 물론 부동산의 건축이나 생산에 관계되는 사람이면 모두 해당한다. 부동산공급에는 신규부동산뿐만 아니라 기존의 부동산도 포함된다. 그러므로 부동산 공급자에는 생산자뿐만 아니라 기존의 주택이나 건물의 소유주도 포함된다.

경제적 측면의 토지공급이란 부동산 공급의 개념을 경제적인 측면에서 볼 때 토지의 경우 물리적으로 한정되어 있는 토지의 이용을 효율화하기 위하여 경제적 이용도를 증대시키는 것을 말한다. 즉, 토지의 경제적 공급이란 토지의 수요를 충족시켜 주는 것을 말한다.

그 구체적인 사례를 들면 다음과 같다.

- 수면의 매립, 간척, 개발을 통하여 택지를 조성하는 방법
- 여러 용도의 부동산을 건설하여 분양하는 활동
- 소유 중에 있는 부동산을 매각의 목적으로 시장에 출품하는 활동
- 임대용 부동산을 임대하는 활동
- 입체공간을 분양하거나 임대하는 활동

2. 부동산 공급함수와 곡선

부동산 공급함수란 어떤 부동산에 대한 공급과 그 부동산의 공급에 영향을 주는 요인들과의 함수관계를 말한다.

공급량은 부동산의 가격에 의해 변화하나, 다른 요소가 고정되어 있다고 가정할 경우 다음과 같은 결정요인(변수)에 의해 변화한다.

- 건설비용(자재비, 인건비 등) : 건설비용의 증가는 공급원가를 증가시켜 공급이 감소한다.
- 기술수준 : 기술수준의 향상은 공급원가를 감소시켜 공급을 증대시킨다.
- 시장변동이나 정부정책에 대한 기대(예측) : 부동산 시장의 호경기 또는 불경기나 정부의 부동산 정책에 따라 공급이 증가하거나 감소한다.
- 세금 : 공급자에 대한 세금이 중과될 경우 공급이 감소한다.

- 이자율(금리) : 이자율이 상승할 경우 건설자금의 조달비용이 높아져 공급이 감소한다.
- 지원 : 공급자에 대한 지원(금융, 보조금 등)이 많을수록 공급은 증가한다.
- 공급자의 수 및 기타 : 공급자의 수가 많을수록 공급은 증가하며, 기타 자연력이나 대체재의 가격도 공급의 결정요인이라는 주장도 있다.

부동산 공급곡선은 공급함수나 공급의 법칙이 특정의 재화나 용역에 대하여 현실적으로 나타나고 있는 현상을 그래프에 나타낸 것을 말한다. 따라서 부동산의 공급곡선은 다른 조건이 일정하다고 가정할 때, 가격(임대료)과 공급량과의 관계를 그래프에 나타낸 것이다.

공급곡선은 [그림 4-3]과 같이 수요곡선과는 반대로 우상향하는 곡선이다. 공급곡선이 우상향하는 것은 공급의 법칙이 적용되는 것을 의미한다. 즉 가격이 P_1일 경우에는 공급이 Q_1이지만, 가격이 상승하여 P_2인 경우에는 공급량이 Q_2로 증가한다.

그러나 단기공급곡선과 장기공급곡선은 그 형태가 다르게 나타난다.

단기공급곡선은 장기공급곡선보다 기울기가 가파르다. 단기공급곡선의 경사도가 가파른 것은 생산요소들이 보다 제한을 받기 때문이다. 그러나 장기적으로는 생산요소를 변경하여 비용증가 없이 생산요소를 조정할 수가 있으므로 공급곡선이 보다 완만한 기울기를 가진다.

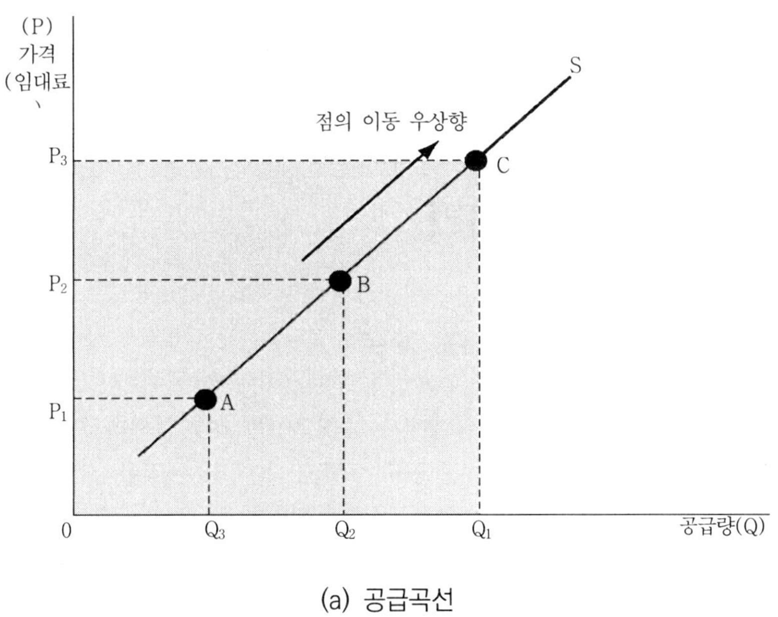

(a) 공급곡선

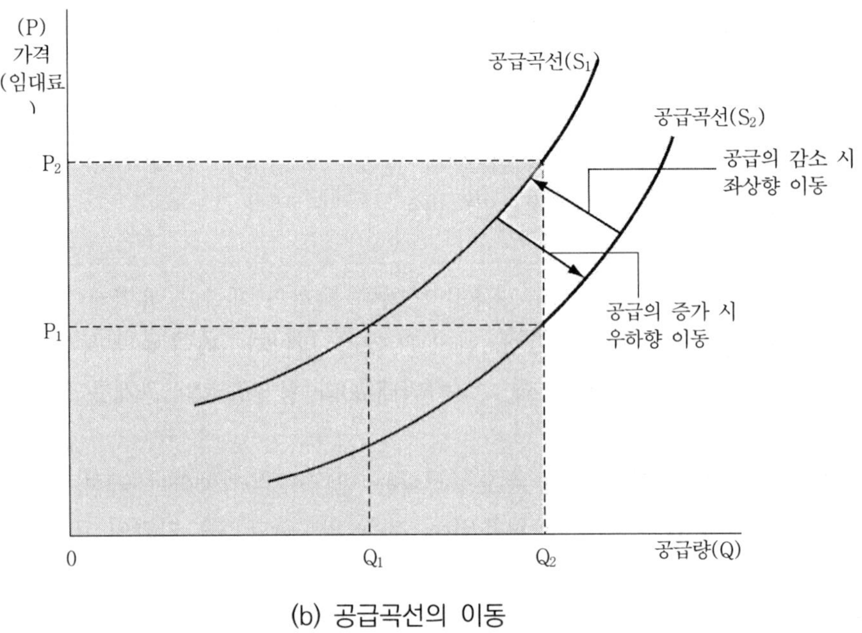

(b) 공급곡선의 이동

[그림 4-3] 공급곡선 및 공급곡선의 이동

부동산은 상당부분이 중요한 생산요소인 토지에 대한 의존도가 높다. 토지의 고정성으로 인해 단기적으로는 공급에 제한을 받으며 조정도 불가능하다. 장기적으로는 용도의 다용성이란 특성으로 다른 용도로 쓰일 수 있으며, 보다 생산적인 잠재력을 지니게 된다.

4.3 부동산의 균형가격

1. 균형가격(임대료)과 균형량의 개념

균형(equilibrium)이란 어느 가격수준에서 수요와 공급이 일치하고 있다면 수요자는 사고 싶어하는 것을 구매할 수 있고, 공급자는 팔고 싶어하는 것을 팔 수 있어 모두 만족하게 된다. 즉 그 가격수준 이외의 다른 가격수준으로 변경할 이유가 없는 상태를 말한다.

균형가격(임대료)와 균형량이란 수요곡선은 각 가격수준에서의 수요량을 나타내며, 공급곡선은 그 수준에서의 공급량을 나타낸다.

수요와 공급은 수요의 법칙과 공급의 법칙이 작용하므로 초과수요는 가격을 상승시켜 공급을 증가시키며, 공급의 증가는 가격을 하락시켜 수요를 증가시킨다.

가격은 결국 공급량과 수요량을 일치시키는 수준까지 하락하는데, 이때의 가격수준을 균형가격이라 하고 수요와 공급량을 균형량이라 한다.

2. 균형가격의 결정

부동산 가격은 수요와 공급이 일치하는 점에서 결정되므로 가격의 결정은 공급측이나 수요측만으로 설명할 수 없다. 그러므로 가격은 수요와 공급의 양 측면을 함께 고려하여야 한다.

균형가격은 수요공급의 균형점 즉, 수요곡선과 공급곡선이 교차되는 점에서 결정된다. 이는 부동산에도 적용될 수 있다.

예를 들면 수요곡선은 각각의 임대료에서 구하는 양을 보여주고 공급곡선은 공급되는 양을 보여준다. 이 경우 시장임대료가 균형임대료보다 낮을 경우 임대료는 하락한다. 그리고 시장임대료가 균형임대료보다 높을 경우 임대료는 상승한다.

균형임대료란 매도자와 매수자가 서로 사고팔려는 양만큼 매매가 이루어질 때(수요와 공급이 일치한 경우)의 임대료 수준을 말한다.

3. 균형가격의 이동

(1) 수요가 증가하였을 경우

초과수요가 발생되어 임대료가 상승하고 균형교환량은 증가한다.

가계소득의 증가로 수요가 증가한 경우 [그림 4-4]에서 수요곡선은 D_0에서 D_1으로 이동하게 된다. 따라서 새로운 균형점 E_1에서 균형이 성립되고 임대료 R_1에서 Q_1만큼 이동하면 임대료는 상승하고 균형교환량은 증가한다.

(2) 수요가 감소하였을 경우

초과공급이 발생되어 임대료가 하락하고 균형교환량은 감소한다.

[그림 4-4]에서 수요곡선은 D_0에서 D_2로 이동하게 되므로 Q_0, Q_4만큼 초과공급이 발생한다. 따라서 새로운 균형점은 E_2로 되고 교환량은 Q_2가 되며 임대료는 하락한다.

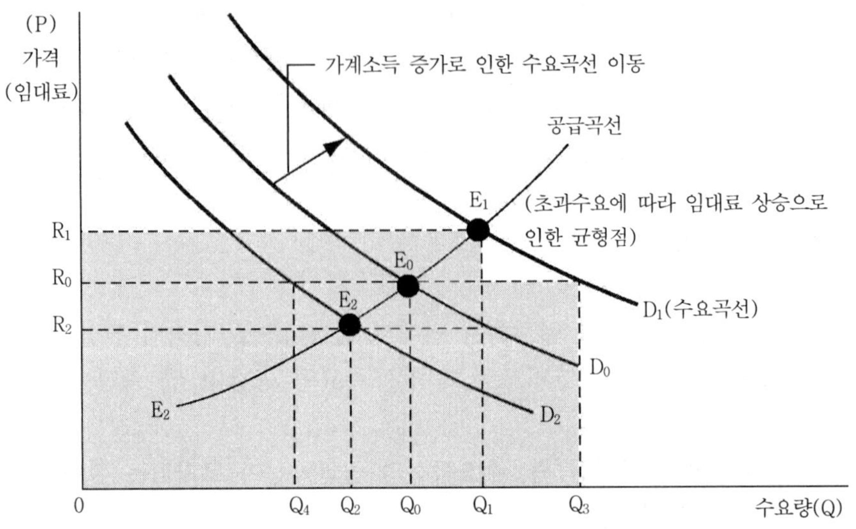

[그림 4-4] 수요의 변동으로 인한 균형임대료 변동

이처럼 공급곡선이 불변일 경우 수요곡선이 좌측으로 이동하면 균형임대료는 하락하고, 균형교환량도 감소하게 된다.

(3) 공급이 증가하였을 경우

초과공급이 발생되어 임대료가 하락하고 균형교환량은 증가한다.

공급이 증가할 경우 공급곡선은 [그림 4-5]에서 보여주는 바와 같이 S_0에서 S_1으로 이동한다. 공급곡선이 우측으로 이동하면 임대료가 R_0 수준에서는 Q_0, Q_3만큼 초과공급이 발생하여 임대료는 하락한다. 이때에 새로운 균형점은 E_1이 되고, 균형임대료는 R_1이 되며 균형교환량은 Q_1이 된다. 일반적으로 공급이 증가하는 경우에는 임대료는 하락하고 균형교환량은 증가한다.

(4) 공급이 감소하였을 경우

초과수요가 발생하여 임대료가 상승하고 균형교환량은 감소한다.

[그림 4-5]에서 공급곡선은 S_0에서 S_2로 이동하고 균형점을 E_0에서 E_2로 이동하여 임대료는 상승하고 수요량은 감소한다. 임대료의 상승은 Q_0~Q_4만큼 초과수요의 작용 때문이다. 이와 같이 수요곡선이 불변일 때 공급곡선이 좌측으로 이동하면 균형임대료는 상승하고 균형교환량은 감소한다.

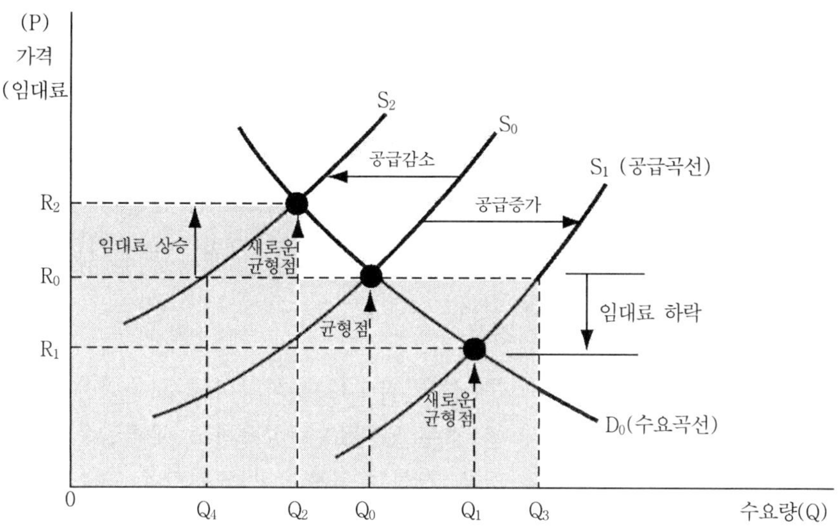

[그림 4-5] 공급의 변동으로 인한 균형임대료 변동

〈표 4-1〉 슈바베법칙과 슈바베지수 및 엥겔지수

슈바베법칙	슈바베(H.Schwabe)는 1868년 베를린시의 가계조사를 통해서 주민들의 가계소득이 증대할수록 가계의 소비지출 중 주거비에 대한 절대지출액이 증가하나, 상대적 지출액인 지출비율은 감소한다는 법칙이다.	
슈바베지수	가구의 생계비 중에서 주거비가 차지하는 비율을 말한다. 저소득계층일수록 슈바베시수가 높고, 이 경우 주택부담이 크며, 주택부담능력은 떨어진다.	$\frac{주거비}{생계비} \times 100(\%)$
부동산점유비중	자산구성에 있어 소득이 낮은 나라일수록 자산 중에서 부동산이 차지하는 비중이 크고, 소득이 높을수록 유가증권에 대한 투자가 높다는 견해이다.	
엥겔지수	생계비 가운데 음식비가 차지하는 비율	$\frac{음식비}{생계비} \times 100(\%)$

※ 주거비, 식료품비가 높으면 저소득층은 소득의 상당 부분을 소비로 지출, 저축 여지가 거의 없는 결과를 초래한다. 즉 문화비용의 지출이 감소되거나, 상실된다.

(5) 수요공급이 동시에 변동할 경우

1) 수요와 공급이 동시에 증가한 경우

- 수요의 증가가 공급의 증가보다 큰 경우 임대료는 상승하고 교환량도 증가한다.
- 공급의 증가가 수요의 증가보다 큰 경우 임대료는 하락하고 교환량은 증가한다.
- 수요와 공급이 동일하게 증가하면 임대료는 불변이고 교환량만 증가한다.

2) 수요와 공급이 동시에 감소할 경우

- 수요의 감소가 공급의 감소보다 큰 경우 임대료는 하락하고 교환량은 감소한다.
- 공급의 감소가 수요의 감소보다 큰 경우 임대료는 상승하고 교환량은 감소한다.
- 수요와 공급이 동일하게 감소한 경우 가격은 불변이고 교환량은 감소한다.

(6) 수요공급의 4원칙

- 공급이 일정하고 수요가 증가할 경우 가격이 상승하고, 균형량은 증가한다.
- 공급이 일정하고 수요가 감소할 경우 가격은 하락하고, 균형량은 감소한다.
- 수요가 일정하고 공급이 증가할 경우 가격은 하락하고, 균형량은 증가한다.
- 수요가 일정하고 공급이 감소할 경우 가격은 상승하고, 균형량은 감소한다.
- 주거비가 높으면 저소득층은 소득이 전부 소비로 지출되고, 저축 여지가 거의 없는 결과를 초래한다.
- 음식, 주거비가 높으면 문화비용의 지출이 감소하거나, 상실된다.

4.4 거미집 이론

1. 거미집 이론의 이론적 근거

(1) 농산물 가격

농산물 가격은 주기적으로 폭락과 폭등을 반복하는 것이 일반적이다.

그 원인으로는 우선 농산물 가격의 주기적 변동의 주요 요인 중의 하나는 생산기간의 장기성을 들 수 있다. 생산기간이 길면 시장가격에 대한 공급 반응속도가 느리기 때문에 수급균형이 즉시 이루어지지 않고 초과수요와 초과공급이 반복하면서 가격이 폭락과 폭등을 반복하는 것이다. 이러한 생산기간의 장기성으로 인하여 발생하는 가격의 주기적인 변동을 설명한 것이 옥수수-돼지순환(corn-hog cycle)이며, 이를 일반화시킨 것이 거미집 이론(Cob-web theorem)이다.

옥수수-돼지순환이란 수요와 공급 사이에 1기의 시차가 있기 때문에 발생하는 가격순환을 말한다. 예를 들어 돼지의 사료인 옥수수가격이 쌀 때에 돼지사육농가는 돼지의 증산을 결정하고, 옥수수 재배농가는 옥수수의 재배면적을 감소시키고자 할 것이다.

1년 후 돼지가격은 공급과잉으로 폭락하고 옥수수가격은 반대로 폭등하게 된다. 그러면 다시 돼지사육농가는 돼지의 감축을 결정하고 옥수수 재배농가는 옥수수 재배면적의 확대를 결정할 것이다. 다시 1년 뒤에는 반대로 돼지가격은 공급 감소로 폭등하고, 옥수수가격은 공급과잉으로 폭락을 하게 되는 것이다. 이렇게 하여 옥수수와 돼지의 가격과 생산량은 순환적인 변동을 보이는 것이다.

거미집 이론은 이러한 농산물 가격의 순환적 변동을 이론화한 것이다.

거미집이란 말은 일시적 균형가격의 변동을 그림으로 그려보면 거미집 같은 모양을 하는 일이 있기 때문에 나온 것이다.

2. 거미집 이론의 의의

수요량은 대체적으로 가격의 변화에 즉각 호응할 수 있다고 할 수 있으나, 공급량의 경우에는 이러한 즉각적인 반응이 어려우며, 가격의 변화에 대하여 공급량의 적용은 어느 정도 시차(time-lag)를 요하는 것으로 보아야 한다.

예를 들어 토지를 매입하여 아파트를 건설할 경우나, 농산물의 가격에 이러한 변동이 1년 후 또는 수년 후의 공급량에 영향을 미치게 되는 것이다. 이와 같이 가격이 수요량과 공급량에 주는 영향에는 얼마간의 시차가 있는 것이 원칙이다. 거미집 이론은 시차를 고려한 가격이 균형에 근접해 가는 과정을 설명하는 이론이다. 따라서 거미집 이론은 다음과 같이 그 이론적 의미를 가진다.

첫째, 가격변동에 대한 공급측의 적응시차를 알 수 있다는 점이다.
둘째, 일시적 균형의 계열로 경제변동을 분석하는 방법이라는 점이다.
셋째, 균형에 관한 수요조건의 분석을 할 수 있다는 점 등이다.

이상과 같이 거미집 이론은 공급에 시차가 있는 상품의 균형가격을 찾는 과정이다. 거미집 이론의 전제는 공급자가 전년도에 결정된 가격을 기준으로 공급량을 정한다는 것이다.

이 경우 수요의 탄력성이 공급의 탄력성보다 클 때에는 시장균형의 안정(안정)을 이루게 되고, 수요의 탄력성이 공급의 탄력성보다 작을 경우에는 시장균형이 불균형(분산)을 이루게 된다. 그리고 수요와 공급의 탄력성이 동일할 때 시장균형은 중립(순환)을 이루게 된다는 것이다.

▶ 참고 : 소비행동의 상호관계

소비행동의 상호관계에서 전통적인 소비자 선택이론은 주어진 소득으로 자기 자신의 효용을 극대화하려는 합리적인 소비를 한다는 것이다. 그런데 라이벤스타인(Harvey Leibenstein)은 다음과 같은 다른 견해를 밝혔다.

1) 편승효과(band wagon effect) : 다른 소비자들의 소비에 편승해 소비자의 수요가 이루어지는 경우를 말하며, 개별수요가 커지고, 시장수요가 커지며, 가격이 탄력적이 된다.
2) 백로효과(snob effect) : 어떤 상품이 많이 소비되면 자기는 그 재화의 소비수요를 감소시키는 것. 편승효과의 반대이며, 자기는 다른 사람들과는 품격이 다르다는 것을 과시하는 행동이다. 이 경우는 개별수요는 작아지고, 시장수요도 작아진다. 가격도 비탄력적이 된다.
3) 베블런 효과(Veblen effect) : ① 소비자가 돋보이고 싶어 소비하는 것, ② 보석 등 귀금속, 자동차, 고급의류 등, ③ 가격이 높은 재화일수록 개별수요가 커지고 시장수요도 커진다.
4) 전시효과(demonstration effect) : 사회적 의존관계에 있는 다른 사람의 소비형태, 소득수준에 영향을 받는다.

연 습 문 제

1. 부동산 수요의 특성에 대해서 설명하시오.

2. 주택상품의 특성에 대해서 설명하시오.

3. 부동산 수요의 가격 탄력성에 대해서 설명하시오.

4. 경제적 측면의 토지공급에 대해서 설명하시오.

5. 균형가격과 균형량의 개념에 대해서 정리하시오.

6. 공급이 증가될 경우 부동산 균형가격의 이동은 어떻게 전개되는가?

7. 부동산 경기이론 중 거미집 모형(이론)이 있다. 이 이론이 부동산 일반에 있어서 어떤 의미를 갖는가에 대해서 기술하시오.

공인중개사 기출 및 예상문제

1. 수요와 공급의 가격탄력성에 관한 설명으로 옳은 것은? (단, X축은 수량, 축은 가격, 수요의 가격탄력성은 절댓값을 의미하여, 다른 조건은 동일함) (34회 기출)

① 가격이 변화하여도 수요량이 전혀 변화하지 않는다면, 수요의 가격탄력성은 완전탄력적이다.

② 가격변화율보다 공급량의 변화율이 커서 1보다 큰 값을 가진다면, 공급의 가격탄력성은 비탄력적이다.

③ 공급의 가격탄력성이 이라면, 완전탄력적이다.

④ 수요의 가격탄력성이 1보다 작은 값을 가진다면, 수요의 가격탄력성은 탄력적이다.

⑤ 공급곡선이 수직선이면, 공급의 가격탄력성은 완전비탄력적이다.

[해설]

① 가격이 변화하여도 수요량이 전혀 변화하지 않는다면, 수요의 가격탄력성은 완전 비탄력적이다.

② 가격변화율보다 공급량의 변화율이 커서 1보다 큰 값을 가진다면, 공급의 가격탄력성은 탄력적이다.

③ 공급의 가격탄력성이 0이라면, 완전 비탄력적이다.

④ 수요의 가격탄력성이 1보다 작은 값을 가진다면, 수요의 가격탄력성은 비탄력적이다.

2. 임대아파트의 수요함수는 $Q_D = 1400 - 2P$, 공급함수는 $Q_S = 200 + 4P$라고 하자. 이때 정부가 아파트 임대료를 150만원/m2으로 규제했다. 이 규제 하에서 시장의 초과수요 또는 초과공급 상황과 그 수량은? (여기서 P는 가격(단위 : 만원), Q_D, Q_S는 각각 수요량과 공급량(단위 : m2), 다른 조건은 불변이라고 가정)(16회 기출)

① 초과수요 100m²　② 초과수요 300m²　③ 초과공급 100m²

④ 초과공급 200m²　⑤ 초과공급 300m²

[해설]

수요함수와 공급함수의 P(가격)에 150만원/m2을 대입하면 수요량과 공급량을 계산하면 다음과 같다.

$Q_D = 1400 - 2P = 1400 - 2 \times 150 = 1100/\text{m}^2$

$Q_S = 200 + 4P = 200 + 4 \times 150 = 800/\text{m}^2$

정답 1. ⑤ 2. ②

3. 부동산 수요에 관한 설명 중 맞는 것은? (8회 기출)

① 부동산 수요곡선이란 단위당 임대료와 수요량과의 관계를 나타낸 것이다.
② 수요곡선은 우상향하는 모양을 나타낸다.
③ 임대료가 상승하게 되면 소득효과에 의해 다른 재화의 소비량이 상대적으로 증가한다.
④ 수요곡선 자체가 변화하는 것은 '수요량의 변화' 때문이다.
⑤ 다른 조건이 일정할 경우 부동산 가격이 상승하면 수요곡선이 이동한다.

[해설]
② 일반적으로 우하향하는 모양이다.
③ 임대료가 상승하게 되면 임차인의 실질소득은 줄어들게 되므로 다른 재화의 소비량은 상대적으로 감소한다.
④ 수요의 변화이다.
⑤ 수요곡선 상에서 점이 이동한다.

4. 부동산 수요의 억제요인으로 옳지 않은 것은?

① 용도의 다양성
② 공·사법상의 규제
③ 부동산의 중과세
④ 유사부동산의 과잉공급
⑤ 금리인상

[해설]
당해 부동산의 고가, 공·사법상의 규제, 유사부동산의 과잉공급, 부동산의 중과세, 금리인상, 당해 부동산의 용도의 특수성 등이 있다.

5. 다음은 부동산의 공급에 대한 설명이다. 옳은 것은?

① 공법상의 규제가 완화되면 부동산의 공급곡선은 가파르게 된다.
② 토지의 물리적 공급곡선은 토지의 영속성으로 인하여 완전 수직이 된다.
③ 토지의 경제적 공급곡선은 토지의 용도의 다양성으로 인하여 우상향하게 된다.
④ 부동산의 단기 공급곡선은 가용 생산요소의 제약성 때문에 경사도가 완만하게 된다.
⑤ 부동산의 장기 공급곡선은 가용 생산요소의 제약성이 완화되기 때문에 가파르게 된다.

[해설]
① 공급곡선은 완만해진다.
② 토지의 부증성 때문에 토지의 물리적 공급곡선은 완전 수직이 된다.
④ 부동산의 단기 공급곡선은 경사도가 가파르다.
⑤ 부동산의 장기 공급곡선은 경사도가 완만하다.

정답 3. ① 4. ① 5. ③

6. 다음은 토지의 수요와 공급에 대한 설명이다. 잘못된 것은?

① 토지에 대한 수요는 일반적으로 파생적 수요이다.

② 토지의 이용능력의 향상, 실질소득의 향상, 인구의 도시집중 등으로 인하여 토지의 수요는 증가된다.

③ 토지의 부동성에 의하여 단기적으로는 토지의 공급은 완전 비탄력적이지만 장기적으로 경제적 공급을 통하여 탄력적으로 된다.

④ 도시형 토지의 공급 탄력성은 농촌형 토지의 공급탄력성보다 떨어진다.

⑤ 토지의 공급의 비탄력성 때문에 토지이용의 형태가 고밀화된다.

[해설]
토지의 부증성에 의해 단기적으로 물리적 공급은 완전 비탄력적이다.

7. 다음은 수요와 공급에 관한 설명이다. 옳은 것은?

① 거래량이 감소하면 가격은 하락한다.

② 거래량이 증가하면 가격은 상승한다.

③ 가격이 상승하는데 수요가 증가하면 수요의 변화이다.

④ 균형가격점을 수직으로 상승시키는 경우는 수요의 감소량과 공급의 증가량이 같은 경우이다.

⑤ 부동산 가격이 하락할 것으로 예상이 되면 균형점은 수요곡선과 공급곡선 자체에서 이동한다.

[해설]
① 거래량이 감소하면 가격은 하락할 수도 있고 상승할 수도 있고 일정할 수도 있다.
② 거래량이 증가하면 가격은 하락할 수도 있고 상승할 수도 있고 일정할 수도 있다.
③ 이러한 경우는 가수요 또는 투기수요에 의해 나타난다. 이는 수요량의 변화가 아니라 수요는 변화이다.
④ 수요의 증가량과 공급의 감소량이 같은 경우이다.
⑤ 부동산 가격 하락이 예상되는 것은 수요의 변화 또는 공급의 변화이므로 수요곡선 자체가 좌측으로 이동하고 공급곡선은 오른쪽으로 이동한다.

8. 일반적으로 상가임대료가 오르면 그 수요는 감소한다. 그러나 어떤 경우에는 수요의 감소폭이 둔화되거나, 수요가 변하지 않거나, 혹은 수요가 증가하기도 한다. 다음은 그 이유를 설명한 것이다. 틀린 것은? (14회 기출)

① 해당지역으로 인구유입량이 크게 증가하겠다.

② 해당지역의 소득수준이 크게 향상되었다.

정답 6. ③ 7. ③

③ 차입금 이자율이 계속 인하되고 있다.
④ 대체 투자자산의 수익률이 악화되고 있다.
⑤ 부동산에 대한 중과세 대책이 발표되었다.

[해설]
⑤ 임대료가 상승하는데 수요의 감소폭이 둔화된다든지 불변이라든지 증가한다면 수요가 매우 강하다는 의미이므로 수요증대요인을 고려하면 정답을 쉽게 찾을 수가 있다. ①, ②, ③, ④는 수요증대요인이나 ⑤의 부동산중과세 대책은 오히려 수요를 감소시키게 된다.

9. 어떤 지역의 아파트 시장균형가격을 하락시킬 수 있는 요인은? (단, 다른 조건은 불변이라고 가정) (16회 기출)

① 대체주택에 대한 수요 감소
② 아파트 주변환경의 개선
③ 건설기술의 진보로 인한 생산성 향상
④ 가구소득의 증가
⑤ 지역 내 유입인구 증가

[해설]
① 대체주택의 수요가 감소되면 대체관계의 당해 아파트의 수요가 증가하여 시장가격은 상승하게 된다.
② 아파트의 주변환경이 개선되면 당해 아파트의 수요가 증가하여 아파트의 가격이 상승한다.
③ 건설기술이 진보되면 생산비가 하락함으로써 공급량이 증대되어 시장균형가격은 하락하게 된다.
④ 가구의 소득이 증가하면 수요가 증가하여 당해 아파트의 가격이 상승한다.
⑤ 당해 지역으로 인구가 증가하면 수요가 증가하므로 아파트의 가격은 상승한다.

10. 이자율의 하락이 부동산 시장에 미치는 영향으로 타당한 것은? (단, 이자율 상승 이외에 부동산의 수요와 공급에 영향을 미치는 요인들의 변화는 없다고 가정한다.) (13회 기출)

① 생산비 하락으로 신규주택의 공급이 장기적으로 감소한다.
② 전세금의 기회비용이 하락하면서 전세수요가 감소한다.
③ 투자에 따른 기회비용의 감소로 부동산에 대한 수요가 증가한다.
④ 경기가 위축되면서 부동산의 공간서비스에 대한 수요가 감소한다.
⑤ 전세금의 운용수익이 줄어들면서 월세공급이 감소한다.

[해설]
① 생산비가 하락하면 신규공급량은 장기적으로 증가한다.

정답 8. ⑤ 9. ③ 10. ③

② 임차인 입장에서 예금이자가 싸므로 예금을 전세보증금으로 활용하는 것이 유리하게 됨으로써 월세보다는 전세를 선호하게 될 것이다. 따라서 임차인의 입장에서는 전세에 대한 수요가 증가한다.
③ 대체투자의 수익률이 하락하므로 지금은 부동산 시장으로 유입되어 부동산에 대한 수요가 증가한다.
④ 이자율이 하락하면 자금에 대한 수요가 증가하여 경기가 활성화되며 이로 인하여 부동산공급이 활성화되어 공간서비스에 대한 수요도 증가한다.
⑤ 임대인 입장에서는 전세금 운용수익, 즉 전세보증금을 은행에 예금하였을 때의 이자수입이 줄게 됨으로써 전세보다는 월세를 선호하게 되어 월세공급이 증가한다.

11. 부동산 시장에 관한 설명 중 틀린 것은? (단, 다른 요인은 불변이라고 가정) (16회 기출)

① 건설노동자의 임금이 상승하면 주택공급이 증가한다.
② 정부가 건축허가요건을 강화하면 신규건설이 침체될 수 있다.
③ 부동산 경기조절정책은 일반경기의 조절을 위한 수단이 될 수 있다.
④ 장기 주택저당대출제도의 활성화는 무주택가구의 주택구입을 쉽게 해준다.
⑤ 프로젝트 파이낸싱의 활성화는 주택공급의 확대에 기여할 수 있다.

[해설]
① 생산요소의 하나인 노동비, 즉 건설노동자의 임금이 상승하면 생산비가 증가하므로 주택공급은 감소하게 된다.

12. 토지가격 결정에 영향을 미치는 요인에 관한 설명 중 옳은 것은? (단, 자본시장은 완전하고 다른 요인은 불변이라고 가정) (16회 기출)

① 지대가 상승하면 토지가격은 낮아진다.
② 토지에 대한 위험 프리미엄이 상승하면 토지가격은 높아진다.
③ 금리가 상승하면 토지가격은 낮아진다.
④ 신도시 개발계획이 발표되면 사업예정지 주변지역의 토지가격은 낮아진다.
⑤ 기대인플레이션율이 오르면 토지가격은 낮아진다.

[해설]
① 지대와 지가는 비례관계에 있기 때문에 지대가 상승하면 토지가격은 높아진다.
② 토지에 대한 위험 프리미엄이 상승하면 수요의 감소로 토지가격은 낮아진다.
③ 금리가 상승하면 수요가 감소되므로 토지가격은 낮아진다.

정답 11. ① 12. ③

④ 신도시 개발계획이 발표되면 사업예정지 주변지역의 기대수익의 증대가 예상되므로 수요가 증가하여 토지가격은 높아진다.
⑤ 기대인플레이션율이 오르면 화폐성 자산가치가 하락함으로써 자본시장의 자금은 부동산 시장으로 유입되어 토지수요가 증가하여 토지가격은 높아진다.

13. 부동산 수요에 관한 설명 중 맞는 것은?

① 부동산 수요곡선이란 단위당 임대료와 수요량과의 관계를 나타낸 것이다.
② 수요곡선은 우상향하는 모양을 나타낸다.
③ 임대료가 상승하게 되면 소득효과에 의해 다른 재화의 소비량이 상대적으로 증가하게 된다.
④ 수요곡선 자체가 변화하는 것은 '수요량의 변화' 때문이다.
⑤ 다른 조건이 일정한 경우 부동산 가격이 상승하면 수요곡선이 이동한다.

[해설]
① 수요곡선이란 단위당 임대료와 수요량의 관계를 나타낸 각 조합의 점들을 연결한 것이다.
② 수요법칙에 의해 수요곡선은 우하향하는 곡선의 형태이다.
③ 임대료가 상승하면 소비자의 소득이 상대적으로 줄어들게 되며 그로 인하여 그 전보다 적은 양의 재화를 소비하게 된다(소득효과).
④ 수요곡선의 변화는 수요의 변화이며 수요점의 변화(수요곡선상의 수요량의 변화)는 수요량의 변화이다.
⑤ 다른 조건이 일정한 경우 부동산 가격이 상승하면 수요량이 변화한다.

14. 다른 조건이 동일한 경우 다음과 같은 수요 결정요인이 변화할 때 수요곡선 자체의 이동을 가져오지 않는 것은? (7회 기출)

① 소득의 변화 ② 세금의 변화 ③ 인구의 변화
④ 부동산 가격의 변화 ⑤ 이자율의 변화

[해설]
수요량의 변화 : 그 부동산 가격을 제외한 다른 변수들이 불변이라면 그 해당 부동산 가격의 변화는 동일한 수요곡선상에서의 점의 이동으로 나타난다.

15. 부동산 가격이 상승하면 수요가 오히려 증가하는 현상을 흔히 볼 수 있는데, 이와 같은 현상은 이론적으로 어떻게 설명하는 것이 가장 타당한가? (7회 기출)

① 수요곡선 자체가 이동한 것으로 보아야 한다.
② 부동산 수요곡선은 다른 재화와는 달리 우상향하는 성질이 있다고 봐야 한다.
③ 부동산투기에 의한 일시적인 현상으로 봐야 한다.

정답 13. ① 14. ④

④ '수요의 변화'라기보다는 '수요량의 변화'로 봐야 한다.

⑤ 이론과 현실이 다른 만큼 이론이 설명할 수 없는 현상으로 봐야 한다.

[해설]

부동산 가격이 상승하면 수요가 감소하는 것이 보통인데, 오히려 수요가 증가하는 현상은 장래의 기대감이 고조되었다고 볼 수 있다. 장래의 기대감 고조는 수요곡선 자체를 이동시킨다.

16. 다음은 부동산의 수요활동을 일반경제재의 수요활동과 구별하는 이유를 설명한 것이다. 옳지 않은 것은? (7회 기출)

① 부동산은 일반재화와 비교하여 볼 때 가격비중이 크므로 구매자금을 축적하는 데 오랜 시간이 요구되는 편이다.

② 부동산의 구매결정에 있어 검토되어야 할 사항에는 전문적이고, 복잡한 많은 사항이 있다.

③ 일반경제재는 경제원칙의 적용을 받는 경제행위이나 부동산은 그 특성으로 인해 일반경제법칙이 전혀 적용되지 않는다.

④ 구매절차에 있어서 부동산의 경우는 일반상품에 비해 특수한 방법이 활용된다.

⑤ 수요의 탄력성이 적용되는 정도는 부동산의 종류에 따라 상이한 양상을 보이기도 한다.

[해설]

부동산의 수요는 일반경제재의 수요와 같은 경제행위라는 점에서는 원칙적으로 같은 것이지만, 부동산의 수요활동은 부동산의 특성으로 인하여 여러 가지 특징을 가진다.

17. 다음은 부동산공급곡선을 설명한 것이다. 잘못된 것은? (7회 기출)

① 공급곡선은 각 임대료 수준에서 생산자가 기꺼이 공급하려 하고, 할 수 있는 공급량을 연결한 곡선이다.

② 부동산 공급자에는 생산자뿐만 아니라, 기존의 주택이나 건물의 소유주도 포함된다.

③ 단기공급곡선은 장기공급곡선에 비해서 그 경사도가 완만하다.

④ 시장 전체의 총합 공급곡선은 개별공급자의 한계비용곡선을 수평으로 전부 합한 것이다.

⑤ 다른 조건이 일정할 경우 완전경쟁시장에서의 부동산 공급량은 한계 비용곡선과 평균 비용곡선이 가격곡선과 일치하는 선에서 결정된다.

[해설]

부동산의 공급곡선이란 다른 것이 일정하다고 할 때 임대료와 공급량과의 관계를 그래프로 나타낸 것이다. 즉 공급곡선이란 각 임대료 수준에서 생산자가 공급하려고 하는 공급량을 서로 연결한 곡선이다. 단기 공급곡선은 장기 공급곡선에 비해서 그 경사도가 급하다. 즉, 기울기가 크다는 것이다. 이는 단기적으로 부동산 가격이 상승한다고 해도 공급량이 크게 늘어날 수 없기 때문이다.

정답 15. ① 16. ③ 17. ③

18. 토지에 대한 공급의 가격탄력성을 완전 비탄력적이라 할 경우에 강조되는 특성은? (10회 기출)

① 지리적 위치의 고정성　② 부증성　③ 영속성
④ 용도의 다양성　⑤ 위치의 가변성

[해설]

(1) 공급의 가격탄력의 개념 : 한 상품의 가격이 변화면 그 상품의 공급량이 변하는데 그 변화의 정도를 측정하는 척도가 공급의 탄력성이다. 즉 공급의 탄력성은 임대료의 변화율에 대한 공급량의 변화율의 정도를 말한다.

(2) 토지의 자연적 특성인 부증성으로 인해 물리적으로 이용 가능한 토지의 양이 일정하기 때문에 어떠한 가격변화에 대해서도 토지의 물리적 공급량은 고정되어 있어 공급곡선은 수직이며, 공급의 가격탄력성은 0값(완전 비탄력적)을 가진다.

19. 다음은 토지의 수요와 공급에 관계되는 설명이다. 틀린 것은? (9회 기출)

① 토지의 공급은 토지의 이용 및 이용 가능한 토지자원의 양과 질에 달려 있다.
② 토지의 수요는 토지의 필요에 대한 이용 능력과 함께 토지의 생산물과 토지의 필요성의 증가에 관한 제요인과는 관련이 없고 가수요와 관련성을 가지고 있다.
③ 토지의 물리적 공급은 물리적으로 존재하는 토지자원으로 삼림, 광물, 비옥도 등에 따른 각 지역의 특정한 자원과 공급에 속한다.
④ 경제적 공급은 물리적 공급 중에서 인간이 이용하는 부분을 말한다.
⑤ 토지자원의 유용성에 따른 수익, 그에 대한 가격의 결정, 개발과 투자비 등의 요소는 경제적 공급에 속한다.

[해설]

(1) 부동산(토지)의 수요는 소비자나 사용자의 욕구나 기호에 바탕을 두고 있으며 소비자들이 구매하고자 하는 의도된 구매량을 나타내고 그 소비자의 절대적인 지불의사와 현실적인 지불능력에 근거를 둔 가처분소득이 있는 유효수요를 의미한다.

(2) 토지의 수요는 토지의 이용능력과 토지의 생산물과 토지의 필요성의 증가의 제요인에 의하여 영향을 받는다.

(3) 토지의 경제적 공급이란 물리적 공급이 제한되어 있는(부증성)토지에 이용의 능률화를 기하여 경제적 이용을 증대시키는 인위적 공급이며 균형가격추정 시 직접 영향을 주는 입체적 공급이다.

정답 18. ② 19. ②

20. 주택수요의 결정요인이 아닌 것은? (8회 기출)

① 주택매수자의 수
② 생산기술이나 요소 가격
③ 대체재의 가격
④ 보완재의 가격
⑤ 시장변동이나 정부정책에 대한 기대심리

[해설]
(1) 주택수요의 결정요인 : 주택의 가치, 주택에 대한 대체재 가격, 주택에 대한 보완재 가격, 실질소득, 기대감, 매수자 등이다.
(2) 주택공급의 결정요인 : 주택의 가치, 공급자가 제공하는 대안적 상품의 가격, 생산요소 가격, 기술, 자연력(홍수, 지진 등), 매도자 등이다.

21. 거미집 모형에 관한 설명으로 옳은 것은? (단, 다른 조건은 동일함) (34회 기출)

① 수요의 가격탄력성이 공급의 가격탄력성보다 크면 발산형이다.
② 가격이 변동하면 수요와 공급은 모두 즉각적으로 반응한다는 가정을 전제하고 있다.
③ 수요곡선의 기울기 절댓값이 공급곡선의 기울기 절댓값보다 작으면 수렴형이다.
④ 수요와 공급의 동시적 관계로 가정하여 균형의 변화를 정태적으로 분석한 모형이다.
⑤ 공급자는 현재와 미래의 가격을 동시에 고려해 미래의 공급을 결정한다는 가정을 전제하고 있다.

[해설]
① 수요의 가격탄력성이 공급의 가격탄력성보다 크면 '수렴형'에 해당한다.
② 가격이 변동하면 수요는 즉각적으로 영향을 받지만, 공급은 일정한 생산기간이 경과한 후에야 변동이 가능하다.
④ 수요와 공급의 시차를 고려하여 일시적 균형의 변동과정을 동태적으로 분석한 모형이다.
④ 수요자의 현재의 수요결정은 현재가격에 의해, 미래의 수요결정은 미래가격에 의해 결정되나, 공급자의 미래의 공급결정은 현재의 가격에만 의존한다는 것을 전제로 한다.

정답 20. ② 21. ③

제5장 부동산 시장론

5.1 부동산 시장의 개념 및 유형

1. 부동산 시장의 개념

(1) 경제학적인 시각에서의 시장

시장의 개념을 경제학적인 시각으로 보면 "시장이란 수요와 공급이 지속적으로 나타나서 상품의 가격이 형성되고, 상품의 매매가 규칙적으로 일어나는 추상적인 기구이다"라고 할 수 있다.

이것은 일반 재화가 유통되는 시장을 의미하는 것이며, 부동산의 경우에는 부동산의 특성으로 일반시장과는 다른 특성을 나타낸다.

(2) 부동산 시장

부동산 시장은 부동산이라는 재화를 유통대상으로 하고, 부동산의 자연적 특성인 지리적 위치의 고정성으로 인하여 국지적 시장형태를 이루고 있어 불완전경쟁시장을 이루게 된다.

부동산 시장이란 부동산의 권리교환, 상호 유리한 가액(價額)으로 가액결정, 경쟁적 이용에 따른 공간분배, 토지와 공간이용의 패턴결정, 수요와 공급의 조절을 돕기 위하여 의도된 경제행위라고 할 수 있다.

2. 부동산 시장의 유형

부동산 시장의 유형을 보는 시각에 따라 여러 형태로 구분할 수 있으나 이 장에서는 다음과 같이 구분하기로 한다.

(1) 용도에 따른 분류

- 주거용 부동산 : 도시주택, 교외주택, 농촌주택, 주상복합건물
- 상업용 부동산 : 사무용 건물, 상가부동산, 주상복합건물, 영화관, 숙박시설, 차고, 창고 등
- 공업용 부동산 : 공장(아파트형 공장 포함), 광산, 창고 등
- 농업용 부동산 : 임야, 초지, 목장, 과수원, 농작물 재배농지(전,답) 등
- 특수용 부동산 : 묘지, 사찰 등 종교시설 및 건물, 골프장, 공원, 기타 공공용 부동산 등

(2) 주체와 객체에 따른 분류

1) 주체에 의한 시장

부동산 시장의 주체라 함은 부동산 시장에서 시장활동을 영위하는 자를 말한다. 일반적으로 매도자 시장(seller's market)과 매수자 시장(buyer's market)으로 분류하기도 한다. 실링(Shilling)에 의하면 부동산 시장의 관리체계가 잘 정비된 곳에서는 매도자 시장에서는 수요가 공급을 초과할 때 발생하며, 매도자들이 보다 높은 가격에 매매가격을 형성할 수 있다. 그러므로 매도자 시장[2]에서는 부동산 가격이 오른다. 한편 매수자 시장에서는 공급이 수요를 초과할 때 발생하며, 매수자들은 낮은 가격에 매매가격을 형성할 수 있다. 매수자 시장에서는 부동산 가격이 떨어진다.

2) 객체에 의한 시장

객체에 의한 부동산 시장은 개개의 부동산이 여러 가지 물건들로 분화될 경우 그 개개의 부동산들의 상호 대체성이 있을 때에 성립되는 시장형태라 할 수 있다.

5.2 부동산 시장과 완전경쟁시장

1. 완전경쟁시장과 독점경쟁시장

시장은 완전경쟁시장과 독점경쟁시장으로 구분될 수 있다. 부동산 시장은 부동산의

2) 부동산경기가 상승국면으로 들어서면 구매자는 증가하고, 매도자는 감소함으로써 매도자 중심(주도)의 시장국면을 보인다.

개별성으로 인해 완전경쟁시장이 형성되기 어려운 것이 사실이다. 그러나 용도의 다양성으로 인하여 완전독점경쟁시장이 형성되지는 않으나, 독점경쟁시장의 성격을 지니는 경우도 있다.

(1) 독점 및 독점경쟁, 과점경쟁시장

시장	의의	특징
독점 시장	1개의 기업이 하나의 재화나 서비스의 공급을 하는 시장형태	• 시장지배력을 가진 가격결정자 • 경쟁상대 기업으로부터 도전을 받지 않음 • 독점기업의 공급량은 해당 상품의 총공급량과 일치 • 시장진입장벽이 존재
독점 경쟁 시장	다수의 기업과 기업의 자유로운 진입과 탈퇴가 보장되는 완전경쟁의 성격과 시장가격을 부분적으로 변경시킬 수 있는 독점의 성격을 지님	• 다수기업이 존재 • 차별화된 상품 • 기업의 자유로운 진입과 탈퇴 • 판매서비스, 품질개선, 광고 등의 비가격 경쟁이 존재
과점 시장	소수의 기업에 의해 지배되는 시장	• 기업 간의 상호의존성이 있으며, 담합 또는 비경쟁 행위를 하려고 함 • 비가격 경쟁과 가격 경직성 및 진입장벽이 존재

(2) 완전경쟁시장

완전경쟁시장은 기업행동이 가장 중요한 모형을 형성하는 것이며, 수요공급을 자동조절하기 위한 기본조건이다. 경제 현상과 관련된 모든 경제량은 보이지 않는 손(invisible hands)에 의하여 자율적으로 결정된다.

이러한 완전경쟁시장은 다음과 같은 특성을 지닌다.

첫째, 수많은 수요자와 공급자가 있어 개별 수요자와 공급자가 시장가격을 조절할 수 없다.
둘째, 시장의 참가, 탈퇴가 자유롭다.
셋째, 동질적 상품을 교환하는 시장이다.
넷째, 수요자와 공급자가 완전한 정보를 가지고 있다.

한편 완전경쟁시장의 필요조건은 다음과 같다.

- 자유 : 시장적용이 외부(특히 정부)의 규제 또는 통제 없이 이루어져야 한다.
- 정보 : 모든 참여자들이 경쟁적인 제품 그리고 그것들의 가격 및 장래성에 대해서 전반적, 부분적으로 완전한 정보를 가져야 한다.
- 참여자 수 : 시장적용에 영향을 미칠 수 없는 많은 매도자와 매수자가 있어야 한다.
- 상품 : 상품은 동질적이거나 동일하거나 또는 대체 가능하여야 하며, 거래용으로 분리할 수 있어야 한다.
- 이동성 : 상품은 언제나 어디서나 초과수요 상황을 충족시키기 위해 이동 가능하여야 한다.

2. 부동산 시장의 불완전한 속성

부동산 시장은 독점경쟁시장이라는 조건에서 분석되어야 한다고 주장하는 일부 학자가 있다. 여기에서는 그 이유에 대해서 설명하면 다음과 같다.

첫째, 부동산 입지의 차이는 이질적 상품에 있다.

둘째, 불완전한 정보로 인해 중개업자에 대한 수요가 있게 된다.

셋째, 정보수집과 분석에 상당한 비용과 시간 및 노력이 소요되므로, 여유있는 투자자는 그렇지 못한 투자자보다 정보를 얻기가 수월하다.

넷째, 부동산의 규모는 대체로 다른 상품재보다 크며, 경제적 수명도 길다. 이와 함께 이들 부동산을 소규모 단위로 분리하여 매도를 할 수도 없다.

다섯째, 부동산이 지닌 고정성이라는 특징으로 인하여 다른 지역의 수요와 공급을 충족시키기 위해 사용할 수 없다.

이러한 불완전성은 부동산 소유자가 뛰어난 시장정보나 입지가 좋은 부동산을 보유하고 있을 경우 임대료를 어느 정도 조정할 수 있으며, 특히 판매시장에 내놓은 부동산 양을 조절함으로써 토지소유자는 경쟁시장보다 부동산 임대수입을 더 올릴 수 있다. 한편 이러한 속성은 부동산 공급량의 조절을 통해 시장가격 통제가 가능할지라도 부동산 시장은 많은 매수자와 매도자가 있기 때문에 경쟁시장 과정에 더 근접하다. 비경쟁적 상황이 있을지라도 부동산의 대부분 문제는 경쟁적 모델이 더 유용하다.

참고로 완전경쟁시장의 특징은 다음과 같다.

- 기업의 수가 다수이고 영세하여야 한다.
- 생산요소의 이동의 자유로워야 한다.
- 정보획득이 수월하고 안전하여야 한다.
- 생산물이 동질성을 띠어야 한다.
- 수요, 공급에 인위적 작용이 없어야 한다.

5.3 부동산 시장의 특성 및 기능

1. 부동산 시장의 특성

부동산 시장은 일반상품시장과는 달리 고유한 특성을 가지고 있다. 그것은 부동산이 지니고 있는 자연적, 경제적, 법률적, 사회적인 부동산 자체의 특성에 기인하는 것이다.

따라서 일반상품과는 다른 부동산 시장의 특성을 언급하면 다음과 같다.

(1) 시장의 지역성

부동산 시장은 토지의 자연적 특성인 지리적 위치의 고정성으로 공간적인 적용범위가 일정지역에 국한되는 국지성인 경향이 있다. 즉 부동산은 고정성으로 인해 다른 부동산과 함께 지역을 이루고, 그 지역적 특성의 제약을 받으며 가격이 형성된다. 즉, 부동산은 위치의 고정성(비이동성)의 특징을 가지고 있어 지역시장을 형성한다. 그러므로 투자분석을 위한 정보의 구득비용도 높다. 이는 투자지표인 수익률이 금융시장과는 달리 시차를 두고 부동산 시장에 영향을 미친다는 의미이며, 부동산 개발에는 시간이 소요되므로 주기적인 공급과 수요초과 현상이 반복되는 이유이기도 하다.

부동산의 고정적이고 개별적인 특성으로 야기되는 부동산 시장의 특성은 다음과 같다.

- 부동산 상품이 비표준화되어 견본거래가 곤란하다.
- 부동산 시장별로 수요 또는 공급의 초과상태가 지속되기도 한다.
- 단기적 거래가 곤란할 경우가 많아 유동성이 낮다.
- 각각의 부동산별로 개별적인 가격이 형성되는 일물일가법칙의 적용 배제성이 인정된다.

따라서 부동산 유통도 지역 간의 교환거래이기 때문에 그 지역시장에 정통한 전문가를 필요로 하는 것이며, 또한 적정한 시장가격을 도출하기가 쉬운 일이 아니기 때문에 객관적이고 합리적인 가격을 형성하기 위해 부동산 감정평가활동이 필요하게 되는 것이다.

(2) 거래의 비공개성

부동산의 개별성과 거래 시 자산 증감(增減)의 노출을 꺼리는 심리 및 매매 시 취득, 양도, 증여 등의 조세 회피 등 행정적 규제로 인해서 부동산 시장의 유통거래 내용의 공개화를 방해하고 있다. 물론 최근에는 부동산 정보의 투명화가 진행되면서 이들 문제점이 많이 감소되고 있는 추세이나, 아직도 부동산 거래의 비공개성은 시장정보를 어렵게 하고 많은 분석비용을 요구하게 된다.

(3) 부동산 상품의 개별성(비표준화)

부동산의 특성 중 개별성 · 고정성 등은 부동산 거래에 있어서 표준화를 어렵게 한다. 이와 같은 특성은 외형적 · 법률적 측면에서 거래 대상인 일반상품과 같은 규격화, 표준화, 견본(본보기)상품을 어렵게 한다.

이런 이유로 부동산 거래 당사자의 대상 부동산에 대한 정통성 등이 요구되어 부동산 시장을 정보시장화(情報市場化)하게 된다.

(4) 부동산 시장의 비조직성

부동산 시장은 국지성, 비공개성, 개별성 등으로 인하여 지역시장, 나아가서는 국내시장을 비조직화하게 만든다. 물론 최근 일부에서 부동산 경영기법의 발전과 정보수단의 발달은 부동산 시장의 비조직화를 점차 개선해 나가는 수단이 됨으로써 시장권 확대를 위한 조직적인 관리활동이 전개되어 나가고 있기도 하다.

(5) 수요와 공급의 비조절성

부동산의 수요와 공급의 균형은 부동산의 고정성 · 부증성으로 인해 이루어지지 않고 있다. 즉 토지는 영구적이며, 건물 등 토지의 부착물도 반영구적인 내구성이 있어 시장의 수요와 공급의 탄력성은 다른 상품에 비해 상대적으로 낮은 편이다.

(6) 공매의 곤란성

부동산의 개별성과 법적 권리는 부동산투기와 공매(空賣)라 알려진 시장의 안전운용을 저해한다.[3)]

---

3) 공매란 상품을 소유하지 않고 가격이 상승하면 판매하고, 하락하면 구매하는 것을 말하며 매매차액을 목적으로 하는 매매거래를 의미한다.

(7) 공급의 장기조정기능

부동산 시장에서의 공급은 적어도 몇 개월 또는 몇 년 동안 고정되어 있다. 수요가 줄면 공급도 고정되고, 수요가 늘면 공급이 늘어나나 기간이 많이 요구된다. 이로 인하여 나타나는 특성은 다음과 같다.

- 수요와 공급에 대한 조정이 오랜 기간이 요구되며, 그 결과 '가격의 왜곡'현상이 단기적으로 발생할 가능성이 높다.
- 부동산 시장이 국지화되는 현상을 나타내기도 한다.
- 부동산의 고가성, 내구성, 고정성 등으로 인한 시장의 자유통제(조정) 기능의 하락과 불안전성을 띠게 된다.
- 여러 법적 제한(한계)이 있다.
- 자금의 유용(효용)과 밀접한 관계가 있다.
- 매매기간이 장기적인 특성을 지니고 추상적 시장이 된다.
- 소수의 구매자와 판매자가 있다.
- 비표준화된 특성을 가진다.
- 부동산만이 갖는 물리적 · 경제적 · 제도적 특징을 가지게 된다.

(8) 투자의 단위규모가 크다

부동산은 부동산 증권화 투자방식 등으로 일부 소액, 소규모 투자가 가능한 경우도 있으나 일반적으로 다른 재화에 비해 투자의 단위규모가 크다.

(9) 환금성이 취약하나

경기가 활황국면에 진입하면 부동산 가격이 더욱 오를 것으로 판단되어 매도자가 줄어들고, 불황국면에 진입하면 손실을 최소화하기 위해 매도자가 늘어 매각하기가 어려운 특징을 가지고 있어 매도시점을 결정하기가 쉽지 않다. 이러한 이유로 부동산의 경기진폭은 일반경기보다 크게 나타난다.

2. 부동산 시장의 기능

(1) 자원배분 기능

기존의 부동산 공간의 부동산 수요자에 대한 분배이다. 이는 부동산이라는 자원을 경쟁과정에서 수급자간의 공간배분 역할을 하는 것으로 공간과 입지가 상품이며, 이익 내지 만족의 경쟁으로 나타난다. 즉 어떤 경제주체에서 다른 경제주체로 배분하는 기능을 한다.

(2) 교환 기능

부동산 시장은 자금 능력을 가진 부동산의 이용자에 따라 부동산 또는 공간을 재분배하게 되는데, 여기서는 부동산과 현금, 부동산과 부동산, 소유와 임대 등의 교환이 이루어지게 된다. 즉 매매, 교환, 임대차 등의 활동이 이루어진다.

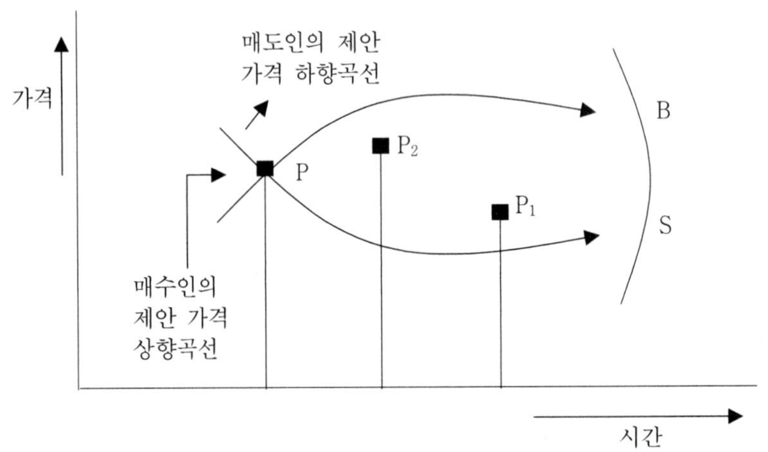

[그림 5-1] 부동산 가격의 창조과정

(3) 가격창조 기능

부동산 거래 시 가격형성(價格形成)은 시간의 경과에 따라 매수인(買受人)의 제안가격 B는 상승하게 되고, 매도인(賣渡人)의 제안가격 S는 저하하게 된다.

조정과정에서 결국 매수인이 더 이상 지불할 수 없는 상한가격과 매도인이 더 이상 양보할 수 없는 하한가격과의 만남인 P지점에서 거래가격이 형성된다.

(4) 정보제공 기능

부동산 시장은 부동산 활동주체에게 정보(情報)를 제공(提供)한다. 투자가 · 건축가 · 개발업자 · 과세평가원 · 임대업자 그리고 중개업자 등은 모두 그들의 업무상 가격결정이나 판단을 위해 부동산 거래에 관한 정보를 이용하고 또 수집한다.

(5) 양과 질의 조정 기능

부동산의 소유자 · 관리자 · 개발업자 · 건축업자 등은 토지의 형질변경, 건물의 용도변경 등 부동산의 양과 질을 조정하여 부동산의 가격이 최대가 되도록 노력한다.

(6) 입지경쟁 기능(부지경쟁 기능)

부동산은 일반 경제재인 상품과 다른 관계로 소수의 판매자와 구매자로 구성되며, 대체재가 적어 부동산 시장의 기능이 원만하지 않는 것이 현실이다.

이런 요인으로 모든 입지는 잠재적 구매자들에게 같은 효용으로 사용하는 데 있어 다른 입지와 경쟁하게 된다.

시장에 주어진 지리적 공간의 범위 내에서 토지이용 형태를 결정하는 것은 계속적인 입지경쟁의 원리를 통해서 이루어진다.[4] 즉 토지이용 형태는 시장기능수행의 산물이며, 지속적으로 입지경쟁이 이루어지는 것이다.

(7) 지역경쟁 기능

부동산이 지닌 위치의 부동성(고정성)은 부동산 시장의 경쟁을 지역경쟁으로 만드는 역할을 한다.

부동산 수요자는 부동산의 수요와 공급의 조건에 따라 이동할 수 없다는 점과 개별성이라는 특성으로 인하여 개별 부동산의 특징(장 · 단점)을 조사, 분석하게 된다.

이러한 지역 간의 경쟁(localized competition)은 시대와 용도에 따라 다르게 나타난다.

5.4 부동산 시장분석

개인이나 기업이 부동산 활동을 전개할 때 시장상황은 중요한 의의가 있다. 왜냐하면 기업은 그들의 기업경영과 관계가 있고, 개인은 그들의 이익과 관련이 있기 때문이다. 따라서 시장의 상황이 어떠한가를 분석하는 일은 중요하다. 우선 부동산 시장분석(不動産 市場分析)의 기초이론을 살펴보자.

---

4) 이러한 입지경쟁의 산물이 용도지역, 지구제의 대표적인 경우이다.

1. 시장권의 파악기준

(1) 물리적 경계

고속도로, 주요 도로, 철도 같은 교통간선이나 강, 호수, 하천 같은 지역 혹은 언덕, 산, 벼랑, 골짜기 같은 고도 등의 물리적 경계(物理的 境界)로 인근지역을 구분 짓는 수가 있다. 인근지역은 도시 또는 지역사회의 물리측면의 하나이기 때문에 경계를 파악하는 데 도움이 된다.

(2) 토지이용 상태

토지이용 상태(土地利用 狀態)를 보아 인근지역을 구별할 수 있다. 토지는 이미 정해진 용도에 따라 이용하기 때문에 인근지역은 어느 정도 용도의 유사성을 갖고 있으며, 도시지역은 그 상태를 건축물의 상태로 파악할 수 있다.

(3) 사회적 · 경제적 수준

인근지역은 사회적(社會的) · 경제적(經濟的)으로 유사한 지위와 소득수준을 갖는 사람들로 형성된다. 주민의 복장 · 주거수준 · 직업 · 연령 · 학력 · 주거생활태도 등이 유사하다.

특히 집단으로 공급된 공동주택군을 형성하고 있는 지역은 이러한 현상이 현저하며 그 구별도 용이한 경우가 많다.

(4) 통행 패턴

통행 패턴은 일상용품 구매에 영향을 준다. 전철 · 버스 · 자가용 등의 교통수단을 이용하는 대중의 통행 패턴은 상권(商權)의 영역을 파악하는 데 도움을 준다.

2. 지역의 경제적 기반분석

어느 지역이 재화나 서비스를 판매하고 그것을 화폐로 회수할 때 우리는 그것을 지역사회 혹은 지역(地域)의 경제기반(經濟基盤)이라 한다. 경제기반을 분석하면 그 지역의 부동산 수요를 예측하는 데 도움을 받는다. 그 지역의 주 산업지역 지수가 해마다 커지면 그 지역의 부동산 수요증가도 예측할 수 있는 것이다. 지역의 경제적 기반 분석은 지역의 총생산과 소득을 측정한 것으로서 그것으로 지역이 얼마나 성장하는가, 안정적인가, 복지수준은 어느 정도인가를 알 수 있다.

3. 주택시장

(1) 주택시장의 본질

주택시장은 다른 상품보다 많은 자금을 통하여 거래가 성립되는 시장이다.

구매자와 판매자는 거래에 앞서 분양업자 또는 중개업자에게 구매하고자 하는 주택이나 판매하고자 하는 주택의 가치를 평가받고, 모든 거래에 따르는 절차를 의뢰한다.

수요자는 일반적으로 일정한 주택의 가치를 평가할 만한 정보나 기술을 확보하지 못하고 있다. 따라서 다른 상품의 경우와 마찬가지로 소비자(수요자)는 주택시장에서 시장가격변동에 따르는 합리적 행동을 시도할 수 없게 되므로 중개업자의 개입이 필요하게 된다.

(2) 주택수요의 분석

1) 주택수요의 유형

주택수요의 유형은 크게 임대수요, 신규수요, 교체수요로 구분할 수 있다.

① 임대수요 : 대체로 처음 가정을 꾸려 살림을 시작하는 신혼부부의 수요가 대부분을 차지하나 주거 관습상 또는 주택공급이 양호하지 못한 곳에서는 이 수요의 비중도 크다. 독신자나 가족 형성기층의 수요가 많다.

② 신규수요 : 이는 처음으로 주택을 갖는 계층의 내집마련 수요이다. 우리나라는 대개 임대수요의 계층이 신규수요(新規需要)의 계층으로 이동한다. 이 수요자의 구매능력은 평수가 작은 아파트나 단독주택에 한정되는 수가 많고, 생애주기로 보아 가족형성기, 가족성장 전기단계 사람늘의 수요가 이에 해당한다.

③ 교체수요 : 이는 종래 어떤 주택을 소유하고 있는 계층이 주택의 노후화, 주거의 불편, 주거수준의 향상 등을 이유로 다른 주택과 교체(交替)를 희망하는 수요이다. 전보다 큰 면적, 질이 우수한 주택을 원하며, 가정이 안정기에 있는 가족 성장후기, 가족 성숙기층의 사람이 많다. 이 수요를 상향수요라고도 하며, 또 주택규모를 줄이려는 노년기의 수요도 여기에 포함된다.

2) 주택수요의 요인 분석

① 가처분소득 : 가족이나 개인의 가처분소득(假處分所得)이 낮으면 세대분리가 늦어지고 집 마련도 늦어진다.

② 주택가격 : 주택가격이 높으면 소비자의 구매가 어려워지고 상향수요도 감소한다.

③ 세대분리 : 혼인에 따른 세대분리(世代分離)는 주택수요에 영향을 미친다. 특히 가

구 수의 증가는 주택수요의 직접적인 요인이 된다.

④ 이사 : 타 지역으로 가는 이사(移徙)는 시장의 수요에 영향을 미친다.

⑤ 저축 : 개인의 저축(貯蓄)은 구매력과 관련이 있고, 주택수요에 영향을 미친다. 수요자의 구매력, 즉 지급능력은 한계가 있는데, 나라와 개인에 따라 개인차이가 있다. 미국은 주택가격이 연수입의 2.5~3배가 보통이다. 우리나라와 일본, 대만은 토지가격이 높아 양자의 배율이 상대적으로 높다.

〈표 5-1〉 주택소요와 주택수요의 비교

구분	주택소요 (housing needs)	주택수요 (housing demand)
적용개념	사회 · 복지정책상의 개념	시장경제상의 개념
적용원리	① 형평성 확보 ② 정부의 적극적 개입 요구 ③ 정치적 기능	① 효율성 확보 ② 시장기능으로 해결(시장원리에 방임) ③ 경제적 기능
적용대상	무주택 저소득 계층	중 · 고소득층
적용기능	정치적 기능	경제적 기능화

3) 주택의 필요량 산정방법

주택의 필요량을 산정(算定)하는 방법은 시장분석에서 1차적인 행동지침이 된다. 필요량의 산정방법은 다양한 방법이 있으나 우리나라에서는 다음 세 가지 방법이 소개되고 있다.

① 재고량 대조법 : 미래의 주택재고(住宅在庫)를 예측하여 현재의 주택재고를 뺀 것을 미래의 주택을 필요로 하는 일반화된 방법이다.

② 세대주 비율 조사법 : 성별, 연령별로 세대주의 비율을 구하여 전체 인구를 이 비율로 나누어 주택의 필요량을 구하는 방법이다.

③ 직접조사법 : 주택의 수요량 및 주거요구의 내용 등을 직접 조사하여 파악하려는 방법이다.

(3) 주택시장

주택은 유용성 또는 서비스라는 일반적이고 동질적인 공통요소가 있다. 개별 주택은 소유주에게 제공되는 서비스를 추상적으로 측정할 수 있다. 주택저량(재고)은 주택서비스 생산과정에서 이용되는 것과 동일한 서비스를 각 세대에 제공한다.

예를 들어 주택재고(housing stock : 주택저량)의 공급과 수요에서 현재 우리나라에 1,000만 채의 주택이 존재한다면 주택저량의 공급량[5]은 1,000만 채이다. 그리고 이 중에서 60만 채가 공가(空家)로 남아 있다면 주택저량 수요량[6]은 940만 채라고 볼 수 있다.

한편 주택유량(housing flow : 주택유통)에서 공급량은 주택시장에 있어서 특정기간 동안에 제공되는 주택량을 말하며, 수요량은 특정기간 동안에 가지고 있으려는 주택량을 말한다. 예를 들어 지난 1년 동안 공급된 주택의 수가 50만 호였는데, 이 중 48만 호가 팔렸다면 주택의 공급량은 50만 호, 수요량은 48만 호가 되는 것이다.

(4) 여과과정

여과과정은 주택시장에서 신규주택이 공급되면 고소득계층이 신규주택으로 이동하고, 고소득계층의 기존주택에는 저소득층이 이동하게 되어 신규주택의 공급은 저소득계층에게도 영향을 받는다.

신축할 수 있는 저소득층의 주택량이 법적으로 제한되어 있다면, 저소득층을 위한 주택서비스의 공급은 고소득층의 주택공급에서 비롯된다. 이러한 과정을 하향여과(filtering down)라 한다. 반면에 주택이 수리되어 고소득층이 매수하게 되는 경우는 상향여과(filtering up)라 한다.

한편 부동산 가치는 주변 부동산에 의해 영향을 받는다. 주변 부동산의 영향이 부동산 가치를 상승시키면 긍정적 외부효과(positive externalities)이고, 부동산 가치를 하락시키면 부정적 외부효과(negative externalities)라 한다.

계층의 입지는 소득에 의해 영향을 받는다. 고소득층은 저소득층보다 도시 중심부로부터 더 멀리 떨어진 곳에 입지할 유인이 많고, 저소득층은 도시 중심부 근처에 입지하려는 경향이 있다. 따라서 소득을 기준으로 분리현상이 일어난다.

하향여과 과정은 주택유량(stock)을 수리하는 것보다 그대로 두는 것이 이익이 되는 경우에 나타나며, 상향여과 과정은 주택유량을 수리하는 것이 이익이 되는 경우에 나타난다.

아울러 고소득층은 서로 인접해 주거하기를 바라며, 저소득층도 고소득층 주변에 주거하기를 바란다. 이는 고소득층 인근의 각종 편의시설로 인한 정(正)의 외부효과를 기대할 수 있기 때문이다. 따라서 저소득층 주거지역이 고소득층 경계지역에 인접하여 입지한 부동산은 할증(premium)이 붙어 매도될 것이고, 고소득층 주거지역의 저소득층 경계지역에 인접하여 입지한 부동산은 할인(discount)되어 매도될 것이다.

---

5) 주택시장에 있어서 특정기간에 있는 주택량을 말한다.
6) 주택시장에 특정기간 가지고 있으려는 주택량을 말한다.

1) 주택의 순환과정

① 상향적 순환과 하향적 순환

- 상향적 순환 : 상향적 순환은 주택가격의 상승 또는 소득이 증대되는 경우에 일어난다.
- 하향적 순환 : 하향적 순환은 주택의 질이 저하되어 가격이 떨어지는 경우와 소득의 감소로 그 위치가 떨어지는 경우에 일어난다.

② 주거지 분리 : 주거지 분리란 소득계층별로 주택공급과 수요측면에서 나타나는 현상이다. 민간주택은 고소득계층을 주요 대상으로 공급하게 되며, 공공부문주택은 저소득층을 주요 대상으로 공급하는 경향이 일반적이다. 이로써 소득계층별 주거지 분리현상이 나타나게 된다. 한편 도심부(중심부)에는 장시간 통근을 하지 않으려는 가구가 비교적 좁은 면적의 주택에서 거주하게 되고, 교외에는 상대적으로 넓은 주택을 소유하기 위해 장시간 통근시간을 마다 않는 계층이 입지한다. 즉 도심에서 고소득계층의 주거지역까지 당도하는 과정에서 저소득층은 징검다리 형태의 입지를 하게 된다.

2) 불량주택문제와 침입과 계승

불량주택문제는 주택 그 자체의 문제라기보다는 실제로 거주자의 소득이 낮기 때문에 발생하는 경우가 많다. 즉 불량주택이 공급되는 것은 시장의 실패가 아니라 시장이 하향여과 과정을 통해 수요에 적정하게 대응하는 과정에서 나타나는 현상이다.

침입과 계승은 주택시장에서도 적용할 수 있는데 그 내용은 다음과 같다.

- 침입(invasion) : 침입이란 특정지역에 어떤 집단이 이주하여 거주하게 되는 것을 말한다.
- 계승(succession) : 계승이란 침입으로 인해 특정지역에 일정수준을 주도한 결과 이전의 것을 교체하는 것을 말한다.

4. 부동산 시장과 정보

(1) 효율적 시장

효율적 시장이란 모든 이용 가능한 정보를 반영하고 있으며, 새로운 정보에 즉각 반응하는 시장을 말한다. 효율적 시장은 모든 투자의 시장가치가 각각 본래의 정당한 가치를 갖는 시장이다.

1) 약형 효율적 시장(weak-form efficient market)

약형 효율적 시장의 가설은 이용되는 정보집합을 시장정보에 국한한다. 이는 현재의 가격이 과거의 모든 가격변화를 반영하고 있어서, 과거의 가격이나 시장의 자료를 근거로 한 어떠한 거래방법도 초과수익을 획득하지 못한다. 그러나 현재 및 미래의 정보를 분석하면 초과수익을 획득할 수 있다.

2) 준 강형 효율적 시장(semi-strong efficient market)

준 강형 효율적 시장은 공개적으로 알려지는 정보가 거의 즉각적으로 시장가치에 영향을 미치는 시장을 말한다. 투자자는 공개적으로 이용 가능한 정보를 사용하여서는 초과수익을 얻을 수 없다. 그러나 미래정보를 분석하면 초과수익을 얻을 수 있다.

3) 강형 효율적 시장(strong-form efficient market)

강형 효율적 시장은 어떠한 투자자도 공개적으로 이용할 수 있는 정보 또는 내부정보를 이용하여 초과수익을 얻을 수 없는 시장을 말한다. 이 시장은 가격이 내부거래자가 배타적으로 소유한 정보를 비롯한 모든 정보를 반영하는 시장으로서 비현실적인 것으로 판단하고 있다. 과거, 현재, 미래정보 모두 공개된 시장이므로 초과수익을 얻을 수 없다. 이는 완전경쟁시장에 가깝다.

한편 시장효율성은 가격기구의 정상적인 작동을 말하는데 그 내용은 다음과 같다.

① 운용효율성(operation efficiency) : 매매가 이루어질 경우 가장 낮은 가격의 거래서비스를 받을 수 있는 상태를 말한다.
② 배분효율성(allocational efficiency) : 희소한 자원의 자금이 모든 사람에게 이익이 되는 방향으로 생산적 투자에 최적으로 배분될 수 있는 상태를 말한다. 이 배분의 효율성은 위험조정 후의 한계수익률이 모든 생산자와 공급자에 대하여 일치할 수 있도록 가격이 결정된다는 것을 의미한다.
③ 정보효율성(informational efficiency) : 정보의 효율성은 시장에서 결정된 가격이 주어진 이용 가능한 정보를 충분히 반영하고 있는 상태를 말한다. 즉 자원의 할당이 효율적으로 이루어지는 시장을 의미한다. 정보효율성은 정보의 배분이 공평, 저렴, 충분할 경우에 달성되는데, 정보효율성의 개념은 공정게임 모형으로 정식화되었다.

(2) 할당적 효율성

부동산 시장은 가격에 의해서 매수자와 매도자 간에 자원을 효율적으로 할당한다. 그리고 효율적으로 할당되었다는 것은 부동산 투자와 다른 투자 대안에 따르는 위험을 감안하였을 경우, 부동산 투자의 수익률과 다른 투자의 수익률이 서로 같도록 할당되었다는 것이다.

1) 부동산 시장과 할당적 효율성

완전경쟁시장은 효율적 할당이 이루어지나, 효율적 할당이 이루어지는 시장은 반드시 완전경쟁시장인 것은 아니다. 부동산 시장과 같이 불완전경쟁시장에서도 효율적 할당은 가능하다. 만약 불완전경쟁시장에서 발생하는 초과이윤이 초과이윤을 발생하게 하는 비용과 일치한다면, 이 시장은 불완전경쟁시장일지라도 할당 효율적일 수 있다. 불완전경쟁시장이라도 정보를 획득할 수 있는 기회가 모두에게 동일하다면 할당 효율적일 수 있다.

부동산 시장은 정보의 유통이 완전하지 못하기 때문에 몇몇 투자자들은 우수한 정보를 획득하여 초과이윤을 얻게 되는 경우가 있는데, 이때 얻게 되는 초과이윤과 우수한 정보를 획득하기 위해 지불하는 기회비용이 같다면 이를 할당 효율적이라 할 수 있다. 그리고 부동산 시장에서 특정 투자자가 초과이윤을 획득할 수 있는 것은 시장이 불완전하고 독점적이기 때문이 아니라 할당 효율적이지 못하기 때문이며, 부동산 투자가 성립되는 이유도 마찬가지이다.

2) 부동산 정보와 시장과의 관계

부동산의 가치란 장래의 이익을 현재 가치로 환원한 값으로서, 장래의 수익변동이 예상되는 경우에는 장래 발생된 시점에서 그 가치에 반영되는 것이 아니라 즉각적으로 현재의 부동산 가치에 반영되어 나타나게 된다. 이처럼 새로운 정보가 지체없이 시장가치에 반영되는 것을 효율적 시장이라 한다. 부동산에 관한 정보와 시장과의 관계를 살펴보면 다음과 같다.

- 완전경쟁시장에서는 수요자와 공급자 사이에 완전한 정보를 가정하기 때문에 정보비용이 존재하지 않지만, 부동산 시장은 정보가 완전하지 않으므로 완전경쟁시장으로 볼 수 없다. 그리고 몇몇의 소수의 투자가가 다른 사람보다 정보를 낮은 가격으로 획득할 수 있는 시장은 할당 효율적 시장이 되지 못한다. 왜냐하면 할당 효율적 시장은 자원의 최적배분이 달성되기 때문이다.
- 불완전경쟁시장이나 과점시장(寡占市場)에서 초과이윤을 얻기 위한 기회비용과 초과이윤이 동일하다면 할당 효율적 시장이 될 수 있다. 독점시장에서 독점을 획득하기 위해서 지불되는 기회비용이 모든 투자자에게 동일하다면 할당 효율적일 수 있다. 특히 부동산 시장에서 특정의 투자자가 초과이윤을 획득할 수 있는 것은 부동산 시장이 불완전시장이나 독점시장이 아니라 할당 효과적이지 못하기 때문이다.

5.5 부동산 경기변동

1. 일반경기의 순환

일반경기의 순환은 호황, 후퇴, 불황, 회복의 4국면으로 나누어진다.

(1) 회 복

불황의 국면은 일정기간이 지나면 경기의 저점에 도달하게 된다. 이러한 저점을 지난 후에는 회복국면에 진입하게 된다.

(2) 호 황

호황국면이란 전체적인 경제생활이 상승하는 국면이다. 즉 투자와 소비가 증가하고 고용과 소득도 증가한다. 출하(出荷)가 호조를 보이고 재고는 감소하며, 기업의 이윤율이 상승한다. 은행대출이 증가하고 이자율도 오르며, 시장경제도 활기가 있다.

(3) 후 퇴

호황국면이 한동안 지속되다가 경기순환은 정점에 도달한다. 정점에 도달한 후부터 경기순환은 후퇴의 국면으로 접어든다. 즉 호황 때에 확대되었던 모든 경제활동이 활기를 상실한다. 투자 · 소비 · 고용 · 소득 등이 모두 감소하기 시작하고 판매가 감소되어 시장경제가 축소된다.

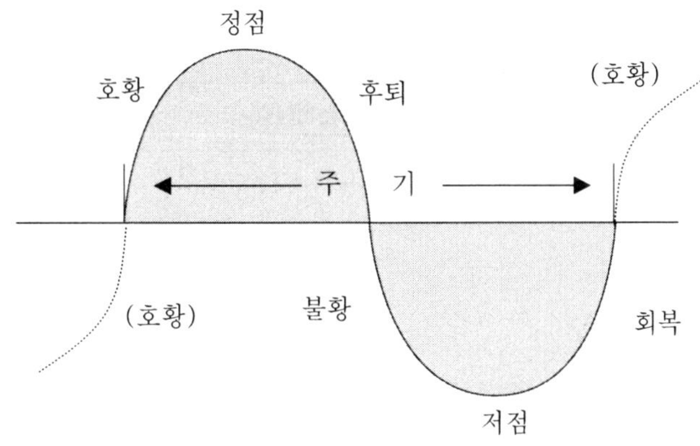

[그림 5-2] 일반경기의 순환

(4) 불 황

불황국면으로 들어서면 소비지출·투자지출 등이 평상 상태보다 더욱 나빠지고 고용과 소득도 감소한다. 시장경제가 매우 감소하고, 기업 도산이 속출하며, 물가·임금·이자율·주가 등이 하락한다.

〈표 5-2〉 경기순환 국면의 특징

구분	회복기	호황기	후퇴기	불황기
물 가	전반적 상승 생산재가 등귀	최고 소비재가 등귀	전반적 하락	최저 수준
생산활동	전반적으로 활발 생산재 생산 완만	전반적으로 소비재 생산 완만	전반적으로 하강	최저 수준
소 득	증가	최고	감소	최저
고 용 률	증가 수준	최고 수준	감소 시작	최저 수준
현 금	대부 증가 시작	대부 자금 핍박	지불의 불능	금융 완만
주식가격	상승	최고	하락	폭락
부 동 산 경 기	가격상승 기미	가격상승 수요 투자 증대	가격 안정	가격 위축 수요 투자 감소

〈표 5-3〉 경기변동의 유형

구분	주기	원인
콘트라티에프(Kontratief)	약 50~60년(장기파동)	대대적 기술혁신 등
쥬글라(Juglar)	약 9~10년(주순환)	설비투자의 변동
키첸(Kitchen)	약 3~4년(단기파동)	재고 변동
쿠즈네츠(S. S. Kuznets)	약 20년(건축파동)	건축경기의 변동
한센(A. H. Hansen)	약 17~18년(건축파동)	건축경기

2. 부동산 경기의 순환

부동산 경기는 일반적으로 높은 정점과 깊은 저점을 나타내며, 타성기간이 길며, 주기의 순환국면이 일정치 않다는 특징이 있다. 우리나라와 일본의 경우는 10~20년을 주기로 호황, 불황이 반복되고 있다. 이 같은 경기 국면이 일정치 않은 것은 부동산 현상이 국지성을 띠는 데 그 원인이 있다.

우리나라와 일본은 그것을 자세히 밝히지 못하고 있으나 그 원인을 다음과 같이 보는 견해가 있다.

- 일반 경기순환 및 부동산 수요에 의한 영향이며
- 주택의 내용연수가 20년이고, 교체기가 20년마다 도래하며
- 인구증가보다 주택공급이 커져서 가격이 침체하고
- 아기가 태어나 성장하고 혼인하려면 20여 년이 걸리기 때문

부동산 경기는 순환국면이 일반경기와는 다르며, 대체로 다음과 같은 국면과 특징을 나타낸다.

(1) 회복시장

불황이던 시장이 잠에서 깨어나 거래가 늘어나기 시작하는 시장국면을 회복시장이라 한다.

경기회복은 개별로 혹은 지역별로 일어나는 것이 보통이다. 당해 지역을 찾는 고객의 동향이나, 택지의 거래동향, 형성된 가격수준, 공가의 동향, 건축자재의 수요, 건축허가 신청량 등을 관찰하면 회복국면을 감지할 수 있다. 후퇴국면이 급속한 데에 반하여 이 회복국면은 시간이 오래 걸리는 것이 특징이다.

(2) 상향시장

본격적으로 시장이 활발해지는 국면으로 회복시장에 이어져 오는 국면이다. 여기서는 모든 부동산이 종류와 크기에 관계없이 활발히 거래되며, 언젠가는 정점에 도달하여 후퇴할 시장이다. 이 국면의 시장에서는 언제부터 후퇴가 시작될 것인지를 예측하기가 어렵다.

(3) 안정시장

시장이 안정되는 국면으로 위치가 좋고 규모가 작은 주택이 거래된다. 불황이라 하더라도 우수한 주택이나 신규수요층에 의한 필수적 구매는 비교적 안정되어 있어서 경기후퇴의 영향도 적게 받는다. 이 시장을 형성하는 계층은 주로 신규 수요와 임대수요 층으로 주택이 긴급히 요구되는 수요층이다.

(4) 후퇴시장

이 국면은 호경기의 부동산 시장이 반전하여 불황으로 내려가는 국면이다. 이 국면에서는 거래가 감소되는 현상이 나타나며, 회복시장의 특징이 회복기간이 긴 데 반하여 후퇴시장의 후퇴국면은 경기후퇴가 빠른 것이 특징이다.

(5) 하향시장

일반경기의 수축국면에 해당하는 국면으로 나중에는 저점에 이른다. 이 국면에서는 대체로 거래가 저조하고 부동산의 가격상승이 둔화 또는 보합세를 유지하거나 하락한다. 이 국면이 장기화하면 공가율(空家率)이 증가하고, 일반경기와 겹치는 경우는 공실율(空室率)도 증가한다. 이 국면의 장기화는 불황에 약한 부동산, 즉 호화주택, 교외 분양택지, 불요불급한 부동산에 큰 타격을 준다.

3. 부동산 경기변동의 여러 요인

(1) 사회적 요인

① 사회심리적 요인 : 소유에 따른 부의 전시효과 및 인플레에 따른 환물심리
② 도시형성 및 공공시설의 정비 : 도로, 항만, 학교, 상하수도 등 도시기반시설
③ 교육 및 사회복지 : 소득수준 향상으로 질적 수준이 높은 부동산 요구
④ 토지거래 및 사용수익의 관행 유무 : 지가상승 또는 억제의 요인
⑤ 인구적 요인 : 주택시장에 영향

(2) 경제적 요인

① 저축, 투자, 소비수준
② 소득의 증감
③ 금융조건
④ 기술혁신 및 산업구조의 변화

(3) 자연적 요인

① 인구추이(증감)
② 계절적 요인

(4) 행정적 요인

① 주택정책 등 부동산 정책
② 토지이용에 관한 계획 및 규제
③ 부동산 조세정책
④ 교통개발 및 도시기반 정책 등

4. 부동산 경기순환의 측정지표

(1) 건축 허가량과 미분양 재고량

건축 허가량은 주거용과 비주거용으로 나누어 파악할 수 있으며, 통상 신축과 증축 허가면적을 가지고 측정한다. 건축 허가량은 거래량과 함께 시장정보 취득의 유효한 수단이다. 그러나 시장에서 수요가 증감해도 건축은 이에 신속히 대응하지 못하는 경우가 있으니 측정할 때에 유의해야 한다. 또한 시장에서 미분양 재고량(未分讓 在庫量)도 수요측정에 유효하다.

(2) 거래량

부동산 거래량은 시장조사의 유효한 수단이다. 등기신청 건수나 부동산 취득세 납부실적으로 거래량을 측정할 수 있는데, 호경기에는 신청량이 많고, 불경기에는 적은 것이 보통이다. 특히 주택거래량은 시장에 미치는 영향이 크므로 이를 잘 살펴야 한다.

(3) 부동산의 가격변동

토지 및 건물의 가격변동을 살펴 경기의 흐름을 파악할 수 있다. 대체로 부동산 가격이 상승할 때는 부동산 경기가 호황인 국면일 때가 많다. 그러나 부동산 가격이 상승한다고 반드시 경기가 좋은 것은 아니다. 그 반대일 때도 있는 것이니 관찰할 때는 유의해야 한다. 또한 건축활동이 활발하면 일반적으로 토지가격이 상승하나 건축활동이 활발하지 않더라도 토지투기 현상이 심할 때에는 지가가 상승하는 수도 있다.

(4) 공가율과 임료수준

거래결과로 나타나는 공가율(空家率)의 동향은 부동산 경기 측정에서 가장 유효한 지표가 된다. 그것은 미분양 재고량에 민감하게 작용하는 것으로 공가율이 높아지면 임료수준(賃料水準)이 낮아지고 신규건설도 둔화되어 시장상태가 나빠진다.

(5) 택지의 분양실적

조성된 택지의 분양실적이 얼마나 활발한가에 따라 부동산 경기의 선도현상을 파악할 수 있다. 건축허가와 마찬가지로 택지분양이 활발해지면 건축이 활발하여 경기가 활발해지고, 분양실적이 나쁠 때는 그 반대현상이 일어나는 것이 보통이다.

(6) 주택금융의 상태

주택금융(住宅金融)의 상태(狀態)가 악화되면 시장의 부동산 금융상태도 침체되는 것이 보통이다. 반대로 금융상태가 호전되면 부동산 금융상태가 좋아진다. 이것은 구매력을 보전받은 수요자들이 시장에 더 경쟁적으로 참여하기 때문이다. 그런데 양호하던 금융상태가 악화되면 그것이 개선될 때까지 신규건설이 둔화되는 수도 있다.

5. 인근지역 생애주기

(1) 인근지역 생애주기의 의의

인근지역 생애주기(隣近地域 生涯週期)란 어떤 지역이 물리·사회·경제 기능을 다하기까지의 연한을 말하는 것으로 그 지역에 나타나는 성쇠현상이다. 이 근거는 건물의 내용연수를 갖고 있어서 시간의 흐름에 따라 점점 노후화되고 그에 따라 지역 또한 쇠퇴한다는 생태학 개념에 착안한 것이다. 이것은 또한 토지의 이용계승이론으로 불리는데 부동산 의사결정에 아주 중요하다.

부동산 시장을 분석할 때는 분석 대상지역의 생태국면을 잘 파악하여 지역의 성쇠에 따른 시장계획을 수립하여야 한다.

(2) 인근지역 생애주기의 국면

1) 성장기

새로 어떤 지역이 성장하는 시기이다. 그 기간은 지역의 규모, 개발방법, 성장상태 등에 따라 다르나 발전의 다음 단계인 성숙기에 이르기까지 대략 15~20년 정도 걸린다.

이때는 새로운 지역기능의 형성과정에서 비롯되는 여러 가지 현상이 발생하는데 다음과 같은 특징이 있다.

- 지가의 상승이 활발하거나 안정적인 점
- 지역 내의 공간이용에 대한 경쟁이 치열한 점

• 교육의 수준이 높고 젊은 계층이 많이 유입되는 점
•유입자의 수입, 사회적 지위, 교육, 직업 등이 유사한 점

2) 성숙기

개발단계를 지나 지역기능이 안정되는 시기이다. 지역 내에서 계획된 용도별로 토지가 잘 이용되고 있으며, 주민생활에 필요한 동사무소, 파출소, 우체국, 소방서 등의 근린공공시설이 갖추어져 있고, 슈퍼마켓, 대중음식점, 병 · 의원, 운동시설, 금융업소, 취미·오락시설, 정미소 등의 근린생활시설도 이미 갖추어져 있는 것이 보통이다.

그 외 상업용, 위락용, 업무용 등의 건물도 잘 정비되어 있다. 이 성숙기 기간 중에는 부동산의 가격수준, 지역기능, 주민의 사회 및 경제 기능이 가장 높고, 이 기간은 20~25년 정도 지속된다.

3) 쇠퇴기

지역이 쇠퇴하는 시기이다. 이 시기는 초기 · 중기 · 말기로 나눌 수 있고, 대략 30~60년이 걸린다고 한다. 이 기간 중에는 여과현상이 현저하다.

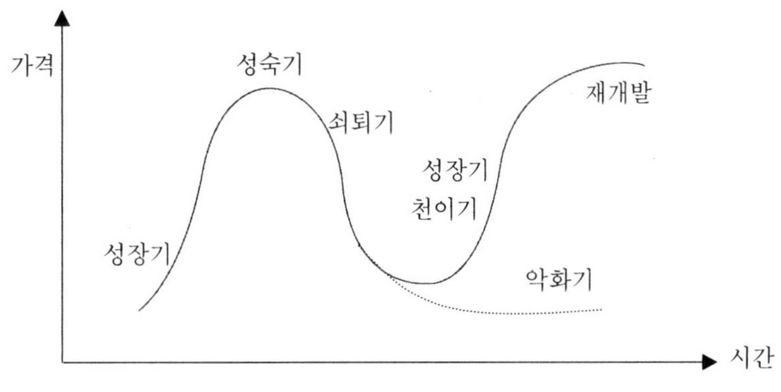

[그림 5-3] 인근지역 생애주기

초기 쇠퇴기에는 이 지역주민이 점차 떠나고, 그보다 경제 · 사회 · 교육 수준이 낮은 계층이 들어오며, 부동산의 가격은 상승하기도 한다. 그러나 다른 지역에 비해 상대적으로 가격상승 비율은 떨어지는 추세를 보이기 시작한다. 즉 부동산 가격이 서서히 하락하지만 새로운 계층의 수요가 증대, 경쟁하여 부동산의 가격은 다시 오르나 전 기간의 가격수준을 넘지 않는 특징이 있다.

중기 쇠퇴기에는 인근의 쇠퇴가 분명하게 진행되는 시기이며, 다음과 같은 특징이 있다.

- 임료의 수준이 낮아져 소유자는 유지비를 줄이는 점
- 주택은 이용자가 많아지나 노후화하고 물리적 상태의 악화가 나타나는 점
- 무직자가 많고, 사회적 지위나 교육수준이 낮아지는 점
- 평판이 낮아져 부동산 가격도 하락하는 점

또한 말기 쇠퇴기는 다음과 같은 특징이 나타난다.

- 임대주택 주민이 많다.
- 임대료 수준이 낮으나 유지, 관리비가 많이 든다.
- 공가가 증대한다.
- 구호대상자 등이 입주한다.

4) 천이기(遷移期)

인근지역 생애주기를 성장기, 성숙기, 쇠퇴기의 3단계 중에 쇠퇴가 계속되면 완만한 커브가 계속되는 말기 쇠퇴국면이 이어지고, 재개발을 하면 새 성장기가 도래하고 가격이 반전되는 것에 대하여 주시한다.

5) 악화기

지역이 소유자들에 의해 포기되는 기간이다. 무단 점거자, 떠돌이 노동자, 사회적 지위가 가장 낮은 사람이 방기된 지역에서 생활한다. 이들은 임료지급을 거부하기 때문에 대부분의 소유자들은 건물에 가스, 전기, 수도 등을 공급하지 않고 방기한다. 범죄·방화가 보통이고 폐차가 널려 있다. 지방자치단체의 서비스도 거의 부족하거나 적절치 못하고 끊긴 곳이다. 이때를 방기기라고도 한다.

〈표 5-4〉 지역사이클의 단계

성장기	성숙기	쇠퇴기	천이기	악화기
신개발, 재개발	안정단계의 시기	노후화	과도기	소생기
· 지역기능형성 · 입지경쟁치열 · 지가상승활발	· 지가는 안정 또는 가벼운 상승 · 지역기능은 정상	· 하향여과현상 시작 · 지가하락	· 하향여과현상 활발 · 지가는 때로는 가벼운 상승을 할 수도 있다.	· 슬럼화 직전 · 지가는 최저수준

〈표 5-5〉 지역변화 사이클의 다섯 단계의 과정

성장기	지가상승활발, 투기현상이 개재, 지역 내의 경쟁치열, 젊은층이 많음
성숙기	지역기능정상, 부동산 가격최고, 지역주민수준최고, 지가는 안정, 경쟁안정
쇠퇴기	경제적 내용연수라 함, 여과현상시작, 재개발여부결정
천이기	여과(filtering)현상이 보다 활발, 부동산 가격은 가벼운 상승
악화기	슬럼직전의 단계, 지가최저

5.6 부동산 광고

1. 부동산 광고의 개념과 정의

(1) 부동산 광고의 개념

부동산 광고는 여러 판매 활동 중 하나의 형태이지만 보통의 판매활동과는 두 가지 점, 즉 상품과 서비스에 관한 사실이 비대인적 제시라는 것과 그 광고의 대상이 집단이라는 점에서 다르다. 광고는 대중에게 상품이나 용역을 사게 하거나 또는 아이디어나 제도 혹은 특정한 개인에 대하여 그들이 작용해서 지원하려는 생각을 갖도록 하기 위하여 그들에게 제시되는 시각적 또는 구술적 메시지인 것이다. 이러한 부동산 광고효과의 기본적인 원칙으로 AIDA(S) 원칙이 있다.

고객점유 마케팅 전략은 주의(Attention), 관심(Interest), 욕망(Desire), 행동(Action), 만족(Satisfaction)으로 이어지는 AIDA(S)(Attention, Interest, Desire, Action, Satisfaction) 원리를 적용하여 소비자의 욕구를 충족시키기 위한 마케팅 전략이다.

- 주의를 집중시킬 것(Attention)
- 흥미를 끌게 할 것(Interest)
- 욕망을 자극시킬 것(Desire)
- 행동에 옮기도록 할 것(Action)
- 구매 후 만족할 것(Satisfaction)

따라서 이러한 원칙에 의해 부동산 광고는 다음과 같은 특징이 있다.

- 일반광고와는 달리 팔 사람, 살 사람을 모두 대상으로 한다.
- 시장이 제한되어 있어 일반상품 판매기법과 다르다.

• 제조업에서는 부동산이 고정자산이 되나, 부동산에서는 판매를 목적으로 하는 상품이 된다.

(2) 부동산 광고의 정의

부동산 광고는 "명시된 광고주가 고객의 부동산 의사결정을 도와주는 설득과정의 하나이다."라고 정의하며, 이를 다음과 같이 나누어서 설명한다.

1) 명시된 광고주

일반상품은 생산자나 판매자만이 소비자를 대상으로 광고를 하나 부동산 상품은 생산자, 중개업자, 팔 사람 및 살 사람 모두가 광고할 수 있는 특징이 있다. 따라서 광고주체에 따라 광고가 달리 표현될 수도 있다. 이러한 특징은 부동산이 갖는 개별성, 위치의 고정성 등의 자연적 특성에 기인된다고 할 수 있다.

2) 고 객

일반상품은 생산자와 소비자가 엄격히 구별되나 부동산은 그렇지 않다. 부동산을 취득하거나 빌릴 때에는 고객의 입장이 되는가 하면, 매각하거나 임대할 때에는 공급자의 역할을 한다. 여기에서 고객이라는 말 대신 팔 사람, 살 사람으로 표현할 수도 있으나, 부동산은 상품으로서 높은 가격을 갖는 특징이 있으므로 꼭 사고 싶어도 금전의 한계상 세를 낼 수밖에 없는 경우도 있으므로 이를 모두 포괄할 수 있는 용어로 고객(顧客)이라는 말이 적당하다고 생각된다.

3) 부동산 의사결정

부동산 의사결정이란 부동산 활동의 목적을 어떻게 달성하는 것이 합리적인가에 관한 의사결정이다. 이는 부동산 활동의 주체나 종류에 따라서 공익적 결정과 사익적 결정이 있으며, 그 구체적 내용에 차이를 가져온다. 즉 그 주체에 따라서 부동산 매각결정, 구매결정, 이용결정, 교환결정, 입지설정결정, 개발결정, 지역, 지구결정 등 여러 가지가 있을 수 있다. 여기서 말하는 부동산 의사결정이란 위에 든 여러 가지 중에서 구매결정, 매각결정, 임대결정, 교환결정 등을 말한다.

4) 설득과정

부동산 상품이나 서비스의 판매는 설득의 연속과정이라 해도 과언이 아니다. 그만큼 부동산업에서는 설득이 중요시되는 까닭이다. 일반상품은 동일상품과 비교가 가능하지만 개별성의 특성을 갖는 부동산은 비교가 어렵기 때문에 고객으로 하여금 의사결정을 어렵게 한다. 따라서 고객은 상품(부동산)에 대한 정확한 정보가 필요하며, 이 정보 취득과정에서 설득을 당하게 되는 경우가 많다.

실로 이 국면이야말로 부동산업에서만이 값있게 활용되는 것이다. 부동산 광고는 고객이 얻을 수 있는 정보이기도 하지만 설득을 당하는 과정이기도 하다.

2. 부동산 광고의 사회기능

(1) 산업사회와 광고

시장경제는 수급 패턴으로 가격 메커니즘이 유지되고 사람들의 경제생활은 그 가격을 기준으로 하여 이루어져 왔으나, 기술혁신, 자본집중, 매스미디어, 교통수단의 경이적인 발달은 오늘날의 대량생산, 대량판매체제, 대량소비를 요구하고 있다. 이에 가격 메커니즘의 경제기능은 상실되고 수요를 자극시켜 수급관계를 조정하는 기구로서 광고가 나타났다. 결국 생산이 소비에 의존하는 게 아니라 소비자의 욕망이 기업의 선전과 광고로 이행되고 있다고 할 수 있다.

이리하여 독과점자본주의 경제하에서는 가격이 형성되는 것에서 관리되는 것으로 변화하고 가격경쟁이 지배역할을 하게 되었다. 그래서 소비자는 상품의 모든 정보를 스스로 입수할 수 없고, 그것을 생산·판매하는 사업자가 일방적으로 제공하는 광고와 표시가 유일한 정보원이 되게 되었다.

(2) 부동산 광고의 사회기능

부동산 상품은 사람에게 여러 가지 효용을 제공하지만 본질적으로 어떤 특정의 토지에 존속되기 때문에 개별성이 강하다. 또 소비자의 양식과 기호도 각양각색이기 때문에 구체적으로 특정한 상품은 그 존재와 특징은 구체적으로 소비자에게 알릴 필요가 있는 것이다. 상품화된 토지, 건물의 특징 · 소재 · 규모, 형질, 가격 등에 관한 정보를 광고로 제공하고, 많은 상품 중에서 각자 소비자가 가장 유리한 것을 선택할 수 있는 기회를 주어야 한다. 그 결과 기능적이고 유용한 부동산의 공급을 촉진하여 부동산 사정이 개선되도록 하는 것이 부동산 광고의 사회적 기능(社會的 機能)이라고 할 수 있다.

3. 부동산 광고의 종류

(1) 목적에 따른 광고

1) 기업광고

부동산업자가 일반인에게 이미지를 부각시키고, 업자명을 기억시키기 위해서 하는 광고로서 기업광고의 내용은 업자의 주소, 성명이나 기업의 명칭, 영업종목, 전화번호, 업자의 경력, 수완, 성실 등이 주된 것이고, 기업광고 자체는 부동산 그 자체의 광고를 포함하지 않는 특징이 있지만 실제로의 기업광고는 물건광고가 같이 소개되는 수가 많다. 이때 동일한 서체, 동일한 마크, 동일한 색채로 될 수 있는 대로 되풀이하여 일반인의 눈에 잘 띠도록 해야 한다. 또한 여백에 자질구레한 인쇄를 많이 하면 기업의 품위를 떨어뜨린다.

2) 물건광고

물건광고란 매매나 임대차 대상인 물건의 거래를 촉진하기 위하여 내는 광고로서 일반적인 아파트분양, 오피스텔, 빌딩 등의 임대·분양 광고가 이에 해당한다.

3) 계몽광고

계몽광고(啓蒙廣告)는 부동산업자들이 일반인을 상대로 부동산에 대한 인식이나 지식을 홍보하기 위한 광고로서 동업자 단체나 타 업종과 공동으로 광고하기도 한다.

(2) 매체에 따른 광고

광고 메시지나 광고물은 광고매체를 통해 전달된다. 광고매체는 기호화된 광고 메시지 또는 광고 목적을 전달받음으로써 어떠한 영향을 받게 되리라고 기대되는 개인이나 집단에게 발신 또는 전달하는 매개물, 수단이다.

1) 신문광고

부동산 광고 중 가장 일반적인 형태로서 일간 신문지상을 이용하여 광고하는 것으로 같은 종류별로 구분하여 나열하는 안내광고와 그 이외의 전시광고가 있다.

2) DM 광고

다이렉트 메일(direct mail) 광고는 우편물을 이용하여 고객에게 직접 전달하는 광고로서 부동산업을 개업할 때, 친구, 아는 사람, 교제하고 있는 모든 사람에게 신규개업을 알리는 수단으로 중요한 역할을 한다.

3) 업계 출판물광고

부동산 관련업계의 정기간행물을 이용하는 광고 형식으로 부동산업자들이 서로 정보의 교환 및 특정사항의 광고에 이용된다.

4) 교통광고

전철이나 버스 등의 대중교통수단의 차내·외, 역구내, 정류장 등에 간판으로 기업명을 알리는 광고로서 교통기관 이용자에게 효과적으로 광고하게 된다.

5) 라디오, TV 광고

라디오, TV 광고는 광고비용이 가장 비싸지만 많은 고객에게 일시에 전달할 수 있는 기능으로 이용된다. 또한 이것은 시청자의 신뢰도에서 가장 높게 작용하는 점이 있다.

6) 노벨티 광고

노벨티(novelty)란 일상생활에 이용되는 실용적인 물건을 이용하여 광고문안을 기록하여 전파하는 광고의 형식으로 고객확보와 감사의 표시로 이용된다. 예를 들어 수건, 볼펜, 병따개, 손톱깎이 등 개인 또는 가정에서 이용하는 생활용품 등을 통해 부동산업을 일반에게 알리고, 장래고객을 확보하고, 거래에 대한 감사의 표시를 하고, 앞으로 계속 호의와 관심을 가져달라는 뜻을 담은 소품을 활용하는 방법 등이 이에 해당한다.

4. 예산편성과 효과적인 광고방법

(1) 광고 예산편성

1) 전년도 매상고 기준법

이 방법은 전년도의 영업실적을 고려하여 광고에 필요한 예산을 편성하는 방법으로 충분한 광고비를 책정하는 장점이 있다.

2) 매년 정액법(每年 定額法)

매년 지출되는 광고비를 일정하게 편성하여 경기의 변동에 관계없이 지출하는 방법이다.

3) 현황기준법

판매원의 수, 사무소의 입지, 현재의 시장 현황에 따라 광고비를 책정하는 형식이다.

4) 이익 백분율법

이익률 비율을 기준으로 예산을 책정하여 집행한다.

5) 지불능력 기준법

지불할 수 있는 자금 및 재무능력 범위 내에서 광고예산을 결정한다.

6) 경쟁자 기준법

경쟁업자와 대등한 지위를 유지하기 위해 경쟁업자의 광고비 지출액에 대응하는 광고 예산을 편성하는 방법이다.

(2) 효과적인 광고방법

광고의 방법으로서 매체의 선정과 문안의 작성에 주의 깊은 기획이 있어야 하며, 광고가 효과적이기 위해서는 다음과 같은 내용을 고려하여야 한다.

- 계속해서 광고를 하며
- 광고비의 지출을 일정하게 조절하며
- 광고매체의 선택에 과학적인 측정방법

(3) 광고효과지수

부동산 광고의 매체를 선택하기 위하여 광고효과지수를 산출하여 이것을 반영한다. 광고효과지수를 산출하는 방법으로는 다음과 같다.

- 1년간 지출한 매체별 광고비의 집계한다.
- 그중 1개의 매체를 선정하여 그 광고비의 지출을 100으로 하여 각각의 타 매체의 광고비를 지수로 나타낸다.
- 고객들에게 어느 매체에 의하여 업자를 선택하였는지를 기록한다.
- 기준매체의 의뢰자 수를 100으로 하여 각각의 타 매체의 의뢰자 수를 지수로 나타낸다.
- 광고비 지수를 분모로 하고 의뢰자 지수를 분자로 해서 각 매체별로 효과지수를 산출한다(의뢰자 수 ÷ 광고비 지수).

5. 부동산 마케팅 4P(Price, Product, Place, Promotion) 전략

제품(Product), 가격(Price), 유통경로(Place), 판매촉진(Promotion)의 제 측면에 있어서 차별화를 도모하는 전략을 말하며, 상업용 부동산의 마케팅 등에서 많이 사용되고 있다.

(1) 유통경로(Place marketing, 입지선정활동)

유통경로(Place) 전략은 직접 분양 또는 분양대행사를 효과적으로 이용하는 방안으로 구성되며, 부동산 중개업소를 적극적으로 활용하는 것은 대표적인 유통경로 전략에 해당한다.

(2) 상품 마케팅(Product marketing)

제품(Product) 전략은 구조물과 부대시설 및 배치에 있어 경쟁력을 가질 수 있도록 하는 전략이다. 예를 들면, 단지 내 자연친화적인 실개천 설치, 거주자 라이프스타일을 반영한 평면 설계, 보안설비의 디지털화, 지상 주차장의 지하화, 아파트 1층에 단독정원 설치 등이 이에 해당한다.

(3) 가격 마케팅(Price marketing)

가격(Price) 전략은 품질에 비해서 저렴하도록 하며, 표적수요자의 자금 동원능력과 금융을 연계하여 구성되어야 한다.

① 가격결정방법
  ㉠ 원가중심 가격결정법(원가기준법)
  ㉡ 목표수익률기준 가격결정법
  ㉢ 수요중심 가격결정법
  ㉣ 경쟁중심 가격결정법
  ㉤ 수요공급중심 가격결정법
② 가격전략의 수정
  ㉠ 경쟁상품중심의 가격전략 : 상대적 고가전략, 상대적 저가전략, 대등한 가격전략(추종가격, 시가전략)
  ㉡ 가격차별화정책

(4) 판촉 마케팅(Promotion marketing)

판매촉진(Promotion) 전략은 대부분의 매체를 통하여 일반대중에게 전달하는 판촉활동으로서 수요자의 관심을 끌기 위한 전략이다. 이는 표적시장의 반응을 빠르고 강하게 자극·유인하기 위한 전략을 말한다. 예를 들면, 아파트 모델하우스 방문고객을 대상으로 경품을 제공하거나 주택청약자를 대상으로 추첨을 통해 벽걸이 TV, 양문형 냉장고 등을 제공하는 것이 이에 해당한다.

① 홍보(Publicity)
② 광고(Advertising)
③ 판매촉진(Sale promotion)
④ 인적 판매(Personal selling)

6. STP 전략

STP란 시장세분화(Segmentation), 표적시장(Target), 차별화(Positioning)를 표상하는 약자로서 전통적인 전략의 하나이다.

(1) 시장세분화(Segmentation) 전략

수요자 집단을 인구경제학적 특성이 따라 세분하고, 그 세분된 시장을 대상으로 상품의 판매지향점을 분명히 하는 전략을 말한다. 즉, 이는 부동산시장에서 마케팅 활동을 수행하기 위하여 구매자의 집단을 세분하는 것이다.

(2) 표적시장(Target market) 선정 전략

세분화된 수요자 집단에서 경쟁 상황과 자신의 능력을 고려하여 가장 자신 있는 수요자 집단을 찾아내 는 것을 말한다. 즉, 이는 세분화된 시장 중에서 부동산기업이 표적으로 삼아 마케팅 활동을 수행하는 시장을 말한다. 표적시장은 세분화된 시장 중 가장 좋은 시장기회를 제공해 줄 수 있는 특화된 시장이다. 표적시장의 선점에 있어서는 세분화된 시장에서 자신의 상품과 일치되는 수요자 집단을 확인하거나, 선정된 표적집단으로부터 신상품을 기획하는 일이 중요하다.

(3) 차별화(Positioning) 전략

동일한 표적시장을 가지는 다양한 공급경쟁자들 사이에서 자신의 상품을 어디에 위치시킬 것인가 하는 진을 말한다. 즉 차별화 전략은 표적시장에서 고객의 욕구를 파악하여 강점 제품의 차별성을 가지도록 제품 개념을 정하고 소비자의 지각 속에 적절히 위치시키는 것이다.

연 습 문 제

1. 부동산 시장의 특성에 대해서 기술하시오.

2. 부동산 시장의 기능에 대해서 기술하시오.

3. 부동산 시장분석을 위한 권역(圈域) 파악 기준에 대해서 기술하시오.

4. 주택수요 요인분석을 위한 기본적인 항목에 대해서 기술하시오.

5. 부동산 경기의 순환국면에 대한 특징에 대해서 기술하시오.

6. 부동산 경기 순환국면을 파악하기 위한 측정지표에 대해서 기술하시오.

7. 인근지역 생애주기 국면에 대해서 기술하시오.

8. 일반경기의 순환과 부동산 경기의 순환과정을 비교 설명하시오.

공인중개사 기출 및 예상문제

1. 부동산 시장에 관한 설명 중 틀린 것은? (16회 기출)

① 부동산거래에 필요한 정보 습득에는 일반적으로 많은 비용이 소요된다.

② 부동산공급에는 상당한 시간이 소요되기 때문에 수요가 급증하더라도 공급이 적시에 이루어지지 못하는 경우가 많다.

③ 부동산상품이 물리적으로 동일하더라도 경제적 · 법적 성질이 다르면 상품의 성격은 달라진다.

④ 부동산은 고가(高價)이기 때문에 자금조달 가능성이 시장참여에 영향을 미친다.

⑤ 부동산경기가 상승국면에 들어서면 시장은 구매자 주도시장(buyer's market)으로 변한다.

[해설]

⑤ 부동산경기가 상승국면에 들어서는 부동산 가격이 지속적으로 상승함으로써 매도자는 가능한 계약 성립을 미루려고 하므로 우위를 차지하게 된다. 따라서 이 국면에서는 구매자보다는 매도자가 주도하는 시장이 된다.

2. 어느 지역을 주택투기지역으로 지정할 것이라는 소문이 시장에 알려지자 해당지역 주택시장이 급격하게 냉각되었다. 이러한 현상을 가장 적절하게 설명할 수 있는 시장이론은? (15회 추가기출)

① 지대이론 ② 포트폴리오이론 ③ 거미집 이론
④ 효율적 시장이론 ⑤ 중심지이론

[해설]

④ 새로운 정보 또는 소문이 시장에 알려지자마자 시장이 급랭하는 것은 정보가 시장에 신속히 반영되는 것을 설명하는 것으로 이는 효율적 시장이론에 관한 내용이다.

3. 부동산 시장의 효율성에 관한 설명이다. 옳은 것은? (13회 기출)

① 부동산 시장이 새로운 정보를 얼마나 지체 없이 가격에 반영하는가 하는 것을 시장의 효율성이라 하고, 정보가 지체 없이 가치에 반영된 시장을 효율적 시장이라 한다.

② 강성 효율적 시장에서는 이미 모든 정보가 가격에 반영되어 있으므로 투자분석만 잘 하면 정상 이상의 초과이윤을 얻기가 쉽다.

정답 1. ⑤ 2. ④

③ 어떠한 형태의 효율적 시장이 부동산 시장에 존재하는가는 나라마다 비슷하며, 효율성의 정도도 거의 같다.

④ 과거의 정보를 가지고 투자분석을 하는 것을 기술적 분석이라 하는데, 약성 효율적 시장에서는 기술적 분석을 통해 초과이윤을 얻기가 쉽다.

⑤ 준강성 효율적 시장은 새로운 정보가 공표되는 즉시 가격에 반영되는 시장으로, 공표된 자료를 토대로 투자분석을 하면 초과이윤을 얻기가 쉽다.

[해설]

① 효율적 시장이란 새로운 정보가 지체 없이 가치에 반영되는 시장을 말하는 것으로 효율성이란 정보의 효율성을 의미한다. 파마(E. F. Fama)는 효율적 시장을 정보의 범위에 따라 약성·준강성·강성 효율적 시장으로 분류된다.

② 강성 효율적 시장은 이미 모든 정보가 시장가치에 반영되어 있으므로 대상 부동산에 관계되는 정보로 분석을 한다면 정상이윤은 얻을 수 있지만 이를 초과하는 이윤은 얻을 수 없다.

③ 나라마다 효율적 시장의 유형은 달리 나타나며 정보의 효율성 정도로 각각 다르게 나타난다.

④ 기술적 분석은 과거정보를 토대로 기업의 시장가치 또는 대상 부동산의 시장가치를 분석하는데 이를 통해서 정상이윤은 얻을 수 있지만 초과이윤은 얻을 수 없다.

⑤ 준강성 효율적 시장에서 새로운 정보를 토대로 투자분석을 한다 하여도 초과이윤은 얻을 수 없다.

4. 다음 중 유량(flow)개념과 가장 거리가 먼 것은? (15회 기출)

① 임대료 수입 ② 신규주택공급량

③ 주택재고량 ④ 부동산회사의 당기순이익

⑤ 주택거래량

[해설]

③ 유량은 일정기간의 개념으로 임대료는 일정기간 동안 사용한 대가이고, 신규주택 공급량은 일정기간 동안에 신규로 공급된 주택량을 말하며, 회사의 당기순이익도 일정기간 동안의 순이익을 말하고, 주택거래량도 역시 일정기간 동안에 거래가 이루어진 양으로 ①, ②, ④, ⑤는 일정기간의 개념으로 유량개념이고, ③의 주택재고량은 일정시점에 시장에 존재하는 주택량으로 저량의 개념이다.

5. 주택시장과 여과과정에 대한 설명으로 가장 적절하지 않은 것은? (15회 기출)

① 주택의 상향여과는 소득증가와 같은 이유로 인해, 저가주택에 대한 수요가 증가했을 때 나타난다.

② 거주자의 주택소비량의 정도는 제한된 예산으로 효용을 극대화하려는 선택의 문제로 볼 수 있다.

정답 3. ① 4. ③

③ 저가주택에 대한 수요증가는 저가주택시장의 기존 균형임대료 수준에서 초과수요를 야기시키고, 초과수요가 발생함에 따라, 저가주택 임대료도 상승한다.

④ 어떤 지역의 토지이용이 이질적 요소의 침입으로 인해, 다른 종류의 토지이용으로 변화되어 가는 과정을 천이(succession)현상이라 한다.

⑤ 주택시장에서 불량주택과 같은 저가주택이 생산되는 것은, 시장의 실패에 기인하는 것으로 볼 수 없다.

[해설]

① 주택의 소비자의 소득증가와 같은 이유로 인해, 저가주택에 대한 수요가 증가했을 때 하향여과가 나타날 수 있다. 상향여과는 저급주택이 수선되거나 재개발되어 상위계층이 사용하게 되었을 때 나타난다.

② 거주자의 주택소비량은 한정된 소득수준(예산)의 범주 내에서 효용을 극대화하려는 선택의 문제이다. 예컨대, 고소득층은 소득수준이 높아서 더 많은 주택서비스를 원하여 넓은 평수를 선호하게 되고 대신에 저소득층은 소득수준이 낮아 좁은 평수의 주택을 구입하게 된다. 결국 소비자들이 주택에 대해 지불할 수 있는 예산의 능력 범위 주택을 구입하게 된다. 결국 소비자들이 주택에 대해 지불할 수 있는 예산의 능력 범위 내에서 주택소비량이 결정된다.

③ 저가 주택에 대한 수요가 증가하면 저가주택시장에서 초과수요가 발생하여 저가주택 임대료가 상승한다.

④ 천이(succession)현상이란 어떤 지역의 토지이용이 이질적 요소의 침입으로 인해, 다른 종류의 토지이용으로 변화되어 가는 과정을 말하며 계승이라고도 한다.

⑤ 불량주택은 소득의 문제이지 시장의 실패의 문제가 아니다.

6. 주택의 여과효과(filtering effect)에 관한 설명 중 가장 적절하지 않은 것은? (15회 추가기출)

① 주택순환현상이라고도 불린다.

② 주택의 질적 변화와 가구의 이동관계를 설명한다.

③ 소득증가로 저가주택수요가 감소하면 하향여과(filtering down)과정이 나타난다.

④ 안정적인 주택시장에서는 주택여과효과가 긍정적으로 작동하면 주거의 질을 개선하는 효과가 발생한다.

⑤ 안정적인 주택시장에서는 주택여과효과가 긍정적으로 작동하면 주택공급량의 증가에도 기여하게 된다.

[해설]

③ 하향여과는 저소득층의 소득의 증가로 저가주택에 대한 수요가 증가하고, 저가의 신규주택의 공급이 제한되어 있는 경우에 저소득층이 고가주택으로 유입되는 경우이다.

정답 5. ① 6. ③

7. 부동산 경기변동에 관한 설명 중 가장 적절하지 않은 것은? (15회 추가기출)

① 부동산 경기는 주기의 순환국면이 일정치 않은 경향이 있다.
② 부동산 경기는 일반경기보다 선행하기도 하며, 때로는 후행하기도 한다.
③ 부동산 경기는 일반경기와 비교하여 팽창국면과 위축국면 간의 차이가 큰 특징을 갖는 경향이 있다.
④ 부동산 경기는 부동산의 유형에 따라 각각 다른 변화특성을 나타내기도 한다.
⑤ 부동산 경기는 분석대상지역을 인근지역에 한정하여 측정하는 것이 유효하다.

[해설]

⑤ 부동산 경기변동의 측정은 전국적·지역별·용도별로 측정 가능하기 때문에 인근지역을 대상으로만 측정하는 것이 아니다. 부동산경기변동의 특징은 다음과 같다.
㉠ 주기는 일반경기에 비해 긴 편이다.
㉡ 진폭은 일반경기에 비해 큰 편이다.
㉢ 부동산 경기의 각 순환국면은 불규칙·불명확하여 일반적으로 우경사 비대칭구조의 순환국면을 가지고 있다.
㉣ 부동산 경기의 변동의 크기와 진폭은 도시마다 다르고 같은 도시라도 지역에 따라 다르다.
㉤ 부동산 경기의 회복은 먼저 지역적으로 발생하고 광역화하는 특징이 있다.
㉥ 일반적으로 부동산 경기는 후행한다. 그러나 선행·병행·역행·독립적일 수도 있다.
㉦ 주택건축 경기는 일반적으로 일반경기에 역행한다.
㉧ 상업용·공업용 부동산 건축경기는 일반경기와 거의 병행한다.
㉨ 상업용·공업용 부동산의 건축경기는 주거용 부동산의 건축경기와는 대체로 역순환적 관계에 있다.

8. 부동산 경기변동을 4국면으로 구분하여 설명하였다. 옳은 것은? (14회 기출)

① 저점에서 정점에 이르는 기간은 짧은 데 반해 정점에서 저점에 이르는 기간은 장기간에 걸쳐 나타나는 경향이 있다.
② 후퇴국면이 일반경기와 병행하여 장기화되면 점차 공실률은 증가하기도 한다.
③ 상향국면에서 부동산 매매 시 매도자는 거래성립 시기를 당기려고 하고 매수자는 미루려고 하는 경향이 있다.
④ 후퇴국면이란 하향시장국면의 다음에 오는 국면으로 경기저점까지 바로 하강하는 국면을 말한다.
⑤ 하향국면에서는 경기의 회복에 대한 기대감으로 건축허가 신청건수가 점차 증가한다.

정답 7. ⑤ 8. ②

[해설]

① 저점에서 정점에 이르는 과정은 타성기간의 존재로 느리고 정점에서 저점에 이르는 과정은 부동산의 투자재적 성격으로 인하여 빠르게 진행된다.

③ 상향국면에서 매도자는 가격이 계속 상승할 것으로 예상하고 있으므로 거래성사 시기를 늦추려고 하고 반대로 매수자는 빨리 진행하고자 한다.

④ 후퇴국면은 상향국면 다음에 오는 국면으로 정점을 지난 국면을 말한다.

⑤ 하향국면은 저점을 향하고 있는 국면으로 건축허가 건수가 줄어든다.

9. 다음은 부동산 마케팅에 대한 설명이다. 가장 거리가 먼 것은? (15회 기출)

① 부동산 상품의 마케팅 계획 시에는 품질, 설계, 입지조건, 상표 등을 고려해야 한다.

② 부동산마케팅은 부동산 자체의 마케팅과 부동산업, 즉 부동산서비스에 대한 마케팅이라는 의미도 지니고 있다.

③ 고객점유 마케팅전략이란 소비자의 구매의사결정과정의 각 단계에서 소비자와의 심리적 접점을 마련하고, 전달되는 메시지의 톤과 강도를 조절하여 마케팅 효과를 극대화하는 것이다.

④ 공급자의 전략차원으로서 표적시장을 선점하거나 틈새시장을 점유하는 것을 관계 마케팅 전략이라고 한다.

⑤ 4P MIX 전략이란 제품(product), 가격(price), 유통경로(place), 홍보(promotion)의 제 측면에서 차별화를 도모하는 전략을 말하며, 주로 상업용 부동산의 마케팅에서 사용되고 있다.

[해설]

④ 마케팅 전략으로 시장점유 마케팅, 고객점유 마케팅, 관계 마케팅 등이 있는데, 시장점유 마케팅은 공급자 입장의 마케팅으로 시장세분화전략, 목표시장선점전략, 차별화전략 등을 구사한다. 고객점유 마케팅은 수요자 측면의 마케팅으로 AIDA 원리를 적용하여 소비자의 욕구를 충족시키는 마케팅 전략이며, 관계마케팅은 공급자와 소비자 관계를 일회성으로 간주하는 것이 아니라 장기적·지속적인 관계로 유지하여 다른 소비자에게도 파급되도록 하는 마케팅 활동이다.

10. 부동산 마케팅 4P(price, product, place, promotion) 전략 중 제품(product)전략에 해당하지 않는 것은? (16회 기출)

① 단지 내 자연친화적인 실개천 설치

② 거주자 라이프스타일을 반영한 평면설계

③ 보안설비의 디지털화

④ 지상주차장의 지하화

⑤ 제품의 광고 및 홍보 활동

정답 9. ④ 10. ⑤

[해설]

⑤ 이는 4P믹스의 내용을 구분하는 문제로 ①에서 ④까지는 아파트 상품을 설명하고 있다. 그러나 ⑤의 광고 및 홍보는 4P믹스 중에서 promotion의 내용에 속한다.

11. 부동산 마케팅에 대한 내용 중 틀린 것은? (8회 기출)

① 시장성은 부동산 개발사업의 성공여부를 결정짓는 가장 중요한 요소가 된다.
② 개발사업의 마케팅에는 매도와 임대의 두 가지 형태가 있다.
③ 개발공간에 대한 임대활동은 개발의 중간단계에서부터 이루어진다.
④ 쇼핑센터의 대규모사무실 건물들은 중요임 차자를 사전에 확보할 필요가 있다.
⑤ 임대완료기간이 길게 되면 개발업자는 추가비용을 부담해야 한다.

[해설]

임대활동은 개발의 초기단계에서부터 이루어진다. 개발사업이 완성되자마자 공실률이 거의 없이 임대공간이 점유된다는 것은 성공적인 사업을 위해 매우 중요한 일이다.

12. 다음은 부동산 상품의 특성을 설명한 것이다. 옳지 않은 것은? (10회 기출)

① 부동산 상품은 다른 일반상품보다 내구연한이 길어서 재구매 수요가 잘 발생하지 않고, 그 때문에 소비자와 생산자(혹은 중개업자) 간에 신뢰관계 형성이 어렵다.
② 대부분의 사람들은 당장 목돈이 드는 부동산을 살 능력이 없기 때문에 융자가 필요하지만, 이 금융부채는 투자수익률을 높여줄 가능성이 없기 때문에 바람직하지 않다.
③ 부동산 상품을 거래할 때는 다른 상품을 거래할 때보다 거래비용이나 시간이 모두 많이 든다.
④ 토지는 다른 상품보다 특별히 면적이 큰 상품이라고 할 수 있다.
⑤ 부동산은 진열이 불가능한 상품이며, 이 때문에 단기간으로 보면 공급의 비탄력성 원인이 된다.

[해설]

① 부동산상품은 내구재이므로 내구연한이 길어서 구매수요가 잘 발생하지 않으며 공급량이 쉽게 줄어들지도 않는다. 또한 소비자와 생산자(혹은 중개업자)간에 신뢰관계형성이 어렵다.
② 부동산은 고가품이기 때문에 원활한 자금융통이 필요하며 금융부채는 투자가의 경제활동의 범위가 확대될 수 있어 유익하며 투자 수익률을 높여 줄 가능성이 많기 때문에 바람직하다.
③ 부동산상품은 수요와 공급의 조절이 쉽지 않고 이를 조절하는데도 많은 시간이 걸린다.
④ 토지는 다른 상품보다 면적이 넓다.
⑤ 부동산은 위치의 고정성의 특성 때문에 진열이 불가능한 상품이며 단기적으로 보면 공급의 비탄력성의 원인이 된다.

정답 11. ③ 12. ②

13. 다음에 열거된 부동산 시장의 특성은 부동산이 고가품이기 때문에 야기되는 것들이다. 틀린 것은? (8회 기출)

① 부분시장별로 공급초과나 수요 초과상태가 지속되기도 한다.
② 공급자와 수요자의 수가 상대적으로 제한된다.
③ 자금의 유용성은 부동산 시장에 많은 영향을 미친다.
④ 수요자나 공급자의 시장의 진퇴가 자유롭지 못하게 된다.
⑤ 부동산 시장이 상대적으로 완전경쟁시장이 되지 못하게 된다.

[해설]
(1) 부동산이 고가품이기 때문에 야기되는 부동산 시장의 특성에는 다음과 같은 것이 있다
㉠ 시장참여자의 시장진입과 탈퇴가 자유롭지 못하다.
㉡ 생산자와 소비자의 수가 상대적으로 제한된다.
㉢ 유효수요를 갖추지 못할 경우 시장에 진입할 수 없다. 따라서 이러한 특성으로 인하여 불완전경쟁시장으로 존재하게 된다.
(2) 부분시장별로 공급초과와 수요 초과상태는 부동산 시장의 국지화로부터 야기되는 특성에 해당된다.

14. 시장경제체제에서 희소한 자원에 대한 효율적 생산 및 분배의 관리는 모두 시장을 통하여 이루어진다. 그러나 부동산 시장은 일반재화시장과는 다른 여러 가지 특성을 지니고 있다. 다음의 부동산 시장에 관한 설명 중 옳지 않은 것은? (10회 기출)

① 부동산 시장은 여러 가지 법적 제한이 많고, 시장이 불완전해지는 경향이 많다.
② 부동산 공급에는 계획수립, 부지확보, 건축 등 완성에 이르기까지 많은 시간이 소요되므로 단기적으로 가격의 왜곡이 발생할 가능성이 크다.
③ 부동산은 고가품으로 자금의 조달과 깊은 관계가 있어, 자본시장에서의 이자율상승은 부동산 공급을 증대시키며, 동시에 수요자의 구매력을 향상시켜 수요를 증대시킨다.
④ 부동산 시장이 일반재화시장과 다른 특성을 가지는 것은 지리적 위치의 고정성, 이질성, 내구성 등 부동산만이 가지는 자연적 특성들 때문이다.
⑤ 부동산 시장이란 유사한 부동산에 대해 유사한 가격이 형성되는 지리적 구역이다. 이처럼 지리적 공간과 결부되어 있기 때문에 위치에 따라 여러 개의 부분시장(국지적 시장)으로 나눠진다.

[해설]
부동산은 고가품이기 때문에 자금의 원활한 융통은 더 많은 공급자와 수요자로 하여금 시장에 참여할 수 있지만 자본시장에서의 이자율의 상승은 공급과 수요를 감소시킨다.

정답 13. ① 14. ③

15. 부동산 시장의 특성에 대해 틀리게 기술한 것은?

① 부동산 시장은 부동산의 위치, 규모, 용도 등에 따른 부분시장이 형성되어 시장 세분화가 이루어진다.

② 부동산 시장의 행정규제는 단기적으로 시장의 수요조절 기능을 저해한다.

③ 부동산 시장도 외부효과에 의해 시장이 실패(market failure)가 발생한다.

④ 부동산 시장은 부동산의 유사성 및 대체성 때문에 완전 경쟁시장으로 분류된다.

⑤ 부동산 시장의 과거 정보가 부동산 가격에 정확히 반영되는 시장을 약성 효율적 시장이라 칭한다.

[해설]
부동산은 위치의 고정성을 가지므로 강한 개별성(비대체성)과 내구성, 고가성등을 지니므로 시장의 자유조절기능을 저하시켜 시장을 불완정하게 만든다.

16. 토지시장의 균형에 관한 설명으로서 틀린 것은? (9회 기출)

① 토지시장의 균형도 일반재화에 있어서처럼 공급과 수요의 균형에 의해 달성된다.

② 부동산 수요는 구매력을 수반하는 유효수요여야 하는데 이에는 저축 이외에 금융대출금도 포함된다.

③ 부동산공급은 각 임대료수준에서 생산자가 기꺼이 공급의사와 능력을 가지고 있는 유효한 것이어야 한다.

④ 대체재와 보완재의 가격은 수요곡선 자체를 이동시키고, 부동산매도인의 수는 공급곡선 자체를 이동시킨다.

⑤ 장기적인 공급곡선은 단기적인 공급곡선에 비해서 비탄력적이기 때문에 장기적으로 임대료는 상승하게 된다.

[해설]
장기적으로는 단기에 비해 생산요소에 대한 용도제한이 완화되므로 생산요소의 가격도 조절된다. 그러므로 장기공급곡선은 단기공급곡선에 비해 보다 완만한 형태를 이루게 된다. 즉, 탄력적이므로 임대료의 상승을 장기곡선이 단기공급곡선보다 억제할 수 있다.

17. 보통 토지시장에서는 민간개발업자와 지방자치단체 간에 다른 가격체계가 있다. 그러한 가격의 차이가 낳은 결과들에 대한 다음의 설명 중 옳지 않은 것은? (8회 기출)

① 지방자치단체는 민간개발업자보다 낮은 가격으로 토지를 구입하므로 민간보다 토지를 더 조방적으로 이용하기 쉽다.

정답 15. ④ 16. ⑤

② 토지가격의 차이는 지방자치단체와 민간과의 경쟁에서 지방자치단체에 의한 개발의 비효율성을 가려주는 역할을 한다.

③ 자본비용이 낮으므로 장기적으로 미 개발 토지를 보유하고 있는 지방자치단체에게는 불이익이 증가한다.

④ 지방자치단체에 의한 낮은 토지가격의 개발이 정당화될 수 있는 것은 지방자치단체에 의한 개발이 민간개발에서는 일어나지 않는 외부적 편익을 사회에 주기 때문이다.

⑤ 가격체계가 다르다는 사실은 민간주택보다 지방자치단체가 공급하는 주택에 유리하게 작용한다.

[해설]

지방자치단체는 민간개발업자보다 토지를 낮은 가격으로 구입하여 민간보다 더 조방적으로 이용하기 쉽다. 또한 자본비율이 낮기 때문에 장기적으로 미개발토지를 보유하고 있는 지방자치단체는 시간이 경과함에 따라 지가상승으로 인하여 더 많은 이익을 얻게 될 것이다.

18. 어느 지역이 개발된다는 정보가 공표되면 부동산 가격이 급등하는 현상을 볼 수 있다. 이 같은 현상을 가장 잘 설명하는 시장은? (8회 기출)

① 완전경쟁시장　② 독점시장　③ 과점시장
④ 효율적 시장　⑤ 순수경쟁시장

[해설]

(1) 시장의 효율성 : 부동산 시장이 새로운 정보를 얼마나 지체 없이 가치에 반영하는가 하는 것을 말한다.

(2) 효율적 시장 : 새로운 정보가 지체 없이 가치에 반영되는 시장이다.

(3) 효율적 시장은 어떠한 정보를 지체 없이 가치에 반영하는가에 따라 약성, 준강성, 그리고 강성 효율적 시장으로 나누어진다.

19. 부동산 가격은 각종 정보와 밀접한 관계가 있다. 부동산 정보와 시장과의 관계를 잘못 설명하고 있는 것은? (8회 기출)

① 부동산 거래에 정보비용이 수반되는 것은 시장이 불완전하기 때문이다.

② 소수의 투자자가 다른 사람보다 값싸게 정보를 획득할 수 있는 시장은 할당 효율적 시장이 되지 못한다.

③ 독점을 획득하기 위한 기회비용이 모든 투자자에게 동일하다고 하더라도, 독점시장은 할당 효율적 시장이 되지 못한다.

정답 17. ③ 18. ④

④ 소수의 시민들이 부동산을 매수하여 초과이윤을 획득할 수 있는 것은 정보시장이 공개적이지 못하기 때문이다.

⑤ 부동산 투자가 성립되는 것은 시장이 불완전하기 때문이라기보다는 할당 효율적이지 못하기 때문이다.

[해설]

(1) 할당 효율적 시장이란 자원의 할당이 효율적으로 이루어지는 시장으로서 어느 누구도 기회비용보다 싼 값으로 정보를 획득할 수 없는 시장이다.

(2) 독점시장도 독점을 획득하기 위해 지불하는 기회비용이 모든 투자자들에게 동일하다고 하면 할당 효율적이 될 수 있는 것이다.

20. 다음 중 가장 적절한 부동산 가격과 거래활동에 관련되는 지역 사이클의 단계는? (1회 기출)

① 악화기 → 천이기 → 성숙기 → 쇠퇴기 → 성장기

② 성장기 → 성숙기 → 천이기 → 악화기 → 쇠퇴기

③ 성장기 → 성숙기 → 쇠퇴기 → 천이기 → 악화기

④ 성숙기 → 성장기 → 쇠퇴기 → 천이기 → 악화기

⑤ 성숙기 → 성장기 → 천이기 → 쇠퇴기 → 악화기

21. 부동산의 지역변화 사이클(인근지역 변화단계)에 관한 다음 설명 중 틀린 것은? (9회 기출)

① 모든 지역은 시초를 가지고 연대의 형태로 성장기, 성숙기, 쇠퇴기, 천이기와 슬럼화의 단계로 구분된다.

② 지역변화단계와 사회적 · 경제적 영향은 토지이용의 형태를 결정하고 각 단계별로 지가상승 하락의 과정을 거친다.

③ 성숙기는 개발이 진행됨에 따라 그 지역은 점차 안정에 이르고 지역의 기능도 정착 된다.

④ 천이기에서 지가는 다시 상승하며 그 이전 단계의 수준에 이른다.

⑤ 도시의 성장이 빠르면 지역변화도 빠르게 움직인다.

[해설]

① 전체로서의 인근지역은 마치 유기체와 같은 성쇄현상을 나타내는바 이를 인근지역의 사이클 패턴이라고 한다. 지역 사이클은 ㉠ 성장기(개발기), ㉡ 쇠퇴기, ㉢ 쇠퇴기, ㉣ 천이기(과도기), ㉤ 악화기 등 다섯 단계로 구분된다. 쇠퇴기까지가 한 지역의 주사이클로서 이 단계에서 재개발 등을 하지 않으면 천이기, 악화기로 진행한다.

정답 19. ③ 20. ③ 21. ④

22. 다음 부동산의 경기변동 중 건축순환(building cycles)에 관한 설명 중 옳지 않은 것은? (3회 기출)

① 일반경기와 부동산경기는 일치한다.
② 순화주기를 17~18년 정도로 추산한다.
③ 일반경기의 중순환의 약 2배에 해당한다.
④ 일반경기에 비해 그 저점이 깊고, 정점이 높은 것이 특색이다.
⑤ 건축순환의 원인은 건축물의 내구재의 성격에서 찾는다.

[해설]
① 건축순환이란 주택건축의 활동량뿐만 아니라 공장, 회사와 같은 주택 이외의 건축 활동량에서도 볼 수 있는 규칙적인 순환활동을 말한다.
② 부동산경기의 순환은 약 17~18년 주기이면 일반경기(중순환)의 주기에 비해 약 2배에 해당하고, 저점이 깊고 정점이 높다. 그리고 부동산경기는 일반경기와 병행하는 것이 통상적이다. 그러나 역행, 독립, 선행할 수도 있다.

23. 부동산 경기변동에 관한 설명 중 틀린 것은? (8회 기출)

① 주택의 건축경기와 일반경제의 그것과는 역순환적 관계에 있다.
② 부동산 가격이 상승할 때를 부동산경기가 좋다고 말하는 것은 이론적으로 틀린 것이 아니다.
③ 부동산의 경우 경기순환 외에도 다른 형태의 경기변동이 있다.
④ 부동산 경기는 부동산 경제를 구성하고 있는 여러 특수 부분들의 가중평균치적인 성격을 지닌다.
⑤ 부동산 경기순환의 진폭은 일반경기의 그것보다 크다.

[해설]
일반적으로 부동산 가격이 상승하면 부동산 경기가 좋다고 말하고 있지만 부동산 가격이 상승한다고 해서 부동산 경제의 생산이 증가한다거나 성장한다고 말하기 어렵기 때문에 엄밀히 말해서 잘못된 것이다.

24. 부동산 경기를 측정하는 데 있어서 바람직한 지표로 구성되어 있는 사항은? (8회 기출)

① 지가의 상승폭 · 임대료 · 건축량
② 건축량 · 가격변동 · 주택의 거래량
③ 택지의 공급량 · 건축허가의 건수가격변동
④ 지가의 상승 · 건축허가의 건수임대료
⑤ 임대료의 변화 · 주택의 거래량 · 지가의 상승

정답 22. ① 23. ② 24. ②

[해설]
일반적으로 부동산경기측정의 지표로는 ㉠ 건축의 양, ㉡ 부동산의 가격변동, ㉢ 부동산 거래량 등을 들 수 있다. 부동산경기의 측정은 단순지표에 의존할 것이 아니라 건축의 양, 부동산의 가격변동, 부동산거래량의 3지표를 통한 종합적인 측정이 바람직하다.

25. 다음은 에스크로(Escrow)업에 관한 설명이다. 틀린 것은? (9회 기출)

① 에스크로법은 대금의 회수, 소유권 이전 업무대행 이외에 부동산 거래를 완결 짓는 세금 · 금융이자 · 보험료 · 임료 등의 청산도 대행한다.
② 에스크로업은 반드시 독립된 형태의 업체이어야 한다.
③ 별도의 에스크로 계정이 설정되어 에스크로 신탁자는 보호된다.
④ 부동산의 매매에 한정되지 않고 교환 · 매매예약 등의 경우도 있다.
⑤ 부동산거래예약의 이행행위를 대행하는 부동업의 한 종류이다.

[해설]
① 에스크로업은 다른 사람의 의뢰를 받고 다른 사람이 합의한 부동산 거래계약을 정해진 대로 일을 대신해 주는 일종의 서비스신탁업과 유사한 성격을 가지는 업을 말한다.
② 에스크로업에서 부동산대리사무로 구체적으로 위임되는 사항은 토지에 관한 제반사항, 건물에 관한 제반사항, 부동산거래약관에 따른 대금의 수수나 소유권이전(등기) 업무대행, 거래완결에 필요한 세금, 금리, 보험금, 임료 등의 청산과 금융도 대행한다.
③ 장점으로 매수인이 부동산거래에서 일어날 수 있는 위험을 사전에 방지할 수 있고 에스크로 계정이 설정되어 에스크로 신탁자가 보호되며 매매당사자가 계약을 이행하지 않는 경우를 방지할 수 있어 상거래질서확립에 도움을 준다.

정답 25. ②

제6장 부동산 경영론

6.1 부동산업 경영의 의의

경영이란 기업의 경영목적을 달성하기 위해 계획을 수립하고, 조직 구성원의 활동을 합리적·효율적으로 조직하고, 지휘하고, 통제하여 목표달성을 이루어 나가는 인간활동이다. 부동산 경영이란 일반 경영이론에서 부동산을 경영대상으로 하는 부동산 공급, 임대, 서비스 등 부동산업의 계획을 세워 능률적, 지속적으로 운영하는 것을 말한다.

6.2 일반경영과 부동산 경영 간의 차이

부동산 경영활동을 체계적이고 과학적으로 수행하기 위해서는 경영학 이론지원이 필요하다.

이런 연유로 경영학의 일반적인 특징을 부동산 경영에서 도입하는 과정에서 다음과 같은 차별성 있는 특징을 나타낸다.

① 연구대상 : 경영학이 기업을 대상으로 조직, 경영자의 활동 등을 연구대상으로 하고 있는 데 반하여, 부동산 경영은 부동산의 특성으로 인해 발생하는 여러 부동산 현상 속에서 부동산이라는 상품이나 그 속에서 활동하는 사람을 대상으로 한다는 점이다.

② 요소 : 일반적으로 경영은 토지, 노동, 자본의 3요소가 고려되는데, 부동산 경영은 경영자가 시설이 정비된 장소(토지 또는 건물)에서 필요한 인원을 계획하고, 소요예산을 책정, 관리하는 활동이라는 점이다.

③ 상품 : 일반경영이 주로 일반상품을 생산하는 기업을 대상으로 하는데, 부동산 경

영은 부동산이라는 상품을 취급하는 기업 또는 개인을 대상으로 한다는 점이다.

④ 판매 : 일반경영에서 상품판매가 일회적, 단기적이고, 고객확보가 대중적인 반면에, 부동산 경영에서는 부동산 상품 및 서비스의 판매가 지속적이며, 고객이 한정되어 있다는 점이다. 이는 부동산 상품으로 인해 부동산 경영활동만이 가지고 있는 특성인 셈이다.

6.3 부동산업의 정의와 유형

1. 부동산업의 정의와 분류

부동산업을 사전적 의미에서 보면 '부동산의 매매, 교환, 대차, 관리 또는 그 대행과 중개를 하는 사업'이라 하고 있다. 그리고 기획재정부에서 분류한 표준산업 분류에 의하면 '자기소유 또는 임차한 건물, 토지, 묘지 및 기타 부동산의 운영 및 임대, 구매, 판매 등에 관련된 산업활동'으로 보고 있다.

이러한 내용을 기초로 하여 부동산업이란 '부동산 거래와 공급 및 임대 등 이와 관련된 서비스를 제공하고 영위하는 산업활동'이라고 정의할 수 있다.

이 정의를 바탕으로 부동산업을 분류해 보면 [그림 6-1]과 같다.

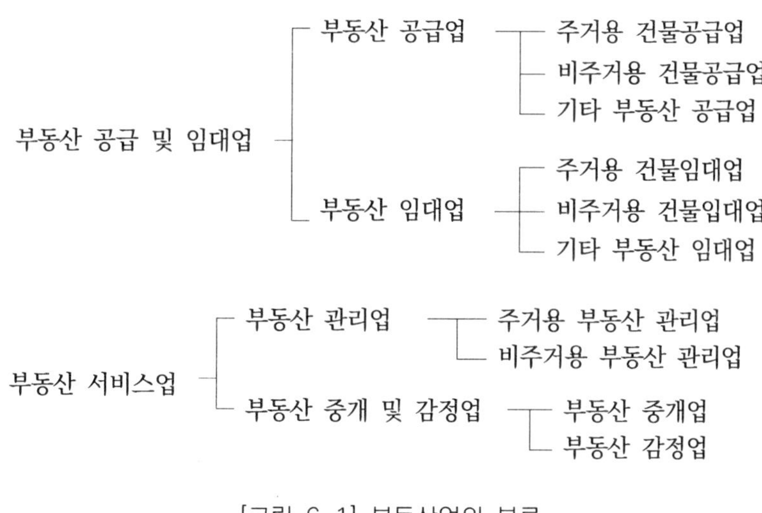

[그림 6-1] 부동산업의 분류

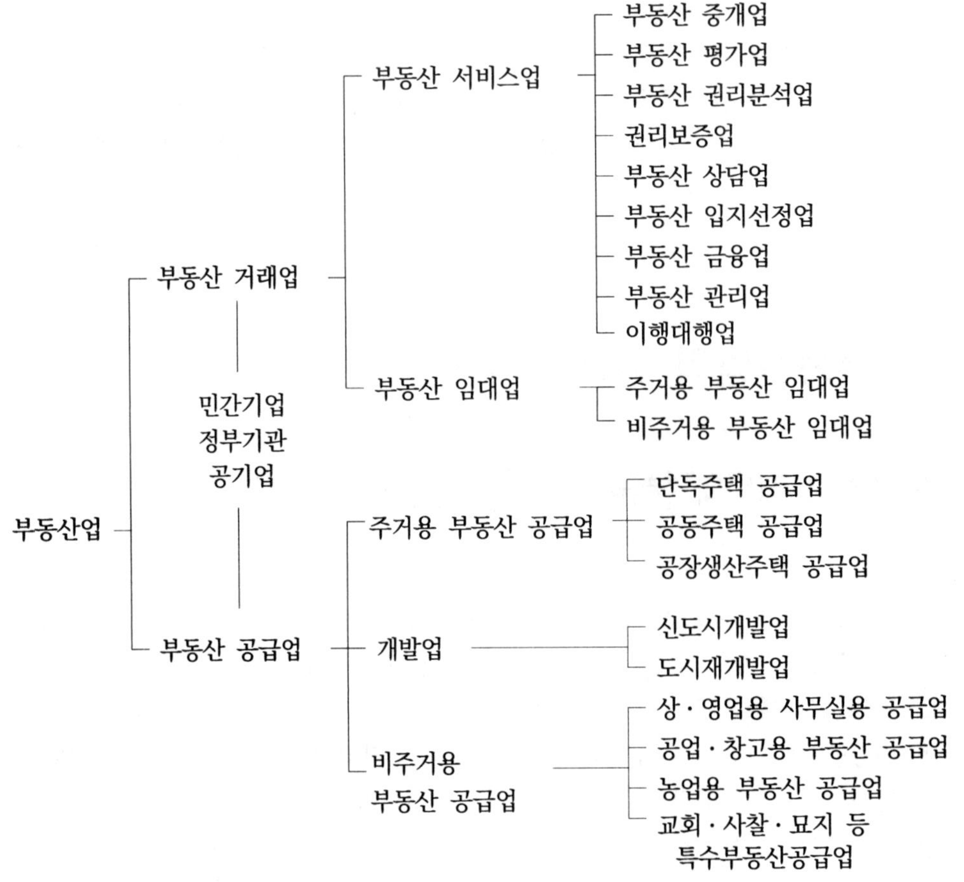

[그림 6-2] 부동산 활동과 현상에 따른 부동산업의 분류

한편 부동산업은 크게 부동산 거래업과 부동산 공급업으로 구분된다. 그리고 부동산 거래업은 다시 부동산 서비스업과 부동산 임대업으로, 부동산 공급업은 개발업, 주거용 부동산 공급업, 비주거용 부동산 공급업으로 구분된다.

2. 부동산업의 유형

(1) 부동산 공급업

부동산 공급업이란 토지, 건물 혹은 복합부동산을 개발한 후 일괄 또는 분할하여 판매하는 산업 활동이다. 역사적으로는 택지개발, 단독주택 건설 및 판매, 공동주택의 건설·분양 등이 그 중심이 되어 왔으나 최근에는 호텔, 상업용 건물, 업무용 건물, 주거·상업복합용도 건물, 오피스텔 등의 지분권 분양 형태도 있다.

이 개발업은 주거용 부동산 공급업, 비주거용 부동산 공급업, 부동산 개발업 등으로 다시 나눌 수 있다.

1) 주거용 부동산 공급업

① 단독주택 공급업 : 단독주택을 지어 분양하는 업을 말한다. 규모는 업자에 따라 다양하나 일반적으로 소규모이다. 주로 단독주택, 연립주택이 중심이 되며, 종래의 단순한 기업공급형태에서 소비자 주문형태로 변화가 일어나고 있다. 규모가 큰 업체는 개발업자라고 불리기도 한다.

② 공동주택 공급업 : 공동주택(주로 아파트)을 지어 분양하는 업자를 말한다. 여기에서의 공동주택의 개념은 일반적으로 사용하는 공동주택의 개념보다 넓은 의미로 해석된다. 따라서 맨션은 물론 주상복합아파트도 여기에 해당한다.

도시재개발사업 또는 신도시개발업은 대부분의 경우 아파트를 건립하는 수가 많기 때문에 공동주택 공급업과 일치하는 경우가 많다.

③ 공장생산 주택공급업 : 일반적으로 주택이라 하면 통상적인 방식의 공법을 통해 건축물을 짓는 주택을 의미한다. 공장생산주택은 현장시공에 앞서 공장에서 부분품으로 생산되어 조립하는 프리패브(prefabricated house), 공장에서 주택의 각 유니트(unit)가 미리 조립되어 현장에 도달하면 단시일 내에 조립이 완성되는 조립주택(sectional house), 차량에 부착되어 판매점까지 트레일러로 견인되어 전시·판매되는 이동주택도 있다. 이러한 공장생산주택의 출현으로 주택유통에 있어서는 일반상품과 유사하거나 동일한 양상을 띠며, 주거의 이동성 출현으로 부동산에 대한 인식의 변화와 나아가서 앞으로 건축규제 방법의 새로운 패러다임이 요구되는 상황이다.

④ 부동산 분양공급업 : 부동산 개발사업자의 시행자가 분양공급의 상당부문을 담당하고 있다. 주택법에 의한 등록업자, 기타 대지조성사업자, 재개발 · 재건축시행자 등이 이에 속한다.

2) 비주거용 부동산 공급업

부동산 공급업에는 일반적으로 주거용 부동산이 점하는 비중이 크다. 그러나 이외에 상업기능의 건물, 사무용 건물, 공장 건물을 건축하는 공급업, 목장이나 농장 등의 공급업 등 비주거용 부동산 공급이 있다.

3) 부동산 개발

① 도시재생개발사업 : 도시는 그 기능이 진부화(낡고, 쇠락한 현상)되면 재개발에 이르게 된다. 도시재개발에는 공공자금의 투입 등 공공분야가 점하는 비중이 크지만,

주택공급이 민간주도형인 국가에서는 민간자본의 역할이 중요한 부분을 차지하기도 한다.

② 신도시개발업 : 토지조성공급업을 포함하는 개념이다. 우리나라에서는 주로 국가나 지방자치단체가 토지조성사업이나 택지개발방식에 의한 도시개발사업형태를 취하고 있다. 일반적으로 주택을 조성하여 분양하거나 개발택지에 주택, 상업, 사무실 등 여러 가지 기능의 건물을 세워 토지를 최유효 이용상태로 유지하려는 사업이다. 신도시개발 또는 도시개발사업과 같이 그 규모가 크고 종합개발의 성격을 가진다.

(2) 부동산 서비스업

부동산 서비스업은 많은 자기자금이나 시설이 필요없이 일정한 자격과 전문지식만 있으면 누구나 영위할 수 있는 부동산업이다. 서비스업의 성패를 가름하는 데에는 자금보다는 능력과 사회의 신뢰가 더 영향을 미친다. 서비스업은 다음과 같은 것들이 있다.

1) 부동산 중개업

부동산 중개업은 타인의 부동산 거래를 중개하고 보수를 받는 업이다. 규모에 따라 개인업자와 법인기업으로 나눌 수 있다. 관련단체로는 대한공인중개사협회, 전국부동산중개인협회 등이 있다.

2) 부동산 감정평가업

감정평가업은 부동산활동에서 대상 부동산의 가격을 평정(評定)해주고, 그 보수를 받는 것을 업으로 하는 것을 말한다.

주요 업무로는 공시지가표준지의 적정가격 조사·평가, 표준주택의 적정가격 조사·평가, 토지수용 및 사용의 평가, 국공유지의 취득·처분평가, 토지거래허가 및 신고기준인 표준지 지가산정을 위한 평가, 수용시 보상평가, 과세시가표준액 조정을 위한 평가, 택지공급이나 분양가격 산정을 위한 평가, 개별주택가격의 검증, 환지청산 및 체비지매각의 평가, 자산재평가를 위한 평가, 금융기관·보험회사·신탁회사 등의 의뢰에 의한 평가, 법원 경매나 소송평가, 일반거래를 위한 평가 등을 수행한다.

3) 부동산 경·공매업

부동산 경·공매업은 현행 제도적 범위 안에서 경·공매의 직접 전문투자업으로서의 진출은 물론 부동산 관련 전문직에 취업을 하며, 변호사·법무사 등 법무전문가들과 제휴를 통해 경·공매투자 및 사업컨설팅을 해주는 업을 말한다.

그러나 현재는 누구나 경·공매시장에 참여, 직접 입찰에 임할 수 있으나 아직까지 전문지식 부족으로 적극적인 경·공매 투자나 경 · 공매 투자전문회사 또는 사업자로 발전하지 못하고 있다.

4) 부동산 상담업

부동산 상담업이란 부동산의 판매, 임대, 관리, 기획, 융자, 감정평가, 의견진술 기타 이와 유사한 서비스에 대한 여러 가지 문제를 조언하고, 적절한 판단을 해주고 보수를 받는 업을 말한다.

① 상담분야 : 투자상담, 이용상담, 개발상담, 시장조사상담, 부동산 활동의 대안제시, 각종 입시선정 상담 등이 있다.
② 상담활동 : 상담활동은 자문 자체가 활동이다. 그 보수도 자문에 대한 보수이며, 그 성과를 묻지 않는다. 따라서 상담활동은 중개활동, 관리활동, 평가활동 등의 연장이라는 점과 차이가 있다. 즉, 상담활동은 이러한 활동과 독립적이고 이해관계가 없어야 한다는 점이 어려운 것이다.

부동산 상담업은 부동산 활동의 고도화와 전문화에 따라 생긴 새로운 직업군이다. 그리고 부동산 이용의 복잡다각화와 각종 규제의 심화, 세제의 강화 등도 상담업이 탄생한 배경이라 할 수 있다.

5) 주택관리업

주택관리업은 공동주택단지와 같이 일정한 규모가 있어 전문적인 조직과 지식을 필요로 하는 주택의 관리활동을 관리계약에 의해 대행해 주고 보수를 받는 업이다.

6) 건물자산시설관리업

부동산 특히 주택을 거래하는 경우 기술적인 측면을 점검하고 확인해 주는 서비스가 필요하다. 이러한 필요성은 건물의 첨단화, 고도화, 고층화가 진행될수록 더욱 증가한다. 따라서 주택 또는 건물을 거래하려는 매수인의 의뢰가 있을 때 건축물의 기술적 상태를 조사해 주고, 이에 따른 보수를 받는 업을 말한다.

7) 권리분석업

부동산 권리분석을 전문으로 하는 부동산업을 말한다. 권리분석업은 대상 부동산의 권리관계에 흠이 있나 없나를 조사 · 확인하고 이의 대가로 일정한 수수료를 받는 업이다.

부동산 활동에 있어 관리, 임대, 분양, 개발 등에 관한 부동산의 소유권 기타 권리관계 등을 조사, 분석하는 서비스 활동이며, 이에 따라 보수를 받는 업이다.

8) 부동산 보증업

부동산 등기부 등 공부를 중심으로 면밀하게 조사하여도 발견할 수 없는 흠이나 부담(負擔 ; 제한) 등을 찾아내어 불의의 손해를 입게 되는 경우를 대비하여, 부동산의 소유권을 보증해 주는 부동산업이다.

9) 부동산 금융업

부동산을 채권담보의 수단으로 하여 금융활동을 업으로 하는 것을 말한다. 금융활동 자체는 부동산활동의 범위에 속하지 않으나 채권담보를 위해 부동산이 이용된다는 점에서 부동산활동의 범주로 포함시키는 것이다.

10) 에스크로(escrow)업

타인의 의뢰를 받고 타인의 부동산 거래계약에 따른 이행업무를 대행하는 업이다.

에스크로업자는 하나의 신탁업(信託業)과 유사한 성격을 갖고 있다. 에스크로업은 부동산 거래가 단순하지 않고 발전된 사회에서는 필수적으로 되어 있으며, 실제로 복잡한 저당채무액 등을 정밀하게 검산하는 등 어려운 과제가 끼어 있는 것이 제도시행 국가의 현상이다.

부동산 결정의 지원 분야의 한 제도로 부동산 거래에서 발생할 수 있는 금전적·권원적(權原的) 사고 등을 미연에 방지할 수 있도록 하기 위함이며, 엄격히 제3자적 위치에서 법에 의해 규정된 업무만을 담당하는 것을 말한다.

에스크로업의 주요 업무로는 제3자적 입장에서 매매계약의 하자나 부담 등으로부터 매매 당사자의 보호 및 그에 대한 결함의 청산, 매매 당사자의 계약이행 진행 등이 있다.

(3) 부동산관리의 3가지 영역

부동산관리는 시설관리, 재산관리(건물 및 임대차관리), 자산관리 등으로 구분할 수 있는데, 그중 자산관리가 가장 중요하다.

1) 시설관리(FM)

시설관리(Facility Management)는 단순히 시설의 사용자나 기업의 요구 에 따라 각종 부동산시설을 운영·유지하는 형태의 소극적 관리를 말한다. 이는 물리적 유지관리로서 설비의 운전 및 보수, 에너지 관리, 건물 청소관 리, 방범·방재 등 보안관리가 이에 해당한다.

2) 재산관리(건물 및 임대차관리)(PM)

재산관리(Property Management)는 건물 및 임대차관리라고도 하는데 부동산 보유기간 중에 부동산의 운영수익을 극대화하고 자산가치를 증진 시키기 위한 관리를 말한다. 이는 임대 및 수지관리로서 수익목표의 수립 자본적·수익적 지출계획의 수립, 연간 예산수립, 임대차 유치 및 유지, 비 용통제 등을 수행하는 것이다.

3) 자산관리(AM)

자산관리(Asset Management)는 부동산 가치를 증가시킬 수 있는 방법들을 모색함으로써 부동산 소유자나 기업의 부(富)를 극대화하려는 적극적인 관리를 말한다. 이는 투자관리로서 포트폴리오 관리, 투자리스크 관리 부동산의 매입과 매각 관리, 프로젝트 금융 등이 이에 해당한다.

(4) 부동산 임대업

공동주택, 단독주택, 사무실, 점포, 창고, 공장, 농지, 광업용 토지 기타 여러 유형의 부동산 권리 등을 임대하고, 임대료를 수취하는 부동산업의 하나이다.

우리나라 임대업은 사무실 임대가 중심이고, 그 다음이 점포이다. 그리고 주택(공동 및 단독)임대업 등이 있다. 임대용 사무실은 경제가 성장하면서 기업 및 기타 기관들이 대형화되면서 수요가 증대하였다.

한편 임대주택법에 의한 임대사업자의 범위는 임대주택법에 의하여 대통령령이 정하는 호수 이상의 주택을 임대하고자 하는 자[7]는 시장, 군수 또는 구청장에게 등록을 신청할 수 있도록 하고 있다.

6.4 부동산 상품의 특성

부동산이 물리적, 법적, 경제적 등 여러 측면을 가지고 있기 때문에 그 이용이나 구입, 판매, 관리상 의사결정이 복잡하게 된다. 그 결과 다음과 같은 특성을 지니게 된다.

(1) 고가성(高價性)

부동산은 일반상품보다 가격이 훨씬 높다. 부동산은 오랜 기간에 걸쳐 수익과 서비스

7) 대통령령이 정하는 호수라 함은 단독주택의 경우 2호, 공동주택의 경우 1세대를 말한다.

를 산출하기 때문에 고가(高價)이다. 이러한 높은 가격은 시장제한요인으로 작용하기도 한다.

(2) 내구성

부동산은 수명이 일반적으로 길다. 토지는 영속성을 가지고 있고, 건물은 내용연수가 다른 상품에 비하여 상당히 길다. 이로 인하여 부동산은 오랜 기간 동안 서비스를 제공한다.

(3) 금융부채의 요구

부동산은 금융부채(debt financing)가 요구되고, 지렛대 효과를 보기 위해서도 바람직하다. 왜냐하면 대부분의 구매자가 많은 자금이 소요되는 부동산을 구매할 능력을 갖추지 못하였기 때문에 융자가 필요한 것이다.

(4) 거래비용 과다와 시간의 장기성

부동산 거래비용은 자금이나 시간 모두가 많이 요구된다는 점이다.

(5) 가계소비의 큰 비중

가계지출 항목 중 부동산에 드는 비용은 상당하다. 우리나라의 경우 주거비는 가계소득 대비 상당한 비중을 차지하는 것으로 조사되곤 한다.

〈표 6-2〉 부동산업 및 부동산 상품의 특징

부동산업	부동산 상품
· 낮은 자기자본 비율 · 높은 이익률 · 영업규모의 영세성 · 높은 이직률 · 고령의 취업자 · 많은 겸업자	· 고가성 · 내구성 · 금융부채의 요구 · 거래비용 과다와 시간의 장기성 · 가계소비의 큰 비중 · 큰 면적과 부피 · 진열의 불가능

(6) 큰 면적과 부피

토지는 어느 상품보다 크다. 그리고 건물도 다른 상품보다 부피가 크다.

(7) 진열의 불가능

부동산은 일정한 지역의 위치에 고정(fixed)되기 때문에 이동이 불가능하다. 따라서 구매자는 일반상품과 달리 각각의 물건(부동산)이 있는 곳으로 찾아 나서지 않으면 안 된다.

6.5 부동산업의 경영과정

1. 기 획

기획이란 조직의 목표와 목적을 설정하고, 그 달성을 위해 적절한 수단을 결정하는 의사결정 과정이다. 즉 무엇을 하고, 그것을 어떻게 하며, 언제하고, 누가 할 것인가를 사전에 결정하는 것이다.

경영관리자의 일이란 때에 따라서 상당한 변화가 있기 마련이어서 업무에 대한 기획이 필요하며, 그 중에서도 우선 일상 업무에 대한 기획을 하여야 한다. 모든 변화를 완전히 예측한다는 것은 불가능하므로 기획은 여러 상황이나 조건의 변화에 대처할 수 있도록 작성하여야 한다.

기획이란 한마디로 장래의 일에 대한 현재의 결정이며, 조직의 장래에 적용할 조건의 설정이다.

한편 부동산업의 경영과정에서 성공적인 기획을 위해 고려하여야 할 사항은 다음과 같다.

- 하급자들이 자발적으로 계획을 수립할 수 있는 분위기를 조성하여야 한다.
- 기본계획은 최고경영층에서 수립하여야 한다.
- 조직이 구조화되어야 한다.
- 누구라도 이해할 수 있어야 한다.
- 목표, 전제, 전략 및 방침이 서로 연결되고, 각 관리자에게 전달되어야 한다.
- 구성원 모두의 참여와 장기계획과 중·단기계획이 통합되어야 한다.

아울러 이러한 기획을 위해서 효과적인 의사결정이 이루어져야 하는데 그 기법을 소개하면 다음과 같다.

(1) 브레인스토밍 기법

브레인스토밍 기법(brainstorming method)은 문제가 발생하면 집단 대면(face-to-face)하여 자주적 아이디어를 제안하는 방법으로 6~12명이 약 30~60분 정도 주제에 관한 리더의 설명을 듣고, 가능한 많은 대안을 제시하여 토의와 분석을 통해 결정하는 방법이다.

(2) 명목집단 기법

명목집단 기법(normal grouping method)은 7~10명이 둘러 앉아 서로 말하지 않은 채 우선 종이에 각자의 구상과 생각을 기재한다. 일정시간이 지난 후 각자의 생각을 발표하고, 전원의 견해를 집약한 후, 구상의 지지도를 분명히 하기 위해 질문을 거쳐 투표로 우선순위를 결정하는 방법이다.

(3) 델파이 기법

델파이 기법(Delphi method)은 해당 전문가들의 직관으로 미래를 예측하여 결정하는 방법이다.

2. 조직화

조직화란 조직의 목적을 달성하고, 인적·물적 자원을 조정하기 위해 역할·일·권한을 형식상으로 구성하는 것을 말한다. 이는 조직 구성원 사이에 존재할 수 있는 관계를 확정하는 것으로, 각 구성원에게 자신의 직무가 무엇인가를 알려주고 그것이 다른 직무와 어떤 관계를 갖는가를 설명해주는 것이다.

즉, 조직 구성의 중요한 목적의 하나는 명령을 하는 사람과 받는 사람을 분명히 하는데 있다.

3. 인 사

인사란 조직의 구성체계 안에서 준비된 직무와 직위를 충족할 수 있는 사람을 모집, 전형, 평정, 개발하는 것이다. 인사는 오랜 시간이 걸리는 작업이기 때문에 업무를 순조롭게 확장하는 부동산기업들은 늘 유능한 직원을 선발하여야 가능한 것이다.

4. 지 시

지시(指示)란 부하를 지도하고, 일할 마음을 고취시키고 이끌어주는 인간관계의 면에서 본 것이다. 즉, 지시는 계획을 수행할 책임 있는 사람들에게 계획을 설명하고 그 계획의 실시를 위하여 지시를 하는 것이다. 이를 통해서 업무의 기준이 되는 계획서, 지시서는 업무의 능률화에 중요한 지침이 되는 것이다.

경영관리자는 스스로 일을 수행하는 수도 있지만 일반적으로 하급자라는 협력자에 의해 이루어지므로 이들의 행동을 일으키게 하기 위해서는 지시라는 작용이 필요하다. 여기에서 말하는 지시는 단순히 지휘(directing)한다든지 주도권을 잡는다든지 하는 것 이상의 의사소통을 의미하며, 이해와 납득을 시키며, 나아가서는 책임감·사명감을 불러일으키는 것을 포함한다.

5. 통 제

통제란 현재의 집행을 측정하는 과정이며, 사전 결정된 목표에 대한 지침이다. 통제의 본질은 기획과정에서 결정된 바람직한 결과에 대한 현재의 행동을 점검하는 데 있다. 통제체계의 기본요소로는 사전에 결정된 목표, 계획, 정책, 기준, 규범, 규칙, 판단, 표준, 판단척도 등이 있으며, 이들 요소를 바탕으로 현재의 행동에 대한 측정, 평가를 통해서 편차를 조정, 조직의 목표를 달성하는 것이다.

6. 부동산경영자의 스킬믹스 기능

경영자의 기능은 관리적 기능, 인간적 기능, 기술적 기능, 스킬믹스(skill mix) 기능이 있는데 스킬믹스 기능은 관리적 기능, 인간적 기능, 기술적 기능의 세 가지 기능을 혼합하는 것이다.

〈표 6-3〉 계층별 스킬믹스 관계

최고 경영자층	중간 경영자층	하층 경영자층
관리적 기능	관리적 기능	관리적 기능
인간적 기능	인간적 기능	인간적 기능
기술적 기능	기술적 기능	기술적 기능

6.6 부동산업과 직업윤리

1. 부동산업의 윤리 의의

모든 직업에는 직업윤리가 있다. 부동산업 역시 그 직업이 다루는 부동산이나 부동산 활동은 사회성, 공익성, 사익성이 강조되고 있어 부동산업자에 대한 직업윤리도 매우 중요시되고 있다.

이러한 사회성, 공공성은 헌법 제23조 제2항에 "재산권의 행사는 공공복리에 적합하도록 하여야 한다"고 규정하고 있는데 근거를 두고 있다. 이를 근거로 부동산업의 직업윤리를 정리하면 다음과 같다.

첫째, 부동산업의 사회성, 공공성의 정도 및 부동산 활동에 대한 규제의 내용은 부동산의 종류 및 부동산 활동의 유형에 따라 차이가 있다.

둘째, 부동산업은 전문직업의 하나이고, 그 직업이 다루는 부동산 및 부동산 활동에 높은 사회성, 공공성, 사익성이 강조되고 있으므로 부동산업자에 대한 직업윤리도 매우 중요시되고 있다.

셋째, 부동산업자가 준수할 윤리를 부동산윤리라 한다.

넷째, 우리나라의 부동산업자의 사회적인 인식도를 볼 경우 직업윤리의 중요성을 강조하지 않을 수 없으며, 부동산업이 발전하기 위해서도 직업활동을 윤리적으로 행하도록 하는 과제는 중요한 것이다.

다섯째, 앞으로 부동산업과 활동이 국제적으로 전개될 것이라는 점도 고려하여 직업윤리가 요청된다.

2. 부동산 윤리의 목적 및 내용

- 전문직업인으로서 부동산업에 참여한다는 긍지와 고도의 서비스 정신을 함양하고, 전문직업인으로서의 양심과 지식을 소중히 하여야 한다.
- 직업인으로서의 자부심과 전문지식과 자질을 향상하기 위해 부단히 노력하여야 한다.
- 직업인으로서 품의를 유지하고, 인간관계를 중요시하여야 한다.
- 업무활동에 있어 유의할 사항을 중요시하여야 한다. 전문직업인은 그 업무활동에 있어 주의의무의 수준도 다른 직업분야보다 높아야 한다.
- 동업자의 이익 및 사회적 이익을 증진하기 위해 노력하여야 한다.

3. 부동산 윤리의 유형

부동산 윤리의 유형은 고용윤리(종업원과의 관계), 조직윤리(동업자와의 관계), 서비스 윤리(고객과의 관계), 공중윤리(공중과의 관계)로 나누어 볼 수 있다.

(1) 고용윤리

부동산업자는 경영책임자이기 때문에 그 자신은 물론이고, 그가 고용하고 있는 종업원들이 법규나 윤리규정 등을 잘 준수하도록 충분히 감독할 책임이 있다. 이는 윤리문제만이 아니라 경영자 자신의 문제이기도 하다.

(2) 조직윤리

동업자 또는 동업자 단체가 지켜야 할 도리이다.

1) 동업자와의 관계

부동산업자는 부동산 윤리를 준수하지 않음으로써 동업자에게 불리한 결과를 입히지 않도록 노력하여야 한다.

2) 동업자단체와의 관계

부동산업자는 해당되는 동업자 단체에 가입하여 동업자 단체의 일원으로 단체의 목적, 기능, 지시사항에 성실하게 협력하여야 한다.

(3) 서비스 윤리

서비스 윤리는 부동산 윤리의 중심을 이루는 것으로 업자와 의뢰인과의 관계를 규정한다. 주로 업자의 양심적이고 성실한 업무수행을 요구하는 것이 그 내용이 된다.

1) 의뢰인의 이익옹호

의뢰인은 업자에게 서비스를 요구한 사람이므로 그의 이익옹호를 위해 선량한 관리자의 주의로서 업무를 처리하여야 한다. 그 이익에는 금전적인 것은 물론, 비금전적인 것도 포함된다.

2) 비의뢰인의 이익옹호

업자에게 직접 서비스를 의뢰하지 않았으나 업자의 서비스에 따라서 어떤 부동산 결정을 하려는 위치에 있는 사람의 이익도 사회적으로 옹호되어야 한다.

3) 업자의 사적 이해관계 배제

업자가 이해관계를 갖는 부동산이 업무의 대상이 되는 경우가 종종 있을 수 있다. 그러한 경우에 업자는 직접, 간접의 사정을 불문하고 스스로의 이해관계를 배제하여 공정하게 그 업무를 취급하거나 업무의 수임을 거절하여야 한다.

(4) 공중윤리

부동산업자는 의뢰인에 대하여 전문적인 조언을 행하고 거래를 원활하게 하는 데 필요한 충분한 조사와 책임을 져야 할 뿐만 아니라 일반 공중의 복리증진을 도모하는 방향으로 업무활동을 전개하여야 한다. 즉 직접적으로 업무관계가 없는 공중에 대해서도 전문직업인으로서 직업윤리가 요구된다. 이러한 측면에서 공중윤리가 요구되는 것이다.

4. 부동산 윤리의 규제방법

부동산업자의 윤리적 수준 향상을 위하여 행하는 윤리규제는 다음 세 가지 유형이 있다.

(1) 자율적 규제

자율적 규제는 업자의 비윤리적 행위를 업자단체에서 스스로 규제하는 방법이다.

자율적 규제는 법률적 규제방법의 단점이 배제되는 것 외에 상당히 구체적 사항까지 규제를 행할 수 있어 가장 바람직한 방법이다.

그러나 업자단체의 조직력 · 전문성 · 공공성 · 신뢰성 등 권위면에서 우수한 단체가 육성되기까지에는 상당한 시일이 요구된다.

(2) 법률적 규제(타율적 규제)

윤리규제는 원래 업자단체를 통해서 업자들 스스로가 행하는 것이 바람직하다. 그러나 정부기관이 법률의 규정을 통해서 직접 규제업무를 담당하는 경우도 있다. 이는 비교적 단기간에 윤리적 수준향상의 효과가 있다.

(3) 절충적 규제

자율적 규제와 법률적 규제에는 각각 장 · 단점이 있기 때문에 일정한 사항은 법률적 규제로, 다른 사항은 자율적 규제로 행하는 방법의 절충적 규제를 채택하는 경우도 있다. 이 경우에는 쌍방 간의 유기적인 협력이 중요하다.

연 습 문 제

1. 부동산업의 분류 중 공급업을 세분하여 설명하시오.

2. 부동산업이 지니고 있는 특징에 대해서 설명하시오.

3. 전문직업인으로서 부동산업의 직업윤리에 대해서 기술하시오.

공인중개사 기출 및 예상문제

1. 다음 부동산 경영자의 기능 중 스킬믹스(skill mix)기능에 해당하는 것은? (9회 기출)

   ① 관리적 · 인간적 · 기술적 기능을 통틀어 말한다.

   ② 관리적 기능 중에서 특별히 조합된 기능을 말한다.

   ③ 관리 및 인간적 기능 중에서 특별히 조합된 기능을 말한다.

   ④ 기술적 기능 중에서 종합적으로 조율된 기능을 말한다.

   ⑤ 기술적 기능을 말한다.

   [해설]

   (1) 부동산 경영이란 부동산을 경영대상으로 하는 중개업, 개발업, 입지선정업, 투자업 등 제 부동산업을 계획적이고, 능동적이며 지속적으로 운영하는 과정, 기술 또는 과학의 분야이다.

   (2) 경영자의 유형으로는 소유경영자, 고용경영자, 전문경영자가 있다.

   (3) 경영자의 기능은 관리적 기능, 인간적 기능, 기술적 기능, 스킬믹스 기능이 있는데 스킬믹스 기능은 관리적 기능, 인간적 기능, 기술적 기능의 세 가지 기능을 혼합하는 것이다.

2. 합리적인 빌딩운영계획을 수립하기 위해 행해야 할 분석으로 가장 관련성이 낮은 것은? (10회 기출)

   ① 인근지역 분석　② 개별 분석　③ 시장 분석

   ④ 관리주체 분석　⑤ 소비자 분석

   [해설]

   빌딩운영계획을 수립하기 위해서는 빌딩 자체에 익숙해야 하므로 부동산 분석도 따라야 한다. 부동산 분석에는 지역분석(도시분석), 인근지역분석, 부지분석, 수요분석, 공급분석 등이 있다. 관리주체의 분석은 관리주체가 결정된 후의 문제이므로 운행계획과는 직접적인 관련이 없다.

정답 1. ① 2. ④

제7장 부동산 중개론

7.1 부동산 중개의 의의

1. 부동산 중개의 개념과 정의

일반적으로 중개란 제3자의 입장에서 당사자 쌍방을 위해 어떤 일을 주선하는 것을 뜻하는 말로, 소개·매개·중매라는 용어가 혼용되고 있으며, 중매는 혼인에서 많이 쓰이고 있다. 중개를 실현하는 행위인 중개행위는 단순한 소개행위로 끝나는 것과 소개와 알선을 병행하는 매개 행위로 나눌 수 있다.

부동산 중개란 '중개업자(仲介業者)가 거래당사자 사이에 서서 거래가 성립되도록 소개(紹介)·알선(斡旋)하여 흥정을 붙이는 일'이라 정의한다.

공인중개사법 제2조에서는 부동산중개업을 '일정한 수수료를 받고 토지·건물 및 토지의 정착물과 기타 대통령령이 정하는 재산권 및 물건에 대하여 거래 당사자간의 매매·교환·임대차 기타 권리의 득실·변경에 관한 행위의 알선 및 중개를 하는 업'을 말한다로 규정하고 있다. 여기에서 내리는 중개업 정의의 핵심은 수수료, 중개대상물, 중개행위라 할 수 있다.

2. 거래계약과 중개의뢰계약

부동산 중개는 부동산 중개의 3요소라 부르는 중개업자·의뢰인·대상 부동산의 관계에서 발생한다.

즉 거래 당사자인 부동산 매도인과 매수인은 중개업자에게 부동산의 중개를 의뢰하고, 중개업자는 당해 부동산을 거래당사자가 서로 거래하도록 도와주는데, 이 과정에서 중개행위가 발생하는 것이다. 이때 거래당사자인 매도인 매수인 간에 체결하는 매매계약이나 임대차계약을 '거래계약'이라 하고, 거래 당사자인 의뢰인과 중개업자 간의 거래중개를 의뢰·수락하는 계약을 '중개의뢰계약'이라 한다.

7.2 부동산 중개업 제도의 변천과정

부동산 중개업은 고려시대의 객주에서 출발하여 1893년 이후 허가제를 실시한 적이 있다.

일본의 통치하에 있었던 1912년에는 자유영업체제로 바뀌었다. 1922년 토지 규제의 필요성에 따라 경기도령 제10호를 제정한 것이 부동산소개영업규제에 관한 처음의 법령이 되었다.

1945년 8월 해방 후 군정령(軍政令) 21호에 의해 계속 유지되다가, 1961년 소개영업법을 제정, 중개업 설립에 관하여 신고주의를 채택함으로써 중개업을 단순한 영업적 상행위인 자유영업으로 간주하여 행정 단속 목적으로 규정하였다.

그 후 사회발전 성장 패턴의 변화에 따라 부동산거래의 현상이 크게 변화하기 시작하였다. 이에 1975년 부동산중개업은 소개영업법 개정안의 형태로 제안된 이래 오랫동안 논의되어 오다가 8년만인 1983년 12월 종전의 소개영업법을 폐지하고, 새로이 부동산중개업법을 제정하여 부동산중개업을 단순한 자유 영업적 지위인 신고주의에서 공익적 성격을 띤 허가주의(許可主義)를 채택하였다.

당시 필자(筆者)도 고인(故人)이 되신 고 김영진 박사와 한국부동산학회 등에서 주도한 개정안의 실무자로 법안 마련의 기초작업에 참여한 바가 있는데 그 주요 내용은 다음과 같다.

1. 제정목적

부동산중개업은 부동산중개업을 건전하게 지도·육성하고, 중개 업무를 적절히 규율함으로써 중개업자의 공신력(公信力)을 높이며, 공정한 거래질서를 확립하여 재산권보호에 기여함을 목적으로 하고 있다(부동산중개업법 제1조).

2. 법의 주요 내용

(1) 부동산 중개업의 허가제 실시

과거는 누구나 시 · 구 · 읍 · 면장에서 신고만 하면 영업이 가능하던 신고제(申告制)를 전국 어디를 막론하고 관할시 · 군·구의 장으로부터 허가를 받아야 영업할 수 있는 허가제(許可制)로 전환하였다.

(2) 공인중개사 자격제도의 채택

부동산 중개업의 전문성과 책임성을 보장하기 위하여 중개업자의 공인자격제를 채택하여 공신력을 제고하였다. 국가가 시행하는 공인중개사 자격시험에 합격한 자만이 부동산 중개업에 종사할 수 있다.

(3) 중개업자의 결격사유 신설

과거 소개영업법에서는 결격사유나 자격제한이 전혀 없었으나 중개업법은 건전한 전문직업인의 육성과 공정한 부동산 거래질서를 확립하고자 일정한 결격사유가 있는 자는 중개업자가 될 수 없도록 규정하고 있다.

(4) 중개물건 확인 · 설명 의무 규정

공정한 부동산 중개업무를 수행하기 위한 의무조항으로 물건확인 설명을 하도록 하고 있다. 중개업자가 중개의뢰를 받은 때에는 그 중개대상물건의 권리관계 및 권리제한사항, 공법상 이용과 거래 제한사항, 부담해야 할 조세 및 공과금에 관한 사항 등을 서면으로 작성 · 교부하고 성실 · 정확하게 설명해야 한다는 의무규정을 두었다.

(5) 손해배상 보장을 위한 영업보증제 실시

중개업자의 고의나 과실로 말미암아 거래당사자에게 손해를 끼쳤을 때 손해배상을 보장하기 위하여 영업보증제를 채택하였다.

이후, 2005년 7월 29일 부동산중개업법이 '공인중개사의 업무 및 부동산 거래신고에 관한 법률'로 명칭 및 제도적 내용이 확대 개정되었다. 이전 부동산중개업법의 내용에 부동산 거래 신고 의무화 등의 내용 등이 추가되었다.

2014년 1월 28일 법률 제12374호로 「공인중개사법」이 전부개정되어 명실상부한 전문자격사법인 독립 법률로 재정비되었고, 이때부터 현재의 공인중개사법 체계가 완되었다. 해당 법률에는 주로 자격시험 · 등록제도 · 중개업 규율 · 윤리 및 손해배상 책임 보장 조항 등이 정비되었다. 그후 현재까지 여러 차례 개정이 이루어져 정책심의위원회 설치, 보증·손해배상 체계 강화, 교육 · 연수 의무 등이 법률 · 시행령 · 규칙으로 보완되었다.

7.3 중개계약의 특징

1. 중개계약의 법률적 의의

중개계약은 거래계약이 수월하게 체결되도록 하기 위하여 거래 당사자가 중개업자에게 상대방을 탐색·교섭하여 줄 것을 의뢰하는 계약으로 법률적 위임계약이며 또한 당사자 일방(위임인 : 委任人)이 상대방(수임인 : 受任人)에 대하여 일정한 사무처리를 위탁하고, 상대방이 승낙함으로써 성립하는 낙성계약(諾成契約)으로, 다음과 같은 특징을 가진다.

① 중개계약은 일정한 사무처리에 따른 노무제공을 목적으로 하는 노무공급계약의 일종으로, 위임인과 수임인 사이에는 일종의 신임관계가 성립되고, 수임인은 일정한 범위에서 자유재량의 여지가 있다.
② 중개계약에서 위임하고 있는 사무내용은 법률행위와 비법률행위 모두 포함한다.
③ 중개계약은 유상계약(有償契約)이며, 쌍무계약(雙務契約)이다.
④ 중개인은 법률상 상사중개인(商事仲介人)과 민사중개인(民事仲介人)으로 분류한다.

2. 부동산 중개행위의 특징

부동산 중개행위의 법률적 측면을 보면 다음과 같은 특징이 있다. 즉 중개행위의 중개객체가 무엇이며, 양 당사자 간에 개입의 정도, 중개책임 정도가 어느 수준이냐에 따라 다음과 같이 구분될 수 있다.

(1) 민사중개

① 부동산 중개는 타인간의 법률행위를 성립시키기 위해 진력하는 사실행위로서 타인간의 상행위를 중개하는 상사중개와는 달리 상행위 이외의 행위를 중개하는 민사중개(民事仲介)이다.
② 민사중개인인 부동산업자는 부동산 중개업법을 준수하여야 한다.
③ 부동산업자는 부동산 거래행위의 중개만을 영업목적으로 하여야 하며, 본인이 직접 주체가 되는 대리인(代理人)과 구별되어야 한다.

(2) 참여중개

① 중개업자의 개입정도에 따라 지시중개(指示仲介)와 참여중개(參與仲介)로 구분된다.

② 우리나라 중개 형태는 정보만 제공하는 지시중개와는 달리 거래 당사자간에 계약이 체결되도록 소개·알선하는 참여중개(參與仲介)의 성격이 있다.
③ 참여중개는 계약이 성립되어야 보수가 지급되며, 상대방의 교섭까지도 중개업자가 의뢰받는다.

(3) 일방중개

① 책임의 정도에 따라 일방중개와 쌍방중개로 구분된다.
② 일방중개는 중개의무가 없고, 보수도 계약성립을 전제로 한다.
③ 쌍방중개는 중개의무가 있고, 의뢰인의 보수 지급의무가 있다.

이에 방경식 박사는 우리나라의 경우 법적 성격상 위임의 성격이 없고, 중개업자가 중개를 위해 전력할 의무가 없어 일방중개의 성격을 갖는다는 견해를 펴고 있다.

3. 중개의뢰계약의 내용 및 특징

(1) 중개의뢰계약의 기재사항

① 중개보수
② 중개의뢰계약 형태
③ 중개의뢰계약자의 상호 서명·날인
④ 중개의뢰계약 시작시점일과 계약종료일
⑤ 중개의뢰 대상물의 주소와 지적
⑥ 매매계약 시 조건으로 부동산의 가격과 융자(대출)상황
⑦ 매매 시 함께 거래되는 물건의 유형

(2) 중개의뢰계약의 특징

① 중개업자는 의뢰인보다 공정한 가격으로 물건을 거래할 수 있는 위치에 있으며, 부동산 시장에 대해 정통한 정보와 지식을 가지고 있다.
② 의뢰인은 하나의 물건을 가지고 있지만, 중개업자는 많은 물건(매물)을 가지고 있다.
③ 중개업자는 전문적인 서비스를 제공할 수 있다.
④ 중개의뢰계약(리스팅)된 물건의 빠른 처리를 위해 대중매체 등 광고 홍보를 적절하게 활용함으로써 판매촉진을 유도한다.

(3) 중개의뢰계약의 종결

① 의뢰당사자와 중개인 간에 합의가 있는 경우
② 대상 부동산이 거래된 경우
③ 의뢰당사자가 의사결정에 대한 능력을 상실한 경우(사망, 장애 등)
④ 천재지변으로 중개의뢰 대상물이 손상·소멸 되었을 경우
⑤ 계약기간 종료 시에도 중개의뢰대상물의 매매가 불가능할 때 계약기간 연장의 재계약이 없는 경우

7.4 부동산 중개(판매)활동

1. 부동산 중개(판매)과정

부동산 중개(판매)과정은 고객과 물건(매물)의 확보에서부터 계약체결에 이르기까지 6단계 중개(판매)과정을 거친다. 이 과정을 그림으로 나타내면 [그림 7-1]과 같다.

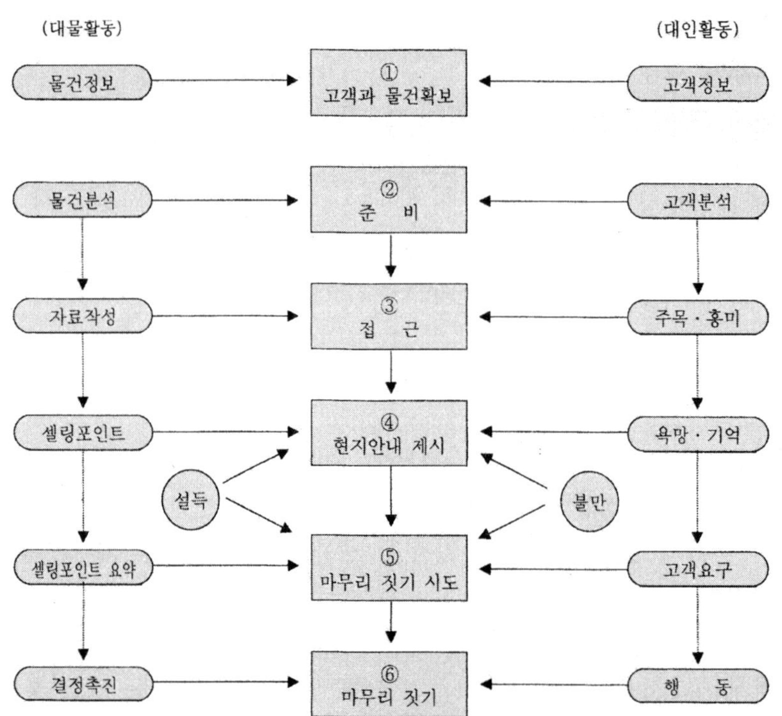

[그림 7-1] 부동산중개(판매)과정

제3자는 부동산에 비전문가가 전문가일 수도 있으며, 전문가라면 중개업자, 부동산관리 · 평가 등 부동산 서비스업을 비롯한 부동산 금융 · 보험업 · 부동산 공급업 등 통상적으로 비중개업 부문의 부동산 전문가일 때가 많다.

2. 고객 · 물건의 수집방법 및 물건(리스팅)관리

(1) 물건(리스팅)의 의의

물건(리스팅 : listing)이란 '중개업자가 부동산의 소유자를 대리하여 물건의 매도 또는 임대를 행하는 권리(A broker's authority to sell or lease real property for on owmer)'를 말한다.

우리나라에서는 일반적으로 리스팅을 중개의뢰계약 또는 중개계약으로 표현된다. 부동산 중개의뢰계약은 성문(成文)과 구두(口頭)의 두 가지 형태가 있고, 우리나라의 경우는 통상 후자를 통칭한다.

(2) 물건(리스팅)계약의 유형

1) 일반중개의뢰계약(open listing)

의뢰인이 불특정 다수의 중개업자에게 경쟁적인 중개를 의뢰하는 계약형태이다. 우리나라에서는 이 형태가 가장 일반적으로 채택되는 형태이다. 그러나 이는 의뢰인과 중개업자 쌍방에게 모두 불리하다.

2) 독점중개의뢰계약 · 전속중개의뢰계약

일반중개의뢰계약과는 달리 한 중개업자에게만 대상 부동산의 매도를 위임하는 형태의 중개의뢰계약이다. 독점중개의뢰계약(exclusive right to sell listing)은 소유자를 포함하여 누가 계약을 성립시켰는가를 묻지 않고 의뢰받은 중개업자(listing broker)가 보수를 받는다. 그러나 전속중개의뢰계약(exclusive agency listing)의 경우는 의뢰인이 직접계약을 성립시킨 경우에는 보수를 받지 못한다.

다만, 현행 부동산중개업법령은 법정 중개보수에 해당하는 위약금의 지불 또는 법정 중개수수료의 50% 범위 내에서 소요경비를 지불하도록 규정하고 있다.

3) 공동중개의뢰계약(multiple listing)

공동중개의뢰계약 방식은 독점중개의뢰계약 방식의 변형된 계약방식이라 할 수 있다. 예를 들어 부동산단체 · 부동산거래센터 · 기타 2인 이상의 업자가 공동으로 활동하는 중개업무를 허용하는 것이다. 즉 의뢰받은 집단(중개기관)의 어느 중개사나 판매할 수 있으며, 중개보수는 의뢰받은 중개업자와 판매한 중개업자가 각각 자신의 고객으로부터 받는다.

이 방식은 부동산 중개의 능률화를 위하여 가장 이상적인 지도이나 이의 채용에 있어서는 가입 전 회원의 중개기술 · 지식 · 신뢰성 등이 높아야 한다.

4) 순가중개 의뢰계약(net listing)

순가중개의뢰계약은 미리 매도 · 매수가격을 의뢰인이 중개업자에게 제시하여 이를 초과한 금액으로 물건이 거래된 경우는 초과액 전액을 중개보수로 중개업자가 취득하는 제도이다. 주로 토지시장에서 이루어진다.

(3) 물건(리스팅)의 수집방법 및 관리

1) 직접수집방법

직접수집방법이란 중개업자가 직접 의뢰인에게 접근하여 중개의뢰를 받는 방법이다. 예를 들어 호별방문, 다이렉트 메일(D.M : Direct Mail), 전화, 신문, 과거 고객과 유대, 교제, 우연한 동기의 직접 접촉 등을 통하여 중개(판매)업무활동의 의뢰를 받는 방법을 말한다. 개업초기의 업자에게 유익한 방법이다.

2) 간접수집방법

간접수집방법은 중개(판매)업자와 고객 사이에 유력한 제3자의 소개나 주선 등을 받아 의뢰를 받는 방법이다.

이 경우 제3자는 부동산에 비전문가 일수도 있으며, 전문가라면 중개업자, 부동산관리·평가 등 부동산 서비스업을 비롯한 부동산금융 · 부동산공급업 등 통상적으로 비중개업 부분의 부동산 전문가일 경우가 많다.

간접수집방법은 중개업자의 박력 있고 다양한 사교활동을 통해서 전개된다. 특히 과거에 중개업자의 서비스에 만족한 고객은 매우 유력한 힘이 되므로 중개업자는 이의 선용에 관심을 가진다. 과거 거래에 만족한 고객관리가 성패의 중요한 요건이 된다.

3) 물건의 관리

물건장부는 부동산 중개업무처리부를 이용할 수도 있으나 더 능률적인 양식을 개발하여 이용·관리하도록 한다. 물건을 접수하면 판매원의 인원수만큼 사본을 만들어 각 판매원에게 교부하여 무슨 물건과 무슨 의뢰가 업체에 접수되어 있는지를 확실하게 알린다.

따라서 물건의 기입, 물건의 표시 등은 될 수 있는 대로 정확하게 숙지시켜 보충설명

없이도 활동이 가능하도록 한다. 기재사항에 변동이 생기면 즉시 필요한 정정을 한다. 거래가 완료된 부동산도 사후관리를 위하여 반드시 카드로 만들거나 파일을 만들어 보관한다.

4. 중개(판매)준비

물건과 고객이 확보되면 물건정보와 고객정보를 각각 분석하고, 적합한 물건과 적합한 고객을 선별하며 판매활동에 들어갈 준비를 하여야 한다.

(1) 물건분석과 자료정리

1) 물건분석

물건분석(物件分析)이 부동산 판매에서 불가피한 이유는 물건이 지닌 장점과 특징을 발견하여 그것을 효과적으로 설명할 계획을 세우고, 판매에 장애가 될 결점을 조기 발견함으로써 사전대책을 강구할 수 있는 시간적 여유를 갖는 데 있다. 물건분석은 매각물건이 최유효이용이 원칙에 적합한지, 어떠한 고객에게 파는 것이 합리적인지, 감가상각의 정도, 인근환경과 균형, 유사물건의 매매액, 금융방법 등을 분석한다.

입지조건은 상점가 · 교통기관 · 인구추세 · 학교 · 레크리에이션 관광시설 등에 이르는 거리, 인근의 사회적 평가, 건축상의 제한 등을 분석한다.

2) 물건 자료정리

물건분석이 끝나면 중개업자는 물건에 대한 자료정리를 하여 중요한 서류와 보조자료의 보관을 용이하게 하며, 판매원의 담당물건 판매를 촉진시킨다. 정기적으로 물건을 점검하고 팔리지 않는 물건은 그 원인을 찾아내어 해결하도록 힘을 기울이며, 처리할 수 없을 때는 따로 철해둔다.

시장성이 좋은 물건은 집중관리하며, 판매에 힘쓰는 것이 좋다.

(2) 고객의 분석

부동산 고객이란 부동산 거래를 필요로 하고 현실적으로 거래한 만큼의 자금을 가지고 있는 자를 말한다. 판매원은 다수의 방문객을 보고 고객을 선별하는 능력을 기를 필요가 있다. 일반상품과 달리 부동산은 금액이 아주 커서 소비자는 신중히 조사한 후에 구매행동으로 옮기기 때문에 능률적이고 효과적인 판매활동을 하기 위해서는 고객의 선택이 불가결하다.

예로 주택을 구입하려는 고객은 그 동기가 어디에 있는지 살펴보자. 이는 다음과 같은 9가지 유형으로 나타난다.

① 우유부단형, ② 가격의식형, ③ 자기현시형, ④ 다변사고형, ⑤ 만사긍정형,
⑥ 침묵방어형, ⑦ 자신과잉형, ⑧ 자기과장형, ⑨ 놀림형

이러한 고객들은 천차만별이고, 그 요구하는 바도 각양각색이므로 어떤 기준을 만들어 유형을 분류한 후, 그중에서 고객을 선별하여 각각 적절한 방법으로 접근해야 한다. 고객은 통상 우유부단형, 가격의식형, 자기현시형, 다변사교형, 만사긍정형, 침묵방어형, 자신과잉형, 자기과장형, 놀림형 등으로 나눌 수 있는데 그에 맞게 대처하여야 한다.

5. 판매(중개)접근 · 현지안내와 제시

접근단계에서는 고객에게 알맞은 물건을 선택하게 하고 그 물건이 가지고 있는 특성을 찾아내어 준비를 한 후(자료로서) 고객의 주의를 끌어 흥미를 일으켜 준다.

고객이 흥미를 가지면 의논하여 현지에 안내를 한다. 미리 작성한 자료를 위주로 고객의 요구가 무엇인가를 파악하여 그 물건이 가지고 있는 셀링 포인트를 강조하여 구매의욕을 돋운다.

현지안내를 하는 목적은 흥미를 가진 고객의 욕망을 돋우며, 고객의 구입조건을 파악하고, 자기와 회사의 성실함을 인식시키는 데 있다. 안내시간은 맑게 개인 날의 낮이 좋고, 안내경로는 가급적 환경이 좋은 길을 택한다. 도중에 공공시설이나 편익시설 등의 위치를 적절히 알리면서 안내하는 것도 좋다. 규모가 큰 물건은 하루에 1~2건 정도로 그치는 게 좋다.

현지 안내 시 고객의 마음을 사로잡을 수 있는 내용은 투자성, 안정 · 안전성, 가족의 대란, 교육효과, 건강, 사회적 지위와 위신, 신용의 증대 · 확립, 소유자로서 자부심 등이 있다.

6. 셀링 포인트의 설명

상품으로서 부동산이 지니는 여러 특성 중 구매자에게 만족을 주는 특징을 셀링 포인트(selling point)라 한다. 그러므로 판매원이 반드시 알고 있어야 할 특징이기도 하다.

부동산은 개별성이 있기 때문에 물건마다 지니는 특징도 각각 다르다. 부동산의 셀링 포인트는 동산처럼 육감으로 감상하기 어렵기 때문에 판매원의 기술적인 설명이 중요하다.

셀링 포인트는 부동산의 복합개념에 따라 경제 · 기술 · 법률의 세 가지 측면에서 설명할 수 있다.

(1) 경제적 측면의 셀링 포인트

부동산 판매는 경제적 측면이 중요하다. 부동산의 가격이나 임료에 어떤 흠이 없다는 것, 즉 매도하려는 부동산은 그 가격이 임대하려는 부동산은 그 임료가 적정한 것 또는 저렴한 것은 경제측면의 셀링 포인트 중에서 가장 중요한 내용이다. 물론 가격이나 임료의 적정성만이 경제측면의 셀링 포인트의 전부는 아니다. 부동산의 수요동향 · 공급동향 · 경기순환 등도 경제측면의 주요한 셀링 포인트가 될 수 있을 것이다.

(2) 기술적 측면의 셀링 포인트

셀링 포인트의 내용이 가장 풍부한 부분이 기술측면이다. 고객의 마음을 사로잡을 수 있는 것 중의 하나는 그 부동산이 얼마나 기능적이냐 하는 것이다. 주택의 경우라면 설비가 얼마나 잘 되어 있고, 기초가 잘 되어 있으며, 동선이 얼마나 합리적인가 하는 점이다.

(3) 법률적 측면의 셀링 포인트

소유권의 진정성, 토지이용의 공법상 규제내용, 세법의 내용들이 셀링 포인트가 된다. 경제와 기술 양 측면의 셀링 포인트가 유리하다면 법률측면의 셀링 포인트 역시 매수인의 구매욕구(desire)를 자극할 수 있는 계기가 된다.

(4) 불만처리와 설득

고객은 현지에 안내되어 물건의 설명을 듣는 과정에서 회사·가격·판매원 등에 대한 자기의 불안이나 불만을 이야기한다. 이것을 적절히 처리하여 오해를 풀어 조건을 수정하고, 또는 물건을 손질하여 계약체결로 이끌 수 있는 설득이 필요하다. 특히 가격에 대한 불만은 개별성을 강조함으로써 해소하도록 노력하여야 한다.

7. 마무리 짓기(클로징 : closing)

부동산거래의 성립과정에 이르려면 무엇보다 중요한 단계가 마무리 짓기이며, 이 단계까지는 역시 거래를 성공시키기 위한 수단이다.

마무리 짓기란 매도인과 매수인이 동의한 기일·시간·장소에서 권리증서와 대금을 교환하는 것을 말하며, 매도인과 매수인이 함께 판매 기간이나 조건 등에 만족하는 것을 말한다. 즉 마무리 짓기는 의뢰계약의 조건이나 거래계약 모두가 당사자에게 만족되는 것을 의미한다.

이는 첫째, 부동산 매매계약서 또는 부동산 임차계약서 등에 당사자가 서명을 하는 행위 둘째, 부동산 소유권을 현실적으로 이전시키는 행위까지를 포함한다. 마무리 지어야 할 적절한 기회는 고객 자신의 말이나 동작에서 나타날 때도 있으며, 이쪽에서 질문하여 발견할 수도 있다.

마무리 짓기 단계에서 제3자가 입회하면 좋은 결과를 얻지 못한다. 자기현시욕에 급급한 자가 얕은 지식을 휘둘러 고객의 결심을 동요시킬 때가 많다. 미국의 부동산업자의 사무소에는 마무리 짓기를 위한 별실을 만드는 경우가 많다. 제3자의 개입 없이 조용한 분위기에서 계약을 체결할 수 있도록 하기 위함이다.

마무리 짓기는 다음과 같은 방법이 있다.

(1) 추정 승낙법

추정 승낙법(the assumptive close)은 고객이 이미 의사결정을 내렸다고 전제하고 마무리를 짓는 것이다. 예를 들면, 고객이 물건에 강한 흥미를 표시한 순간을 포착하여 "등기는 언제쯤 하시렵니까?"하고 묻는 법이다. 혹시 고객이 이의를 제기하면 점차로 클로징(closing) 절차를 진행시킨다. 계약전제법이라고도 한다.

(2) 장점 강조법

장점 강조법(summarizing advantages)은 부동산을 구입함으로써 얻는 이익을 강조하는 방법이다. 안전성, 인플레이션의 투자이익, 인근지역의 장점, 고급주택 소유의 만족감 등의 장점을 강조한다. 본능암시법이라고도 한다.

(3) 직격법

직격법(direct close approach)은 단도직입으로 결단을 유도하는 방법이다. 이 방법을 쓸 고객은 두 유형이 있다. 하나는 이미 집을 사 본 사람, 요구조건을 정해 찾아온 고객, 시간에 쫓기는 고객에게 쓰는 방법인데 단도직입으로 계약체결을 요청한다. 불안정하고 마음을 정하지 않은 구매자에겐 돌이킬 수 없는 심리장벽을 쌓게 하고 만다.

다른 하나는 타업자를 들러서 찾아온 고객이다. 타업자한테 설득을 당하지 않은 고객이므로 계약될 확률이 오히려 많은 고객이다. 적당한 물건을 보이고 잘 설명한 후 질문이 없으면 계약으로 유도시킨다.

(4) 장 · 단점 비교법

장 · 단점 비교법(balance sheet approach)은 쉽게 결심하지 않는 고객에게 물건의 장점을 타물건과 비교하여 설명한 후 결심시키는 방법이다. 벤자민 프랭클린(Benjamin Franklin)접근법이라고 부른다.

독립운동이 일어나기 전인 200여 년 전, 미국의 벤자민 프랭클린은 흰 종이 가운데에 직선을 긋고 한쪽엔 'YES'라고 쓰고, 한쪽엔 'NO'라 쓴 후 긍정적인 대답과 부정적 대답을 하게 한 후 마지막으로 종합결정을 내리는 방법을 자신이 발행하던 신문에 연재하였다. 문제해결을 위한 종합판단과 균형감각을 유지할 수 있는 방법의 제안이었다. 마찬가지로 판매원이 고객의 구매의사결정을 도와준다는 뜻으로 중개업계에서 이렇게 부르고 있다. 일반적으로 단점보다 장점이 많은 쪽이 낫기 때문이다.

(5) 세부사항 선결법

고객에겐 큰 결단보다도 작은 결단을 하는 편이 쉽다. 이 심리를 이용하는 것이 세부사항 선결법(closing on minor details)으로 '사는가 안 사는가 하는 중대한 결과'의 압박 대신 구입 시의 선금, 입주일자 등 세부사항을 먼저 결심시킨 후 큰 결정을 내리게 하는 것이다.

(6) 3단 논법

3단 논법(syllogism close)은 고객이 발언한 말 · 견해 · 사고로부터 실마리를 잡아 대화를 전개하여 계약하는 방법이다. 대화 중 표정 · 성격 · 경력 · 신념 등을 주의 깊게 관찰해야 한다.

(7) 선택법

선택법(alternative choice)은 물건의 양자택일을 유발하여 이 물건을 살까 말까, 어느 것으로 할까? 등의 의문을 유발시켜 선택하도록 강력하게 끌고 가는 방법으로 A는 이런 장점이, B는 이런 장점이 있다고 하여 고객에게 선택권을 주면서 의도한 쪽으로 유도해가는 방법이다.

7.5 에스크로(이행대행업) 제도

1. 에스크로

에스크로(escrow)는 부동산 거래 시 개인이 합의한 매매계약의 내용에 따라 각자의 채무이행을 대행하는 서비스 신탁업이다. 즉 부동산 거래 시 그 이행에 따르는 업무를 대행하고, 보수를 받는 대리인을 말한다.

주요 업무로는 등기절차, 권리관계자 조사, 물건확인 등이 있으며, 권리상 문제가 없으면 양도인으로부터 부동산권리증서 또는 물건을 인도받아 양수인에게 인도하는 것이다.

그리고 양수인(매수인)에게서 부동산 대금을 받아 양도인(매도인)에게 이전한다. 마지막으로 거래 종결에 필요한 세금, 융자, 보험금, 임료 등의 청산(淸算)을 비롯한 제 금융도 대행하는 것으로 마무리된다.

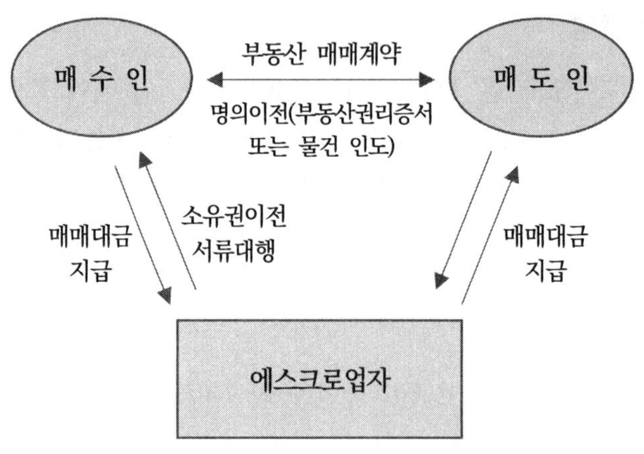

[그림 7-2] 에스크로제도 흐름도

2. 에스크로업자

부동산 거래 시 그 이행에 따르는 업무를 대행하고 보수를 받는 대리인 역할을 하는 사람을 말한다.

3. 에스크로업의 업무

① 계약한 부동산 매매에 대해서 의뢰자를 대신해서 등기절차, 권리관계조사, 물건확

인 등을 서비스한다.

② 에스크로업의 주요 업무로는 제3자적 입장에서 매매계약의 하자나 부담 등으로부터 매매당사자의 보호 및 그에 대한 결함의 청산, 매매당사자의 계약이행 진행 등이 있다.

③ 에스크로업자는 치유가능한 권원상의 하자나 부담이 발견되더라도 임의로 예치받은 계약금이나 매수대금의 일부를 사용하여 하자나 부담을 제거할 수 없다.

④ 에스크로업자는 계약서에 명시된 취소조건이 발생하지 않는 한, 거래당사자와 에스크로업자 간에 사전 합의된 에스크로 지시서에 따라 업무를 수행한다.

⑤ 위 업무의 결과 권리상 문제가 없으면, 양도인으로부터는 부동산권리증서 또는 물건을 인도받아 양수인에게 인도하고, 양수인에게서는 부동산 대금을 받아 양도인에게 이전해 준다.

⑥ 대금의 수수 또는 소유권 이전에 한정되지 않고 부동산거래의 종결에 필요한 세금·융자·보험금·임료 등의 청산을 비롯한 제(諸)금융도 대행한다.

4. 에스크로 활동의 효과

에스크로의 시행 초기에는 비용이 증가되나 다음의 편의성이 제고된다.

① 부동산거래가 원만히 이행되도록 한다. 부동산거래상의 절차와 서류의 작성과 제출 등을 에스크로업자가 대행해줌으로써 매도인과 매수인은 시간과 비용이 절감된다.

② 매도인이 매매계약체결 후 계약종결 전에 사망한 경우에도 유효한 날인증서를 손쉽게 매수인에게 인도할 수 있고, 매매대금을 상속인에게 지급할 수 있다.

③ 부동산매매계약의 이행이 합리적으로 이루어질 수 있다. 매도인과 매수인의 이익을 적절하게 보호하게 된다.

④ 많은 이해관계가 개재되어 있는 복잡한 부동산 거래를 종결하는 데 특히 유용하다.

⑤ 에스크로업자가 권원조사를 할 때에 권원보험회사와 권원보험계약을 체결함으로써 등기이전에 필요한 부동산거래에 따른 법적·행정적 업무 부담을 줄여주게 된다.

⑥ 에스크로 설정계약이 체결되면 거래당사자 중 일방이 계약을 이행하지 않는 것을 방지할 수 있으므로 거래질서를 확립할 수 있다.

연 습 문 제

1. 부동산 중개행위의 성격에 대해서 기술하시오.

2. 우리나라 부동산 중개업법에 나타난 중개업의 목적, 그리고 그 주요 내용에 대해서 기술하시오.

3. 우리나라 중개업의 경영과정에서 나타나는 특징에 대해서 간략하게 기술하시오.

4. 에스크로업에 대하여 설명하시오.

공인중개사 기출 및 예상문제

1. 부동산 신탁과 명의 신탁을 비교 설명한 것으로 옳은 것은? (9회 기출)
   ① 부동산 신탁에서 수탁자는 신탁계약에서 정한 책임과 권한을 가지나, 명의 신탁에서 수탁자는 등기부상의 명의대여자일 뿐 아무런 권한이 없다.
   ② 부동산 신탁의 목적은 투기 및 탈세 등에 있으나, 명의 신탁의 목적은 부동산의 효율적 이용 · 개발 · 처분 등에 둔다.
   ③ 부동산 신탁의 법적 근거는 판례에 의해 인정되나, 명의 신탁의 법적 근거는 신탁법에 의해서 인정된다.
   ④ 부동산 신탁의 실제 소유자는 등기부상에 표기되지 않으나, 명의 신탁의 실제 소유자는 등기부상에 표기된다.
   ⑤ 부동산 신탁에서 이익의 귀속주체는 등기부상에 드러나지 않으나, 명의 신탁에서 이익의 귀속주체는 등기부상에 나타난다.

[해설]

[부동산 신탁과 명의 신탁의 비교]

부동산 신탁	명의 신탁
① 부동산 신탁에서 수탁자는 신탁계약에서 정한 책임과 권한을 가진다. ② 부동산 신탁의 목적은 부동산의 효율적 이용개발 · 처분 등에 있다. ③ 부동산 신탁의 법적근거는 신탁법에 의해 인정된다. ④ 부동산 신탁의 실제 소유자는 등기부상에 표기된다. ⑤ 부동산 신탁에서 이익의 귀속주체는 등기부상에 나타난다.	① 명의 신탁에서 수탁자는 등기부상의 명의대여자일뿐 아무런 권한이 없다. ② 명의 신탁의 목적은 투기 및 탈세 등이다. ③ 명의 신탁의 법적근거는 판례에 의해 인정된다. ④ 명의 신탁의 실제 소유자는 등기부상에 표시되지 않는다. ⑤ 명의 신탁에서 이익의 귀속주체는 등기부상에 드러나지 않는다.

정답 1. ①

제8장 부동산 권리분석론

8.1 권리분석의 의의와 정의

1. 권리분석의 의의

우리들이 어떤 부동산 활동을 하려고 할 때 사람들은 그 권리관계가 기대한 목적을 달성하는 데 흠이 없고 안전한가를 점검한다. 이때 대상 부동산에 흠이 있나 없나 조사·확인·판단하여 일련의 부동산 활동을 안전하게 하려는 활동이 권리분석 활동이고, 그 지식을 체계화한 것이 부동산 권리분석 이론이다.

2. 권리분석의 개념

권리는 일반적으로 법에 의해 어떤 이익을 향유할 수 있는 힘 또는 능력을 말한다.

이를 토대로 부동산 권리분석에서 의미하는 권리는 ① 부동산의 소유권 및 그에 관계된 기타 권리, ② 권원, ③ 권리의 적법성, ④ 부동산 활동상 이용 및 거래활동, 공법상의 규제관계를 의미하는 넓은 뜻을 가지고 있다.

이 권리에 대한 흠의 여부를 판정하는 것이 권리분석이며, 이 권리분석이라는 용어는 권리확인, 권리조사, 권리의 양태에 관한 확인이라고도 한다. 따라서 부동산 권리분석은 다음과 같은 활동을 한다.

① 부동산 권리에 하자가 없는가를 판단하는 작업
② 현재 소유권이나 권리상태를 확정하기 위해 이용하는 공부와 문서 등을 조사하는 일
③ 공부에 의한 일련의 기록을 작성하고, 관련 전문가에게 의뢰하여 그 진위와 분석을 받는 작업
④ 매수인이 매수 전에 시장성이나 권리가치를 저해하는 선취득권, 조세체납, 기타 부담이나 계약상 하자 등을 확인하기 위해 관련기관의 공부를 조사하는 것

⑤ 부동산 권리관계의 양태를 실질적으로 조사·확인·판단하여 일련의 부동산 활동을 안전하게 하려는 부동산 활동 등이다.

따라서 필자는 부동산 권리분석이란 '대상 부동산에 대한 권리관계의 연쇄성과 양태에 대해서 실질적으로 조사 · 확인 · 판단하는 일련의 부동산 활동을 안전하게 하려는 부동산 활동'이라고 그 정의를 정리해 본다.

3. 권리분석의 필요성

한국의 부동산 등기에는 공신력이 없다. 뿐만 아니라 공법상의 규제, 조세문제 등이 다양하고 복잡하다. 따라서 부동산의 법률적 · 경제적 · 기술적 측면의 거래사고가 발생할 우려가 있다. 이러한 사고를 사전에 방지하기 위해서 권리분석이 필요한 것이다.

① 한국의 부동산 등기에는 공신력이 없다.
② 등기할 수 없어 등기하지 않아도 되는 권리가 있다.
③ 국가나 지방자치단체, 공공단체가 행한 재산처분 행위를 사후에 분석할 필요성이 있다.
④ 최유효이용을 위한 부동산에 대한 공법상 규제와 조세 등의 분석이 필요하다.
⑤ 부동산 권리에는 사법상의 규제는 물론 공법상의 규제가 있다.
⑥ 등기능력이 있는 미등기된 권리관계 또는 등기능력이 없는 권리관계의 분석이 요구된다.
⑦ 공·사적 부동산 소유 및 거래활동에서 제반 권리관계의 사고방지를 위하여 권리분석이 필요하다.

8.2 거래사고 유형

우리는 왜 권리분석을 하여야 하는가? 그것은 우리가 하는 부동산 활동을 더욱 안전하게 하여 거래사고를 미리 방지하고자 하기 때문이다. 부동산 거래사고를 사전에 방지함으로써 부동산 거래 활동을 능률화 할 수 있다. 그러면 우리가 방지하고자 하는 거래사고에는 어떠한 것이 있는가? 이를 유형화해 보면 다음과 같다.

1. 법률적 측면의 거래사고

부동산 거래사고는 사법과 공법이라는 측면에서 걸쳐 발생한다.

사법적 측면의 거래사고는 거래의 목적인 부동산의 권리가 부진정(不眞正) 또는 불완전한 사고이다. 주로 부동산 등기의 공신력 결여와 사회질서의 문란이 큰 원인이 되며, 무효원인으로 인한 소유권 반환청구사건의 형태로 표면화 된다. 또는 등기행위에 선행하는 채권행위와 물권행위의 잘못 등으로 인한 의사표시의 무효 또는 취소의 형태로도 표면화된다.

공법적 측면은 국토의 계획 및 이용에 관한 법률, 세법, 공시법 등 토지이용 등에 관한 관계법률의 무지(無知) 등으로 의외의 출연(出捐)을 하거나 의도한 토지이용을 실현할 수 없는 경우의 사고가 이에 해당한다.

(1) 권리취득의 불가능

① 부동산을 매매·금융·교환하였을 때 기대한 권리의 전부 또는 일부를 취득할 수 없는 경우

② 매매대상물의 매도자와 매수자간에 자유의사에 따라 매매계약을 체결한 후 물권변동 행위 전에 대상 부동산의 소유권을 취득하지 못한 경우

(2) 인수의 불가능

① 등기부상의 소유권은 취득했으나 대상 부동산이 불법 점유되어 있는 경우

② 대상 부동산의 소유권 이전등기가 곤란한 경우

③ 부동산 등기부상의 표시면적이 실제 면적과 다를 경우

④ 토지 등에 있어 공부상의 표시형상과 실제형태가 다른 경우

⑤ 지적의 위치가 다른 경우

⑥ 대상 부동산의 점유자가 유치권, 점유권을 주장하여 인수가 불가능한 경우

(3) 이용의 불가능

① 소유권은 취득하였으나 토지이용에 관한 공법상의 규제 또는 사법상의 제한 때문에 토지의 일부 또는 전부의 이용이 불가능한 경우

② 대상 부동산을 이용하려는 소유자의 권리보다 우선하는 권리(지상권, 지역권 등)가 있는 경우

(4) 공용징수 또는 징발의 대상이 된 부동산의 취득

해당 부동산이 수용 또는 징발의 대상이 되어 있는 사실을 모르고 취득한 경우이다.

(5) 과다하거나 불합리한 세금의 부담

세법상의 이해부족 또는 기타 원인으로 과다한 세금을 부담하는 경우이다. 예를 들어 전 주인의 미납세에 대한 납세의무를 본의 아니게 승계하는 경우가 이에 해당한다.

(6) 부적법한 건물의 취득

어떤 건물이 건축법, 기타 법률상 적법이 아니어서 현재 또는 후일에 불리한 요인이 내포되어 있는 데에도 불구하고, 그 사실을 모르고 부동산을 취득한 경우이다. 예를 들어 법령의 개정 등으로 법령 규정상 적법하지 않은 건물을 취득한 경우이다.

2. 경제적 측면의 거래사고

거래가액과 임료 등이 불합리하게 높거나 그 반대인 것이 전형적인 경우이다.

민법에는 당사자의 궁박, 경솔, 무경험으로 인하여 현저하게 공정을 잃은 행위를 무효로 하는 규정(민법 제104조)이 있고, 차용물의 반환에 갈음하여 차주(借主)가 다른 재산권을 반환할 것을 예약한 경우(대물변제의 예약)에 그 재산의 예약 당시의 가액을 넘는 경우는 환매 기타 여하한 명목이라도 그 효력이 없다라는 규정이 있다(민법 제607조, 608조).

한편 입지선정을 잘못하여 소기의 판매 또는 생산능률을 올리지 못하는 경우와 산업코스트가 높아지는 경우도 있다.

이들을 보다 구체적으로 요약하면 다음과 같다.

① 가격 · 임료의 불합리
② 비표준적인 관리비 · 순이익
③ 수익성 부동산에 있어서 수익에 대한 오판
④ 개발사업에서 입지선정의 실패
⑤ 최유효이용 상태의 오판
⑥ 부동산 유통이 원활하지 않은 경우 등

3. 기술적 측면의 거래사고

부동산을 거래한 경우 건물 등 부동산의 내구성 판단이나 개발비용 및 기술적 하자의 제거 비용 등의 오판을 한 경우를 비롯하여 설비 등 기술적 하자가 거래 후에 나타나는 등의 사고이다.

이러한 기술적 하자 내용을 기술하면 다음과 같다.

① 건물의 견고성, 내구성, 내용연수 등의 오판
② 설계 · 설비 등의 불량 및 노후화
③ 기술적 요인으로 인한 이용의 곤란 또는 개발비용이나 기술적 하자의 제거비용 오판
④ 물리적 · 기능적 측면의 은닉된 하자

4. 유통 측면의 거래사고

부동산 유동에 있어 소요되는 적정한 시일에 대한 기준은 없다. 즉 시대와 시장상황에 따라 유동적이다. 그러나 부동산이 시장에 출품되어, 또는 의뢰자가 거래의 의사표시를 한 이후, 시일이 장기화되는 것은 부동산 거래의 이상적 장기화 사고라 할 수 있다. 참고로 부동산 거래에서 제거되어야 할 사고를 정리, 요약해 보면 다음과 같다.

〈표 8-1〉 부동산 거래에서 제거되어야 할 사고

법률적 측면의 사고	형태 : 소유권 등 권리의 무효원인 또는 이용의 제한
	원인 : 등기의 공신력 결여, 기타 사회질서의 문란 등
	대책 : 부동산 권리분석 기술의 개발, 소유권 보험제도의 도입, 업자의 자격면허제, 교육 · 훈련 등
경제적 측면의 사고	형태 : 부동산 가액 · 임료의 부적정
	원인 : 권리분석을 포함한 감정평가 기법의 부족
	대책 : 업자의 교육 · 훈련, 자격면허제 및 업무규제
기술적 측면의 사고	형태 : 기술적(물리적 · 기능적) 잠재하자의 출현, 비용추산의 착오
	원인 : 기술적 지식의 결여
	대책 : 업자의 교육 · 훈련, 자격면허제 및 업무규제
유통 측면의 사고	형태 : 거래의 이상적(異常的) 장기화
	원인 : 부동산의 지식 및 중개기술의 부족, 경기순환, 정책의 미흡
	대책 : 업자의 교육 · 훈련, 업무규제, 재정투자금융지원, 정책보완 등

8.3 부동산 권리분석의 분류

1. 부동산의 광 · 협에 따른 분류

부동산은 광의의 부동산과 협의의 부동산으로 나눌 수 있다.

권리분석에서 이 부동산의 광 · 협 관계를 명확히 구분하여 행하여야 한다. 왜냐하면 부동산의 광 · 협에 따라 권리분석에 대한 접근방법이 달라지기 때문이다.

2. 권리관계의 광 · 협에 따른 분류

(1) 협의의 권리분석

협의(狹義)의 권리관계는 부동산 등기법에 따라 등기할 수 있는 권리관계를 말하며, 그것에 따른 권리분석을 협의의 권리분석이라고 한다. 이 협의의 권리관계에 속하는 것은 소유권 · 지상권[8] · 지역권[9] · 전세권 · 저당권 · 권리질권 · 임차권 등의 설정 · 보존 · 이전 · 변경 · 처분의 제한 및 소멸에 관한 사항 등이 있다.

따라서 협의의 권리분석이란 부동산 소유권 등 등기능력을 갖는 권리관계의 진실성 및 내용을 분석하는 활동이라 할 수 있다.

(2) 광의의 권리분석

협의의 권리분석은 거래활동의 측면에서 권리관계의 진실성을 확인하는 데 주목적이 있으나, 광의(廣義)의 권리분석은 협의의 관리관계에 부동산의 법률가치를 포함하여 분석하는 것이다. 그 이유는 최근 부동산 활동이 다양해지고, 토지이용 등의 규제관계가 복잡한 관계로 좁은 의미의 권리분석만으로는 부동산 활동에서 안전성을 확보하기 어렵기 때문이다. 즉 광의의 권리분석은 협의의 권리분석에 부동산의 법률적 가치를 포함한 것을 말한다.

법률가치는 편의상 법률 이용가치와 법률 경제가치로 나눈다.

---

8) 건물, 공작물, 수목 등을 소유하기 위해 타인의 토지를 사용하는 물권(物權)이다. 지상권의 기간은 자유롭게 정할 수 있으나 최장기가 30년, 사용(이용)면에서 소유권과 같이 장기간 사용이 보장된다. 단, 건물은 15년, 공작물은 5년이라는 단기 규정이 있다. 아울러 구분지상권 지상권자가 임료를 2년 이상 지불하지 않으면 지상권 소멸 청구권 행사가 가능하다.

9) 요역지의 이익을 위하여 승역지를 이용할 수 있는 물권(物權). 예를 들어 갑(甲)토지의 이익을 위하여 을(乙)토지를 통행할 경우 지역권은 원칙적으로 계약에 의해 성립된다. 따라서 등기를 함으로써 제3자에게 대항할 수 있는 것이다.

법률 이용가치란 대상 부동산이 실질적으로 어느 용도에 어느 범위 내로 이용되는가에 대한 관념(용도지역제 · 용적률 · 건폐율 등)으로 대상 부동산의 이용상 공 · 사법으로 인정되는 실질적 불이익 또는 이익의 정도로 측정된다.

법률 경제가치는 부동산물권(不動産物權)의 비본래적 효력 또는 사실관계로 그 부동산에 주어진 경제이익 또는 불이익이다. 비본래적 효력의 대표적인 예로는 지상권의 지상물 매수청구권을 들 수 있다. 이것은 지상권 고유의 효력이라기보다는 지상물의 사회성을 감안하는 개념이다.

(3) 최광의 권리분석

광의의 권리분석으로 권리관계의 진실성 및 그 내용은 파악할 수 있지만 부동산의 상태 또는 사실관계, 등기능력 없는 권리관계, 등기를 요하지 않는 권리관계 등은 파악되지 않는다.

부동산의 상태 또는 사실관계에는 도로관계, 세금관계, 면적 등 표시에 관한 등기관계, 대상 부동산이 공 · 사법상 적합한가에 관한 문제, 분묘의 존재관계 등의 개별적 확인사항과 점유의 상태 등이 있다.

등기능력이 없는 권리는 점유권·유치권·특수지역권 등이 있다. 등기를 요하지 않는 권리는 상속 · 공용징수 · 판결 · 경매에 의한 것이 있다. 부동산의 진정한 권리관계는 이러한 것들을 분석함으로써 알 수 있는데, 이 분석을 최광의(最廣義) 권리분석 혹은 최광의 권리관계의 권리분석이라 한다.

3. 권리관계의 시점에 따른 분류

이 권리관계의 시점이란 권리분석의 결과가 타당시 되는 시점을 말한다. 그 시점을 기준으로 현황 권리분석과 소급 권리분석으로 나눌 수 있다.

(1) 현황 권리분석

권리관계의 시점이 현재인 권리에 대한 분석이다. 공부상 권리가 중심이 되지만, 공부 외 권리도 대상이 된다. 그러나 현황(現況)이라 하여 과거를 전혀 불문하는 것은 아니다. 권리는 시계열상 연쇄적인 '권리의 사슬'을 형성하고 있기 때문이다.

(2) 소급 권리분석

권리분석의 안정성을 확대하기 위해 시점을 과거로 소급(遡及)해서 하는 권리분석을 소급 권리분석이라고 한다. 주로 협의권리의 권리분석에서 중요시되고 '소유권의 연쇄성'을 가로막는 요인의 유무를 확인하는 작업을 의미한다.

현황 권리분석에 비하면 비용·시간·실무면의 애로 등이 부담되지만 안전성이 증대되는 실익도 있다. 한편 소급 권리분석의 그 범위 설정에 따라 제한소급분석과 완전소급분석으로 나눈다.

① 제한소급분석 : 소급범위를 일정한 과거의 시점으로 한정하는 것이다.
② 완전소급분석 : 제한을 두지 않는 것이다. 그렇다고 무제한 소급을 의미하는 것은 아니고, 가능한 범위 내의 최대한도의 소급을 의미한다.

따라서 소급범위를 어떻게 결정하느냐에 관한 실무적 결정은 의뢰인의 의사와 소급범위결정 자문결과를 따르는 것이 좋다. 대체로 판독결과, 당해 부동산의 역사, 취득시효에 소요되는 시간, 등기기관의 등기부 보존기간 등을 고려하여 결정하는 것이다.

4. 권리분석의 주체에 따른 분류

부동산 권리분석에 참여하는 자의 수와 전문성, 업무의 분담방법, 분석기관의 성격 등에 따르는 분류방법이다.

(1) 단독 권리분석과 다수인의 권리분석

권리분석은 1인이 하는 수도 있고 다수인이 하는 수도 있다. 전자를 단독 권리분석, 후자를 다수인의 권리분석이라고 한다. 부동산 평가에서는 단독평가가 신속·경제·능률적인 경우가 있다. 그러나 권리분석에서는 다수인의 권리분석이 오히려 더 신속·경제·능률적인 경우가 있다. 즉 광의의 부동산인 때에는 후자가 유익할 것이다.

(2) 공적 권리분석과 사적 권리분석

권리분석 기관이 공적 기관인가 사적 기관인가에 의한 구별이다. 공적 기관이면 공적 권리분석이고, 사적 기관이면 사적 권리분석이다.

5. 전문성에 의한 분류

권리분석을 하는 주체의 전문성과 자격에 따라 전문성은 1차·2차·3차 수준의 3가지로 분류할 수 있다.

(1) 1차 수준

1차 수준의 권리분석은 부동산의 소유자, 거래인 등이 스스로 하는 권리분석을 말한다. 빈도는 높지만 분석의 정도는 낮다.

(2) 2차 분석

2차 수준의 권리분석은 감정평가사 · 중개업자 · 담당은행원 · 세무관리 공무원 등이 일상 업무와 관련짓는 권리분석을 말한다. 정도는 1차 수준의 권리분석에 비해 높지만 3차 수준보다 낮다.

(3) 3차 수준

3차 수준의 권리분석은 일정한 자격이 주어진 권리분석 전문가가 하는 권리분석이다. 정도가 가장 높다.

6. 권리분석의 목적에 따른 분류

부동산의 권리분석은 그 목적에 따라서 다음과 같이 분류한다. 이 분류는 권리보증서의 발행과도 연관을 가진다.

(1) 소유활동을 위한 권리분석

이것은 부동산의 소유활동(所有活動)에 안전을 보장하기 위한 권리분석이다. 권리보증을 위해 활동을 할 때는 소유자에게 권리보증서를 발행한다.

(2) 금융활동을 위한 권리분석

은행 또는 저당권자 등 부동산 담보물권을 취득하고 금전을 대부한 자의 안전을 위하는 권리분석이다.

(3) 매수활동을 위한 권리분석

어떤 부동산을 매수(買受)하는 자를 위하여 그 소유권을 안전하게 할 목적으로 하는 권리분석이다. 권리보증을 받고자 하는 매수를 위한 권리보증서를 발행하는 작업이라 할 수 있다.

〈표 8-2〉 부동산 권리분석 분류의 핵심

구분		내용
부동산의 광 · 협의에 의한 분류	1) 협의의 부동산에 대한 권리분석	협의의 부동산(토지 및 그 정착물만)이 분석대상이다.
	2) 광의의 부동산에 대한 권리분석	협의의 부동산과 준부동산이 분석대상이다.
권리관계의 광 · 협의에 의한 분류	1) 협의의 권리분석	부동산 등기법에 의하여 등기할 수 있는 권리관계가 분석대상이다. 등기능력을 갖는 권리에는 소유권, 지상권, 지역권, 전세권, 저당권, 권리질권, 임차권, 부동산환매권 등
	2) 광의의 권리분석	협의의 권리관계 이외에도 법률적 이용가치(부동산의 이용에 관한 공사법상의 규제 및 조장관계)와 법률적 경제가치(부동산에 부여된 경제적 이익 또는 불이익) 등
	3) 최광의의 권리분석	광의의 권리관계 이외에도 부동산의 상태 또는 사실관계, 등기능력없는 권리관계도 포함한 분석이다.
시점에 의한 분류	1) 현황권리분석	권리관계의 시점이 현재의 권리에 대한 분석으로 주로 등기부 등 공부상에 존재하는 권리관계분석이다.
	2) 소급권리분석	권리관계의 시점이 과거로 소급하여 행하는 분석으로 대상 부동산의 연쇄성을 주로 확인한다.
분석주체에 의한 분류	1) 단독권리분석과 다수인 권리분석	권리분석에 참여하는 인원이 1인이냐 다수인이냐에 따른 분류이다.
	2) 공적 분석과 공인 분석	분석기관이 공적 기관인가, 공인자격이 있는 개인인가에 따른 분류이다.
	3) 제1차 수준의 분석 제2차 수준의 분석 제3차 수준의 분석	· 제1차 수준의 분석 : 소유자나 거래당사자의 권리분석이다. · 제2차 수준의 분석 : 중개업자나 평가사 등의 권리분석이다. · 제3차 수준의 분석 : 권리분석사에 의한 권리분석이다.

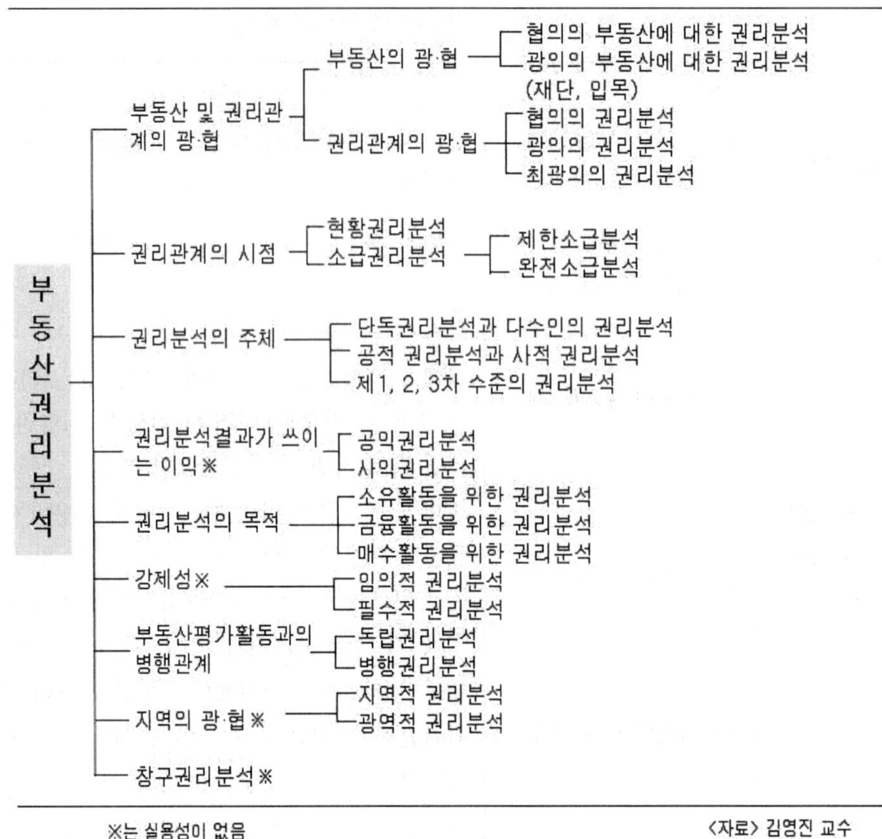

[그림 8-1] 부동산 권리분석의 분류

8.4 권리분석 활동의 성격과 원칙

1. 권리분석 활동의 성격

(1) 권리관계 취급성

권리분석은 부동산의 권리관계를 취급하는 활동이다. 이 점에서 경제적·사회적 관계를 취급하는 내용과는 대조를 이루고 권리관계를 분석, 판단하는 활동인 것이다.

(2) 비권력성

권리분석은 권리관계를 취급하지만 재판이나 수사행위 같이 권력행위는 아니므로 비권력적 성격을 가진다. 다만 전문직업인을 통하여 필요한 사실의 확인, 관계인의 탐문, 필요한 서류열람 등으로 권리관계를 분석 · 판단하는 활동이다.

(3) 사후 확인성

권리분석은 주어진 권리관계의 과거를 확인하는 수가 많다. 부동산 기록의 역사가 길면 길수록 더 오랜 과거를 분석하게 된다. 권리분석의 종류에 따라 현재의 권리(공·사법상의 제약)만을 분석하는 경우도 있으나 대부분은 사후확인의 성격을 갖기 마련이다. 이것은 권리관계가 시계열상의 연속성을 갖기 때문이다.

(4) 주관성과 객관성

권리분석의 판단은 상당히 주관적인 면이 많다. 특히 협의의 권리분석인 때는 그 대상의 권리관계가 추상적인 경우가 많아 판단에 주관성이 개입될 여지가 많다. 그러나 최광의 권리의 권리분석이라면 주어진 사실을 객관적으로 취급하여야 하기 때문에 객관성이 많이 요구된다.

따라서 권리분석활동에서 이 주관성과 객관성의 비중에 따라 권리분석사의 책임한계가 달라진다.

(5) 과학성과 기술성

권리분석은 체계화된 학문(the systemic study)이라는 측면에서 본다면 과학이고, 실무활동(Practice)측면에서 본다면 기술이다.

(6) 사회성과 공공성

권리분석 활동은 사익성은 물론 사회성과 공공성이 강조된다.

2. 권리분석의 특별원칙

부동산 권리분석의 원칙에는 능률성의 원칙, 안전성의 원칙, 증거주의원칙, 탐문주의원칙 등이 있다. 이 원칙들은 권리분석 활동을 하는데 지켜야 할 지도이념이다.

(1) 능률성의 원칙

가장 기본이 되는 원칙이다. 이 원칙은 자칫 비능률화가 되기 쉽고, 다른 분야의 부동산 활동에도 영향을 미치기 때문에 권리분석 활동이 능률적으로 이루어져야 함을 강조하는 원칙이다.

그러나 권리분석 활동에서 지나치게 능률을 강조하다 보면 안전의 문제가 생기고, 안전을 너무 강조하다 보면 능률에 문제가 대두되어 부동산 활동 등에 영향을 주게 되므로 균형적인 활동이 되도록 유의하여야 한다.

(2) 안전성의 원칙

이 원칙은 권리관계의 조사 · 확인 · 판단에 높은 안전성이 있어야 한다는 것이다. 안전성을 추구하기 위해서는 다음 사항에 유의하여야 한다.

1) 하자 전제의 원칙

모든 권리는 일단 하자(瑕疵)가 있는 것으로 가정한다. 어느 권리도 충분히 확인하지 않고 안전하다고 볼 수 없다.

2) 안전 심증의 원칙

의심스러우면 안전성에 따라야 한다. 실제 권리분석에서는 조금만 의심스러운 곳이 있어도 확인하여야 한다.

3) 범위확대의 원칙

모든 분석과 판단에서는 범위를 넓혀서 보도록 노력을 해야 한다. 범위를 늘리는 만큼 안전성이 확보되기 때문이다.

4) 차단의 원칙

권리분석을 하는 과정에서는 판단에 혼동을 초래할 위험이 있는 모든 원인을 미리 분리시켜야 한다. 즉 차단을 원칙으로 하여야 한다.

예를 들면, 어떤 권리관계에 대한 선입감을 버릴 것, 의심이 가면 다수의 증인을 심문하도록 할 것, 어떤 증인의 증언내용이 타 증인의 증언에 영향을 미치지 않도록 할 것 등이다.

5) 유동성 대비의 원칙

사태의 유동성(流動性)에 준비하여야 한다. 권리분석사의 결론에 영향을 미치는 수많은 요인은 유동적이기 때문에 그에 관해서 충분한 배려가 있어야 한다. 예를 들면 증인의 경우는 증언 후에 사망 혹은 변심하는 수가 있고, 물적 증거는 소멸할 수도 있다.

(3) 증거주의의 원칙

권리분석사가 한 일련의 조사·확인·판단은 반드시 증거로 뒷받침되어야 한다. 이 원칙은 안전성을 지원하는 원칙이라고도 할 수 있고, 권리분석의 주관성에 객관성을 부여하려는 노력이기도 하다. 증거란 어떤 사실관계에 대한 조사·확인·판단에 직접·간접으로 영향을 주는 자료를 말하고, 증거에는 인적증거와 물적증거, 간접증거와 직접증거 등으로 분류된다.

권리분석은 그 성격이 비권력적이라고 하는 점에서 모든 증거는 권리분석사의 자유로운 심증의 형성을 지원하는 것으로 끝난다. 어떤 증거의 취사선택 문제 및 증거력도 권리분석사의 재량에 속한다.

(4) 탐문주의의 원칙

탐문(探問)활동이란 권리분석 활동에 필요한 여러 가지 자료와 정보를 권리분석사가 직접 탐문하여 얻는 것을 말한다. 탐문활동은 인적증거를 찾아서 증언이나 증언탐문을 하는 것이 중요하며, 증인의 증언이 일차적으로 중요하다.

권리분석 활동에서 탐문활동의 대상은 부동산 중개업자, 주택공급자를 포함한 건축업자, 감정평가사, 세무사, 세무서, 시·구청·동사무소, 은행, 법무사, 인근거주자, 기타 당해 지역과 대상 부동산에 정통한 입장에 있는 사람 등이 된다.

3. 권리분석의 절차

권리분석 절차는 정해진 틀이 없다. 왜냐하면 부동산 권리분석 활동은 ① 권리관계를 취급하는 활동으로서 비권력적 행위이며 사후확인행위이고, ② 주관성과 객관성이 혼재되어 있으며, ③ 과학성과 기술성, ④ 사회성과 공공성을 갖고 있는 특성을 지녔기 때문이다.

그러나 일반적인 과정을 소개하면 다음과 같다.

① 권리분석의뢰서 접수(목적확인, 서류검증 등)
② 자료의 보완
③ 권리분석계획 수립
④ 권리분석 담당자 배정
⑤ 분석 자료수집 및 분석
⑥ 임장조사·분석활동
⑦ 권리분석결과의 종합평가

⑧ 권리분석 보고서 작성
⑨ 권리분석 보고서 교부(권리분석 장부에 교부기록)

8.5 판 독

판독(reading)이란 여러 가지 물적 증거를 수집하여 탁상에서 검토함으로써 권리분석의 목적을 어느 정도 달성하려고 하는 노력이다. 여기에서는 판독과정에서 유의할 사항과 경계하여야 할 내용을 살펴보면 다음과 같다.

1. 판독과정에서 유의할 사항

① 대상 권리관계는 어떤 내용의 것인가?
② 대상 권리관계의 안전성에는 어떤 문제점이 없겠는가?
③ 대상 부동산에는 어떤 권리분석이 요구되겠는가?
④ 증거조사 및 탐문활동에서는 어떤 점을 유의할 것인가?

2. 판독에 있어 경계할 사항

(1) 부동산 활동의 상태에 속하는 경계요인

① 소유권의 이동빈도가 이상적으로 높은 부동산
② 관리상태가 불완전한 부동산
③ 부동산의 규모와 소유자 간의 균형이 결하는 경우
④ 장기간 방치됐던 부동산이 갑자기 거래된 경우
⑤ 거래가격이 비정상적으로 저렴한 경우
⑥ 휴일에 거래된 부동산
⑦ 대리인을 통한 거래(소유자가 사회적 지위가 높고 신분이 확실해도 일단 의심하여야 한다)
⑧ 은밀하게 소유 또는 거래된 부동산

(2) 등기상태에 속하는 경계요인

① 등기의 역사가 짧은 부동산

② 회복 등기된 부동산
③ 판결에 의한 부동산
④ 특별간이절차에 의해 등기된 부동산(임야소유권 이전등기 등에 관한 특별조치법, 부동산 소유권 이전등기 등에 관한 특별조치법)
⑤ 인(印)이 없는 보증서에 의해 등기된 부동산

(3) 판독 시 권리분석 사항

1) 수집자료 진위판단

대상 물건의 관계서류의 진위를 판별해 내기 위해서는 먼저 하자 전제의 원칙에 의하여 어떠한 방법으로 관계서류를 위조 또는 변조했는가를 염두에 두어야 한다.

2) 부동산 현황과 일치여부 판단

부동산 현황에 관한 사항들을 확인·파악하기 위해서는 대상 물건의 기본적인 확인사항이라 할 수 있는 토지대장, 건축물관리대장, 지적도, 임야도, 도시계획확인원 등을 중심으로 등기부의 기재내용과 비교·검토하여야 한다.

3) 권리내용확인 등과 서면기재

권리분석대상물이 여러 수집방법으로 모아졌을 경우 권리분석자는 그 대상물이 흠이 없는가를 현장답사·공부상 조사방법으로 권리내용확인 등을 하여야 하고 이를 서면으로 기재하여야 한다.

(4) 대싱물 권리분석 구분

대상물의 권리분석은 법률적 확인과 실체적 확인으로 한다. 법률적 확인은 등기부등본 등 공부(公簿)와 인근 주민들에 대한 탐문방법으로 가능하다.

실체적 확인은 대상물의 현장답사 방법으로 가능하다. 그리고 대상물의 권리분석분류에 따른 확인방법은 다음과 같은 방법이 있다.

① 권리분석대상물의 실제 소재지 위치와 공부인 지적도상의 위치가 동일한지 여부는 실지조사 또는 현지조사로 확인한다.
② 공부상의 지목, 면적과 실제가 일치하는지의 여부는 지목일 경우 토지대장 또는 임야대장으로, 면적은 토지일 경우 토지대장 또는 임야대장, 건물일 경우 건축물관리대장, 토지경계확인은 토지대장으로 한다. 다만 토지경계가 상치하는 경우에는 측량사 등에게 의뢰하여 실측이 필요하다.

③ 건물인 경우 구조, 면적 및 건축연도 등의 공부상 기재와 실제가 동일한지 여부는 건축물관리대장확인과 현지조사로 권리분석의뢰 또는 중개의뢰 된 건물의 구조 확인을 한다.

④ 대상물인 토지의 이용 등과 관련하여 공도(公道) 등이 사도(私道)와 접속될 때 통행권 등의 문제여부, 또한 민법상 상린관계에 대하여 인접지소유자와 법적 분쟁의 소지는 없는지 여부는 실지조사, 현지조사에 의하여 확인한다. 특히 법정지상권의 경우 등기사항이 아니므로 공부로 확인할 수 없어 실지조사에 의하여 확인하여야 한다.

(5) 부동산등기부의 판독(등기부의 기재사항)

1) 건 물

- 건물등기부등본에 의하여 등기된 소유자를 기재한다. 소유권은 등기부 갑구란(甲區欄)에 등기되어 있다.
- 소유권에 제한을 주는 가등기·예고등기·환매특약(還買特約)·가처분(假處分)·가압류·압류·경매도 갑구란에 등기되어 있다.

위와 같은 사항이 등기되어 있는 경우는 소유권에 관한 권리사항이다.

- 등기부등본 을구란(乙區欄)에는 소유권 이외의 권리에 관한 등기로 지상권 · 지역권 · 전세권 · 저당권 · 임차권 등에 관한 등기가 되어 있다. 이것도 소유권 이외의 권리사항이다.
- 등기부등본 을(乙)구란에도 가등기 · 가압류 · 가처분 · 압류 · 경매 등이 등기되어 있는 경우가 있다.

2) 토 지

- 소유권은 역시 갑(甲)구란에 등기되어 있다.
- 소유권에 제한을 주는 가등기 · 예고등기 · 환매특약 · 가처분 · 가압류 · 압류 · 경매도 갑구란(甲區欄)에 등기되어 있다. 위와 같은 사항이 등기되어 있는 경우는 소유권 이외의 권리사항이다.
- 등기부등본을 을(乙)구란에는 건물등기부등본의 경우와 같이 소유권 이외의 권리에 관한 등기로 지상권 · 지역권 · 전세권 · 저당권 · 임차권 등에 관한 등기가 되어 있다. 이는 소유권 이외의 권리사항이다.
- 등기부등본 을(乙)구란에도 역시 가등기 · 가압류 · 가처분 · 압류 · 경매 등이 등기되어 있는 경우가 있다.

〈표 8-3〉 토지·건물 등기부 공시내용 및 등기사항

구분	란	공시내용	등기사항
표제부	표시란	목적물의 표시	1) 토지 : 접수일자 · 소재지 · 지목 · 면적분할 · 합병사항 2) 건물 : 접수일자 · 소재지 · 구조 · 용도 · 면적 · 분할 · 구분 · 합병사항
갑구	사항란	소유권	1) 소유권에 관한 등기 2) 가등기 · 예고등기 · 회복등기 · 환매특약 · 가압류 · 가처분 · 강제관리 · 압류 · 경매 · 파산 · 화의 등에 관한 등기(원칙)
을구	사항란	소유권 이외의 권리	1) 지상권 · 지역권 · 전세권 · 저당권 · 임차권 등 소유권 이외의 권리에 관한 등기 2) 가등기 · 예고등기 · 회복등기 · 가압류 · 가처분 · 압류 · 경매 등에 관한 등기(예외)

(6) 소유권의 진정성 판독과 기타 권리취득 가능성 확인

1) 소유권에 대한 사항

등기부상의 소유자와 등기필증 등 등기관련 증명서류의 보유자의 동일성 및 등기부상 권리자와 실제 권리자의 일치성 확인

- 등기부·등기필증 등 공부나 등기원인을 증명하는 서류 즉 계약서, 판결정본, 화해조서, 공정증서를 열람한다.
- 등기부등본을 발급받아서 갑구에 게재된 소유자의 성명 · 주민등록번호 · 주소 등 소유권에 관한 사항, 즉 등기순위, 등기권리자. 등기인, 예비등기와 촉탁등기 등을 조사확인한다.

2) 소유권 이외의 각종 처분제한이나 제한물권(저당권 · 지상권 · 지역권 등), 가등기 및 예고등기, 가압류, 채권(등기된 임차권) 등의 확인

- 등기부의 을구에 기재된 지목, 제한물권의 내용, 권리자, 피담보채권에 관한 채무액, 권리설정액(근저당 한도액, 최고금액, 이율, 연체여부, 기간, 채권자, 채무자)의 내용을 확인 · 조사한다.
- 임차권이 설정되어 있을 경우 임차인, 임료, 임대차기간, 기타 임대차 조건 등을 조

사·확인하는 것 외에 다른 제한물권과의 관계, 주택임대차보호법에 의한 제한사항 등을 확인한다.

3) 대상 부동산 소유권자의 생존여부와 주소의 일치여부 확인

가족관계증명서 또는 주민등록등본 등을 확인한다.

4) 대상 부동산의 소유자가 사망했을 경우

대상 부동산의 소유자가 사망했을 경우 그 상속권자 및 권리이전 상의 문제 등을 조사·확인한다.

5) 제한능력자(미성년자, 피성년후견인, 피한정후견인)에 관한 확인

가족관계증명서를 확인한다.

6) 납세명의자와 등기부상 명의자의 일치 여부 확인

재산세 납세증명서, 제 세금 납부증명서 등을 확인한다.

7) 등기부와 지적공부상의 소유자 동일성 확인

권리관계는 등기부가 지적공부에 우선하는 것이 원칙이나 등기에 공신력이 인정되지 않기 때문이다. 따라서 등기부등본, 등기필증, 지적공부(토지대장), 매매계약서, 실제관계를 증명하는 기타 서류를 확인한다.

(7) 거래규제 사항

① 국토의 계획 및 이용에 관한 법률(거래허가지역)
② 외국인 토지법(외국인 토지 소유허가 및 신고)
③ 수출자유지역설치법(수출자유지역 내의 토지 등의 양도제한)
④ 공업단지관리법(공업단지용지의 처분제한)
⑤ 농지법(농지매매증명제한)
⑥ 불교재산관리법(부동산의 양도제한) : 불교재산관리법에는 불교단체의 사찰 또는 동 부동산을 대여, 양도 또는 담보를 제공할 때에는 문화체육관광부장관의 허가를 받아야 한다.
⑦ 사립학교법(학교법인의 기본재산 양도제한) : 사립학교법에 의하면 학교법인 기본재산을 매도, 증여, 임대, 교환, 담보제공, 용도변경은 물론 기타 그 재산과 관계되는 의무의 부담, 권리의 포기 등을 할 때에는 감독청인 교육부장관의 허가를 받아야 한다.

(8) 기타 확인하여야 할 사항

1) 재단(財團)에 관한 권리분석

일반적으로 재단을 대상으로 하는 권리분석일 경우 확인하여야 할 사항은 다음과 같다.

① 대상 재단의 구성은?
② 어떤 부동산이 재단을 구성할 때 소유권 및 기타 권리의 진실 여부 또는 소유권의 진실성 이외의 권리의 태양(態樣)은 어떤 것인가?
③ 재산의 구성에 대한 등기순서, 그 밖의 재단의 구성은 적법한가?

2) 입목(立木)에 관한 권리분석

입목이란 '입목에 관한 법률'에 따라 보존등기를 행한 수목의 집단(토지에 부착한 것)을 말한다.

보존등기를 할 경우에는 우선 입목원부(立木原簿)에 등록하여야 한다. 등록은 토지의 소유자, 지상권자, 판결로써 소유권이 증명되는 자 등이 할 수 있다. 이때 확인할 사항은 다음과 같다.

① 입목이 등기되어 있는지의 확인
② 등기의 효력요건을 구비하고 있는지의 확인
③ 입목등록을 행한 자의 권한을 확인
④ 입목등록된 필지 또는 그 면적 · 지적 · 위치 · 수종 · 수령 · 수량 등을 확인
⑤ 어떤 입목이 그 등기에 대한 전단계로서의 입목등록이 되어 있을 때는 그 사실과 내용을 임야대장을 통해서 확인
⑥ 기타 주어진 권리분석의 목적에 비추어 확인할 수 있는 사항의 확인 등

(9) 기타 미공시물건의 소유관계 등

1) 등기를 요하지 않는 권리관계

부동산에 관한 법률행위로 인한 물건의 득실변경은 등기를 하여야 그 효력이 생긴다.

① 등기를 요하지 않으나 처분할 수 없는 것 : 상속 · 공용징수 · 판결 · 경매 기타 법률의 규정에 의한 부동산에 관한 물건의 취득은 등기를 요하지 않는다. 그러나 등기를 하지 않으면 이를 처분할 수 없다.
② 중개업자의 확인·분석사항 등 : 등기를 요하지 아니하는 부동산 물권 취득에 대한 권리관계는 중개업자의 중개대상물에 대한 현장조사 확인, 공부상 권원확인을 토대

로 분석하는 권리조사서 작성 시 확인되어야 한다.

③ 상속 : 피상속인의 사망으로 상속은 개시되기 때문에 상속개시로 인하여 등기 없이 당연히 물권변동의 효력은 발생한다. 포괄적 유증의 경우도 마찬가지이다.

④ 공용징수 : 공공의 이익을 위하여 소유권 기타의 재산권을 강제적으로 수용하는 제도이다. 수용으로 인하여 사업시행자는 원칙적으로 등기 없이 권리를 취득하고 종래의 권리는 소멸한다. 공용징수는 공익사업을 위한 토지 등의 취득 및 보상에 관한 법률에 의한 수용이 가장 대표적이나 도로법, 항만법 등의 특별법에 의한 수용 등이 있다.

⑤ 판결 : 판결의 확정으로 인하여 등기 없이 당연히 물권변동의 효력은 발생한다. 여기에서 판결이라 함은 그 내용에 따른 이행판결, 확인판결, 형성판결의 분류 중 형성판결을 말한다. 또 형성판결 중에서도 실체법상의 형성판결의 경우에 한한다는 것이 통설이다. 그리고 재판상의 조서내용이 당사자 사이의 법률관계 형성에 관한 것이면 역시 확정판결과 동일한 효력이 있다. 화해, 청구의 포기 또는 인락은 조서에 기재한 때에는 그 조서는 확결판결로서 판결에 속한다.

⑥ 경매 : 강제경매에 의하거나 임의경매에 의하거나 묻지 않고 경매허가 결정이 있은 후에 경락인이 대금지급 기일에 대금을 완납하였을 때에는 등기 없이 당연히 물권변동의 효력은 발생한다. 국세의 체납처분으로서 행하여지는 공매의 경우에도 법률의 규정에 의하여 물권변동이 일어나는 경우이다.

2) 미 공시물건(未公示物件)의 소유관계

① 소유권관계 명확히 한다. 대상 부동산이 상속 · 공용징수·판결 · 경매 · 기타 법률규정의 대상물이 되어 있는 경우 등기부상에 그 사실이 공시절차를 끝낸 상태가 아니더라도 물권의 취득은 유효한 것이다(민법 제187조). 따라서 대상 부동산이 위 경우와 같이 미공시 상태로 있어 소유관계에 영향을 미치고 있는 사실은 발견하기 어렵다.

② 현장답사를 하여야 한다. 현장답사 확인방법 중 실체적인 법률관계확인으로 가능하다.

③ 대장을 보고 정확히 기록하여야 한다. 미공시로 인한 소유관계는 권리분석자가 이미 비치한 권리조사서 등을 보고 소유권 관계를 기재한다. 그리고 소유권 관계는 아니나 소유권에 영향을 미치는 주택임대차보호법 등 임차인의 관계도 기재하여야 한다.

3) 미 공시 중요시설의 표시

① 건물인 경우 : 정원석 · 장식가구·수목 기타 부동산의 종물의 귀속에 관한 사항을 기재한다(민법 제100조).

② 토지인 경우 : 토지이용계획 확인서에 포함되지 않는 규제도 있다. 따라서 정확한 권리분석을 위해서는 해당 지방자치단체(시 · 군 · 구청)에 문의하여 건축허가 또는 거래가 되지 않는 이유를 기록하여야 한다.

4) 미 공시물건에 있어서 주의할 점

① 법정지상권 : 법정지상권은 법률의 규정에 의하여 성립되는 지상권을 일컫는데 이는 현행법상 법정지상권과 관습법상 법정지상권으로 구분하여 설명할 수 있다.

가. 현행법상 법정지상권

ⓐ 대지와 건물이 동일한 소유자인데 건물에 전세권을 설정한 후, 토지소유자가 변경된 경우에 법정지상권이 성립한다. 이 경우에 법정지상권을 취득하는 자는 전세권자가 아니라 전세권설정자이다(민법 제305조 1항).

ⓑ 토지와 건물이 동일인에게 속하였다가 저당물의 경매로 인하여 토지와 그 지상건물의 소유자가 각기 다르게 된 경우에 토지소유자는 건물소유자에 대하여 지상권을 설정한 것으로 본다(민법 제366조).

ⓒ 토지 및 그 지상의 건물이 동일한 소유자였는데 그 토지 또는 건물에 대하여 담보권의 실행을 통해 소유권을 취득하거나 담보가등기에 기한본등기가 행하여진 경우에는 그 건물의 소유를 목적으로 그 토지 위에 지상권이 설정된 것으로 본다(가등기담보 등에 관한 법률 제10조).

ⓓ 입목의 경매 기타 사유로 인하여 토지와 입목이 각각 다른 소유자에게 속하게 되는 경우 토지소유자는 입목소유자에 대하여 지상권을 설정한 것으로 본다.

나. 관습법상 법정지상권

ⓐ 관습법상 법정지상권이라 함은 토지와 건물이 동일한 소유자에게 속하였다가 토지 또는 건물이 매매 기타의 원인(증여, 경매, 공매 등)으로 양자의 소유자가 다르게 된 때에는 그 건물을 철거하기로 하는 합의가 있었다는 등 특별한 사정이 없는 한 건물소유자는 토지소유자에 대하여 그 건물을 위한 지상권을 취득하게 하는 것을 말한다.

ⓑ 토지와 건물이 동일인의 소유에 속하고 있어야 한다.

ⓒ 토지와 건물 중의 어느 하나가 매매 기타의 원인으로 처분되어 그 소유자가 각각 다르게 되어야 한다. 이 경우 그 소유권 이전등기까지 행하여져야 한다.

ⓓ 법정 지상권은 법률 또는 관습법에 의해 당연히 성립하고, 그 등기를 필요로 하지 않는다(민법 제187조). 그러나 이를 제3자에게 처분하려면 등기를 하여야 한다(민법 제187조 단서).

② 분묘기지권(墳墓基地權)

가. 분묘기지권의 특성

ⓐ 지상권에 유사한 일종의 물권을 취득할 수 있는 권리이다.

ⓑ 분묘기지권이란 타인의 토지에 분묘를 설치한 자는 그 분묘기지에 대하여 지상권에 유사한 일종의 물권을 취득할 수 있는 권리를 말한다. 이 제도는 한국사회의 묘지제도의 특수성에서 유래한다.

ⓒ 분묘기지권은 분묘 그 자체가 공시의 기능을 하고 있기 때문에 등기는 필요 없다.

ⓓ 분묘기지권을 시효취득하는 경우에도 지료를 지급할 필요가 없다.

ⓔ 분묘기지권은 당사자 사이에 약정이 있으면 이에 따르고, 약정이 없는 경우에는 권리자가 분묘의 수호와 봉사를 계속하는 한, 그 분묘가 존속하는 동안에는 분묘기지권은 존속한다.

ⓕ 분묘기지권의 존재여부는 현장조사를 통하여 확인하여야 하므로 분묘가 다수 존재하는 경우에는 상당히 번거로운 작업이 된다. 또한 관습법상 인정되는 분묘기지권이 아니더라도 분묘가 존재하는 경우에는 분묘를 함부로 훼손할 수 없다. 그러므로 분묘관계는 원칙적으로 하나하나 확인하여 그 수는 물론 권한 있는 자를 알아볼 필요가 있다.

나. 분묘기지권의 성립요건

ⓐ 소유자의 승낙을 얻어 분묘를 설치한 때

ⓑ 타인의 토지에 승낙없이 분묘를 설치한 경우에는 20년간 평온·공연하게 그 분묘기지를 점유한때(시효취득)

ⓒ 자기 소유의 토지에 분묘를 설치한 자가 분묘에 관해서는 별도 특약이 없이 토지만을 타인에게 처분한 때

> ▶ 참 고
>
> 분묘기지권은 당사자 사이에 약정이 있으면 이에 따르고, 그 약정이 없는 경우에는 권리자가 분묘의 수호와 봉사를 계속하는 한, 그 분묘가 존속하는 동안은 분묘기지권은 존속한다.

③ 인접토지사용권 : 인접토지사용권은 타인의 토지를 자기의 편익을 위하여 이용하기 위한 것을 말한다. 따라서 이웃토지의 사용에 대한 권리는 현장을 찾아가 도면을 참고로 하여 지형, 자세 등을 관찰, 확인하여야 한다. 확인 결과 인접토지사용권이 존재하는 경우 그 권한을 가진 자를 확인하고, 그 사용권 행사를 제한하고 얻어

지는 지료(地料) 등의 관계를 확인하여야 한다.

④ 토지상의 미공시물건 : 토지상의 물건은 그것이 특별한 정착물이 아닌 경우에는 보통 토지의 거래와 함께 토지의 종물로서 취득한다. 그러나 그 물건이 상당한 가치로서 토지로부터 분리가 가능할 경우에는 토지소유권을 취득하는 자에게 당연히 이전된다고 보기 어려운 경우가 있다. 예를 들면 고가의 수목 또는 자연석 등의 경우 토지가격에 그의 가격이 포함된 것으로 보기 어려운 것도 있을 수 있기 때문이다. 따라서 토지상의 주요 물건으로서 공부에 의한 공시수단을 갖추지 않은 경우라도 권리분석자는 현지확인을 통하여 이를 판단하여야 한다.

8.6 권리보증제도

부동산 권리관계는 부동산등기라는 공시방법에 의하여 대외적으로 공시되어 부동산 거래활동의 지침이 된다. 그러나 등기와 실체적 권리관계가 불일치하는 경우에는 등기를 선의로 신뢰하고 물권을 양수받은 자는 문제가 발생한다.

부동산 권리보증제도는 일종의 부동산보험이다. 즉 부동산에 관한 증권을 발행하여 거래의 공신력을 높이는 제도이다.

권리보증제도는 보수를 받고 일정한 시점 현재 존재한 부동산의 보이지 않는 즉 파악하지 못한 흠으로 인하여 권리자가 입은 피해를 보상하여 주는 것을 목적으로 하는 보증의 한 형태이다. 이에는 등기신청 심사의 범위 또는 방법으로 실질적 심사주의와 형식적 심사주의가 있으며, 형식적 심사주의를 보완하는 토렌스제도(torrens system)와 권리보험 등이 있다.

1. 등기신청 심사범위

(1) 실질적 심사주의

등기절차법상 적법성 외에 등기신청의 실질상의 이유 내지 원인의 존부와 효력까지 심사한다.

(2) 형식적 심사주의

심사범위가 등기절차법상 적법성 여부로 한정한다. 현재 한국이 채택하고 있는 입장이다.

2. 토렌스제도

토렌스제도(torrens system)는 부동산 등기제도의 하나로 최초등기 시 한번의 권원조사만으로 권원의 등기를 할 수 있는 권리등기제도로 실질적 심사주의를 채택하여 부동산 사기예방의 효과가 있다는 점과, 관할법원에 등록된 부동산의 권리증명서는 공신력을 인정받는다는 장점이 있다. 그러나 현재의 소유자보다 미래의 소유자를 더 보호한다는 비난과 시간과 비용이 많이 든다는 단점이 있다.

특히 이 제도는 1995 미국의 일리노이주에서 처음으로 도입되었는데, 우리나라의 일부 친미주의자들이 부동산에 대한 사회적 인식, 제도, 문화 등을 고려하지 않고 무비판적으로 이 제도를 소개, 도입을 주장하고 있다.

3. 권리보험

권리보험(title insurance)이란 보험회사가 보험가입 당사자 소유 부동산에 대한 저당권 및 권리상의 흠으로 발생하는 손실을 보상해줄 것을 약속하는 계약이다.

등기부를 면밀히 조사하여도 발견할 수 없는 하자 및 담보로 발생할 수 있는 손해를 보상하는 것인데, 보험증서를 발행하기 전에 권리조사를 시행하지 않은 결과 발견된 하자는 면책사항임을 일반적으로 기재한다.

4. 권리요약서 및 증명서(abstract of tiled opinion of tile)

권리요약서는 토지에 관한 현재까지 소유권 또는 사용권의 변동사항을 요약한 서류이다.

권리증명서는 부동산 권리조사인이 권리요약서를 검토한 후 의뢰인에게 제출하는 의견서이다. 이 의견서에는 부동산 권리의 시장성, 품질 등에 대한 내용, 즉 대상 부동산의 저당권, 판결, 조세, 기타담보 등의 유무확인, 권리요약서상 누락사항의 여부확인 등의 내용과 판단이 기재되어야 한다.

연 습 문 제

1. 권리분석의 개념 및 정의에 대해서 기술하시오.

2. 권리분석을 전문성에 따라 분류하시오.

3. 권리분석 활동의 성격과 특별원칙에 대해서 기술하시오.

공인중개사 기출 및 예상문제

1. 다음 중 부동산 권리분석의 의의에 대한 설명으로 옳지 않은 것은? (2회 기출)

① 공부(公簿)에 의한 권리의 하자유무를 조사하는 작업
② 부동산의 공부를 조사하여 권리의 안전성과 하자의 유무를 판단하는 행위
③ 부동산의 하자를 발견하여 법적인 조치를 취하는 작업
④ 저당권 등 부동산상의 제한물권설정의 유무를 조사하는 작업
⑤ 부동산에 관한 권리의 하자유무를 판단하는 행위

[해설]

(1) 부동산 권리분석이란 대상 부동산에 대한 권리관계의 연쇄성을 추적함으로써 권리관계의 진정성과 법률적 가치를 실질적으로 조사·확인·판단하여 일련의 부동산 거래활동을 안전하게 하려는 작업이라고 말할 수 있다.
(2) 부동산의 권리란 부동산에 대한 소유권 및 그에 관계된 기타권리, 권원, 권리의 적법성, 부동산활동(주로 이용활동 및 거래활동)에 대한 공법상의 규제관계를 포함한다 할 수 있다.
(3) 권리의 진정성이란 권리한계에 하자가 없는 것을 말한다. 따라서 부동산권리분석이란 부동산을 거래할 때 대상 부동산에 숨어 있는 법률상 및 사실상의 하자(흠)가 없는 가를 조사, 발견, 확인, 판단하는 작업이다.
(4) 법률적 가치란 대상권리관계의 내용에서 기대되는 실질적 이익을 말한다.

2. 부동산 권리분석의 성격을 가장 바르게 설명하고 있는 것은? (5회 기출)

① 사법관계의 사법적 판단행위이다.
② 부동산에 관한 사전적 확인행위이다.
③ 공용징수의 타당성을 분석하는 행위이다.
④ 경제적 관계규명을 위한 조사 행위이다.
⑤ 권리관계를 취급하는 비권력적 행위이다.

[해설]

부동산의 권리분석이란 대상 부동산에 대한 권리관계의 진정성과 법률적 가치를 실질적으로 조사·확인·판단하여 일련의 부동산 거래활동을 안정하게 하려는 작업이며 비권력적 행위이다.

정답 1. ③ 2. ⑤

3. 부동산의 권리관계에 대한 권리분석을 위해 일련의 조사 · 확인 · 판단을 함에 있어 안전성을 추구하는 데 동원되어야 할 원칙이 아닌 것은? (8회 기출)

① 하자전제의 원칙
② 완전심증의 원칙
③ 능률성의 원칙
④ 차단의 원칙
⑤ 유동성 대비의 원칙

[해설]
(1) 권리분석의 특별원칙에는 능률성의 원칙, 안정성의 원칙, 증거주의원칙, 탐문주의원칙이 있다.
(2) 안전성의 원칙의 내용
① 흠(하자)전제의 원칙 : 모든 부동산은 반드시 하자가 있다는 전제하에 권리분석을 한다는 원칙이다.
② 완전심증의 원칙 : 조금이라도 의심이 나면 확인해 본다는 원칙이다.
③ 적용범위확대의 원칙 : 권리관계의 연속성을 추적하여 권리분석의 범위를 가급적 확대하려는 원칙이다.
④ 차단의 원칙 : 권리분석사의 주관성을 침해할 수 있는 감성적 요소를 차단하고 권리분석하라는 원칙이다.
⑤ 유동성 대비의 원칙 : 권리분석결과 얻은 증거나 증인 또는 증언에 대해 소멸·사망하거나 번복되는 경우에 대비하라는 원칙이다.

4. 부동산 권리분석과 관련된 활동으로서 틀린 것은?

① 소유자의 신원확인을 위해 주민등록증을 제시받아 보았다.
② 전세권에 대한 가처분등기를 확인하기 위해 등기부등본을 보았다.
③ 외지인이 소유한 비경작농지의 강제매각 여부를 확인하기 위해 토지이용계획확인서를 보았다.
④ 불교재산법상 관리대상토지의 매입가능 여부를 확인하기 위해 관련 종단사무국에 문의하였다.
⑤ 군사시설보호구역 여부의 확인을 위해 토지이용계획확인서를 보았다.

[해설]
토지이용계획확인서는 용도지역 · 용도지구 · 도시계획시설 · 도시계획사항 · 개발제한구역 등의 해당 여부의 확인방법이다. 외지인이 소유한 비경작농지의 강제매각 여부는 농지법 및 농지개혁법에 다른 행정규제이므로 관계행정관청을 통해 확인한다.

정답 3. ③ 4. ③

5. 다음은 부동산 신탁에 관한 설명이다. 틀린 것은? (7회 기출)

① 부동산 신탁이란 위탁자가 수탁자 앞으로 양도하거나, 그 밖에 처분한 재산권을 수탁자가 수익자의 이익 또는 특정한 목적을 위하여 관리하거나 처분하는 제도를 말한다.

② 갑종관리 신탁이란 부동산 소유자가 맡긴 부동산을 총체적으로 관리 · 운용하여 그 수익을 부동산 소유자에게 배당하는 것을 말한다.

③ 을종관리 신탁이란 일명 명의신탁이라고도 한다.

④ 을종처분 신탁은 처분 시까지의 소유권 관리 및 단순한 처분행위만을 수행하며, 처분 대금은 부동산 소유자 또는 수익자에게 교부하는 것을 말한다.

⑤ 수탁자는 신탁재산의 주체가 될 수 있는 권리능력과 관리 및 처분을 할 수 있는 행위능력을 갖추지 않아도 된다.

[해설]

(1) 위탁자 : 자연인의 경우 원칙적으로 누구나 위탁자가 될 수 있으나 신탁설정에 필요한 행위능력이 있어야 한다.

(2) 수탁자 : 수탁자는 신탁재산의 주체가 될 수 있는 권리능력과 관리 및 처분을 할 수 있는 행위능력을 갖추어야 한다. 신탁법에서는 미성년자, 피성년후견인, 피한정후견인, 및 파산자는 수탁자가 될 수 없다고 규정하고 있다.

(3) 수익자 : 수익자의 자격에는 신탁법상 아무런 제한이 없다.

정답 5. ⑤

제9장 부동산 컨설팅(상담) 활동

9.1 부동산 컨설팅의 의의

1. 부동산 컨설팅의 의의

(1) 컨설팅은 부동산의 최유효이용을 추구하는 것이다

부동산 컨설팅은 전문적인 지식과 경험을 가진 컨설턴트(consultant) 또는 카운셀러(counselor)가 의뢰인의 요청을 받아 부동산 활동에서 생기는 여러 가지 부동산 문제 - 부동산의 판매, 관리, 임대, 평가, 중개, 투자, 경영 등 - 에 대해 보수(報酬)를 받고 부동산에 관한 효율적인 이용 방안을 제시해 줌으로써 부동산의 최유효이용을 추구하는 것이다.

(2) 컨설팅은 사욕과 편견이 없는 전문적인 지도나 적절한 판단을 제공한다

부동산 컨설팅이란 부동산의 매매, 임대, 관리, 기획, 금융, 감정평가, 법적측면 등 기타 이와 유사한 서비스의 일부 또는 전부에 대한 광범위한 분야에 다양한 문제들에 대하여 사욕과 편견이 없는 전문적인 지도나 적절한 판단을 제공해 주는 것이다. 따라서 부동산 컨설팅(CRE : Counselors of Real Estate)이란 부동산의 매매·임대차·관리·기획·재무·감정평가·금융·법률적 자문 등과 같은 광범위한 부동산 업무에 관련되는 전문적인 지도 및 이해관계에 얽매이지 않은 편견 없는 조언을 제공하는 것이다. 즉, 부동산 컨설팅이란 의뢰인이 필요로 하는 전반적인 부동산 정보를 조언 또는 권고의 형식으로 제공하는 것이다.

부동산 컨설턴트는 부동산 중개인의 통상적인 기능과 구분되는 특정한 업무를 수행하므로 부동산거래의 대리인은 아니며 더구나 제공하는 용역상품은 사실과 경험 및 지혜와 결단력이 응집된 창조물인 것이다. 또한 부동산 컨설팅의 성공 여부는 고객이 컨설팅 결과의 수용과 이의 활용에 의하여 판별되는 것이며, 고객의 컨설팅요구는 지정계획이나 선정자산에 대한 것이므로 부동산 컨설턴트는 각각의 주어진 문제들을 개별적으로 취급하여야만 한다.

9.2 부동산 컨설팅의 중요성

1980년대 후반의 급격한 지가상승은 여러 사람에게 이익을 주기도 했지만, 반면에 빈익빈 부익부(貧益貧 富益富)의 현상과 부동산 투기문제 등을 불러 일으켜 부동산에 대한 반향을 일으키기도 했다.

일반의 토지소유자나 이용자들은 자신들이 소유하고 있는 부동산을 가장 합리적이고 효율적인 개발 · 이용방법 · 관리 · 임대 여부 · 매매 등에 대한 전문적인 지식이 없기 때문에 이에 대해 조언을 하거나 협력해 줄 동반자가 필요하게 되었다.

부동산은 한 나라를 지탱해 주는 근본임과 동시에 개인의 자산가치 보전수단으로 가장 영향력을 가지고 있기 때문에 국가, 기업, 개인 모두에게 중대관심사가 아닐 수 없다.

부동산 활동도 좁은 국토에 각종 법률과 세제의 복잡성, 부동산실명제, 토지·주택 전산망의 완비, 가수요 차단 등의 부동산 정책으로 부동산의 사용, 수익, 처분, 이용, 개발 등에 대한 문제점을 해결해 줄 수 있는 부동산 컨설팅의 중요성이 증대하고 있는 실정이다.

1. 부동산 컨설팅의 일반적 중요성

① 부동산 문제가 복잡하기 때문에 일반인이 해결하고 이해하기에는 무리가 따른다는 점이다.
② 정보를 수집, 분석, 종합 판단하는 기능을 보완해준다는 점이다.
③ 이해관계인 사이에서 중립적인 입장으로 의사결정에 도움을 주기 때문이다.

2. 고객의 입장에서 컨설팅이 필요한 경우

1) 신규성이 강한 사업일 경우

새로운 사업이나 업태를 포함한 시설인 경우 그 시설의 내용이나 이미지를 충분히 알고 이해하기 위해서 컨설팅이 필요하게 된다.

2) 투자액이 큰 경우

투자액이 커짐에 따라 리스크의 감소를 구하는 것이 일반적이고, 그러기 위해서도 면밀하게 조사하여 상담하여야 한다.

3) 사업리스크가 높은 경우

고위험(High Risk) → 고수익(High Return)인 사업의 경우에는 성공하면 수익은 상당하게 되기 때문에 고객은 신중하게 행동할 것이고, 때문에 이에 대한 컨설팅은 시장조사와 기초 자료의 수집 등 여러 가지 분석을 거친 후 신중히 하여야 한다.

4) 경합이 심한 경우

아파트나 사무실 빌딩이 가장 전형적이어서 단순히 아파트의 계획안만을 설계하여 기획해 본다는 것은 컨설팅으로서는 미흡하다.

여기에는 건물 자체의 하드한 측면, 소프트한 측면(관리적인 측면), 디자인 등에서 다른 것과 어떻게 차별화할 것인가, 사업 자체의 내용에 고객이 사업의 욕을 가질 수 있는 것(예 : 장기사업 수지계산이나 상속세의 절세를 위한 공식화 등)이 들어 있는가가 문제이고, 이러한 조건을 만족할 컨설팅이 필요하다.

5) 법규제가 복잡한 경우

법규제가 복잡한 지역, 예를 들면 개발제한구역이나 수도권 정비지구, 토지거래허가구역, 문화재 보호지역 등의 경우 이러한 규제를 어떻게 해결하고, 활용할 것인가 등의 컨설팅이 필요하다.

6) 기술적 대응이 어려운 경우

지형적으로 건물을 건설하는 것이 곤란한 경사, 웅덩이 또는 최근에는 지하 50m 이상의 깊이에 건물을 기획하는 경우 우선 그 장소에 건물을 건설함에 있어서 기술적으로 가능 한가 등에 대한 컨설팅이 필요하게 된다.

7) 복잡성이 높은 경우

복합빌딩의 상담이나 기존시설에 신규시설을 접목시키는 상담, 또 터미널시설을 포함한 상담처럼 왜 그러한 것이 좋은가 등 복합의 의미나 공존·공영의 시나리오가 필요한 것에 대해서는 컨설팅이 필요하다.

8) 사업경영의 관련이 강한 경우

단순히 임차인(賃借人)을 보고서 임대하면 좋다는 것이 아니라, 고객 스스로가 시설운영을 해야만 하는 것은 고객이 시설운영을 본업으로 하지 않는 한, 아주 면밀한 컨설팅이 필요하게 된다.

9) 지역적 영향이 강한 경우

재개발 · 재건축이나 가구 전체(家口全體)의 개발처럼 대규모의 것, 또 고속도로나 인터체인지 부근을 이용한 시설처럼 특수한 곳에 세워진 것, 쓰레기소각장, 원자력발전소, 화장장, 경륜, 경마장 등의 특수한 시설은 직접적, 간접적으로 지역주민에게 지대한 영향을 주기 때문에 주민에게 이해될 만한 컨설팅이 필요하다.

10) 공공적 요소가 강한 경우

공공시설을 포함한 공공 · 공동운영시설은 대다수의 사람에게 그 시설의 본질에 대해 납득시킬 수 있는 컨설팅이 필요하다.

9.3 부동산 컨설팅 업무

부동산 컨설팅에서 다루어야 할 업무의 내용 및 범위는 어디까지일까? 이는 몇 가지로 나누어서 살펴보면 다음과 같다.

1. 컨설팅 업무내용

(1) 유효활용문제

이는 부동산을 어떻게 이용할 것인가에 대한 유효활용문제이다.

토지소유자가 가지고 있는 토지에 대해 수익성 향상이나 절세대책을 위해 건물을 짓고 그 토지의 잠재성(潛在性)을 최대한 끌어내는 것이다.

(2) 부동산의 구입 · 투자문제

고객이 부동산의 구입(購入)·투자(投資)를 할 때 자문을 요구하는 경우가 많다.

구입 · 투자대상은 단독주택, 맨션, 빌딩, 아파트, 리조트 물건, 해외부동산 등 다양하다. 그리고 구입 · 투자목적은 거주용 부동산의 가격상승에 의한 자본이익의 확보, 절세대책 등이다. 따라서 컨설팅의 내용은 고객의 구입 · 투자목적을 달성하기 위해 공정, 적절한 자문을 하는 것이지만, 경우에 따라서는 사업수지계획표의 작성 등을 해줌으로써 자금의 체크도 필요하다.

(3) 절세대책

고객이 부동산을 이용해서 상속세, 소득세, 법인세, 종합부동산세 등을 절세하고자 하는 요구에 대해 상담을 하는 것이다. 절세대책(節稅對策)은 현시점의 세제 중에서 하는 것이고, 세제의 개정이 있으면 절세효과가 없어지는 경우도 있으므로 주의해야 한다.

(4) 부동산의 매각문제

현재 소유하고 있는 부동산의 매각에 관한 상담이다.

매각시기의 결정, 매각가격의 설정, 양도소득세·법인세의 계산, 교환물건의 선정 등 광범위하다. 매각시기에 대해서는 시장의 동향을 잘 파악하고 있으면서 조세제도의 개정 내용 등도 숙지할 필요가 있다.

(5) 기획문제

건물을 건축할 경우 기획에 대해 상담을 받는 것도 있다.

건물의 용도는 어떻게 할까(아파트, 맨션, 오피스 빌딩, 백화점 등), 임대료나 보증금은 어느 정도 해야 할까? 임차인 모집은 어떻게 할까? 등이다.

이는 시장조사를 통해서 용도를 한정하고, 사업수지계획표를 작성하여 수지면까지도 상담해 준다.

2. 부동산 컨설팅 성과물의 보편적 유형

대부분의 컨설팅 보고양식은 다음에 열거하는 항목의 하나 또는 둘 이상으로 구성된다. 다음에 설명하는 것은 컨설팅 성과물의 가장 보편적인 유형의 개요이다.

① 시장조사·분석
② 환경영향평가
③ 운영방안 수립
④ 포트폴리오 분석
⑤ 최유효이용 분석
⑥ 입지선정·분석

⑦ 개발계획 수립
⑧ 실행 가능성 조사(개발이 실행가능한지의 여부)
⑨ 비용 · 수익분석

3. 부동산 컨설팅의 유용성

① 정 보
② 전망 및 예측
③ 객관성 및 보증
④ 안정성과 경제성
⑤ 전문지식과 논리적 체계화
⑥ 지원 및 중재 그리고 자문 : 컨설턴트는 공식적으로 중재자로서 역할을 수행하도록 초청받을 수도 있으며 또는 분쟁의 해결을 돕는 전문가로서 초청받을 수도 있다.
⑦ 기준설정 및 통찰력 : 부동산을 매입하려고 계획 중인 의뢰인은 가끔 만족스러운 기준을 설정하거나 입찰을 유도할 제안요청서의 초안 작성 등을 위해서는 컨설턴트의 도움이 필요하다.
⑧ 인맥네트워크 및 자산관리 그리고 협상 : 의뢰인은 가끔 중요한 사람, 회사 또는 기관에 접근할 필요가 있다.

4. 부동산 컨설팅(상담)의 과정

부동산 컨설팅 즉, 부동산 상담과정은 일반적으로 〈표 9-1〉과 같이 정리한다.

5. 부동산 컨설팅 업무 진행과정

(1) 컨설팅자료 조사 · 분석단계

조사·분석단계는 해당 부동산의 기초적인 정보를 수집하여 향후 진행될 컨설팅의 근간을 수립하는 단계로 5가지 영역으로 구분한다.

1) 용도분석

부동산 관련 법률로써 규정되어 있는 부동산의 용도를 파악함으로써 개발에 따른 법적 범위와 방법 등 개발여력을 설정하기 위한 것이다.

〈표 9-1〉 부동산 컨설팅(상담) 과정

부동산 컨설팅(상담) 과정	
① 문제의 개념파악	접수(의뢰인)
	대상물건
	일정계획
	필요한 자료
	보고서 양식
② 컨설팅 관계정립	문제정의에 대한 동의
	수수료체계 정립
	예산편성
	계약체결
③ 실행계획의 추진	업무범위 수립
	사업자료 조사
	업무설정 및 분담
	문제점 파악
④ 컨설팅과제의 업무수행	필요한 자료정리
	자료파악 및 분석
	결론 도출 및 추천
⑤ 보고서 준비	과업범위확정
	계약관련 유의사항검토
	분석된 지료검토
	결정된 보고서 양식
⑥ 보고서검토	계산된 정확성 검토
	결론 및 추천(推薦)의 논리적 · 합리적 검토
⑦ 보고서 제출	구두보고(口頭報告)
	보고서
	회 의
	지속적 대화

2) 권리분석

민법상에서 정하고 있는 물권과 관련된 내용을 분석함으로써 부동산의 소유, 점유 또는 전세권 등 사용물권의 법적인 권리의 주체를 파악하기 위함이다.

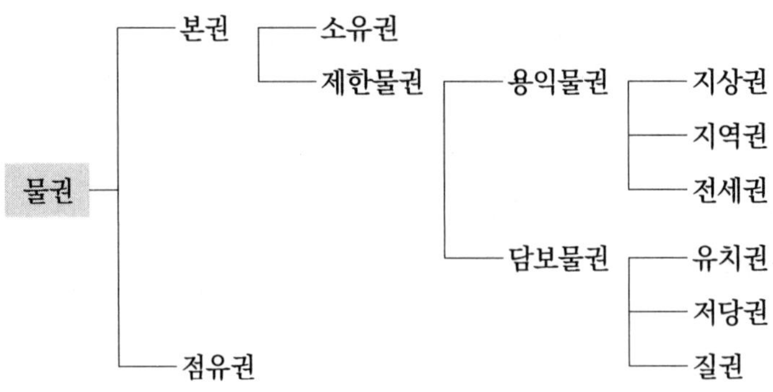

[그림 9-1] 물권의 분류

3) 입지분석

개발대상 부동산의 인문적·자연적·사회적·경제적 환경 및 기타 여러 환경을 분석함으로써 개발여력을 극대화하기 위함이다.

입지분석에는 대상 부동산의 세부현황 및 특성조사 이외에도 대상 부동산 주변권역의 개발현황 및 개발 잠재력 등도 조사·분석되어야 한다.

4) 구조분석

컨설팅 결과에 따른 개발의 전제로 대상 부동산의 유형 분석을 의미하는 것으로 토지의 경우 형태, 형질, 가로구조 등과 건축물의 상존시 안전도, 경과연수, 구조 등을 조사·분석한다.

5) 가치분석

대상 부동산의 현재가치와 미래가치를 분석한다.

(2) 법률적 검토단계

당해 부지 관련 공부서류를 토대로 사법상의 권리하자와 공법상의 법규 내지 이용제한사항 등을 검토하여 사업의 진행여부를 판단한다.

① 도시계획상의 조건 분석
② 건축 관련법규 검토
③ 기타 상위계획 법규조사
④ 행정상의 법적 규제조건 조사·분석

(3) 시장조사(마케팅)단계

컨설팅에 있어 시장조사의 중요성은 개발된 부동산을 유통시킴으로써 투입자금에 대한 회수를 조기에 달성하여 수익성을 극대화하기 위한 목표와 연관이 있다.

① 인문환경 조사·분석(인구, 연령, 소득, 직업별 구조)
② 사회·문화적 환경 조사·분석(교육, 문화, 공공시설 현황분석, 산업구조 및 공간구조의 변화 분석)
③ 상권현황 조사 및 경쟁상권 조사·분석
④ 토지가격, 분양가 및 임대가, 보증금, 권리금 조사, 현재가격, 분양성 파악
⑤ 토지가격 및 분양가 추정방법
- 매매사례비교법(임대사례비교법)
- 수익환원법
- 원가법
- 통계프로그램(사례 : SPSS, SAS방법 에 의한 다중회귀분석)

⑥ 수요구조 및 구매권조사
- 추정수요예측
- 소비자욕구조사
- 시간별·거리별 구매권 추정

⑦ 구매 관습, 여가형태조사 및 상황구조조사
- 소득수준
- 여가이용 패턴
- 소비지출 패턴

(4) 재무분석단계

재무분석단계의 핵심은 사업성을 판단하는 기준을 설정하는 데 있다. 즉, 투자가치의 판단, 수익성의 평가, 조달자금의 확보 방법 등이 이에 해당한다.

1) 수익성 및 투자가치 판단기법

① 할인현금수지법 : 내부 수익률법, 순 현재 가치법
② 비 할인법 : 평균 이익률법, 자본 회수 기간법
③ 자금조달방법
- 자기자본에 의한 조달
- 타인자본에 의한 조달 : 은행차입, 사채발행 등

- 지분 및 영업에 의한 조달 : 분양, 임대, 회원권 등
- 공공자금에 의한 조달 : 국민주택기금 등

(5) 조세분석단계

부동산과 관련된 조세제도는 부동산 컨설팅에 직접적인 영향을 미치고 있으며 대상 부동산의 개발여부 또는 개발 시 규모, 개발아이템 등 부동산의 활동범위도 세제의 종류와 부과액수에 밀접한 연관이 있다.

〈표 9-2〉 우리나라 부동산 조세구조

구분	지방세	국세
취득시	취등록세, 면허세	상속세, 증여세, 인지세
소유시	재산세(토지분, 건물분, 주택 등), 도시계획세, 공동시설세, 사업소세	종합부동산세
이용시	농지세	자산재평가세, 부가가치세
이전시		양도소득세, 특별부가세, 법인세

(6) 건축기술단계

부동산 컨설팅과 관련하여 조사·분석된 결과를 현실적으로 접목시키려는 과정의 단계로서 기술적인 접근방법을 모색하는 것이다.

① 건축·토목
- 건폐율, 용적률 등을 기본으로 한 건축 범위
- 지형, 지질, 도로, 주차장 등을 고려한 건축여부
- 기술설계

② 조경·인테리어

③ 건축자재·설비

〈표 9-3〉 부동산 컨설팅 보고서(개발계획안) 예시

부동산 컨설팅 보고서(개발계획안) 예시	
1) 개발방향	기본방향(개발구상 또는 기본컨셉 : Concept)
	여건분석 및 결과
2) 개발내용	개발목표
	사업내용(개발의 규모, 내용, 범위 등)
3) 사업상 검토(1)	연도별 개발계획
	투자 및 자금조달계획
	관리 및 운용계획
4) 사업성 검토(2)	사업성 전제조건
	시장성
	수익성
	사업성 판단 결과
5) 추진일정표	
6) 참고자료	입지분석 결과표(개발여건, 인문, 사회, 경제, 환경 등)
	시설별 설계내용
	각종 공지자료
	지형, 지적도 등 관계도면 및 서류

▶ 참고 : 부동산 컨설팅의 또다른 절차

(1) 조사 및 분석단계
① 입지여건의 분석(자연환경분석, 주변시설의 환경분석, 부지조건분석, 교통특성분석, 도시계획 상황분석 등)
② 시장환경의 조사·분석 단계로 시장개발의 동향분석(수요자의 욕구, 수요자 성향파악, 유사사례조사)
③ 산업동향분석, 상권분석(개발잠재력 및 변동예측, 상업집적지의 예측 등)
④ 경쟁환경분석(잠정경쟁업계 동향분석, 개발기간이나 개발 후 경쟁환경분석 등)

(2) 최적활용형태의 선택단계 : 이 단계는 의뢰인이 원하는 것이 무엇인가를 파악하여 이에 대한 최적활용형태를 제안하는 것이다.

(3) 사업계획을 작성 : 이 단계에서는 사업을 위한 기본계획, 시설운영계획, 자금운용계획, 판매기획 및 관리운영계획의 수립, 사업계획서의 작성, 사업계획서의 보안 및 완성 등을 행한다.

(4) 사업방식을 결정 : 부동산 컨설팅의 전반적인 조사로부터 사업계획을 결정한 후 최종단계로서 의뢰인이 자신의 사업에 적합한 사업방식을 결정하게 된다. 사업방식에는 사업전환방식, 등가교환방식, 종합사업대행방식, 종합컨설팅방식 등이 있다.

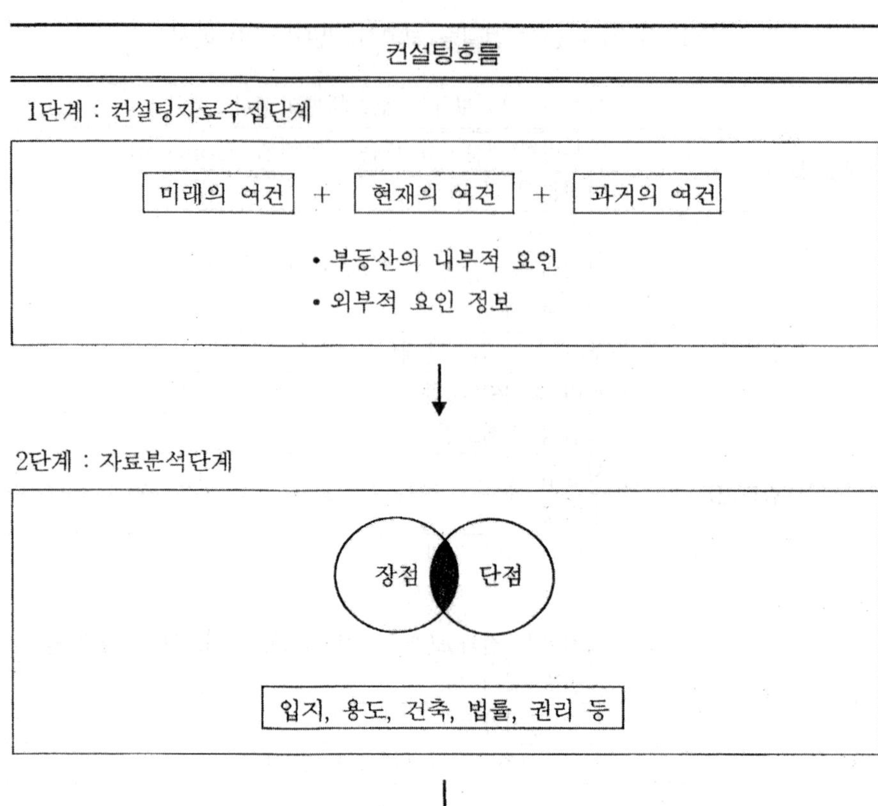
컨설팅흐름
1단계 : 컨설팅자료수집단계
미래의 여건
+
현재의 여건
+
과거의 여건
• 부동산의 내부적 요인
• 외부적 요인 정보
2단계 : 자료분석단계
장점
단점
입지, 용도, 건축, 법률, 권리 등
3단계 : 컨설팅결론도출단계(개발의 방향과 범위의 설정)

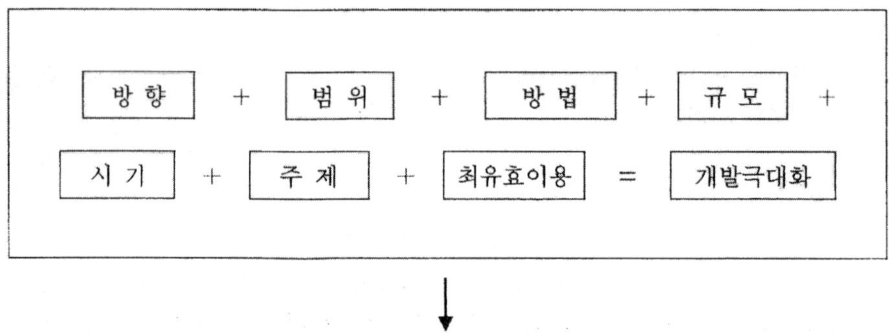
방 향
+
범 위
+
방 법
+
규 모
+
시 기
+
주 제
+
최유효이용
=
개발극대화
4단계 : 컨설팅결론실천단계

[그림 9-2] 컨설팅 흐름도

9.4 부동산 컨설팅 분석

부동산 컨설팅을 분석함에 있어서 여러 가지의 방법과 수단을 강구하게 된다. 또한 분석방법에는 정답이 없다고 하지만 일반적인 방법으로는 SWOT방법을 들 수 있다.

강점(Strength), 약점(Weakness), 기회(Opportunity), 위협(Threat) 등을 체계적으로 평가하려는 SWOT분석은 경영정책 모형의 장점이라고 할 수 있다. 이 분석은 주요 분야 강점과 약점 평가와 병행되는 것으로서 전략계획가로 하여금 환경 추세와 내부 능력 사이를 가장 잘 연결시킬 수 있는 전략을 개발하도록 도와 줄 수 있다. 일반적으로 효과적인 전략이란 강점을 활용함으로써 조직의 기회를 유리하게 이끌어 나가고, 약점을 피하거나 개선시키거나 보완해 나감으로써 위협을 극복할 수 있는 전략이다.

부동산 컨설턴트는 실무적으로 전략계획에 SWOT 분석을 적용하기 위해서 전략계획가로 하여금 개별요소별 분석을 실시하고, 분석결과를 상호 비교 검토해야 한다. SWOT 분석을 수행함에 있어서 살펴보아야 할 요소들은 실질적으로 여기에 예시된 4가지 구성요소 이상의 내용검토가 이루어져야 한다.

어떤 전략적 측면의 강점은 시장개발이나 효과적인 전략수행에 있어서 다른 강점보다 더욱 중요할 수 있다. 또한 어떤 전략적 측면에서의 약점은 조직에게 치명적인 상처를 주지만 다른 약점들은 중요하지 않거나 쉽게 치유될 수 있다. 어떤 기회는 다른 기회보다 더 매력적일 수 있고 어떤 개발사업은 다른 개발사업보다 위협에 더 약할 수 있다.

따라서 SWOT의 요소들로부터 조직의 전반적인 상황에 대한 결론을 얻고 전략 선택에 영향을 주는 요소들의 의미를 평가해 보는것이 중요하다.

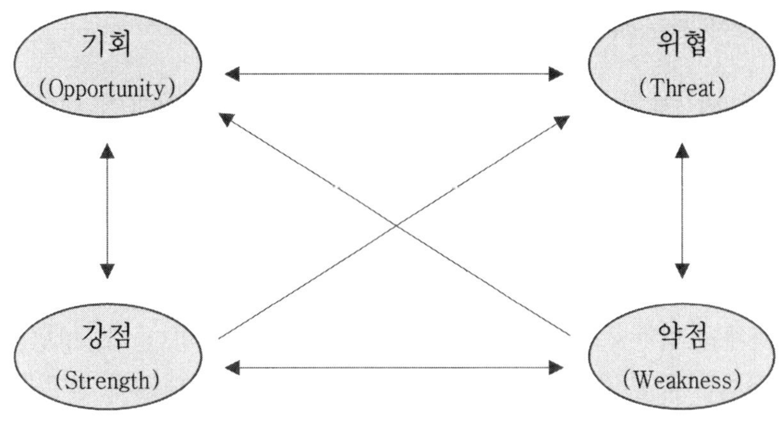

[그림 9-3] SWOT 분석요소 간의 상호 관계

자료 : 이창석, 알기쉬운 부동산학개론, 형설출판사, pp.361-362, 2006.

〈표 9-4〉 SWOT 분석에 의한 전략상황

외부요인 / 내부요인	강점(Strength)	약점(Weakness)
기회 (Opportunity)	기회활용을 위해 강점을 사용할 수 있는 상황	기회활용을 위해 약점을 보완해야 하는 상황
위협 (Threat)	위협극복을 위해 강점을 사용할 수 있는 상황	위협극복을 위해 약점을 보완해야 하는 상황

9.5 부동산 컨설턴트의 역할

부동산 컨설턴트란 부동산 컨설팅의 전문가이다. 의뢰인의 부동산 활동 목적이나 기준은 상담사(컨설턴트)의 조언에 따라 변경되거나 수정되고, 의뢰인은 이에 따라 의사결정을 한다. 즉 부동산 컨설턴트의 역할은 다음과 같이 의뢰인의 의사결정에 관여한다.

1. 문제인식과 조사

컨설턴트가 첫 번째 직면하는 과제는 의뢰인이 제시한 문제가 무엇인가를 찾아내어 자신이 수행해야 할 업무범위와 자신의 과업을 인식하는 것이다.

2. 조사 · 분석 및 사실 확인

업무특성이나 업무범위가 결정되면 컨설턴트는 자신의 업무내용에 대한 다양한 조사를 실시한다.

3. 해결방안 제시

의뢰인이 과제와 객관적인 사실들을 명확하게 조사하고 다양한 접근방법을 통한 자료분석이 이루어지면 부동산 컨설턴트는 적절한 선택을 위한 대안과 실행방안을 제안할 수 있다.

4. 고객관리

유사한 업무를 수행하는 수많은 부동산 컨설턴트들 또한 의뢰인이 문제를 해결하는데 도움을 준다.

5. 컨설팅 의뢰내용 해결

유능한 부동산 컨설턴트는 다양한 문제에 직면하게 된다. 이러한 다양한 문제들을 시의적절하게 해결할 수 있는 방안을 제시하여야 한다.

9.6 부동산 컨설턴트의 자격요건

1. 기본요건

부동산 컨설턴트의 기본요건은 컨설팅 업무내용과 관계없이 기본적으로 필요한 요건인 것이다. 이를 살펴보면 다음과 같다.

① 성실하고 약속을 잘 지켜야 한다.
② 윤리적이고 지적(知的)이어야 한다.
③ 예의가 바르고 원만한 인간관계가 있어야 한다.
④ 복장과 용모를 늘 단정하게 하여야 한다.
⑤ 긍정적인 사고와 건강하고 명랑한 표정과 언어를 구사하여야 한다.

2. 전문요건

① 유능한 컨설턴트로서 전문적인 구비요건은 다음과 같다.
- 고객의 요구를 정확히 파악할 수 있는 능력이 있어야 한다.
- 부동산 정보의 수집과 분석능력이 있어야 한다.
- 부동산컨설팅 제안서 또는 보고서의 작성능력이 있어야 한다.
- 적절한 판단능력과 처리능력이 있어야 한다.
- 부동산 컨설팅 의뢰자에 대한 설득력 등이 구비되어야 한다.

② 부동산 컨설턴트는 업무를 원만하게 수행하기 위해서 다음과 같은 전문적인 요건을 갖추어야 한다.

- 자산가치의 분석
- 부동산 시장의 조사 분석
- 부동산 투자계획의 판단과 기회포착의 판단
- 당사자 간의 교섭과 중재
- 각종 부동산 건설 · 분양업자의 선정과 거래의 달성
- 부동산개발계획의 전문적 의견제시
- 부동산 서비스 경영실적의 평가
- 부동산컨설팅의 종합적인 상황을 파악할 수 있는 능력 등

이상과 같이 부동산 컨설턴트는 정치 · 경제 · 사회 · 문화에 대한 이해와 식견을 통해 숙련된 분석력이 있어야 한다. 즉 토지개발과 주택금융, 부동산마케팅, 건물자산관리 등과 관련된 문제를 항상 파악하고, 문제해결을 위한 연구와 올바른 지식을 갖추어야 한다.

따라서 부동산 컨설턴트는 원활한 업무수행을 위해서 부동산의 이용과 개발, 감정평가, 중개와 경영, 사법과 공법, 조세와 금융, 시장조사 등의 경력이나 경험이 있어야 한다.

3. 컨설턴트와 의뢰인과의 관계

(1) 컨설팅 의뢰인과의 관계

부동산 컨설턴트는 컨설팅 의뢰인에 대한 책임으로서 정확한 판단과 분석에 의한 최고·최선의 컨설팅 보고를 요구한다. 컨설팅 의뢰인은 부동산 컨설턴트가 어떠한 내용과 자료를 원하고, 기대하는가를 이해하고 이에 협조할 의무가 있다.

(2) 부동산컨 설턴트의 책임

부동산컨설턴트는 의뢰인으로 하여금 당면한 부동산의 최유효이용과 투자·개발에 대한 현안과제의 성격과 현상에 대하여 인식시키거나 애로사항을 해결할 책임이 있다. 특정 전문경력과 판단력이 있는 부동산 컨설턴트가 환경 및 입지요인과 시장요인에 대한 분석과 도시계획 · 교통계획 · 재개발 · 용도지역지정 · 상권 · 금융 · 재정 · 조세 등에 대한 효과분석이 요구된다.

부동산 컨설턴트는 컨설팅 의뢰인이 요구하는 문제점을 정리할 수 있도록 요구하고, 의뢰인이 선택할 수 있는 대안들을 제안하며, 대상 부동산에 적합한 조사연구와 필요한 경우 관련분야의 부동산 전문직업인과 협의 또는 상담하여 컨설팅 의뢰인의 문제해결

방안을 제시하여야 한다.

해결방안에 대한 대안은 컨설팅 의뢰인의 입장에서 해결 가능한 최적의 대안을 선택하도록 하여야 한다.

(3) 컨설팅 의뢰인의 협조의무

부동산 컨설턴트는 컨설팅을 요구할 의뢰인이 자발적으로 컨설팅 전문직업인의 조언과 자문을 구하고, 그 결과를 수용할 수 있는가를 가능한 한 빨리 파악하여야 한다. 즉 컨설팅 의뢰인이 컨설팅이 필요하게 된 동기를 파악하여야 한다.

한편 의뢰인은 부동산 컨설턴트가 대상 부동산의 현황 과제의 개요파악과 문제해결을 위해서 가능한 많은 현황 실태자료가 필요하다는 점을 알아야 한다.

부동산 컨설턴트가 컨설팅 의뢰인에게 제공하는 최종적인 컨설팅 보고의 내용과 질(質)은 의뢰인이 제공하는 자료의 정확성과 직결되므로 부동산 컨설턴트는 의뢰인이 제공한 정보자료가 적정한 자료인가를 확인하되, 부적정한 자료라면 의뢰인은 컨설턴트에게 진솔하고 솔직하게 사실을 밝혀야 한다. 즉 컨설턴트와 의뢰인은 정확성과 정직성을 바탕으로 하여야 한다. 아울러 컨설팅 보고가 구두이건 문서이건 간에 철저하게 보안이 이루어져야 한다.

(4) 컨설팅 의뢰인의 요구사항 확인

부동산 컨설팅의 장기목표 달성을 위해서는 우선 현안 과제가 해결되어야 한다.

즉 부동산 컨설팅의 현안 문제 해결은 장기목표 달성에 저해요인이 되지 않는 방향으로 추진되어야 한다.

부동산 컨설턴트가 컨설팅 의뢰인에게 경험있는 전문가를 추천할 수 있는 능력이 있어야 하며, 제시한 컨설팅 용역을 의뢰인에게 최대의 이익이 되도록 하여야 한다.

컨설턴트는 전문직업성과 윤리관, 사회적인 책임이 크다. 따라서 의뢰인에게 재정적 관점에서 뿐만 아니라 법적·윤리적 관점도 고려하여 다양한 대안들을 제시하여야만 한다.

다만, 컨설턴트는 컨설팅 의뢰인이 사회적 책임과 성실성이 결여되어 반사회적이라고 판단되는 부동산의 투기나 탈세적인 행위 등 일 경우에는 과감하게 컨설팅 업무를 철회할 수 있는 결단력이 있어야 한다.

9.7 부동산 컨설턴트의 직업윤리

직업윤리를 준수하지 아니하는 전문직업인은 경쟁사회에서 살아남을 수 없다. 부동산의 사회성에 비추어 부동산 컨설턴트는 자기의 이익보다 고객의 이익을 우선으로 하여 업무를 처리하여야 하며, 약정된 수수료 이외에는 여하한 금전상의 이득도 취할 수 없으며, 직업윤리 이외에도 일반적인 신의·성실 의무를 지켜야 함은 물론이다.

부동산 컨설턴트의 부정직·비겁·불공정 등이 사업지식·기술숙련도·대화능력 등으로 상쇄(相殺)될 수는 없는 것이다.

부동산 컨설팅 서비스의 가치는 부동산 컨설턴트의 성실·청렴결백·정직 등과 같은 인간적인 품격에 좌우되므로, 컨설팅 의뢰인이 부동산 컨설턴트를 선정할 때 최초의 관심사는 '전문직업 능력에 알맞은 인품을 갖추고 있는 부동산 컨설턴트는 과연 누구일까?'라는 점이다.

상담사(컨설턴트)의 카운슬링 서비스 가치는 컨설턴트 개인의 성실성에 달려 있다. 아무리 많은 지식과 기술, 의사소통 능력을 지녔다 하더라도 성실성, 공정한 태도 등이 결여되어 있으면 안 된다. 따라서 새로운 업무를 위탁하려는 의뢰자가 처음에 직면해 결정하여야 하는 것은 수탁받는 컨설턴트가 전문직업가로서뿐만 아니라 인격자로서 적격한가 하는 것을 알아내는 일이다.

연 습 문 제

1. 부동산 컨설팅의 상담과정을 기술하시오.

2. 부동산 컨설턴트의 역할에 대하여 기술하시오.

3. SWOT 분석에 대하여 기술하시오.

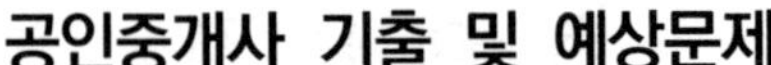

공인중개사 기출 및 예상문제

1. 부동산 상담(컨설팅)의 단계를 나열한 것이다. 맞는 것은? (8회 기출)

① 상담관계의 정립 - 문제의 정의 - 실행계획의 수단 - 상담과제의 수행 - 보고서의 준비·검토·제출

② 상담관계의 정립 - 실행계획의 수립 - 문제의 정의 - 상담과제의 수행 - 보고서의 준비·검토·제출

③ 실행계획의 수립 - 상담관계의 정립 - 문제의 정의 - 상담과제의 수행 - 보고서의 준비·검토·제출

④ 문제의 정의 - 실행계획의 수립 - 상담관계의 정립 - 상담과제의 수행 - 보고서의 제출·검토·제출

⑤ 문제의 정의 - 상담관계의 정립 - 실행계획의 수립 - 상담과제의 수행 - 보고서의 제출·검토·제출

[해설]

컨설팅 과정은 부동산 문제를 해결하는 순차적 방법 혹은 의뢰인의 부동산에 대한용도 및 목적에 적합한 의사결정을 돕는 것으로서

① 문제의 정의 → ② 컨설팅(상담) 관계 정립 → ③ 실행계획의 추진 → ④ 업무수행 → ⑤ 보고서 준비 → ⑥ 보고서 검토 → ⑦ 보고서 제출이다.

정답 1. ⑤

제10장 부동산 입지론

10.1 입지의 의의

1. 입지선정과 입지조건

입지(立地 ; location)란 장소의 기본 속성 중 하나인 위치라고 할 수 있는데, 위치는 토지가 점하는 자연 및 인문의 위치를 말하는 것이며, 인간이 토지를 여러 가지 목적으로 이용할 때 나타나는 장소적 의미를 내포하는 것으로 볼 수 있다. 즉 부동산 활동의 주체가 정하는 장소를 말한다. 경제활동의 주체를 입지주체라 하고, 입지주체가 요구하는 자연적·사회적·경제적·행정적 요인 등 여러 조건을 입지조건(立地條件)이라고 한다.

입지조건(condition of location)은 시간의 경과와 입지주체에 따라 달라질 뿐 아니라, 경제활동이 전문화됨에 따라 입지주체의 요구조건 역시 복잡하고 다양화됨으로써 입지선정은 부동산 활동의 한 분야로서 높은 전문성을 지니게 되었다.

입지조건은 토지가 자리 잡고 있는 위치의 자연 및 인문조건을 말하는 것으로 자연조건에는 지세, 지질, 지반, 지형, 기후, 온도, 습도, 경관 등을 말하며, 인문조건은 사회, 경제, 행정요인을 말한다.

입지론은 어떠한 경제활동이 어떠한 장소에서 행하여지는가를 연구하고 설명하는 분야로서, 입지 및 토지이용에 관한 많은 유익한 이론을 제공하고 있으며, 부동산학은 이를 응용하여 입지선정 활동을 전개한다.

입지선정 활동에는 이미 보유하고 있는 용지를 어떤 용도와 규모로 이용할 것인가를 결정하는 작업도 입지선정의 범주에 포함된다.

그러면 이러한 입지조건이 부동산평가에서 말하는 지역요인(가격형성요인) 또는 지역분석과 어떤 차이가 있는가?

부동산평가는 이러한 환경요소가 가격에 어떻게 영향을 미치는가하는데 관점을 두고 있으며, 입지선정에서는 입지주체가 그러한 환경에 적합한가에 중점을 두고 있다는 점이 다른 점이다. 그럼으로 부동산평가에서 말하는 가격형성요인(지역요인)은 평가과정에서 요구되는 분석요인으로써 환경인데, 입지조건에서는 환경으로써 이해되는 것이다.

참고로 용도지역별 입지조건을 살펴보면 〈표 10-1〉과 같다.

〈표 10-1〉 용도지역별 입지조건

구 분	입지선정기준	입지조건
주택지 입지조건	쾌적성 · 편리성	통근조건 · 생활조건 · 환경조건
상업지 입지조건	수익성	인구 · 소득 · 교통
공업지 입지조건	생산성 · 비용성	수송체계
농업지 입지조건	생산성	기후조건 · 비옥한 토양

2. 입지선정의 중요성

입지론에서는 규모가 큰 산업입지에 중점을 두지만 부동산학에서는 사업입지에 대해서도 깊이 관심을 가져야 하며, 정도의 차이는 있겠으나 입지선정과 무관한 부동산 활동은 거의 없다고 할 수 있다.

상업입지에 있어서 보다 좋은 입지를 선정, 구입하려면 그만큼 높은 지가를 부담하여야 한다. 여기에서 높은 지가의 좋은 입지를 확보할 것인가, 아니면 반대의 경우라도 무방한가의 문제가 생긴다.

이에 대해 많은 부동산 학자들은 높은 지가를 부담하더라도 좋은 위치를 확보하는 것이 매상고와 총이익에 대한 자본의 비용면에서 유리하다고 생각한다. 흡인력이 약한 점포(식당, 소매점, 다과점 등)에 있어서는 상업입지가 더욱 중요하다.

오늘날 입지선정은 용지의 고가와 많은 고정시설비의 투자가 따르므로 부동산 활동에 있어서 입지선정은 매우 중요하며, 고도의 전문성이 요구되는데, 그 이유는 다음과 같다.

- 부동산의 가치는 대상 부동산이 가장 유효하게 사용될 때 가장 크다.
- 대상 부동산이 주위의 다른 부동산과 균형을 이루고 입지하고 있는지, 즉 적합의 원칙에 합당한지를 고려하는 입지선정은 매우 중요하다.
- 부동산은 한 번 사용되면 그 용도를 마음대로 바꾸기 어려운 비가역성을 가지고 있기 때문이다.

3. 입지의 경쟁

토지에는 용도의 다양성이 있다. 때문에 유사한 업종에 속하는 입지주체 사이에는 보다 유리한 입장에서 보다 유리한 이용을 하려는 경쟁이 전개된다. 이를 입지경쟁이라고 한다.

입지경쟁(location competition)의 결과는 토지이용을 집약화(集約化)시키며, 토지의 단위면적당 자본과 노동의 투자비율을 높인다. 따라서 이러한 집약적 토지이용의 결과는 지가(地價)를 상승시키고, 건물의 입체적 이용, 즉 고층화를 불가피하게 한다. 그리고 용도적 토지부족 등의 도시토지이용에서 발생하는 부동산 문제에서 발생하는 부동산문제를 발생시키는 원인으로 작용한다.

반대로 경쟁이 떨어져서 토지이용의 집약도가 낮은 경우에는 조방적 토지이용(extensive land use)이 되어 지가가 안정되거나 하향되는 경우도 있다.

발로우(Raleigh Barlow)는 집약적 이용이건 조방적 이용이건 그 이용에는 한계(margin)가 있다고 하면서 집약한계는 일정단위의 토지에 추가 투자를 할 때 한계비용과 한계수익이 동일하게 되는 점이라 하고, 조방한계란 최적의 조건에서 생산비를 겨우 조달할 수 있는 수익이 기대되는 점이라 하였다.

그런데 토지이용의 집약도는 지가와 상관관계에 있다. 즉 지가가 높을수록 고층화 등으로 집약적 토지이용을 꾀하게 된다. 또 도시의 토지이용은 집약형이고, 농촌의 토지이용은 조방형(粗放型)이며, 제1차 산업보다는 제2차 산업이, 제2차 산업보다는 제3차 산업의 집약도가 높아진다.

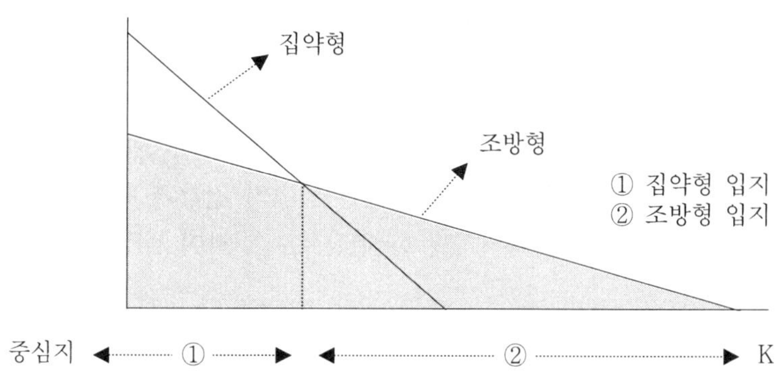

[그림 10-1] 집약 및 조방형의 한계지대곡선

10.2 주택지의 입지

주거생활을 결정하는 입지조건으로 이중환(李重煥)은 택리지(擇里志)에서 지리(地理), 생리(生理), 인심(人心), 산수(山水)를 제시하고, 이중 하나라도 빠지면 살기 좋은 땅이 아니라 하였다. 그런데 이러한 조건들은 현대적인 의미에서 자연 및 인문조건 등을 의미하는 것이다.

이를 토대로 주택지의 입지선정(立地選定)을 자연적 요인, 사회적 요인, 법·행정적 요인 구분, 정리하면 다음과 같다.

1. 주택지의 입지선정 요인

(1) 자연적 요인

1) 지 세

주택지는 겨울에 따뜻하고 여름에 시원하며, 침수가 되지 않는 약간 높고 건조한 곳이 좋다. 즉, 공기, 수맥, 양광(陽光), 자기(磁氣)의 조건이 양호한 곳을 말한다. 특히 지세(地勢)는 남향이 트이고 완만한 경사를 이루며, 북향은 겨울의 차가운 북서풍을 막아주는 산이나 숲이 있는 곳이 좋다. 즉 앞이 낮고 트인 곳과 뒤가 높은 곳이 좋은 것이다.

2) 지질 · 지반

집터는 생땅(新鮮地)이 좋다. 좋은 지질(地質)이란 습도를 알맞게 보존할 수 있는 흙을 말한다. 점토와 사토(砂土)가 적당히 섞인 토양이 좋다. 암석이 많은 토질, 점토(찰흙)가 많은 토질, 모래가 많은 토질은 좋다고 할 수 없다.

3) 기상상태

일조, 온도, 습도, 풍향, 강우량 등의 기상상태는 인간의 건강과 주거의 쾌적성에 큰 영향을 미친다. 특히 일조권 문제는 건축의 고층화 현상으로 인하여 날로 심각해지고 있다.

4) 자연적 환경

경치 등 자연적 환경이 좋으면 주거지의 격을 높이고 지가의 상승도 초래한다. 평면에 세워진 주택보다는 약간의 경사(약 15°)가 진 곳으로 수목 등 자연경관이 조화를 이루는 주거지는 최고의 유용성을 가진 것으로 평가된다.

(2) 사회적 요인

1) 거주자의 사회적 환경

거주자(居住者)의 직업 및 직장, 소득, 계층, 연령 등은 사회적 환경을 형성하는 요인이 된다. 사람들은 자기 자신과 비슷한 소득과 계층의 사람들과 어울리는 경향이 있기 때문이다.

2) 도로상태 및 교통시설

도로의 폭과 구조 및 포장상태가 양호하면 시장, 학교 등에 대한 접근성이 높아지고 통행의 안전과 주거지로서의 품위 등이 향상된다.

도심(都心)과의 거리와 교통시설은 출·퇴근 외에도 다른 용무나 문화생활을 즐기는데 불편이 따르지 않도록 배치되어야 한다. 특히 도심과의 거리가 먼 경우에는 버스, 전철 등 대중교통수단이 편리하게 있어야 한다.

3) 상점가의 배치상태

슈퍼마켓, 시장 등 근린생활시설은 일상생활에 없어서는 안 될 요소이다. 주거지에서 너무 멀지 않게 위치하고 있어야 주부의 일손을 덜게 되고, 주거의 유용성이 높아진다.

4) 상 · 하수도, 가스시설

상수도, 가스 등의 공급은 주거생활에 편익을 가져오고 문화생활을 하는데 중요한 구실을 하며, 상 · 하수도 처리시설도 잘 정비되어 있어야 한다.

5) 공익시설의 배치상태

유치원, 초 · 중 · 고등학교, 병원, 공원 등 공익시설(公益施設)의 배치상태가 좋으면 주거지의 유용성을 높이게 된다.

6) 위험, 혐오시설 및 공해유발 시설

변전소, 고압선, 가스탱크, 오물처리장, 도축장 등 위험시설 또는 혐오시설이 가깝게 배치된 곳은 좋은 주거지라고 할 수 없다.

소음, 대기오염, 폐수, 악취 등 쾌적한 주거생활에 방해가 되는 각종의 공해가 없는 지역이 정신과 육체의 건강을 위해서 바람직한 주거지이다.

7) 재해발생의 위험성 여부

홍수, 사태, 지진, 해일 등 재해발생의 위험성이 없는 지역은 주거지로서 좋은 입지조건을 갖추었다고 할 수 있다.

(3) 법 · 행정적 요인

1) 토지의 이용 상태

각 획지의 면적과 배치 및 그 이용의 상태는 주거지의 품위를 판단하는 기준이 된다. 예를 들면 택지의 표준적 크기, 획지의 배치관계, 동질성 등의 관계, 이용 상태 등이 이에 해당한다.

2) 공법상 규제

도시계획법 등에 의한 공법상(公法上)의 이용제한은 주거지의 입지선택에 영향을 미친다. 예를 들면 국토의 계획 및 이용에 관한 법률, 건축법, 주택법, 소방법 등에 의한 각종 행위제한에 따라 입지조건의 양부(良否)에 영향을 미친다.

3) 사법상 규제

일조권, 인동간격, 소음, 지적경계(地籍境界) 등은 공법상의 규제를 통해 적법한 절차를 거친다 하여도 사법상 분쟁을 일으킬 수 있다. 특히 소유권과 연관된 경우에는 사법상 영역에 해당하는 경우도 있다.

10.3 공업입지

1. 공업입지의 조건

공업입지 조건(工業立地 條件)으로는 공업지역의 지역요인과 개별요인으로 구분할 수 있다. 그리고 이를 다시 자연적 조건과 인문적 조건(사회, 경제, 행정요인)으로 살펴볼 수 있다. 또 일반적인 시각에서는 시장, 용지, 용수, 건물, 원료, 노동력, 자금, 교통과 통신 관련 산업, 기후, 재해, 생활환경, 지역사회, 정보기관 등을 들 수 있는데, 이를 정리하면 다음과 같다.

(1) 공업지역의 지역요인

- 제품의 판매시장 및 원재료의 구입시장과의 위치관계
- 수송시설의 정비 상태
- 동력자원 이용·배수에 관한 비용
- 노동력 확보의 편의
- 관련 산업과의 위치관계
- 온도, 습도, 적설 등 기상의 상태
- 공해발생의 위험성
- 행정상의 조장, 규제의 정도

(2) 공업지역의 개별요인

- 면적, 형상 및 지반
- 항만, 철도, 도로 등 수송관련 기반시설과의 위치관계
- 용·배수 등의 공급처리시설의 정비 상태

(3) 자연적 조건

- 기후 : 기온, 강수량, 습도, 청정일수, 적설, 결빙, 서리 등의 기간
- 용지 : 면적, 가격, 지반, 형상, 구입의 용이성
- 용수 : 수량, 수온, 수질 배수의 용이성
- 재해 : 태풍, 홍수, 지진, 적설

(4) 사회적 · 경제적 조건

- 사회 : 수요(규모, 가격, 기호, 안정성, 성장성), 접근성
- 건물 : 면적, 높이, 구조, 재질, 내용연수
- 노동력 : 양적 · 질적인 면(숙련도, 기술), 임금, 접근성, 성별, 연령, 노동조합
- 자금 : 양, 질, 이자, 공공적 자금원조
- 원재료 : 양, 질, 가격, 안정성, 접근성
- 세금 : 국세, 지방세, 감면 · 감세의 정도
- 교통 : 도로, 철도, 내륙수로, 항만, 공항
- 통신 : 전신, 전화, 우편 등 정보통신기반의 정도
- 정보기관 : 대학, 연구소, 관공서, 업계단체
- 재해 : 화재, 공해, 태풍, 지진
- 생활환경 및 지역사회 : 기후, 풍경, 관광자원, 학교, 병원, 경찰, 상·하수도, 전기, 가스, 통신기관, 레크리에이션, 인정풍속, 주민의 태도, 협력성, 지방정치의 상황
- 기타 : 출신지, 소재지, 법률적 규제, 국방효과 등

2. 입지조건의 평가

(1) 경제평가

경제평가(economic estimation)란 입지조건을 경제적 측면으로 파악하는 것이다. 예컨대 토지구입 비용문제로 저렴한 경상도 지역에 공장을 입지하고자 한다면 건설비용

은 저렴할지 몰라도 준공 후 원자재 입하 및 제품출하, 노동력 확보 어려움 등으로 생산성이 저하되고, 비용이 더 든다면 곤란할 상황에 직면하게 될 것이다. 따라서 경영과 비용에 어느 정도 영향을 미쳐 경제적으로 유·불리한가를 검토하여야 한다.

(2) 비경제평가

비경제평가(非經濟評價)란 입지조건을 고려할 때 경제가치 이외의 측면을 염두에 둔다는 점이다. 예컨대 어느 기업가가 실제 입지 동기가 고향의 발전이라는 요소가 작용되었다면 경제평가 요소가 상당부문 희석될 수 있었을 경우를 말하는 것이다. 물론 입지주체는 자금의 효율적인 이용과 낭비의 최소화를 고려하지 않을 수 없기 때문에 경제평가를 완전히 무시할 수는 없다. 오히려 경제평가도 충분히 고려하고, 개별 장소의 이해득실을 명확히 한 후 비경제평가와 비교하여 고차원의 의사결정을 할 것이다.

3. 입지인자

(1) 입지인자의 개념

입지조건이 입지주체에 미치는 영향은 입지주체가 경제 · 비경제측면으로 평가하며 그 평가에 의해 결정된다. 경제평가는 제품이나 서비스의 생산·판매에 단위당 비용이 최저가 되는 점을 찾는 것이다. 이때 기업 내부의 평가요소 또는 항목을 입지인자(立地因子)라 한다.

입지조건이 외부환경인 데 반해, 입지인자는 입지결정으로 절약되는 생산비용과 관련있는 요인으로 구성된다. 따라서 입지인자는 경제 평가요소인 경제인자와 비경제 평가요소인 비경제 인자로 구분된다.

아울러 생산과정에 소요되는 비용을 항목별로 세분하여 하나의 비용항목을 입지단위라 하고, 입지단위가 공업입지에 견인한다면 그 장소가 다른 장소와 비교할 때 발생될 수 있는 이익을 생각할 수 있다. 이와 같이 입지단위로 보아서 다른 장소 이상으로 이익을 가져오기 때문에 이때에 특정장소에 견인하는 비용 절약상의 이익을 입지인자(立地因子)라 한다.

따라서 입지조건이 특정지역의 특징 혹은 상태를 말한다면 입지인자는 특정장소의 입지조건과 입지주체와의 작용에서 오는 비용절약의 개념이라 할 것이다.

(2) 입지인자의 종류

입지인자는 비용의 절약으로부터 나타나는 이익이며, 비용 최소화의 원리에 기인한 것으로 입지인자는 경제적 인자와 분류할 수 있다. 여기서 경제적 인자는 경제적 이익에 관한 것이고, 비경제적 인자는 경제적 인자로 환원할 수 없는 가치에 관한 것이라 할 수 있다.

4. 공업의 집적인자와 분산인자

(1) 공업의 집적인자

공업이 일정한 지역에 집중하는 현상을 집적(集積)이라 하며, 생산과 그로부터의 이익이 어느 장소에 있어 어느 특정의 집단과 통합하여 이루는데 발생하는 생산 또는 판매의 저렴화를 집적인자(集積因子)라 한다.

집적이익은 여러 종류의 공업을 견인하여 생산을 분업화와 전문화시키는 요인이 되는 것이며, 처음에는 경영의 대규모화를 통한 규모적 집적의 경영합리화이지만 점차 지역적 확대과정을 거쳐 지역적 집중으로 변화한다.

(2) 공업의 분산인자

집적인자는 생산을 어느 장소의 특정집단과 결합하여야 발생하는 생산 및 판매의 저렴화인 반면에 모든 집적은 비용의 등귀를 야기하여 집적의 반작용으로 집단의 해제로 생산의 모든 저렴화를 분산인자라 한다. 집적의 반작용으로는 대부분 토지의 지가상승에 기인한다.

공업단지에 있어서의 지대의 발생과 상승 또는 상가에 있어서의 지대의 발생과 상승은 분산작용의 원인이 되며, 지대는 분산인자(分散因子)가 된다. 또한 지대 외에도 공장공해 분산인자가 된다.

5. 입지결정의 단계

입지주체는 비용의 극소화, 이윤의 안정화, 공장의 점유율, 즉 독점의 확대, 경쟁자 타도 등을 직접 목적으로 하는 경우도 있지만, 궁극적으로는 이윤극대화의 추구를 목표로 입지선정을 하게 된다. 그런데 기업의 입지선정은 당해기업의 업종, 역사, 규모, 기존공장, 자금, 경쟁기업의 상태 등에 따라 한결같지는 않지만 일반적으로는 다음과 같은 순서에 의해 전개되는 데 이를 입지결정의 3단계라 한다.

시장의 결정 → 지역의 결정 → 지점의 결정

(1) 시장의 결정

입지선정의 첫 단계로 기업의 목표 시장(市場)을 결정한다.

(2) 지역의 결정

목표 시장에의 합리적인 출하, 경쟁기업과의 거리, 수입인자와 비용인자의 비교 등을 참작하여 지리적 범위를 결정한다. 예컨대 지형, 지리, 교통, 수요의 탄력성, 수송비, 생산비 등을 고려하여 결정한다.

(3) 지점의 결정

시장결정과 지역결정의 범위 내에서 지가, 기타 개별적 요인에 의하여 입지점(立地點)을 결정한다.

(4) 공업입지의 지향성

입지인자 및 입지조건을 분석하여 각 입지주체가 갖는 특수성에 입각하여 입지를 선정하게 되나 원료, 노동력, 시장, 동력 등 입지의 직접적 동기로서 고려되는 입지인자가 있다. 예를 들면 원료지향성, 소비지향성, 임해지향, 내륙지향 등과 같은 입지선정의 결과와 동시에 그 근거를 나타내고 있다.

(5) 베버(A. Weber)의 최소비용이론

① 의의 : 산업입지의 영향요소를 운송비, 노동비, 집적이익으로 구분하고, 이 요소들을 고려하여 비용이 최소화되는 지점이 공장의 최적입지가 된다는 이론이다. 베버는 수송비, 노동비, 집적이익 중에서 수송비(운송비)가 가장 중요한 요소라고 보고 다른 생산조건이 동일하다면, 수송비는 원료와 제품의 무게, 원료와 제품이 수송되는 거리에 의해 결정된다고 하였다. 결국 베버는 최소비용으로 제품을 생산할 수 있는 곳을 기업의 최적입지점으로 본다.

② 전제조건

㉠ 연구지역은 하나의 고립된 지역으로, 동일한 기후에 소비자들은 중 심지에 집중되어 있으며, 시장은 모든 회사들의 접근이 가능한 완 전경쟁상태에 있다.

㉡ 생산자는 합리적 경제인이라고 가정한다.

㉢ 자연자원(물, 모래, 진흙 등)은 어디든지 존재하여 쉽게 이용할 수 있다.

㉣ 화석연료나 광물 등은 일정지역에만 이용할 수 있다.

㉤ 노동은 일부지역에만 집중되어 있으며 이동도 제한이 있다.

③ 산업입지에 영향을 주는 요소 : 산업입지에서 중요한 것은 수송비 · 노동비 · 집적이

익 등인데 그중에서 수송비(운송비)가 가장 중요한 요소이다. 우선 수송비만을 고려하여 비용이 최소인 지점을 찾고, 그다음 노동비가 최소인 지점을 선정하며, 그다음 집적의 이익을 고려하여 비용 면에서 대체가 가능한 지점 중 최소비용 지점을 순차적으로 고려한다.

10.4 상업입지

주어진 점포의 위치가 상업중인 다른 점포의 위치와 비슷하게 보이는 경우라도 그 내용에 있어서는 중대한 성격상의 차이가 있다. 또한 경쟁자의 출현, 도시계획사업 또는 도시재개발사업의 시행, 배후지의 인구, 소득구성의 변화 등은 상가[10]의 경기를 변화시킨다. 따라서 점포의 장래를 평가하는 데는 지역성쇠에 관한 이론과 경제학적 측면의 인구이동, 소득수준, 소비 패턴 및 지가 또는 자료도 충분히 고려하여야 한다.

아울러 상업입지는 상점의 입지와 상업 집단으로서 상점가의 입지로 나누어 생각해 볼 수 있는데 그 전제가 되는 것은 상권(商圈)의 파악이다. 여기에서는 상권이란 무엇이며 어떻게 측정할 수 있는지, 그리고 상업지의 입지조건을 살펴보기로 한다.

1. 상권의 개념과 측정

(1) 상권의 개념

상권이란 실질적인 소비자가 존재하는 권역으로 상업활동을 성립시키는 지역조건을 가진 공간적 넓이이다. 이는 소비자, 즉 주민의 생활과 그 지역에서 생기는 지역적인 경제공간이며, 생활편익이 이뤄지는 생활공간이다.

---

10) 상가는 임대료 수입과 부동산 가치상승이라는 두 가지 목적, 즉 수익성을 달성하는데 요점이 있는 부동산이다. 따라서 첫째, 장사가 발 될 만한 곳(위치) 둘째, 상가로서의 가치(임대료) 셋째, 투자 상품이 포함된 전체 상권의 흡인력과 앞으로 발전 가능성에 대한 객관성 확보 등을 고려하여야 한다. 참고로 상가권리금의 유형과 이와 관련된 유의사항은 다음과 같다.

① 영업권리금 : 전 임차인이 갖는 권리로 상가(점포) 매도시점 이후 평균 12개월간 발생할 수 있는 전체 매출액에서 임대료와 인건비, 공과금을 제외한 순이익의 합계를 말함. 이는 매출장부 확인, 비용 등을 계산한 후 협상하게 된다.

② 시설권리금 : 상가(점포) 개점 시 인테리어, 간판, 기자재 등의 시설투자에 대한 대가로 지불하는 비용이다. 이 경우 시설에 대한 감가상각(인테리어의 경우 2년, 설비의 경우 3년)을 고려하며, 정확한 감가상각액을 산출하기 위해 기존 점포의 사업자등록증 등 최초 개점일 등을 확인한다.

③ 바닥권리금 : 권리금은 일반적으로 계약서상에 기재하지 않기 때문에 법적으로 보장 받을 수 없다. 따라서 주변 중개업소, 유사 업종 사업자의 도움을 받아 매출액과 시설비에 비해 권리금이 적정하게 책정되었는지 현장 확인을 통해 파악하는 것이 요구된다.

〈표 10-2〉 상업지역의 입지선정요인

지역요인	개별요인
① 배후지 및 고객의 양과 질	① 접면너비 · 획지의 현상 · 면적 · 지반
② 고객의 교통수단과 접근성	② 고저 · 각획지, 기타 접면가로와의 관계
③ 영업의 종류 및 경쟁의 상태	③ 전면가로의 계통·구조 등의 상태 및 그 위치관계
④ 해당지역 경영자의 창의와 자력	④ 번화가에의 접근성
⑤ 번영의 정도 및 성쇠의 상태	⑤ 고객의 통행패턴 및 적합성
⑥ 공법상 규제상태	⑥ 인접부동산 등 주위의 상점 · 부동산 등의 상태

일반적으로 상권은 사람의 생활권역을 기반으로 하여 도시보다 넓은 공간, 즉 지역경제를 형성하는 것이 일반적이다.

한편 상권과 유사한 것으로는 시장권(市場圈), 세력권, 영향권이라는 것이 있다. 이 중에서 시장권은 수요와 공급이라는 두 측면을 보는 시각으로 경제학에서 보는 시각이라 할 수 있다. 그리고 상권은 기업이 주체가 되는 개념으로 소비자의 생활권과 기업의 생활권이 직 · 간접으로 중첩되는 지역공간이라 할 수 있다.

상권의 개념은 다음과 같이 3가지로 요약된다.

① 기능성 · 중심성(분극지역) : 도시가 갖는 기능성, 중심성
② 지역성(동질성, 개별성) : 시장으로서의 지역성
③ 전망성 : 지역으로서의 전망성, 변화 가능성

(2) 상권의 측정

상권측정이란 지리적 조건으로 지역성을 말한다. 중심성에 입각하여 도시의 흡인력과 주변과의 관계, 소매 및 서비스업의 여러 활동의 밀집 · 위치 · 규모 · 성격 · 가격으로 나타나는 여러 가지 특성을 지표상에서 포착하는 것이다. 상권측정은 최종적으로 지도화(mapping)하여 지도상에 구체시장을 기입함으로써 끝난다.

상권은 시장의 지역공간을 나타내는 것인데 지역개념으로서 ① 동질지역(同質地域), ② 분극지역(分極地域), ③ 계획지역(計劃地域)으로 분석할 수 있지만 상권을 지역성으로 분석, 정리할 때는 다음에 세 가지 시각에서 보아야 한다.

① 보편성(普遍性) : 지역 어디에나 동일하거나 유사하게 갖는 일반적이고 보편적인 특성
② 연대성(連帶性) : 지역이 다른 지역과 연결, 연관되는 특성
③ 개별성(個別性) : 지역 내적인 요소가 다른 지역과 다른 독특한 특성

상권의 측정은 이와 같이 지역개념으로서 동질지역, 분극지역, 계획지역과 지역성으로서 보편성, 연대성, 개별성이라는 특성에 따라 정리할 수 있다.

2. 상업지역의 지역요인 및 개별요인

(1) 배후지 및 고객의 질과 양

상업활동은 고객을 상대하므로 고객들이 존재하는 배후지(背後地)는 가장 중요한 입지조건이 된다. 상업활동의 매상고는 배후지의 인구, 면적, 소득수준, 고객의 양, 기타 고객의 구매력에 영향을 미치는 요인에 따라서 영향을 받는다.

지역에 따라서는 고객의 구매습관이 달라서 매상고 또는 팔리는 상품의 양과 종류에 영향을 미치는 수도 있다. 상업지역은 배후지 주민의 구매력 변동에 따라 그 유용성에 영향을 받는다.

(2) 교통수단의 상태와 접근성

배후지의 인구는 아무리 많고, 그 소득수준이 높더라도 상업지역에 도달하는 교통수단이 발달되어 있지 않으면 고객을 흡인할 수 없기 때문에 고객의 교통수단이 어떤 것이냐의 문제가 배후지의 양과 질의 문제와 함께 중요하다. 교통수단이 잘 개발되어 접근성이 향상된다면 과거와는 달리 교외에도 상업지역이 발달할 수가 있다.

(3) 영업의 종류 및 경쟁의 상태

상업지역에 있어서 어떤 종류의 영업이 그 지역의 주체가 되어 있는가의 문제는 대상지역의 수익성을 판단하는 데 유익하다. 그리고 경쟁의 정도도 같은 역할을 한다. 경쟁이 과밀화된 상업지역은 건전한 곳이 못되고, 대단위의 점포가 나타나면 종래의 배후지를 차단하여 일부의 상업지를 쇠퇴하게 만들기도 한다. 그러나 지역 전체를 놓고 본다면 지역을 번영하게 만든다.

(4) 번영의 정도 및 성쇠의 상태

상업지역이 얼마나 번영하고 있는가, 지역 사이클 면에서는 어떤 국면에 있는가는 지역으로서 중요한 요인이다. 그러한 현상은 당해 지역의 지가수준(地價水準), 임료수준(rent level), 매상고, 교통량, 입지경쟁 등의 상태로 유형적으로 나타난다.

유형적 요인으로서 중요한 판단의 기준이 되는 것은 다음과 같다.

- 당해상업지역의 번화가
- 상가성장의 외형적 흐름
- 소매점포의 기업화
- 점포건설용지 등
- 입지경쟁의 특징
- 토지이용에 대한 공법상 규제의 정도

(5) 상업지의 개별요인

상업지의 개별요인으로는 다음의 요건을 고려하여야 한다.

① 접면너비, 획지의 형상
② 고저, 각 획지 기타 접면가로와의 관계
③ 접면가로의 계통, 구조 등의 상태 및 그 위치관계
④ 번화가에의 접근성(거리 등)
⑤ 고객의 통행패턴 및 적합성
⑥ 인접 부동산 등 주위의 상가, 부동산 등의 상태

3. 상업입지와 가로의 조건

상업지의 입지조건에 있어서 가로의 조건은 물리적(기술적) 측면과 경제적 측면에서 고찰할 수 있으며, 그 내용을 보면 다음과 같다.

(1) 가로의 물리적 측면

1) 가로의 종류

가로(街路)에는 역, 항구, 공항 등 교통인구가 집산하는 시설과 도로, 공원, 학교, 영화관, 관광시설, 백화점 등 교통인구를 흡인하는 시설에 이르는 도로, 관광도로, 시외교통을 담당하는 도로 등이 있다. 인구가 집산 흡인하는 시설로 통하는 도로는 지가와 토지이용의 집약도를 높이기도 하고, 반대로 낮추기도 한다.

예를 들면 은행·대기업·관공서 등이 있는 곳으로 통하는 도로는 지가를 상승하지만, 공장·변전소·도축장 등으로 가는 도로는 그 때문에 지가가 하락하게 된다. 왜냐하면 모든 사람들이 그러한 시설을 좋아하지 않기 때문에 지가가 하락하게 된다. 또한 상업입지에 있어서 도로의 폭은 지나치게 넓지도 좁지도 않는 것이 유리하다.

2) 가로의 구조

상가에 있어서 가로의 구조는 특히 중요한 역할을 한다. 보행로와 차도의 구별, 포장 상태, 도로의 풍치, 일방통행 등은 상가의 이용률을 좌우한다. 즉 커브를 이룬 가로는 내부 쪽이 유리하고, 동서로 된 가로는 서쪽이 유리하며, 역·정거장 등을 향한 가로는 우측이 유리하고, 비탈길은 아래 부분이 유리한 것은 사람들이 구입 결심을 하기 쉽다는 작용에 기인한 것이다.

3) 가로의 길이

가로의 길이가 500m 이상의 직선인 경우 상가로서 유리한 것이 못되지만 100m 이내에서 끊어지는 경우도 역시 불합리하다.

4) 점포의 전문화

점포의 전문화가 합리적으로 형성된 장소의 가치는 높은 것이 일반적이다. 여기서 점포의 전문화란 의류, 전기기구, 서적, 음식점, 가구, 기계부품 등 대중의 점포가 연립하여 입지하는 것을 말한다.

5) 가로의 변화

도시가 급격히 변모하는 지역에 있어서는 매우 짧은 시간에도 가로의 양상이 바뀌기도 한다.

(2) 가로의 경제적 측면

상가의 가치는 고객의 교통인구가 많을수록 유리하다. 아무리 가루의 기술적 측면이 유리하다고 해도 고객의 교통인구가 적으면 그 유용성이 떨어진다.

고객의 교통인구가 하루에 5,000~6,000명이 되거나 보행자와 자동차 교통량을 포함하여 10,000~12,000명이 되는 가로는 100% 상업지로 될 수 있다. 다만 점포의 위치가 가로로부터 25~30m를 넘지 않는 것이 안전하다.

주의할 점은 필요한 교통인구는 단순한 통과인구가 아닌 고객의 인구라야 한다는 것이다. 국도변 등은 자동차 인구가 많지만 통과인구이기 때문에 상가가 될 수 없다. 토지이용의 집약도(集約度)를 높이기 위하여 고층건물을 짓는 경우라도 고객의 교통인구가 적은 곳이라면 수지가 맞지 않는다.

따라서 고층건물이 즐비하게 들어선 곳은 일단 장소적 유용성이 높다고 보아도 무방할 것이다. 고층 백화점 등은 특히 넓은 시장지역을 배후로 하거나 야간인구가 많은 터미널과 같은 곳이라야 한다.

상가에 있어서 시장성의 대소는 매장 평균 매상과의 많고, 적음으로 평가된다.

(3) 상권획정기법

상권획정기법은 주어진 입지에 적합한 업종의 선택과 상권의 범위, 당해 점포의 매출액을 추정하는 방법을 말하며 공간독점법과 시장침투법, 분산시장접근법이 있다.

〈표 10-3〉 상권획정기법

구 분	공간독점법	시장침투법	분산시장접근법
상권 형태	지역독점에 의한 확정 상권	중첩부분 인정(가구 수 비율에 의한 확률상권)	특정지역에만 공급하는 불연속 상권
공간 확정	상권다각형 동일 시간대 1차 상권	총매출액의 60%를 기준으로 1 · 2차 상권구분, 거리에 따른 수요감소 함수	시장분화를 전제로 동일 지역 내에서도 그룹별도 차이를 둠
응용	편의품, 체인점, 표준적인 쇼핑센터	선매품, 전문상가, 경쟁선포	매우 전문화된 상품 특정소득그룹 대상
적용 상점	주류판매점, 우체국	백화점, 슈퍼마켓	고급 가구점

4. 점포(상가)의 분류 및 입지

(1) 입지 위치에 따른 분류

1) 집심성 점포

집심성(集心性) 점포란 도매점, 백화점, 골동품점, 보석 등 귀금속점, 포목 및의류전문점, 고급음식점, 화장품점, 약국, 대형서점, 영화관 등으로 상권의 중심지에 입지하여야 제대로의 기능을 발휘한다. 즉 집심성 점포에 있어서 가장 좋은 입지는 도시의 중심부이다.

2) 집재성 점포

일정한 점포는 같은 업종 또는 유사한 업종의 점포가 한 곳에 모여서 입지하여야 유리하다. 예를 들면 은행, 보험회사 등 금융업, 상사의 사무실, 관공서, 기계 및 기계부품점, 전자 및 전기제품점, 인쇄소, 가구점 등이 있으며, 이런 점포들을 집재성(集在性) 점포라 한다.

3) 산재성 점포

소매점포가 입지하는 상권의 크기는 한정되어 있기 때문에 동종업체간의 분산 입지하는 것이 유리하다. 즉 식료잡화점, 이 · 미용실, 공중목욕탕, 세탁소, 기타 일용품 소매점 등은 동업종 점포 간끼리 분산 입지하여야 하며, 한 곳에 집재하면 서로 불리하다. 이런 점포를 산재성(散在性) 점포라 한다.

4) 국부적 집중성 점포

농기구상, 석재상, 철공소, 비료점, 종묘점, 어구점(漁具店), 기계공구점 등의 점포는 동업종의 점포끼리 국부적(局部的) 중심지에 입지하여야 한다.

(2) 상품 종류에 따른 분류

1) 편의품점

일상생활에 필요한 필수품을 판매하는 상품을 편의품점 또는 최기품점이라 한다. 근처의 가게에서 사는 상품으로 일상생필품이 대부분이다. 구매결정(purchase decision)이 비교적 신속하고, 가격수준이 낮으며, 상품의 성격상 다른 소비품에 비해 이윤율이 낮은 편이다. 편의품점의 입지는 고객 가까이 위치해야 하므로 상권은 도보로 5~15분 이내, 거리로는 1,000m를 넘지 않는 범위가 적당하며 접근성이 중요하다.

2) 선매품점 또는 매회품점

선매품(shopping goods)은 고객이 상품의 가격, 디자인, 품질 등을 여러 상품과 비교하여 구매하는 것을 말한다. 선매품점(選買品店)은 이러한 상품을 주로 판매하는 상점을 말한다. 이 상품은 편의품보다 일반적으로 가격단위가 높고, 구입 빈도가 낮으며, 동종류의 상품을 수시로 사들이지 않는다. 예컨대 가구, 고급의류, 보석 등 귀금속, 컴퓨터 등 전자제품, 냉장고 등 가전제품 등이 이에 속한다.

따라서 상품의 특성상 이 점포들은 집심성·집재성 점포에 속하는 경우가 많고 비교적 먼 거리에서 고객이 찾아오기 때문에 교통수단과 접근성이 중요하다. 이들은 넓은 상권을 배경으로 해야 한다. 즉 선매품점 즉, 매회품점의 입지는 많은 인구의 집중과 그에 수반하여 편리한 교통수단이 갖추어져 있어야 한다.

물론 교통량이 많아도 시간별, 방향별, 성별, 연령별, 보행속도, 통과목적 등에 따라 차이가 있으므로 선매품점의 입지는 상품의 종류, 유형에 따라 세심한 주의가 필요하다.

3) 전문품점

전문품은 특정점포에서 구입하는 특정상품으로 고객은 애초부터 그 점포를 목표로 하여 오게 된다. 설령 오는 도중 같은 종류의 상품을 취급하는 점포가 있다 해도 지나치는 게 보통이며, 가격수준도 높다. 즉 명품상품을 갖춘 전문품점이라 할 수 있다. 고객의 요구에 따라 점포의 품격도 높여야 한다.

이것은 그 상품 자체가 전문적인 지식을 요하는 것이므로 과거부터 알고 있거나 기억에 있는 점포를 찾게 되는 것이다. 이러한 전문품으로는 고급의상, 고급시계, 고급카메라, 고급자동차, 악기류·운동구류 등을 들 수 있다. 상품의 특성상 구매결정에 신중을 기하며, 구매 빈도가 낮으며, 자본의 동결기간이 길지만 이윤은 높은 편이다. 전문품점은 교통이 편리한 곳이라면 그 입지에 있어서 위치의 영향을 비교적 덜 받지만 집심성 점포가 많다.

5. 상권측정에 관한 기존 연구

(1) 공간 균배의 원리

[그림 10-2]와 같이 M1에서 M2에 걸쳐 소비자가 균등하게 분포되어 있다고 할 경우, 갑이 먼저 A지점에 점포를 차렸고 나중에 을이 B지점에 점포를 차린다면 갑 소유의 A점포는 을 소유의 B점포로 인하여 종전까지 가지고 있던 M2쪽의 배후지가 차단되어 크게 불리해진다.

그러므로 갑은 이를 만회하기 위하여 B지점보다 M쪽(즉 배후지의 중심부)에 가깝게 점포를 다시 옮기게 된다. 그러면 을이 또한 불리해지므로 다시 갑보다 M쪽에 더 가깝게 자리 잡으려고 하며, 이렇게 하나의 배후지를 놓고 갑과 을이 서로 다툰다면 종국적으로 두 점포는 배후지의 중심부에 입지할 수밖에 없게 된다.

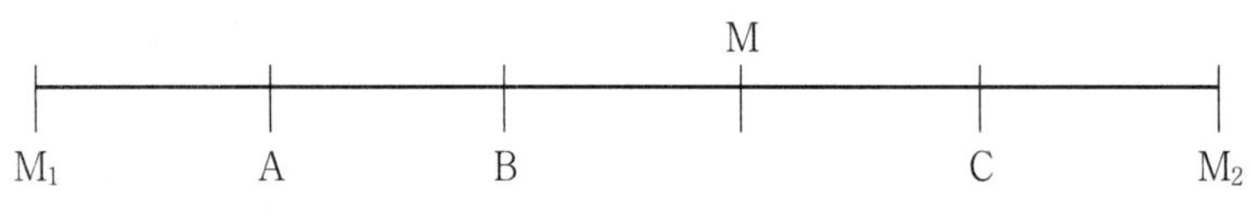

[그림 10-2] 공간균배의 원리

그러나 이것은 수요의 탄력성이 영(0)인 경우, 즉 가격을 제외한 운송비 등이 거리에 관계없이 0인 경우에만 가능하고(현실적으로는 수요의 탄력성이 0보다 크다), 따라서 수요의 탄력성이 큰 경우 갑과 을은 배후지의 중심부에서 떨어져 각각 B지점과 C지점에 분산 입지하는 것이 유리하게 된다.

결론적으로 공간균배의 원리로 볼 때 점포의 입지는 배후지가 좁고 수요의 탄력성이

적을 경우에는 배후지의 중심부로 모이는 경향이 있고, 수요의 탄력성이 클 경우에는 배후지의 중심부에서 분산되는 경향이 있다.

(2) 레일리의 소매인력 법칙

레일리(William J. Reilly)의 소매인력 법칙은 "2개 도시의 흡인력은 두 도시의 분기점으로부터 거리의 제곱에 반비례하여 형성된다"는 것이다. 즉 '두 물체 간의 인력은 거리의 제곱이 반비례하고, 질량의 크기에 비례한다'는 만유인력의 법칙을 원용한 것이다.

다시 말하면 두 중심지 사이에 위치하는 소비자에 대하여 두 중심지가 미치는 영향력의 크기는 그 두 중심의 크기, 즉 상점가의 크기에 비례하여 배분된다고 보는 것으로서 이 점에 착안하여 두 중심지 사이의 상업지역 구분을 최초로 시도하고 나서서 체계화시킨 사람이 레일리이다.

예를 들면 A도시와 B도시 간의 크기(인구)가 같다면 두 도시 간의 상권의 경계는 중간지점이 될 것이고, A도시가 B도시보다 2배나 크다면 상권의 경계가 되는 분기점(breaking point)은 B도시보다 A도시 쪽으로부터 1.4배 정도 더 떨어진 곳이 된다는 것이다.

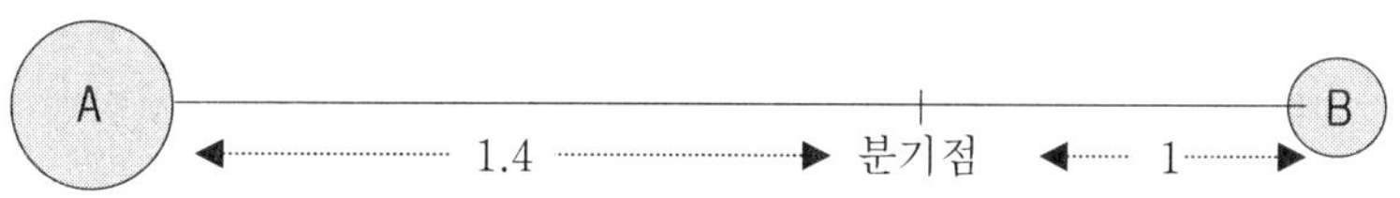

[그림 10-3] 레일리의 소매인력의 법칙

㉠ 레일리의 소매인력법칙은 중력모형을 이용한 상권의 범위를 획정하는 모형으로, 두 도시 사이에 존재하는 소비자들에 대하여 두 도시가 미치는 상권의 범위와 경계를 설명하는 이론이다.

㉡ 두 중심지 사이에 위치하는 소비자에 대하여 상권이 미치는 영향력의 크기는 그 두 중심의 크기에 비례하여 배분된다고 볼 수 있다. 이 점에 착안하여 두 중심지 사이의 상업지역의 구분을 최초로 시도하여 체계화시킨 사람이 레일리이다.

㉢ 레일리의 소매인력법칙에 따르면, 두 중심지가 소비자에게 미치는 영향력의 크기는 두 중심지의 크기에 비례하고 거리의 제곱에 반비례한다고 보았다. 즉, 2개 도시의 상거래 흡인력은 두 도시의 인구에 비례하고, 두 도시의 분기점으로부터 거리의 제곱에 반비례한다고 보았다.

㉣ A도시와 B도시 사이에 작은 마을이 있다고 가정할 경우, C마을 에 살고 있는 소비자들의 A, B도시에서의 구매지향비율은 A, B도 시의 인구의 비에 비례하고, A,

B도시까지의 거리의 제곱에 반비례 한다는 것이다(레일리법칙).

ⓜ B도시에 대한 A도시의 구매지향비율 ($\frac{B_A}{B_B}$)와 같다.

$$\frac{A\text{도시의 인구}}{B\text{도시의 인구}} \times \left(\frac{B\text{도시의 거리}}{A\text{도시의 거리}}\right)^2$$

ⓑ 레일리의 소매인력법칙은 고객유인력(상거래 흡인력)을 설명할 때 도시의 크기와 실측거리를 중심으로 연구했으며, 소비자가 선택 가능한 점포의 수가 제한된다는 문제점이 있다. 따라서 구매중심점이 여러 곳에 존재하는 대도시에 적용하는 데에는 한계가 있다.

(3) 허프(D. L. Huff)의 소매지역이론(확률적 상권모형, 중심지이론)

허프(David. L. Huff)는 중력이론을 토대로 대도시에서 쇼핑패턴을 결정하는 확률모델을 다음과 같이 제시하였다. 이것은 상업입지를 측정하는 데 흔히 사용된다. 그는 어떤 지점에 입지하고 있는 소비자가 특정 지역의 쇼핑센터에 갈 확률을 ⓐ 소비자와 행선지의 거리, ⓑ 경쟁하고 있는 쇼핑센터의 수, ⓒ 쇼핑센터의 크기로 결정된다는 가정하에 수학적 산식(算式)을 작성하였다.

허프박사는 레일리법칙, 콘버스법칙에서 이용하는 인구, 거리에 매장의 크기(면적)을 더하여 소매흡인률을 산출하였다. 이 산식은 쇼핑갈 확률을 찾는 것인데 실제로는 다음과 같은 내용도 파악할 수 있다.

① 어떤 상업지역에서 각 상점가로 쇼핑갈 확률
② 당해 상권의 현재 소비자 인구, 세대수 및 장래의 인구, 세대수
③ 신규 진입 후 각 상가의 쇼핑고객 비율
④ 신규 진입 후 현재 상가(일용품, 선매품)의 영향도 지수
⑤ 신규 진입하는 점포의 적정 매장 면적 검토
⑥ 신규 진입하는 점포의 경영면에서 본 매장효율의 산출 등

이 소매지역 상권이론은 고밀도의 시가지에 거주하는 소비자가 특정지역에서만 상품을 구입하지 않으므로 상가는 소비자의 기호나 소득관계를 참작하여 선택된 상품 등을 판매하여야 한다는 것으로서 경험적인 확률로서 추정된다.

특히 허프의 모델은 어떤 지역에서 다수의 경쟁업체가 입지할 경우 각 점포의 이론적인 소비자의 유휴흡인력 및 매상고를 추산하는데 유용하다.

㉠ 허프는 앞의 두 모형에서 도시 단위로 논의되었던 소매인력론을 소매상권이론으로

전환시켜 소매지역이론으로 발전시켰다. 또한 레일리의 소매인력법칙이 구매중심점이 여러 곳에 존재하는 대도시에 적용하는 데에는 한계가 있다는 점을 보완하여 구매중심점이 여러 곳에 존재하는 대도시에서 쇼핑 패턴을 결정하는 확률모형을 제시하고 있다.

㉡ 소비자는 가장 가까운 곳에서 상품을 선택하려는 경향이 있으나 적당한 거리에 고차원 중심지가 있으면, 인근의 저차원 중심지를 지나칠 가능성이 커진다. 점포의 거래권에 영향을 주는 것은 근본적으로 행동자로서의 소비자이다.

㉢ 인구밀도가 높은 도시(고밀도의 시가지)에 거주하는 소비자는 특정 지역에서만 상품을 구입하지 않으므로, 상가는 소비자의 기호나 소득관계를 참작하여 선택된 상품(예 전문품) 등을 판매하여야 한다.

㉣ 소비자들의 특정 상점의 구매를 설명할 때 실측거리, 시간거리, 매장규모와 같은 공간요인뿐만 아니라 효용이라는 비공간요인도 고려하였다. 즉, 소비자는 일반적으로 점포의 매장규모가 클수록, 점포까지의 거리가 가까울수록, 시간이 적게 소요될수록 구매 시 효용이 증가한다고 보았다. 결국 어떤 매장이 고객에게 주는 효용이 클수록 그 매장이 고객들에게 선택될 확률이 더 높아진다는 공리에 바탕을 두고 있다.

㉤ 허프의 확률적 상권모형에 따를 경우, 어느 매장의 고객유인력은 매장규모에 비례하고 공간(거리)마찰계수승(乘)에 반비례한다. 허프모형을 활용하여 한 지역에서 각 상점의 시장점유율, 상권의 규모 또는 매장의 매출액을 추정할 수 있다. 소비자거주지에 거주하는 소비자가 A, B매장 중 A매장으로 구매하러 갈 확률(시장점유율)은 다음과 같다.

$$\text{소비자가 } A\text{매장을 이용할 확률} = \frac{A\text{매장의 고객 유인력}}{A\text{매장의 고객 유인력} + B\text{매장의 고객 유인력}}$$

따라서 허프의 상권분석모형에 따르면, 소비자가 특정 점포를 이용할 확률은 경쟁점포의 수, 점포와의 거리, 점포의 면적에 의해 결정된다.

㉥ 모형을 적용하기 전에 공간(거리)마찰계수가 먼저 정해져야 하는데 공간(거리)마찰계수는 시장의 교통조건과 쇼핑물건의 특성에 따라 달라지는 값이다. 공간(거리)마찰계수는 교통조건이 나수록 커지 게 되며, 일상용품점보다 전문품점의 경우가 작다.

㉦ 허프의 상권분석모형은 고정된 상권을 놓고 경쟁함으로써 제로섬 (Zero-Sum)게임이 된다는 한계가 있다.

(4) 크리스탈러(W. Christaller)의 중심지이론 - 거시적 분석

① 중심지이론의 의의

㉠ 1933년 독일의 지리학자인 크리스탈러가 독일 남부지역의 도시를 실증적으로 분석한 결과를 기초로 하여 발전시킨 도시분포와 계층체계에 관한 이론이다.

㉡ 이는 중심지 계층 간의 포섭원리로서 중심지는 중심성의 상대적 크기에 따라 고차 중심지와 저차 중심지로 구분되며, 고차일수록 저차보다 중심지 간의 거리가 멀고 규모가 크며 다양한 중심 기능을 가진다는 이론이다.

㉢ 인간 정주체계의 분포원리와 상업입지의 계층체계를 설명하고 있다.

② 중심지이론의 전제조건과 주요 개념

㉠ 전제조건

ⓐ 자연 조건이 동질적인 평야에 인구분포가 균등하다.

ⓑ 이들의 구매력, 소비성향, 교통수단은 동일하다.

ⓒ 이들은 최소의 비용으로 재화를 구입하는 '경제인'으로 행동한다.

㉡ 주요 개념 : '중심지 기능'이란 주변지역에 재화와 서비스를 제공하는 기능으로 기반활동(basic activity)과 유사한 개념이다. 이 중심지 기능을 수행하는 장소를 중심지라고 하는데, 도시는 대부분 중심지 기능을 수행하므로 중심지는 곧 도시를 의미한다.

ⓐ 배후지 : 지역 사방에 분산되어 있고, 경제나 사회활동이 집중되지 않은 일정지역을 말한다. 태어

ⓑ 중심지 : 크리스탈러는 도시의 기능은 주변지역에 재화와 서비스를 생산하여 제공하는 것이라고 했다. 이처럼 각종 재화와 서비스 공급기능이 집중되어 배후지에 재화와 서비스를 공급하는 중심지역을 중심지라고 한다.

ⓒ 재화의 도달범위(거리) : 중심지 기능이 미치는 최대의 공간 범위를 말한다. 즉, 중심지가 수행하는 기능이 중심지로부터 미치는 한계거리를 의미한다. 또한 중심지 활동이 제공되는 공간적 한계로 중심지로부터 어느 기능에 대한 수요가 '0'(또 는 상품의 판매량이 0)이 되는 지점까지의 거리를 말한다.

ⓓ 최소요구치 : 중심지 기능을 유지시키기 위하여 필요로 하는 최소한의 인구수(고객 수)를 말한다. 즉, 중심지 기능이 유지되기 위한 최소한의 수요 요구규모를 말한다.

ⓔ 최소요구범위 : 판매자가 정상이윤을 얻는 만큼의 충분한 소비자를 포함하는 경계까지의 거리를 말한다.

ⓕ 중심지가 유지되기 위한 조건 : 최소요구치의 범위보다 재화의 도달범위가 커야 한다.

③ 중심지의 형태 : 공간상에 하나의 중심지만 있다면 시장의 형태는 재화의 도달범위를 반지름으로 하는 원형이 된다. 원형은 모든 방향에서의 접근성이 최소인 도형

이다. 그러나 지표 공간상에는 동일 계층의 중심지가 여러 개 존재하게 되고, 이들 중심지 상호간의 경쟁을 최소화하기 위하여 다음의 그림과 같이 '(A) 배후지 외접형 ⇨ (B) 배후지 중첩형 ⇨ (C) 배후지 완결형'의 과정을 거쳐 원형에 가까운 정육각형의 배후지가 된다. 그것은 모든 지역이 중심지로부터 상품을 공급받을 수 있는 안정된 배후지 형태가 바로 육각형이기 때문이다.

㉠ 배후지 외접형: 중심지의 서비스를 제공 받지 못하는 소외지역이 발생한다.

㉡ 배후지 중첩형: 중심지 간의 지나친 경쟁으로 불필요하게 중복되는 지역이 발생한다.

㉢ 배후지 완결형: 겹치거나 소외되는 지역이 존재하지 않고 재화나 서비스를 제공한다.

④ 중심지의 계층구조 : 재화와 서비스에 따라 중심지가 계층화되며 서로 다른 크기의 도달범위와 최소요구범위를 가진다고 보았다. 중심 기능이 큰 중심지일수록 시장지역이 넓어 육각형의 규모가 크고, 중심지 상호간의 거리가 멀어진다. 즉, 슈퍼마켓에 비해 백화점과 같이 큰 중심지 기능은 배후지의 형상이 더 큰 육각형 구조로 이루어진다. 따라서 중심지 기능의 규모 차에 따라 중심지 구조는 여러 층으로 나뉜 계층구조를 띠게 된다. 따라서 중심지이론에 따르면 하늘에서 내려다본 지표상의 도시들은 육각형의 계층구조로 질서 정연하게 배열되어 있다고 주장한다.

(5) 컨버스(P. D. Converse)의 분기점 모형

① 컨버스의 분기점모형은 레일리법칙을 응용하여 두 도시(도시 A와B) 간의 구매영향력이 같은 분기점(상권의 경계지점)의 위치를 구하는 방법을 제시한 것이다.

② 컨버스는 경쟁하는 두 도시에 각각 입시해있는 소매시설 간 상권의 경계지점을 확인할 수 있도록 레일리의 소매중력모형을 수정했다.

③ 원리는 두 상권의 분기점에서의 두 점포에 대한 구매지향력은 같다는 것이며, 소매인력법칙의 식에서 와 B_{B} 를 같게 하고 거리를 미지수 (D_{A}) 로 놓으면 A 도시로부터 상권의 분기점까지의 거리 (D_{A}) 는 다음과 같다.

(6) 넬슨(R. L. Nelson)의 소매입지이론

넬슨(Nelson)은 점포의 경험주체가 최대의 이익을 확보하기 위하여 소매상점의 입지에 대해 8가지 원칙을 제시하였다. 이는 점포입지 원칙이라고도 하며, 그 자세한 내용은 다음과 같다.

① 현재의 지역후보의 적합지점 : 상권내의 소비지출
② 잠재적 발전 가능성 : 인구증가, 소득수준의 향상 또는 하락이 상권형성의 기초를 이룬다.
③ 고객의 중간요인 : 출·퇴근 중간지점
④ 상거래 지역에 대한 적합지점 : 접근 가능성을 말한다.
⑤ 집중 흡인력 : 누적적 흡인력이라고도 한다. 한국에서는 4대문안, 즉 흥인지문, 숭례문, 종로5가, 경동시장 등이 이에 해당한다.
⑥ 양립성 : 정비례하며 판매액을 증가시킨다. 예를 들면 농기계, 농약, 종묘, 농업관련 금융 등은 보완관계가 있는 상품을 취급함으로써 양 점포가 함께 이용하는 고객을 창출한다.
⑦ 경합성의 최소화 : 경쟁점의 입지, 특성, 규모, 형태를 감안하여 입지 선택하여 매출액을 예측한다.
⑧ 용지경제학 : 입지비용을 생산성과 관련시킨다.
  ㉠ 넬슨은 특정 점포가 최대 이익을 얻을 수 있는 매출액을 확보하기 위해서는 어떤 장소에 입지하여야 하는가에 대한 원칙을 제시하였다.
  ㉡ 점포입지의 원칙
    ⓐ 현재의 지역후보의 적합지점 : 입지하려고 하는 지역의 상권을 결정하고 인구·소득·소비지출내역 등을 조사하여 그 지역에서 개점하는 것이 어느 정도로 소매입지로서 적당한가를 판단하여야 한다.
    ⓑ 잠재적 발전성 : 입지는 가급적 인구나 수입이 증대하고 있는 상업지역 내이어야 한다.
    ⓒ 고객의 중간유인 : 상업지역에 가는 도중의 고객을 중간에 유인하기 위하여 그들의 주거지와 전에 다니던 장소의 중간에 점포를 개점하는 것이 유리하다.
    ⓓ 상거래 지역에 대한 적합지점 : 자발적 판매, 공유적 판매, 충동적 판매를 고려하여 현실적으로 그 점포가 충분한 고객을 확보할 수 있는가를 판단하여야 한다.
    ⓔ 집중흡인력 : 떨어져서 독립적으로 존재하는 것보다 동종의 점포가 서로 집중된 것이 업종에 따라 유익한 경우가 많다. 동종의 점포나 보조적인 점포 간에 적용된다.
    ⓕ 양립성 : 구매객의 유동을 방해하지 않고 고객이 충분히 이동할 수 있도록 배려하여야 한다. 양립성이란 서로 다른 인접점포가 고객을 주고받는 현상을 의미한다. 넬슨은 특히 이 원칙을 강조하고 있다.
    ⓖ 경합성의 최소화 : 상업용지는 경합이 가장 적은 장소를 택하여야 한다.

ⓗ 용지경제학 : 투자하는 자본에 대해 생산성과 장래의 성장을 가장 확실하게 보장해 주는 용지를 택한다.

(7) 일본 통산성 허프모델(수정 허프모델)

일본(日本) 통산성은 허프모델을 일본식으로 수정하였다. 이것을 통산성 허프모델 또는 수정허프모델이라 한다. 허프모델과 차이점은 저항계수 바로미터를 2로 고정시키고, 상점가의 소요시간을 거리로 치환한 점이다.

즉 "어떤 지역에 사는 소비자가 어떤 쇼핑센터로 쇼핑갈 확률은 매장면적과 비례하고, 거기에 도달하는 시간거리의 2승에 반비례한다"는 것이다.

6. 입지효과의 시간법칙

좋은 상업입지는 투자한 자본과 효력에 대하여 충분한 이익을 확보해 주지만 이러한 이익은 개점과 더불어 즉각적으로 나타나는 것은 아니고 충분한 시간적 여유를 가진 장기적인 것이라는 상업입지의 시간원칙이 적용된다.

개개의 점포는 그 나름대로 일정한 수명을 가지고 있으며, 평범한 대부분의 소매점은 그 수명이 짧고, 창의적이고, 독특한 성격을 구비한 점포는 좀 더 긴 수명을 가질 것이다. 어느 경우이든 점포는 상승·정상·하강의 라이프 사이클(life cycle)을 가지고 있다.

연 습 문 제

1. 입지선정의 중요성에 대해서 기술하시오.

2. 주택지의 입지선정을 위한 고려요인을 기술하시오.

3. 공업지의 입지조건, 입지인자 등에 관하여 기술하시오.

4. 상업지의 지역요인에 대해서 기술하시오.

5. 풍수지리사상에 대하여 기술하시오.

6. 베버의 공업입지론에 대하여 기술하시오.

공인중개사 기출 및 예상문제

1. 다음은 지대이론(land rent theory)에 대한 설명이다. 가장 거리가 먼 것은? (15회 기출)

① 튀넨은 지대의 결정이 토지의 비옥도만이 아닌 위치에 따라 달라지는 위치지대(location rent)의 개념을 통해, 현대적인 입지이론의 기초를 제공했다.

② 입찰지대(bid rent)란 단위면적의 토지에 대해 토지이용자가 지불하고자 하는 최대금액으로, 초과이윤이 0이 되는 수준의 지대를 말한다.

③ 생산요소 간의 대체가 일어날 경우, 일반적으로 입찰지대곡선은 우하향하면서 원점을 향해 볼록한 형태를 지니게 된다.

④ 입찰지대곡선의 기울기는 토지이용자의 토지이용량을 생산물의 단위당 한계운송비로 나눈 값이다.

⑤ 단일도심 도시에서 상업용 토지이용이 도심 부근에 나타나는 것은, 상업용 토지이용이 단위 토지면적당 생산성이 높고 생산물의 단위당 한계운송비가 크기 때문이다.

[해설]

① 튀넨의 지대론은 토지의 위치문제를 중요시하여 지대를 토지의 비옥도만이 아닌 위치에 따라 달라지는 위치지대(location rent)의 개념을 제공하였으며 이는 오늘날의 현대 입지이론의 기초를 제공했다.

② 입찰지대(bid rent)란 토지이용자가 지불하고자 하는 최대금액으로, 초과이윤이 0이 되는 수준의 지대를 말한다. 입찰지대에 의해 입찰지대곡선이 우하향의 형태를 띠게 된다(③).

④ 입찰지대곡선의 기울기는 토지이용자의 토지사용량에 대한 한계수송비이다.

$$\text{입찰지대곡선 기울기} = \frac{\text{한계수송비}}{\text{토지사용량}}$$

⑤ 상업용 토지이용이 단위 토지면적당 생산성이 높고 생산물의 단위당 한계운송비가 크기 때문에 도심은 상업용 부동산이 많이 분포한다.

2. 다음은 입지이론을 설명한 것이다. 맞는 것은? (13회 기출)

① 농업입지이론으로 튀넨(Thunen)의 고립국이론 : 토지이용의 양태(樣態)는 경작농산물의 생산비에 의하여 결정된다고 하고, 중심시장으로부터의 거리에 의한 동심원 지대(地帶) 모델을 제시하였다.

정답 1. ④

② 상업입지이론으로 크리스탈러(W. Christaller)의 중심지이론 : 중심지 계층 간의 포섭원리로서 중심지는 중심성의 상대적 크기에 따라 고차 중심지와 저차 중심지로 구분되며, 고차일수록 저차보다 중심지 간의 거리가 더 멀고 규모가 크며 다양한 중심기능을 가진다.

③ 상업입지이론으로 레일러(W. Reilly)의 소매인력법칙 : 두 도시의 상거래흡인력은 인구에 반비례하고 두 도시 분기점으로부터의 거리의 제곱에 비례한다.

④ 공업입지이론으로 베버(A. Weber)의 최소비용이론 : 산업입지에서 가장 중요한 것은 수송비·임금·집적력 등인데 그 중에서 집적력이 가장 중요한 요소이다.

⑤ 상업입지이론으로 허프(D. Huff)의 중심지이론 : 소비자는 가장 가까운 곳에서 상품을 선택하려는 경향이 있으므로 적당한 거리에 고차원 중심지가 있어도 인근의 저차원 중심지를 선택할 가능성이 커진다.

[해설]

① 튀넨의 고립국이론은 토지이용의 형태는 지대에 의해 결정되고 지대는 수송비의 차이에 의해 결정되므로 결국 수송비에 의해 결정된다는 것이다.

③ 두 도시 사이에 존재하는 소비자에게 미치는 영향력은 상권의 분기점으로부터 거리의 제곱에 반비례한다.

④ 베버의 최소비용이론은 공업지 입지요인으로 수송비를 중요시하였다.

⑤ 적당한 거리에 고차중심지가 있으면 인근지역의 저차중심지를 지나칠 수 있다.

3. 부동산 시장 분석에 관한 설명 중 틀린 것은? (16회 기출)

① 시장세분화는 수요자의 특성에 따라, 시장차별화는 공급 상품의 특성에 따라 시장을 구분하는 것이다.

② 소매중력법칙에 따르면 소비자에 대한 유인력은 상점의 규모가 클수록, 거리가 멀수록 커진다.

③ 특정지역에서 해당 부동산 유형에 대한 시장성장성, 시장점유율, 개별타당성 등을 파악하는 것이 시장분석의 중요한 내용이다.

④ 부동산상품은 표준화가 어렵기 때문에 시장분석이 복잡해진다.

⑤ 일정시점에 시장에 존재하는 주택의 양과 사람들이 보유하고자 하는 주택의 양은 다를 수 있다.

[해설]

② 레일리의 소매중력법칙은 뉴턴의 만유인력법칙을 상권이론에 적용한 것으로 소비자에 대한 유인력은 상점의 규모가 클수록, 거리가 가까울수록 커진다는 것이다.

정답 2. ② 3. ②

4. 상권의 분석방법에 관한 설명 중 틀린 것은? (16회 기출)

① 크리스탈러(W. Christaller)의 중심지이론은 유사한 상품을 취급하는 점포들이 서로 도심에 인접해 있는 경우를 잘 설명해 준다.

② 컨버스(P. D. Converse)의 분기점모형은 두 도시 간의 구매영향력이 같은 분기점의 위치를 구하는 방법을 제시한다.

③ 중력모형은 중심지의 형성과정보다 중심지 간의 상호작용에 더 초점을 두고 있다.

④ CST(customer spotting techniques)기법은 상권의 규모뿐만 아니라 고객의 특성파악 및 판매촉진전략 수립에 도움이 될 수 있다.

⑤ 허프(D. L Huff)의 확률모형으로 한 지역에서 각 상점의 시장점유율을 간편하게 추산할 수 있다.

[해설]

① 크리스탈러의 중심지이론은 소매상점의 공간적 분포와 시장 중심지 및 시장권역의 형성과 위계질서를 설명하고 있다. 그러나 크리스탈러는 재화의 공급단위를 개별적으로 인식하여 전개하였으며 유사상품을 취급하는 점포들이 누리는 집적의 이익을 고려하지 않았다는 문제점이 있다.

② 컨버스(P. D. Converse)의 분기점모형은 두 도시 간의 구매영향력이 같은 분기점의 위치를 구하는 방법을 제시한다. 상권의 분기점의 위치는 레일리의 소매인력법칙에 관한 위의 식에서 구매지향률 B_A와 B_B를 동일하다고 놓으면 B도시로부터 상권의 분기점까지의 거리 D_A는 다음과 같다.

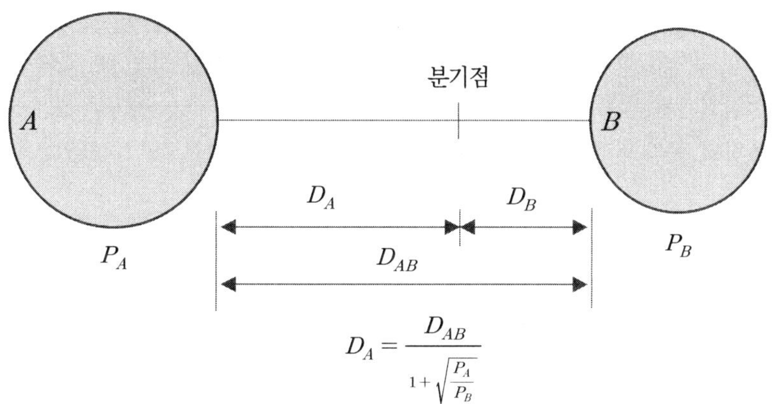

$$D_A = \frac{D_{AB}}{1+\sqrt{\frac{P_A}{P_B}}}$$

③ 레일리의 중력모형은 중심지의 형성과정보다 중심지 간의 상호작용에 더 초점을 두고 있다. 이는 두 도시의 사이에 존재하는 소비자들에 대하여 미치는 상권의 범위와 그 경계를 설명하기 위한 이론이다.

④ 소비자분포기법(CST : customer spotting techniques)은 지리적 상권의 범위를 획정하기 위한 기법으로 상권의 규모뿐만 아니라 고객의 특성파악 및 판매촉진전략 수립에 도움이 될 수 있다.

정답 4. ①

⑤ 허프의 확률모형은 고객의 유인력은 매장의 규모에 비례하고, 거리의 제곱에 반비례한다. I지역에 있는 소비자가 특정한 J도시로 구매하러 갈 확률은 다음과 같다

$$P_{ij} = \frac{n\frac{S_i}{(T_{ij})^\lambda}}{\sum_{ij}\left[\frac{S_i}{(T_{ij})^\lambda}\right]}$$

P_{ij} : i존의 소비자가 j존의 쇼핑센터에 갈 확률

S_j : j존의 쇼핑센터의 크기

T_{ij} : j존에서 i존까지의 교통시간(거리)

λ : 매개변수(마찰계수)

5. 공장부지의 입지요인에 관한 설명 중 가장 적절하지 않은 것은? (15회 기출)

① 중간재나 완제품을 생산하는 공장은 시장지향형 입지를, 노동집약적이고 미숙련공을 많이 사용하는 공장은 노동지향형 입지를 선호한다.

② 보편원료(ubiquitous material)를 많이 사용하는 공장과 중량감소산업은 원료지향형 입지를 선호한다.

③ 위험물폐기규제, 대상지역의 기업환경, 세제상의 혜택, 중앙정부나 지방정부의 지원 등도 부지선정 시 고려해야 할 중요한 요인이 된다.

④ 운송비의 비중이 적고 기술연관성이 높으며 계열화된 산업의 경우, 집적지역에 입지함으로써 비용절감효과를 얻을 수 있다.

⑤ 기업조직의 공간적 분업, 공간연계 등 기업의 조직구조변화도 입지요인으로 들 수 있다.

[해설]

② 보편원료를 많이 사용하는 공장은 제품수송비를 줄이는 편이 전체 수송비를 절약하는 것이 되어지므로 시장지향형 입지를 채택한다. 제품의 중량감소산업은 상대적으로 원료의 중량이 제품의 중량보다 무겁다는 의미이므로 원료수송비가 많기 때문에 원료생산지 가까이에 입지하는 것이 유리하다.

6. 부동산의 입지는 그 부동산을 활용하는 데 지대한 영향을 미친다. 다음 설명 중 옳은 것은? (14회 기출)

① 토지 이외의 생산요소가 동일할 때 입지우위로 얻는 초과수익을 입지잉여라 한다.

② 주거입지란 주택건설사업자가 주택 및 상점가를 건설하기 위하여 한국토지공사로부터 택지를 분양받는 것을 말한다.

정답 5. ②

③ 농업입지를 고려하는 경우 생산력에 크게 영향을 미치지 않는 취락과 거리는 검토대상이 아니다.

④ 입지경쟁이 발생하면 토지이용이 조방화되어 단위면적당 노동과 자본투입비율이 상승한다.

⑤ 공업입지선정은 시장과 거리가 가장 중요하며, 정치나 국방・개인선호 등의 비경제인자는 고려하지 않는다.

[해설]

② 주거입지란 거주의 쾌적성과 생활의 편리성에 따라 주거지를 정하는 것을 의미한다.

③ 농업입지는 생산력이 중요한 입지요인으로 취락지와의 거리는 중요한 검토의 대상이다.

④ 입지경쟁이 치열하면 토지는 집약적으로 이용되므로 단위면적당 노동과 자본의 투입량이 커진다.

⑤ 공업입지선정은 산업의 종류에 따라 시장과의 거리, 원료생산지와의 거리 등을 고려하게 되면 정치적 이유, 국방상의 이유, 개인적 이유 등의 비경제인자도 고려한다.

7. 부동산입지선정과 관련된 설명 중 틀린 것은? (9회 기출)

① 우리나라 풍수지리사상의 연구는 우리나라에서 전통적으로 존재해 온 부동산입지활동의 하나로 볼 수 있다.

② 튀넨(J. V. Thunen)의 입지연구에서는 수송비보다 상품판매활동의 중요성을 강조하고 있다.

③ 입지적 특성상 도매상은 집심성 점포, 잡화점은 산재성 점포에 속한다.

④ 서양의 입지연구를 주거입지보다 산업입지에 관한 연구가 더욱 활발하다.

⑤ 부동산입지연구는 입지주체가 산업활동의 극대화를 위해 가장 최적의 장소를 선정하는 법칙적 탐구에 주안점을 둔다.

[해설]

튀넨의 입지론(농업입지론) : 한계지대곡선은 중심지에서 상당한 지대를 발생시키다가 조방한계점에 이르면 0이 된다. 이러한 차이는 오로지 당해 경제활동에 있어 산출물의 수송비에서 생긴다.

8. 부동산입지선정과 관련된 설명 가운데 틀린 것은? (6회 기출)

① 부동산입지연구는 입지주체가 활동의 극대화를 위해 장소를 선정하는 법칙의 탐구에 주안점을 둔다.

② 우리나라의 풍수지리사상의 연구는 우리나라에서 전통적으로 존재해 온 부동산입지활동의 하나로 볼 수 있다.

③ 서양의 입지연구에 있어서는 주거입지론보다 산업입지론이 더욱 앞서서 왕성한 연구가 행해졌다고 볼 수 있다.

정답 6. ① 7. ②

④ 튀넨(J. V. Thunen)의 입지연구에서는 수송비보다 상품판매활동의 중요성을 더욱 강조하여 양질의 판매원들이 밀집한 곳이 최적의 산업입지점이 된다고 보았다.
⑤ 입지적 특징상 도매상은 집심성 점포에 속하며 농기구상은 국부적 집중성에 속하고 잡화점은 산재성 점포에 속한다.

[해설]
튀넨은 지대를 시장과의 거리에서 구하며 원거리의 위치에 비해 근거리 토지생산물의 수송비절약이 지대화된다는 주장이며, 수송비를 중요시 여긴다. 튀넨의 농촌 토지이용구조를 도시 토지이용구조에 적용시킨 동심원이론에서는 수송비를 중시한다.

9. 다음 중 주거입지에 관한 설명으로 바르지 못한 것은? (4회 기출)

① 주거지로 우뚝 솟은 봉우리는 나쁘고, 반대로 움푹 패인 소형분지는 좋다.
② 과거에 논이나 수면 혹은 늪이었다가 매립한 곳은 나쁘다.
③ 남쪽이 트이고 완만한 경사를 이루며, 북쪽은 산이나 숲이 있는 곳이 좋다.
④ 절벽 밑은 붕괴의 위험이 있어 나쁘다.
⑤ 작은 못이나 하천변의 매립지 또는 쓰레기 매립지 등은 주거지로 나쁘다.

[해설]
주거지의 자연적 입지조건
(1) 지형, 지세
㉠ 지형은 남동이 트이고 원만한 경사를 이루며 북서쪽은 차가운 계절풍을 막아주는 산이나 숲이 있는 곳, 즉 앞이 낮고 뒤가 높은 곳이 좋다.
㉡ 언덕바지나 절벽 밑은 붕괴의 위험이 있고 바람받이가 세며 그늘이 지기 쉬워 피하는 게 좋다.
㉢ 우뚝 솟은 봉우리는 바람받이가 되어 나쁘고, 움푹 파여 들어간 소형 분지 또한 좋지 않다.
(2) 토지의 성질과 지질, 지반의 상태 : 암석이 많은 토질, 점토가 많은 토질, 모래가 많은 토질, 과거에 논이나 수면 혹은 늪이었다가 매립한 곳, 공장을 허물은 흙이나 기타 잡물이 섞인 곳, 쓰레기로 매립한 곳 등 좋은 지질이라 할 수 없다.

10.동산을 사용목적에 따라 분류하고, 그 목적에 따른 핵심적 효용성을 설명한 것이다. 옳지 않은 것은? (5회 기출)

① 상업용 부동산은 근본적으로 편리성과 비용이 중심점이 된다.
② 주거용 부동산은 원칙적으로 쾌적성과 교통이 중심점이 된다.
③ 공공용 부동산의 입지는 주민의 편리성과 이용이 우선되어야 한다.

정답 8. ④ 9. ①

④ 1차 산업용 부동산의 입지는 일반적으로 생산성과 기후에 초점이 맞추어진다.

⑤ 레저(Leisure)용 부동산의 입지는 일반적으로 안식과 경관, 그리고 수익성이 중심이 된다.

[해설]

입지조건

① 주택지는 쾌적성, 편리성, 교통이 좋은 곳이

② 상업지는 매출수익성이 높은 곳이

③ 공업지는 생산비와 수송비가 절약되는 곳이 좋고

④ 농업지와 임업지는 기상상태와 토양이 양호한 곳이 좋다.

11. 다음 중 상업지의 입지선정에서 배후지(hinterland)의 설명과 거리가 먼 것은? (2회 기출)

① 배후지는 인구밀도가 높을수록 양호하다.

② 배후지의 분석은 매상고를 예측하는 입지선정 활동이다.

③ 배후지란 고객이 존재하는 지역을 말하며, 상업지의 입지에 있어서 매우 중요하다.

④ 배후지의 분석은 현재의 배후지뿐만 아니라 장래의 배후지로 발전할 후보지도 고려하여야 한다.

⑤ 상업용 배후지는 고객의 사회적·경제적 수준이 높을수록 양호하며, 그 배후지의 범위는 고정적이다.

[해설]

① 배후지를 상권 또는 시장지역이라고도 하며, 상업활동은 고객을 상대로 하므로 그들이 존재하는 배후지가 가장 중요하다. 따라서 인구밀도와 지역면적이 크고 고객의 소득수준이 높아야 유리하다.

② 배후지를 정확하게 분석하는 것은 곧 매상고를 예측하는 입지선정활동의 관건이다.

③ 상점의 수요분석에 있어서는 현재의 성숙되어 있는 배후지만이 아니라 장차 성숙되어 배후지로서 성장할 후보지도 감안하여야 한다.

④ 상업용 배후지의 범위는 여러 요인에 의하여 변화한다.

12. 상권에 관한 설명으로 틀린 것은? (9회 기출)

① 고객밀도가 낮아도 인구밀도가 높으면 좋은 상권을 형성한다.

② 시장지역 또는 배후지(hinterland)라고도 한다.

③ 상권마다 매매관습과 소비관습의 차이가 있다.

④ 경쟁자의 출현은 상권을 차단하는 중요한 장애물이다.

⑤ 취급상품의 판매액에 다라 제1차, 제2차, 제3차 상권으로 분류하기도 한다.

정답 10. ① 11. ⑤ 12. ①

[해설]
상권이란 점포와 고객을 흡인하는 지리적 영역 또는 모든 소비자의 공간선호를 의미한다. 상권은 배후지 또는 시장지역이라고 부른다. 상권은 인구밀도와 지역면적이 크고 고객의 소득수준이 높아야 유리하다. 고객의 양 기타 고객의 구매력에 따라 영향을 받는다.

13. 다음 점포의 유형별 상업입지 중 국부적 집중성 점포에 해당하는 것은? (9회 기출)

① 도매점, 백화점 ② 은행, 보험회사 ③ 잡화점, 어물점
④ 농기구점, 석재점 ⑤ 피복점, 의류점

[해설]
입지 유형별 점포(소재위치에 따른 분류)
① 집심성 점포 : 배후지의 중심에 입지한다. 도매점, 백화점, 고급음식점, 요리점, 보석점, 미술품점, 서점, 영화관 등
② 집재성 점포 : 도업종의 점포는 서로 한 곳에 모여서 입지한다. 은행, 보험회사, 관공서, 가구점, 전기부품점, 기계점 등
③ 산재성 점포 : 소매점포가 입지하는 상권의 크기가 한정되어 있기 때문에 서로 분산 입지한다. 잡화점, 어물점, 과자점, 양화점, 이발소, 공중목욕탕, 세탁소 등
④ 국부적 집중성 점포 : 동업종의 점포끼리 국부적 중심지에 입지하여야 한다. 농기구점, 석재점, 철공소, 비료상점, 종묘점, 기계기구점 등

14. 다음 사항 중 공업지역의 지역요인과 거리가 먼 것은? (4회 기출)

① 도로·철도·항만 등 수송시설의 정비 상태
② 제품판매시장과의 위치관계
③ 용수 및 배수의 난이
④ 배후지의 질과 양
⑤ 원재료구입시장과의 위치관계

[해설]
(1) 공업지역의 지역 요인
㉠ 제품의 판매시장 및 원재료 구입시장과의 위치관계
㉡ 간선도로, 항만, 철도 등 수송시설의 정비사태
㉢ 동력자원 및 용·배수에 관한 비용
㉣ 노동력확보의 난이
㉤ 연관 산업과의 위치관계
㉥ 온도, 습도, 풍속 등 기상의 상태
㉦ 수질의 오독, 대기오염 등 공해 발생의 위험성

정답 13. ④ 14. ④

◎ 행정상의 조장 및 규제의 정도

(2) 배후지의 질과 양은 상업지역의 지역요인에 해당된다.

15. 다음은 회사의 부지선정팀이 공장부지의 선정 시 고려해야 할 사항을 열거 한 것이다. 적절하지 못한 것은? (8회 기출)

① 부지선정의 첫 번째 단계는 대상공장이 필요로 하는 특성들을 망라한 체크리스트를 만드는 것이다.

② 실제부지에 대한 탐색에 나서기 전 부지선정팀은 회사의 성격이나 제품의 경제적 특성에 비추어 탐색대상지역을 축소한다.

③ 원료의 부패성이 심한 제품을 생산하는 공장은 원료산지에 입지하는 경향이 있다.

④ 공장세서 필요로 하는 노동력을 주변지역에서 공급받을 수 있는지를 분석한다. 이 경우에는 주변지역뿐만 아니라 통근 가능범위 내의 지역은 모두 분석대상이 된다.

⑤ 부지선정팀은 대안부지들을 대상으로 현금수지분석을 행하고 최선의 대안을 선택하여 최고 관리자나 이사회에 추천한다.

[해설]

어떤 부지가 최선으로 판명되었다고 하더라도 협상과정에서 매도자가 지나치게 높은 가격을 고집하거나 한사코 팔기를 거부할 수도 있기 때문에 부지선정팀은 최선의 부지뿐만 아니라 차선의 부지도 반드시 고려하고 있어야 한다.

16. 지대이론에 관한 설명으로 옳은 것은? (34회 기출)

① 튀넨(J. H. von Thünen)의 위치지대설에 따르면, 비옥도 차이에 기초한 지대에 의해 비농업적 토지이 용이 결정된다.

② 마샬(A. Marshall)의 준지대설에 따르면, 생산을 위하여 사람이 만든 기계나 기구들로부터 얻은 일시 적인 소득은 준지대에 속한다.

③ 리카도(D. Ricardo)의 차액지대설에서 지대는 토지의 생산성과 운송비의 차이에 의해 결정된다.

④ 마르크스(K. Marx)의 절대지대설에 따르면, 최열등지에서는 지대가 발생하지 않는다.

⑤ 헤이그(R. Haig)의 마찰비용이론에서 지대는 마찰비용과 교통비의 합으로 산정된다.

[해설]

① 튀넨(J.H. von Thünen)의 위치지대설에 따르면, 위치에 따른 수송비 차이에 기초한 지대에 의해 농업적 토지 이용이 결정된다.

③ 리카도(D. Ricardo)의 차액지대설에서 지대는 토지의 비옥도 차이에 의해 결정된다.

정답 15. ⑤ 16. ②

④ 마르크스(K Mark)의 절대지대설에 따르면, 최열등지에서도 토지소유자의 요구로 지대가 발생한다.
⑤ 헤이그(R. Haig)의 마찰비용이론에서 마찰비용은 지대와 교통비(수송비)의 합으로 산정된다.

17. 입지 및 도시공간구조 이론에 관한 설명으로 틀린 것은? (35회 기출)

① 호이트(H. Hoyt)의 선형이론은 단핵의 중심지를 가진 동심원 도시구조를 기본으로 하고 있다는 점에서 동심원이론을 발전시킨 것이라고 할 수 있다.
② 크리스탈러(W. Christaller)는 중심성의 크기를 기초로 중심지가 고차중심지와 저차중심지로 구분되 는 동심원이론을 설명했다.
③ 해리스(C, Harris)와 울만(E. Ullman)은 도시 내부의 토지이용이 단일한 중심의 주위에 형성되는 것이 아니라 몇 개의 핵심지역 주위에 형성된다는 점을 강조하면서, 도시공간구조가 다핵심구조를 가질 수 있다고 보았다.
④ 베버(A. Weber)는 운송비의 관점에서 특정 공장이 원료지향적인지 또는 시장지향적인지를 판단하기 위해 원료지수(material index)개념을 사용했다.
⑤ 허프(D. Huff)모형의 공간(거리)마찰계수는 도로환경, 지형, 주행수단 등 다양한 요인에 영향을 받을 수 있는 값이며, 이 모형을 적용하려면 공간(거리)마찰계수가 정해져야 한다.

[해설]
크리스탈러(W. Christaller)는 중심성의 크기를 기초로 중심지가 고차중심지와 저차중심지로 구분되는 중심지이론을 설명했다.

18. 레일리(W. Reilly)의 소매중력모형에 따라 C신도시의 소비자가 A도시와 B도시에서 소비하는 월 추정소 비액은 각각 얼마인가? (단, 신도시의 인구는 모두 소비자이고, A B도시에서만 소비하는 것으로 가정함) (33회 기출)

· A도시 인구 : 50,000명, B도시 인구 : 32,000명
· C신도시 : A도시와 B도시 사이에 위치
· A도시와 신도시 간의 거리 : 5km
· B도시와 신도시 간의 거리 : 2km
· C신도시 소비자의 잠재 월 추정소비액 : 10억원

① A도시 : 1억원, B도시 : 9억원
② A도시 : 1억 5천만원, B도시 : 8억 5천만원
③ A도시 : 2억원, B도시 : 8억원

정답 17. ②

④ A도시 : 2억 5천만원, B도시 : 7억 5천만원

⑤ A도시 : 3억원 B도시 : 7억원

[해설]

$$\frac{A\text{도시의 인구}}{B\text{도시의 인구}} \times \left(\frac{B\text{도시의 거리}}{A\text{도시의 거리}}\right)^2 = \frac{50,000}{32,000} \times \left(\frac{2}{5}\right)^2 = \frac{1}{4} = \frac{2}{8}$$

19. 컨버스(P. D. Converse)의 분기점 모형에 기초할 때, A시와 B시의 상권 경계지점은 A시로부터 얼마만큼 떨어진 지점인가? (단, 주어진 조건에 한함) (35회 기출)

· A시와 B시는 동일 직선상에 위치 · A시와 B시 사이의 직선거리: 45km · A시 인구: 84만 명 · B시 인구: 21만 명

① 15km

② 20km

③ 25km

④ 30km

⑤ 35km

정답 18. ③ 19. ④

제11장 부동산 금융론

11.1 부동산 금융의 의의

1. 부동산 금융의 개념

부동산은 내구성이 강하고 상당한 고가품이기 때문에 부동산의 구입이나 주택의 건설에 소요되는 자금을 조달하는 데 적지 않은 어려움이 수반되는 것이 일반적이다. 이러한 어려움에 도움을 주는 것이 부동산 금융의 역할이다.

부동산 금융은 부동산 공급자뿐만 아니라 수요자에게도 일어난다. 부동산은 개인의 소득으로 매입 또는 임차하기엔 어려움이 있어 일반적으로 금융기관으로부터 대출을 받는다. 이러한 자금 수요자의 요구에 따라 금융기관은 당해 부동산을 담보로 자금을 대출한 후 이자를 받는데, 이런 금융거래를 부동산 금융이라 한다.

따라서 부동산 금융은 일정한 자금을 확보하여 그것을 무주택 서민과 주택건설업자에게 장기 저리로 대출해줌으로써 주택의 공급을 확대하는 한편 주택 구입을 용이하도록 하는 것이다. 즉 부동산 활동과 관련된 금융행위라 할 수 있다.

한국은 1997년 외환위기 이후 금융기관 재편성 등에 따라 한국주택은행법 폐지와 함께 동년 10월 민영화되기에 이르렀고, 2001년 1월 국민은행에 합병되었다. 그리고 그동안 독점적으로 영위하던 국민주택기금 관리업무도 2003년 1월 '기금수탁관리기관' 확대 대책에 따라 기존의 국민은행은 물론 우리은행과 농협중앙회에 재 위탁하여 관리하고 있다.

한편 2003년 12월에는 한국주택금융공사법이 제정, 그동안 분산되었던 주택저당채권 유동화 및 주택금융신용보증기금 업무를 이 법에 근거해 한국주택금융공사(KHFC)가 처리하도록 하였으며, 서민주거안정을 위해 장기대출 고정금리 원리금 균등상환대출 모기지 제도(mortgage loan)를 도입하여 서민의 부동산취득을 용이하게 하였다.

2007년부터는 역모기지제도를 도입하여 노인세대의 주거 및 생활안정을 꾀하는 등 주택금융체계를 개선하였다.

2. 주택금융의 의의 및 기능

(1) 주택금융의 의의

부동산금융은 여러 유형과 종류가 있으나 그 중에서 가장 비중이 큰 부문은 주택금융이라 할 수 있다.

주택금융이란 주택을 담보로 금전을 대부하는 일련의 경제 및 법률행위이다. 주택금융이 부동산 금융 중에서도 중요한 것은 주택이 인간 생존과 생활의 기본요소이면서 개인 소득으로는 해결하기 힘들어 국가가 정책적으로 배려를 하여야 하기 때문이다.

주택을 담보로 주택을 구입하거나 개량하고자 하는 수요자에게 주택자금을 융자해줌으로써 주택거래의 활성화를 도모한다.

(2) 주택금융의 기능

주택금융이란 주택을 건설하거나 구입, 증·개축 혹은 대지를 조성하는 데 필요한 자금을 조달하여 공급하고 관리하는 것을 말한다. 이를 공급자 금융과 소비자 금융으로 구분할 수 있는데, 전자는 주택을 생산·공급하기 위해 주택건설업자가 조달하는 것이고, 후자는 주택구입자가 조달하는 금융을 말한다.

주택금융은 주택의 생산과 거래를 원활하게 하고, 국민의 주거복지 수준을 향상시키는데 다음과 같은 기능을 하고 있다.

1) 주거복지 및 생활안정

주택의 인간 생활에 필수적으로 요구된다. 그러나 고가(高價)인 내구재라는 특성을 지니고 있다. 그러므로 주택공급업자가 스스로 건설자금을 조달하거나, 소비자가 자기 자금만으로 주택을 구입하는 데에는 한계가 있다.

이러한 한계를 극복하기 위해 정부는 주택금융을 제도적으로 지원하고 있다.

수요자의 주택마련저축을 유도하고 동시에 필요한 주택자금을 조성함으로써 주택금융은 주택건설사업자에게 건설자금을, 수요자에게 주택자금을 지원, 부족한 건설자금 및 주택구입 자금을 가능하게 한다. 따라서 주택자금의 금리가 낮으면, 수요자는 더 많아지고 그 혜택은 다수에게 돌아간다. 그 결과 다수의 국민이 더 많은 주거혜택을 누려 국민의 복지수준은 향상된다.

주택금융은 주택건설업자와 주택수요자의 시장참여를 확대하여 주택을 양적으로나 질적으로 향상시켜 국민의 삶의 질을 향상시킨다.

한편 주택금융은 주택구입이 어려운 저소득층에게 임대주택을 건설하거나, 전세금 대출 등의 자금을 지원함으로써 소득의 재분재효과도 있다. 뿐만 아니라 노인세대는 역모기지제도를 활용하여 생활자금을 공급해 줌으로써 주거와 생활안정이 가능하도록 하고 있다. 따라서 주택금융은 주거복지뿐만 아니라 사회 자체를 안정시키는 효과도 있다.

2) 연관 산업 경제적 파급효과

주택금융은 주택건설 과정에서 관련 산업을 활성화시킨다. 주택은 건축물 중 가장 비중이 크기 때문에 이를 통하여 다른 산업에 경제적인 파급 효과를 크게 한다.

3) 주택경기 및 주택가격 조절기능

주택금융은 주택의 수요와 공급에 영향을 주며, 이는 주택경기를 조절하는 기능을 가진다. 만일 주택시장이 침체하여 주택거래가 부진하면 수요자금융을 확대하여 주택수요를 증가시킴으로써 주택경기를 활성화시킬 수 있으며, 반대로 주택시장이 과열되어 주택가격이 급격히 상승하면 수요자금융을 감소시켜 주택경기를 진정시킬 수 있다.

따라서 주태금융은 주택수급(住宅需給)에 영향을 미쳐 주택경기를 조절하고, 나아가 가격을 조절하고 안정시키는 기능을 갖고 있다.

4) 주택산업의 육성

주택산업은 특성상 자기자본비율이 상대적으로 낮다. 그러므로 금융지원이 미흡하면 주택건설량이 적어질 수 없게 된다. 이러한 문제를 해결하기 위해 주택금융 지원을 통해 주택산업의 경영지원과 발전을 지원해야 한다. 이렇게 함으로써 주택사업 사업자와 건축자재 생산업자에게 금융지원을 통한 산업 육성과 생산능력 향상을 이룰 수 있는 것이다.

11.2 부동산 금융의 원칙

1. 자금의 확보

부동산에 소요되는 자금은 거액이기 때문에 부동산 금융의 자원을 정부재정에만 의존한다는 것은 어려움이 있다. 따라서 민간자금을 적극 유치할 수 있도록 해야 한다.

2. 대출금리의 책정

부동산 금융은 주로 저소득층과 중간계층을 위한 장기저리대출이 적합하다. 여기에는 양면성이 존재하는데 부동산 자금 확보를 위해서는 충분한 수익성을 보장해주어야 하기 때문이다. 즉 대출금리가 일반 시장금리보다 낮게 책정될 경우 여기서 발생되는 차액과 자금에 대한 수익성을 어떻게 맞추어야 할 것인가가 문제가 된다.

3. 부동산 대출채권의 유동화

부동산 자금 대출의 상환재원은 가계이고, 대출금이 거액이기 때문에 20~30년에 걸쳐 상환되는 장기대출이다. 이러한 대출은 금융기관이 보통 단기로 조달하는 자금을 장기 고정화시키는 결과가 되어 자금의 조달과 공급면의 차질을 초래하여 더 많은 부동산 자금융자를 제한하게 된다. 이러한 장기 고정화되는 부동산대출 채권을 저당증서 또는 기타의 방법을 매개로 유동화시켜 자금화함으로써 부동산 자금의 원활한 공급이 촉진된다.

4. 부동산 채권보전

부동산 금융은 개인을 상대로 장기 대출해주는 것이기 때문에 상환에 대해 보장이 불확실하여 금융기관에서 부동산(주택) 융자에 참여하기를 꺼린다. 이것이 부동산 부문으로 자금이 유입되지 않는 또 하나의 이유가 되고 있다.

채권보전에 대한 보장은 부동산 금융의 발전을 좌우하는 중요한 요인이므로 신용보완책으로서의 여러 가지 조치가 강구되어야 한다.

11.3 주택금융체계

1. 주택자금 대출시장(1차 주택저당 대출시장)

정부에서는 주택자금 대출기관[11]이 자금을 조달하여 자금 수요자에게 대출해주고, 이에 대한 대가(代價)로 주택저당채권을 확보한다. 이렇게 대출자와 차입자 간에 형성된 금융시장구조를 1차 주택저당 대출시장이라 한다.

보통 민영주택자금이라고 하는데 국민은행, 농협, 생명보험회사, 시중은행 등 금융기관이 수취한 예금을 기반으로 담보 대출한다.

1981년에 제정된 주택건설촉진법(현 주택법)에 근거하여 '무주택 서민을 위한 공공주

11) 우리나라에서는 예금 수취형 금융기관이 주로 담당한다.

택건설에 필요한 기금조성'을 목적으로 설립된 '국민주택기금'이 주택공급촉진을 위해 국민주택 구입 시 저당 대출하는 것이 이에 해당한다.

또 농협의 농어촌주택개량자금이나 2004년부터 시행하고 있는 모기지론도 공공부문 주택금융의 하나로 1차 주택저당대출시장에 속한다.

2. 주택자금 공급시장(2차 주택저당 대출시장)

주택자금 공급기관(주택금융공사)이 투자자로부터 자금을 조달하여 주택자금 대출기관에 공급해 주는 시장을 2차 주택저당 대출시장 또는 2차 주택저당 공급시장이라고 한다. 이때 주택자금 공급기관은 주택자금 대출 금융기관에게 자금을 지원하는 대신 대출금융기관이 대출급부로 취득한 저당권을 넘겨받아, 증권(혹은 채권)으로 전환하여 투자자에게 팔아 자금을 마련한다. 이러한 기관을 유동화중개기관(流動化仲介機關)이라 한다.

1차 주택 저당시장에서는 대출기관이 장기로 목돈을 대출하고 소액의 월납금을 수수하기 때문에 자금이 고갈될 위험에 직면한다. 2차 시장에서는 주택자금 공급기관이 대출기관의 '저당채권'을 자금으로 전환하여 대출기관에게 돌려주므로 대출기관인 금융기관은 대출자금조달에 어려움을 겪지 않는다. 우리나라도 1999년 한국저당채권유동화주식회사(2004년에 한국주택금융공사 설립으로 통합됨)라는 유동화중개기관을 설립하여 원활한 주택자금 조달을 도모하고 있다.

유동화중개기관과 같은 주택자금 공급기관은 보통 기관투자자인 연금 및 기금, 투자신탁회사, 보험회사 등에게 이 저당증권(혹은 채권)을 매각하여 자금을 조달한다. 아울러 프로젝트 파인낸싱 자금과 저축은행의 브릿지론도 주택자금 공급역할을 한다.

3. 주택금융 보증시장(신용보완)

주택자금 대출기관도 자금의 유통과정에서 위험이 발생할 수 있다. 예컨대 주택자금 채무자의 채무불이행, 재난 등의 사고가 발생하면 대출기관이 손실을 입는다. 이런 연유로 차입자 대신 대출기관에 원리금을 지급보증해주는 기능, 즉 차입자의 채무를 대출기관에게 지급보증(보험)해 주는 기능을 신용보완기능이라 한다.

우리나라에는 이러한 기능을 공공신용보증기관으로 '주택금융신용보증기금', 민간부문으로는 서울보증보험 등이 있다.

한편 주택건설사업자가 도산하면 분양받은 소비자는 완공된 주택을 받을 길이 없다. 이러한 문제를 해결하기 위해 분양받은 자가 안심하고 분양받을 수 있도록 주택건설사업자는 분양보증(준공보증)을 의무적으로 하도록 하고 있다. 물론 주택건설사업자는 분양보증수수료를 보증기관(대한주택보증주식회사)에 납부하여야 한다. 주택사업자가 건설 중에 도산하면, 이 보증기관이 주택을 완공시켜 수요자에게 준다. 이것도 주택을 근거로 '보증업'을 영위하는 넓은 의미에서 주택금융체계라고 할 수 있다.

그리고 주택자금 공급시장에서 저당증권을 사는 투자자에게도 원리금 지급의 위험이 발생하며, 이를 보증할 수 있는 장치가 필요하다. 이에 주택금융공사는 별도의 신탁계정을 마련, 투자자에게 지급보증부 주택저당증권(MBS)을 발행하고 있다.

4. 간접투자시장

금융시장의 발달로 부동산과 결합된 새로운 형태의 자금 공급원 시장이 간접투자시장이다. 자산운용사나 부동산투자회사는 소액 부동산투자자로부터 자금을 모아 주택건설회사나 부동산개발회사에 자금을 투자하고 회수한다.

〈표 11-1〉 주택금융 체계

구분		내용	취급기관
주택자금 대출시장	공공자금	국민주택기금	국민은행, 우리은행, 농협
		농촌주택개량자금	농협
		모기지론	국민, 우리, 농협,기업, 외환, 제일, 하나 및 대한생명, 삼성생명
	민영자금	주택자금	시중은행
		보험가입자 주택자금대출금	생명보험회사
주택자금 공급시장	유동화자금	대출기관의 저당채권을 증권화하여 매각한 후 그 자금을 돌려줌	한국주택금융공사
	PF자금	프로젝트 파이낸싱 대출자금	시중은행
	브릿지론	단기대출자금	저축은행
보증시장 (신용보완)	공공 신용보완	소비자 및 주택건설사업자 보증	한국주택금융공사
		주택건설사업자 준공보증	대한주택보증(주)
		유동화증권매입 투자자 보증	주택금융공사 신탁계정
	민간 신용보완	소비자 및 주택건설사업자 보증	민간부문 보증보험회사
간접투자시장	펀드자금	부동산 간접투자자 자금	자산운용회사 부동산투자회사

자료 : 방경식·장희순, 부동산학개론, 부연사, 432쪽, 2007.

부동산투자회사법(2001.4), 간접투자자산운용업법(2003.10)의 제정으로 간접투자시장이 새롭게 형성되어 주택금융 시장 기능의 일부를 담당하게 되었다.

이상의 내용을 토대로 한국의 주택금융체계를 시장형태 중심으로 정리하면 앞의 〈표 11-1〉과 같다.

5. 저당시장의 구조

(1) 1차 저당시장

저당시장은 '1차 저당시장(primary mortgage market)'과 '2차 저당시장(second mortgage market)'으로 나누어진다.

1차 저당시장이란 저당 대부를 원하는 수요자와 저당 대부를 제공하는 금융기관으로 이루어지는 시장을 말한다. 각종의 1차 저당 대출자(mortgage lender)들은 주택을 구입하고자 하는 일반 수요자와 새로이 부동산을 공급하고자 하는 건설업자에게 저당을 설정하고 자금을 대여하고 있다. 1차 저당 대출자들은 설정된 저당을 자신들의 자산 포트폴리오의 일부로 보유하기도 하고 자금의 여유가 없을 경우에는 2차 저당시장에 팔기도 한다.

(2) 2차 저당시장

2차 저당시장은 저당 대출기관과 다른 기관 투자가들 사이에 기존의 저당을 사고파는 시장이다. 1차 대출기관들은 2차 시장에서 그들이 설정한 저당을 팔고 필요한 자금을 조달한다. 이 시장은 저당 대부를 받는 원래의 저당 차입자(mortgage berrower)와 아무런 직접적인 관계가 없다. 이것은 주식이나 채권이 발행자와는 아무 상관없이 공개시장(open market)에서 자유롭게 교환되는 것과 마찬가지이다.

2차 시장은 저당이 유동화되는 데에 결정적인 역할을 하고 있다. 만약에 이같은 2차 저당시장이 없다면 1차 대출기관은 금방 자금이 고갈되어 더 이상 저당 대부를 할 수 없게 될 것이다.

6. 역저당제도

(1) 의 의

① 일반적인 저당은 차입자가 저당대부를 받은 후 일정기간마다 일정액의 원리금을 상환하나, 역저당은 반대로 대출자가 차입자에게 일정기간마다 정기적으로 일정액

을 지불하며, 기간 말에 그동안 지불한 원금과 누적이자를 일시불로 지불받는다.
② 역저당의 대표적인 역연금저당(Reverse Annuity Mortgage : RAMO 대출자가 차입자의 주택을 담보로 매월 일정금액을 평생 동안 연금액 형태로 지급하는 것이다.)
③ 역저당의 종류에는 역연금저당, 매후환대차, 생애권 거래 등이 있는데, 매후환대차(sale & leaseback)는 역저당의 일종으로 매도인이 다시 임대차한다는 조건으로 대상부동산을 대출기관(또는 매수인)에 매도하는 것이며, 상업용 부동산에 주로 이용된다.)
④ 주택연금과 같은 역저당(reverse mortgage)은 시간이 지남에 따라 대출잔액이 늘어나는 구조이고, 원칙적으로 상환책임을 담보주택에만 한정하는 비소구형 대출이다.

(2) 역연금저당(주택연금)

① 의의 주택연금이란 한국주택금융공사가 지급을 보증하는 역모기지제도로 만 55세 이상(부부 기준)의 주택연금 가입자가 소유주택을 담보로 맡기고 매월 연금 등의 방식으로 노후생활자금을 평생동안 대출받는 제도이며, 한국주택금융공사는 연금가입자를 위해 보증하고, 은행은 연금가입자에게 주택연금을 지급한다.
② 주택연금담보제공방식 : 주택연금은 주택소유자가 소유권을 가지고 한국주택금융공사는 담보주택에 저당권을 설정하는 저당권방식과, 주택 소유자가 주택을 공사에 신탁(소유권 이전하고 공사는 우선수익권을 담보로 취득하는 신탁방식이 있다.

구분	저당권방식	신탁방식
담보제공(소유권)	근저당권 설정(가입자)	신탁등기(공사)
가입자 사망 시 배우자 연금승계	소유권 이전등기 절차 필요	소유권 이전 없이 자동승계
보증금 있는 일부 임대	불가능	가능

③ 주택연금의 종류
㉠ 일반 주택연금 : 55세 이상의 주택연금 가입자가 주택을 담보로 제공하고 노후생활자금을 평생 동안 매월 연금으로 수령하는 방식이다.
㉡ 주택담보대출 상환용 주택연금 : 주택담보대출 상환용으로 인출한도 (연금대출한도의 50~90%) 범위 안에서 일시에 목돈으로 찾아 쓰고 나머지는 평생동안 매월 연금으로 수령하는 방식이다.
㉢ 우대지급방식 : 부부 기준 2억 5천만원 미만의 주택 소유자이면 서 1인 이상이 기초연금 수급권자인 경우 일반 주택연금 대비 최대 20% 더 수령하는 방식이다.

④ 주택연금 수령방식 : 종신방식과 확정기간방식이 있다.

㉠ 종신방식 : 평생 동안 매월 연금방식으로 수령하는 종신방식이다.

㉡ 확정기간방식 : 가입연령에 따라 일정기간(10년, 15년, 20년, 25년 30년 중 선택) 동안 매월 동일한 금액을 수령하고 평생 거주하는 방식이다(대출한도의 5%를 의무설정 인출한도로 설정).

⑤ 가입요건

㉠ 가입가능연령

ⓐ 주택소유자 또는 배우자가 만 55세 이상(근저당권 설정일 기준)

i) 확정기간 방식은 연소자가 만 55세~만 74세

ii) 우대방식은 주택소유자 또는 배우자가 만 65세 이상(기초 연금 수급자)

ⓑ 주택소유자 또는 배우자가 대한민국 국민(외국인 단독 및 부부 모두 외국인인 경우에는 가입 불가)

㉡ 주택보유 수

ⓐ 부부 기준 공시가격 등이 12억원 이하 1주택 소유자

i) 다주택자라도 공시가격 등의 합산가격이 12억원 이하이면 가능

ii) 공시가격 등이 12억원 초과 2주택자는 3년 이내 1주택 팔면 가능

※ 단, 주거목적 오피스텔의 경우, 주택연금에 가입하려고 하는 주거목적 오피스텔만 주택보유 수에 포함

ⓑ 우대방식의 경우 2억 5천만원 미만 1주택자만 가입 가능

⑥ 대상주택

㉠ 「주택법」상 '단독주택', '공동주택', 「노인복지법」상 분양형 노인복 지주택, 주거목적 오피스텔[상가 등 복합용도 주택은 전체 면적 중 주택이 차지하는 면적이 1/2 이상인 경우 가입 가능(단, 신탁방식으로 가입 시에는 불가)]

㉡ 우대방식의 경우 2억 5천만원 미만 주택만 가입 가능

⑦ 거주요건

㉠ 주택연금 가입주택을 가입자 또는 배우자가 실제 거주지로 이용하고 있어야 한다.

㉡ 해당 주택을 전세 또는 월세로 주고 있는 경우 가입이 불가능하다 (단, 부부 중 한 명이 거주하며 주택의 일부를 보증금 없이 월세로 주고 있 는 경우 가입 가능하며, 신탁방식 주택연금의 경우 보증금이 있더라도 보증 금에 해당하는 금액을 공사가 지정하는 계좌로 입금하는 경우 가입 가능

⑧ 채무관계자 자격

㉠ 채무관계자 (주택소유자 및 배우자)는 의사능력 및 행위능력이 있어야 주택연금

가입이 가능하다.

㉡ 채무관계자가 의사능력 또는 행위능력이 없거나 부족한 경우, 보호자는 '성년후견제도'를 이용할 수 있다.

⑨ 보증기한(종신)

㉠ 소유자 및 배우자 사망 시까지이다.

㉡ 단, 이용 도중에 이혼을 한 경우 이혼한 배우자, 이용 도중에 재혼을 한 경우 재혼한 배우자는 주택연금을 받을 수 없다.

⑩ 가입비(초기 보증료) 및 연보증료

㉠ 초기 보증료 : 주택가격의 1.5%(대출상환방식의 경우 1.0%)를 최초 연금지급일에 납부

㉡ 연보증료 : 보증잔액의 연 0.75%(대출상환방식의 경우 1.0%)를 매월 납부

㉢ 보증료는 취급 금융기관이 가입자 부담으로 공사에 납부하므로 연 금 지급총액(대출잔액)에 가산된다. 따라서 가입자가 직접 현금으로 납부할 필요가 없다.

⑪ 담보의 제공: 1순위 저당권 설정, 신탁등기(신탁방식)

㉠ 제3자(자녀, 형제 등) 소유주택을 담보로 하는 주택연금은 이용할 수 없다.

㉡ 1순위 근저당권 설정, 신탁방식은 신탁등기

⑫ 적용금리

㉠ 적용금리는 '기준금리 + 가산금리'이다.

㉡ 기준금리는 고객과 금융기관이 협의하여 다음 중 한 가지를 선택

ⓐ CD금리(3개월 주기로 변동)

ⓑ 신규취급액 COFIX 금리(6개월 주기로 변동)

㉢ 가산금리는 기준금리가 3개월 CD금리인 경우 1.1%, 신규취급액 COFIX 금리인 경우 0.85%(대출상환방식의 경우 가산금리가 0.1%p 인하)

㉣ 이자는 매월 연금지급총액(대출잔액)에 가산되나 가입자가 직접 현금으로 납부할 필요가 없다.

㉤ 가입 이후에는 대출 기준금리 변경이 불가능하다.

⑬ 대출금 상환 : 이용자 사망 후 주택 처분금액으로 일시상환

㉠ 채무부담한도 (대출금 상환액)는 담보주택 처분가격범위 내로 한정

㉡ 대출금은 언제든지 별도의 중도상환수수료 없이 전액 또는 일부 정산 가능(다만, 초기 보증료는 환급되지 않으나 연보증료는 잔여기간 확인 후 정산하여 환급)

상환시점	상환할 금액	비고
주택처분금액 〉 연금지급총액	연금지급 총액	남는 부분은 채무자(상속인)에게 돌아감
주택처분금액 〈 연금지급총액	주택처분 금액	부족분에 대해 채무자 (상속인)에게 별도 청구 없음

(3) 저당의 상환방법

인플레이션을 고려하지 않아도 되는 상황에서는 장기적인 저당대부에도 고정이자율저당이 대종을 이루었다. 그러나 인플레이션이 심하게 되면 고정 이자율하에서 차입자(채무자)들은 이익을 보지만 대출자들은 손해를 보게 된다.

따라서 높은 인플레이션율에 대처하기 위해 저당대출기관들은 여러 가지 방법들을 연구하고 있는데, 그중 하나는 이자율을 조정하는 방법이며, 다른 하나는 대출잔액(저당잔금)을 조정하는 방법이다.

1) 금리고정식 저당대부(고정이자율저당)

① 원금균등상환저당(Constant Amortization Mortgage: CAM)방법

㉠ 원금균등상환저당 또는 균등상환저당은 융자기간 동안 원금상환액은 동일하나, 이자지급액은 점차 감소하여 원리금상환액도 점차 감소하는 상환방법이다. 이는 융자원금을 납입횟수로 나눈 할부 상환 금과 그때그때의 대출잔액(저당잔금)에 대한 이자를 합산하여 납부 하는 방식으로 신용카드의 할부방식과 유사하다.

㉡ 원금상환분은 일정하지만 매 기간에 상환하는 원리금상환액과 대출잔액(저당잔금)이 점차적으로 감소하며, 시간이 지날수록 대출잔액(저당잔금)이 적어지므로 이자지급액도 줄어들게 된다.

㉢ 원금균등상환에서의 원리금상환액은 초기에 많고 후기에 적어지는 특성을 지닌다.

② 원리금균등상환저당(Constant Payment Mortgage: CPM)방법

㉠ 원리금균등상환방식이란 원리금상환액은 매기 동일하지만 원리금에서 원금과 이자가 차지하는 비중이 상환시기에 따라 다른 방식이다.

㉡ 원리금균등상환저당은 부동산금융에서 가장 광범위하게 사용되고 있는 형태로서 융자기간 동안 원금상환액은 점차 증가하고, 이자지 급액은 점차 감소하나 원리금상환액은 동일한 상환방법이다. 매달 일정액을 지불하면 융자기간 종료 시 원금과 이자가 전액 상환된다.

㉢ 원리금균등상환방식은 상환초기보다 후기로 갈수록 매기상환액 중 원금상환액은 점차 커지며 이자지급액은 점차 감소하는데, 매기 이자지급액이 감소하는 만큼

원금상환액이 증가한다.

ⓔ 융자기간 동안 원리금상환액은 균등하게 지불되는데, 초기에는 원리금상환액 중 이자가 차지하는 부분이 많지만, 후기에는 원금상환의 비중이 커지게 된다. 이 경우 원리금상환액은 저당대부액에 저당상수를 곱하여 계산한다.

ⓜ 부동산금융에 있어서는 원리금균등상환이 원금균등상환보다 적절하다. 왜냐하면 차입자 입장에서 볼 때, 부동산 구입 후 초기의 원리금 상환액의 부담이 원금균등상환의 경우에 너무 높다는 것이고, 대출자 입장에서는 원리금균등상환방식이 장차 차입자의 소득증가나 자산가치 증대에 비추어 채무의 감당능력을 향상시켜 줄 것이기 때문이다.

ⓑ 단일가구 주택금융이나 아파트 단지, 쇼핑센터 같은 소득을 창출하는 건물의 장기저리대부에 이용된다.

7. 자산유동화증권

(1) 자산유동화증권의 개념과 발행구조

1) 자산유동화증권(Asset Backed Securities: ABS)의 개념

① 자산유동화의 대상이 되는 채권·부동산 기타의 재산권을 유동화자산이라 하며, 이러한 유동화자산을 기초로 하여 자산유동화계획에 따라 발행되는 출자증권·사채·수익증권 기타의 증권 또는 증서를 말한다. 이를 자산담보부증권이라고 한다.

② 금융기관이나 기업들이 많이 활용하고 있는 자산유동화(asset-backed securitization)는 각종 대출채권이나 매출채권, 부동산, 기타 다양한 형태의 자산을 증권형태로 전환하여 자금을 조달하는 방식으로 금융의 증권화(securitization)를 가속화시킨 대표적인 예라 할 수 있다.

③ 근거 법률 :「자산유동화에 관한 법률」

2) 자산유동화증권의 발행효과

발행자 측면	① 새로운 자금조달원을 확보하여 자금조달수단이 다양화되고 투자저변이 확대된다. ② 총자산수익률, 자산회전율, 자기자본비용비율 등의 개선을 통하여 재무 제표의 개선이 기대된다. ③ 신용위험, 금리위험, 운용과 조달의 불일치에 따른 위험회피기능을 한다. ④ 보유자산 구성상의 개선이 가능하다. 포트폴리오(portfolio)

투자자 측면	① 신용도가 높은 새로운 금융상품에 투자할 기회가 획득된다. ② 동일한 신용등급을 가진 증권에 대해 상대적으로 높은 수익률로 투자가 가능하다.

(2) 부동산 개발사업 자산유동화증권(부동산개발 PF ABS)

1) 부동산 개발 PF ABS(Project Financing Asset Backed Securities, 부동산 개발사업 자산유동화증권)

① 부동산 개발 PF ABS는 부동산개발업체의 개발사업에서 발생하는 수익 등을 기초자산으로 발행되는 자산유동화증권이다. 즉, PF ABS는 부동산 PF대출을 기초로 발행되는 자산유동화증권을 말한다.

② 금융기관이 부동산개발업체에 대출을 실행하고, 이 대출을 유동화전문 회사에 매각하여 자산유동화증권을 발행한다.

③ 부동산 개발업체가 프로젝트 수익성을 기초로 금융기관에 대출을 신청하면, 대출 후 금융기관은 그들이 보유한 PF 대출채권을 기초로 특수목 적회사(Special Purpose Company : SPC)를 통해 PF ABS를 발행하여 투자자에게 판매한다.

2) 부동산개발 PF ABCP(Project Financing Asset Backed Commercial Paper, 자산담보부 기업어음)

① 자산담보부 기업어음(asset backed commercial paper)은 유동화를 위하여 설립된 유동화전문회사(SPC, 특수목적회사)가 대출채권, 매출채권, 리스채권, 회사채 등 자산을 담보로 발행하는 기업어음(Commercial Paper : CP)이다.

② PF ABCP의 도관체(conduit)는 「상법」에 근거해 만들어진 것으로 「자산유동화에 관한 법률」에 의해 만들어진 유동화전문회사가 아니며 특례도 받을 수 없다.

8. 주택저당증권

(1) 주택저당증권의 개념 및 도입배경

1) 주택저당증권(Mortgage Backed Securities : MBS)의 개념

① 주택저당증권 또는 저당담보증권이란 저당대출기관이나 저당회사, 기타 기관투자자 등이 그들이 설정하거나 매입한 저당을 담보로하여 발행하는 증권을 말하는데, 제1차 대출기관, 제2차 대출기관, 저당담보 증권 발행전문회사 등이 발행할 수 있다.

② MBS 제도는 금융기관 등이 주택자금을 대출하고 취득한 주택저당채권을 유동화전문회사 등에 양도하고, 유동화전문회사 등이 이들 자산을 기초로 증권을 발행하여 투자자에게 매각함으로써 주택자금을 조성하는 제도이다.

③ 용어의 정의 (한국주택금융공사법 제2조)

㉠ 주택저당채권 : 주택에 설정된 저당권에 의하여 담보된 채권으로서 해당 주택을 구입하거나 건축에 들어간 대출자금 또는 그 대출자금을 상환하기 위한 대출자금에 대한 채권

㉡ 주택저당증권 : 주택저당채권을 기초로 하여 발행하는 수익증권

㉢ 주택저당채권담보부채권 : 주택저당채권을 담보로 하여 발행하는 채권

㉣ 채권유동화

ⓐ 주택저당채권을 담보로 하여 주택저당채권담보부채권을 발행하고 그 소지자에게 원리금을 지급하는 행위

ⓑ 주택저당채권을 기초로 주택저당증권을 발행하고 그 수익자에게 주택저당채권의 관리·운용 및 처분으로 생긴 수익을 분배하는 행위

ⓒ 학자금대출채권을 기초로 학자금대출증권을 발행하고 그 수익자에게 학자금대출채권의 관리·운용 및 처분으로 생긴 수익을 분배하는 행위

④ ABS는 대출채권, 매출채권, 부동산 등 모든 자산을 기초로 발행된 증권인 데 비해, MBS는 여러 자산 중 주택저당대출채권을 기초로 발행된 증권이다.

⑤ 근거 법률 : 「한국주택금융공사법」

2) 주택저당증권의 도입배경

정부에서는 주택금융 활성화를 위해 자산유동화에 관한 법률」을 제정하여 ABS의 하나로서 주택저당채권 유동화제도를 도입하였다. 또한 유동화중개기관에 정부공신력을 부여함으로써 발행비용 절감과 표준화를 통한 효율성 제고를 위하여 1999년 '한국주택저당 채권유동화주식회사(Korea Mortgage Corporation : KoMoCo)'를 설립하였다. 그 후 2004년 3월 1일 「한국주택금융공사법」에 의해 설립된 한국주택금융공사 (Korea Housing Finance Corporation : KHFC)는 주택신용보증기금과 한국주택저당채권 유동화주식회사(KoMoCo)를 합병하여 출범하였다. 한국주택금융공사에서는 주택저당채권 등의 유동화와 주택금융신용보증업무를 수행함으로써 주택금융 등의 장기적 안정적 공급을 촉진하고, 주택저당증권(Mortgage Backed Securities : MBS)을 발행함으로써 제2차 저당시장 발달의 근거를 이루고 있다.

3) MBS의 발행효과

주택소비자 (차입자)	① 금융기관의 주택대출 여력 확대로 장기저리의 주택자금 차임 ② 초기 자금부담 없이 소자본으로 주택구입 가능 ③ 차입기회 확대
주택금융기관	① 장기간 묶여 있던 채권의 유동화로 대출 여력 확대 ② 대출채권 매각으로 자기자본비율(BIS) 제고 ③ 중·장기적 주택금융시장의 활성화
투자자	① 작은 위험을 부담하면서 국제수준 이상의 수익률 보장 ② 기존의 단기채권 (1~5년채) 상품에서 탈피하여 장기적으로 고정금리 확보 ③ 지급보증에 따른 안정적인 투자 가능
국가정책	① 서민층의 내집 마련 지원으로 주택보급률 확대(사회안전망 구축) ② 주택에 대한 사고의 전환유도(투자 ⇨ 이용의 대상)

8. 부동산투자회사(REITs)

(1) 부동산투자회사(REITs)의 의의

1) 부동산투자회사의 의의

① '부동산투자회사(REITs)'란 자산을 부동산에 투자하여 운용하는 것을 주된 목적으로 설립된 회사로서 자기관리 부동산투자회사, 위탁관리 부동산투자회사, 기업구조조정 부동산투자회사를 말한다(부동산투자회 사법 제2조 제1호). 즉, 부동산투자회사란 자산을 부동산에 투자하여 운용하는 것을 주된 목적으로 '부동산투자회사법'의 규정에 의하여 설립 된 회사를 말한다.

② 일반적인 주식회사와는 달리 업무범위, 자산의 운용범위, 차입 등에서 구분되며, 매년 얻는 이익은 내부보유하지 않고 배당하도록 의무화되어 있다. 부동산투자회사는 부동산에 대한 간접투자상품의 일종이며, 지분금융방식에 해당한다. 따라서 투자자는 부동산투자회사의 발행주식에 투자를 하게 되면 부동산에 직접 투자를 하는 것과 유사한 효과를 얻을 수 있다. 즉, 부동산투자회사의 주식에 투자한 자는 투자원금의 손실이 발생할 수도 있고, 배당에 따른 이익과 주식매매차익을 향유할 수도 있다.

③ 일반투자자로부터 자금을 모아 회사의 경영능력으로 수익을 내서 이를 투자자의

출자비율에 따라서 배당하는 일종의 뮤추얼펀드 성격을 지니는 투자기구로서, 세법으로 창출된 일종의 투자도관체라고 할 수 있다.

④ 우리나라의 경우 리츠(Real Estate Investment Trusts : REITs)는 회 사형(상법상 주식회사)으로만 설립되어야 하기 때문에 'Real Estate Investment Trusts'를 부동산투자회사라고 번역하고 있다. 리츠(REITs)는 투자자가 금전을 출자한다는 점에서 부동산을 위탁하는 부 동산신탁과 구별되며, 투자자가 부동산투자회사 주식에 투자한다는 점에서 수익증권을 구입하는 은행부동산투자신탁과도 구별된다.

2) 부동산투자회사의 구조28)

리츠(REITs)는 부동산을 증권화한 상품으로, 리츠를 중심으로 부동산시장과 자본시장의 이해당사자들이 상호 연결된다.

(2) 부동산투자회사(REITs)의 특징

1) 소액투자자에게 투자기회 제공

대형빌딩과 같은 부동산의 지분을 소액단위로 분할·증권화하여 다수의 투자자들에게 주식의 형태로 판매하므로 소액투자자들도 투자에 참여할 수 있는 기회를 제공한다.

2) 부동산 환금성 상승

부동산을 증권화하여 증권거래소 시장에 상장하므로 주식매매를 통하여 투자자금을 회수할 수 있어 부동산에 직접 투자한 것보다 유동성(환금성)을 높일 수 있다.

3) 포트폴리오를 통한 위험감소

리츠(REITs)를 통한 투자는 투자대상을 여러 종류의 부동산이나 지역적으로 분산투자하여 한 곳에 집중투자하여 발생하는 위험을 감소시킨다.

4) 조세혜택

개인과 달리 양도소득세나 종합부동산세에 대해 특례가 있으며, 법인세의 경우 위탁관리 부동산투자회사와 기업구조조정 부동산투자회사는 배당가능이익의 90% 이상을 배당 시 공제 혜택이 있다. 다만, 자기관리 부동산투자회사는 법인세감면 혜택이 없다.

5) 투자수익의 안정성

보유부동산에서 지속적이고 안정적인 임대료수입이 발생하므로 현금흐름 이 비교적 안정적이다. 또한 투자대상이 부동산이므로 일반주식에 비해 변 동성이 낮은 편이며, 물가가 상승해도 투자가치가 하락하는 위험이 작다.

6) 부동산관리의 편리성

소유부동산을 전문자산관리회사에 관리를 맡김으로써 부동산에 직접 투자 할 경우에 발생할 수 있는 임차인관리, 임대료수입, 건물관리비 등 관리의 어려움이 없어져 편리하다.

7) 자산운용의 효율성 및 투명성

전문운용회사가 자산운용을 담당하므로 효율성 및 투명성이 높아진다.

(3) 「부동산투자회사법」의 개요

1) 목 적

부동산투자회사의 설립과 부동산투자회사의 자산운용 방법 및 투자자 보호 등에 관한 사항을 정함으로써 일반 국민이 부동산에 투자할 수 있는 기회를 확대하고 부동산에 대한 건전한 투자를 활성화하여 국민경제의 발전에 이바지함을 목적으로 한다.

2) 용어의 정의

① 부동산투자회사 : 자산을 부동산에 투자하여 운용하는 것을 주된 목적으로 설립된 회사로서 다음의 회사를 말한다.
  ㉠ 자기관리 부동산투자회사 : 자산운용 전문인력을 포함한 임직원을 상근으로 두고 자산의 투자·운용을 직접 수행하는 회사
  ㉡ 위탁관리 부동산투자회사 : 자산의 투자·운용을 자산관리회사에 위탁하는 회사
  ㉢ 기업구조조정 부동산투자회사 : 부동산투자회사법」에서 규정하는 부동산을 투자대상으로 하며 자산의 투자·운용을 자산관리회사에 위탁하는 회사
② 부동산개발사업 : 다음의 어느 하나에 해당하는 사업을 말한다.
  ㉠ 토지를 택지·공장용지 등으로 개발하는 사업
  ㉡ 공유수면을 매립하여 토지를 조성하는 사업
  ㉢ 건축물이나 그 밖의 인공구조물을 신축하거나 재축(再築하는 사업
  ㉣ 그 밖에 위부터 까지의 사업과 유사한 사업으로 대통령령으로 정하는 사업
③ 자산관리회사 : 위탁관리 부동산투자회사 또는 기업구조조정 부동산투자회사의 위탁을 받아 자산의 투자·운용업무를 수행하는 것을 목적으로 「부동산투자회사법」에 따라 설립된 회사를 말한다.

9. 부동산 펀드

(1) 부동산 펀드의 의의

개인이나 기관투자자로부터 자금을 모집한 것이 펀드(fund)이고, 부동산 과 부동산을 보증한 금융상품에 투자하는 것이 부동산 펀드이다. 즉, 부동산 펀드란 자산운용회사가 투자자로부터 자금을 모아 부동산에 투자하는 금융상품으로 그 수익을 투자자에게 배당하는 간접투자상품을 말한다. 2004년 간접투자자산운용법」 제정으로 펀드의 투자대상이 부동산으로 확대됨에 따라 도입되었으나, 2009년 기존의 간접투자자산운용법」이 폐 지되고 「자본시장과 금융투자업에 관한 법률」이 시행됨에 따라 부동산 펀드도 이 법의 적용을 받게 되었다.

(2) 부동산 펀드의 종류

부동산 펀드는 운용형태에 따라 대출형, 임대형, 경공매형, 직접개발형으로 구분한다.

1) 대출형

아파트, 상가 등 개발회사에 자금을 대여해 주고 대출이자로 수익을 얻는 방식이다.

2) 임대형

빌딩 등을 매입한 후 이를 임대하여 임대수입과 가격상승에 의한 자본이익 (capital gain)의 수익을 올리는 방식이다.

3) 경・공매형

법원 등이 하는 경매나 한국자산관리공사 등의 공매 부동산을 매입한 후 임대나 매각으로 수익을 얻는 방식이다.

4) 직접 개발형

직접 개발에 나서 분양을 하거나 임대를 하여 개발이익을 얻는 방식이다. 만일 해당 건물의 분양이 되지 않는다면 목표수익 달성이 어렵다는 단점이 있다.

(3) 부동산 펀드의 장단점

부동산 펀드는 소액투자가 가능하며, 장기투자를 통한 안정적인 수익을 추구할 수 있다는 장점이 있다. 그러나 원금과 수익이 보장되는 상품이 아니며, 투자 후에도 중도환매가 제한이 되기 때문에 주식이나 채권보다는 현금화가 어렵다는 단점이 있다.

11.4 주택구입자금

주택정책의 목표는 모든 국민의 주거안정을 실현하기 위해 필요한 주택을 공급해 주는 것인데 이를 위해서는 많은 자금을 필요로 한다. 이 주택자금은 크게 공공부문과 민간부문으로 나눌 수 있다.

공공부문 주택자금은 주택건설사업자 및 주택수요자에게 공급하는 국민주택기금의 주택자금과 대출채권을 유동화하여 주택구입자에게 공급하는 모기지론이 있고, 민간부문은 시중은행 및 보험회사가 수취한 예금 등을 소비자의 주택구입이나 신축자금에 주로 대출해 주는 자금이 있다.

또 주택을 담보로 노후 생활자금을 지급받는 역저당대출 생활자금이 있다.

1. 국민주택기금의 주택자금

국민주택기금은 국민의 주거생활 안정과 주거수준 향상을 도모하기 위해 수립하는 정부의 주택 종합계획을 효율적으로 뒷받침하기 위하여(주택법 제60조), 이에 필요한 자금을 확보하고, 원활히 공급하기 위해서이다.

이 기금은 첫째, 저소득층을 위한 국민주택건설 둘째, 주거수준 향상 및 주택금융시장의 건전한 발전에 목적을 두었다. 구체적 내용은 첫째, 국민주택(분양 및 임대)의 건설지원 둘째, 주택구입 또는 전세자금 지원 셋째, 국민주택 건설을 위한 대지조성 및 주거환경개선 등이다.

국민주택기금은 1981년 제정된 주택건설촉진법에 따라 설치되었으며, 그 운영기관은 주택법 제62조 제1항에 의거 건설교통부장관이 운용·관리하며, 동법 제2항에 따라 기금의 운용·관리에 관한 사무를 금융기관에 위탁관리(기금수탁자)하도록 하였다.

그동안 한국주택은행(현 국민은행에 통합됨)에 위탁관리하였으나, 한국주택은행의 민영화와 국민은행과의 통합을 계기로 농협중앙회(본·지점)와 우리은행에서도 하도록(재위탁)하여 관리하고 있다.

2. 주택금융 융자기관

우리나라의 주택금융은 공적 주택금융과 민간주택금융으로 대별할 수 있다. 주택금융이 정착된 것은 주택은행이 설립된 1967년 이후의 일이라 하겠다.

공적주택금융으로서 주된 기능을 하는 기관으로는 한국주택금융공사, 국민주택기금 및 주택보증회사 등이 있고, 주택금융기관은 자금수요와 공급을 중개하는 기관으로서 또는 직접 수행하는 기관으로서 시중은행, 생명보험회사 등이 있다. 주택융자를 하는 기관은 다음과 같은 것이 있다.

(1) 한국주택금융공사(HF, Housing Finance)

한국주택금융공사는 무주택 서민의 내집마련을 위해 한국주택금융공사법에 근거하여 설립(2004년)된 기관이다. 주요 업무로는 첫째, 주택담보 장기대출업무(mortgage loan), 둘째, 주택저당채권의 유동화 셋째, 주택금융신용보증업무 넷째, 역모기지 업무 등이다. 이 기관은 모기지제도를 도입함으로써 무주택 가구의 주택구입을 수월하게 함은 물론 주택을 소유한 노인세대의 안정된 노후생활을 할 수 있도록 하는 역할을 하고 있다.

그리고 동 공사는 주택저당증권(MBS) 지급보증한도를 자기자본 2조원의 50배인 100조원까지 보증할 수 있도록 하여 MBS 발행능력을 확대, 자금을 원활하게 공급하도록 하였다. 또 공사에 통합된 '신용보증기금' 산하 '주택금융신용보증기금'은 공사 회계와 구분하여 계리하도록 하여 주택금융 신용보증기금 부실로 인한 손실이 공사에 영향을 미치지 않도록 하였다.

(2) 주택도시보증공사(HUG, Housing Urban Guarantee)

주택도시보증공사는 분양받은 주택의 완공을 보증해 주는 분양보증 회사이다. 원래 주택건설사업자들이 주체가 되어 1993년 주택사업공제조합에서 설립하였는데 주택 구입자의 보호, 주택건설사업자에 대한 경제적 지원, 보증채권자의 경제적 보호를 목적으로 하였다.

그런데 이 조합은 주택건설사업자들의 상호 보증 및 융자업무 즉, 공급자 전용의 금융기관 역할을 하다가, 1997년 외환위기로 대출과잉과 회수불능 사태로 주택건설사업자가 대량으로 도산, 경영위기를 맞아 도산하였다. 이를 계기로 정부와 당시의 주거래 은행인 주택은행 등이 출연 및 출자전환하여 1999년 대한주택보증(주)로 새롭게 설립되었다.

(3) 시중은행 등

시중은행에서 주택을 담보 대출하는 것을 말하는데 금융비용이 상대적으로 큰 편이다. 시중은행과 보험회사는 소매저축시장에서 각종 요구불 예금 및 저축성 예금을 수취하여 이를 주택자금으로 활용한다. 즉 저축시장에서 자금을 조달하여 민간주택 건설이나 주택구입 자금을 대출하는 것이다.

또한 주택자금 대출은 BIS(Bank for International Settlements, 국제결제은행 ; 금융당국에서 말하는 위험가중자산에 대한 자기자본비율)산정 시에도 유리해 주택자금 대출을 확대시키는 역할을 하고 있다.

3. 모기지론

(1) 집단주택자금대출

대출의 종류는 분양주택건설자금, 사원주택건설자금, 조합주택건설자금, 사택자금, 분양주택구입자금, 사원주택분양구입자금, 건설업자운전자금, 기자재시설 및 운전자금, 기숙사건설자금, 임대주택건설자금, 대지조성자금 등이 있다.

(2) 가계주택자금대출

개인주택자금은 예수금의 종류에 따라 다양하다. 일반적으로 근로자주택은 신축이나 구입 시에 융자가 가능하고, 대출기간은 다양하여 단기 3년부터 장기 20년까지이다.

(3) 모기지론

주택금융공사의 모기지론(mortgage loan)은 국민주택기금조성 및 대출방식(주택채권 등을 발행하여 자금을 조성하며, 주택건설사업자에게 대출해주고 주택입주시 입주자에게 대환하는 방식)과 달리 투자자로부터 자금을 조달한 후 이를 금융기관을 통해 주택구입자에게 직접 융자해 주는 점에서 민영주택자금 대출구조와 유사한 소비자금융으로 볼 수 있다.

고정금리 상품으로 금리상승의 위험을 피하고자 하는 수요자에게 적합한 주택 구입자금이다.

저당 설정을 할 경우 융자율(LTV; Loan To Value Ratio)은 금융감독원의 산출관련 경영지도 기준을 적용하는데 그 내용은 다음 공식과 같다.

LTV = (대출금액 + 선순위채권 + 임차보증금) ÷ 주택의 담보가치 × 100

상환방법은 원리금 균등상황방식이고 대출이자는 고정식이다.

무주택 서민을 위한 주택금융이므로 국민주택규모인 25.7평(전용 85㎡) 이하의 주택만 대상이 된다.

아울러 고정금리, 비거치식, 분할상환 대출에 대해 DTI(Debt To Income)[12] 비율을 최대 15%까지 확대 적용하며, 이 경우 DTI 최고한도는 서울 65%(투기지역 55%), 인천, 경기지역은 75%까지 확대된다.

원리금 상환액 즉, 부채상환율도 대략 33~40%에서 대출되는데, 이와 관련된 산출 방식은 다음과 같다.

DTI(1) = **당해 모기지론의 매월 원리금 상환액 ÷ 월 소득** × 100

DTI(2) = **(당해 모기지론의 매월 원리금 상환액 + 기타 부채 이자 상환 추정액) ÷ 월 소득** × 100

그밖에 모기지에 관련된 자세한 내용은 〈표 11-2〉와 같다.

〈표 11-2〉 모기지론(Mortgage Loan) : 장기주택자금대출제도

구분	내용
대출만기	㉠ 30년 만기 ㉡ 20년, 15년 또는 10년 선택 가능
대출금리	고정금리
상환방식	매월 원리금균등 상환방식
조기상환 수수료	㉠ 1년 이내 : 2.0% ㉡ 3년 이내 : 1.5% ㉢ 5년 이내 : 1.0%
자금용도	㉠ 구입 용도 : 소유권이전(보존)등기 후 3개월 이내 ㉡ 보전 용도 : 소유권이전(보전)등기 후 3년 이내 ㉢ 상환용도
대출한도	㉠ 최대대출금액 : 3억 원(담보가치 기준) ㉡ 최소대출금액 : 2천만 원(담보가치 기준)
융자비율	㉠ 아파트 : 최대 70% ㉡ 단독주택(다가구용 제외), 연립주택, 다세대 주택 : 최대 65% ㉢ 임대차계약이 있는 공동주택(아파트, 연립주택, 다세대주택)의 경우는 60%로 제한
부채상환 능력	㉠ $\frac{\text{당해 모기지론의 매월원리금상환액}}{\text{월소득}} < 33\%$ ㉡ $\frac{\text{당해 모기지론의 매월원리금상환액} + \text{기타 이자상환 추정액}}{\text{월소득}} < 40\%$

12) 금융부채 상환능력을 소득으로 파악하여 대출한도를 정하는 계산비율을 말한다. 대출상환액이 소득의 일정비율을 넘지 않도록 제한하기 위해서이다.

구분	내용
대상주택	㉠ 주택의 담보가치 기준으로 6억원 초과 시 대출 제한 : 소유권이전과 동시에 취급되는 구입용도 대출은 매매가액과 주택의 담보가치 중 큰 금액 적용 ㉡ 아파트, 단독주택(공부상 다가구용 제외), 연립 및 다세대 주택 ⓐ 공부상 주택으로 실제 주거용으로 한정 ⓑ 복합용도의 주택(상가주택 등)은 대출 제한 ㉢ 등기완료 여부 ⓐ 건물 및 토지 등기가 완료된 주택 ⓑ 아파트에 한하여 토지 미등기상태에서 취급 가능 ㉣ 공동명의 주택 : 부부 공동명의 주택으로 한정 ㉤ 재건축 또는 재개발 진행시 대출 제한
주택 보유수	무주택자 또는 1주택자만 대출 가능(동일 세대 기준)하나 대체취득을 위한 일시적 2주택은 허용한다. 그러나 이 경우에 1년 이내 기존 주택매각을 서약받는다.
신청자격	만 20세 이상 65세 이하
소득공제	15년 이상 만기

〈표 11-3〉 프로젝트 파이낸싱과 일반대출과의 비교

구분	프로젝트 파이낸싱	일반기업금융
차주	프로젝트회사	사업주
담보	해당 프로젝트 자산 및 현금흐름	차주의 자산 및 신용, 금융기관의 지급보증 등
상환재원	프로젝트 자체의 수익성	차주의 전체 재원
소구권 행사	배제 또는 제한	가능
대규모 자금 조달 용이성	소유권 제한으로 대규모 자금조달 가능	채무지급능력에 따라 제한
채무수용능력	부외금융으로 채무수용능력 재고	부채비용 등 기존차입에 따른 제약
사업성 검토	외부기관에 의한 객관적 검증	정밀검토 없이 차주의 담보 또는 신용 위주의 심사
사후관리	사후관리 엄격	채무불이행시 소구권 행사
자금관리	대주단이 결제위탁계정으로 관리	차주가 관리
리스크 부담	이해당사자 간 리스크 분사	대출기관이 전적으로 책임
사업분야	공공사업, 기업인수, 부동산 개발 등	일반사업 부문

11.5 주택저당채권의 유동화

1. 저당채권 유동화의 의의

주택금융에서 주택을 담보로 대출하는 과정에서 설정된 주택저당채권을 저당증권이나 채권으로 전환하여 투자자에게 매각하여 주택자금을 조달하는 것을 유동화(liquidating)라고 한다.

여기서 주택저당채권이란 대출금융기관이 주택 수요자(차입자)에게 주택자금을 대출해 주고 설정한 저당권으로 갖게 되는 대출채권을 말하며, 유동화란 이 저당권을 증권이나 채권으로 치환하여 매각함으로써 자금으로 만드는 것을 말한다.

주택저당채권 유동화란 유동화중개기관이 주택저당채권의 현금흐름을 담보로 하여 증권이나 채권을 발행하고, 이것을 매각하여 자본시장으로부터 자금을 확보하려는 과정을 말한다.

그러나 일반적으로 주택저당채권 유동화라고 하면 대출금융기관이 유동화중개기관에게 저당채권을 양도하고, 유동화중개기관이 이를 기반으로 증권(MBS : Mortgage Backed Securities)을 발행하여 투자자에게 매각하는 것을 말한다.

우리나라 주택저당채권의 유동화는 주택구입자(차입자)가 은행 등의 금융기관으로부터 주택자금을 대출받고 저당권을 설정해 주면, 대출하는 금융기관은 저당권으로 담보된 대출채권을 한국주택금융공사(KHFC : Korea Housing Finance Corporation)에게 양도한다. 이 공사는 이것을 기초로 증권을 발행, 투자자에게 매각하고 그 대금을 대출금융기관에 지급한다.

2. 저당채권 유동화의 기능과 유형

주택저당채권 유동화는 주택금융의 위험을 분산시킨다.

주택자금 대출기관의 유동성 위험은 유동화중개기관 및 투자자에게 분산되고, 차입자의 신용과 관련된 위험은 신용보완기관과 유동화중개기관이 분담할 수 있다. 그리고 담보물인 주택과 관련된 위험은 손해보험사가 담당한다. 이와 같이 저당채권 유동화는 주택금융에서 발생하는 위험을 유동화 참가자에게 분산시키는 기능을 한다.

다음으로 MBS 발행이 활성화되면 장기 채권시장에도 기여한다.

우리나라는 10년 이상 장기지표금리가 발달되지 못하고, 장기채 발행도 거의 없는 실정이다. MBS를 통한 장기(20년까지) 채권이 발행되면 장기 채권시장 발전에 도움을 줄 것이다.

한편 주택자금 대출기관은 주택저당채권을 기초로 직접 MBS를 발행하거나, 유동화중개기관이 주택저당채권을 매입하고 이를 기초로 MBS를 발행한다. 이때에 미국의 사례를 참고로 보면 MBS의 유형은 주택저당채권담보부증권(MBB : Mortgage Backed Bond), 주택저당채권지분이전증권(MPTS : Mortgage Pass-through Security), 주택저당채권원리금이체증권(MPTB : Mortgage Pay-through Bond), 다계층채권(CMO : Collaterralized Mortgage Obligation) 등이 있다.

3. 저당채권 유동화 효과

우선 소비자(차입자) 입장에선 본 효과이다.

① 1차 대출기관의 자금이 풍부해져 주택자금 대출이 확대되어 내집마련이 수월해진다.
② 주택금융시장의 활성화, 경쟁촉진, 다양한 상품개발 및 합리적 대출조건 설정 및 운용으로 주택자금 융자금액이 많아질 수 있다.
③ 대출기관은 금리와 기간 등에서 더 유리한 조건의 대출상품을 개발, 제공함으로써 소비자는 선택의 폭이 넓어질 수 있다.

대출기관의 입장에서 본 효과는 다음과 같다.

① 국제결재은행(BIS : Bank for International Settlements) 자기자본비율 제고가 가능하므로 재무건전성이 강화된다.
② 대출에 따른 신용위험을 경감시키며, 자산관리위탁을 통해 안정적인 수수료 수익이 확보된다.
③ 자금조달과 운용 간의 불일치 및 금리위험부담을 경감시킬 수 있다.
④ 자금회전이 높아지므로 주택금융을 지속적으로 확대할 수 있다.
⑤ 대출을 위한 주택자금이 충분히 조달된다.

개인 및 기관 투자자에게는 다음과 같은 효과가 기대된다.

① 투자자는 투자목적에 적합한 다양한 투자 상품을 제공받을 수 있다.
② 유동화회사의 신용도가 높으면 투자의 안정성을 확보할 수 있다.
③ 채권과 증권을 구입하여 안정적인 수익을 기대할 수 있다.

11.6 부동산 투자금융

1. 부동산 간접투자 자금

(1) 간접투자자산운용업법의 펀드자금

1) 간접투자의 의의와 형태

간접투자란 간접투자기구(CIV : Collective Investment Vehicle, Special Purpose Fund)가 투자자로부터 자금을 모아 자산에 투자한 후 발생한 수익을 투자자에게 돌려주는 것을 말한다. 이때에 간접투자기구를 일반적으로 펀드(Fund)라 한다.

간접투자기구는 법적형태에 따라 '계약형(투자신탁)'과 회사형(뮤츄얼펀드 : mutual fund)이 있다.

계약형은 투자자로부터 자금을 모은 자산운용회사(위탁자)가 그 재산을 신탁회사 등(수탁자)에게 위탁하여 관리시키면서, 운영하여 발생한 수익권을 분할하여 투자자에게 돌려주는 것을 목적으로 한 간접투자기구이며 법인격이 없다. 아울러 이것은 투자신탁의 일종이기 때문에 이중과세 문제가 없다.

회사형은 회사의 재산(투자회사 재산)을 자산으로 운용하여 수익을 주주에게 배분하는 것을 목적으로 설립된 것이며 법인격이 없다.

우리나라에서는 2003년 「간접투자 자산운용법」이 제정되어 부동산간접투자기구를 통한 '신탁형' 부동산 투자가 가능해졌다. 즉 이 부동산 펀드는 신탁등기를 신청할 때는 첨부서면에 수익자를 기재하지 않아도 되도록 특례를 인정하고 있다(법 제143조 제5항). 이 펀드는 배당이익의 90% 이상을 배당하면 사업연도 소득금액계산에서 공제를 받는다(법인세법 제51조의 2).

펀드는 개방형과 폐쇄형이 있다.

부동산 펀드는 부동산 취득 후 5년 이내에는 처분을 금지하며, 자산총액의 30%를 초과하여 부동산 개발 사업에 투자하지 못하게 하고, 나대지를 개발사업 시행 전에 처분하지 못하도록 정하여 자산운용을 제한하고 있다(법 88조 제1항 제4호).

부동산, 실물자산, SOC 펀드 등 부동산 펀드는 폐쇄형 펀드이다. 이로 인해 중도환매가 불가능해 환금성을 높이기 위해 펀드 설정 후 90일 이내에 유가증권시장에 상장하거나 협회중개시장에 등록하도록 하였다(동법 제35조 제3항). 그리고 일반펀드와 달리 '기준가격'을 매일 공시하지 않기 때문에 수익을 판단하는 데 어려움이 있다. 따라서 폐쇄형 펀드는 장기간 투자 가능한 여유자금으로 투자하는 것이 일반적이다.

2) 간접투자기구(펀드)의 역할

간접투자기구(펀드) 즉, 자산운용회사는 주택건설 등 부동산개발사업, 도심의 오피스 빌딩 임대사업, 부동산개발업체에 사업을 대여해 줄 목적으로 소액자금 투자자를 모집한다.

과거의 신탁업법에 의한 부동산투자신탁과 달리 회사운용의 규제가 적고 투자자 보호 장치가 마련되어 있어 투자가 용이한 장점이 있다.

이 펀드는 주로 부동산개발 프로젝트 파이낸싱, 해외 부동산투자 후 수익을 투자자에게 분배하는 간접투자상품의 운용방식에 따라 ① 대출형 ② 임대형 ③ 경공매형 ④ 직접개발형이 있다.

한편 이 펀드는 예상수익률이 은행금리보다 높고 소액투자가 가능하다는 장점이 있다. 그러나 원금·수익 보장형이 아니고 중도환매가 제한되어 있어 주식이나 채권보다 현금화가 어려운 단점이 있다. 물론 수익증권을 증권거래소에 상장하면 투자자가 투자자금을 중도에 회수할 수 있다. 그러나 투자수익은 자산운용사의 사업능력과 투자대상 상품의 수익성에 따라 좌우되므로 투자자는 이런 점을 잘 살펴야 한다.

3) 펀드의 위험

펀드는 자산가격이 변동하면 펀드가치도 위험에 따라 변화한다. 이를 위험의 요소별로 분류하면 다음과 같다.

① 가격변동 위험 : 펀드가 투자한 부동산의 가격하락 위험
② 기업의 부도 위험 : 펀드가 투자한 부동산기업의 부도 또는 파산 등의 위험
③ 금리변동 위험 : 금리상승 시 펀드가 투자한 채권의 가격하락 위험
④ 환율변동 위험 : 환율변동에 따른 해외투자펀드의 가치변동 위험

이러한 위험을 회피하려면 펀드 투자시기를 분산하고 투자기간을 장기화하면 위험을 줄일 수 있다. 한 번에 전액 투자하기보다는 장기적으로 적정금액을 분산하여 투자하면 위험을 줄일 수 있으며, 부동산 시장은 장기적으로 보면 가격변동이 감소하는 경향이 있으므로 펀드 투자기간을 장기간으로 늘리면 위험을 줄일 수 있다.

4) 부동산 개발에 있어서 계약형 펀드의 장점

부동산 개발업자나 주택건설사업자는 자산운용회사들이 조성하는 투자자금을 활용, 은행의 직접대출이나 PF(Project Financing) 자금조달보다 다음과 같은 장점이 있다.

① 은행의 대출 수수료를 지급하지 않아 기업의 자금조달 비용을 절감할 수 있다.

② 프로젝트가 사업성이 있을 경우 PF와 달리 대규모 투자자금이 투입될 수 있다.
③ 자산유동화(ABS : Asset Backed Securities)[13]나 리츠를 통한 부동산 증권화의 범위가 좁은 것에 비해 다양한 투자기법이 도모될 수 있다.
④ PF는 대출기관이 사업성 분석 후 원리금 상환에만 관심을 두는 것이 일반적이지만, 펀드는 사업자 기업이 부동산개발에 직접 참여하여 사업의 수익성을 높일 수 있다.

따라서 계약형 펀드(신탁형)는 원칙적으로 부동산개발에서 ABS(자산유동화)의 소화처가 될 수 있으며, PF를 동시에 진행할 수 있다는 장점이 있다.

(2) 부동산투자회사법의 투자자금

부동산투자회사법 상 투자회사는 투자자로부터 자금을 모아 부동산에 투자하고 그 수익을 배당하는 부동산간접투자기구인 상법상 투자회사이다.

이 기관을 보통 리츠(REITs : Real Estate Investment Trusts)라고 부른다.

리츠는 일반리츠와 CR리츠가 있으며, 이 중에서 후자는 투자대상이 기업구조조정용 부동산으로 한정한다.

부동산투자회사법상 투자회사는 투자대상 및 상근 임직원 유무에 따라 자기관리형, 위탁관리형, 기업구조조정(CR)형으로 구분할 수 있다. CR리츠는 50% 이상을 기업채무 상환용으로 사용하는 부동산을 말한다.

이 제도는 부동산 투자의 수익을 소액 투자자들이 향수할 기회를 준다는 취지로 2001년에 제정되었고, 당시 재경부(현 기획재정부) 발의로 기업구조조정 '신탁형'(일명 CR리츠)을 허용함으로써 명목회사(paper company) 형태로 간접 투자시장의 명맥을 유지할 수 있었다. 기업구조조정 부동산 투자신탁은 특성상 기업의 부동산을 투자신탁회사에 매각하는 구조이다. 이를 통해 당시 자금조달이 어려웠던 기업이 보유하던 상업용 또는 업무용 건물을 외국계 투자기관에 매각하도록 도와 기업들이 외환위기를 극복하는 데 기여하였다.

이 신탁형은 세법에서 법인세가 면제되고 투자자는 배당소득만 세금으로 내기 때문에 회사나 투자자 모두에게 유리하다. 다만 회사가 법인세 혜택을 받으려면 배당가능 이익의 90% 이상을 배당하여야 소득공제를 받을 수 있다(법인세법 제51조 2).

부동산투자회사(리츠)가 직접투자보다 유리한 점은 다음과 같다.

---

13) 자산유동화증권은 보유하고 있는 자산을 담보로 그 담보채권을 증권화하여 현금흐름을 원활하게 하는 것으로서 담보채권을 특별 목적회사인 유동화 전문회사가 양도받아 이를 담보로 ABS를 발행한다. 유동화증권을 매각하여 회수한 자금을 원 채권자에게 되돌려주면 유동화절차가 완료된다. 유동화증권 중에서 주택저당대출을 담보로 한 것은 주택저당증권(MBS)이라 한다.

① 조세감면 : 부동산 취득에 따른 취·등록세가 감면(50%)되어 직접 투자보다 수익성이 우수하다.

② 관리의 용이 : 직접투자는 임차인 관리, 임대료 수입이나 건물관리에 소요되는 비용관리 등 시간과 비용을 투자하여야 하나, 리츠는 자산관리회사에 운용을 맡기므로 관리가 수월하다.

③ 유동성 유리 : 부동산을 증권화하여 증권거래소에 상장하므로 직접 투자보다 유동성이 유리하다.

④ 소규모 투자자 기회제공 : 대형빌딩과 같은 부동산 투자기회는 대규모 자본가에 국한되었으나, 리츠를 이용하면 소규모 자금으로 대형부동산에 대해 투자기회를 얻을 수 있다.

⑤ 자금조달의 용이 : 개발사업에 필요한 자금을 자본시장을 통하여 일반국민 또는 기관투자자로부터 직접 조달할 수 있다.

⑥ 시장 투명화 : 부동산 증권화를 촉진하여 유동성을 증가시키고, 시장의 투명화, 외자 유입의 효과가 기대된다.

(3) 프로젝트 금융

1) 프로젝트 금융의 의의

프로젝트 파이낸싱(PF : Project Financing)[14]은 대출금융기관이 대출받는 기업 그룹 전체의 자산이나 신용이 아닌 당해 사업의 수익성과 사업에서 유입될 현금을 담보로 필요한 자금을 대출해 주고, 사업진행 중에 유입되는 현금으로 원리금을 상환받는 금융기법이다.

대출금융기관은 대출금의 상환을 보장받기 위해 결제 위탁계정을 통해 관련 자금을 철저하게 관리한다.

PF는 시공사의 신용도 및 지급보증이 중요하기는 하나 열쇠는 역시 사업성이다.

개발 ABS는 공모 회사채 형태로 시장에서 소화되므로 투자자 보호 방책이 우선시되어 신용공여가 가장 중요하나, PF는 대출기관이 사업성을 분석하고 리스크를 전부 부담

14) PF는 1856년 수에즈운하 개발 사업이 그 효시라 한다. 그 후 1920~30년대 미국에서 은행들이 차입능력이 취약한 유전개발업자들에게 장래에 생산될 석유의 판매대금을 상환재원으로 매장된 원유를 담보로 유전개발에 소요되는 자금을 융자하는 방식으로 시작되었다. 1930년대 이후 PF방식은 금융시장의 발달과 함께 발전하였으며, 자원개발 및 부동산개발에 활용되었다. 특히 1980년대 미국에서 전기, 가스 등 공공사업 부문의 민영화가 진행되었고 PF 활용범위가 넓어졌다. 1990년대에는 동남아시아 개발도상 국가들의 사회간접자본 개발시장을 중심으로 급격히 확산되기 시작하였다. 우리나라에서는 '민자유치법' 제정 이후 1995년 이화령터널 사업을 시초로, 수도권 신공항고속도로, 경춘고속도로, 제2 영동고속도로 민자유치사업 대부분이 PF를 활용하고 있다.

하여야 하므로 사업성이 우선시되어야 하는 것이다. 즉 PF는 시공사의 신용도, 시공사의 지급보증, 사업성이 모두 만족되어야 한다.

2) 프로젝트 금융의 특징

① 독립된 프로젝트 회사이다

PF의 기본전제는 법률적, 경제적으로 완전 독립된 프로젝트 회사(project company)의 설립이다.

출자자가 파산하더라도 프로젝트 회사에서는 직접적인 영향이 없으며, 프로젝트에 소요되는 차입금이 출자자의 대차대조표상에 표시되지 않는다.

사업은 공사완공까지 장기간 소요되기 때문에 프로젝트 기간 동안만 관리할 목적으로 회사를 설립하는 수가 많다. 그러나 회사설립 비용을 최소화하려면 택지를 신탁회사에 관리신탁한 후 수익증권을 프로젝트 회사 명의로 출자하는 방법이 있다. 이 회사는 익명조합 형태로 설립하는 것이 주식회사, 유한회사에 비해 설립비용, 관리비용 및 청산비용이 적은 이점이 있다.

② 비소구[15] 또는 제한소구 금융이 특징이다

일반대출은 유사시 채권확보 수단으로 차주(借主)나 보증인에게 대출 원리금 상환에 무한책임(full-recourse)을 지우는 데 반하여, PF방식의 대출은 대출 원리금 상환 부담이 프로젝트의 내재가치와 예상 현금수입의 범위 내로 한정되고, 출자자 등은 일부 추가부담으로 제한된다.

그러나 실제는 여러 형태의 보증이나 보험이 대출자로부터 요구되는 등 대출은행과 프로젝트 시행자 사이에는 직간접적으로 위험배분의 조합이 원용된다. 따라서 완전한 비소구(Non-Recourse) 방식은 거의 없으며, 시행자가 여신 위험의 일부를 부담하는 제한소구(limited recourse finance)라 할 수 있다.

③ 담보가 한정된다

PF 담보는 프로젝트 회사 자신으로 한정하기 때문에 사업주가 충분한 담보여력이 있어도 프로젝트와 관련이 없는 자산은 영향을 미치지 않는다.

---

15) 프로젝트 파인낸싱 방식으로 대출한 금융기관은 채권자이면서 차입자와 사업위험을 함께 부담하여야 하기 때문에 프로젝트 운용결과에 대해서 프로젝트 실제 소유자에게 그 책임을 전부 묻지 못하고, 프로젝트 범위 내에서 해결하여야 한다. 이러한 금융구조를 비소구(non-recourse finance)라고 한다.

④ **현금수지에 기초한 여신이며, 자금관리가 되어야 한다**

PF 담보는 프로젝트의 미래 현금수지의 총화이기 때문에 현금수지나 수익은 프로젝트에 의존한다. PF는 프로젝트에서 산출되는 현금수지에 전적으로 의존하는 대출, 즉 현금수지에 기초한 여신이라는 특징이 있다. 따라서 PF는 현금수입이 유일한 담보이므로 대주(貸主)들은 자금관리를 철저히 한다.

⑤ **대주단(貸主團)을 구성한다**

PF 대상사업은 대부분 그 규모가 크며, 많은 자본이 소요되고, 위험부담도 크다. 따라서 대출금융기관이 단독으로 자금을 공급하고 위험을 단독으로 부담하기보다는 여러 금융기관이 대주단을 구성하여 신디케이트론(syndicated loan) 방식으로 자금을 대출해주는 것이 일반적이다. 물론 사업규모가 작을 때는 이와 상관이 없다.

3) 프로젝트 금융 대출방식

프로젝트 금융 대출방식은 신디케이트 방식(syndicated loan), ABL방식, ABS방식 등이 있다.

① 신디케이트 방식 : 기업의 장래 예상매출 또는 부동산 임대회사의 예상 임대소득 등으로 기초로 다수의 금융기관으로 구성된 대주단(syndicated Bank)이 약정비율대로 해당 기업에 운영자금을 지원하는 방식이다
② ABL 방식 : 기업이 특정 프로젝트 수행을 위해 설립한 '프로젝트 회사'(일종의 SPC)를 차주로 하여 장래 매출채권 및 현금흐름 등을 근거로 자금을 대여하는 방식이다.
③ ABS 방식 : 프로젝트 구조는 ABL방식과 동일하지만 프로젝트 회사가 발행하는 ABS 채권을 인수하는 형태로 자금을 제공하는 방식이다.

11.7 금융활동과 타 부동산 활동의 관계

부동산 금융활동도 다른 부동산 활동과 마찬가지로 독립적으로 영위되는 게 아니라 다른 부동산 활동과 유기적으로 관련을 맺고 이루어진다. 직간접으로 관련을 맺고 있는 몇 가지를 살펴보자.

1. 권리분석과 안전성 확보

대부금융기관은 담보 부동산의 권리상태가 안전하기를 바란다. 그래서 대부하기 전에 대상 부동산의 권리관계의 안전성을 확보한다. 이때 권리분석의 도움을 받는다. 우리나라는 권리분석업이나 권리분석자가 없기 때문에 보통 금융기관의 담당자가 공부를 조사하는 탁상작업과 현지물건조사를 통한 2차 수준의 권리분석을 하게 된다.

2. 담보평가와 담보가격의 결정

대출금융기관은 대부기간 중 채권을 보전하기 위하여 담보(擔保) 부동산의 자산가치를 평가하여 그에 상당하는 금전을 지급한다. 평가방법은 흔히 비교방식이 많이 쓰이며, 금융기관마다 전문 감정평가사가 있거나 혹은 업무담당자가 평가한다. 평가결과로서 담보가격은 위험을 감안하여 보통 시장가격보다는 저가로 평가하는 것이 보통이며, 또 금융기관은 이것을 재확인하고 조정하여 정상가격의 70~80%, 경우에 따라서는 60~70% 수준에서 담보가격을 정한다.

금융기관이 이와 같이 하는 것은 부동산 금융의 위험을 최소화하려는 의도 때문이다. 부동산 금융의 위험은 첫째, 담보부동산에 잠재한 위험 둘째, 채무자의 신용위험 셋째, 융자조건의 위험 등 세 가지가 있다. 이때 담보가격은 채무자가 채무이행기간이 도래해도 채무이행을 않는 경우에 실현되지만 때로는 채무 일부를 불이행해도 실현되는 경우가 있다. 따라서 담보가격은 장·단기적인 안전성 및 환가성(換價性)이 요구되는 것이다.

3. 저당등기

부동산 금융활동에서 등기는 필연적이다. 이것은 담보대부를 하는 금융기관이 채권확보를 위하여 대상 부동산 권리의 일부에 채권관계를 설정하는 것이다. 이 관계는 대부기간 동안 유지되며, 채권채무 관계가 끝나면 동시에 소멸한다.

연 습 문 제

1. 부동산 금융의 원칙에 대해서 기술하시오.

2. 주택금융의 의의와 융자기관 등에 관하여 기술하시오.

3. 현재 우리나라의 민영주택자금의 대출기관, 대출내용(조건) 등에 대해서 조사하시오.

4. 모기지론(Mortgage Loan)에 대하여 기술하시오.

5. 프로젝트 파이낸싱과 일반대출과의 관계를 비교 설명하시오.

6. ABS, MBS, REITs에 대하여 설명하시오.

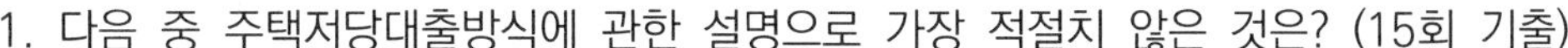

공인중개사 기출 및 예상문제

1. 다음 중 주택저당대출방식에 관한 설명으로 가장 적절치 않은 것은? (15회 기출)
   ① 원금균등분할상환방식(constant amortization mortgage)은 대출자 측에서 볼 때, 원금회수위험이 원리금균등분할상환방식()보다 상대적으로 작다.
   ② 점증상환대출방식(graduated payment mortgage)은 초기에는 차입자의 원금상환부담이 원금균등분할상환방식 및 원리금균등분할상환방식보다 크다.
   ③ 변동금리대출방식(variable rate mortgage)은 대출자 측에 발생할 수 있는 이자율 위험을 차입자에게 전가할 수 있다.
   ④ 원리금균등분할상환방식은 원금균등분할상환방식에 비해, 초기에는 원리금의 지불액이 적다.
   ⑤ 점증상환대출방식은 미래의 소득증가가 예상되는 신혼부부에게 유리한 대출방식이다.

   [해설]
   ① 원금균등분할상환방식은 초기 상환액의 크기가 원리금균등상환방식의 경우보다 크기 때문에 대출자 입장에서 원금회수위험이 원리금균등분할상환방식보다 상대적으로 작다.
   ② 점증상환대출방식은 초기에 원금상환부담이 상대적으로 원금균등상환방식이나 원리금균등상환방식보다 적으므로 젊은 층에게 유리한 대출방식이다.
   ③ 변동금리대출방식은 대출자가 이자율 변동의 위험을 차입자에게 전가시킬 수 있다.
   ④ 원리금균등분할상환방식의 초기 원리금 상환액의 크기는 원금균등분할상환방식보다 적다.
   ⑤ 점증상환대출방식은 미래의 소득이 안정적인 젊은 세대에게 유리하다.

2. 주택담보대출에 관한 설명 중 틀린 것은?(단, 다른 변수는 동일하다고 가정) (16회 기출)
   ① 연간 이자율이 같은 1년 만기 대출의 경우 대출자는 기말에 한번 이자를 받는 것이 기간 중 4회 나누어 받는 것보다 유리하다.
   ② 대출자의 명목이자율은 시장 실질이자율, 위험에 대한 대가, 기대인플레이션 등으로 구성된다.
   ③ 변동금리부 주택담보대출의 이자율은 기준금리에 가산 금리를 합하여 결정된다.
   ④ 변동금리부 주택담보대출은 이자율의 조정주기가 짧을수록 이자율 변동의 위험은 대출자에서 차입자로 전가된다.
   ⑤ CD(양도성예금증서)연동주택담보대출은 변동금리부 주택담보대출이다.

정답 1. ② 2. ①

[해설]

① 대출기간에 받는 이자를 기말에 한번 이자를 받는 것보다 기간에 몇 번을 나누어서 받는 것이 유리하다. 이는 동일금액의 경우에는 화폐의 현재가치가 미래가치보다 항상 크게 되고, 시간이 지날수록 인플레가 발생하므로 화폐가치는 떨어지게 된다.

② 실질이자율은 현재의 소비를 억제하고 미래의 충분한 구매력을 가지도록 보답하는 기본적 이자율을 말하는 것으로 인플레이션이 없는 상태의 이자율을 말하고, 명목이자율은 원금에 대한 이자의 비율을 말하는데 대출자들은 시장의 실질이자율, 위험의 대가, 예상인플레율 등을 반영하여 결정하게 된다. 따라서 명목이자율=실질이자율+위험률+기대인플레이션이 된다.

③ 현재의 변동금리의 결정은 기준금리에다가 가산 금리를 합산하여 결정한다. 기준금리는 외화자금의 조달과 운용에 관한 적용 금리의 상한 또는 하한을 정하는 것으로 외국환관리상 중요한 규제 중의 하나로서 국제수지 사정에 따라 변동된다. 현재 외국환거래에 적용되는 기준금리는 국제금융시장의 금리(LIBOR, SIBOR, BIBOR)에 연동되어 있다. 가산 금리는 채권이나 대출금리를 정할 때 기준금리에 덧붙이는 위험가중금리를 말하며 위험이 크면 가산 금리를 높이고, 위험이 낮으면 가산 금리를 낮춘다.

④ 변동금리방식에서 이자율의 조정주기가 짧을수록 이자율 변동의 위험은 대출자에서 차입자로 전가되며 상대적으로 대출자의 위험이 작아지게 된다.

⑤ CD연동주택담보대출은 변동금리방식이다.

3. 저당채권유동화의 도입에 따른 파급효과로서 기대하기 어려운 것은? (13회 기출)

① 민간주택자금의 장기·안정적인 확보를 위해서는 시장의 실제금리를 적용하고, 대출자의 소득수준, 주택규모, 대출금액, 대출기간, 최초주택구입 여부 등에 구별 없이 대출금리를 동일하게 적용하여야 한다.

② 부동산저당담보채권의 유동화는 1,2차 저당시장에서 이루어진다.

③ 2차 저당시장은 1차 저당시장에서 일단 이루어진 저당을 1차 저당대출자가 팔게 되는 시장을 말하므로 일반투자자들은 자신들에게 필요한 저당을 사고팔 수 있다.

④ 저당의 유동화는 대출자인 금융기관들이 많은 재원으로 일부 수요자나 공급자에게 자금을 제공하여 부동산 시장의 활성화에 기여한다.

⑤ 2차 저당시장은 주로 부동산을 담보로 저당대출을 원하는 수요자들과 융자를 제공하는 금융기관으로 이루어지는 시장을 말한다.

[해설]

① 주택소비금융은 일반적으로 장기저리의 상품으로 시장의 이자율보다 낮고, 대출자의 소득수준, 주택규모, 대출금액, 대출기간, 최초주택구입 여부 등에 따라 대출금리가 차등 적용된다.

② 저당담보부채권의 유동화는 2차 저당시장에서 이루어진다.

④ 저당의 유동화제도는 대출자인 금융기관들이 한정된 재원으로 많은 수요자나 공급자들에게 자금을 제공함으로써 부동산 시장의 활성화에 기여한다.

⑤ 1차 저당시장에 대한 설명이다.

정답 3. ④

4. 우리나라의 부동산 증권화에 관한 설명 중 옳은 것은? (16회 기출)

① 부동산에 대한 지분을 증권화한 부동산 상품 중에서 대표적인 것이 주택저당증권이다.
② 우리나라에서 발행된 주택저당증권은 대부분 다계층저당채권(CMO : collateralized)이다.
③ 부동산투자회사는 주거용 부동산에 주로 투자하고 있다.
④ 은행부동산투자신탁 상품과 간접 투자자산운용업법에 의한 부동산펀드는 주로 완성된 부동산에 투자하고 있다.
⑤ 국민주택기금이 보유한 주택저당대출채권을 기초로 증권화한 주택저당증권은 발행된 전례가 없다.

[해설]
① 주택저당증권은 부동산에 대한 부채를 증권화한 상품이다.
③ 부동산 투자회사는 상업용 부동산에 주로 투자하고 있다.
④ 은행부동산투자신탁 상품과 간접투자자산운용업법에 의한 부동산 펀드는 주로 부동산개발사업에 많이 투자하고 있다.
⑤ 국민주택기금이 보유한 주택저당대출채권을 기초로 증권화한 주택저당증권은 발행된 전례가 있다.

5. 주택금융제도를 설명한 것이다. 틀린 것은? (14회 기출)

① 국민주택기금은 국민주택 잠재수요자의 예수금(청약저축)과 국민주택채권매각대금 등으로 자금을 조달한다.
② 국민주택기금은 주택건설사업자는 물론 주택을 구입하거나 전세를 얻으려는 근로자나 서민에게도 대출한다.
③ 주택금융신용보증기금은 개인이나 주택건설사업자가 금융기관과 차입계약을 할 때 보증인 역할을 한다.
④ 대한주택보증(주)은 주택건설사업자가 선분양한 주택의 완공을 보증한다.
⑤ 한국주택금융공사(KHFC)는 1차 저당시장에서 활동할 목적으로 설립한 기관이다.

[해설]
① 국민주택기금은 국민주택채권, 청약저축, 융자금 회수, 재특차입금 등 자금을 조성하여 국민주택을 건설하는 주택사업자와 주택을 구입 또는 임차하고자 하는 개인수요자에게 자금을 지원한다.
② 국민주택기금은 수요자금융으로서 주택을 구입하려는 개인이나 전셋집을 구하려는 개인에게 대출하고, 공급자금융으로서 지방자치단체, 주택공사, 민간 사업자에게 대출을 한다.
③ 주택금융신용보증기금은 개인이나 주택건설사업자가 금융기관과 차입계약을 할 때 보증인 역할을 한다.

정답 4. ② 5. ⑤

④ 과거에 대한주택보증주식회사가 담당하던 업무를 현재 한국주택금융공사(KHFC)에서 담당하고 있으며 주택신용보증업무는 주택건설사업자가 선분양한 주택의 완공을 보증하는 역할을 함으로써 당해 건설업자가 부도가 발생한 경우에도 분양당첨자들의 손실을 최대한 작게 해준다.
⑤ 한국주택금융공사(KHFC)는 유동화중개기관으로 저당유동화제도에서 결정적 역할을 하는 주체로 2차 저당시장의 구성요소이다.

6. 주택공급을 활성화시키기 위한 민간자금을 동원하는 수단이다. 적절하지 못한 방법은? (10회 기출)

① 주택청약저축의 다양화
② 주택복권발매
③ 분양가 자율화
④ 주택선분양제도
⑤ 주택저당채권 유동화

[해설]
분양가자율화는 주택공급을 증가시킬 수 있는 수단은 될 수 있으나 민간자금을 동원하는 수단으로는 적절하지 아니하다.

7. 다음 주택금융의 특성 중 옳지 않은 것은? (6회 기출)

① 무담보융자제도가 일반적은 대출 방식이다.
② 여러 나라에서 저 소득자를 위한 주택기금이 설치·운영되고 있다.
③ 융자기간이 장기이다.
④ 낮은 대출금리가 적용된다.
⑤ 체증식상환방법이 젊은 저 소득자에게 유리하다.

[해설]
주택의 융자는 그 대상이 개인이고 장기적 대출이기 때문에 담보융자대출방식이 일반적이다.

8. 다음 중 주택금융의 특성으로 옳지 않은 것은? (5회 기출)

① 융자기간이 장기이다.
② 체증식 상환방법이 젊은 저소득자에게 유리하다.
③ 낮은 대출금리가 적용된다.
④ 무담보융자제도가 일반적인 대출방식이다.
⑤ 여러 나라에서 저소득자를 위한 주택기금이 설치·운영되고 있다.

정답 6. ③ 7. ① 8. ④

[해설]
부동산자금대출의 상환재원은 가계이고, 대출금이 거액이고 장기대출이기 때문에 주로 담보융자대출방식을 택하고 있다.

9. 다음은 최근 부동산 시장 활성화를 위하여 시행하거나 도입을 고려하고 있는 대책이다. 옳지 않은 것은? (10회 기출)

① 자산담보부증권(ABS)제도 도입
② 분양권 명의 변경 허용
③ 주택저당채권 유동화(MBS)제도 도입
④ 신규주택취득에 대한 양도소득세 면제
⑤ 개발이익환수제 도입

[해설]
개발이익환수제도는 토지로부터 발생하는 개발이익을 환수하여 이를 적정히 배분함으로써 토지에 대한 투기를 방지하고 건전한 발전에 이바지함을 목적으로 1990년에 도입하였다.

10. 한국주택금융공사의 주택담보노후연금(주택연금)에 관한 설명으로 옳은 것은? (35회 기출)

① 주택소유자와 그 배우자의 연령이 보증을 위한 등기시절 현재 55세 이상인 자로서 소유하는 주택의 기 준가격이 15억원 이하인 경우 가입할 수 있다.
② 주택소유자가 담보를 제공하는 방식에는 저당권 설정등기방식과 신탁등기방식이 있다.
③ 주택소유자가 생존해 있는 동안에만 노후생활자금을 매월 연금방식으로 받을 수 있고, 배우자에게 승기 되지 않는다.
④ 「주택법」에 따른 준주택 중 주거목적으로 사용되는 오피스텔의 소유자는 가입할 수 없다.
⑤ 주택담보노후연금(주택연금)을 받을 권리는 양도 압류할 수 있다.

[해설]
① 주택소유자 또는 배우자의 연령이 한국주택금융공사의 보증을 받기 위해 최초로 주택에 저당권 설정등기를 하는 시점을 기준으로 만 55세 이상인 자로서 소유하는 주택의 공시가격 등이 12억원 이하인 경우 가입할 수 있다.
③ 주택소유자가 생존해 있는 동안에만 노후생활자금을 매월 연금방식으로 받을 수 있고, 배우자에게 승계된다.
④ 주택법에 따른 준주택 중 주거목적으로 사용되는 오피스텔의 소유자는 가입할 수 있다(주택법 시행령 제 제4호).

정답 9. ⑤ 10. ②

⑤ 주택담보노후연금(주택연금)을 받을 권리는 양도 압류할 수 없다(한국주택금융공사법 제43조의 6).

11. 주택저당담보부채권(MBB)에 관한 설명으로 옳은 것은? (35회 기출)

① 유동화기관이 모기지 풀(mortgage pool)을 담보로 발행하는 지분성격의 증권이다.
② 차입자가 상환한 원리금은 유동화기관이 아닌 MBB 투자자에게 직접 전달된다.
③ MBB 발행자는 초과담보를 제공하지 않는 것이 일반적이다.
④ MBB 투자자 입장에서 MPTS(mortgage pass-through securities)에 비해 현금흐름이 안정적이지 못해 불확실성이 크다는 단점이 있다.
⑤ MBB 투자자는 주택저당대출의 채무불이행위험과 조기상환위험을 부담하지 않는다.

[해설]
① 유동화기관이 모기지 풀(mortgage pool)을 담보로 발행하는 채권성격의 증권이다.
② 차입자가 상환한 원리금은 MBB 투자자가 아닌 유동화기관에게 직접 전달된다.
③ MBB 발행자는 초과딤보를 제공하는 것이 일반적이다.
④ MBB 투자자 입장에서 MPTS(mortgage pass-through securities)에 비해 현금흐름이 안정적이고 불확실성이 작다는 장점이 있다.

12. 부동산투자회사법령상( )에 들어갈 내용으로 옳은 것은? (33회 기출)

• (㉠) 부동산투자회사 : 자산운용 전문인력을 포함한 임직원을 상근으로 두고 자산의 투자·운용을 직접 수행하는 회사 • (㉡) 부동산투자회사 : 자산의 투자·운용을 자산관리회사에 위탁하는 회사

① 자치관리, 위탁관리
② 자치관리, 간접관리
③ 자기관리, 위탁관리
④ 자기관리, 간접관리
⑤ 직접관리, 간접관리

[해설]
㉠ '자기관리' 부동산 투자회사는 자산운용 전문인력을 포함한 임직원을 상근으로 두고 자산의 투자·운용을 직접 수행하는 회사를 말한다.
㉡ '위탁관리' 부동산 투자회사는 자산의 투자운용을 자산관리회사에 위탁하는 회사를 말한다.

정답 11. ⑤ 12. ③

13. 부동산투자회사법상 '자기관리 부동산투자회사'(REITs, 이하 '회사'라 한다)에 관한 설명으로 틀린 것 은? (34회 기출)

① 국토교통부장관은 회사가 최저자본금을 준비하였음을 확인한 때에는 지체 없이 주요. 출자자(발행주식 총수의 100분의 5를 초과하여 주식을 소유하는 자)의 적격성을 심사하여야 한다.

② 최저자본금준비기간이 지난 회사의 최저자본금은 70억원 이상이 되어야 한다.

된다.

③ 주요 주주는 미공개 자산운용정보를 이용하여 부동산을 매매하거나 타인에게 이용하게 하여서는 아니

④ 회사는 그 자산을 투자·운용할 때에는 전문성을 높이고 주주를 보호하기 위하여 자산관리회사에 위탁하여야 한다.

⑤ 주주총회의 특별결의에 따른 경우, 회사는 해당 연도 이익배당한도의 100분의 50 이상 100분의 90 미만으로 이익배당을 정한다.

[해설]

자기관리 부동산 투자회사는 그 자산을 투자 운용할 때에는 전문성을 높이고 주주를 보호하기 위하여 대통령령으로 정하는 바에 따라 자산운용 전문인력을 상근으로 두어야 한다(부동산투자회사법 제22조 제1항).

정답 13. ④

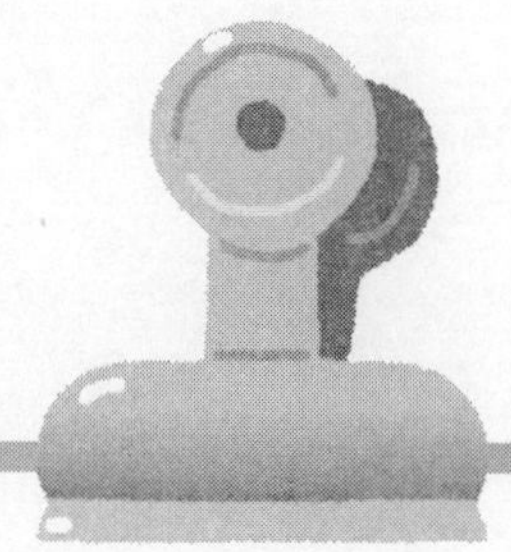

제 III 부

부동산의 이용활동

제12장 부동산 관리론

12.1 부동산 관리의 개념

부동산 관리란 단순히 물리적 설비의 관리뿐만 아니라 인사관리까지를 포함하는 광의의 개념으로 이해할 수 있다. 또한 관리 자체가 물리·기능·경제 및 법률의 복합개념으로 이해됨을 알 수 있다.

따라서 부동산 관리는 법률관리, 경제적 관리, 기술관리 등으로 나누어 체계적으로 접근할 수 있다. 이 같은 다각적인 면에서의 관리를 광의(넓은 의미)의 부동산 관리라 하고, 기술관리만을 말할 때는 협의(좁은 의미)의 관리라 할 수 있다.

부동산 관리는 부동산을 그 목적에 맞게 취득, 유지, 보존, 개량, 운용 등을 최유효하게 하여 물리적·경제적 내용연수를 늘리고, 대상 부동산의 이용활동을 통하여 그 유용성[1)]을 증대시키며, 동시에 법률적·경제적·물리적 하자를 제거하여 그 유용성을 증대시키는 경우도 있다.

12.2 부동산 관리의 내용

1. 경제관리

부동산의 경제관리는 부동산을 활용하여 발생하는 총수익에서 제비용을 뺀, 즉 관리비를 제외한 순이익(純利益)이 합리적으로 산출되느냐에 초점이 있다. 만일 적정한 이익이 발생하면 그 수익성을 유지하기 위해 노력과 주의를 기울여야 한다. 이때 소유권 보존이나 계속적인 관리는 장기간의 의사결정이 필요하게 된다.

---

1) 건물의 이용목적에 따라 쾌적성, 수익성, 생산성으로 그 추구하는 유용성이 달라질 수 있다.

이 경제관리는 주로 수익성 부동산의 투자에서 중요하며,

① 부동산 총수익의 극대화
② 운용비의 통제
③ 지렛대 효과 유지

등의 세 가지 변수에 주의를 기울이는 것이다. 따라서 경제관리의 기능은 부동산 가치의 보존에 대한 주기적인 현금유입량의 대차대조 및 투자관리기능을 링(Alfred A. Ring) 교수는 다음과 같이 들고 있다.

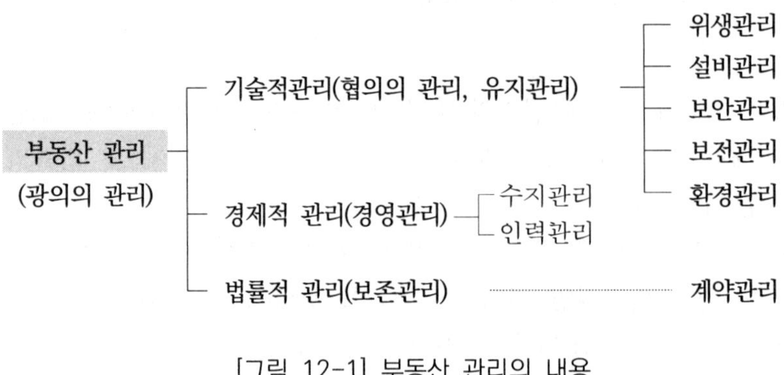

[그림 12-1] 부동산 관리의 내용

(1) 유능한 관리자 선발

관리자의 노력과 능력은 부동산에 나타난다. 부동산의 현금유통과 가치유지(價値維持)를 위해 유능한 관리자를 선발하여야 한다. 또 관리자는 소유자에게 주기적으로 보고도 하고 일상관리의 세부사항까지도 보살피고 있으므로 그의 능력은 소유자에게 아주 중요한 것이다.

(2) 주기적인 생산성 분석

시장변화와 환경상태의 변화에 대응하여 주기적으로 부동산의 생산성을 분석하여야 한다. 만일 교환이나 매각을 원할 땐 생산성 분석(生産性 分析)이 크게 유용하다. 타 부동산의 소유나 투자로 더 높은 수익률을 얻을 수 있다면 투자는 정당화되고 분석은 의의가 있다. 교환투자 시에는 양도비용 분석대상이 된다.

(3) 지렛대 효과 유지와 투자회수

부동산의 매각이나 교환이 순조롭지 못하면 융자를 더 받든지 아니면 수익률을 높이

든지 하여 금융적 강구책을 마련하여 지렛대 효과(예를 들면, 저당 등을 통해 대출을 받아 이에 따른 채무 금리와 관리비를 상회하는 수익을 올려 투자 자본에 대한 이익을 높이는 것을 말한다)를 유지하여야 한다. 또 기대수익에 못 미치면 가능한 한 투자회수를 고려하여야 한다.

(4) 변동에 적응

주기적인 생산성 분석은 변화하는 시장 및 환경상황과 관계가 있다. 이용의 변화에 대한 추가투자의 가능성, 건물의 개량, 증축 등은 시장과 환경상황의 변동에 따라 고려해야 한다. 환경상황에 적응하는 목적은 투자에 대한 수익률의 증대와 양도가치, 자본수익의 증대에 있는 것이다.

경제관리는 위와 같이 투자에 대한 수익발생(收益發生)에 관계되는 관리이며, 경영관리라 하기도 한다. 따라서 논자에 따라서 경제관리는 수지관리뿐만 아니라 인력관리까지도 포함시키는 것이다.

〈표 12-1〉 부동산 관리의 분류

구분	기술적 관리(협의의 관리)	경제적 관리	법률적 관리
내용	· 위생관리 · 설비관리 · 보안관리 · 보전관리	· 회계관리 · 수지관리 · 인력관리	· 계약관리 · 권리관리 · 조정관리
토지	· 경계확정 : 경계표지, 측량 · 시도방지 : 철조망시설 · 경사지대책 : 옹벽, 배수관리 · 쓰레기장 방지대책	· 공사장의 가건물 · 모델하우스 · 주차공간 · 자재하치장 · 테니스코트 · 수화물취급소	· 권리관계조정 · 토지도난의 대책 · 법률적 이용가치의 개선
건물	· 위생관리 : 청소, 해충관리 · 설비관리 : 기구의 운전, 보수, 정비, 수리, 온도조절 · 보안관리 : 방범, 방재 · 보전관리 : 건물의 현상 유지, 개량, 갱신행위	· 손익분기점관리 · 회계관리 · 인력관리	· 임대차 계약 · 기타 시설이용에 관한 계약 · 권리보존관계 · 공법상 규제 사항관리

2. 법률관리

부동산의 법률관리란 대상 부동산의 행정(行政)이나 법률(法律) 관리를 의미하며, 이는 곧 부동산의 유용성을 보호하고자 하는 법률상의 절차와 처리로 법적인 보장을 확보하려는 관리행위이다. 이 법적인 관리는 크게 둘로 나눌 수 있다.

하나는 권리분석과 조정이다. 소유권 및 기타 권리관계에 대한 권리이익(權利利益)의 진정성이나 안전성을 조사 분석하여 이 분석의 판단에 따라 유익한 권리는 계속 보전하고, 불리한 제약이나 불합리한 문제는 제거하거나 최소한으로 조정한다. 소유권 및 기타 권리보전상의 불리한 여러 가지 요인은 행정·법률 하자이므로 이러한 하자사항이 발생하지 않도록 예방조치를 하여야 하는 것도 이에 속한다.

다른 하나는 계약관리(契約管理)이다. 먼저 말한 것은 대상 부동산 자체의 법적 문제이나 이 계약관리는 소유자와 임차인과의 관계를 말하는 것이다. 임차관계(賃借關係)에서 발생하는 예약 및 이용계약 등 여러 가지 계약관리가 이에 해당한다.

3. 기술관리

부동산의 기술관리란 대상 부동산에 대한 물리 · 기능면의 하자(흠)를 발견하여 기술면의 조처를 하는 것과 이에 대한 사전방지책으로서 기술적으로 유지 · 보존하는 행위를 말한다. 예를 들면, 장래의 증·개축 계획을 세우거나 토지의 경우 경계를 확인하기 위하여 경계측량을 실시하여 확정하는 등의 관리가 이것이다.

이러한 행위는 대상 부동산의 이용편의, 가치증대, 거래촉진, 현상보존을 위한 기술면의 관리행위가 되는 것이다. 그러나 기술면의 관리행위는 건축기술자나 측량사 등의 전문적인 기술자가 관계한다는 점에서 불가피하게 전문기술자의 손에 맡겨야 한다는 불편이 뒤따른다. 기술면의 관리만을 협의의 관리라 하는데, 그 내용은 위생관리, 보전관리, 설비관리, 보안관리가 있다.

12.3 부동산 관리의 3방식

부동산 관리방식은 대체로 다음과 같은 자치관리(자가관리) · 위탁관리 · 혼합관리 등의 세 가지 방식이 있다. 이를 '부동산 관리의 3방식'이라 한다.

이 세 가지 방식 중 가장 역사가 오랜 자치관리(자가관리) 방식은 근대적인 방식이며, 현대적 의미에서 전문적인 관리방식이라 하면 위탁관리 방식을 말한다. 이들 3방식은 각각 장·단점을 가지고 있으며, 부동산의 용도와 규모·종류에 따라 달리 활용되고 있다. 이 이론은 주로 건물관리방식으로 일본에서 발전된 것이다.

1. 자치관리

(1) 자치관리의 의의

자치관리(自治管理)란 단독주택, 소규모 다세대주택, 연립주택, 소규모 공동주택, 작은 면적의 토지 등을 소유자 자신이 관리하는 방식이다. 이를 자가관리(自家管理) 또는 자영관리(自營管理)라 하기도 한다.

이 방식은 주거역사와 함께 오랜 전통을 가지고 있으며, 오늘날에도 건물임대업자나 소규모 부동산 투자가들이 많이 이용하고 있다. 그 이유는 이 방식이 규모가 작은 부동산에 적용하기 쉽고, 또 많은 장점을 가지고 있기 때문이다.

(2) 자치관리의 장·단점

1) 장 점

① 소유자의 지시 및 통제권한이 강하다. 소유자는 자신의 부동산이기 때문에 자기의 생각대로 관리하고 싶은 것이 당연하며, 그것이 가능한 것이 이 방식이다. 위탁관리하면 수탁자와 계약한 것 이상은 요구할 수 없다.

② 관리하는 각 부분을 종합적으로 운영할 수 있고 보안관리 면에서 이점이 많다. 이 방식은 관리사원을 직접 고용하므로 관리업무 각 부문 간 연락이 신속하고 충분하다. 그러므로 고장, 파손도 조기발견이 가능하고 응급조치도 편리하여 하자발생을 미연에 방지할 수 있다. 특히 화재 등의 비상사태 때에 설비관리원·보안요원·청소요원 등이 일체가 되어 관리지휘자의 통솔에 따라 움직이기 용이하다. 또 도난사고 등의 종업원에 대한 불안감이 없다. 위탁관리 경우는 이 점에 불안이 있다. 파견된 종업원은 이동이 많고, 아르바이트나 임시고용자가 많은 때는 특히 보안에 취약할 수 있다.

③ 기밀유지에 안심감이 있다. 위탁관리에서는 모든 관리사항이 공개되므로 기밀유지가 곤란하다. 기밀유지는 자가관리의 장점이다. 종업원이 자기사람이라는 데 안심감이 있다.

④ 친절하게 서비스를 제공할 수 있다. 자치관리원에게 그 건물의 입주자가 자사계열

사람이면 자사원이나 마찬가지이고, 임차인인 경우에는 직접 고객이다. 따라서 친밀감이 우러나고 그 친밀감은 서비스로 이어진다. 서비스 정신에 입각한 업무는 입주자에게 호감을 주고 좋은 관리의 기초가 된다.

⑤ 관리요원이 건물·설비에 애착이 강하고, 이것이 관리 측면에 플러스가 된다. 건물관리업무는 순수한 일이어서 건물 · 설비에 대한 애착이 없으면 잘 되지 않는다. 건물·설비가 자신의 것이라는 관념은 애호정신을 유발시키고, 이것이 관리 측면에 플러스가 된다. 궁극적으로는 기술적인 유지와 환경을 양호하게 보존할 수 있다.

〈표 12-2〉 자치관리방식의 장 · 단점(직접관리, 자가관리)

장 점	단 점
① 소유자의 지시 및 통제력이 강함	① 관리의 전문성이 결여
② 기밀유지와 보안관리가 양호	② 관리업무의 타성화로 적극적 의욕이 결여
③ 부동산설비에 대한 애호정신이 높음	③ 비효율적 인력관리, 참모체제의 방대, 인사정체가 심함
④ 입주자에 대한 최대한의 서비스 제공	④ 불합리한 인건비의 상승
⑤ 유사시 신속한 협동관계	⑤ 변화에 대한 적응력이 부족
⑥ 관리 각 부문을 종합적 운영	⑥ 관리원을 둘러싼 부정의 우려
⑦ 양호한 환경보전이 가능	

2) 단 점

① 업무가 타성에 젖기 쉽고, 적극적 의욕을 결하기 쉽다. 사원은 일단 지위를 얻으면 노동조합관계도 있고 간단치 않다. 또 대규모 회사라면 몰라도 조그만 회사는 성적이 좋아도 승진 등의 희망이 없어 적극적으로 일을 하지 않는다.

② 인사가 정체(停滯)되고 인심이 침체한다. 즉 인력관리가 비효율적으로 운용될 우려가 있다. 규모가 있는 대형건물을 제외하고는 인사배치 여지가 적어 한 곳에 오래 있게 되면 인사가 정체되고 명령도 위엄이 없어진다.

③ 인건비가 필요이상으로 상승한다. 종업원이 한 자리에 오래 있게 되므로 연공서열형(年功序列型)의 급여체계에서는 노후의 고액 급여자가 많아져 인건비가 상승한다.

④ 관리원을 둘러싼 부정(不正)의 우려가 있어 관리비가 불합리하게 지출될 수 있다.

⑤ 소유자가 부동산 관리의 전문가가 아닌 경우 전문성을 발휘할 수 없다.

⑥ 자기 소유 부동산을 관리하기 때문에 직업에 전념 또는 종사하기 어렵다.

2. 위탁관리

(1) 위탁관리의 의의

이 위탁관리(委託管理)는 외주관리(外注管理)라고도 하며, 소유자 자신이 관리하지 않고 전문업자에게 맡겨 관리하는 방식이다.

공동주택이나 빌딩관리에 많이 이용하는 방식으로 관리방식 중 가장 진보된 관리방식이다. 부동산 관리의 전문화와 더불어 이 방식의 채용이 점차 증대하는 경향이 있다. 그 이유는 고층빌딩의 건설과 주택의 집합화·고층화에 있으며, 또 건물의 설비가 복잡하고 고급화되어 고도의 관리기술이 필요하게 되었기 때문이다.

(2) 위탁관리의 장 · 단점

1) 장 점

① 전문업자를 이용하므로 합리적이고 편리하다. 기업분업화(企業分業化)가 현대사회의 발전과정에 있어서 일반적 경향이나 건물관리에서 최근 이러한 경향이 급속히 진전되고 있다. 종래 단순하던 청소작업도 건축자재의 물리·화학 성질에 따른 청소방법이 요구되고, 청소용 기계기구와 왁스·세제 등의 전문지식도 요구되고 있다. 설비관리(設備管理)면에 있어서도 여러 유형의 설비 고급화·복잡화에 따라 전문지식과 특수기술 및 기능을 요하는 국가자격도 요구되고 있다. 이같이 건물관리가 전문적 업무로서 확립되고 있어 경험이 없는 자의 종사는 곤란해지고 있다. 이것을 전문업자에게 위탁하면 관리의 효율성을 높일 수 있다.

② 소유자는 전문가에게 의뢰하므로 본업에 전념할 수 있다. 위탁관리방식은 관리업무를 전문업자에게 위탁하여 그 업무로부터 해방되기 때문에 자기의 본업에 전력을 경주할 수 있다. 《부동산 투자의 자산운용법》을 쓴 라우리(Lowry)의 투자원칙을 보면, 그 네 번째에 물건의 세세한 관리는 타인에게 맡기도록 권유하고 있는데 본업에 상상력과 재능을 쓰고 관리는 전문업자에게 맡기라는 것이다.

③ 전문가의 뛰어난 관리와 서비스를 받을 수 있다. 전문업자는 업자 간의 경쟁으로 종업원을 훈련시키고, 서비스를 창출하여 좋은 관리가 되도록 노력하기 때문에 좋은 업자를 만나면 그들의 훌륭한 관리와 서비스를 받을 수 있다.

④ 경비가 싸고 안정적이다. 관리업자는 당연히 조금이라도 싸고 합리적인 경영을 하려고 늘 노력한다. 이것은 업자 수의 증가와 경쟁 때문이다. 또 계약에 의해 관리비는 한정되어 있고 맘대로 값을 올릴 수도 없기 때문에 관리비의 평준화 · 안정화에 노력하지 않을 수 없다. 관리자는 이를 경영의 합리화를 통하여 해결하려 한다.

〈표 12-3〉 위탁관리방식의 장·단점(간접관리, 외주관리)

장 점	단 점
① 전문적 관리로 부동산 관리의 합리화	① 기밀유지 및 보안이 곤란
② 부동산 소유자는 본업에 전념할 수 있음	② 전문관리회사(또는 관리사)의 선정 곤란
③ 관리의 위탁으로 자사 참모체계의 단순화	③ 관리요원의 애호정신이 낮음
④ 관리비용의 저렴 및 안정화	④ 관리요원의 인사이동으로 관리하자 기능
⑤ 관리업무의 타성화 방지	⑤ 각 부문의 종합적인 관리가 쉽지 않음

2) 단 점

① 전문관리업계의 신뢰도가 낮다는 점이다. 전문업자라면 전문가다운 기술과 경험을 가지고 있어야 한다. 그러나 우리나라의 건물관리업 역사는 1980년대 초기에 시작되어 불과 30여 년에 지나지 않아 신뢰 높은 전문건물관리업체가 충분하지 않은 실정이다. 따라서 수탁자의 선정에 충분한 주의를 기울여야 한다. 특히 설비관리 면에서 높은 기술을 가진 업자가 적기 때문에 법규에서 규정하고 있는 자격이 있는 우수한 기술자를 확보하고 있는 업자를 선정하기 어렵다는 점이다.

② 종업원을 충분히 신용하기 어려워 기밀유지 및 보안상 문제점이 있다. 직접 고용한 자는 신용할 수 있으나 타사에서 파견된 종업원은 전폭적으로 신용할 수는 없다고 생각하는 것이 인정(人情)이다. 그래서 업자를 어디까지 신용해야 좋을까 하는 의문도 생긴다. 특히 보안요원은 이 점이 각별해 보안요원만을 자영하는 건물 소유주도 있다. 수탁자의 성의와 양심문제이나 위탁관리가 자가관리에 비해 취약점이라 할 수 있는 점이다.

③ 종업원의 소질과 기술이 낮아질 우려가 있다. 업자는 계약금액의 범위 내에서 관리를 하기 때문에 물가가 앙등하거나 노임이 상승할 때는 계약금액의 증액이 어려우면 업자의 서비스가 저하하는 것은 필연적이다. 이 때문에 유능한 종업원은 타 직업을 전업하고, 업자의 종업원은 소질과 기능 수준이 다같이 낮아질 수 있다.

④ 관리업체가 영리만 추구하면 부실관리를 초래할 염려가 있다. 신용 있는 업자를 만나면 그러한 염려는 없겠으나 부실기업이나 비윤리적인 업자를 만나 그들이 영리에만 집착하면 관리는 부실해질 수밖에 없다.

3. 혼합관리

(1) 혼합관리의 의의

이 방식은 자영관리와 위탁관리의 혼합 형태로 관리업무의 전부를 위탁하지 않고 필요한 일부분만을 위탁하는 방식이다. 관리업무 중 청소, 경비, 설비관리 등 협의관리인 기술관리만을 위탁하고, 나머지 경제·법률관리는 소유자가 관리하는 방식이다.

(2) 혼합관리의 장 · 단점

1) 장 점

① 관리업무에 대한 강력한 지도력을 확보할 수 있고, 위탁관리의 편의를 이용할 수 있다. 전면적인 위탁관리는 소유자의 관리지도력이 취약해질 우려가 있다. 자신이 감당 못하는 부분만 위탁하는 혼합관리는 관리에 대한 주체성이 약화되지 않으면서도 부분적으로 위탁관리의 이익을 향수할 수 있다.

② 자가관리가 곤란한 부분만 위탁하기 때문에 관리비를 절감할 수 있고, 효율적인 운영이 가능하다. 이 방식은 어느 부분이든 자가관리가 곤란한 부분만 선별, 위탁할 수 있는 이점이 있다.

③ 자가관리에서 위탁관리로 이행할 때 과도기적 방식으로 편리하다. 관리방식의 관행을 급격히 변경하는 충격으로부터 벗어날 수 있는 이점이 있다. 위탁해도 상관없는 부분부터 위탁하고, 나머지는 점진적으로 위탁해 급격한 관리방식 변경의 충격을 줄일 수 있다.

〈표 12-4〉 혼합관리방식의 장·단점

장 점	단 점
① 소유자가 관리통제권을 가지면서 전문가에 의한 관리의 효율성을 높일 수 있음	① 부동산 하자발생시 책임소재가 불분명하여 전문 업자를 충분히 활용할 수 없음
② 자가관리와 위탁관리의 장점을 혼합할 수 있음	② 자가관리요원과 위탁관리요원 사이에 원만한 관계유지가 곤란함
③ 자가관리에서 위탁관리로 이행하는 과도기에서 채택하는 유리한 방식	③ 운영이 잘못되면 자가관리와 위탁관리의 단점만 노출됨

2) 단 점

① 책임소재(責任所在)가 불분명하게 되고, 전문업자를 충분히 활용할 수 없다. 수탁업자는 수탁된 부분에 대하여 책임을 지고 업무를 수행하려 하나 관리의 전반적 책임은 소유자에게 있기 때문에 자주성이 결여되고 적극성을 잃어 책임이 불분명해질 수 있다.

② 자가관리 종업원과 위탁관리 종업원 간의 원만한 관계유지가 어렵다. 혼합관리의 경우에는 자기종업원과 수탁자 종업원 간에 신분상의 차이도 있고 대우도 달라 서로 원만한 관계유지가 어려운 경우가 있고, 이것이 관리업무에 저해되는 경우가 있다.

③ 운영이 곤란해지면 양방식의 결점만 노출된다. 양 방식의 장점만 취하자는 것이 이 방식이다. 운영결과 여하에 따라 자가관리 종업원의 매너리즘과 위탁관리업자 종업원의 무책임 등이 겹치면 사태는 악화되고, 양 방식의 결점만 나타난다.

12.4 부동산 관리활동

부동산 관리란 여러 가지 업무영역을 복합적으로 지칭하는 개념이다. 관리자들이 행하는 부동산 관리활동은 다음과 같은 5가지의 업무영역으로 나누어진다. ① 임대차 활동, ② 임대료 수입, ③ 유지활동(maintenance activity), ④ 보험, ⑤ 예산, 보고서 작성 및 장부처리 등이 그것이다.[2)]

1. 임대차 활동

(1) 임차자 선정

임대차 활동은 수입을 확보하는 것으로 부동산 관리 활동의 기초를 이루는 가장 중요한 활동이다. 부동산 관리자나 소유자의 입장에서는 임대공간은 상품이 된다. 임대차 활동이란 이 상품을 고객에게 파는 것이다. 임대차 활동은 대상 부동산에 적합한 임차자들을 선정하는 일이다. 적절한 임대조건으로 적합한 임차자를 선정하는 일은 사업의 성공여부와 관련되는 중요한 일이다.

2) 안정근, 현대부동산학, 양현사, 511-520쪽, 2009.

임차자 선정(tenant selection)은 대상 부동산의 성격에 따라 달라진다. 일반적으로 주거용부동산은 다른 입주자들과 어울릴 수 있느냐 하는 유대성이, 상업용부동산은 얼마만큼 수익을 올릴 수 있느냐 등이 임차자 선정기준이 된다. 즉 각 용도에 적절한 적합성(suitability)이 준거가 된다. 예를 들어 사무실건물에 의류판매업을 임대한다는 것은 업무의 성격상 서로 어울리는 것으로 보기 어렵다.

부동산 관리자들은 임차자 신청서를 활용하여 적절한 임차자를 선정하기도 한다.

(2) 임대차 계약

부동산 관리자는 가능임차자가 대상 부동산에 적합한 것으로 판단되면 임대차 계약을 한다. 임대차 계약 작성 시에는 상호간에 받아들일 수 있는 조건으로 계약을 맺는 것이다. 임대차 계약서에는 임대료, 임대차기간, 계약갱신옵션, 보증금(예치금) 액수, 영업시간 제한, 보험료 지불규정, 주차장이나 기타 시설물 사용규정 등에 관한 사항이 주요 내용이 된다.

2. 임대료 수입

임대료징수(rent collection)는 부동산 관리자가 하는 통상적인 활동이다. 임대료 수입이 징수되지 않는다면, 사업은 운영하는 데 지장이 있게 된다.

부동산 관리자는 계약 시에 임차자에게 임대료 납부에 관한 내용을 주지시켜 주어야 한다. 그리고 매월 단위로 임대료나 기타 지불금이 얼마인지를 사전에 고지해야 한다. 임대료 지불일은 사전에 정해지는데, 기준일을 중심으로 일정기간의 유예기간이 경과해서도 임대료를 납부되지 않으면 과태료가 부과된다.

입주자들이 빈번한 사무용 임대부동산은 임차자마다 입주일이 다른 경우가 많다. 이 경우 임대료(관리비 등) 납입일이 임차자마다 다르면 업무처리가 번거로울 뿐만 아니라 영업경비의 지출계획을 수립하기도 어렵게 된다. 따라서 입주일이 언제이든 입주 시에 입주일로부터 일정기간까지의 임대료를 납입하고, 다음 달부터 매월 일정기간에 그 달의 임대료를 내게 하는 식으로 임대료 지불일을 조정한다.

3. 부동산 유지활동

(1) 유지활동의 유형

건물의 마모나 노후화는 대상 부동산의 가치를 하락시키고, 임차자들에게 상대적으로 매력을 상실케 한다. 따라서 부동산 관리자는 대상 부동산의 가치가 하락하는 것을 방지하고, 계속 임차자를 유치하기 위해서 적정수준의 유지관리활동을 하여야 한다. 이 경우에는 일상적 유지활동, 예방적 유지활동, 대응적 유지활동 등으로 구분된다.

일상적 유지활동(routine maintenance)은 쓰레기를 치우고, 청소를 한다든지, 소독을 하는 등 통상적이고 일상적인 정기적 유지활동을 말한다.

예방적 유지활동(preventive maintenance)은 시설이나 장비 등이 제 기능을 효율적으로 발휘하기 위하여 사전에 수립된 유지계획(maintenance program)에 따라 고장 또는 문제가 발생하기 이전에 이를 교환, 수리하는 사전적 유지활동을 의미한다.

대응적 유지활동(responsive maintenance)은 문제가 발생한 후 이에 대처하는 사후적 유지활동이다. 대응적 유지활동은 수정적 유지활동(corrective maintenance)이라고도 한다.

(2) 유지활동의 중요성

유지활동 중에서 가장 중요한 것은 예방적 유지활동이다. 문제가 발생하고 난 후 아무리 신속하고 철저하게 문제를 수정한다고 하더라도, 이것이 빈번해지면 임차자들은 불만이 되며 건물 이미지가 손상될 우려가 있다.

대응적 유지관리활동은 문제가 발생할 때마다 이를 개별적으로 처리하므로, 시간적인 예방적 유지관리활동보다 유지비용이 더 많이 든다.

부동산 관리자는 일정기간을 단위로 종합적 유지관리를 수립하고, 이것을 일별, 주별, 월별, 분기별, 연도별 등으로 실천한다. 또한 시설이나 장비를 유지, 점검계획에 따라 점검하고, 이에 대한 정기적인 보고서를 작성한다. 보통 현장관리자(field manager)는 주별 또는 월별로 보고서를 작성하고, 이들을 감독하는 관리자는 월별로 보고서를 작성한다.

대응적 유지관리활동은 임차자들의 서비스 요구를 24시간 내에 처리한다는 원칙으로 임하여야 한다. 부동산 관리자는 임차자의 서비스 요구가 월별, 또는 분기별로 얼마만한 빈도로, 어떠한 문제에 대해서, 왜 발생하는가를 점검하여야 한다.

서비스 요구의 항목별 빈도수를 월별, 분기별 등으로 분석하는 것은 예방적 유지관리계획을 수립하는 데에 중요한 자료를 제공한다. 서비스 요구의 빈도수가 일정 수준을 넘는다는 것은 예방적 유지관리계획에 문제가 있다는 것을 의미한다. 또한 이것은 대상 부동산 자체에 근본적으로 심각한 문제가 있다는 것을 시사하는 것일 수도 있다. 이럴 경우 부동산 관리자는 소유주와 협의하여 별도의 예산을 확보하여 이에 대한 대비를 세워야 한다.

4. 보 험

(1) 손해보험과 책임보험

부동산 보험은 편의상 손해보험과 책임보험으로 구분할 수 있다. 물론 이 각각은 다시 여러 개의 보험으로 나누어진다. 손해보험(casualty insurance)이란 대상 부동산이 화재나 홍수 등 예기치 못한 사건으로 손해를 입었을 경우, 대상 부동산 그 자체나 그 밖의 동산 등에 대해 보상을 해주는 보험을 말한다. 그리고 책임보험(liability insurance)은 대상 부동산의 임차자, 고객, 방문자, 인근 부동산 등이 입은 손해에 대해 관리자나 소유자가 책임져야 할 부분을 보상해주는 보험이다.

얼마만큼의 손해보험에 들어야 하는가는 보험대상이 되는 부동산과 시설, 비품, 장비 등과 같은 동산의 가치에 달려 있다. 토지 자체는 영속성이 있기 때문에 손해보험의 대상이 되지 않는다. 하지만 건물과 이와 부속된 시설물은 손해배상의 대상이 된다. 손해보험에 들었다고 해도 보험회사가 대상 부동산에 지불하는 금액은 차이가 있다. 이것을 보험가치 또는 실제 현금가치라고 한다. 보험가치는 건물의 재생산비용에서 감가상각액을 뺀 것이 된다.

(2) 기 타

보상금액이 건물을 복구하는 비용에 미치지 못하는 경우가 발생할 수 있다. 이를 보전하기 위해 손해보험 이외의 대체비용(replacement cost)을 위한 보험에 들 수 있다.

사고가 발생하여 보험회사로부터 피해보상을 받았다고 하더라도 건물을 복구하고 수리하는 데에는 상당한 시일이 걸린다. 이 기간동안 소유자는 임대료를 받을 수 없는데도 불구하고, 저당지불액이나 기타 영업경비는 계속 지불해야 한다. 임대료손실보험은 바로 이 같은 경우를 대비하는 보험이다.

임대료손실보험에 가입하면 그 기간동안에 초래되는 임대료손실을 보험회사가 보상해준다. 임대료손실보험을 업무장애보험이라고도 한다. 이것을 활용함으로써 소유자는 사고가 발생하여 수입이 없는 상태에서도 필요한 비용을 지출할 수 있으므로 신용을 계속 유지할 수 있다. 부동산 관리자는 보험에 대해서 어느 정도의 보험지식을 갖출 필요성이 있다.

5. 보고서 작성 및 예산관리

부동산 관리자는 소유자의 대리인으로 대상 부동산에 관련된 업무를 수행한다. 부동산 관리자는 영업활동에 대해 상세하게 장부처리를 하고, 그 결과를 소유자에게 정기적으로 보고할 책임이 있다. 정기적인 보고는 일반적으로 월별로 하게 되는데 분기별, 연도별 보고에는 보다 상세한 사항이 보고된다.

보고서를 작성하는 데 있어 부동산 관리자는 부동산의 상태, 공실률, 임대료 수준, 영업경비 등에 대해 주의를 기울여야 한다.

예산은 일반적으로 소유자와 공동 작업으로 작성된다. 예산관리(budgeting management)란 목표설정에서부터 예산의 수립, 계획, 실행, 예산평가에 이르는 일련의 과정이다. 부동산 관리자는 이 모든 과정에 대해 책임을 진다.

12.5 토지 및 건물관리

1. 토지관리

(1) 법률관리

부동산 관리의 가장 초보단계라고도 할 수 있는 것이 토지관리이다. 여기서는 도시토지를 중심으로 그 관리내용을 설명한다.

토지관리의 가장 기본이 되는 것은 권리보전(權利保全)을 위한 관리이다. 토지가 이용하지 않은 상태에 있다면 이용하고 있는 토지와 같이 늘 눈이 가지 않기 때문에, 관리업무의 하나로서 권리보전이 중요하다. 같은 토지라 하더라도 건부지(建附地)는 이용되고 있기 때문에 권리보전이 나지(裸地)보다는 덜 중요한 의미를 가진다. 법적관리에서 중요한 것은 다음과 같다.

1) 권리관계의 조정

부동산에 가등기나 저당권 등의 불필요한 권리가 부착되어 있거나, 보존등기와 같이 필요한 권리가 결여되어 있는 경우가 있다. 이런 경우 조정할 권리를 잘 파악하여 조정을 한다. 원인(原因)이 없는 등기가 존재하거나 목적물과 권리가 다른 경우 등도 있다.

2) 토지도난 대책

땅을 누가 훔쳐 가느냐고 묻는 사람이 있다면 그는 아마도 인류의 역사가 땅뺏기 싸움이라는 사실을 잊은 사람일 것이다. 사람은 토지를 남으로부터 사거나 뺏는 본능을 가진

유기체이다. 토지는 국가 간이나 개인 간을 불문하고 독점점유(獨占占有)의 대상이다.

토지는 흔히 사기꾼들에 의해 도난되기도 하고, 이웃 소유자에게 의해 불법으로 잠식당하기도 하며, 또 모르는 사이 불법점유(不法占有)되기도 한다. 이러한 것을 사전에 방지하기 위하여 경계표시(境界表示)를 해두거나 자주 돌보고 있다는 흔적을 남겨야 한다.

3) 법률 이용가치의 개선

도시계획법, 건축법 등의 공법상 규제내용 또는 그 변동 등을 감안하여 최유효이용을 위한 준비에 게을리하지 말아야 한다. 새로운 이용방안이나 지목변경(地目變更)이 가능한가 등도 알아두는 것이 좋다.

(2) 경제관리

나대지(裸垈地)를 이용하기 전 그것을 유효하게 활용하는 방안도 검토해야 한다. 문제가 되는 것은 원상회복이 용이한가의 여부에 따라 결정해야 한다. 또 자금이 너무 많이 들어도 이용하는 의미가 없다. 어디까지나 보유지(保有地)를 활용하는 것이기 때문에 위험부담을 안으면서까지 활용할 필요는 없으므로 신중히 고려해야 한다. 이러한 활용방안은 다음과 같다.

- 공사장의 가건물
- 견본주택 전시장
- 주차공간
- 자재 하치장
- 테니스코트
- 수화물 취급소

이때에는 사후 법률분쟁이 일어나지 않도록 계약을 분명히 해두는 것이 좋다.

(3) 기술관리

모르는 사이에 이웃 소유자가 경계를 침범하여 건물을 짓거나 조금씩 잠식하는 경우가 흔하다. 토지관리에서 우선해야 할 일이 경계의 확정이다. 경계표식(境界標識)을 해두거나 측량을 하여 경계를 분명하게 하고, 이웃 소유자에게 인식시키며, 때에 따라서는 타인이 출입을 못하도록 철조망을 치는 방법도 고려할 수 있다. 모르는 사이에 사도(私道)가 되어 이웃 주민과 다툼이 있는 경우에도 가끔 있는 일이다.

또한 경사지이기 때문에 붕괴의 위험이 있거나 배수기능이 불완전하여 이웃에 피해가 염려되는 경우에는 이에 대한 재해 대책도 필요하다. 또 이웃에서 쓰레기를 버려 쓰레기장으로 변해 비용을 들여 치우는 수고를 반복하는 경우도 있으므로 주의해야 한다.

2. 건물관리

부동산 관리의 꽃은 역시 건물관리이다. 현대의 건물은 건축기술과 설비의 발달로 과학기술의 표현 형태라 할 만큼 능률·기능·경제적으로 설계·시공되어 있다. 그런데 이것이 관리의 대상이 되는 이유는 규모가 크면서 고도의 설비를 갖추고 있으며, 기능이 유지되고 유용성이 유지되어야 하기 때문이다.

관리내용이 무엇인가, 차례로 살펴보기로 하자. 기능이 유지되기 위해서는 기술관리가 더 필요하고 유용성을 위해선 기술관리는 물론 법률·경제 관리가 필요하다.

(1) 법률관리

1) 임대차 예약

건축물을 공사하기 전에 많은 임차인에게 임대가 끝난다면 더할 나위 없겠으나 그렇지 못한 때는 입주가 완료될 때까지 임차인(賃借人)을 모집하여야 한다. 모집방법으로는 우선 공사현장에 광고를 하는 수가 있다. 공사현장에 현수막이나 애드벌룬을 걸고 예약 접수장소와 전화번호 등을 표시해둔다.

또한 팸플릿 등을 만들어 방문고객에게 나누어주고, 더 적극적으로는 DM광고를 할 수 있다. 신용이 있는 중개업자(仲介業者)에게 일괄하여 위탁할 수도 있다. 이때에는 기획에서 임대완료까지 부탁하는 것이 좋고, 임차인의 선발 시 신용조사 등도 고려하도록 한다.

2) 임대차 계약

임차인이 선정되면 현 관행에 따라 계약을 하여야 한다. 이 계약서에는 임대차 기간·해약 예고기간·임료의 개정·금지 또는 제한사항·수선비의 부담구분·보증금·부금·비용 상환청구·원상회복·기타 사항을 약정한다.

3) 기타 시설이용에 관한 계약

주차시설의 이용, 광고시설의 이용 등에 관해 계약을 한다.

4) 권리의 보전관리

소유하고 있던 건물의 권리에 대한 보전관리를 계속하여야 한다.

5) 공법상 규제사항에 관한 권리

건물의 이용관행(利用慣行)이나 공법상의 변동에 의한 규제사항 등을 항상 관찰하여 대처하여야 한다.

(2) 경제관리

1) 임대건물의 손익분기점

손익분기점(損益分岐點)이란 협의로는 '매상고 - 비용 = 0', 즉 매상고와 비용이 상계되는 점을 말한다. 손익분기점을 구하는 방법은 손익계산서에 기초하여 이익도표하고 하는 그래프를 작성하는 것이 통례이다. 누구든 투자한 부동산이 소득을 발생시키길 원하지 손실을 원하는 사람은 없을 것이다. 건물의 임대를 개시하고 있는 경우는 사례건물을 선정하여 수지계산을 해볼 수 있다.

2) 회계관리

효과적인 경제관리를 하는 데에는 회계관리(會計管理)가 가장 중요하다. 현금수납 계정과 소유자 계정, 관리업자 계정은 따로 한다.

3) 인력관리

현대에는 인력관리가 특히 중요시되고 있다. 이익은 사람의 손에 의해 획득되기 때문이다. 관리인을 적재적소에 활용하는 것도 경제관리의 하나이다.

(3) 기술관리

건물관리 중 전문가나 관리업자의 능력이 발휘되는 관리가 이 기술관리이다. 이는 다음 여섯 가지로 구분된다.

1) 위생관리

위생관리(衛生管理)는 공기환경의 조정, 청소관리와 해충대책에 있다. 건물은 개인이나 법인이 소유하는 것이지만 그를 이용하는 것은 많은 사람이기 때문에 공공장소가 된다. 그러므로 위생관리의 양부(良否)는 많은 사람의 건강에 직접적인 영향을 미친다. 위생관리는 이용하는 사람이나 사용하는 사람의 건강과 쾌적한 환경을 조성하도록 해야 한다.

2) 설비관리

설비관리(設備管理)란 건물 내 각종 설비의 기능을 충분히 발휘시켜 건물 내의 환경조건을 양호한 상태로 유지하기 위해 기기(機器)의 운전, 정비, 수리 및 실내의 온도·습도의 측정 등 기술적인 관리를 하는 것을 말한다. 설비에는 공기조화설비, 전기설비, 급배수 위생설비, 수송 및 운반설비, 방재설비 등이 있다.

3) 보안방재관리

보안관리(保安管理)란 방범 · 방화 기타 안전대책을 확보하기 위하여 행하는 관리이다. 최근 경제성장과 더불어 건설 붐이 일어 대소건물이 늘어가지만 행정력은 이에 못 미치므로 경찰과 소방서에만 이를 맡길 수는 없다. 귀중한 인명과 재산을 보호하기 위해 스스로 대책을 강구하지 않으면 안 된다. 화재보험이나 재해보험에 드는 것도 보안관리이다.

4) 보전관리

보전관리(保全管理)란 건물의 현상유지, 원상회복뿐만 아니라 예방관리로서 보수작업·개량행위까지 포함한 유지관리를 말한다. 이러한 행위는 대상 부동산의 이용편의, 가치증대, 거래촉진, 현상보존을 위한 기술면의 관리행위가 되는 것이다. 그러나 기술면의 관리행위는 건축기술자나 측량사 등의 전문적인 기술자가 관계한다는 점에서 불가피하게 전문기술자(專門技術者)의 손에 맡겨야 한다는 불편이 뒤따른다. 기술면의 관리만을 협의의 관리라 하는데, 그 내용은 위생관리, 보전관리, 설비관리, 보안관리가 있다.

5) 환경관리

환경관리에는 청소, 쓰레기 수거, 소음, 수질, 대기오염 관리 등이 있다.

6) 안전관리

안전관리에는 고압가스시설, 중앙집중식 난방시설, 발전 및 변전시설, 위험물 저장시설, 소방시설, 승강기, 인양기, 옹벽 및 석축, 노인정 및 어린이 놀이터에 설치된 시설 등의 안전관리가 있다.

12.6 건물의 내용연수와 생애주기

1. 건물의 내용연수

건물의 내용연수(耐用年數)란 보통 건물의 수명을 말한다. 건물이 건설되어 붕괴에 이르는 과정은 건축의 시공, 입지조건, 관리방법에 따라 다르지만 일반적으로 그 본래의 용도·입지에 따라 예정한 효과를 올릴 수 있는 연수, 즉 유용성 지속연수(有用性 持續年數)를 건물의 내용연수라 한다.

건물의 구성하는 중요 부재가 물리적으로 그 수명에 다하여 기술적으로 그 이상 사용이 불가능하게 되어 폐기할 때까지의 연수를 물리내용연수라 한다.

물리적 내용연수와는 관계없이 행정조건(철거, 세법상의 규정 등)에 의해 실제로 건물이 폐기되거나 유용성을 상실할 때까지의 연수를 행정적 내용연수라 한다.

또한 건물의 경제 유용성이 기대될 것으로 예상되는 기간을 경제적 내용연수라 한다. 이 내용연수의 개념은 관리활동뿐만 아니라 건물평가, 건물과세활동 등에서는 널리 쓰이는 개념이다. 이를 좀 더 자세히 살펴보면 다음과 같다.

(1) 물리적 내용연수

건물의 이용으로 생기는 마멸 및 파손, 시간의 경과 또는 풍우 등의 자연작용으로 생기는 노후화(老朽化), 지진, 화재 등의 우발적 사건으로 생기는 손상 때문에 사용이 불가능하게 될 때까지 버팀 연수를 말한다.

콘크리트 건물의 물리적 내용연수는 콘크리트의 중성화가 진행되고 내부의 철근에 녹이 슬 위험이 있을 때까지를 기준으로 하는 경우가 있다.

(2) 기능적 내용연수

건물의 기능적으로 유효한 기간을 기능적 내용연수라 한다. 건물부지의 부적응, 설계의 불량, 형식의 구식화, 설비의 부족과 불량, 건물의 외관 · 디자인 · 레이아웃의 낙후 등이 기능 내용연수와 관계된다. 이러한 것들은 대개 건축의 새 기법, 새 설비, 신자재 개발, 사회제도의 발달 등 때문에 상대적으로 발생하는 것으로 기능이 저하되어 사용가치가 저하함으로써 발생한다.

구체적으로는 다음과 같을 때 발생한다.

- 유지비가 많이 들어 수익성(편의성)이 낮아지거나
- 방(房) 수에 비해 욕실이 적은 주택
- 방이 너무 작을 때
- 승강기가 구식이며, 적고 번잡할 때
- 공간에 비해 주차장이 좁은 건물 등

(3) 경제적 내용연수

이것은 경제수명이 다하기까지의 버팀연수를 말하는 것이다. 인근지역의 변화, 인근환경과 건물의 부적합, 부근의 다른 건물과 비교한 시장성의 감퇴(市場性 減退) 등에 따라 나타난다.

인근지역은 사회 · 행정 · 경제요인에 의해 항상 변화한다. 상업용 건물은 상업지의 중심이 이동함으로써 업무용 건물은 업무지구가 이동함으로써 수요가 감퇴하고 임료조건이 나빠지는 것이 일반적 현상이다.

(4) 행정적 내용연수

법제도나 행정 조건에 의해 건물의 수명이 다하기까지의 기간을 말하며, 철거 및 세법의 규정에 의한 경우를 말한다. 특히 세법의 규정에 의한 내용연수를 법정 내용연수(法定 耐用年數)라 한다.

2. 건물의 생애주기

건물은 어떻게 태어나서 어떤 생애(生涯)를 사는 것일까?

앞에서 내용연수에 대해 살펴보았듯이 건물은 준공했을 때 훌륭하던 것이 인간과 같이 점차 나이를 먹어감에 따라 고령화하며, 그 기능도 저하하는 노화현상(老化現象)을 겪는다.

그러나 건물은 처음부터 수명을 생각하여 잘 짓거나 또는 못쓰게 된 부품을 바꿔 끼우는 일도 가능하기 때문에 내용연수를 늘리는 것이 이론상으로 가능하다. 세계에는 수세기를 살고 있는 건물이 많이 있다. 그러나 물리내용연수, 기능내용연수, 경제내용연수, 그리고 행정내용연수 등 여러 가지 내용연수의 견해가 있듯이 건물은 급기야 처분 또는 폐기되는 시기가 분명히 찾아온다.

(1) 건물의 생애주기의 구분

건물은 신축한 순간부터 그 유용성과 가격이 감퇴하기 시작한다. 구체적인 상태나 정도는 개별적인 차이가 있지만 대부분 신축 후 내용연수가 만료되어 철거되기에 이르기까지 공통적인 현상이 있다. 이것을 건물의 생애주기(生涯週期)라 하며, 다음과 같이 구분한다.

1) 신축단계

신축단계는 건물이 새로 태어나는 단계를 말한다. 건물의 물리기능은 이 단계의 후기에서 가장 높게 나타난다. 때론 건물 수요가 부족한 시기에 건축된 경우에는 분양이 안되어 건물이 기능을 제대로 발휘하지 못하는 경우도 생긴다. 따라서 신축 전 시장수요 분석과 사업의 타당성 분석이 중요한 이유도 여기에 있다.

2) 안정단계

안정단계는 중년단계라고도 한다. 이 단계는 건물이 제 기능을 발휘하며 본격적으로 운영·이용되고 장기간 안정되는 단계이다. 건물이 존재하는 기간 중에서 가장 장기간을 차지한다. 이 기간은 건물의 수명에 영향을 미치는 여러 요인이 어떻게 관리되는가에 따라 달라진다. 관리상태가 양호하면 이 단계가 상당히 연장되며 부실하면 감소된다.

이 단계에서도 건물의 시설이나 구조부분의 일부를 개량 · 수선해야 하는 경우가 있다. 이때는 개량·수선하고자 하는 부분이 노후화되기 전에 하는 것이 효과적이다. 이 시기는 경제관리가 중요시되어야 한다. 임대용 건물은 특히 임차인과 임료에 대한 정기적인 평가 및 조정이 지속적으로 이루어져야 한다.

3) 노후단계

노후단계는 안정단계 다음 단계로 건물의 물리적 상태가 급격히 악화되는 단계이다. 그러한 악화현상(惡化現象)은 설비의 낙후, 외관의 악화, 가격수준의 저하 등으로 측정할 수 있다. 이 단계에 이르면 소유자는 개량비용을 들일까 신축 건물로 바꿀까 주저하게 된다.

4) 폐물단계

폐물단계는 노후단계 다음에 오는 단계로 건물의 가격이 상당히 저하되고 설비 등은 쓸모없을 정도로 악화된 단계이다. 이 단계는 물리 · 경제 양면에서 판단한다. 건물의 재건축 결정은 예산에 따라 결정해야 한다. 투자용 건물은 재건축한 건물의 건축비가 현재 평가되는 건물가격을 상회해서는 수익이 낮아져 사업 진행이 어렵다.

(2) 생애주기 비용

최근 생애주기 비용이라는 말이 널리 쓰이고 있다. 생애주기 비용이란 건물의 계획 · 설계비용으로부터 건설비용, 유지관리 비용 그리고 폐기처분 비용까지 포함하여 건물의 생애에 걸쳐 필요한 비용을 말한다. 이 비용은 유용성에 비해 적게 드는 것이 유리하다. 예를 들면 주택의 경우 유용성이라는 점에서 쾌적성과 내용연수가 동일한 주택이라면 생애주기 비용이 가능한 한 적은 쪽이 경제성이 높다고 할 수 있다.

생애주기 비용 중에서 유지관리 비용의 비중은 크며, 건설비용을 상회하거나 몇 배나 더 드는 경우도 있는 것으로 알려지고 있다. 그래서 유지관리 비용을 유용성과는 관계없이 투자로 생각하는 경우에는 관리를 잘하여 투자목적을 달성할 수도 있을 것이다.

1) 시계열상 생애주기 비용

생애주기 비용의 구성을 보면 건설비용은 그 일부에 지나지 않으며, 유지관리비와 운용비가 큰 비중을 차지함을 알 수 있다. 그래서 유지비용을 줄이기 위해 건설 당시 외벽의 마감에 양질공법을 선택하여 건설비용을 늘리고 유지관리비를 줄이는 방식도 채용할 수 있다.

2) 설비기기의 갱신

건물의 수명은 기능·물리 내용연수 등에 따라 다르나 일반적인 공약수로서 법정내용연수는 철근 콘크리트조일 때 35~60년 정도로 고려되고 있다. 반면 설비기기(設備機器)는 평균 10~20년의 범위에 있으며, 건물의 생애주기 동안 3~4회는 갱신을 하여야 한다. 일상의 유지관리를 손쉽게 하기 위해서는 물론이지만, 설비기기 등을 부품화하여 교환하기 쉽도록 하는 일도 필요하다. 일상유지비를 낮추는 일뿐 아니라 설비갱신 시에 들어갈 공사비용을 생각해두는 것도 중요하다.

연 습 문 제

1. 부동산 관리의 3방식에 대해서 요약 · 정리하시오.

2. 건물의 내용연수와 생애주기에 대해서 기술하시오.

3. 토지 및 건물관리에 관한 내용을 요약·정리하시오.

4. 자치관리의 장 · 단점에 대하여 기술하시오.

5. 위탁관리의 장 · 단점에 대하여 기술하시오.

6. 혼합관리의 장 · 단점에 대하여 기술하시오.

공인중개사 기출 및 예상문제

1. 부동산 관리에 관한 설명 중 가장 적절하지 않은 것은? (15회 추가기출)

   ① 자산관리란 소유주나 기업의 부를 극대화하기 위하여 해당 부동산의 가치를 증진시킬 수 있는 다양한 방법을 모색하는 것이다.

   ② 순임대차(net lease)는 임차인의 총수입 중에서 일정 비율을 임대료로 지불하는 방법을 말한다.

   ③ 시설관리는 각종 부동산시설을 운영하고 유지하는 것으로 시설사용자나 기업의 요구에 부응하는 정도의 소극적 관리에 해당한다.

   ④ 위탁관리는 건물관리의 전문성을 통하여 노후화의 최소화 및 효율적 관리가 가능하여 대형건물의 관리에 유용한 방식이다.

   ⑤ 혼합관리는 자가관리가 곤란한 부분만 선별하여 위탁할 수 있는 장점이 있는데, 경영관리는 자가관리로 하고, 시설관리는 위탁관리로 하는 경우가 있다.

   [해설]

   ② 의 내용은 비율임대차에 대한 것이다. 순임대차는 순수한 임대료만을 임대인에게 지불하고 그 외의 영업경비는 임대인과 임차인의 협상에 의해 지불내용을 달리하는 경우이다.

2. 부동산 관리 형태별 장점과 단점을 설명한 것이다. 가장 거리가 먼 것은? (15회 기출)

   ① 위탁관리의 경우, 건물관리의 전문성으로 인해 효율적이고 합리적인 관리가 가능하다.

   ② 자가관리의 경우, 소유자의 의사능력과 지휘통제력이 발휘될 수 있으며, 의사결정과 업무처리가 신속하다.

   ③ 신탁관리의 경우, 신탁회사는 관리 중 발생한 대인 및 대물사고에 대해서 책임을 지지 않는다.

   ④ 혼합관리의 단점은 운영이 곤란해지면 자가관리와 위탁관리의 결점이 노출될 수 있다는 점이다.

   ⑤ 신탁관리의 경우, 관리비 외에도 신탁보수의 추가부담이 있다.

정답 1. ② 2. ③

[해설]

③ 수탁자가 관리를 적절히 하지 못하여 신탁재산의 멸실, 감소, 기타의 손해를 발생하게 한 경우 또는 신탁의 본지를 위반하여 신탁재산을 처분한 때에는 위탁자, 그 상속인, 수익자 및 다른 위탁자는 그 수탁자에 대하여 손해배상 또는 신탁재산의 회복을 청구할 수 있다. 다음은 부동산관리방식의 장점과 단점이다.

3. 부동산 관리에 관한 다음 내용 중 틀린 것은? (8회 기출)

① 부동산 관리에서는 수요와 경영의 분리가 나타난다.
② 부동산 관리형태 중 가장 오래된 전통적인 관리방식은 외주관리이다.
③ 업무용 빌딩의 위탁관리는 관리업무의 타성화를 방지하는 장점이 있다.
④ 부동산 관리를 통해 부동산의 현재가치유지를 도모할 수 있다.
⑤ 건축양식이 고층화되면서 부동산 관리업이 본격적으로 발전하였다.

[해설]

부동산 관리형태는 자가관리(소규모주택), 위탁관리(대형건물, 공동주택), 혼합관리(대형, 고층건물)의 3가지 방식으로 나누어진다. 가장 전통적인 관리방식은 자가관리(직접, 자영관리)이며, 현대에 이르러서는 전문적인 관리방식인 외주관리방식이 활용된다.

4. 업무용건물의 위탁관리의 장점들 중에서 관계가 없는 것은? (4회 기출)

① 위탁관리를 통하여 자사의 참모체계를 단순화할 수 있다.
② 전문관리회사의 직원은 신뢰도가 높고 빌딩내의 기밀유지에도 안성맞춤이다.
③ 관리업무의 타성화가 방지된다.
④ 객관적인 관점에서 관리비용을 적정화하고 안정시킬 수 있다.
⑤ 빌딩소유자는 자신의 본업에 열중할 수 있다.

[해설]

위탁관리는 타인에게 의뢰하여 관리하는 방식으로 현대적인 개념으로서 부동산관리는 이 위탁관리 방식을 의미한다. 그러나 위탁관리는 먼저 전문관리회사나 관리사가 있어야 한다.

5. 다음은 건물의 내용연수를 설명한 것이다. 옳지 않은 것은? (10회 기출)

① 건물의 내용연수는 관리자의 태도, 시공 상태, 입지조건 및 관리방법에 따라 달라진다.
② 법정 내용연수와 경제적 내용연수는 경우에 따라 물리적 내용연수보다 길다.
③ 건물의 내용연수는 조세부과, 부동산 중개 및 부동산 평가활동에 필요하다.

정답 3. ② 4. ②

④ 건물이 유용성을 지속할 수 있는 내구연한을 내용연수라고 한다.
⑤ 내용연수에 물리적 내용연수, 경제적 내용연수, 기능적 내용연수 그리고 법정 내용연수가 있다.

[해설]
(1) 건물의 내용연수란 보통건물의 수명을 말한다. 건물이 건설되어서 붕괴에 이르는 과정 등을 다르지만 일반적으로 그 본래의 용도·용법에 의하여 예정한 효과를 올릴 수 있는 연수 즉 유용성 지속연수를 건물의 내용연수라 하겠다.
(2) 물리적 내용연수 : 건물의 이용에 의해 생기는 마멸 및 파손 등의 자연적 작용에 의해 생기는 노후화 또는 지진, 화제 등의 사건에 의해 생기는 손상 등에 의해 사용이 불가능하게 될 때까지의 버팀 연수를 말한다.
(3) 기능적 내용연수 : 건물이 기능적으로 유효한 기간을 내용연수라 한다. 건물과 부지와의 부적응·설계의 불량·형식의 구식화·설비의 부족과 불량 등이 기능적 내용연수와 관계된다.
(4) 경제적 내용연수 : 이것은 경제적 수명이 다하기까지의 버팀 연수를 말한다. 인근지역의 변화 인근환경과 건물의 부적합, 부근의 다른 건물에 비교한 시장성 감퇴 등에 의해 경제적 수명이 다하기까지의 연수를 말한다.
(5) 행정적(법정)내용연수 : 법제도나 행정적 조건에 의해 건물의 수명이 다하기까지의 기간을 말하며 철거 및 세법의 규정에 따라 결정된다. 특히 세법의 규정에 의한 내용연수를 법정내용연수라 한다.
(6) 건물의 내용연수는 관리자의 태도, 시공상태, 입지조건 및 관리방법에 따라 달라지며 부동산 관리 활동, 조세부과, 부동산중개 및 부동산 평가활동에 필요하다.
(7) 경제적 내용연수는 물리적 내용연수보다 그 기간이 짧으며 그 범위 내에서 판단되어야 한다.

정답 5. ②

제13장 부동산 개발론

13.1 부동산 개발의 의의 및 정의

1. 부동산 개발의 의의

부동산 개발(不動産開發)이란 인간에게 생활 · 일 · 쇼핑 · 레저 등의 공간을 제공하기 위하여 토지를 개량하는 활동이다. 토지개량 활동은 건축개량과 조성개량으로 구분할 수 있다. 전자는 초지 위에 주택이나 사무용 빌딩 같은 건축물을 세움으로써 토지의 효용을 증진시키는 것으로 공간창조 활동이라고도 한다.

후자는 정지(整地)나 도로공사 · 상하수도공사 · 전기공사 등과 같이 토지 자체를 개량하는 것을 말한다. 이 조성에 의한 개량은 토지의 용도가 무엇인가에 따라 달라지며, 건축개량 활동의 준비활동으로 이해된다.

우리가 부동산을 개발해야 하는 이유는 무엇일까?

그것은 공간수요의 증대와 변화 때문이다. 우리를 둘러싸고 있는 사회 · 경제 · 행정환경은 끊임없이 변화하는 과정에 있기 때문에 그로 말미암아 우리가 일 · 생활 · 휴식 등에 필요한 공간도 항상 변화를 요구받게 된다. 따라서 공간은 수용과 공급에 불균형이 생기고 수요의 증대는 개발을 필연화시킨다. 그리하여 우리 인간은 토지에 여러 가지 인공을 가하는 활동을 하고 있는 것이다. 바꿔 말해서 개발은 우리 인간의 토지가공활동이라고도 할 수 있는데 개발은 양적공급과 질적 공급으로 구분된다.

(1) 개발의 양적 공급

① 택지 및 주택공급에 대한 자금력이 풍부할 것
② 자금의 효용성 측면에서 지가(地價)가 저렴할 것
③ 토지취득이 용이할 것
④ 토지를 유효하게 이용할 수 있을 것

(2) 개발의 질적 공급 : 택지 및 주택의 기술적 측면 공급

① 택지 및 주택의 질적 향상을 위한 기술의 확보
② 택지 및 주택가격의 저렴
③ 환경의 질적 향상

우리가 하는 토지의 조성활동이나 공간창조 활동은 다 같이 중요하나 궁극적인 목적은 역시 공간창조이므로 더 중요한 의의를 갖는다고 할 수 있다.

13.2 개발의 주체

1. 개발주체의 의의

개발주체(開發主體)란 개발사업을 맡아서 그 일을 성취시키는 자이다. 부동산 개발의 주체는 그가 갖고 있는 법적 지위에 따라 크게 공공부문과 민간부문으로 나눌 수 있고, 그밖에 특수법인이나 제3개발업자 등도 있다.

2. 개발주체의 종류

(1) 공적주체

공적주체(公的主體)는 민간이 아닌 공공부문의 주체로서 공권력을 갖고 있는 국가와 지방자치단체, 공기업이 있다. 이는 공익성이 강하고, 대량의 택지공급이 가능하다.

(2) 사적주체

사적주체(私的主體)는 민간부문을 말한다. 민간부문에는 토지소유자와 기업이 있다. 토지소유자는 자신의 집을 짓기 위해 조성하는 경우이며, 기업은 지구단위, 아파트지구개발사업, 도시재생사업 등에 참여한다.

(3) 기타 주체

부동산 개발 주체에는 공적주체와 사적주체 외에도 법 성격상 기타 주체(其他 主體)로 분류되는 농업진흥공사와 특수법인이 있다. 공기업과 민간기업이 공동출자하여 운영하는 제3의 경영형태, 일명 제3섹터방식(the third of sector)도 있다. [그림 13-1]에 나타내었다.

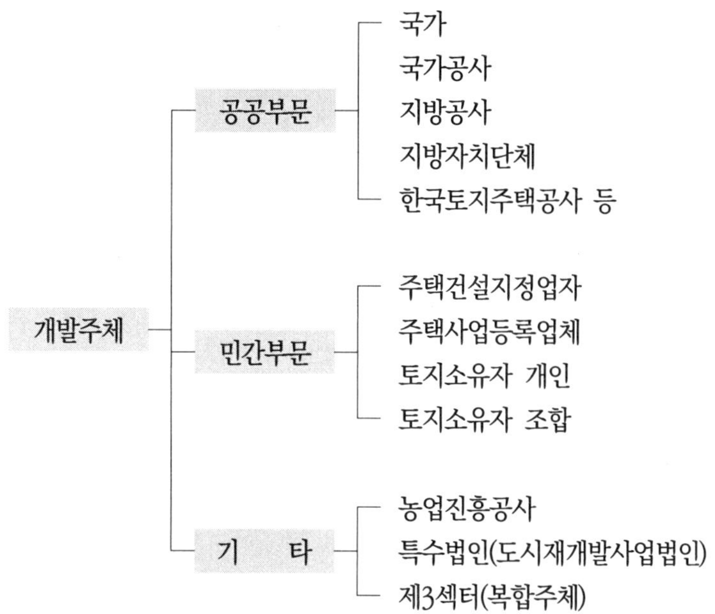

[그림 13-1] 부동산 개발주체에 따른 분류

(4) 국가공사(중앙정부 산하)

- 한국토지주택공사(LH)
- 한국자산관리공사(CAMCO)
- 한국도로공사(KEC)
- 한국수자원공사(K-water)
- 한국관광공사(KTO)
- 한국철도공사(KORAIL)
- 한국주택금융공사(HF)
- 주택도시보증공사(HUG)
- 한국전력공사
- 한국가스공사
- 인천국제공항공사
- 한국공항공사
- 한국마사회
- 한국조폐공사
- 한국농수산식품유통공사(aT)
- 한국무역보험공사
- 한국산업단지공단
- 중소벤처기업진흥공단
- 예금보험공사
- 신용보증기금
- 기술보증기금
- 한국환경공단
- 한국광해광업공단
- 수도권매립지관리공사
- 국민체육진흥공단
- 한국방송광고진흥공사(KOBACO)
- 한국교통안전공단
- 국가철도공단

(5) 지방공사(지방자치단체 설립)

- 서울주택도시공사(SH)
- 서울교통공사
- 서울에너지공사
- 서울물재생시설공단
- 경기주택도시공사(GH)
- 인천도시공사(IH)
- 인천교통공사
- 인천환경공단
- 부산도시공사
- 부산교통공사
- 부산환경공단
- 대구도시개발공사
- 대구교통공사
- 대전도시공사
- 대전교통공사
- 광주도시공사
- 울산도시공사
- 세종도시교통공사
- 광주도시철도공사
- 강원개발공사
- 충북개발공사
- 충남개발공사
- 전북개발공사
- 전남개발공사
- 경북개발공사
- 경남개발공사
- 제주국제자유도시개발센터(JDC)

13.3 부동산 개발의 과정

부동산 개발의 과정에는 다음과 같은 7가지 단계가 있다.

1. 구상단계 : 기획 및 사업준비 단계

모든 부동산 개발은 구상(構想)으로부터 시작된다. 구상은 '어떠한 형태의 공간이 필요한가, 어디에 입지해야 하는가'에서 출발한다. 또 '현재 가지고 있는 부지를 무슨 용도로 이용해야 하는가, 구상에 맞는 부지를 어떻게 매입해야 하는가'하는 것이다.

2. 예비적 타당성 분석단계 : 예비적 실행 가능성 분석단계

예비적 타당성 분석은 사업계획이 비용을 상회할 충분한 가치가 있느냐를 조사하는 것이다. 따라서 개발업자는 사전에 개발비용, 산출임료수익 및 개발에 따른 시장가치 등을 개괄적으로 평가해볼 필요가 있다.

3. 부지구입단계

예비적 타당성 분석이 끝났으면 곧바로 부지구입(敷地購入)에 착수한다. 구입이 늦어져 토지에 대한 사회적·경제적·행정적 등 여러 환경 요인이 변화하면 분석을 다시 해야 한다.

부지를 직접 매수하는 대신에 나중에 부지를 매수할 수 있는 옵션을 적절한 대가로 확보할 수도 있다. 개발업자가 옵션을 산다는 말은 개발업자는 특정한 시간 내에 특정한 가격으로 그 부지를 배타적으로 구입할 수 있는 권리를 산다는 의미이다. 그러나 그 기간이 지나게 되면 개발업자의 부지에 대한 배타적 권한은 없어진다.

4. 타당성 분석단계 : 실행 가능성 분석단계

부지가 선택되었으면 더 세밀하게 타당성 분석을 시작한다. 타당성 분석은 주로 공법상 규제분석, 부지분석, 시장분석 등을 포함한다.

5. 금융단계

택지조성 및 건설자금의 융자 등을 고려하는 국면이다. 융자를 받아야 할 대부에는 두 가지가 있다. 하나는 개발사업을 착공하고 완공하는 데 필요한 건축대부이며, 다른 하나는 개발사업이 완성되었을 때 완성된 부동산을 담보로 하는 저당 대부이다.

6. 건설단계 : 시공단계

물리적인 공간을 창조하는 국면이다. 어떤 개발업자는 스스로 건설 능력이 있거나 그렇게 할 수 있는 스태프(staff)를 가지고 있다. 그렇지 못한 개발업자는 일괄도급이나 부분도급을 맡을 하청업체를 선정해야 한다. 택지조성의 경우는 토지의 형질을 변경하고 개량을 하여 택지화(宅地化)한다.

7. 마케팅 단계 : 처분자 이용단계

개발사업 계획의 성공은 궁극적으로 시장성에 의존하는데, 마케팅 단계에서는 두 가지 전제가 고려된다.

첫째, 개발된 공간을 매각하거나 임대하여야 한다.
둘째, 이를 위해서는 고객을 발견하여야 한다.

임대활동은 개발의 초기단계에서부터 이루어진다. 쇼핑센터나 대규모의 사무실 건물 등은 전국적으로 명성 있는 백화점이나 유명회사의 지점 등 중요 임차인들을 사전에 확보하여야 한다. 중요 임차인들은 한곳에 입지를 정하게 되면 좀처럼 이동을 하지 않기 때문에 정박임차인이라고도 한다.

13.4 부동산 개발의 타당성 분석

부동산 개발의 타당성 분석은 먼저 시장분석에서부터 시작되고, 다음에는 개발사업에 대한 경제성 분석을 실시한다.

특정한 개발사업에 대한 투자결정을 하기 위해 필요한 모든 정보를 제공하는 데 목적이 있는 시장분석에는 개발사업이 안고 있는 물리적 · 법적 · 경제적 · 사회적 제약조건에 대한 분석도 포함된다.

법률적 측면의 타당성 분석은 법 · 제도적 환경을 분석하여 대상 투자사업과 관련된 공·사법상 제한사항, 정책사항 등을 고려하여야 한다.

기술적 측면의 타당성 분석은 주어진 토지의 자연적 환경, 기술적 측면의 설계, 시공, 이용, 관리, 보전 등의 기술적 · 물리적 문제를 고려하는 것이다. 동시에 대상 투자 사업에 적합한가의 여부를 판단하는 것이다.

경제성 분석은 시장분석의 결과 주어진 자료를 토대로 하여 개발사업에 대한 최종적인 투자결정을 하는 것을 의미한다. 시장분석은 어떤 개발사업 시장에서의 채택 가능성을 평가하기 위해 고안된 것이지만 경제성 분석은 보다 구체적으로 개발사업의 수익성 여부를 평가하기 위해 고안된 것이다.

1. 시장분석의 역할

- 시장분석은 경제 및 시장상황을 주요 분석대상으로 한다.
- 시장분석은 주어진 부지를 어떠한 용도로 이용할 것인가를 결정하는 역할을 한다. 토지 이용이 특정부지의 용도에 미치는 영향을 입지효과라 한다.
- 특정용도에 어떠한 부지가 적합한가를 결정해주는 역할을 한다.

- 특정형태의 부동산의 현재와 미래의 수급동향을 분석한다.
- 주어진 자본을 투자할 대안을 찾는 투자자를 위해 수행되기도 한다.
- 타당성 분석은 새로운 개발사업뿐만 아니라 기존의 개발사업에 대해서도 행해진다.

2. 시장분석의 구성 개요

시장분석은 구체적 장소에 대한 분석으로 일반적 상황보다 지역적 속성을 고려하는 것을 의미하며 다음과 같이 구분한다.

- 지역분석 및 도시분석
- 근린분석
- 부지분석
- 수요분석
- 공급분석

〈표 13-1〉 시장분석의 구성

	지역분석 (도시분석)	근린분석	부지분석 (개별분석)	수요분석	공급분석
개념	어떤 개발사업이 시장에 영향을 미칠 수 있는 공간적 범위를 분석하는 것으로 사업의 성격에 따라 가변적임	개발대상이 되는 부지를 중심으로 둘러싸고 있는 인접지역 분석	대상부지 자체를 분석하는 것	유효수요를 추계하기 위하여 시장을 평가하는 것	기존의 공급과 장래 기대되는 공급을 조사하는 것
분석사항	· 국가경제가 지역에 미치는 영향 · 경제기반 분석 · 인구분석 · 소득수준 · 교통 · 성장과 개발의 유형	· 지역경제가 부지에 미치는 영향 · 교통의 흐름 · 근린지역 내의 경쟁 · 미래의 경쟁 가능성 · 인구의 특성	· 지역 지구제 · 편익시설 · 접근성 · 크기와 모양 · 지형	· 경쟁력 · 인구분석 · 추세분석	· 공실률 및 임대료 추세 · 정부서비스의 유용성 · 건축착공량과 건축허가 수 · 도시 및 지역계획 · 건축비용추세 및 금융의 유용성

(1) 시장분석의 의의 및 목적

시장분석은 부동산의사결정을 지원하기 위한 부동산시장의 동향과 추세를 연구하는 활동을 말한다. 또한 시장분석은 특정 개발사업이 시장에서 채택될 수 있는가를 분석하는 것으로, 개발사업이 안고 있는 물리적 · 법률적 · 경제적 · 사회적 제약조건에 대한 분석이 포함된다. 이는 개발사업에 대한 투자결정을 하는 데 필요한 모든 정보를 제공하는 데 그 목적이 있다.

(2) 시장분석의 역할

주어진 부지(敷地)에는 어떤 용도가 적합한가를 결정하는 역할을 한다(적지론). ⇨ 주변의 토지이용이 특정 부지의 용도에 미치는 영향을 입지효과(location effect)라 한다.

특정 용도에는 어떤 부지가 적합한가를 결정하는 역할을 한다(입지론).

주어진 자본을 투자할 대안을 찾고 있는 투자자를 위해 수행되기도 한다.

개발사업에 대해서는 물론 기존의 개발사업에 대해서도 행해진다. 일반적으로 개발 착수 전에 이루어지지만, 후속사업이나 계속적인 투자에 대한 의사결정을 위해, 사후 검증 차원에서 이루어지기도 한다.

3. 경제성 분석

경제성 분석은 시장분석에서 수집된 자료를 활용하여 개발사업에 대한 수익성을 평가하는 것이다. 경제성 분석은 다음과 같은 영역으로 나누어진다.

- 개발사업에 드는 총비용을 추계하여 토지부문과 개량물 부분으로 나눈다.
- 첫 해의 세전 현금수지의 추계이다.
- 세후 현금수지를 계산하여 현재가치로 환원한다.
- 순현가법이나 내부수익률법을 적용하여 최종투자 결정한다.

4. 부동산분석의 유형

(1) 지역경제분석

대상 시장지역의 인구, 고용, 소득 등 모든 부동산의 수요와 시장에 영향을 미치는 요인을 분석 · 확인 및 예측하는 작업을 말하며, 거시적 시장분석의 한 부분이라고 할 수 있다. 부동산시장은 지역시장을 특징으로 하므로 부동산에 대한 분석은 원칙적으로 지역의 인구와 경제로부터 나온다고 할 수 있다.

(2) 시장분석(market analysis)

① 특정 부동산에 대한 시장의 수요와 공급상황을 분석하는 것을 말하는데, 이는 일정지역 시장단위(community, region, nation) 에서 특정 유형의 부동산에 대한 수요와 공급을 연구·분석하여 전반적인 가격수준과 이의 동태적 경로를 분석하는 작업을 말한다.

② 이때 분석시장의 단위는 흔히 상권(trade area)이라고 불리며, 상권의 범위는 개발부동산의 수요 대체성 및 경쟁 부동산의 공 간적 분포와 밀접한 관련이 있다. 구체적으로는 투자수익성의 근본적 결정요인인 인구, 가구, 고용, 소득과 부동산이용자 (구매자, 임차자)의 심리적 특성을 분석·확인하는 작업과 분양, 임대, 점유 (공실)을, 예상 신규공급량 등의 시장상황(거시적 개발 여건을 확인하는 작업으로 이루어진다.

③ 시장분석에서 시장세분화는 수요자의 특성에 따라, 시장차별화 는 공급상품의 특성에 따라 시장을 구분하는 것이다. 즉, 시장 세분화란 부동산상품의 소비자를 유사한 특성의 소집단으로 구 분하는 것이며, 시장차별화란 부동산상품을 특성에 따라 다른 상품과 구별하는 것이다.

④ 시장분석에서 부동산시장지역(market area)은 부동산의 종류에 따라 달라지며, 물리·사회·법·경제요소에 따라 영향을 받는다.

(3) 시장성 분석(marketability analysis)

① 의의

㉠ 향후 개발될 부동산이 현재나 미래의 시장상황에서 매매되거나 임대될 수 있는지에 대한 경쟁력을 분석하는 것을 말한다.

㉡ 시장성 분석은 주어진 입지에서의 개발형태에 따른 수요자 의 선호와 경쟁환경을 분석하여 개발사업의 시장흡수율과 분양(임대)실적을 극대화하는 토지의 최유효이용에 대한 연구작업을 말하며, 흔히 시장분석이 한 부분으로 취급된다.

㉢ 시장성 분석에서는 인근지역분석과 부지분석을 통하여 미 시적 개발환경을 분석하는 작업이 이루어지며, 구체적인 법적 제약조건과 함께 기술적인 검토가 이루어진다.

㉣ 구체적으로는 팔릴 수 있는(시장성이 있는) 부동산상품의 특성 확인, 경쟁임대료 및 분양가 확인, 시장에서 공급되어야 할 양, 시장흡수율, 분양에 영향을 미

치는 비가격적 요인 및 금융조건의 확인, 목표구매자의 설정, 각 목표시장에서 가장 효과적인 마케팅 전략의 작성과정으로 이루어진다.

ⓜ 시장성 분석 방법 중 하나로 사용되는 것이 흡수율(absorption rate) 분석이다. 흡수율 분석은 지역별·유형별로 부동산의 질과 양에 대해서 구체적으로 행해진다.

② 흡수율 분석

㉠ 의의 : 흡수율 분석이란 흡수율이나 흡수시간 등을 분석하여 부동산의 수요와 공급을 구체적으로 조사하는 것을 말한다. 흡수율이란 시장에 공급된 부동산이 단위시간 동안 시장에서 흡수된 비율을 의미하며, 흡수시간(absorption time)은 공급된 부동산이 시장에서 전량(또는 일정량) 흡수되는 데 걸린 시간을 말한다. 따라서 흡수율 분석이란 일정기간 에 특정한 지역에 공급된 부동산이 얼마의 비율로 흡수되었는가를 분석하는 것을 말하는데, 흡수율이 높을수록, 흡수시간이 짧을수록 시장위험이 작다고 볼 수 있다.

㉡ 목적 : 흡수율 분석은 부동산시장의 추세파악에 많은 도움을 주는데, 궁극적인 목적은 단순히 과거의 추세를 파악하는 것만이 아니라 이를 기초로 개발사업의 미래의 흡수율을 파악하는 데 목적이 있다.

(4) 타당성 분석(feasibility analysis)

개발사업에 투자자금을 끌어들일 수 있을 정도로 충분한 수익이 발생하는지 분석하는 것을 말하며, 수익의 규모 자체에는 부차적인 관심이 주어지는 재무적 타당성 분석기법이라고 할 수 있다. 보다 넓은 의미의 타당성 분석은 경제적 타당성과 법적 타당성, 그리고 기술적 타당성으로 구분할 수 있는데, 경제적 타당성이란 준공 후 시장가치(판매가격)가 원가보다 (충분히) 높을 것인가 하는 문제를 다루며, 법적 타당성이란 계획된 대로 건설이 가능한가(법적 허가요건에 합당한가) 하는 문제를 다루고, 기술적 타당성이란 건축, 토목, 상하수도 등 기술적 지원들이 가능한가 하는 문제를 다룬다.

(5) 투자분석(investment analysis)

해당 부동산에 대한 투자 여부, 보유기간, 자금동원방법, 부동산조세, 소유형태, 투자위험도 등을 분석하여 부동산의 취득, 구매, 임차와 관련한 수익극대화를 위한 의사결정을 돕기 위한 분석과정이다.

5. 부동산개발사업의 민간투자사업방식에 따른 분류

(1) BTO(Build-Transfer-Operate) 방식

사회간접자본시설의 준공과 함께 시설의 소유권이 정부 등에 귀속되지만, 사업시행자가 정해진 기간 동안 사설에 대한 운영권을 가지고 수익을 내는 민간투자사업방식 이다. 이는 도로, 터널 등 시설이용자로부터 이용료를 징수할 수 있는 사회기반시설 건설의 사업방식으로 활용되고 있다.

(2) BTL(Build-Transfer-Lease) 방식

민간이 개발한 시설의 소유권을 준공과 동시에 공공에 귀속시키고 민간은 시설관리운영권을 가지며, 공공은 그 시설을 임차하여 사용하는 민간투자 사업방식이다. 이는 학교 건물, 기숙사, 도서관, 군인 아파트 등의 개발에 활용되고 있다.

〈표 13-2〉 BTO 방식과 BTL 방식의 비교

추진방식	BTO 방식	BTL 방식
대상시설 성격	최종 수요자에게 사용료 부과로 투자비 회수가 가능한 시설	최종 수요자에게 사용료 부과로 투자비 회수가 어려운 사설
투자비 회수	최종 사용자의 사용료	정부의 시설임대료
사업 리스크	민간이 수요위험 부담	민간의 수요위험 배제

(3) BOT (Build-Operate-Transfer) 방식

민간사업자가 스스로 자금을 조달하여 시설을 건설하고, 일정기간 소유·운영한 후, 사업이 종료한 때 국가 또는 지방자치단체 등에 시설의 소유권을 이전하는 민간투자 사업방식이다.

(4) BLT(Build-Lease-Transfer) 방식

사업시행자가 사회간접자본시설을 준공한 후 일정기간 동안 운영권을 정부에 임대하여 투자비를 회 수하며, 약정 임대기간 종료 후 시설물을 정부 또는 지방자치단체에 이전하는 민간투자 사업방식이다.

(5) BOO(Build-Own-Operate) 방식

시설의 준공과 함께 사업시행자 가 소유권과 운영권을 가지는 민간투자사업방식이다.

13.5 개발권 이전제도

1. 개 념

① 개발권이전제도(TDR : Transferable Development Rights)란 미국에서 이용되는 토지정책으로, 개발행위가 제한되고 규제되는 '보전지역'의 토지소유자들에게 개발제한으로 발생하는 손실을 보전(補塡)해 주기 위하여 '개발지역'으로 지정된 다른 지역의 토지를 개발할 수 있는 '개발권'이라는 권리를 부여하는 제도를 말한다.

② 개인의 부동산의 이용 및 개발이 제한됨으로써 형평성의 문제를 보상하고자 미이용공간(未利用空間)인 공중권의 일정한 권리를 주위의 건물에 이양해 주고 적절한 대가를 주위의 건물로부터 받을 수 있는 제도를 의미한다.

③ 개발권양도제는 현재 우리나라에서 시행되고 있지 않은 제도이다. 그러나 미국의 경우 초기에는 도심지의 역사적 유물 등을 보존하기 위한 목적으로 실시되었으나 최근에는 토지정책의 수단 중 토지이용규제의 한 방법으로 이용되고 있다.

2. 개발권이전제도의 내용

① 개발권이전제도는 개발행위가 제한되고 규제되는 '보전지역'의 토지소유자들의 재산권을 소유권과 개발권으로 구분하여, 개발권을 독립된 재산권으로 보고 그 매매(賣買)를 인정하는 제도이다.

② 이 제도는 개발권과 소유권을 분리하되 보전지역 토지소유자의 개발제한으로 발생하는 손실을 개발지역으로 지정된 다른 지역의 토지를 개발할 수 있는 권리를 부여함으로써 손실을 보전하려는 제도이다.

③ 이 제도는 타지역 토지의 개발권을 인정하는 것이지 소유권을 부여하는 제도는 아니다.

④ 개발지역의 토지소유자는 정부에서 규정한 상한선 이상의 토지를 개발하고자 할 때는 반드시 그 개발규모에 상응하는 수량의 개발권을 추가로 획득하여야 한다. 이는 보전지역의 토지 소유자들이 보유한 개발권을 개발지역의 토지소유자에게 양도함으로써 가능하다.

⑤ 이렇게 개발권의 양도가 이루어짐으로써 보전지역의 토지소유자는 손실의 보전을, 개발지역의 토지소유자는 개발권의 구입으로 자원보전이라는 사회목적 실현의 비용을 부담함으로써 개발이익을 사회에 환원하게 된다.

⑥ 개발권의 매매는 공적 주체가 매입하지 않고서 당사자 간의 사적 시장원리에 따라 이루어진다.

3. 개발권이전제도의 활성화

① 토지를 집약적으로 이용하려는 경제적 동기가 강해야 한다.
② 개발지역이 이미 지나칠 정도로 개발이 이루어졌다면 이 제도가 무의미할 수 있기 때문에 개발지역에 대해서 공법상의 규정이 엄격히 적용되어야 한다. 즉, 개발권의 취득 없이 토지개발을 집약적으로 할 수 없도록 개발행위가 효과적으로 규제되어야 한다.
③ 개발지역에 개발단위당 취득해야 하는 개발권의 수를 많게 하면 그만큼 개발권에 대한 수요도 증가할 것이다.

4. 개발권의 활용과 한계

① 사적 공중권의 활용과 관련해서 개발권의 이전제도가 활성화될 수 있다.
② 개발권 양도제를 적용한 것과 유사한 효과를 지닌 토지가 흔히 발견되는 지역으로 가장 적당한 것은 토지이용규제가 극심한 지역을 들 수 있다.
③ 개발지역에서 공법상 허용된 상한선 이상으로 토지를 개발할 수 있음을 전제로 하기 때문에 개발지역의 과밀 및 혼잡을 가증시킴으로써 사회적 비용을 발생시키는 토지 이용 효율상의 문제가 나타난다.
④ 개발제한구역에 활용하면 형평성의 문제를 어느 정도 완화할 수 있지만 완전히 해결할 수 없다.

연 습 문 제

1. 부동산 개발과정에 대해서 기술하시오.

2. 부동산 개발의 타당성 분석을 위한 주요 내용에 대해서 기술하시오.

3. 개발권이전제도(TDR : Transferable Development Rights)에 대하여 기술하시오.

4. BTO 방식과 BTL 방식을 비교하여 설명하시오.

공인중개사 기출 및 예상문제

1. 부동산 개발을 설명한 내용이다. 가장 올바르게 설명한 것은? (14회 기출)

① 택지개발은 필요한 공간을 제공하기 위하여 토지를 조성하고 건물을 건축하는 일련의 활동이며, 공공부문에게만 허용된 행위이다.

② 부동산 개발은 허가 등의 법적 위험부담과 함께 공사기간 중 비용증가문제, 분양률 저하와 같은 시장위험부담을 안고 있는데, 이런 위험은 실질적인 시장조사로도 감소시킬 수 없다.

③ 개발주체는 공적 주체로 한국토지주택공사, 토지소유자 조합이 있으며, 사적 주체로 개인, 주택건설사업자 등이 있다.

④ 민간개발방식에는 자체사업, 지주공동사업, 신탁개발, 그리고 컨소시엄 구성방식이 있다.

⑤ 개발과정은 일반적으로 계획단계 → 계획인가단계 → 시행단계 → 협의단계 → 처분단계의 순으로 구분할 수 있다.

[해설]

① 택지개발은 공공과 민간에 의해서도 이루어지며, 특히 공공에 의해서 이루어지는 택지개발을 택지공영개발이라고 한다.

② 부동산 개발에 따른 위험을 줄이기 위해서 당해 지역의 대상 부동산에 대한 시장조사를 하게 된다.

③ 부동산 개발의 주체로서 공적 주체에는 정부, 지방자치단체, 토지공사, 주택공사 등이 있으며 사적 주체로는 개인, 기업, 각종 조합이 있다.

⑤ 일반적인 개발과정은 계획단계, 협의단계, 계획인가단계, 시행단계, 처분단계 순으로 진행된다.

2. 부동산 개발에 관한 설명 중 틀린 것은? (16회 기출)

① 공공사업의 주체로 국가 · 지방자치단체 · 한국토지공사 · 대한주택공사 등이 있다.

② 개발사업의 타당성 분석에는 법적 · 물리적 · 경제적 분석이 포함된다.

③ 정비기반시설이 극히 열악하고 노후 · 불량 건축물이 과도하게 밀집한 지역의 주거환경을 개선하기 위해서 시행하는 사업을 택지개발사업이라고 한다.

④ 주택재개발사업은 소유자들 간의 이해조정이 쉽지 않아, 사업시행이 더딘 편이다.

⑤ 행정중심복합도시, 기업도시 및 경제자유구역 개발사업 등은 국가경쟁력 강화 또는 지역 균형 발전을 목적으로 하는 사업이다.

정답 1. ④ 2. ③

[해설]

① 공공개발사업의 주체는 곧 공적 주체를 의미하는 것으로 국가 · 지방자치단체 · 한국토지공사 · 대한주택공사 등이 있다. 반면에 부동산 개발의 사적 주체로는 개인, 기업, 조합 등이 있다.

② 부동산 개발사업의 타당성 분석은 복합적 측면에서 이루어진다. 시장분석의 과정에서 법률적 타당성 분석과 물리적 타당성 분석이 이루어지고, 경제성 분석의 과정에서 경제적 타당성 분석이 이루어진다.

③ 불량한 주거환경을 개선하기 위한 사업은 주거환경개선사업이다. 주거환경개선사업은 기존의 노후화된 주택이 있는 지역을 개선시키는 사업이며 택지개발사업은 주택이 건물이 거의 없는 지역에 택지난을 해소하거나 신도시로 개발하기 위해서나 시가화를 조성하기 위하여 실시되는 사업이다.

④ 주택재개발사업은 당해 지역 내의 소유자들 간의 이해조정이 쉽지 않아 상당한 기간이 소요될 수 있어 재개발사업이 늦어질 수 있다.

⑤ 정부에서 추진하는 행정중심복합도시, 기업도시 및 경제자유구역 개발사업 등은 거시적 차원에서 국가경쟁력을 강화시키는 한편 지역 간의 균형적 발전을 도모하고자 하는 것이다.

3. 부동산 분석에 관한 용어 설명 중 틀린 것은? (16회 기출)

① 지역경제분석에서는 대상지역의 부동산 수요에 영향을 미치는 인구, 고용, 소득 등의 요인을 분석한다.

② 흡수율 분석에서는 개발사업과 관련한 거시적 경기동향, 정책환경, 지역시장의 특성 등을 분석한다.

③ 시장분석에서는 특정 지역이나 부동산 유형에 대한 수요, 공급 등을 분석한다.

④ 타당성 분석에서는 개발사업에 투자자금을 끌어들일 수 있을 정도로 충분한 수익이 발생하는지 분석한다.

⑤ 상권분석에서는 대상점포가 고객을 끌어들이는 지리적 범위를 분석한다.

[해설]

② 흡수율 분석은 시장에 공급된 부동산이 일정기간 동안 어느 정도의 비율로 흡수되었는지를 파악하는 것으로 거시적 경기 동향이나 정책 환경 등을 분석하는 것은 아니다.

4. 부동산 개발방식에 대한 설명 중 가장 적절하지 않은 것은? (15회 추가기출)

① 등가교환방식의 경우, 지주가 시공회사에게 대물로 공사비를 변제한다.

② 부동산 개발에 따른 위험은 개발업자에 의해 통제 가능한 것도 있지만 통제 불가능한 것도 있다.

③ 토지를 매수하고, 환지방식을 환지하여 개발하는 것을 전면매수 또는 매수방식이라 한다.

④ 일반적으로 부동산 개발은 장기간 소요되며, 이는 개발업자에게 위험을 안겨주는 요인으로 작용한다.

⑤ 토지신탁개발방식의 경우, 토지소유권은 부동산신탁회사에 이전된다.

정답 3. ② 4. ③

[해설]

① 등가교환방식은 토지소유자는 토지를 제공하고 개발업자는 자금을 부담하여 토지소유자와 개발업자는 토지가격과 건축자금의 비율에 의해 나누는 방식이다. 이 방식에서는 토지소유자인 지주가 시공회사에게 대물로 공사비를 변제한다.

② 부동산개발에 따른 위험은 개발업자에 의해 통제 가능한 것도 있지만 통제 불가능한 것도 있다. 예컨대, 이자율의 변동이나 자연조건의 변화 등으로 인해 공사가 지연될 경우는 통제 불가능한 위험이 된다.

③ 토지를 매수하여 환지하는 방식은 매수방식과 환지방식을 혼합한 것을 혼합방식이라고 한다.

④ 일반적으로 부동산개발 기간이 길어질수록 개발에 따른 위험의 노출정도가 심하게 되어 개발업자의 위험은 더욱 더 커지게 된다.

⑤ 토지신탁에 의한 개발방식은 토지소유권이 형식적으로 부동산신탁회사에 이전된다.

5. 민자를 유치하여 지역개별사업을 할 경우 타당성 분석은 특히 중요한 의미를 지니게 된다. 부동산 개발사업의 타당성 분석에 관한 설명 중 틀린 것은? (8회 기출)

① 일반적으로 법적 타당성 분석이 가장 중요한 것으로 간주된다.

② 개발사업의 채택여부는 타당성 분석의 결과가 개발업자의 목적을 얼마나 충족시켜주느냐에 달려 있다.

③ 타당성 분석의 결과가 비록 동일하다고 할지라도, 개발업자에 따라 채택될 수도 그렇지 않을 수도 있다.

④ 개발업자 자체로는 타당성이 있다거나 없다거나를 말하기 곤란하다.

⑤ 순현가법이나 내부수익률법은 투자결정의 준거로 흔히 사용된다.

[해설]

(1) 부동산 타당성 분석에는 부동산투자산업이 지니는 경제적·물리적·법적 측면이 모두 포함된다.

① 경제적 측면의 분석 : 경제적 타당성 분석은 계획하고 있는 투자(또는 개발)사업이 투하자본에 대한 투자자의 요구수익률을 만족시킬 수 있는지

② 법률적 측면의 분석 : 법적 타당성 분석이란 관련된 여러 가지 법적 환경(공법·사법상의 제한사항, 정책적 고려사항도 포함)을 분석하는 것을 의미한다.

③ 기술적 측면의 분석 : 물리적 타당성 분석이란 주어진 토지의 자연적 성격이나 기술적인 측면(설계·시공·이용·관리·보전 등의 기술적 물리적 문제 등)이 대상투자사업에 적합한 것인가 여부를 분석하는 것을 말한다.

(2) 이 같은 여러 가지 분석도 결국은 대상투자사업이 투자자의 요구수익률을 충족시킬 수 있느냐하는 경제적 타당성 분석의 문제에 귀착된다(가장 중요함). 대상투자사업이 물리적으로나 법적으로 많은 어려움이 있다하더라도 경제성만 충분하다고 하면 그 투자 사업은 타당성이 있는 것이다.

정답 5. ①

6. 부동산개발에 관한 설명으로 옳은 것은? (6회 기출)

① 토지재개발의 유형 중에서 영국·미국 등의 선진 제국들에서는 철거·재개발보다는 수복·개량재개발을 중요시하는 것이 최근의 경향이다.

② 부동산을 통한 개발이익은 재개발이 아닌 신개발에서 발생하는 이익을 말한다.

③ 부동산개발은 언제나 합리적 당위성을 띠기 때문에 전 국토는 하루빨리 개량물의 구축을 꾀하는 개발을 행해야 한다.

④ 재개발지역의 선정기준은 어느 나라에서나 물리적인 노후화를 기준으로 정하고 있다.

⑤ 개발손실은 토지의 개량, 토지상의 건축으로 인해 주변 토지가 하락하는 경우를 말하므로, 토지의 용도변경으로 인한 지가하락은 인정치 않는 것이 세계적인 추세이다.

[해설]

① 최근의 경향은 도시재생으로 수복재개발, 개량재개발을 중요시 한다.

② 부동산을 통한 개발이익은 신개발뿐만 아니라 재개발에서 발생하는 이익도 포함된다.

③ 부동산개발은 자연환경보전과 비교 평가하여 합리적 당위성을 갖는 경우에만 개발을 행해야 한다.

④ 재개발지역의 선정기준은 물리적인 노후화뿐만 아니라 경제·사회·행정적인 면도 함께 고려하여야 정한다.

⑤ 개발손실은 용도변경으로 인한 지가하락도 손실로 보고 보상해주는 것이 세계적인 추세이다.

7. 다음은 토지자본에 관한 설명이다. 틀린 것은? (9회 기출)

① 토지자본은 토지매입자금을 총칭한다.

② 택지조성·성토·축대·매입 등을 위해 신규 또는 추가로 투입되는 비용은 도시토지의 토지자본이다.

③ 토지에 투입되어 토지로부터 분리할 수 없게 된 일종의 고정자본이다.

④ 토지자본은 농촌토지로 구분하여 투입할 수 있다.

⑤ 토지자본의 투입은 손익분기점의 방향에 따라 신규투자와 추가투자인 경우를 볼 수 있다.

[해설]

토지에 대한 투자 즉, 토지자본은 토지에 투입되어 토지로부터 분리 할 수 없게 된 일종의 고정자본이다(즉, 토지매입자금의 총칭이 아니다.) 토지자본은 농촌토지와 도시토지로 구분하여 투입할 수 있다. 이때 도시택지에 대한 택지조성, 성토, 축대, 매립 등을 위해 신규 또는 추가로 투입되는 비용은 도시토지의 토지자본이다. 토지자본의 투입은 손익분기점의 방향에 따라 신규투자와 추가투자인 경우를 볼 수 있다.

정답 6. ① 7. ①

8. 다음은 토지개발에 대한 토지보존에 관한 설명이다. 틀린 것은? (9회 기출)

① 현장자원으로서의 토지란 생산과정을 거쳐 현장에 존재하면서 직접 어떤 효용을 발생시키는 토지를 말한다.

② 상품자원은 시장의 힘에 의하여 뒷받침되지만 현장자원은 그 공공재적 성격상가치를 충분히 반영하는 시장의 힘을 가지지 못한다.

③ 현장자원은 그 사회적 가치에 상응하는 정부의 정책적 배려에 의해서 보존되어야 한다.

④ 일반적으로 공공재의 수요추정은 매우 어려우며, 현장자원의 경우에는 결정의 비가역성, 규모의 경제, 선택 수요 등 수요추정에 있어 어려움이 있다.

⑤ 수도권의 개발제한구역(green belt)이나 공원녹지의 의의를 단순한 확산억제에 국한시키는 것은 현장자원으로서의 사회적 가치를 과소평가하는 것이다.

[해설]

토지에는 현장자원과 상품자원이 있다. 현장자원이란 지표수, 산림 등 자연 상태로 보존될 토지이고 상품자원이란 택지·상업용지·공업용지 등으로 개발되어 이용될 토지이다.

① 공급측면에서 본다면 상품자원이 현장자원보다 풍부하다.

② 수요측면에서 보면 소득증가, 교육수준향상, 여가증대, 인구증가는 현장자원에 대한 수요를 증가시킨다.

③ 수요측면과 공급측면을 종합해보면 기술진보가 진전되고 소득수준이 향상됨에 따라 결국 현장자원의 상품자원에 대한 상대적 희소성과 사회적 가치는 점점 증대할 것이다.

④ 시장기구체재하에서 현장자원은 상품자원의 개발수요압력에 지속적으로 잠식될 수밖에 없다(정책적 배려 필요).

⑤ 수도권의 그린벨트나 공원녹지들의 의의를 단순히 수도권의 비정상적인 비대화의 억제에 국한시키는 것은 현장자원의 사회적 가치를 과소평가할 여지를 남긴다.

9. 우리나라에서 개발권양도(TDR)제를 적용한 것과 유사한 효과를 지닌 토지가 흔히 발견되는 지역으로 가장 적당한 것은? (9회 기출)

① 개발이익이 많이 발생하는 지역

② 개발투자가 이루어지고 있지 아니한 지역

③ 공시지가가 높은 지역

④ 용도지역제의 적용배제지역

⑤ 토지이용규제가 극심함 지역

[해설]

개발권양도(TDR)제도란 토지소유자 'A'의 건축물이 문화재 등으로 지정되어 용적률 등 기타의 제약을 받아 개발권을 이용하지 못하게 된 경우 'A'가 사용할 수 있었던 권리 중 사용치 아니한 토지소유자 'A'의 용적률 등을 주위건물에 이양해 주도록 허용하고 적절한 경제적 대가를 주위건물

정답 8. ① 9. ⑤

로부터 받을 수 있게 하는 제도이다. 토지개발에 있어서 TDR제도는 일종의 공중권의 활용방안이다. 개발권양도제도는 개발권(용적률 등)이 주위건물에 이양됨에 따라 건물이 고층화되어 결국 사적(史蹟)의 경관·채광·통풍 등의 측면에서 보존의 의미를 악화시킬 우려가 있는 문제점이 있다.

10. 다음은 도시구조의 다핵심이론과 관계되는 내용이다. 관계없는 것은? (9회 기출)

① 런던의 도시구조 ② 동종활동의 집적이익의 추구
③ 도시적 기능적 지역분화 ④ 다른 종류의 활동에 따른 이해상반
⑤ 중심업무지대

[해설]
다핵심이론이란 도시성장에 있어서 도시의 핵심은 하나가 아니라 도시성장에 따라 그 수가 증가하여 도시는 여러 개의 이산(離散)의 핵으로 구성되어 있다는 것이다. 그리고 그 유형은 연합화를 거쳐 복합화함으로써 발생한 도시 또는 하나의 도시인 경우에는 각각 특색이 있고 어느 정도 자립되고 있는 지구로 형성된 도시이다. 주로 교통이 발달된 유럽이나 미국 중서부등에 많이 나타난다. 중심업무지대는 동심원이론과 관계가 있다.

11. 도시 내부의 토지이용패턴으로서 타당하지 아니한 것은?

① 중심업무지역(Central Business District) 일수록 접근성이 높은 편이다.
② 지가는 토지이용경쟁의 산물이기도 한다.
③ 입찰지대곡선의 기울기가 가파른 업종일수록 중심지에 가까지 입지하려는 경향을 보인다.
④ 외곽지역으로 교통의 발달은 한계지의 연장을 초래하게 한다.
⑤ 오래된 도시일수록 다핵도시패턴을 지니고 신도시일수록 단핵도시패턴을 이룬다.

[해설]
생산요소의 투입비율은 제품에 따라 달라지며 생산요소의 결합비율은 생산요소의 상대적 가격에 따라 결정된다. 지가가 상승하면 상대적으로 값이 싼 자본은 더 많이 사용하게 되고, 지대가 하락하게 되면 토지를 더 많이 사용하게 될 것이다, 생산요소의 대체성은 생산요소의 상대적 가격에 따라 달라지기도 하지만 기업이나 산업의 종류에 따라 달라지기도 한다.

12. 특정의 지점과 시점을 기준으로 한 택지이용의 최원방권을 한계지라고 할 때에 나타나는 현상이라고 볼 수 없는 것은? (8회 기출)

① 한계지는 주로 농경지 등의 용도전환으로 개발되지만 지가형성은 농경지 등의 지가 수준과는 무관한 경우가 많다.
② 한계지의 지가와 도심부의 지가는 상호무관하지 않고 각 한계지의 지가 상호간에도 대체관계가 성립된다.

정답 10. ⑤ 11. ①

③ 한계지는 전철과 같은 대중교통수단을 주축으로 하여 연장된다.

④ 자가(自家)한계지는 다른 용도의 한계지에 비하여 가까운 것이 특징이다.

⑤ 농경지가 택지화된 한계지의 초기에는 지가의 상승이 빠르다.

[해설]

(1) 한계지의 의의 : 특정한 지점을 기준으로 한 택지이용의 최원방권을 말한다.

(2) 특징

㉠ 지가(持家 · 자가)의 한계지는 다른 용도의 한계지에 비하여 더욱 택지이용의 원거리로 연장된다.

㉡ 한계지는 농경지 등의 용도전환으로 개발되는 것이 대부분이지만 한계지의 지가수준은 농경지 등과 거의 무관하다.

㉢ 한계지의 지가는 도심부지가와 연관성이 있으며, 각 한계지의 지가 상호간에는 밀접한 대체관계가 성립된다.

㉣ 한계지는 철도와 같은 대중교통수단을 주축으로 하여 연장된다.

㉤ 한계지(농경지가 택지화 된 곳)의 초기에는 지가의 상승이 빠르다.

13. 인구의 도시집중으로 인한 도시 확산(sprawl) 현상에 대한 설명이다. 거리가 먼 것은? (2회 기출)

① 산발적인 도시의 확대이고, 도시의 외곽지대에서 발달하는 무계획적인 시가지현상이다.

② 도시의 성장, 개발현상이 불규칙적이고, 볼품없이 확산되는 현상이다.

③ 스프롤(sprawl)지대의 지가수준은 일반적으로 표준적 수준의 이하이다.

④ 스프롤 현상은 주거지역 이외에 상업지역, 공업지역에서도 발생한다.

⑤ 도시의 업무중심구역(C. B. D)에서 일어나는 토지의 입체이용현상이다.

[해설]

① 도시 스프롤(sprawl) 현상이란 도시의 성장이 무질서, 불규칙하게 평면적으로 확산되는 것을 말한다.

② 이러한 스프롤 현상은 주거지역에서만 생기는 것이 아니고, 상업지역이나 공업지역에서도 발생하여 대도시의 도심지보다는 외곽부에서 더욱 발달한다. 이러한 스프롤 현상은 토지의 최유효이용에서 괴리됨으로 일어나는 현상이라고 할 수 있다.

③ 스프롤 지대의 지가수준은 다양하지만 예외적인 경우를 제외하고는 표준적 이하의 것이라고 할 수 있다.

14. 도시의 공동화(空洞化) 현상을 바르게 설명한 것은 ? (5회 기출)

① 도심지역의 공해로 인하여 주민들의 건강상태가 극도로 악화되는 현상이다.

② 공업재배치계획 등으로 도시에 염증을 느낀 사람들이 농촌으로 회귀하는 현상이다.

정답 12. ④ 13. ⑤

③ 도시건설시 여러 가지 지하매설물을 관리하기 편하게 한곳에 집결시키는 현상이다.
④ 직주분리주의자들이 업무중심지구를 확대시키기 위하여 정부를 설득할 목적으로 만든 이론체계이다.
⑤ 인구의 시 외곽 이주로 도심의 상주인구가 감소하면서 낮에만 사람이 북적대는 상업·업무지구화하는 현상이다.

[해설]
도시의 공동화 현상이란 도넛화 현상이라고도 하며, 도심중심부의 상주인구가 감소하고 주변의 인구증가가 나타나는 현상이다.

15. 사회기반시설에 대한 민간투자법령상 BOT(build-operate-transfer) 방식에 대한 내용이다. ( )에 들어갈 내용을 〈보기〉에서 옳게 고른 것은?(34회 기출)

사회기반시설의 (㉠)에 일정기간 동안(㉡)에게 해당 시설의 소유권이 인정되며 그 기간이 만료되면(㉢)이(㉣)에 귀속되는 방식이다.

〈보기〉

ⓐ 착공 후 ⓑ 준공 후 ⓒ 사업시행자 ⓓ 국가 또는 지방자치단체 ⓔ 시설소유권 ⓕ 시설관리운영권

① ㉠ - ⓐ, ㉡ - ⓒ, ㉢ - ⓔ, ㉣ - ⓓ
② ㉠ - ⓐ, ㉡ - ⓒ, ㉢ - ⓔ, ㉣ - ⓒ
③ ㉠ - ⓐ, ㉡ - ⓓ, ㉢ - ⓕ, ㉣ - ⓒ
④ ㉠ - ⓑ, ㉡ - ⓒ, ㉢ - ⓔ, ㉣ - ⓓ
⑤ ㉠ - ⓑ, ㉡ - ⓓ, ㉢ - ⓕ, ㉣ - ⓒ

[해설]
사회기반시설에 대한 민간투자법령상 BOT(build-operate-transler) 방식은 사회기반시설의 준공 후 일정 기간동안 '사업시행자'에게 해당 시설의 소유권이 인정되며, 그 기간이 만료되면 '시설소유권'이 '국가 또는 지방자치 단체'에 귀속되는 방식이다(사회기반시설에 대한 민간투자법 제4조 제3호).

정답 14. ⑤ 15. ④

16. 부동산 관리방식을 관리주체에 따라 분류할 때, 다음 설명에 모두 해당하는 방식은? (35회 기출)

- 소유와 경영의 분리가 가능하다.
- 대형건물의 관리에 더 유용하다.
- 관리에 따른 용역비의 부담이 있다.
- 전문적이고 체계적인 관리가 가능하다.

① 직접관리
② 위탁관리
③ 자치관리
④ 유지관리
⑤ 법정관리

[해설]
부동산 관리방식 중 위탁관리방식은 다음의 특징이 있다.
· 소유와 경영의 분리가 가능하며, 관리의 전문성과 효율성을 제고할 수 있다.
· 전문업자의 관리서비스를 통해 전문적이고 체계적인 관리가 가능하다.
· 건물설비의 고도화에 대응할 수 있으며, 대형건물의 관리에 더 유용하다.
· 관리에 따른 용역비의 부담이 있다.
· 기밀유지에 어려움이 있다.

17. 부동산 마케팅에서 4P 마케팅믹스(Marketing Mix) 전략의 구성요소를 모두 고른 것은? (35회 기출)

㉠ Price(가격)
㉡ Product(제품)
㉢ Place(유통경로)
㉣ Positioning(차별화)
㉤ Promotion(판매촉진)
㉥ Partnership(동반자관계)

① ㉠, ㉡, ㉢, ㉣
② ㉠, ㉡, ㉢, ㉤
③ ㉡, ㉢, ㉤, ㉥

정답 16. ②

④ ㉡, ㉣, ㉤, ㉥
⑤ ㉢, ㉣, ㉤, ㉥

[해설]
부동산 마케팅에서 AP 마케팅믹스(Marketing Mix) 전략의 구성요소는 제품(Product), 가격(price), 판매촉진(Promotion)의 제 측면에 있어서 차별화를 도모하는 전략을 발한다.

18. 부동산 마케팅 전략에 관한 설명으로 틀린 것은?(33회 기출)

① 시장점유 전략은 수요자 측면의 접근으로 목표시장을 선점하거나 점유율을 높이는 것을 말한다.
② 적응가격 전략이란 동일 하거나 유사한 제품으로 다양한 수요자들의 구매를 유입하고, 구매량을 늘리도록 유도하기 위하여 가격을 다르게 하여 판매하는 것을 말한다.
③ 마케팅 믹스란 기업의 부동산 상품이 표적시장에 도달하기 위해 이용하는 마케팅에 관련된 여러 요소들의 조합을 말한다.
④ 시장세분화 전략이란 수요자 집단을 인구·경제적 특성에 따라 세분하고, 세분된 시장에서 상품의 판매 지향점을 분명히 하는 것을 말한다.
⑤ 고객점유 전략은 소비자의 구매의사결정 과정의 각 단계에서 소비자와의 심리적인 접점을 마련하고 전달하려는 정보의 취지와 강약을 조절하는 것을 말한다.

[해설]
시장점유 전략은 공급자 측면의 접근으로 목표시장을 선점하거나 점유율을 높이는 것을 말한다.

정답 17. ② 18. ①

제14장 부동산 투자론

14.1 부동산 투자의 특성

투자(investment)란 장래의 현금수입과 현재의 현금지출을 교환하는 행위이다. 즉 투자란 미래의 불확실한 수익을 위해 현재의 확실한 소비를 희생하는 것이다. 불확실한 미래의 현금수입을 위해 현재의 소비를 희생하고 현금을 지출한다는 것은 위험이 수반되는 일이다. 따라서 투자는 대가가 따르기 마련인데, 이것을 수익률(real of return)이라 한다.

수익률을 구성하는 대가에는 두 가지가 있다. 하나는 현재의 소비를 희생한 대가로서 시간에 대한 비용이며, 다른 하나는 불확실성을 감수한 대가로서 위험에 대한 비용이다[3].

수익률은 위험과 상관관계가 있다. 먼저 부동산 투자에 따르는 위험에는 어떠한 것이 있는가를 살펴보고, 이것이 투자수익률과는 어떠한 관계를 가지는지를 살펴보자.

1. 부동산 투자의 위험

(1) 사업상의 위험

사업상의 위험 또는 경영위험이란 부동산사업 자체로부터 연유하는 수익성에 관한 위험이다. 사업상의 위험에는 시장상황으로부터 야기되는 위험을 특히 시장위험이라 한다.

일반경제가 위축되면 부동산 수요도 줄어든다. 부동산 수요가 줄어들면 사무실, 주거용 같은 부동산의 공실률이 증가한다.

인구구조나 기술수준의 변화 등은 부동산의 수요와 공급에 영향을 미쳐 임대료를 변화시킨다. 독신자 1인 가구의 증가는 소형주택과 임대주택의 수요를 증대시킨다.

3) 안정근, 현대부동산학, 양현사, 241쪽, 2009.

부동산 수요와 공급을 예측한다는 것은 어렵다. 수요와 공급의 변화는 부동산산업의 수익성에 대한 기회와 위험에 중요한 요인이 된다. 사업상 위험에는 시장상황에서 유래되는 시장위험도 있지만, 운영위험(operating)도 있다. 운영위험이란 사무실의 관리, 근로자의 파업, 영업경비의 변동 등의 요인으로 수익성이 불확실성을 폭 넓게 지칭하는 개념이다[4].

부동산의 부동성, 고정성도 부동산에 위험을 제공하는 요인이다. 이를 위치적 위험(locational risk)이라 한다. 토지이용의 유형은 시간에 따라 계속 변화하고 있다. 현재의 사업이 위치에 적절하다 하더라도 앞으로 계속 그럴 것이라는 확신은 없는 것이다. 부동산의 수익이나 가치상승에 대한 기대는 거의 전적으로 위치와 관련이 있다.

(2) 금융적 위험

투자재원의 전부를 자기자본으로 하는 경우는 많지 않다. 많은 부동산 투자자는 투자재원의 일부로 부채를 사용한다. 이 중에서 대상 부동산을 담보로 하는 저당대부(mortgage loan)이다.

전체 투자자산 중 부채를 제외한 나머지 자기자본을 지분(equity)이라 한다.

부채를 투자재원의 일부로 사용하면 매 기간마다 원금과 이자를 지불하여야 한다. 전체수입에서 경비, 이자, 세금 등을 제외하고 남은 부분이 지분에 대한 대가가 된다. 지분에 대한 대가가 지분투자액에서 차지하는 비율을 지분수익률(rate of return on equity)이라 한다.

부채를 사용하여 투자를 하면 자기자본에 대한 수익률 즉, 자본수익률이 증가할 수 있다.

예를 들어 10억원을 투자하면 2억원의 수익이 생기는 사업이 있다고 하자. 그런데 이 사업을 4억원은 지분으로 하고, 나머지 6억원은 이자율 10%의 부채로 했다. 이 사업의 지분투자액에 대한 수익은 원래의 수익 2억원에서 이자 6,000만원을 뺀 1억4,000만원이 된다. 그리고 이 경우 지분수익률은 35%(1.4억원/4억원)가 된다. 전체투자에 대한 수익률이 20%(2억/10억원)인 것에 비하면, 지분수익률이 크게 증가하고 있음을 알 수 있다.

이처럼 부채의 사용이 지분수익률에 미치는 영향을 지렛대효과(leverage effect)라 한다. 이것은 지렛대를 사용하면 적은 힘으로도 큰 물건을 들어 올릴 수 있다는 데에서 붙여진 이름이다. 그러나 부채의 비율이 크면 지분수익률이 커질 수 있지만 이에 상응하여 부담하여야 할 위험도 그만큼 커진다. 부채가 많으면 원금과 이자에 대한 채무불

4) 안정근, 상게서, 242쪽.

이행의 가능성이 높아지며, 파산할 위험도 그만큼 커지게 된다. 이것을 금융적 위험(financial risk)이라 한다.

(3) 법률적 위험

부동산에 대한 투자자의 재산권은 법률적 환경(legal environment)에 많은 영향을 받는다. 정부의 부동산 정책, 공·사법상 등이 이에 해당한다. 부동산에 대한 의사결정은 이 같은 법률적 · 행정적 환경에서 이루어진다.

부동산 세제, 금융 등도 부동산 수익성에 영향을 준다. 다른 조건이 동일할 경우 이자율이 떨어지면 부동산 공급은 증대하고, 이자율이 올라가면 공급은 감소한다. 이자율의 변화는 투자자의 요구수익률을 변동시키고, 수요와 공급의 변화는 부동산의 가치에 영향을 준다.

(4) 인플레 위험

인플레란 물가의 전반적인 상승을 의미한다. 물가가 상승하면 화폐의 실질가치가 떨어져 소비자의 구매력이 하락한다. 이와 같은 인플레위험은 구매력 위험이라고도 한다.

부동산은 일반적으로 예상되는 인플레(expected inflation)에 대해서는 방어효과(hedge effect)가 있는 것으로 알려져 왔다. 그러나 경우에 따라서는 인플레 시기에도 부동산 가치는 급락할 수도 있다. 예를 들어 주요 기관이나 기업이 그 지역에서 다른 지역으로 이전하거나, 경제적 상황변동에 따라 지역경제가 극심한 침체를 겪는 경우 등이다[5]. 또한 지진, 태풍, 홍수, 전쟁 등으로 예상치 못한 인플레가 발생하였을 경우에도 마찬가지이다.

한편 투자자도 인플레에 대한 적절한 보상이 주어지기를 원하므로 투자에 대한 요구수익률도 그만큼 상승하게 된다. 따라서 부동산 임대차 계약이나 관리계약 등 모든 계약에는 장래의 인플레 위험에 대한 배려가 필요하다.

(5) 기타 위험

부동산에 있어서 유동성 위험과 관리위험도 역시 중요하게 취급되어야 한다. 유동성 위험(liquidity)이란 대상 부동산을 현금화하는 과정에서 발생하는 시장가치의 손실 가능성을 의미한다. 유동성은 부동산자산이 현금으로 전환될 수 있는 용이성의 정도로 측정된다. 부동산자산이 시장가치와 비슷하게 팔릴 수 있으면 유동성이 높다고 하고, 그렇지 않으면 낮다고 한다.

5) James D. Shilling, Real Estate, 13th ed.(South Western : Cincinnati), p.54, 2002.

관리위험(management risk)도 부동산 관리업무상 필수적으로 발생하고 있다. 경제상황이니 시장상황이 바뀌었을 때 관리자는 이 같은 변화를 잘못 판단하여 부적절한 결정을 내릴 수 있다. 이처럼 관리위험이란 대상 부동산을 새로운 상황에 적합시키는 과정에서 잘못된 결정을 내릴 수 있는 가능성을 말한다.

2. 수익률의 개념

(1) 수익률의 개념 및 종류

수익률(rate of return)이란 투입된 자본에 대한 산출의 비율이다. 일반적으로 수익률에는 기대수익률과 요구수익률, 실현수익률 등 3가지가 있다.

기대수익률(expected rate of return)이란 투자자로부터 기대되는 예상수입과 예상지출을 토대로 계산되는 수익률이다. 예를 들어 10억의 부동산을 구입하여 1년 후에 비용을 제하고 11억원에 매각할 수 있다면 이는 기대수익률 10%가 된다.

요구수익률(required rate of return)이란 투자자에 대한 위험이 주어졌을 때 투자자가 대상 부동산에 자금을 투자하기 위해서 충족되어야 할 최소한의 수익률을 의미한다. 요구수익률에는 시간에 대한 비용과 위험에 대한 비용이 들어 있다. 투자자는 적절한 요구수익률이 충족되지 않는 한 투자를 하려고 하지 않는다[6].

예를 들어 기대수익률이 10%인 2개의 투자대안이 있다고 하자. 하나는 위험부담이 큰 부동산 개발사업에 대한 수익률이고, 다른 하나는 그보다 위험부담이 훨씬 적은 채권에 대한 수익률이라 하자. 그렇다면 다른 조건이 같을 경우 위험이 큰 부동산 개발사업에 투자를 꺼릴 것이다. 따라서 투자에 수반되는 위험이 클수록 요구수익률도 커지고 있다.

실현수익률(realized rate of return)은 투자가 이루어지고 난 후에 현실적으로 달성된 수익률이다. 실현수익률을 다른 말로 하면 실제수익률(actual rate of return)이라고도 한다. 앞의 예에서 10억원에 구입한 부동산이 1년 후 경비를 제하고 11억5천만원에 매각했다면, 이 투자의 실현수익률은 15%(1억 5천만원/10억)가 된다. 실현수익률은 투자가 이루어진 후에야 알 수 있다. 따라서 실현수익률은 사후수익률(after the fact rate of return), 즉 역사적 수익률(historical rate)이라고도 한다.

투자 의사결정은 기대수익률과 요구수익률을 비교함으로써 이루어진다. 투자에 대한 위험이 크면 클수록 투자자는 그만큼 더 많은 대가를 요구한다.

---

6) 이래영, 부동산학개론, 삼영사, 277쪽, 2007.

(2) 기대수익률과 요구수익률의 관계

투자에 대한 의사결정은 기대수익률과 요구수익률을 비교함으로써 이루어진다. 어떤 투자대상의 기대수익률이 요구수익률보다 크면 투자를 하고, 그 반대이면 투자를 하지 않는다. 투자에 대한 위험이 크면, 투자자는 그만큼 더 많은 대가를 요구한다. 균형상태에서는 개별투자에 대한 기대수익률과 요구수익률이 같아진다.

예를 들어 어떤 부동산에 대한 투자자의 요구수익률이 20%인데 이것을 제공할 수 있는 기대수익률은 15%라 하자. 다른 조건이 동일할 경우 어떤 현상이 일어나겠는가? 기대수익률이 요구수익률보다 낮으므로 투자자는 대상 부동산에 투자하지 않을 것이다. 따라서 수요는 줄어들고 대상 부동산의 가치는 하락할 것이다. 가치가 하락함에 따라 대상 부동산의 임대료에 대한 기대수익률은 점차 증가하게 된다. 대상 부동산의 가치가 충분히 하락하여 기대수익률이 요구수익률과 다시 일치하게 되면 투자자는 대상 부동산에 대한 투자를 하여 할 것이다.

그러나 기대수익률이 요구수익률보다 높을 경우 이와 반대되는 현상이 나타난다. 이를 도식화하면 다음과 같다.

기대수익률 < 요구수익률 : 수요감소, 가치하락, 기대수익률 상승

기대수익률 > 요구수익률 : 수요증가, 가치상승, 기대수익률 하락

기대수익률 = 요구수익률 : 균형을 이룸

(3) 위험에 대한 투자자의 태도

기대수익률이 동일한 두 개의 투자대안이 있을 경우에 어느 대상 부동산이 다른 대상 부동산보다 더 위험하다면 사람들은 대부분 덜 위험한 쪽을 선택하려 할 것이다. 투자자들의 이러한 행동을 위험혐오적(risk averse)이라고 부른다.

위험혐오적이란 사람들이 전혀 위험을 감수하려고 하지 않는다는 것을 의미하지 않는다. 위험이 전혀 수반되지 않는 투자는 진정한 의미의 투자라고 볼 수 없다. 투자자들이 위험혐오적인 행동을 한다고 하는 것은 수익률이 동일할 경우 덜 위험한 쪽을 선택한다는 뜻인 것이다. 위험혐오적인 투자자라고 할지라도 감수할 만한 유인책이 있는 위험이거나 회피할 수 없는 위험일 경우에는 투자자는 기꺼이 위험을 감수한다.

보통 자산의 수익은 소득이득(income gain)과 자본이득(capital gain)으로 분류하는데, 소득이득은 자산으로부터 생기는 수익이고, 자본이득은 일정기간 동안 자산가치의 증가분을 의미한다.

14.2 투자선택과 자산 3분법

1. 자산의 종류

우리가 돈에 여유가 생기거나 아니면 여유는 없더라도 금전을 이용하여 자산을 늘리려면 저금을 하거나 어떤 물건을 사두었다가 팔아서 이득을 남겨야 한다. 이때 금전을 투입할 수 있는 자산은 유형자산과 무형자산이 있다. 또 이러한 자산을 선택할 때는 당시의 환경에 따라 유리하고 불리한 상황이 있는데 이것은 자산의 종류에 따라 다르다.

(1) 유형자산

이 유형자산(有形資産)은 실물자산이라고도 하며, 부동산, 상품, 기호수집품이 있다.

1) 부동산

유형자산 중 거래금액이 비교적 큰 것이며, 부동성을 갖는 것으로 주택 · 빌딩 · 농장 · 토지 · 콘도미니엄 · 별장 등이 있다.

2) 상 품

상거래 대상이 되는 상품으로 일상용품보다는 고액이거나 또는 거래단위가 큰 것들로 석유 · 다이아몬드 · 금 · 은 · 곡물 등이 있다.

3) 기호 수집품

기호나 취미로 수집하는 물건으로 생활에 활력을 주거나 고상함을 맛보게 한다. 코인 · 우표 · 도자기 · 회화 · 골동품 등이 있다.

(2) 무형자산

이 무형자산은 금융자산(金融資産)이라고도 한다. 예금 · 국공채 · 사채(社債) · 주식 · 외화 등이 있다.

(3) 자산선택 때 유리한 요소

위에서 설명한 자산은 때에 따라 유리한 때와 불리할 때가 있다. 이를 나누어 항목만 열거하면 다음과 같다.

1) 유형자산에 유리한 요소

- 인플레이션의 항진
- 증세(增稅)
- 정부의 규제 강화
- 정치적 불안정
- 소비에 바람직한 경제정세
- 사회의 불안

2) 무형자산에 유리한 요소

- 통화의 신뢰감
- 정부의 민간부분 개입축소
- 안정기조의 경제성장
- 생산성 향상
- 저축, 투자에 좋은 경제상황

2. 자산투자 3분법과 포트폴리오

(1) 자산투자 3분법

그런데 투자자산을 선택할 때는 투자의 안전성(安全性), 수익성(收益性), 환금성(換金性) 등을 감안하여 한 가지 자산에 집중 투자하지 않고 적당한 형태로 분산투자하는 것이 이상적이다. 부동산과 대체성이 있는 투자재는 앞에 열거한 여러 가지가 있는데 이것들은 투자가의 예측과 전망에 따라 선호된다.

〈표 14-1〉 투자대상의 특징 (자산 3분법)

구분	부동산	주식	예금
안 전 성	○	×	○
수 익 성	○	○	×
환 금 성	×	○	○

(○ : 유리, × : 불리)

이때 투자대상이 되는 물건은 각기 다른 성질을 가지고 있어서 투자가는 그러한 성질을 이용하여 높은 수익성이 보장되고 가장 안전한 곳을 찾아 투자하게 되며, 한 가지에 집중 투자하지 않고 투자자산의 대표로 지적되는 예금·증권 및 부동산에 적당한 형태로 분산투자하는 것을 자산투자 3분법(資産投資 三分法)이라 한다.

1) 환금성

환금성이라는 말은 갖가지 의미로 사용하는 말이나 자산의 완전한 가치를 가장 유리한 조건으로 반영하여 얻을 수 있는 최대의 현금액이라 할 수 있다. 이때 환금성은 이 가치가 완전히 실현되기까지 걸리는 시간의 다소(多少), 그 속도의 다소로 정의된다. 완전한 가치실현에 든 시간이 짧을 때 그 자산은 환금성이 높다고 하며, 길면 환금성이 낮다고 한다.

이런 의미에서 보면 가치의 실현이란 현금화를 말하는 것이며, 단기성예금·정기예금·단기증권·장기증권 등의 금융자산은 거의 완전한 환금성이 있는 자산이라 할 수 있다.

이에 비해 부동산은 매각 의사결정을 한 때부터 현금화하기까지는 시간이 많이 걸리는 경향이 있다. 따라서 환금성이 낮다고 말할 수 있다. 이 점이 부동산의 가장 큰 단점이다.

2) 안전성

투자할 때는 어느 정도 위험(risk)이 따르기 마련이다. 부동산은 여러 가지 위험부담 문제가 있고, 주식의 경우도 예외는 아니다. 가장 안전한 투자는 역시 예금이다. 부동산은 거래사고만 없다면 '투자의 안정성'은 높다고 볼 수 있다.

3) 수익성

수익성이란 장래에 자산으로부터 얻을 수 있는 자본이득과 소득수익이 어느 정도 확실성을 가지고 예치될 수 있는가 하는 것이다.

자본이득이란 자산가치의 상승에 따른 이익을 말한다. 이것은 자산을 매각했을 때 실현되었다고 하며, 매각하지 않았으면 단순히 발생했다고 하고 이를 미실현 자산소득이라 말한다. 경제학에서는 실현의 유무에 관계없이 자산소득의 일종으로 간주한다. 왜냐하면 실현되지 않아도 그 소득을 같은 자산에 추가 투자했다고 생각할 수 있기 때문이다.

이에 비해 소득수익이란, 금융자산에서는 이자수입이나 배당수입 등이 이에 해당되고, 부동산에서는 지대, 임대료가 이에 해당된다. 단, 부동산을 소유자 자신이 이용하는 때에는 서비스 소비로 보아 여기서 제외한다. 이것을 귀속지대(歸屬地代) 혹은 귀속임료라 한다. 어느 자산이 어느 정도 수익이 확실한가에 대한 것은 주관적인 판단에 따른다.

(2) 포트폴리오

부동산의 투자대상은 다양하다. 아울러 부동산은 유동성이 취약해 현금화하는 데 소요기간이 다른 투자 상품에 비해 상대적으로 길다. 그러나 수익성이나 안전성에 있어서는 주식이나 예금 등에 비하여 상대적으로 유리하다.

포트폴리오(portfolio)란 용어는 원래 '종이끼우개' '서류가방'의 의미인데, 이것을 투자 주체가 보유하는 부동산의 종류 일람표라는 의미로 사용되기 시작하면서 의미가 확장된 것이다[7].

투자자는 부동산을 매입할 때 한 가지 부동산에 투자하지 않고, 투자위험을 가능한 한 회피하는 방법으로 투자자금의 성격 중 현금유입과 현금유출을 고려하여 여러 종목의 부동산에 분산투자를 하게 된다. 이러한 여러 유형의 부동산에 분산투자하는 것을 부동산 포트폴리오라고 한다.

한편 부동산 투자에는 어떤 부동산을 얼마만큼 매입할 것인가의 문제 외에도 언제 매입할 것인가? 언제 매각할 것인가? 등의 투자시기의 문제 등이 있다. 일단 조성된 포트폴리오를 어떻게 관리할 것인가 등의 사항을 일괄하여 포트폴리오 관리라고 한다.

포트폴리오 선택에 있어서 부동산 투자의 의사결정과정은 투자방침의 설정 → 투자대상 후보 선택 → 투자하여야 할 부동산의 구성 비율 결정 → 구체적 거래계획의 결정 등의 순서로 진행된다.

부동산 투자에 있어서 의사결정 시 투자액과 부동산 종류가 포함된다. 그리고 부동산 투자의 목적은 일단, 보다 많은 투자수익을 더 확실하게 올리는 데 있다. 투자는 미래를 보고 행하여지며 미래의 시장성 및 수익성은 모두 불확실하다. 따라서 기대수익의 크기와 이에 수반하는 위험의 크기를 적절히 조정하여 균형을 유지하여야 한다.

그리고 부동산 투자의 분산화 효과에 대해서는 투자자는 부동산을 매입하여 하나의 투자 포트폴리오를 구성함으로써 이에 따른 총투자위험을 감소시킬 수 있다. 부동산의 결합을 통한 투자의 분산화 행위는 투자자의 위험을 감소시킬 수 있다. 따라서 투자자가 그의 여유자금을 한 장소, 한 유형에 집중 투자하지 않고, 분산투자하는 것은 투자위험을 축소할 수 있다. 이와 같은 것을 포트폴리오 효과(portfolio effect)라 한다.

이러한 포트폴리오 효과를 보려면 첫째, 부동산 매입량의 문제 둘째, 매입시기 셋째, 매각시기 등을 고려하여야 한다.

그러나 포트폴리오의 한계로 다음과 같은 것이 있다.

첫째, 부동산 시장의 특성이 불완전시장이므로 수익률을 계량하기 어렵다.

---

7) 이래영, 상게서, 282-283쪽.

둘째, 투자자의 능력, 시장 상황 변화에 따라 수익률 산출이 다르다.

셋째, 부동산 투자는 분할이 어려운 한계가 있다.

넷째, 포트폴리오 모형이 단기간 모형이므로 장기간을 요하는 부동산에는 적합하지 않다.

3. 자산선택에 영향을 미치는 요인

위에서 말한 자산선택의 이론은 이상적이나 그 이상의 실현에 영향을 미치는 요인이 있다. 이 요인은 투자주체의 소득과 투자객체의 가격수준이라 할 수 있다.

(1) 투자가의 소득수준

투자가의 소득은 자산선택에 미치는 영향이 크다. 소득수준(所得水準)이 낮은 나라는 주택의 필요성 때문에 부동산이 점하는 비중이 높다고 한다. 그러나 주거문제가 해결된 나라는 오히려 주식투자가 선호된다고 한다.

이것은 소득수준에 따라 투자대상이 변동하는 것을 의미한다. 개인적인 의사결정도 마찬가지로 나타는 경우가 많은데, 미국의 한 조사에 따르면 소득수준이 높을수록 유가증권(有價證券)에 대한 투자가 높고, 수준이 낮을수록 부동산을 점하는 비중이 큰 경우가 많았다.

(2) 투자물건의 가격수준

투자가의 소득수준과 투자대상 물건(投資對象 物件)은 서로 밀접한 관계가 있다. 투자가는 투자활동을 통해서 이윤을 얻는 데 목적이 있으며, 그때 투자가의 자기자본은 투자재 선택에 영향을 미친다.

부동산이 많은 이익을 준다고 할 때 투자가는 그 가격수준(價格水準)을 부담할 수 있는 능력을 가진 사람만이 선택의 기회를 가진다. 마찬가지로 같은 부동산이라 하더라고 그 가액의 크기에 따라 투자가는 특정 무리로 한정되게 된다. 또 부동산이나 주식이나 대체성(代替性)이 있는 투자재 간의 가격수준도 선택에 영향을 미친다.

14.3 부동산 투자와 투기의 개념

1. 투자와 투기의 개념과 정의

(1) 투자 · 투기의 정의

부동산 투기를 논할 때 투자와 투기를 함께 생각하지 않을 수 없다. 국어사전에 보면 '투자는 돈을 늘 릴 목적으로 사업의 밑천을 대는 일'이라 하고, '투기란 재화의 시가(時價)를 미리 기약하고 그 차액을 얻는 것만을 유일한 목적으로 하는 매매 거래'라고 되어 있다.

바로우(Barlow) 교수는 "투기는 자본이득을 얻는 것을 목적으로 스스로의 위험부담으로 금전을 투입하는 것을 의미한다."고 하였으며, 미국 부동산감정사협회는 "투자는 이익의 획득을 목적으로 합리적인 안전성과 원금의 궁극적인 회수를 전제로 항구적인 용도를 갖는 자산에 금전을 투입하는 것이고, 투기란 기대한 개발가능성의 실현을 전제로 금전을 투입하는 것"이라 정의하고 있다.

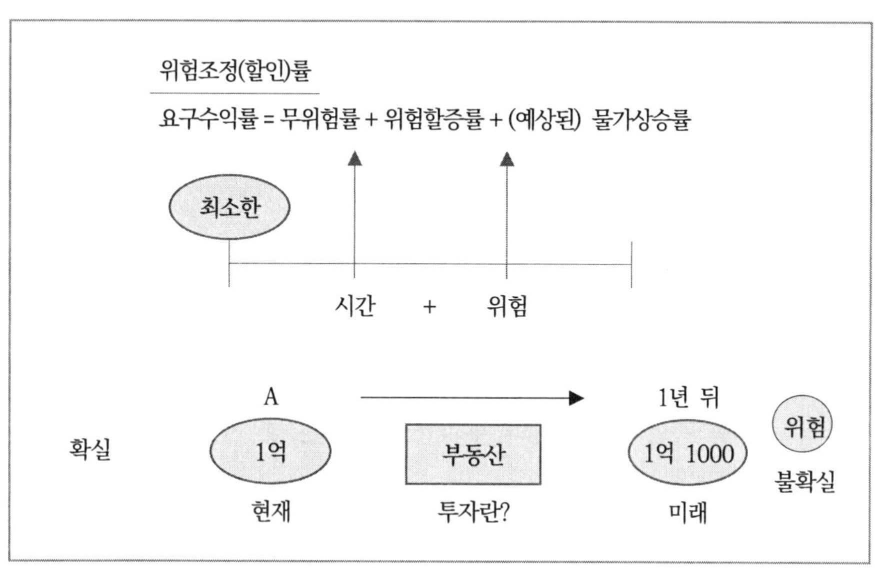

[그림 14-1] 투자의 개념도

(2) 투자와 투기의 구별

앞의 여러 견해를 보아도 양자를 명확히 구별하기란 용이치 않다. 그러나 투자는 투자가 전원이 경제의 발전에 따른 이익을 얻을 수 있다고 하는 점이 적어도 자본주의 사회의 원칙이고, 투기는 불확실한 이익을 예상하여 행하는 사행적 행위(射倖的 行爲), 즉 도박에 상당하는 의미를 갖고 있는 게 아닌가 생각된다.

따라서 투자는 투자기간이나 금액에 따라서 이익에 차이가 있다 하더라도 이윤을 발생시켜주는 것만은 변함이 없고, 원금회수는 당연하므로 그로부터 발생하는 이윤만 기대하는 것이 원칙이다. 이것은 투자라는 경제행위의 시간경과에 따른 반대급부라 해석할 수 있다. 그러므로 투자는 경제의 확대 · 성장이 없는 시기에도 존재할 수 있는 것이다.

반면 투기는 경제의 평균성장 이상의 이익을 요구한다. 또 투기하는 당초부터 원금회수를 상정하고 있고, 투자액과 회수된 금액의 차를 이윤으로 생각하는 사고방식이다. 이러한 사고방식을 투자와 구별할 수 없다고 생각하는 사람도 있겠으나 이것이 투기가 아닌가 한다. 덧붙여 이 구별은 투자하는 대상물건에서 절대적인 사용가치를 발견할 수 있는 데에도 달려 있지 않은가 한다. 즉 변화하는 가치관 속에서도 '가치가 영속할 수 있는 것'이 참가치가 있는 투자대상이라고 할 수 있다.

위에서 간단히 투자와 투기의 개념을 살펴보았지만 그것만으로는 실제 구별하기가 어렵다.

2. 부동산 투자와 투기의 구별

앞서 살핀 바와 같이 투자와 투기의 개념규정은 어렵다. 그러나 부동산 실무활동에는 양자간에 차이가 있어서 구별이 요구된다. 구별하는 실익은 부동산 정책상의 이론적 뒷받침과 정책집행에서 행위기준으로 삼기 위함이다.

예를 들면 투기는 중과세(重課稅)하고, 투자는 장려하는 것이 그것이라 할 수 있으며, 투자·투기의 구별기준은 다음의 사항이 포함되는데, 미성숙 토지에 금전을 투입하는 것을 투자라 할 수 있고, 이용의사가 있으면 투자이며, 없으면 투기이고, 양이 많으면 투기인 경우가 많다.

여러 사람의 견해를 종합하여 투자와 투기를 구별하는 몇 가지 개념적 구분을 다음과 같이 시도해 보고자 한다.

(1) 투자행위

- 실수요자의 행위이다.
- 임대 아파트 · 점포 · 빌딩 등 수익성 용도의 자산 중 경제 부담력과 관리가능한 양에 금전을 투입한다.
- 이용 관리할 의사가 있다.

- 예측가능한 정당한 이익이 목적이다.
- 시장가격이 형성되며, 그것으로 거래한다.
- 충분한 기간 동안 소유한다.
- 단기적인 투자거래보다는 윤리적으로 고상하고 금융적으로 득이 된다.
- 시장조사를 통하여 안전성 · 합리성을 추구한다.
- 대상 부동산이 자기나 타인에게 기여한다.

(2) 투기행위

- 가수요자의 행위가 많다.
- 땅값이 낮은 미성숙지 등을 필요량 이상으로 구입한다.
- 이용 · 관리할 의사가 없다.
- 예측 불허하는 양도차익(讓渡差益)이 목적이다.
- 투기가격으로 거래한다.
- 보유기간이 단기적이다.
- 전매로 이익을 실현화시킨다.
- 시장조사를 하지만 모험적 · 금전투입을 감행한다.
- 대상 부동산이 소요될 뿐 자기나 타인에게 기여하지 못한다.

〈표 14-2〉 부동산 투자와 투기의 비교

구별	투자	투기
주체	실수요자	가수요자
대상	아파트 · 점포 등 항구적 용도의 자산	미성숙지
목적	정당한 기대이익(투자수익)	양도차익
가격	시장가격(적정가격)	투기가격(가격붐 조성)
개발의도	있음	없음
면적	필요량(적정면적)	필요량 이상
보유기간	충분한 기간(장기)	단기
위험의 태도	위험 회피적	위험 선호적
이득발생	소득이득·자본이득	시세차익, 자본이득
투자의 태도	전문적 분석	자본력과 정보에 의존
관리의사	있음	없음
사회적 측면	효율적 자원배분	부익부빈익빈 심화
투자문화	합리적 투자행위조장	도덕적 해이 유발
정책적 측면	조장정책	규제정책

14.4 부동산 투자의 특징

부동산은 투자대상으로서 어떤 특징을 가지고 있다. 투자가 입장에서 이들의 장·단점 특징을 살펴보기로 하자. 이 특징들은 금융적인 관리측면에서 논하는 것이다.

1. 부동산 투자의 장점

부동산 투자란 금전을 투입하여 수익이나 이익을 얻기 위한 사업이다. 부동산은 다른 투자재와 마찬가지로 주기적인 수입이나 가치 증대를 보장해주는 투자재이다. 때에 따라서는 부동산이 다른 증권·채권·다른 투자자산보다 높은 수익률을 가져다주는 것을 우리는 경험하였다.

물론 다른 투자재와 마찬가지로 부동산도 주기적 수입이 줄어들거나 가치가 줄어들 가능성은 항존하는 것이다. 투자재로서 부동산의 장점은 많이 있으나 중요한 것 몇 가지는 다음과 같다.

(1) 자본이득과 소득이득 향유

부동산은 타인에게 빌려주거나 소유자 자신이 직접 사용하여 수입을 얻을 수 있다. 이것을 소득이득이라 하며, 지대, 임대료가 이에 해당한다. 이와는 달리 단지 소유함으로써 사회에서 발생하는 지가상승 등의 영향으로 이득을 얻을 수 있다. 이를 자본이득이라 한다. 1억 4천만원 주고 작년에 산 집이 올해에 1억 8천만원이 되었다면 나머지 4천만원이 자본이득이다.

(2) 지렛대 효과

앞서 지렛대 효과를 말한 바 있지만, 정(正)의 '레버리지(leverage)'란 순자산 투자로부터 얻어 들이는 수익률의 증대를 위하여 금전대부(金錢貸付)를 이용하는 것을 말한다. 이것은 대부금액에 지급하는 이자보다 높은 투자수익률을 가정한 것이다. 이 경우 수익률은 주기적인 수입이거나 가격상승으로 인한 것이거나 불문하는 것이다.

(3) 절 세

부동산은 많은 절세(節稅) 기회가 있다. 세제상 감가상각, 장기의 자본소득에 비한 낮은 세율, 세액공제, 면세 등의 기회가 있어 세금을 줄이거나 최소화할 수 있다.

(4) 구매력 보호

부동산은 다른 몇 가지 투자재와 마찬가지로 인플레이션으로부터 보호기능을 가지고 있으며, 인플레이션에 순응성이 있다. 가령 임대점포가 30년으로 경제 내용연수가 만료되어 경제가치가 제로(0)가 되었다 해도 이 기간 중에 토지가격이 매년 3% 상승했다면 토지가격은 2.4배가 되며, 건물투자액을 전부 보상했다는 계산이 나온다.

대부분의 자본재산이 구매력으로 볼 때 금전가치를 상실함에 비해 부동산은 그것을 개선한다. 특히 아파트, 쇼핑센터, 상업용 부동산은 불변가격 면에서 그러하다. 임료나 가격의 통제가 없는 곳에서 부동산은 마치 대양에 떠 있는 배와 같아서 가격수준의 높낮이에 관계없이 구매력 불변가격선 위를 떠돌아다닌다.

(5) 소유의 긍지

부동산의 소유로 말미암아 얻는 만족은 많은 투자가에게 중요한 구실을 한다. 그들은 투자게임에 참여하거나 빈틈없는 운용을 통해 주체성을 확보하기 때문이다. 또 어떤 사람들은 소유로 인해 관리할 수 있고, 친구와 사람들에게 자랑할 수 있는 등의 현실적인 것부터 아주 만족하기도 한다.

(6) 인적 통제

부동산은 증권이나 채권 같은 투자재산과 마찬가지로 투자가에게 인적통제와 직접통제의 기회를 부여한다. 그래서 소유자나 관리인으로 하여금 생산적인 부동산으로서 기능을 다하도록 계속적인 의사결정을 하게 한다. 만일 부동산을 직접소유하게 되면 투자가는 구입기간, 구입가격, 레버리지 또는 소유권의 형태·금융·처분 등에 대해 통제결정을 할 수 있는 것이다.

(7) 사업이윤

이익은 건물의 건설이나 복원으로 실현되며, 그 이익은 즉각적으로 과세(課稅)되지 않고 부동산에 투자된다. 투자가들은 이같이 부동산을 개발하여 이익을 얻기도 하고, 중개업자 및 부동산 관리자들과 결속하여 부동산에 투자하여 이윤을 획득하기도 한다.

(8) 자가 이용과 점유

많은 투자가들은 부동산을 자기가 이용하고자 한다. 단독주택이나 아파트의 구매는 물리적인 숙소와 절세를 겸해서 제공해 주고, 게다가 부동산 가치의 증대, 셋집에서의 해방 등의 소유이익까지를 준다.

2. 부동산 투자의 단점

부동산 투자는 몇 가지 문제점을 가지고 있다. 부동산 투자가는 투자하기 전에 문제점으로 지적하고 있는 단점도 심사숙고해야 한다.

유동성의 결여와 소유권 위험부담은 주된 단점이다. 위험부담이란 손해·손상·손실을 입을 가능성을 말하는데, 투자와 관련된 위험부담은 사업 위험부담과 금융 위험부담으로 나눌 수 있다.

사업 위험부담은 계획하거나 예측한 수준의 수입이 실현되지 않을 가능성을 말하는 것이고, 금융 위험부담은 금융부채로 발생하는 부가적 위험을 말하는 것이다.

부동산 투자의 단점을 들어보면 다음과 같다.

(1) 낮은 환금성

환금성(換金性)은 자산을 현금으로 바꾸기 쉬운가에 따라 판단한다. 만일 자산의 가격이 낮다면 현금으로 바꾸기 쉽다. 자산은 그것이 시장가격과 동일한 현금으로 속히 팔리면 환금성이 좋다고 한다. 그러나 부동산은 일반적으로 환금성이 낮다.

(2) 사업 위험부담

부동산의 수익성은 입지·시장·물리기능 및 전반적인 경제상태의 작용에 영향을 받는다. 이러한 각각의 요인은 파동·변동하기 때문에 오판할 염려가 있다. 그러므로 생산성의 예측과 수입은 어떤 불확실성이나 위험부담을 포함한 이러한 요인에 기초를 두어야 한다.

(3) 금융 위험부담

부동산을 구입하기 위하여 금융대부를 하지 않는 투자가는 금융 위험부담을 안을 필요가 없다. 즉 만일 투자가가 완전히 자신의 자금만으로 투자한다면 금융 위험부담이 운용비용 면에서 감소된다.

그러나 동시에 지렛대 효과를 이용 못하고, 수익률은 아주 낮아질 것이다. 투자가는 순자산에 대한 수익률을 높이기 위하여 지렛대 효과를 이용하는 것이다. 즉 부동산 대부를 받기 위하여 순자산 투자를 줄이는 것이다. 이때 투자가와 대부자는 대부계약서를 쓰고 채무·채권관계를 맺는 것이다.

돈을 대부받아 발생하는 부가적인 위험부담이 바로 금융 위험부담이다. 이 위험부담은 금융 부담능력이 있는 투자가면 가벼울 것이고, 그렇지 않으면 무거울 것이다. 또 부동산의 가치보다 대부금액이 크면 위험부담도 큰 것이 당연하다.

(4) 소유자의 노력이 필요

부동산 투자와 관리는 일이며, 그 중에서도 임대부동산의 투자관리는 어려운 일이다. 소유자는 투자기간 동안 계속 임대를 유지하고, 임대계약을 하고, 임료를 수납하고, 임대위반을 중지시키며, 임차인간의 화목을 유지하는 일을 해야 한다. 또한 부동산도 적절한 상태로 유지하여야 한다. 이러한 업무엔 돈과 시간이 다같이 소모되는 것은 물론이다.

(5) 중개수수료의 부담

부동산 중개수수료는 관습적으로 매도인·매수인으로부터 1% 정도 받아왔으나 부동산중개업법이 제정되고 나서 현저히 줄었다. 그러나 최근 수수료 개정에 관한 법 개정의 논의가 일고 있고, 현재의 수수료가 현실성이 반영되고 있지 않아 가까운 장래에 수수료는 상승할 것으로 보인다. 소비자 입장에서 보면 수수료는 시장경쟁에 맡기는 것이 합리적이다. 부동산 투자에서는 수수료도 적지 않은 부담이 있다.

(6) 행정통제와 법률의 복잡성

부동산의 이용이나 개발에는 임료통제, 외국인 투자·수요통제, 토지이용과 개발밀도 통제, 인구유입 억제와 환경통제, 금융 및 재정정책 등이 강제된다. 이러한 사회·정치 결정은 제한개발, 취득제한, 자금유통의 감소, 성장의 저지 등의 부정적 효과를 가져온다. 주거에 행하는 이러한 정부통제와 규칙은 구매비용이나 소유에 대한 추가비용을 부담시킨다.

소유자, 임차인 및 중개인간의 계약은 복잡하다. 그래서 이들은 계약을 할 수도 있고 안 할 수도 있다. 조세법도 역시 복잡하고 자주 바뀌며, 예측불허하다. 투자가는 수익의 실질적인 할당분에 대한 절세에 관심이 있는데, 조세법이 개정되면 반대로 악영향을 받기도 한다.

14.5 부동산 투자의 결정

부동산 투자 결정이란 부동산 투자에 대한 투자가의 의사결정을 말하는 것이다. 투자결정은 여러 가지 투자대안 중 최적대안을 선택함으로써 종결된다. 우리가 부동산 투자활동을 전개할 때도 다른 재화에 대한 투자와 마찬가지로 투자철학과 투자목표, 투자결정요인이 있다. 이 철학과 투자목표 및 결정요인은 투자가가 의사결정을 하는 데 겪어야 하는 과정으로 투자가에게는 꼭 필요한 사항이다.

1. 투자태도

투자태도란 투자가가 투자활동을 할 때 대안선택의 관련 정도와 성격을 규정하는 것이다. 투자결정시 고려해야 할 사항은 다음과 같다.

(1) 직접 · 간접 투자

투자가는 투자 부동산을 직접 살 것인가, 아니면 간접적으로 살 것인가를 결정해야 하는데, 전자는 직접관련이라 하고, 후자를 간접관련이라 한다.

직접관련은 자본이 투자와 함께 직접 경영 관리하는 것을 말하는 것이다. 투자 부동산과 간접적으로 관련을 갖는다는 것은 회사가 소유하고 있는 부동산의 몫을 투자가가 산다는 것을 의미한다. 경영에는 직접 참여하지 않고 제공한 자본에 대한 과실을 목적으로 하는 것이다.

만일 투자가가 간접적인 관련을 갖고자 한다면 부동산투자신탁회사, 개발회사 또는 부동산 서비스업의 중개 · 평가회사 등에 투자하면 된다.

(2) 시간투자

투자활동에 얼마만큼의 시간을 소비할 것인가를 결정해야 한다. 대개의 사람들은 처음엔 단기간 모험을 하나 나중엔 정상기간을 추구하게 된다.

(3) 투자가 역할

투자가는 수동적인 순지분 투자가가 될 것인가, 아니면 모험적인 능동적 투자가가 될 것인가를 결정해야 한다. 그에 따라 투자가는 역할이 달라진다. 경우에 따라선 부동산을 쉽게 처분하기 위해 저당 금융 대부자가 되기도 한다.

(4) 관리 형태와 기능

투자 부동산을 전문 관리인에게 맡겨야 하는가, 아니면 자신이 직접 관리해야 하는가 하는 문제가 있다. 전자를 위탁관리, 후자를 자치관리라 한다. 위탁관리는 경제 · 물리 · 법률 관리 등의 전부 혹은 일부를 위탁하는 것이다. 전문 관리자를 이용하면 편리하다. 자치관리하는 경우는 투자가는 전문지식이 없으므로 외부 상담자의 조력에 따라 행동하는 것이 유익하다.

2. 투자가의 경제 목표

투자가가 의사결정할 때 고려할 투자태도에 대해 살펴보았다. 그러나 태도에 적합하게 의사결정을 한다 하더라도 투자가의 목표는 경제 이익이나 부동산의 이용에 있으므로 이것이 분명하여야 한다. 투자가의 관심인 경제 목표가 무엇인지 살펴보기로 한다.

(1) 투자의 안전성

투자가 경제 관점에서 안전해야 한다. 이것은 투자가가 목적으로 하는 투자행동에서 의사결정에 가장 크게 영향을 미치는 요인이다.

투자가 보장되려면 투자에 대한 충분한 수익이 보장되거나, 투자 부동산을 매각하였을 때 취득원가를 초과하는 가격으로 팔 수 있을 정도로 양도가격이 보장되어야 한다.

(2) 수익의 확실성

투자 부동산은 산출능력이 확실해야 한다. 투자 부동산이 주기적인 수익을 발생하거나 또는 자본가치가 증대할 자질을 가지고 있어야 한다. 투자가는 투자수익이 기대될 때에 투자결정을 내린다.

(3) 투자의 환금성

투자가는 그의 자산을 합리적인 기간 안에 시장가격으로 처분할 수 있어야 한다. 어떤 부동산 또는 어떤 시기에는 처분과 환금이 어려운 경우가 있다.

(4) 자본가치의 증대

투자가는 자본가치가 증대하길 바라며, 가치의 감가는 될수록 적어지길 바란다. 부동산은 대체로 인플레이션의 좋은 방지책이 되어 자본가치의 하락을 막아준다.

(5) 세금면의 이익

투자가는 세금면의 우대조치도 기대한다. 특정 부동산의 경우 세제혜택이 있으면 투자가 유리하게 된다.

(6) 관리의 부담

투자가가 원하는 경우에는 관리를 할 수 있고, 그렇지 않으면 관리부담으로부터 자유로워야 한다. 다른 투자재와 달리 부동산은 투자가가 관리·이용할 수 있는 기회가 많은 것이 특징이다.

(7) 순수익의 재투자

투자 부동산으로부터 발생하는 임료나 이윤은 재투자를 할 수 있어야 한다.

(8) 지렛대 효과의 기회

지렛대 효과는 부동산 투자에서 많이 활용된다. 이때 지렛대 효과란 차입금에 대한 산출이익을 말하는 것으로 순자본금에 비해 가능한 한 많은 돈을 빌려 수익을 올리는 것을 뜻한다. 특정 부동산의 경우 지렛대 효과의 기회가 적으냐 크냐에 따라 투자매력(投資魅力)이 증감된다.

3. 투자결정의 주요 변수

제이퍼(Arstin Jaffe)와 월터스(David Walters)는 부동산 투자에 대한 의사결정의 주요 변수를 찾기 위하여 감수성 분석을 하여 다음과 같은 여섯 가지 변수가 투자결정에 주요한 영향을 미치고 있는 것을 지적하였다.

- 경상비
- 융자비율 혹은 지렛대 비율
- 유효 총수익
- 부동산 가격 상승률
- 저당대부금의 이자율
- 구입가격

14.6 부동산 투기 발생요인과 투기의 기능

1. 투기의 발생요인

부동산의 투기현상을 발생하게 하는 요인에는 여러 가지가 있으나 지역적 투기 현상에는 다음과 같은 요인이 개재한다.

(1) 개 발

부동산 개발은 신개발과 재개발(도시재생사업 등)이 있지만 투기에 영향을 미치는 것은 역시 신개발이다. 어떤 지역이 새로 개발되면 입지경쟁이 치열해지고 가수요가 생겨 투기현상이 일어난다. 투기의 정도는 개발계획 및 목적, 개발지역의 기능과 규모, 지가수준 및 경제수준 등에 따라 차이가 있다. 우발적인 개발은 광산·금광·유전·온천 등의 발견으로 이루어지는데 이러한 발견은 투기의 원인이 된다.

(2) 수송수단의 신설 및 확장

대중교통이나 화물수송을 위한 철도·도로·운하·항만·공항 등의 신설이나 확장 등은 부동산 투기를 발생시킨다. 그로 인한 영향의 정도는 교통수단의 종류·수송능력·운행방법 등에 따라 차이가 있다. 서해안 고속도로, 중부내륙 고속도로(춘천-대구) 신설에 따른 인근지역 투기의 예가 하나의 좋은 예이다.

(3) 경제 및 지역성장

지역 및 당해 지역 경제가 급격하게 성장하면 여러 가지 부동산의 수요가 증대하는데, 그 공급이 한정될 경우 부동산의 희소성이 높아져 투기가 발행한다.

1977~1978년의 우리나라 부동산 붐은 경제성장에 기인한다. 중동으로부터 많은 외화획득, 인플레이션, 높은 주택부족률, 대체 투자시장의 불완전, 경기순환 등으로 말미암아 전국적으로 투기가 형성된 바 있다.

근래 지방 공업도시의 조성으로 말미암아 지역 투기현상이 발생하고 있는데 이는 지역성장의 결과이다.

2. 투기의 폐해

부동산 투기행위가 사회적으로 만연되면 노동과 자본의 생산참여 의욕이 상실되는 등의 사회문제가 일어난다.

(1) 저축의욕의 위축과 생산위축

국민의 저축의욕이 줄어들어 산업자금 조달이 어려워지며, 그로 말미암아 생산이 위축되는 등 경제사회개발이 위협을 받는다.

(2) 근로정신의 파괴

투기사조가 성행하면 일확천금의 불로소득을 노리는 사행심(射倖心)이 조장되어 건전한 사람들이 근로의욕을 잃고 사회기강이 문란해진다.

(3) 소득배분의 왜곡

투기가 성행하면 부동산을 소유한 사람과 소유하지 않은 사람 간에 소득격차가 더 벌어지고, 소득배분이 더 불공평하게 된다. 소득불균형이 사행행위 때문에 일어난다면 국민 일체감 형성은 큰 장애를 받게 된다.

14.7 부동산 투자의 분석기법

1. 할인현금수지분석법

할인현금수지분석법이란 장래 예상되는 현금수입과 지출을 현재 가치로 할인하고 이것을 서로 비교하여 투자 판단을 결정하는 방법을 말하며, 순현가법과 내부수익률법이 있다.

(1) 순현가법(Net Present Value Method : NPV)

① 의의 : 순현가란 투자로부터 예상되는 현금유입의 현가합에서 현금유출의 현가합(지분투자액)을 공제한 금액이다. 순현가법은 순현가를 '0'과 비교하여 투자결정을 하는 방법이다.

② 투자안의 결정 순현가법을 이용한 투자안의 의사결정은 독립적인 투 자인(또는 단일부투자안)인 경우와 상호배타적인 투자안의 경우로 나누어 볼 수 있다. 독립적인 투자안이란 하나의 투자안 선택이 다른 투자 선택과는 아무런 관계가 없는 투자안을 말한다. 상호 배타적인 투자아 이란 여러 투자안 중 하나의 투자안이 채택되면 다른 모든 투자안들을 자동적으로 기각해야 하는 투자안을 말한다.)

㉠ 독립적인(independent) 투자안: 순현가가 '0'보다 큰 투자안을 채 택하고, 순현가가 '0'보다 작은 투자안을 기각한다.

㉡ 상호 배타적인(mutually exclusive) 투자안: 순현가가 '0'보다 큰 투자안들 중에서 순현가가 가장 큰 투자안을 최적 투자안으로 선택한다.

③ 순현가법의 특징

㉠ 순현가(NPV)가 (+)인 투자안은 요구수익률을 넘는 수익을 제공한다는 의미이며, 이 수익은 투자자들에게 귀속된다. 즉, 투자자들의 부(富)는 그 투자안의 순현가 크기만큼 정확히 증가한다. 따라서 순현가법은 투자자의 부(富)의 극대화라는 기업의 목표에 부합되는 가장 합리적인 투자안 평가방법이다. 만일 투자금액이 동일하고 순현 재가치가 모두 0보다 큰 2개의 투자안을 비교·선택할 경우, 부(富)의 극대화 원칙에 따르면 순현재가치가 큰 투자안을 채택한다.

㉡ 순현가는 투자안의 모든 현금흐름을 사용한다.

㉢ 순현가는 현금흐름을 적절한 할인율로 할인한다. 즉, 순현가는 화폐의 시간적 가치를 고려한다.

㉣ 순현가를 구할 때 할인율은 요구수익률을 사용한다. 따라서 순현가를 계산하기 위해서는 사전에 요구수익률이 결정되어야 한다.

㉤ 동일한 현금흐름의 투자안이라도 투자자의 요구수익률에 따라 순 현재가치(NPV)가 달라질 수 있다.

㉥ 재투자율 : 순현가법에서는 예상되는 미래현금흐름이 요구수익률 로 재투자된다는 가정을 하고 있다.

㉦ 순현가법에서는 가치의 가산원칙(value additivity)이 성립한다. 가치의 가산원칙이란 여러 투자안을 복합적으로 평가한 값이 각각의 투자안을 따로 평가한 값의 합과 같다는 원리이다. 따라서 투자 안 A와 투자안 B의 두 투자안에 모두 투자할 경우의 순현가는 각 투자안의 순현가를 합한 것과 동일하다. 순현가는 모두 동일시점, 즉 현재시점의 가치를 의미하므로 그것들을 합할 수 있는 것이다.

(2) 내부수익률법(Internal Rate of Return Method : IRR)

① 의의 : 내부수익률이란 투자로부터 예상되는 현금유입의 현가합과 현금 유출의 현가합을 서로 같게 만드는 할인율이다. 이는 순현가를 0으로 만드는 할인율이며, 수익성 지수를 1로 만드는 할인율이다. 내부수익률 법은 내부수익률을 요구수익률과 비교하여 투자결정을 하는 방법이다.

② 투자안의 결정 : 내부수익률법을 이용한 투자안의 의사결정은 독립적인 투자안(또는 단일투자안)인 경우와 상호배타적인 투자안의 경우로 나누어볼 수 있다.)

㉠ 독립적인(independent) 투자안 : 내부수익률이 요구수익률보다 큰 투자안을 채택하고, 내부수익률이 요구수익률보다 작은 투자안을 기각한다.

㉡ 상호 배타적인(mutually exclusive) 투자안 : 내부수익률이 요구 수익률보다 큰 투자안들 중에서 내부수익률이 가장 큰 투자안을 최적 투자안으로 선택한다.

③ 내부수익률법

㉠ 복수의 내부수익률 : 투자자금이 기간 초에 1회만 투입되는 사업을 '전통적 투자사업', 투자기간 중에도 투입되는 사업을 '비전통적 투자사업'이라고 한다. 비전통적 투자사업의 경우, 투자자금의 투입 횟수에 따라 두 개 이상의 내부수익률이 존재할 수 있다. 즉, 비전통적 투자사업의 경우에는 복수의 내부수익률이 존재할 수도 있는데, 이 경우 어떤 내부수익률을 투자결정의 준거로 사용해야 할지 결정이 곤란해진다.

㉡ 내부수익률의 부재 : 내부수익률의 값이 전혀 존재하지 않을 수 있다. 이 경우 내부수익률법에 의해서는 투자결정을 할 수 없다.

㉢ 재투자율 : 내부수익률법에서는 예상되는 미래현금흐름이 내부수익률로 재투자된다는 가정을 하고 있다.

④ 순현가법과 내부수익률법의 비교 : 독립적인 투자안의 경우 순현가법과 내부수익률법의 투자판단 결과는 같으나 상호배타적 투자안의 경우 순 현가법과 내부수익률법의 투자판단 결과는 달라질 수 있다. 다음과 같 은 이유로 일반적으로 순현가법이 내부수익률법보다 투자판단의 준거 로서 선호된다.

㉠ 재투자율 : 순현가법에서는 모든 예상되는 미래현금흐름이 요구수익률로 재투자된다는 가정을 하고 있지만, 내부수익률법에서는 내 부수익률로 재투자된다는 가정을 하고 있다. 순현가법은 할인율을 요구수익률에 의거해서 구하는 반면, 내부수익률법은 시장상황과 관계없이 같은 곳에 재투자하는 것을 가정하고 있으므로 자본의 기회비용을 고려하고 있지 못하다는 측면에서 덜 합리적이다. 또한 순현가법에서 순현가를 구하기 위해서는 사전에 요구수익률이 결정되어 있어야 하지만, 내부수익률법에서 내부수익률을 구하기 위해서는 사전에 요구수익률이 결정되어 있지 않아도 된다.

㉡ 복수의 내부수익률 또는 내부수익률의 부재 : 내부수익률법은 투자자산의 현금흐름에 따라 복수의 내부수익률이 존재할 수 있고 내부수익률이 존재하지 않을 수 있다. 이 경우 내부수익률법으로는 투자결정이 곤란해진다.

㉢ 가치의 가산원칙(value additivity principle) : 순현가법은 가치의 가산원칙이 성립하는 반면, 내부수익률법은 가치의 가산원칙이 성립하지 않는다. 따라서 순현가법은 여러 투자안을 동시에 평가할 때도 개별 투자안을 독립적으로 판단해 볼 수 있는 반면, 내부수익 률법은 두 투자안의 수익률 평균이 두 투자안을 합쳐서 구한 수익률 과 달라지며 전체와 각각을 따로 평가할 수 없다.

㉣ 부(富)의 극대화 : 순현가법을 이용하여 투자안의 경제성을 평가하는 것이 내부수익률법보다 투자자의 부(富)의 극대화에 부합되는 의사결정방법이 된다.

2. 어림셈법

어림셈법에는 승수법과 수익률법이 있다.

(1) 승수법

승수법이란 여러 종류의 현금수지를 승수의 형태로 표시하는 것을 말한다. 조소득승수(GIM) 또는 조승수란 조소득에 대한 총투자액의 배수를 말한다.

$$\text{조소득승수} = \frac{\text{총투자액}}{\text{조소득}}$$

순소득승수(NIM) 또는 순승수는 순영업 소득에 대한 총투자액의 배수이다. 순소득승수를 자본회수기간이라고도 한다.

$$\text{순소득승수} = \frac{\text{총투자액}}{\text{순 영업소득}}$$

세전현금수지승수(세전승수)는 세전현금수지에 대한 지분투자액의 배수이다.

$$\text{세전현금수지승수} = \frac{\text{지분투자액}}{\text{세전현금수지}}$$

세후현금수지승수(세후승수)는 세후현금수지에 대한 지분투자액의 배수이다.

$$\text{세후현금수지승수} = \frac{\text{지분투자액}}{\text{세후현금수지}}$$

(2) 수익률법

수익률법이란 여러 종류의 현금수지를 수익률의 형태로 표시하는 것이다. 어림셈법에 의한 수익률에는 종합자본환원률, 지분배당률, 세후수익률이 있다.

- 종합자본환원율(종합환원율)이란 총투자액에 대한 순영업소득의 비율을 말하며, 종합수익률 또는 종합률이라고도 한다. 종합환원이율의 역수가 순소득승수이다.
- 지분배당률이란 지분투자액에 대한 세전현금수지의 비율을 말한다.
- 세후수익률이란 지분투자액에 대한 세후현금수지의 비율을 말한다.

3. 비율분석법

비율분석의 수단으로 이용되고 있는 비율에는 다음과 같은 것이 있다.

(1) 대부비율

대부비율이란 부동산 가치에 대한 융자액의 비율을 말하며, 저당비율이라고도 한다. 대부비율이 높을수록 채무불이행시 원금을 회수하기가 어렵다.

대부비율이 높아짐에 따라 부채비율도 급격하게 증가한다.

$$\text{대부비율} = \frac{\text{부채잔금}}{\text{부동산의 가치}}$$

(2) 부채감당률

부채감당률이란 순 영업소득이 부채 서비스액의 몇 배가 되는가를 나타내는 비율이다.

$$\text{부채감당률} = \frac{\text{순 영업소득}}{\text{부채 서비스액}}$$

(3) 채무불이행률

채무불이행률이란 유효조소득이 영업경비와 부채 서비스액을 감당할 수 있는 능력이 있는가를 측정하는 것이다.

$$\text{채무불이행률} = \frac{\text{영업경비+부채 서비스액}}{\text{유효조소득}}$$

영업경비와 부채 서비스액이 유효조소득에서 차지하는 비율이 클수록 그만큼 채무불이행의 가능성은 커지는 것이다.

(4) 총자산회전율

총자산회전율이란 투자된 총자산(부동산가치)에 대한 조소득의 비율을 말하며, 조소득 승수의 역수가 된다.

$$\text{총자산회전율} = \frac{\text{조소득}}{\text{부동산의 가치}}$$

(5) 영업경비비율

영업경비비율이란 영업경비가 조소득에서 차지하는 비율을 말한다.

$$영업경비비율 = \frac{영업경비}{조소득}$$

4. 미래가치와 현재가치

(1) 일시불의 미래가치 구하기(복리종가율)

① 목적 : 기간 초에 불입된 일시불에 대해서 일정기간 후 원리금의 합계 구한다.
② 일시불의 미래가치의 계산 일정금액에 대해 매년 일정률의 이자가 발생한다면 일정기간 후의 미래가치는 다음과 같이 계산된다.
③ 일시불의 미래가치계수(일시불의 내가계수) : 1원을 이자율로 저금했을 때 7년 후에 찾게 되는 금액을 의미한다. 예를 들면 현재 5억원인 주택가격이 매년 전년 대비 5%씩 상승한다고 가정할 때, 5년 후의 주택가 격은 일시불의 미래가치계수를 사용하여 계산할 수 있다.

(예제) 1천만원을 3년 만기예금(연10%)에 투자할 경우 만기예금 금액을 구하시오(일시불의 미래가치).

$$FV = PV(1+r)^n = 10{,}000{,}000(1+0.1)^3 = 13{,}310{,}000$$

(2) 연금의 미래가치 구하기(복리연금종가율)

① 목적 : 매 기간 말에 일정액을 적립했을 때 일정기간 후에 달성되는 누적액을 구한다.
② 연금의 미래가치계수(연금의 내가계수) : 매년 1원씩 받게 되는 연금을 이자율 로 계속해서 적립했을 때 년 후 달성하게 되는 금액을 말한다. 예를 들면 정년퇴직자가 매월 연금형태로 받는 퇴직금을 일정기간 적립한 후에 달성되는 금액을 산정할 경우 연금의 미래가치계수를 사용한다.

(예제) 매년 말 50만원을 납입하고 연이율 10%가 복리로 적용되는 5년 만기의 적금의 수령액을 구하시오. (연금의 미래가치)

$$FVA = A \times \left(\frac{(1+r)^n - 1}{r} \right) = 500,000 \times \left(\frac{(1+0.1)^5 - 1}{0.1} \right)$$

(3) 일시불의 현재가치 구하기

① 목적 : 일정기간 후의 일시불과 동일한 가치를 가지는 현재의 금액을 구한다.

② 일시불의 현재가치계수(일시불의 현가계수) : 2년 후의 1원을 할인율로 할인하면 현재의 금액은 얼마인가를 나타내는 금액이다.

(예제) 현재 직장에 다니고 있는 A씨는 30년 뒤에 명예퇴직을 예상하고 있으며 명예 퇴직시 퇴직금을 총 1억 1천만원을 수령할 것이다. 현재 연이율은 5%일 때 30년 후의 퇴직금의 현재가치를 구하라. (일시불의 현재가치)

$$PV = \frac{FV}{(1+r)^n} = \frac{110,000,000}{(1+0.05)^{30}}$$

(4) 연금의 현재가치 구하기

① 목적 : 일정기간 동안 매 기간 말에 일정액을 받게 될 금액의 현재가치를 구한다.

② 연금의 현재가치계수(연금의 현가계수) : 이자율이 이고 기간이 2일 때, 매년 1원씩 1년 동안 받게 될 연금을 일시불로 환원한 액수이다. 연금의 현재가치계수는 미상환대출잔액을 계산하는 데 사용한다.

(예제) 이자율이 연 5%일 때 매월 말에 30만원씩 20년 동안 지급하는 연금의 현재가치를 구하면? (연금의 현재가치)

$$PVA = A \times \left(\frac{1 - \frac{1}{(1+r)^n}}{r} \right) = 300,000 \times \left(\frac{1 - \frac{1}{(1+0.05)^{20}}}{0.05} \right)$$

연 습 문 제

1. 자산의 종류와 이들 자산을 선택 시 유리한 요소에 대해서 기술하시오.

2. 자산투자 3분법과 3분법에 의한 투자 시 고려하여야 할 사항에 대해서 기술하시오.

3. 부동산 투자의 장점과 단점에 대해서 기술하시오.

4. 부동산 투자와 투기의 차이점을 비교하여 설명하시오.

5. 부동산의 투지목표 및 결정요인에 대해서 ① 투자태도, ② 투자가의 경제목표, ③ 투지결정의 주요 변수 등을 중심으로 설명하시오.

6. 부동산 투기의 발생요인과 투기의 기능에 대해서 설명하시오.

공인중개사 기출 및 예상문제

1. 부동산 투자에 대한 설명이다. 틀린 것은? (14회 기출)

① 융자를 이용하면 자기자본수익률을 증대시킬 수 있다.

② 융자비율이 커질수록 지렛대효과는 커질 수 있으나 원리금상환부담도 증가한다.

③ 융자를 받아 아파트를 구입했을 때 차입금리보다 집값 상승률이 높아 자본이득을 보는 경우는 지렛대효과로 볼 수 없다.

④ 자기자본이 같다면 융자를 이용하는 것이 이용하지 않는 것보다 분산투자효과를 누릴 수 있다.

⑤ 부동산 투자의 위험도에 따라 추가적으로 요구되는 수익률을 위험보상률이라고 한다.

[해설]

① 대출기관의 융자를 이용할 경우에 자기자본수익률을 증대시킬 수 있다.

② 동일한 조건하에서 융자비율이 커질수록 지렛대효과는 크게 나타나지만 부채가 증가함으로써 원리 금상환부담도 증가한다.

③ 융자를 통해서 구입한 주택의 가격상승률이 저당이자율보다 높게 나타난다면 정의 지렛대효과가 나타난다.

④ 주어진 자기자본하에서 타인자본을 이용한다면 투자자산의 다양화로 분산투자의 효과를 누릴 수 있어서 비체계적 위험을 줄일 수 있다.

⑤ 부동산 투자의 위험이 커질수록 요구수익률도 높게 되는데 이는 위험한 것만큼의 수익으로 보상해 준다는 보상의 원리를 나타내고 있다.

2. 부동산 투자분석의 필요성에 대한 설명 중 가장 적절하지 않은 것은? (15회 추가기출)

① 부동산은 다른 자산에 비하여 유동성이 낮은 자산으로 사업추진에 있어 자금조달능력의 사전 검증을 위해 투자분석이 필요하다.

② 투자대상건물은 시간경과와 더불어 노후화되므로 감가상각으로 인한 위험의 최소화를 위해 투자분석이 필요하다.

③ 부동산의 수요와 공급, 비용, 가격 등에 관한 정보가 불확실하고 유용하지 못한 경우가 많기 때문에 투자분석이 필요하다.

④ 부동산 시장에서 발생하는 체계적인 위험을 제거하기 위해 투자분석이 필요하다.

정답 1. ③

⑤ 공법상 토지이용규제 · 건축규제 · 환경규제 등 여러 가지 제약요인이 많아 이러한 법률적 위험에 대한 투자분석이 필요하다.

[해설]
부동산 투자시의 위험은 여러 가지 측면에서 나눌 수 있는데 이를 체계적 위험과 비체계적 위험으로 나눈다면 체계적 위험은 경기변동, 인플레 심화, 이자율의 변동 등 시장의 위험으로부터 야기되는 위험으로 피할 수 없는 위험이다. 즉, 아무리 투자분석을 한다 하여 체계적 위험은 피할 수 있는 것은 아니다. 그러나 체계적 위험은 개발투자 안으로부터 야기되는 위험으로 투자자산을 다양하게 구성함으로써 피할 수 있는 위험이 된다.

3. 투자에 따른 위험을 관리하는 방법은 매우 다양하다. 다음 중 위험의 전가(risk shifting)에 속하는 것은? (15회 기출)

① 부동산 포트폴리오를 구성한다.
② 위험요소가 변화함에 따라 투자결과치가 어떠한 영향을 받는가를 분석한다.
③ 위험한 투자를 제외시킨다.
④ 기대수익률이 요구수익률보다 적은 투자대안을 제외시킨다.
⑤ 물가상승률만큼 임대료가 인상되도록 임대계약을 한다.

[해설]
⑤ 투자에 따른 위험의 회피수단으로 위험의 전가가 있는데 이는 투자에 따른 위험은 다른 주체에게 넘기는 것을 의미한다. 즉 ⑤의 경우처럼 물가가 상승할수록 실질임대료가 하락하게 되는 위험을 임대인이 안게 되므로 이를 회피하는 수단으로 물가상승률만큼 임대료를 인상함으로써 위험을 임차인에게 전가시키는 경우이다.

4. 투자수익률을 설명하였다. 바르게 짝을 이룬 것은? (14회 기출)

㉠ 부동산 투자에서 기대할 수 있는 예상수입과 예상지출로 계산한 수익률
㉡ 투자에 대한 위험이 주어졌을 때, 투자자가 대상 부동산에 자금을 투자하기 위해 충족되어야 할 최소한의 수익률
㉢ 투자가 이루어지고 난 후 현실적으로 달성된 수익률

① ㉠ 요구수익률 ㉡ 기대수익률 ㉢ 실현수익률
② ㉠ 기대수익률 ㉡ 요구수익률 ㉢ 실현수익률
③ ㉠ 실현수익률 ㉡ 요구수익률 ㉢ 기대수익률
④ ㉠ 요구수익률 ㉡ 실현수익률 ㉢ 기대수익률
⑤ ㉠ 기대수익률 ㉡ 실현수익률 ㉢ 요구수익률

정답 2. ④ 3. ⑤ 4. ②

[해설]
② 수익률의 종류에 관한 문제로 수익률의 종류에는 다음과 같은 것이 있다.
㉠ 부동산 투자 안에서 기대되는 수익률은 기대수익률을 의미한다.
㉡ 투자자가 충족할 수 있는 최소한의 수익률은 요구수익률을 의미한다.
㉢ 투자 후에 실제로 달성되는 수익률은 실현수익률을 의미한다.

5. 민감도분석(sensitivity analysis)에 대한 설명으로 옳은 것은? (15회 추가기출)

① 개발예정 부동산의 분양가격 또는 임대료, 적정 개발규모를 측정하는 것이다.
② 부동산개발사업을 전제로 하여 투자자를 끌어들일 수 있는 손익분기점을 측정하는 것이다.
③ 개발예정인 부동산의 현황분석, 수요분석, 공급분석 및 경쟁력분석을 대상으로 한다.
④ 시장에 공급된 부동산이 시장에서 일정기간 동안 소비되는 비율을 조사하여 해당 부동산 시장의 추세를 파악하는 것이 좋다.
⑤ 투자효과를 분석하는 모형의 투입요소가 변화함에 따라 그 결과치가 어떠한 영향을 받는 가를 분석하는 것이다.

[해설]
③ 부동산 개발의 시장분석에 대한 내용이다.
④ 흡수율분석에 대한 내용이다. 흡수율분석을 통하여 개발대상 부동산의 과거의 추세를 파악하여 공급량의 적정규모를 알아볼 수 도 있다.
⑤ 민감도분석은 대상 부동산의 수익에 영향을 미치는 요인들을 개별적으로 또는 집단적으로 분석하여 대상 부동산 투자시에 위험을 피할 수 있는 대안을 찾을 수 있다. 대상 부동산의 수익에 민감한 영향을 주는 요인을 분석한다면 투자 이후에 그 요소를 집중적으로 관리하면 위험을 상당히 줄일 수가 있다.

6. 부동산 투자의사결정에 관한 설명 중 틀린 것은? (단, 투자자는 위험회피자라고 가정) (16회 기출)

① 투자대안별 수익률 변동이 유사한 추세를 보일 것으로 예측되는 부동산에 분산투자하는 것이 좋다.
② 투자대안별 기대수익률이 동일하다면 위험이 낮은 대안을 선택하는 것이 좋다.
③ 자기자본 기대수익률이 차입이자율보다 높으면 차입을 통해서 정의 지렛대효과(leverage effect)를 얻을 수 있다.
④ 부동산 유형별 분산투자뿐만 아니라 지역별 분산투자로도 위험을 낮출 수가 있다.
⑤ 한 투자자에게 최적의 투자안이 다른 투자자에게 최적의 투자안이 아닐 수 있다.

정답 5. ⑤ 6. ①

[해설]

① 주어진 투자대안에서 수익률의 변동이 반대방향, 즉 상이한 방향으로 움직이는 투자안에 분산투자하는 것이 유리하다. 즉, 두 투자대안의 상관계수가 낮은 것끼리 분산투자하는 것이 비체계적 위험을 줄일 수 있다.

② 여러 투자대안 중에서 기대수익률이 동일하다면 위험이 낮은 대안을 선택하는 것이 유리하며 반대로 위험이 동일하다면 기대수익률이 큰 투자안을 선택하는 것이 유리하다.

③ 자기자본 기대수익률이 대출이자율보다 높게 되거나 총수익률보다 높게 되면 정의 지렛대효과가 나타난다.

④ 부동산 용도의 다양성으로 인하여 부동산 시장은 용도별로 세분화되어 있고, 부동성으로 인해 부동산 시장은 지역시장화되어 있어서 용도별 또는 지역별로 분산투자하면 비체계적 위험을 줄일 수 있다.

⑤ 임의 한 투자안에 있어서 최적의 투자안은 투자자의 상대적 위험회피 정도에 따라 달라지므로 임의 한 투자자에게 최적의 투자안이 다른 투자자에게 최적의 투자안이 아닐 수 있다.

7. 부동산학에서 이용하는 계수에 관한 설명 중 틀린 것은? (단, 기말불입과 기말수령을 가정) (16회 기출)

① 미래가치계수는 현재가치계수의 역수이다.

② 연금의 미래가치계수는 연금의 현재가치계수의 역수이다.

③ 감채기금계수는 미래에 사용할 금액을 적립하기 위한 매월의 적립금을 계산하는 데 사용한다.

④ 저당상수는 원리금균등분할상환시 융자금액에 대한 월불입액을 계산하는 데 사용된다.

⑤ 연금의 현재가치계수는 미상환 대출 잔액을 계산하는 데 사용한다.

[해설]

② 연금의 미래가치계수는 감채기금계수와 역수관계에 있다. 다음은 금융계수들의 역수관계이다.

㉠ 일시불의 현가계수 $= \dfrac{1}{\text{일시불의 내가계수}}$

㉡ 저당상수 $= \dfrac{1}{\text{연금의 현가계수}}$

㉢ 감채기금계수 $= \dfrac{1}{\text{연금의 내가계수}}$

8. 다음은 부동산 금융에 관련된 기초용어의 설명이다. 이들 중 틀린 것은? (13회 기출)

① 잔금비율(proportion outstanding)은 저당대출액에 대한 미상환된 원금의 비율을 말한다.

② 저당상수(mortgage constant)에 대출원금을 곱하면 매년(또는 매월)갚아야 할 상환액이 계산된다.

정답 7. ②

③ 상환조견표(amortization schedule)를 통해 저당대출에 대한 원금상환분과 이자지급분이 시간에 따라 어떻게 달라지는지 볼 수 있다.
④ 채무불이행위험(default risk)은 대출자(은행)에게 그리고 조기상환위험(prepayment)은 차입자에게 부담이 되는 위험을 말한다.
⑤ 상환비율은 1에서 잔금비율을 차감한 값이다.

[해설]
① 잔금비율(proportion outstanding)은 융자원금에 대한 미상환저당의 원금의 비율을 말하며 잔금비율은 만기, 이자율, 남은 기간을 알면 구할 수 있다.
② 저당상수(mortgage constant)는 매기간의 원리금균등상환액을 구하고자 할 경우에 사용되는데 융자원금에다가 저당상수를 곱하면 매기간의 상환액을 구할 수 있다.
③ 상환조견표(amortization schedule)는 융자원금에 대한 원금상환분과 이자지급분의 변화를 나타내는 표로서 원리금균등상환방식에서 초기에는 이자지급분이 많고, 원금상환분이 적으며 시간이 갈수록 이자분이 줄어들고, 원금상환분이 커진다.
④ 채무불이행은 차입자에게 부담이 되는 위험이고, 조기상환의 위험은 대출자에게 부담이 되는 위험이다.
⑤ 상환비율은 융자원금에 대한 상환한 금액의 원금의 비율로 1에서 잔금비율을 뺀 값과 같다.

9. 부동산 투자분석기법에 대한 설명 중 옳은 것은? (15회 추가기출)
① 일시불의 내가계수, 연금의 내가계수, 저당상수에 관한 공식은 미래가치를 구하기 위한 공식이다.
② 순현가법이란 보유기간 동안 기대되는 세후소득의 현재가치 합과 투자비용으로 지출한 지분의 현재가치 합을 비교하는 방법이다.
③ 일정기간 후에 1원을 만들기 위해서 적립해야 할 액수를 나타내는 자본환원계수는 연금의 내가계수이고, 역수는 저당상수이다.
④ 잔금비율은 저당대출액에 대한 상환된 원리금의 비율을 말하며, 이자율·만기·남은 저당기간의 함수이다.
⑤ 할인현금수지분석법은 예상되는 현금유입의 현가와 현금유출의 현가를 서로 비교하여 투자하는 방법으로 승수법과 수익률법이 있다.

[해설]
① 저당상수는 화폐의 현재가치와 관계되는 공식이다.
③ 일정기간 후에 1원을 만들기 위해 적립해야 하는 계수는 감채기금계수이고, 이와 역수관계에 있는 것은 연금의 내가계수이다.
④ 잔금비율은 저당대출액에 대한 잔금의 비율로, 이는 이자율, 만기, 남은 기간의 함수로 구성된다.
⑤ 승수법과 수익률법은 어림셈법의 내용에 해당된다.

정답 8. ④ 9. ②

10. 오피스 빌딩의 현금흐름분석에 관한 설명 중 틀린 것은? (16회 기출)

① 매각시점에서 미상환 대출잔액이 있다면 세전 매각현금흐름이 총매각대금보다 작다.
② 가능총소득에서 공실 및 회수 불가능 임대수입을 제하고 기타소득을 합하면 유효총소득이 된다.
③ 유효총소득은 순영업소득에 비해서 큰 편이다.
④ 순영업소득은 세전현금흐름과 동일할 수 없다.
⑤ 과세대상소득이 적자가 아니고 투자자가 과세대상이라면 세전현금흐름은 세후현금흐름보다 크다.

[해설]
① 대상 부동산의 처분시에 대출원금을 완전히 상환하지 않았다면 미상환저당잔액을 대출자에게 갚아야 하므로 세전매각현금흐름은 총매각대금보다 작을 수밖에 없다.
④ 부동산투자시에 차입하지 않고 총투자액을 지분으로 한다면 부채서비스액이 0(영)이 되므로 순영업소득과 세전현금흐름이 같다.

11. 부동산 투자타당성 분석의 기준을 설명하였다. 옳은 것은? (14회 기출)

① 순현가(NPV)는 장래순수입에서 제 비용지출을 차감한 금액을 말한다.
② 내부수익률(IRR)은 순현가를 0으로 하는 할인율을 말한다.
③ 수익성 지수(PI)가 0보다 크면 투자 타당성이 있다고 판단한다.
④ 연평균 순현가는 초기투자금액이 많을수록 적게 나타나는 경향이 있다.
⑤ 투자회수기간은 길수록 바람직하다.

[해설]
① 순현가는 현금유입의 현가합에서 현금유출의 현가합을 뺀 값을 말한다.
③ 수익성지수가 1보다 크면 투자를 한다.
④ 연평균 순현가는 초기투자금액이 많을수록 크게 나타나는 경향이 있다.
⑤ 목표회수기간이 투자회수기간보다 크면 투자를 하므로 회수기간이 짧을수록 유리하다.

12. 부동산 투자분석에 관한 설명 중 틀린 것은? (16회 기출)

① 내부수익률이 요구수익률보다 작은 경우에는 투자가치가 없다고 할 수 있다.
② 수익성지수가 1보다 큰 투자안은 투자가치가 있다고 할 수 있다.
③ 대부비율(loan to value)이 높아질수록 투자안의 부채비율()도 높아진다.
④ 총소득승수법(gross income multiplier)은 화폐의 시간가치를 고려한 방법이다.

정답 10. ④ 11. ②

⑤ 부채감당률(debt service coverage ratio)이 1보다 작다는 것은 순영업소득이 매기간의 원리금상환액을 감당하기에 부족하다는 것을 의미한다.

[해설]

① 내부수익률이 요구수익률 이상이 되면 투자결정을 할 수 있으나 내부수익률이 요구수익률보다 작으면 투자를 기각하게 된다.

② 수익성지수는 현금유출의 현재가치에 대한 현금유입의 현재가치의 배수로서 1이상이 되면 투자할 가치가 있으나 1보다 작으면 투자할 가치가 없다.

③ 대부비율은 부동산가치에 대한 부채잔금의 비율이며 부채비율은 지분에 대한 부채의 비율로 대부비율이 높아지면 부채비율은 급격히 높아진다. 즉, 대부비율이 60%에서 80%로 20%증가하면 부채비율은 150%에서 400%로 매우 높아진다.

④ 총소득승수는 조소득에 대한 총투자액의 비율로 이는 어림셈법의 승수법의 한 종류로 화폐의 시간가치를 고려하지 않는 방법이다.

⑤ 부채감당률은 부채서비스액에 대한 순영업소득의 배수로 이는 순영업소득이 부채서비스액을 충분히 감당할 수 있을 정도를 나타내는 것으로 부채감당률이 1보다 작으면 매기간의 순영업소득이 원리금상환액, 즉 부채서비스액을 감당하기 곤란하다는 의미가 되어 대출자들은 대출을 회피하게 된다.

13. 다음 중 투자타당성 판단지표에 관한 설명으로 적절치 않은 것은? (15회 기출)

① 내부수익률은 수익성지수(profitability index)가 1.0이 되는 할인율을 의미한다.

② 회수기간법은 화폐의 시간적 가치의 차이를 고려하지 못하는 단점이 있다.

③ 내부수익률법은 사전적으로 요구수익률을 결정하지 않아도 된다는 장점이 있다.

④ 순현가법을 이용한 투자타당성 분석에서 선택되는 할인율을 투자주체에 따라 달라진다.

⑤ 2개 투자대안의 투자금액과 회계적 수익률이 가각 동일한 경우, 사업지간 초기에 현금유입이 많은 대안보다 후기에 현금유입이 많은 대안의 내부수익률이 높다.

[해설]

① 내부수익률은 순현가를 0으로 만드는 할인율을 의미하므로 수익성지수가 1.0이 되는 할인율이기도 하다.

② 전통적 회수기간법은 화폐의 시간가치를 고려하지 못하는 단점이 있다.

③ 내부수익률법에서는 미래의 현금흐름을 현재가치로 할인할 경우에 할인율로 내부수익률 자체를 사용함으로써 사전에 미리 요구수익률을 알 필요는 없다.

④ 투자자에 따라 요구수익률은 다르기 때문에 요구수익률을 할인율로 사용하는 순현가법에서는 할인율은 투자주체에 따라 다를 수밖에 없다.

⑤ 사업기간 초기에 현금유입이 많은 대안이 후기에 현금유입이 많은 대안보다 수입의 현재가치가 더 크므로 내부수익률도 역시 더 높다.

정답 12. ④ 13. ⑤

14. 회사원 A씨는 주택자금을 마련하기 위하여 매년 말 150만원씩을 불입하는 20년 만기의 정기적금에 가입했다. 은행이자율이 연 10%이라면 20년 후에 얼마를 찾을 수 있는가? (15회 기출) (단, $(1+0.1)^{20}=6.7275$)

① 82,912,500원 ② 83,912,500원 ③ 84,912,500원
④ 85,912,500원 ⑤ 86,912,500원

[해설]

$$FVA = A \times \left(\frac{(1+r)^n - 1}{r} \right)$$

$$FVA = 150\text{만원} \times \left(\frac{(1+0.1)^{20} - 1}{0.1} \right)$$

$$FVA = 150\text{만원} \times \left(\frac{6.7275 - 1}{0.1} \right)$$

$$= 85{,}912{,}500\text{원}$$

15. 부동산 투자와 부동산 투기를 비교 설명한 것으로 옳지 않은 것은?

① 부동산 투자자의 태도는 위험 회피적인데 반해 부동산 투기자의 태도는 위험 선호적이다.
② 부동산 투자는 취득처분의 단계를 거치나 부동산 투기는 취득 · 이용 · 처분의 단계를 거친다.
③ 부동산 투자는 기 개발된 수익성 부동산에 자본을 투입하나 부동산 투기는 미성숙지 또는 미개발지 등에 자본을 투입한다.
④ 부동산 투자는 시장가격으로 거래가 이뤄지나 부동산 투기는 투기가격, 즉 희망가격으로 거래가 이루어진다.
⑤ 부동산 투자는 효율적 자원배분을 촉진하나 부동산 투기는 부익부 빈익빈을 심화시킨다.

[해설]
부동산 투자는 취득단계 → 이용단계 → 처분단계를 거치고, 부동산 투기는 취득단계 → 처분단계를 거친다. 그래서 부동산 투자는 소득이득과 자본이득이 발생하고, 부동산 투기는 처분이득만을 노린다.

16. 부동산투자의 장점이 아닌 것은?

① 운영수입과 처분수입을 얻을 수 있다.
② 지렛대효과를 통하여 지분수익을 높일 수 있다.
③ 부동산은 실물자산으로 인플레에 강하다
④ 다른 자산의 경우보다 투자의 안전성이 높은 편이다
⑤ 환금성이 떨어지는 편이다.

정답 14. ④ 15. ② 16. ⑤

[해설]
부동산은 환금성이 낮은 편이다. 즉 부동산을 현금화하는데 장기간이 소요될 수 있다는 것으로 이는 부동산 투자의 장점이 아니라 단점이다.

17. 부동산 투자의 3대 위험부담으로 옳게 된 것은?

① 원금의 위험부담, 환금의 위험부담, 경제가치의 위험부담
② 원금의 위험부담, 유동성의 위험부담, 개발의 위험부담
③ 비용의 위험부담, 인플레의 위험부담, 경제가치의 위험부담.
④ 비용의 위험부담, 인플레의 위험부담, 시장의 위험부담
⑤ 비용의 위험부담, 유동성의 위험부담, 시장의 위험부담

[해설]
부동산 투자의 3대 위험부담은 원금의 위험부담, 환금의 위험부담, 경제가치의 위험부담을 의미한다. 원금의 위험부담은 원금회수 가능성에 대한 위험을 의미하고, 환금의 위험부담은 원하는 시기에 처분 가능성에 대한 위험을 의미하고, 경재가치의 위험부담은 자산가치의 하락 가능성에 대한 위험을 의미한다.

18. 자산선택의 이론으로 보아 경기가 불황일 때 부동산에 투자할 경우 주의하여야 할 사항은?(8회 기출)

① 대체성 ② 수익성 ③ 안정성
④ 유통성 ⑤ 환금성

[해설]
부동산은 일반재화에 비하여 환금성이 매우 낮은 자산이다. 더군다나 경기가 불황인 경우에는 금전은 융통이 낮아지므로 환금성은 더욱 곤란해지게 된다. 따라서 경기가 불황일 때 부동산에 투자하는 경우에는 환금성에 주의하여야 한다.

19. 부동산 투자에 대한 설명이다. 틀린 것은?(14회 기출)

① 융자를 이용하면 자기자본 수익률을 증대시킬 수 있다.
② 융자비율이 커질수록 지렛대효과는 커질 수 있으나 원리금상환 부담도 증가한다.
③ 융자를 받아 아파트를 구입했을 때 차입금리 보다 집값 상승률이 높아 자본이득을 보는 경우는 지렛대 효과로 볼 수 없다.
④ 자기자본이 같다면 융자를 이용하는 것이 이용하지 않는 것보다 분산투자효과를 누릴 수 있다.
⑤ 부동산 투자의 위험도에 따라 추가적으로 요구되는 수익률을 위험 보상률이라고 한다.

정답 17. ① 18. ⑤ 19. ③

[해설]
저당이자율보다 주택가격 상승률이 높다면 정(+)의 지렛대효과가 나타난다.

20. 외환위기 이후 외국인의 서울 지역 대형 오피스 빌딩의 매입이 크게 늘어나고 있다. 이들이 오피스 빌딩을 매입할 때에는 타인자본을 적절하게 조달하여 자기자본대비 투자수익률을 높이는 것으로 알려져 있다. 만약 연초에 외국인이 300억원의 자기자본과 연 7%로 타인자본을 700억원 조달하여 1,000억원 상당의 오피스 빌딩을 매입하였다고 하자. 그리고 연말까지 순 영업소득(net operating income)을 100억원을 올렸다면 이 외국인 투자자의 1차 연도 자기자본대비 투자수익률은 어느 정도인가? (단, 1년 후의 매매가격은 변동이 없다고 가정한다) (13회 기출)

① 연 17%　　② 연 15%　　③ 연 10%
④ 연 13%　　⑤ 연 19%

[해설]
자기자본 수익률 = 자기자본 대가 / 자기자본
= 순 영업소득-타인자본대가 / 자기자본
= 100억원-(700억원 x 0.07) / 300억원
= 100억원-49억원 / 300억원
= 51억원 / 300억원
= 0.17 = 17%

21. 투자에 따른 위험을 관리하는 방법은 매우 다양하다. 다음 중 위험의 전가(risk shifting)에 속하는 것은? (15회 기출)

① 부동산 포트폴리오를 구성한다.
② 위험요소가 변화함에 따라 투자 결과치가 어떠한 영향을 받는가를 분석한다.
③ 위험한 투자를 제외시킨다.
④ 기대수익률이 요구수익률보다 적은 투자대안을 제외시킨다.
⑤ 물가상승률만큼 임대료가 인상되도록 임대계약을 한다.

[해설]
물가가 상승할수록 실질임대료가 하락하게 되는 위험을 임대인이 안게 되므로 이를 회피하는 수단으로 물가상승률만큼 임대료를 인상함으로 위험을 임차인에게 전가한다.

정답 20. ① 21. ⑤

22. 어떤 투자 안의 현금흐름을 분석했더니 1년 후의 현금유입이 1,200원이 되었고 현재의 투자금액이 800원일 때 순현가(NPV)는 얼마인가? (단, 투자자의 요구수익률은 20%이다)

① 200원 ② 300원 ③ 400원
④ 500원 ⑤ 800원

[해설]
순현가 = 현금유입 현가합-현금유출의 현가합
= {1,200원/(1+0.2)}-800원 = 1,000원 - 800원 = 200원

23. 위의 문제에서 내부수익률(IRR)은 얼마인가?

① 20% ② 30% ③ 40%
④ 50% ⑤ 60%

[해설]
내부수익률은 현금유입의 현가와 현금유출의 현가를 같게 하는 수익률을 의미한다
1년 투자 안 내부수익률 = (1년 후 현금 유입 액-투자액)/투자액
= (1200-800)/800
= 0.5
= 50%

24. 어떤 부동산의 연평균 예상수익이 3000만원 이고 요구수익률이 10%인데 이 부동산의 시장가치는 현재 2억원이다. 투자가치와 기대수익률은?

① 투자가치=2억원, 기대수익률=10%
② 투자가치=2억원, 기대수익률=15%
③ 투자가치=3억원, 기대수익률=10%
④ 투자가치=3억원, 기대수익률=15%
⑤ 투자가치=4억원, 기대수익률=20%

[해설]
투자가치=예상수익/요구수익률 = 3000만원/0.1=3억원
기대수익률=예상수익/시장가치=3000만원/2억원=0.15(15%)
* 투자가치가 시장가치보다 크고, 기대수익률이 요구수익률보다 크므로 투자안은 채택
* 투자가치가 시장가치보다 크면, 기대수익률이 요구수익률보다 크게 나타남

정답 22. ① 23. ④ 24. ④

25. 부동산 투자의사결정에 관한 설명 중 틀린 것은? (16회 기출)

① 투자 대안별 수익률 변동이 유사한 추세를 보일 것으로 예측되는 부동산에 분산 투자하는 것이 좋다.

② 투자 대안별 기대수익률이 동일하다면 위험이 낮은 대안을 선택하는 것이 좋다.

③ 자기자본 기대수익률이 차입이자율보다 높으면 차입을 통해서 정의 지렛대 효과를 얻을 수 있다.

④ 부동산 유형별 분산투자뿐만 아니라 지역별 분산투자로도 위험을 낮출 수가 있다.

⑤ 한 투자자에게 최적의 투자안이 다른 투자자에게 최적의 투자안이 아닐 수 있다.

[해설]
주어진 투자대안에서 수익률의 변동이 반대방향, 즉 상이한 방향으로 움직이는 투자 안에 분산 투자하는 것이 유리하다. 즉 두 투자대안의 상관계수가 낮은 것끼리 분산 투자하는 것이 비체계적 위험을 줄일 수 있다.

26. 4000만원을 지분으로 하고 6000만원은 융자를 받아서 총 1억원을 투자할 때 수익이 2000만원 발생할 경우 자기자본수익률은? (단, 이자율 10%)

① 15% ② 20% ③ 25%
④ 30% ⑤ 35%

[해설]
부동산수익률 = 자기자본수익률*자기자본 구성비+타인자본수익률*타인자본 구성비
자기자본수익률 = {부동산수익 - (타인자본수익률*타인자본 구성비)}/자기자본
총수익률 = (2000만원/1억원)*100% = 20%
타인자본대가 = 6000만원*0.1 = 600만원
자기자본대가 = 2000만원 - 600만원 = 1400만원
자기자본수익률 = [{2000-(10%*6000)}/4000]*100%
= (1400만원/4000만원)*100% = 35%

27. 갑은 차입금을 활용하여 A부동산에 투자한다. A부동산의 투자수익률은 15%이며, 대출금리는 10%이다. 현재 갑이 활용하고 있는 대부비율(LTV)은 50%이다. 만약 갑의 대부비율이 80%로 높아진다면 갑의 자기자본 수익률은 몇 % 상승하는가? (15회 기출)

① 전혀 상승하지 않는다. ② 5% ③ 10%
④ 15% ⑤ 20%

정답 25. ① 26. ⑤ 27. ④

[해설]
부동산수익률=자기자본수익률*자기자본 구성비+타인자본수익률*타인자본 구성비
〈대부비율이 50%일 경우의 자기자본 수익률 계산〉
15% = 자기자본수익률*0.5 + 10%*0.5
자기자본수익률 = (15%-5%)/0.5 = 20%
〈대부비율이 80%일 경우의 자기자본 수익률 계산〉
15% = 자기자본수익률*0.2 + 10%*0.8
자기자본수익률 = (15%-8%)/0.2 = 35%
자기자본 수익률의 상승 : 35%-20% = 15%

28. 부동산 투자의 지렛대효과(leverage effect)에 대한 설명 중 틀린 것은? (12회 기출)

① 지렛대효과는 부동산 투자가 금융기관 등 차입을 동반하여 이루어질 때 발생한다.
② 지렛대효과는 순자산 또는 지분투자액(equity)대비 투자수익률의 진폭을 크게 한다.
③ 투자금액 대비 차입비율(loan to value ratio : LTV)이 클수록 지렛대효과가 크다.
④ 부동산 소유권을 취득하는 지분투자자(equity investor)가 지렛대효과를 이용하면 투자의 위험을 낮출 수 있다.
⑤ 전세를 안고 집을 사는 것도 지렛대효과를 활용하는 투자의 한 예이다.

[해설]
부동산 투자 시에 타인자본을 이용하는 것을 지렛대효과라고 하는데, 이를 이용하면 투자의 위험이 반드시 낮아지는 것은 아니다. 예컨대 경기가 좋을 경우에는 유리하나 불경기일 경우에는 오히려 손실의 위험이 커질 수 있다.

29. 지역적 투기현상으로 나타나는 부동산 투기현상의 주요 발생요인에 해당하는 것은? (6회 기출)

① 교통수단의 발달, 지가수준의 차이, 산업구조
② 산업구조, 주택부족, 도시의 성장
③ 도시의 성장, 교통수단의 신설·확장, 지역개발
④ 지역개발, 토지의 희소성, 물가상승
⑤ 물가상승, 임금인상, 인플레이션

[해설]
부동산 투기는 복합적인 원인에 의하여 발생하는바 일반적인 투기요인을 열거하면 다음과 같다.
㉠ 개발(신도시개발, 도시재개발, 광산, 금광, 유전, 온천 발견)
㉡ 수송수단의 신설과 확장

정답 28. ④ 29. ③

㉢ 경제·도시성장
㉣ 공공개발에 의한 개발이익에의 편승
㉤ 주택, 택지가격의 상승
㉥ 부동산 시장의 불완전한 경쟁적 성격
㉦ 인플레 아래에서의 환물투기심리 등

30. 부동산 투자와 포트폴리오 이론(Portfolio Theory)과의 관계를 설명한 것 중 옳은 것은? (7회 기출)

① 최적의 자산 포트폴리오는 자금을 부동산, 주식, 예금에 가각 3분의 1씩 투자한 것이 된다.
② 포트폴리오를 구성한다고 해서 비체계적인 위험(NonsystemSatic Risk)
③ 포트폴리오를 구성하는 자산의 수가 많을수록 불필요한 위험은 통계학적으로 제거된다.
④ 부동산은 위치가 고정되어 있기 때문에 부동산 포트폴리오(Real Estate Portfolio)를 구성한다는 것은 쉽지 않다.
⑤ 최선의 포트폴리오를 선택한다는 것은 분산투자를 함으로써 체계적 위험을 제거하는 것을 말한다.

[해설]
포트폴리오 이론이란 투자자가 부동산을 매입할 때 위험부담을 가능한 한 회피하는 방법으로 한 가지 부동산에 투자하지 않고 여러 종목의 부동산에 분산투자하는 것으로 이러한 여러 형태의 부동산을 소유하는 것을 부동산 포트폴리오라 한다. 이는 포트폴리오를 구성하는 자산의 수가 많으면 많을수록 불필요한 위험 즉 비체계적인 위험을 제거할 수 있다.
※ 비체계적인 위험 - 피할 수 있는 위험, 체계적인 위험 - 피할 수 없는 위험

31. 부동산 투자분석과정을 설명한 것이다. 투자자는 다음 어떤 경우에 기꺼이 투자결정을 하겠는가? (8회 기출)

① 요구수익률이 기대수익률보다 클 경우
② 투자사업에 대한 순현가가 영(0)보다 작을 경우
③ 실현수익률이 기대수익률보다 작을 경우
④ 실현수익률이 요구수익률보다 클 경우
⑤ 시장가치가 투자가치보다 작을 경우

[해설]
① 기대수익률과 요구수익률의 관계 : 투자에 대한 위험이 크면 클수록 투자는 그만큼 더 많이 대가를 요구한다.

정답 30. ③ 31. ⑤

㉠ 요구수익률 > 기대수익률 : 부동산에 대한 투자수요의 감소
예) 부동산(시장)가치가 점점 하락하여 그 부동산에 대한 기대수익률이 점점 증가, 기대수익률이 요구수익률과 일치하는 수준에 이르게 되면 투자자는 그 부동산에 투자하려고 할 것이다.
㉡ 요구수익률 = 기대수익률 : (균형)투자결정
㉢ 요구수익률 < 기대수익률 : 부동산에 대한 투자증가
예) 부동산 시장가치가 점점 상승하여 그 부동산에 대한 기대수익률은 점점 감소, 기대수익률이 요구수익률과 일치하는 수준에 이르게 되면 그 부동산에 투자하려 하지 않을 것이다.

② 투자가치와 시장가치
㉠ 투자가치란 부동산소유로부터 기대되는 미래의 편익이 특정한 의사결정자에게 주는 현재의 값이다. 즉 투자가치란 대상 부동산이 투자자에게 부여하는 주관적 가치를 의미한다.
㉡ 시장가치란 공정한 매매를 큰 경우 보장할 수 있는 모든 조건이 충족된 공개시장에서 성립될 가능성이 가장 많은 가격을 말한다. 즉 시장가치란 대상 부동산이 시장에서 가지는 객관적 가치이다.
㉢ 투자자는 투자가치가 시장가치보다 작으면 투자를 하려하지 않고 투자가치가 시장가치보다 크면 투자를 하려 할 것이다.

32. 부동산 투자의 분석기법 및 위험에 관한 설명으로 옳은 것을 모두 고른 것은? (단, 주어진 조건에 한함) (34회 기출)

㉠ 경기침체로 부동산 수익성 악화가 야기하는 위험은 사업위험(business risk)에 해당한다. ㉡ 공실률, 부채서비스액은 유효총소득을 산정하는 데 필요한 항목이다. ㉢ 위험회피형 투자자의 최적 포트폴리오는 투자자의 무차별곡선과 효율적 프론티어의 접점에서 선택된다. ㉣ 포트폴리오를 통해 제거 가능한 체계적인 위험은 부동산의 개별성에 기인한다. ㉤ 민감도분석을 통해 투입요소의 변화가 그 투자안의 내부수익률에 미치는 영향을 분석할 수 있다.

① ㉠, ㉡, ㉢　② ㉠, ㉢, ㉤　③ ㉠, ㉣, ㉤
④ ㉡, ㉢, ㉣, ㉤　⑤ ㉠, ㉡, ㉢, ㉣, ㉤

[해설]
㉡ 공실률은 유효총소득을 산정하는 데 필요한 항목이다. 그러나 부채서비스액(원리금상환액)은 세전현금흐름을 산정하는 데 필요한 항목이다.
㉣ 포트폴리오를 통해 제거 가능한 비체계적인 위험은 부동산의 개별성에 기인한다.

정답 32. ②

33. 부동산 투자에 관한 설명으로 틀린 것은? (단, 다른 조건은 동일함) (33회 기출)

① 투자자는 부동산의 자산가치와 운영수익의 극대화를 위해 효과적인 자산관리 운영 전략을 수립할 필요가 있다.
② 금리상승은 투자자의 요구수익률을 상승시키는 요인이다.
③ 동일 투자자산이라도 개별투자자가 위험을 기피할수록 요구수익률이 높아진다.
④ 민감도 분석을 통해 미래의 투자환경 변화에 따른 투자가치의 영향을 검토할 수 있다.
⑤ 순현재가치는 투자자의 내부수익률로 할인한 현금유입의 현가에서 현금유출의 현가를 뺀 값이다.

[해설]
순현재가치는 투자자의 요구수익률로 할인한 현금유입의 현가에서 현금유출의 현가를 뺀 값이다.

34. 포트폴리오 이론에 관한 설명으로 틀린 것은? (단, 다른 조건은 동일함) (33회 기출)

① 개별자산의 기대수익률 간 상관계수가 '0'인 두 개의 자산으로 포트폴리오를 구성할 때 포트폴리오의 위험감소효과가 최대로 나타난다.
② 포트폴리오의 기대수익률은 개별자산의 기대수익률을 가중평균하여 구한다.
③ 동일한 자산들로 포트폴리오를 구성하여도 개별자산의 투자비중에 따라 포트폴리오의 기대수익률과 분산은 다를 수 있다.
④ 무차별곡선은 투자자에게 동일한 효용을 주는 수익과 위험의 조합을 나타낸 곡선이다.
⑤ 최적 포트폴리오의 선정은 투자자의 위험에 대한 태도에 따라 달라질 수 있다.

[해설]
개별자산의 기대수익률 간 상관계수가 '-1(완전 음의 상관관계)'인 두 개의 자산으로 포트폴리오를 구성할 때 비체계적 위험을 0으로 만들 수 있어 위험분산효과가 최대로 나타난다.

35. 부동산 투자분석기법에 관한 설명으로 틀린 것은? (35회 기출)

① 순현재가치법과 내부수익률법은 화폐의 시간가치를 반영한 투자분석방법이다.
② 복수의 투자안을 비교할 때 투자금액의 차이가 큰 경우, 순현재가치법과 내부수익률법은 분석결과가 서로 다를 수 있다.
③ 하나의 투자안에 있어 수익성지수가 '1'보다 크면 순현재가치는 '0'보다 크다.
④ 투자자산의 현금흐름에 따라 복수의 내부수익률이 존재할 수 있다.
⑤ 내부수익률법에서는 현금흐름의 재투자율로 투자자의 요구수익률을 가정한다.

정답 33. ⑤ 34. ① 35. ⑤

[해설]
화폐의 시간가치를 고려하지 않는 방법으로는 어림셈법, 비율분석법 등이 있다.
순현재가치법에서 현금흐름의 재투자율로 투자자의 요구수익률을 가정한다. 내부수익률법에서는 투자자의 내부수익률을 가정한다.

36. 부동산 투자분석에 관한 설명으로 틀린 것은?(34회 기출)

① 내부수익률은 수익성 지수를 '0'으로, 순현재가치를 '1'로 만드는 할인율이다.
② 회계적 이익률법은 현금흐름의 시간적 가치를 고려하지 않는다.
③ 내부수익률법에서는 내부수익률과 요구수익률을 비교하여 투자 여부를 결정한다.
④ 순현재가치법, 내부수익률법은 할인현금수지분석법에 해당한다.
⑤ 담보인정비율(LTV)은 부동산가치에 대한 융자액의 비율이다.

[해설]
내부수익률은 수익성 지수를 '1'로, 순현재가치를 '0'으로 만드는 할인율이다.

37. 부동산 투자의 분석기법에 관한 설명으로 틀린 것은? (단, 다른 조건은 동일함) (33회 기출)

① 수익률법과 승수법은 투자현금흐름의 시간가치를 반영하여 투자 타당성을 분석하는 방법이다.
② 투자자산의 현금흐름에 따라 복수의 내부수익률이 존재할 수 있다.
③ 세후지분투자수익률은 지분투자액에 대한 세후현금흐름의 비율이다.
④ 투자의 타당성은 총투자액 또는 지분투자액을 기준으로 분석할 수 있으며, 총소득승수는 총투자액을 기준으로 분석하는 지표다.
⑤ 총부채상환비율(DTI)이 높을수록 채무불이행 위험이 높아진다.

[해설]
수익률법과 수송법은 투자현금 흐름의 시간가치를 반영하지 않는 투자 타당성을 분석하는 방법이다.

정답 36. ① 37. ①

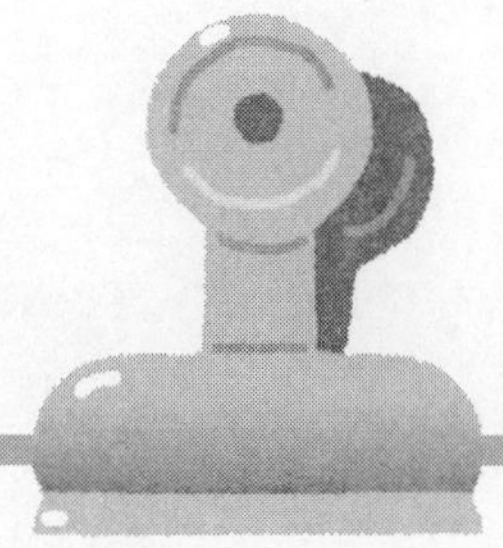

제 Ⅳ 부

부동산의 행정 및 감정평가

제15장 부동산 정책론

15.1 부동산 정책의 기본과제

1. 부동산 정책의 의의와 내용

(1) 부동산 정책의 의의

부동산 정책이라는 말은 공적 부동산 활동의 행위자, 즉 관료나 그 집단 혹은 정부기관의 행동 또는 주어진 행동 속에서 그 행위자의 태도를 가리키기 위해 사용하는 말이다.

따라서 부동산 정책이란 부동산 문제를 취급하는 행위자가 하는 목적지향 행위과정(目的指向 行爲過程)으로 이해할 수 있고, 공공정책으로서 정부기관이나 정부관료가 개발·집행하는 것으로 이해할 수 있다.

부동산업 경영이나 평가 · 마케팅 · 중개 등 이제까지 말해 온 여러 분야의 부동산 활동이 주로 사익의 추구에 주안점을 두었던 것과는 차이가 있다. 물론 사익의 합리적 조정에 대한 노력까지 배제하는 것은 아니며, 정책은 공적으로 이루어지므로 공적 부동산 활동에 주안점을 둔다는 뜻이다.

(2) 부동산 정책의 내용

논의의 대상으로 삼아야 할 부동산 정책의 내용에는 어떤 것이 있을까?

부동산 정책(不動産 政策)이라는 용어는 다양한 의미를 갖고 있고, 그 내용도 토지정책 · 주택정책 · 지가정책 · 토지자원보존정책 · 토지이용정책 등으로 다양할 뿐 아니라, 서로 간에 유기적인 관계가 있어 어느 특정분야만 집중적으로 논의할 수도 없다. 또한 여러 분야가 함께 해결되지 않으면 부동산 문제를 해결할 수 없기 때문에 논의의 범위를 설정하는 데에도 어려움이 따른다.

예를 들면 지가정책(地價政策)·주택금융·세제·거래제도 등을 서로 관련시켜 다루어야 하며, 그러한 것이 모두 해결될 때 비로소 부동산 문제가 해결된다고 생각한다.

또 부동산 정책분야는 그 성격상 어느 나라나 공통적으로 해당되는 원리나 법칙을 발견하기 어렵다. 때문에 많은 나라의 제도를 살피고 연구하여야 한다는 데 어려움이 있는 것이다.

따라서 부동산 정책분야는 주택정책, 주택금융, 주택산업의 육성, 지가정책, 토지정책, 국토개발 및 도시계획, 토지자원의 보존, 부동산 세제, 부동산 거래제도(不動産 去來制度), 부동산행정기구 등이 연구대상이 되며, 이러한 여러 분야를 유기적으로 연구해야 하는 것이다.

이러한 것은 우리가 하는 부동산활동의 결과로 나타나는 일련의 부동산 문제 해결을 위한 공적 노력의 대처이며, 주로 부동산 현상(不動産 現像)으로 나타나는 결과에 주목하는 것이 그 특징이다. 예를 들면 투기가 발생하면 양도소득세를 무겁게 물려 투기를 억제하는 정부의 활동이 바로 그러한 것이다.

15.2 토지정책

1. 토지문제

무엇이 토지문제인가를 한 마디로 요약하는 것은 쉽지 않지만 우리들은 이의 해결을 위한 책임이 있고, 또 노력을 게을리 하지 말아야 한다. 먼저 무엇이 과연 토지문제인가를 정리할 필요가 있다.

토지문제는 견해에 따라 여러 가지로 말할 수 있으나 우리나라에서 주로 거론하고 있는 것으로는 다음과 같다.

(1) 토지문제의 발생원인

토지문제(土地問題)의 발생 원인은 토지 원인, 인구 원인, 인문적 원인 등으로 나누어 살펴볼 수 있다.

1) 토지 원인

① 인류와 밀접한 관계성 : 토지는 생산성을 가지고 있어서 인류의 의식주(衣食住)의 근

원이 될 뿐만 아니라 적재력을 가지고 있어서 인류 왕래의 기초가 된다. 따라서 토지는 우리의 생존과 밀접한 관계를 가지고 있고, 우주 간에서는 인류와 가장 중요한 관계를 맺고 있으며, 가장 중요한 지위를 차지하고 있는 것이다.

② 토지의 자연성 : 토지는 자연물이기 때문에 임의적으로 증감시킬 수 없다. 또한 토지는 부동성 때문에 임의로 이동시킬 수 없을 뿐만 아니라 개별성이 있어서 이용이 제한된다. 그래서 우리 생활과 관계에서 언제나 우리 뜻대로 되지 않아 문제를 발생시키는 것이다.

③ 수요에 대한 공급의 부적당성 : 토지는 독점성이 강하고, 도시에서는 그 정도가 더욱 심하다. 또한 수익체감의 성질을 가지나 이용이 최고도에 달할 때는 재투자가 이루어진다. 그래서 수요에 따른 자유스런 공급이 어렵다. 따라서 토지정책이 필요한 것이고, 토지문제를 해결하는 것이 정책에 주어지는 임무인 것이다.

2) 인구 원인

① 인구의 양

인구의 양적 원인(人口 量的 原因)에는 '자연증가율', '지역간의 이동', '양식공급' 등의 문제를 들 수 있다.

우선 세계 인구는 양적으로 1850년에 10억이던 것이 1925년에 20억, 1962년에 30억, 1987년에 50억, 2012년 현재 60억이 되었다. 매년 멕시코 인구에 해당하는 8천만 명의 인구가 늘고 있다고 한다. 이런 식으로 인구가 계속하여 증가한다면 토지문제뿐 아니라 세계는 장래가 암담하다.

인구의 지역 간 이동 및 토지의 입지경쟁도 토지문제의 원인이 된다. 특히 도시로 밀려드는 인구이동(人口移動)은 주택·교통·공장·공공시설 및 각종오염 등의 문제를 발생시키기 쉽다. 뿐만 아니라 농촌을 쇠퇴시키고, 노동력 부족·농업생산 등의 문제를 발생시킨다.

각종 문제 중 가장 중요한 것은 역시 양식공급 문제이다. 인구의 증가에 따라 양식이 증산되어야 하기 때문이다. 세계 각국이 현재 양식부족으로 곤란을 겪고 있다. 양식증산을 위해서 경지면적(耕地面積)의 확대, 단위면적당 생산량 증대, 수산업의 발전, 유전공학의 발전 등을 연구하고 있으나 역시 양식자급은 요원하다. 특히 농업생산은 수확체감의 법칙이 있어 농경지 면적이 중요시된다.

② 인구의 질

인간의 능력(能力)은 분배에 차이를 가져오게 하기 때문에 자본주의 사회의 모순의 근원이 된다고 한다. 능력이 앞선 자는 토지를 먼저 취득(先取得)하고, 약자는 그 획득이 어렵게 되거나 이용이 어려워져 여러 가지 토지문제가 생긴다.

3) 인문적 원인

① 정치의 불량 : 고상하고 원대한 정치이상을 가지고 있으면 좋은 토지제도를 갖게 된다. 완숙한 정치제도를 가지고 있어도 좋은 토지제도를 만든다. 그러나 정치가 불량하면 좋은 토지제도를 갖기가 어렵고 유지도 힘들어 토지문제를 발생시킨다.

② 경제변동 : 경제변동(經濟變動)은 토지문제의 원인이 된다. 경제가 발전·퇴보하거나 화폐개혁 등의 변동을 겪게 되면 토지문제가 발생하거나 가중되기 쉽다. 토지는 생산의 근원이기 때문에 토지이용에서 변동이 생기면 그 영향은 경제에 미치고, 마침내 토지문제를 발생시킨다.

③ 사회변화 : 도시의 주거 집중, 지가고, 투기심리 만연 등 여러 가지 사회 요인의 변화는 토지문제를 발생시킨다.

④ 문화진보의 영향 : 문화진보(文化進步), 국민생활방식의 변화는 토지문제의 원인이 된다. 즉 그러한 변화는 토지이용에 영향을 준다. 목축업이 농업으로, 농업이 상공업으로, 상공업이 서비스업으로, 그것이 정보산업으로 변화하면서 토지이용을 변화(土地利用 變化)시켜 많은 토지문제가 발생하고 있다.

(2) 토지문제의 유형

토지문제는 견해에 따라 여러 가지로 분류될 수 있을 것이다. 이를 양의 부족, 이용의 비효율성, 지가고의 폐해, 분배의 부적절, 관리의 비원활 등으로 나눈다.

1) 양의 부족

토지의 부족이란 일반적으로 수요에 비해 그 공급량이 부족한 것을 말한다. 그 부족은 물리적인 양과 용도적인 양이 있으며, 둘 다 그 공급량에 따라 좌우된다.

우리가 생활하고 활동하는 데 필요한 양에 아무런 불편이 없다면 부족감을 느끼지 않을 것이다. 그러나 양식을 충분히 생산할 수 있을 정도의 농경지, 충분히 쉴 수 있는 주택에 필요한 택지(宅地), 제품을 만들기 위한 공장용지(工場用地) 및 여가를 즐기기 위한 훌륭한 경관 등이 부족하다면 문제가 생긴다. 이는 무엇보다도 토지의 부족성에 기인하는 바가 크다고 할 수 있다. 국토가 협소하고 인구가 많은 나라일수록 토지부족 문제가 심각히 대두되는 것도 그 때문이다.

2) 이용의 비효율성

토지를 효율적으로 이용한다는 것은 쉽지 않다. 각종 용도지역과 여타의 행정규제, 각 획지의 개별요인, 소유자의 배타적 권리행사 등은 토지이용의 능률화를 저해한다. 우리는 흔히 대도시권의 시가화 조정구역(市街化 調整區域) 내에서 많은 미이용 토지를 볼 수 있고, 또한 고도상업지구 내에서는 저층 불량주택이나 점포를 볼 수 있다. 이러한 토지의 부적정한 이용은 지역의 균형·안정을 방해하며, 토지이용의 효율성 문제를 야기시킨다.

토지문제를 해결하는 하나의 방법은 토지이용의 비능률성(非能率性)을 극복하여 부족한 토지를 효율적으로 이용하는 것이다. 어떠한 이용이 효율적인가 하는 것에 대한 평가는 어렵다. 그러나 그 효율성을 판단하는 미시적 기준의 하나로 '배타성', '이전성'이 거론되고 있다.

배타성은 토지를 전유(專有)하고 거기서 과실을 독점할 수 있는 성질을 말한다. 이것이 만족될 경우 효율적 토지이용을 위한 자본 및 노동 투하 인센티브를 이용자가 얻을 수 있다.

이전성(移轉性)은 더 효율적인 토지이용을 하는 자에게 토지의 이용권이 이전되는 성질을 말한다. 이 성질이 만족되는 경우 토지이용의 효율적 전환이 원만하게 이루어진다.

이 같은 기준은 사적 이익을 주안점으로 한 것인데 그런 경우 토지이용의 경쟁 하에서 일어나는 독점이용과 공간분배의 왜곡은 지가고, 가격의 앙등 같은 다른 문제를 발생시킬 우려도 있다. 거시적으로 보면 가용면적(可用面積)의 용도적 분배, 토지이용계획 등으로 효율성 판단의 기준을 삼을 수 있을 것이다.

3) 지가고(地價高)의 폐해

토지는 재산가치(財産價値)를 가지고 있는 동시에 투자재(投資材)로 선호되고 있어서 지가가 쉽게 앙등하는 성질이 있다. 때문에 개인과 기업의 부 증대에 기여하지만 반대로 공간분배를 왜곡시키기도 한다. 지가의 앙등으로 말미암아 받는 폐해를 살펴보면 다음과 같다.

① 투기심리의 만연 : 지가가 이상하게 상승하면 자본이득을 얻으려는 심리를 부추기게 되어 투기심리가 만연하고, 지가는 가속적으로 상승하며, 이것은 다시 투기를 악성화시킨다. 이래서 토지투기는 한 나라의 경제 전반에 심각한 영향을 미친다.

② 사회 불평등의 심화 : 지가가 상승하면 국민경제에 아주 심각한 영향을 끼쳐 부의 재분배를 왜곡시킴으로써 사회적 불평등(社會的 不平等)을 심화시킨다. 즉 토지를 소유하는 자와 소유하지 않는 자 사이에 경제 격차를 증대시킨다. 이러한 불평등은 단지 경제적인 면만이 아니라 정신적인 면에도 미치는 데에 문제의 심각성이 있는 것이다.

③ 공공용지 확보의 어려움 : 국가나 지방자치단체는 교육시설·연구시설 및 산업시설을 설치하기 위하여 공공용지(公共用地)를 취득하여야 한다. 이때 땅값이 높아지면 그만큼 예산을 증액하거나 필요한 양을 줄이지 않으면 안 된다. 따라서 지가의 상

승은 공공용지의 취득을 어렵게 하는 폐단의 하나가 된다.

④ 기업경영에 악영향 : 지가가 높아지면 상품의 생산비가 높아진다. 왜냐하면 생산시설이 설치된 토지의 가격이 높으면 높은 임료(高賃料)가 지불되어 그것이 상품에 전가되기 때문이다. 따라서 지가상승은 생산비를 높이고 그 제품의 가격을 상승시켜 물가를 압박(物價 壓迫)한다. 이같은 폐해를 기업경영에 '이익률의 저하', '자유경쟁 저해', '세 부담의 증대'와 같은 마이너스 요인으로 작용한다.

⑤ 주택문제 해결에 악영향 : 지가가 높으면 다음과 같은 악영향이 주택에 미친다.

- 주택취득에 불가결한 조건인 택지의 취득을 어렵게 한다.
- 택지비(宅地費)에 많은 비용이 들면 상대적으로 건축비(建築費)가 줄어들기 때문에 설비 등의 질적 수준이 낮아져 주택의 질이 저하한다.
- 높은 택지가격은 공동주택의 고층화(高層化)를 촉진시키며, 주택의 협소화(狹小化)를 조장한다.
- 직주분리(職住分離) 현상이 생겨 통근을 어렵게 한다.

⑥ 토지이용에 악영향 : 지가수준이 불합리하게 높으면 토지의 분할 이용이 촉진되어 과밀화(過密化)의 요인이 되며, 때로는 스프롤(sprawl) 현상이 발생하여 토지이용이 혼란해진다. 또한 지가가 상승하면 입지 가능한 업종(業種)이 한정되고, 그 토지이용은 부적정하게 된다. 결과적으로 토지이용이 비효율적으로 된다.

4) 분배의 부적정

토지분배는 소위 역대(歷代)의 토지문제였으며, 면적 분배(面積 分配)·소유권 분배 또는 그로부터 발생하는 수익의 분배가 부적정하게 이루어진 것이 그 문제의 핵심이었다. 그래서 이러한 문제로 말미암아 빈부의 격차는 더욱 현격해지고, 지주정치의 형성(地主政治之形成)을 가능하게 하였으며, 임대차 제도를 더욱 악화시켰다.

5) 관리의 비원활

양호한 토지제도를 유지하는 데에는 원활하고 적당한 토지관리가 필수적이다. 더불어 사는 생활 속에서 토지는 분규(紛糾)를 발생시키는 원인이 되기 때문에 우리 사람과 토지가 친밀한 관계를 갖도록 토지를 관리하여야 한다.

2. 토지정책의 필요성

토지정책이란 토지이용과 토지로부터의 소득과 효용의 배분에 의도적인 영향을 미치는 경우의 행정행위와 조치, 특히 토지시장에의 관여를 가리킨다. 그러므로 한정된 토지를 합리적이고 효율적으로 이용하기 위하여 규제하는 것이며 토지정책의 필요성은 다음과 같은 이유 때문이다[1].

첫째, 급증하는 공공시설 용지의 확보이다. 예를 들어 도로, 학교, 주택, 산업용지 등을 확보하여야 하는데, 이에 따른 적정 위치와 용지를 적정가격으로 확보할 필요가 있기 때문이다.

둘째, 토지의 배분문제이다. 토지배분을 시장의 가격기능에만 맡긴다면 구매력이 없거나 저소득층은 그들이 필요로 하는 주택단지를 비롯한 기타 토지자원의 배분을 전혀 받을 수 없거나 필요로 하는 양만큼 확보할 수 없게 된다. 이러한 토지시장의 불공평한 배분을 시정할 필요가 있는 것이다.

셋째, 토지시장의 불완전성이다. 토지시장의 불완전성은 토지자원의 각종 용도배분에 비능률성을 초래한다.

넷째, 도시계획의 효율적 수행을 위하여 토지정책이 필요하다.

3. 토지정책의 목표와 수단

(1) 토지정책의 목표

우리가 당면하고 있는 토지문제를 극복하기 위해서는 무엇보다도 토지이용에 대한 국민의 새로운 인식의 전환이 요구된다. 아울러 토지소유권에 대한 개념도 변화되어야 한다. 이를 위해서는 다음과 같은 토지정책 목표가 설정되어야 한다.

첫째, 토지이용의 능률성(efficiency)이다. 토지이용의 능률성이란 토지가 생산요소로서의 최대한 생산성을 갖는 것이고, 토지 수요증가에 맞추어 적시(適時)에 적정가격으로 공급될 수 있어야 한다.

둘째, 분배의 형평성(equity)이다. 토지정책은 토지개발에 의한 개발이익 등 모든 자원이 모든 국민에게 최대한 공평하게 배분되도록 보장하여야 한다. 또 국민 전체가 인간다운 생활을 영위하기 위한 생존권적 토지소유는 확보, 보장되어야 한다.

셋째, 다른 정책과의 조화성(compatibility)이다. 토지정책은 국가의 다른 발전계획과 서로 조화를 이뤄야 한다.

넷째, 토지자원의 보존(conservation)이다. 토지자원은 효율적인 이용과 개발을 함에 있어서 자연적 조절기능을 상실하지 않도록 보전되어야 한다.

다섯째, 효율적인 토지정책의 계속성이다. 토지문제를 인간생활의 기초로 하는 토지관으로 확립하고, 효율적인 토지이용을 제도적으로 보장하는 제도적 장치가 마련되어야 한다.

---

1) 이래영, 부동산학개론, 심영사, 584쪽, 2007.

여섯째, 균형된 국토이용과 개발이다. 도시와 농촌의 균형개발을 통하여 지역격차를 해소하여야 한다. 이러한 토지정책의 목표실현의 저해요인인 지가상승과 투기, 개발이익 배분의 불공평, 토지이용의 비효율성 등의 문제를 해소하고, 균형있고, 효율적인 토지이용이 가능하도록 하여야 한다.

(2) 토지정책의 수단

토지정책의 목표를 달성하기 위한 정책수단으로는 공법적 규제수단, 과세적 수단, 정부의 개입 등에 의한 방법이 있다.

첫째, 공법적 규제수단은 행정계획수단을 매개로 하여 국토의 합리적인 이용, 개발, 보전을 도모하기 위한 것이기 때문에, 설정된 계획목표의 성공적인 실행을 확보하기 위한 제도적인 장치가 요구된다. 현행 공법적 규제수단으로는 국토의 계획 및 이용에 관한 법률상의 지역, 지구, 구역제에 의한 행위제한 등이 있다.

둘째, 정부가 직접 개입하여 필요한 공공시설용지의 확보를 위해 토지를 수용하거나 지가의 안정 또는 효율적인 도시개발을 위하여 토지를 매입, 매매하는 것을 가리킨다.

셋째, 과세적 수단으로는 취득세, 양도소득세, 지역자원시설세 등이 있다. 이러한 세금들은 과세수단의 하나로 부동산 거래질서를 바로 잡고, 지가안정을 강구하여 토지의 효율적 이용과 개발, 공급을 촉진하는 토지정책의 방법으로 중요한 역할을 한다. 또 공공투자로 인하여 발생하는 이익은 국가가 환수하여 배분의 공평성은 물론 공공시설에 필요한 재원을 확보할 수 있다.

1) 공법적 규제수단 (토지이용규제)

토지이용규제는 토지이용을 사회적으로 바람직한 방향으로 유도하기 위해 토지이용행위를 제한하는 방법이다. 이는 개별 토지이용자의 토지이용행위를 사회적으로 바람직한 방향으로 유도하기 위해서 법률적·행정적 조치에 의거하여 구속하고 제한하는 방법들을 총칭한다. 주로 토지이용과 결부된 바람직스럽지 못한 외부효과를 방지하는 데 역점을 두는 편이며 「국토의 계획 및 이용에 관한 법률」 등에 의한 용도지역지구제 등이 포함된다. 즉, 토지이용규제의 구체적인 방법으로는 지역지구제, 건축규제, 정부의 각종 인허가, 그리고 토지이용계획 또는 도시계획 등이 가장 보편적으로 꼽힌다.

2) 정부의 직접적 개입

정부나 공공기관이 토지시장에 직접 개입하여 토지에 대한 수요자와 공급자의 역할을 적극적으로 수행하는 방법을 말한다. 즉, 토지시장의 기능을 부분적으로 정부가 인수하는 방법이다. 직접적 개입의 구체적인 방법으로 는 도시재개발, 토지수용, 토지은행제도, 공공소유제도, 공영개발 등 공공에 의한 토지개발 등을 들 수 있다.

3) 간접적 개입(과세적 수단)

시장기능에 의한 정책효과를 도모하는 형태의 개입으로서 조세와 금융의 방법이 보통 이 범주에 속한다. 이는 기본적으로 시장기구의 틀을 유지하면서 그 기능을 통해 소기의 효과를 거두려는 방법을 의미하는데, 크게 두 가지 유형으로 나눌 수 있다.

① 토지시장과 결부된 경제적 동기를 직접적으로 조정하는 방법으로서, 예를 들면 토지세 및 토지 관련 조세(예 : 일반 재산세), 개발부담금 부과제도, 토지개발 및 이용에 대한 각종 금융지원 또는 보조금제도 등이 있다.

② 토지시장이 원활하도록 여건을 조성하거나 토지시장의 원활한 기능을 저해하는 요인들을 줄이기 위한 각종 토지행정상의 지원들로서, 토지거래에 필요한 양질의 자료 및 정보체계의 구축, 지적 및 등기에 의한 토지소유권의 명확한 설정, 토지 관련 정부부서의 협조체제 구축 등을 예로 꼽을 수 있다.

〈표 15-1〉 토지정책의 수단

토지이용규제	지역지구제, 건축규제, 각종 인허가
직접적 개입	도시재개발, 토지수용, 토지은행제도, 공공소유제도, 공영개발 등
간접적 개입	부동산 조세, 개발부담금, 금융지원 및 보조금, 자료 및 정보체계의 구축 등

(3) 지역지구제(용도지역, 용도지구)

1) 의 의

지역지구제란 토지용도를 구분함으로써 이용목적에 부합하지 않은 토지이용이나 건축 등의 행위를 토지의 효율적 합리적 이용을 도모하는 방향으로 규제하는 제도이다. 지역지구제를 실시함으로써 토지이용에 수반되는 부(-)의 외부효과를 제거하거나 감소시킬 수 있다.

2) 목적 및 필요성

① 토지의 이용목적 및 입지특성에 따라 적합한 용도를 부여함으로써 국토이용질서의 확립과 토지자원의 효율적 합리적 이용을 위하여 필요하다.

② 용도에 맞지 않고 어울리지 않는 토지이용을 규제함으로써 부(-)의 외부효과를 제

거 또는 감소시켜 효율적인 자원배분을 할 수 있게 한다.

③ 사적 시장이 외부효과에 대한 효율적인 해결책을 제시하지 못할 때, 정부에 의해 채택되는 부동산 정책의 한 수단이다.

④ 토지자원의 개발과 보전의 적절한 조화를 목적으로 한다.

⑤ 토지자원의 활용 측면에서 세대 간 형평성을 유지하기 위함이다.

3) 지역지구제의 효과

① 단기적 효과 : 지역지구제의 실시는 용도에 맞지 않고 어울리지 않는 토지이용을 규제함으로써 부(-)의 외부효과를 제거한다. 따라서 그 지역의 주택에 대한 수요는 증가하며, 그 결과 단기적으로 주택가치는 상승한다.

- 지역지구제 실시 ⇨ 어울리지 않는 토지이용규제로 부(-)의 외부효과 제거 ⇨ 수요증가 ⇨ 주택가치 상승 ⇨ 기존 투자자들의 초과이윤 발생

② 장기적 효과 : 주택가치의 상승은 기존의 투자자들의 초과이윤을 발생하게 하고, 그 결과 기존 기업은 생산설비를 확장하고 신규 기업은 시장에 진입을 하게 된다. 이는 시장의 공급을 증가시키므로 장기적으로는 주택가치가 하락한다. 이때 주택가치가 어느 정도까지 하락하는가는 주택건설업이 비용불변(일정) 산업, 비용증가 산업, 비용감소 산업 중 어떤 산업에 해당하느냐에 따라 달라진다.

- 신규 기업의 시장 진입 ⇨ 공급증가 ⇨ 주택가치 하락 ⇨ 초과이윤 소멸(정상이윤만 존재)

③ 산업의 종류

㉠ 비용불변(일정) 산업 : 지역지구제 실시 ⇨ 수요증가 ⇨ 가격상승 ⇨ 초과이윤 발생 ⇨ 새로운 기업 진입 ⇨ 건축자재 수요증가 ⇨ 건축 자재 가격불변 ⇨ 공급증가 ⇨ 장기공급곡선 수평선

- 주택가치는 원래 수준에서 균형, 공급량이 증가하면 장기공급곡선은 수평선 모양

㉡ 비용증가 산업 : 지역지구제 실시 ⇨ 수요증가 ⇨ 가격상승 초과 이윤 발생 ⇨ 새로운 기업 진입 건축자재 수요증가 ⇨ 건축자재 가격상승 ⇨ 공급증가 ⇨ 장기공급곡선 우상향 곡선

- 주택가치는 원래 수준보다 높은 수준에서 균형, 공급량이 증가하면 장기공급곡선은 우상향 곡선

㉢ 비용감소 산업 : 지역지구제 실시 ⇨ 수요증가 ⇨ 가격상승 초과 ⇨ 이윤 발생 ⇨ 새로운 기업 진입 ⇨ 건축자재 수요증가 ⇨ 건축자재 가격하락 ⇨ 공급증가 ⇨ 장기공급곡선 우하향 곡선

- 주택가치는 원래 수준보다 낮은 수준에서 균형, 공급량이 증가하면 장기공급곡선은 우하향 곡선

④ 추가적 제한이 있는 경우 : 어떤 지역에 지역지구제의 실시와 함께 주택의 신축을 제한하는 추가적 제한을 한다면, 그 지역의 주택의 공급은 불변이므로 단기적으로 주택가치는 상승한다. 그러나 장기적으로 인근에 경쟁지역이 존재하면 그 지역이 개발되어 경쟁으로 인해 주택가치가 하락하게 되므로, 주택가치는 장기적으로 원래 수준이 된다.

4) 지역지구제와 독점

① 어떤 특정지역에만 용도의 지정 또는 변경 등의 독점적 지위를 부여한다면 진입장벽으로 인해 더 이상 공급이 늘지 않으므로 장기적으로도 부동산가치는 하락하지 않으며, 초과이윤은 모두 독점적 지위를 누리는 투자자에게 돌아간다. 이때 부동산의 위치에 관한 독점은 사전적 독점과 사후적 독점으로 나눌 수 있다.

② 사전적 독점이란 부동산의 가치에 영향을 줄 수 있는 어떤 사건이 발생하기 전에 특정 위치를 점하고 있음으로 인하여 생기는 독점을 의미하며, 사후적 독점이란 어떤 사건이 발생하고 난 후에 특정 위치를 점하고 있음으로 인하여 생기는 독점을 의미한다. 이 경우 독점으로 인한 초과이윤은 위치적 이점이 부동산 가치에 이미 반영된 사후적 독점에서는 발생하지 않고, 사전적 독점에서만 발생한다.

5) 지역지구제의 문제점

① 지역지구제의 실시는 토지개발 및 이용이 지나치게 속박되는 지역의 지가를 하락시키며, 그렇지 않은 지역의 지가를 상승시켜 지역 간의 지가상승에 큰 차이를 발생시킨다.

② 지나치게 경직되고 엄격한 지역지구제의 실시는 토지의 공급을 억제하여 지가의 앙등을 초래하고, 한편으로는 토지의 불법개발 및 이용을 조장할 수 있다.

③ 과잉지정은 위치별 토지의 특성을 살린 토지의 효율적 이용을 저해하고, 특정 용도로 지정된 토지소유자들의 재산권을 과잉보호하는 결과를 낳는다.

④ 지역지구제가 잘못 지정되거나 사회·경제 여건에 신축성 있게 대응하지 못한 경우, 사회적으로 바람직한 토지이용이 배제된다.

⑤ 지역지구제는 심각한 형평성 문제를 야기할 수 있다. 지역지구제에서는 어떤 지역의 지가를 상대적으로 떨어뜨려 경제적 불이익을 주고, 다른 지역의 지가를 상대적으로 높임으로써 경제적 특혜를 주는 사례가 많다.

⑥ 지역지구의 획일적 규제는 지역별 구조적·기능적 특성을 반영한 토지이용을 유도하지 못하고 있다.

⑦ 지역지구제의 가장 큰 단점으로 토지이용의 경직성을 들 수 있는데, 이를 보완하

기 위한 다양한 지역제가 개발되어 활용되고 있다.

(4) 개발이익의 환수제도

1) 개발이익의 개념

개발이익이란 개발사업의 시행이나 토지이용계획의 변경, 그 밖에 사회 적·경제적 요인에 따라 정상지가(正常地價) 상승분을 초과하여 개발사업을 시행하는 자(사업시행자)나 토지소유자에게 귀속되는 토지가액의 증가분을 말한다(개발이익 환수에 관한 법률 제2조 제1호).

2) 개발이익의 환수

국가는 개발부담금 부과대상사업이 시행되는 지역에서 발생하는 개발이익을 개발부담금으로 징수하여야 한다. 즉, 국가는 공공기관의 개발사업 등으로 인하여 토지소유자의 노력과 관계없이 정상지가 상승분을 초과하여 개발이익이 발생한 경우, 이를 개발부담금으로 환수할 수 있다. 개발이익 환수제(개발부담금제)는 개발사업의 시행으로 이익을 얻은 사업시행자로부터 개발이익의 일정액을 환수하는 제도이다.

3) 징수금의 배분(개발이익 환수에 관한 법률 제4조)

① 징수된 개발부담금의 100분의 50에 해당하는 금액은 개발이익이 발생 한 토지가 속하는 지방자치단체에 귀속되고, 이를 제외한 나머지 개발부담금은 「지방자치분권 및 지역균형발전에 관한 특별법」에 따른 지역균형발전특별회계에 귀속된다.

② 개발부담금을 경감한 경우에는 징수된 개발부담금 중 경감하기전의 개발부담금의 100분의 50에 해당하는 금액에서 경감한 금액을 뺀 금액은 개발이익이 발생한 토지가 속하는 지방자치단체에 귀속되고, 이를 제외한 나머지 개발부담금은 지역균형발전특별회계에 귀속된다.

(5) 토지은행제도(공공토지 비축제도)

1) 의 의

'공공토지 비축제도'라고도 불리는데, 이는 공공이 장래에 필요한 토지를 미리 확보하여 보유하는 제도로서 정부가 직접적으로 부동산시장에 개입하는 정책수단이다. 이는 정부 등이 토지를 매입한 후 보유하고 있다가 적절한 때에 이를 매각하거나 공공용으로 사용하기 위한 것으로 우리나라에도 시행되고 있는 제도이다. 이 제도는 미래의 용도를 위해 정부가 미리 싼값에 미개발토지를 대량 매입하여 공공 자유 보유 또는 공공 임대

보유 형태로 비축하였다가 토지수요의 증가에 대응하여 이 비축된 토지를 수요자에게 팔거나 또는 대여하는 제도를 말한다. 또한 이 제도는 공익사업용지의 원활한 공급과 토지시장의 안정에 기여하는 것을 목적으로 한다.

2) 장 점

① 개인 등에 의한 무질서하고 무계획적인 토지개발을 막을 수 있어서 효과적인 도시계획목표의 달성에 기여할 수 있다.
② 공공재나 공공시설을 위한 토지를 값싸게 제때에 공급할 수 있다.
③ 개발이익을 사회에 환원할 수 있다.
④ 토지를 사전에 비축하여 장래 공익사업의 원활한 시행과 토지시장의 안정에 기여할 수 있다.
⑤ 사적 토지소유의 편중현상으로 인해 발생 가능한 토지보상비 등의 고비용 문제를 완화시킬 수 있다.

3) 단 점

① 막대한 토지매입비가 필요하다.
② 적절한 투기방지대책 없이 대량으로 토지를 매입할 경우 지가상승을 유발할 수 있다.
③ 토지매입 시와 매출 시 사이의 과도기 동안 공공 자유보유상태의 토지를 정부가 관리해야 하는 문제가 있다.
④ 토지은행의 취지에 따라 투기를 억제하고 개발이익을 사회에 환원하기
위해서는 토지매입 시 매입대상토지의 가격을 기회비용의 수준으로 묶어 둘 사전조치를 취해야 하는데 그것이 어렵다.

4. 부동산 문제의 특징

부동산 문제는 그 내용 자체뿐 아니라 공통적으로 지니고 있는 몇 가지 특성이 있다. 악화성 · 비가역성 · 지속성 · 해결수단의 다양성 등이 바로 그것이다.

(1) 악화성

부동산 문제에는 악화성(惡化性)이 있다. 한번 어떤 문제가 생기면 시간의 흐름에 따라 악화되기 쉽고, 이를 바로잡는 일이 점점 어려워진다는 뜻이다. 예를 들면 주택공급을 중단하면 주택의 양적 · 질적 문제가 악화된다.

지가대책을 소홀히 하면 지가가 올라서 산업·경제·주택공급 등에 악영향을 미치며, 토지이용의 규제를 소홀히 하면 부적정한 이용과 '스프롤(sprawl)'이 확대되고, 거래질서의 확립을 위한 노력을 게을리하면 각종의 거래사고가 속출하고 때로는 범죄도 발생한다.

(2) 비가역성

한번 어떤 부동산 문제가 악화되면 이를 완전한 옛 상태로 회복하기는 사회·경제·기술면에서 어렵다. 이를 부동산 문제의 비가역성(非可逆性)이라 한다.

몇 가지 구체적인 보기를 들면 다음과 같다.

- 지가가 폭등하면 폭등한 지가수준으로 경제상태가 형성된다. 따라서 이를 과거로 환원하기가 기술적으로 어렵다. 설령 가능하다 할지라도 그로 인하여 한 나라의 경제질서가 파괴되는 결과로 이어지므로 이는 사회 · 경제면에서 불가능하다.
- 도시계획 · 토지이용계획 · 도시개발 등을 한 번 그르치면 이를 옛날로 환원하여 새로이 다시 시작하는 것은 불가능하다. 스프롤의 경우도 마찬가지이다. 서울시의 영동 개발이 실패라고 말을 하지만 이를 다시 원상태로 되돌릴 수는 없는 것이다.
- 지표 10cm의 토양이 형성되기 위해서는 약 1,000년의 세월이 걸린다는 견해가 있다. 어떤 경작농지의 토양을 파괴한 경우 이를 원래의 비옥한 토지로 환원하기란 어렵다.

(3) 지속성

부동산 문제가 시간의 흐름과 함께 계속되어 나타나는 현상을 지속성(持續性)이라 한다. 구체적인 예를 들면 다음과 같은 것들이 있다.

- 주택문제에서는 1가구 1주택의 양적 문제해결에서 계속적인 수요의 증대로 인한 공급의 지속성, 1가구 1주택을 해결한 후의 질적 향상인 교체수요(交替需要)를 위한 공급의 지속성, 주거환경 수준의 향상을 위한 지속성 등이 있다.
- 도시성장 및 도시기능(都市機能)의 진부화(陳腐化)로 인한 도시문제에서 파생되는 여러 가지 부동산 문제는 도시문제 그 자체가 지속되는 것처럼 지속성을 가진다.
- 부증성의 특성을 갖는 토지의 수요증대는 수급불균형(需給不均衡)의 현상을 지속시킨다.
- 토지이용은 인간의 역사가 계속되는 한 중단될 수 없는 현상이며, 토지이용의 여러 가지 문제는 그에 따라 필연적으로 지속성을 가진다.

(4) 해결수단의 다양성

부동산 문제를 해결하는 데 이용하는 수단은 세제(稅制), 금융, 재정, 주택건축, 택지개발, 토지이용, 부동산 평가, 권리분석, 중개, 지가고시, 토지수용, 주택산업 육성, 기타 많은 분야가 있다.

따라서 부동산 정책은 종합정책(綜合政策)의 성격을 띤다. 해결수단이 이같이 다양성(解決手段 多樣性)을 띠는 것을 볼 때 연관성 있는 여러 가지 수단을 유기적으로 활용하는 것은 매우 중요하다. 정책의 평가에서도 이러한 것을 고려하도록 하여야 한다.

15.3 주택정책

1. 주택문제

우리나라를 비롯한 많은 나라들은 주택문제의 해결을 심각한 과제의 하나로 인정하고 그 해결대책을 위해 노력하고 있다. 먼저 주택문제의 원인을 살펴보고 문제에는 어떠한 것들이 있는가를 알아보기로 한다.

(1) 주택문제의 원인

주택문제(住宅問題)란 주택의 양적 부족과 질적 저하를 말하는데, 지역적 현상(地域的現象)으로 나타난다. 이러한 문제의 발생은 주택이 상품으로서 갖는 다음과 같은 두 가지의 특수한 성격 때문이다.

첫째, 토지의 부동성·주택시장의 비유동성(非流動性) 및 지역성은 특정지역 주택의 양적 부족 원인이 된다.

둘째, 지가상승에 따른 토지의 세분화 이용(細分化 利用)은 주거의 질을 저하시킨다. 이것은 특히 도시화가 아주 급격히 진행될 때 현저히 나타난다. 도시화는 거주의 밀집화집단 주택화를 촉진시켜 토지를 집약적으로 이용하면서 공공이용을 위한 공간면적을 감소시킨다. 이것이 주거환경(住居環境)의 양부(良否)를 결정짓는다.

결국 토지이용의 집약 형태는 주거의 질적 저하라는 왜곡현상으로 이어지고, 스프롤(sprawl) 지역과 슬럼(slum)을 발생시키는 것이다. 이것이 주택문제 발생의 제2국면이다.

(2) 주택문제의 유형

주택은 양이 부족하고, 질이 낮으며, 공급이 어렵고, 관리가 낙후한 문제가 있다.

1) 양의 부족

양의 부족이란 주택의 절대량 부족현상(絶對量 不足現狀)을 말하며, 가구 총수에 합리적인 공가율, 즉 필요 공가율을 합친 필요 주택 수에 미달하는 경우에 발생한다.

2) 질의 수준

주택의 질적 문제란 주택가격이나 주거비(住居費)에 대한 부담능력이 적어서 질적으로 낮은 수준의 주택에서 살거나 혹은 열악한 주거환경의 주생활(住生活)에서 비롯되는 여러 가지 불만의 표현형태라 할 수 있다. 이러한 문제는 국민경제가 향상되어 개인의 가처분소득이 늘면 더 좋은 주택으로 교체하려는 욕구와 그에 따른 공급이 불균형을 이룰 때 생긴다.

3) 주택공급의 비탄력성

우리나라의 양적 주택부족 문제는 오랜기간 동안 공적 · 사적 노력에도 불구하고 쉽게 개선되지 못하고 있다. 해결책은 주택공급을 원활하게 하고, 수요층의 구매력을 지원(需要層 購買力 支援)하는 것이라고 할 수 있다. 늘어나는 수요자에 비해 공급이 못 미치는 것이 큰 과제 중 하나이며, 수요자의 구매력이 그에 미치지 못하는 것도 큰 문제 중 하나이다.

4) 관리의 낙후성

그 동안 우리는 주택의 양적 공급만을 당면과제로 삼아 왔다. 그리하여 대도시에는 많은 아파트와 연립 · 다세대주택이 증가하고 있다. 그러나 건축과 동시에 마련해야 하는 관리대책, 관리제도, 이론과 실무의 연구를 소홀히 하였으며, 그 때문에 많은 경제·사회 손실은 물론 위험사고(危險事故)까지 겪고 있는 실정이다.

(3) 부동산 활동의 낙후성

부동산학 이론의 뒷받침과 관련제도의 미흡으로 여러 가지 부동산 활동이 낙후되어 있다. 그중에서도 특히 거래질서(去來秩序)의 측면에서 볼 때 우리나라는 그 실정이 심각할 정도로 문란하다. 계속되는 부동산 등기의 원인무효사건(原因無效事件), 타인의 부동산을 마구 협잡하여 팔아버리거나 저당 잡히는 등의 사건으로 말미암아 많은 선의의 피해사건 등이 그치질 않고 있다.

부동산은 참된 경제가치가 파악되지도 않은 채 주먹구구식으로 평가되어 구태의연하게 거래되고 있다. 토지이용규제 등 공법상의 많은 내용을 충분히 파악하지도 못하고, 무책임한 중개업자들의 말만 듣고 부동산을 구입했다가 목적한대로 이용하지 못하는 경우도 있다. 부동산 활동의 낙후성은 그 외에도 헤아릴 수 없이 많다.

2. 주택정책의 목표

주택정책은 국민경제의 발전단계 및 주택에 대한 국민의 요구에 부응하면서 세워야 한다. 즉 국민이 그 가족구성 추이, 세대성장의 각 단계(life cycle), 주거지역의 위치와 환경적 측면 등을 통한 안정된 주생활을 영위하는 데 충분한 주택을 확보할 수 있도록 목표를 설정해야 한다. 이러한 정책목표를 실현하기 위한 기본지표는 다음과 같은 것들이 있다.

(1) 양의 수준

대부분의 발전 도상국가들이 급속한 도시화의 과정에서 가장 먼저 당면하는 것이 주택의 절대적 양의 부족현상이다. 이러한 경우 주택정책의 목표는 우선 양의 해결에 둔다. 우리나라가 여기에 속한다.

(2) 질의 수준

양의 부족을 해결한 나라들이 맞이하는 그 다음의 주택문제는 질의 문제이다. 이것은 경제의 발전과 소득증가로 인한 주택의 교체수요(交替需要)로 말미암아 야기되는 현상에서 나타난다. 그 대표적인 나라가 일본이다.

주택의 질은 물리적인 면, 주거환경면에서 목표를 설정한다.

3. 주택정책의 유형

주택정책의 전개방식은 나라에 따라 다르다. 주체가 누구냐에 따라 다음과 같이 세 가지 유형으로 나눌 수 있다.

(1) 정부주도형

정부주도형(政府主導型)의 대표적인 나라는 영국이다. 영국의 주택정책을 회고해보면 보수당은 내집마련 정책을, 노동당은 공영주택 정책을 내세워 주택사정의 개선을 위해 노력했다. 사상배경은 사회복지와 사회민주주의에 기초를 두고 있으며, 공급대상은 저소득층과 영세민이다.

내집마련 정책은 타 자본주의 국가와 다를 바 없지만 주목되는 것은 공영주택정책이다. 오늘날 주택재고의 3채 중 1채가 공영주택인 것은 놀랄 만한 일이다. 공영주택이 도시의 주택난을 완화시킨 점, 주거지 조성의 역할을 하여 주거환경의 질을 향상시킨 점 등은 상당한 성과로 평가되고 있다.

〈표 15-2〉 공공주도형과 민간주도형의 비교

구분	공공주도형	민간주도형
공급의 목표	소득재분배, 사회복지, 주택자원배분형 편성	경제효율성, 이윤추구, 소비자 선호
공급 대상	저소득층, 무주택자, 영세민	모든 계층(중·고소득층 치중)
공급 형태	임대우선 부분 분양	분양과 임대
공급자 관계	공급자와 소비자 협동	기업과 소비자 경쟁
국가 지원	직접지원과 보조	간접지원(금융조세)

(2) 민간주도형

미국의 주택정책이 이 유형에 해당한다. 사상배경은 시장경제원리와 자유방임주의이다.

정책의 사고는 중·고소득층에 주택취득의 분위기 조성함으로써 주택금융정책(住宅金融政策)을 지원하고, 이 계층이 새 주택에 이사함으로써 생기는 공가를 보다 낮은 소득층의 거주에 제공한다는 것이다. 즉 경제능력과 경쟁원리에 따라 중상위 소득계층을 대상으로 공급하고, 순환과정을 통해 저소득층에게 분배하는 형태이다. 토지사정이 나쁘지 않은 점, 주택에 투자할 수 있는 자금이 충분한 점에서 보아 공공임대주택보다는 자가정책(自家政策)이 미국에 합당한지도 모른다. 중·고소득층은 자조노력에 의해 주택사정을 현저히 개선하였으나 주택개선의 하향파급이 잘 이루어지지 않아 저소득층의 주택사정이 빈곤한 것은 여전하다.

(3) 혼합형

정부주도와 민간주도의 혼합형(混合型)으로 스웨덴의 협동조합주택과 서독의 비영리기업에 의한 주택공급 등을 예로 들 수 있다. 전자는 주택수요자가 협동조합을 만들고 이를 정부 및 지방자치단체가 지원하는 형식이며, 후자는 노동조합 등이 스폰서가 되어 비영리주택공급 사업체를 만들고 임대 및 분양주택을 공급하는 형식이다. 이러한 방법은 수요자가 생산과정에 개입한다는 점에서 주목된다.

4. 주택정책의 내용

주택문제의 해결에 기여하기 위한 정책으로 직접 공공주택을 건설하여 공급하거나 주택금융의 정비, 주택임대료나 분양가의 통제, 주택보조금의 지급, 주택에 대한 조세 등의 종합적인 정책을 말한다. 현재 주택정책의 관련 부처는 국토교통부 외에 기획재정부, 행정안전부 등 다양하다.

(1) 공급확대

주택의 수요량에 공급(供給)이 미치지 못할 때 계속하여 공급을 하지 않으면 안된다. 주택의 수요에는 신규수요와 교체수요가 있으며, 이것이 매매수요인가, 임대수요인가 하는 것도 문제가 된다. 나라에 따라 구매수요나 임대수요에 치중하기도 한다. 또한 신축뿐만 아니라 중고주택의 활용방안도 고려된다.

1) 신규 주택건설 촉진

신규 주택건설을 위한 정책수단에는 저렴한 택지의 공급, 주택생산성의 증대, 건설주체의 역할 등이 포함된다.

① 저렴한 택지의 공급 : 주택비 중 차지하는 택지비(宅地費)에 따라 주택가격은 비싸지기도 하고 싸지기도 한다. 택지비가 싸야 많은 양의 공급이 가능한 것은 물론 공급에 참여하는 업자도 이윤이 보장된다. 따라서 싼 택지의 공급은 주택공급을 확대시키는 가장 관건이 되는 요인이다.

② 주택생산의 증대 : 주택생산성(住宅生産性)은 기업의 경영합리화에 달려 있다. 토지 이외에 건설 노동비 · 자재 · 기술 등의 공급에 따라 생산성이 좌우된다. 또한 기술혁신은 주택생산성을 증대시키는 요인이 된다. 표준주택부품의 대량생산이나 프리패브 주택의 개발 등은 생산성과 관련된다.

③ 건설주체의 역할 : 주택정책의 유형에서 살펴본 바와 같이 주택건설을 정부가 주도하는가, 민간이 주도하는가에 따라 정부의 역할이 증대하기도 하고 감소하기도 한다. 공급을 민간이 주도하면 정부의 재정은 압박을 덜 받을 것이고, 정부가 주도하면 그 반대가 될 것이다. 이는 나라에 따라 다르며, 주택정책의 목표에 따라서도 달라진다.

2) 재고주택의 보전과 개량

어느 나라를 막론하고 주택 서비스의 제공은 대부분 기존 재고주택에서 얻고 있다. 그러므로 신축도 중요하나 이의 보전과 개량(保全·改良)이 공급면에서 상당히 중요하다. 특히, 중고주택은 가격이 저렴하나 지역에 따라 신규분양 주택보다 오히려 높은 경우도 있다. 그러나 일반적으로 중고주택은 구매가 용이하고, 도심에 위치하여 접근성이 양호하며, 개축 등을 하여 투자효과를 얻을 수 있기 때문에 그 활용방안(活用方案)은 공급에 지대한 영향을 미칠 수 있는 요인이 된다. 불량주택도 철거만이 능사가 아니며, 개량하여 합법화하는 것도 대책의 하나로 지적되고 있다.

(2) 구매력 강화

이것은 주택금융과 밀접한 관련을 가진다. 주택금융이 발달한 미국에서는 주택비에서 차지하는 자기자본의 비율이 상당히 낮아 주택 구매력(住宅 購買力)이 높은 편이다. 우리나라처럼 주택 구입자금을 대부분 계나 적금 등 가계저축(家計貯蓄)으로 조달하는 곳에서는 구매력이 낮다. 이것이 연구과제가 되는 동시에 공급으로 측정하거나 결정하는 요인도 된다.

구매력을 강화시키기 위한 수단에는 일반소득분포의 개선, 주택규모분포의 개선, 서민주택을 위한 저당금융제, 사회 임대주택제 및 주택비지원 및 보조, 세제상의 혜택 등이 있다.

1) 일반소득분포의 개선

일반소득분포(一般所得分布)는 경제성장과 밀접한 관계가 있다. 저축능력, 투자능력은 소득분포의 영향을 받기 때문에 소득분포의 개선을 통하여 저소득층의 주택구입능력을 조장할 수 있다. 이는 경제정책 목표와도 합치하는 것이다.

2) 주택규모분포 개선

대형 규모 주택건설을 가급적 지양하고 될 수 있는 대로 중소규모의 주택을 대량 공급하는 것이 규모분포(規模分布)의 적정화를 위해 바람직하다고 할 수 있다. 그러나 여기에서 주의할 것은 지나치게 작은 규모의 주택건설은 피해야 한다. 또한 양적확대를 꾀하려 한다면 대규모 주택의 건설도 규제해야 한다.

3) 서민을 위한 저당금융제

주택공급을 위해 가장 바람직한 제도이다. 선진국에서는 이 제도가 잘 발달되어 구매력을 높여주고 있다. 우리나라도 금융기관에서 실시하고 있으나 대출금과 저축수입금

간의 불균형 때문에 어려움이 있다.

4) 사회 임대주택제(社會 賃貸住宅制)

이 제도는 나라에 따라 아주 상이한 결과를 나타낸다. 주택을 주거개념(住居概念)으로 이해하는 나라와 일본이나 우리나라처럼 주택을 재산증식의 수단으로 의식하고 있는 나라 등 각 나라에 따라 차이가 있다. 부동산의 의식구조 차이는 임대주택 제도에 큰 영향을 미친다.

5) 주택비 지원 및 보조

선진국 중에는 주택구입 능력이 부족한 가구에 주거비 지원을 제도화하는 나라도 있다. 일본에서도 최저수준의 임대주택마저 얻을 능력이 없는 시민에게는 그것을 부담해 주자는 주거비 보조제도가 제안되고 있다.

6) 세제상의 혜택

주택관련 세제의 경감, 면제 등은 주택의 공급을 증대시키고 수요를 유발하는 요인이 된다.

(3) 주거환경 계획

주거환경은 주택의 질을 구성하는 하나의 요소이다. 주거환경계획(住居環境計劃)의 목표는 안전한 주거환경, 건강한 주거환경, 편리하고 효율적인 주거환경, 쾌적한 주거환경, 문화적인 주거환경 등에 있다.

(4) 임대주택정책

1) 임대료 규제정책

① 의의 : 임대료 규제를 임대료 한도제(rent ceiling)라고도 하는데, 정부 가 임대주택시장에 개입하여 임대료를 일정수준 이상 올릴 수 없도록 하는 제도이다. 임대료 규제는 임대료 수준 또는 임대료 상승률을 일정 범위 내에서 규제하여 임차가구를 보호하려는 가격통제(price control)방법의 하나이며 최고 가격제에 해당한다.

2) 주택 보조금정책(임대료 보조정책)

① 의의 : 주택 보조금정책 중 임대료 보조정책은 저소득층의 주택문제를 해결하기 위해 일정수준 이하의 저소득층에 정부가 임대료의 일부를 보조해주는 것을 말한다. 주택 보조금정책은 정부의 간접적인 개입에 해당하는 정책으로, 크게 수요측 보

조금과 공급측 보조금으로 나눌 수 있다.

② 수요측 보조금 : 정부에서 임차인에게 직접 임대료를 보조하면 임차인 입장에서는 실질소득이 상승하는 효과가 있어 주택임차가구의 주택부담능력을 높이므로 더 많은 임대주택을 소비할 수 있게 된다. 또한 임대료 보조는 임차인 입장에서 임대주택에 대한 공급가격이 그만큼 하락하는 결과를 가져와 더 많은 임대주택을 소비할 수 있게 된다. 임대료 보조를 받은 저소득층의 주택소비가 증가하는 이유는 소득효과와 대체효과 때문이다. 주택바우처(housing voucher)" 는 임대료 보조정책의 하나이다. 주택바우처는 저소득임차가구에 주택임대료를 일부 지원해주는 소비자보조방식의 일종으로 임차인의 주거지 선택을 용이하 게 할 수 있다. 임차인에게 보조금을 지급하는 수요측 보조방식은 임대주택 공급자에게 보조금을 지급하는 공급 측 방식보다 임차인의 주거지 선택의 자유를 보장하는 장점이 있다. 이러한 수요측 보조금에는 가격보조(임대료 · 집세보조)방식과 소득보조 (현금보조)방식 등이 있다.

③ 공급 측 보조금 : 주택생산자에게 낮은 금리로 건설자금을 지원하는 방법으로서 생산비를 낮추는 효과가 있으므로 민간부문의 주택공급을 증대시키는 효과가 있다. 그러나 주택의 생산기간으로 인하여 단기적으로는 공급곡선이 수직에 가까우므로 공급 측 보조금은 아무런 효과가 없으나, 장기적으로는 주택의 생산비를 절감시키기 때문에 주택공 급이 증가하고 시장임대료가 하락하여 주택소비가 증가한다.

3) 공공임대주택정책

① 의의 : 정부에서 사적 시장의 주택과 품질이 유사한 공공임대주택을 사적 시장보다 공공시장에서 값싸게 공급하는 것이다. 이는 사적 시장의 임대료를 낮추도록 하여 임차인을 보호할 수 있는 방법의 하나로 정부의 직접적인 개입에 해당하는 정책이다.

② 단기적 효과

㉠ 정부에서 사적 시장과 품질이 유사한 공공임대주택을 보다 값싸게 공급한다면 임대주택시장은 사적 시장과 공공시장으로 분리되며, 이로 인해 사적 시장의 임대주택에 대한 수요가 감소한다.

㉡ 공공임대주택이 공급되는 지역으로 다른 지역으로부터 저소득층 가구가 이동한다.

㉢ 단기적으로 사적 시장의 임대료는 하락하지만, 공급량은 불변이다.

㉣ 공공임대주택의 공급은 사적(私的) 임대시장에서 수요의 탄력성을 높일 수 있다.

③ 장기적 효과

㉠ 장기적으로는 사적 시장의 임대주택 공급량은 감소하나, 사회 전체의 임대주택 공급량은 불변이다. 이는 사적 시장에서 줄어든 공급량만큼 공공시장의 공급량이 증가하였기 때문이다.

㉡ 사적 시장의 임대주택 공급량 감소는 사적 시장의 임대료를 상승시켜 장기적으로 공공시장으로 이동한 사람들만 보호되고 사적 시장에 남아 있던 임차인들은 아무런 보호를 받지 못한다.

㉢ 정부의 공공임대주택 공급은 사적 시장과 공공시장의 임대료 간의 임대료에 대한 이중가격을 형성하므로, 공공임대주택 거주자들은 사적 시장과의 임대료 차액만큼 정부로부터 보조받는 것과 같은 효과를 얻는다.

(4) 분양주택정책

1) 분양가 규제정책 - 분양가 상한제

① 의의 : 정부가 사적 시장에서 공급되는 신규주택가격을 시장균형가격 보다 낮게 규제하는 것을 말한다. 분양가 상한제의 도입은 분양가 규제를 통해 주택가격을 안정시키고, 무주택자의 신규주택구입 부담을 경감시키기 위해서이다. 이 정책 역시 가격통제(price control) 방법의 하나이며, 최고 가격제에 해당한다.

② 정책적 효과

㉠ 분양가격과 시장가격의 차이 때문에 단기적으로 투기적 수요가 증대하며, 장기적으로 주택산업의 생산성을 저하시켜 신축주택의 공급감소를 초래할 수 있다.

㉡ 정부가 주택가격 안정을 목적으로 신규주택의 분양가를 규제할 경우, 신규주택 공급량이 감소하면서 사회적 후생손실이 발생할 수 있다.

㉢ 수요와 공급의 가격탄력성이 비탄력적일수록 초과수요는 더 작아지며, 정책효과는 더 커진다. 따라서 수요와 공급의 가격탄력성이 비탄력적인 단기에는 탄력적인 장기보다 초과수요가 작아 정책효과가 크며, 수요와 공급의 가격탄력성이 탄력적인 장기에는 비탄력적인 단기보다 초과수요가 커져 정책효과가 작아진다.

㉣ 분양주택의 질적 수준이 저하될 수 있다.

㉤ 주택의 과소비가 초래될 수 있으며, 분양주택에 대한 프리미엄이 형 성되면 분양권을 불법으로 전매하는 등의 현상이 나타날 수 있다.

㉥ 가격기능을 왜곡시켜 자원배분의 효율성을 저해하게 된다.

㉦ 도심지역보다는 외곽지역의 고밀도개발을 촉진하여 토지이용의 비 효율을 초래할 수 있다.

㉧ 공급자의 채산성을 악화시켜 장기화 될수록 민간주택공급을 위축시킴으로써 기존주택의 가격을 상승시키며, 저소득층의 주택난 심화를 초래할 수 있다.

㉨ 장기적으로는 여과과정을 통한 저소득층의 주거안정 가능성이 감소할 수 있다.

㉩ 불법적인 음성적 거래가 나타날 수 있으며, 규제가격과 음성적 거래에 의한 가격 간의 이중가격을 형성할 수 있다.

2) 분양가 자율화 정책

① 의의 : 정부가 사적 시장의 가격규제를 풀고 자율화함으로써 시장의 수요와 공급에 의해 가격이 결정되도록 하는 것을 말한다.

② 정책적 효과

㉠ 분양가를 자율화하기 위해서는 택지의 확보, 금융지원 등을 통한 공급증대 노력이 선행되어야 한다.

㉡ 신규주택가격의 상승으로 장기적으로 신규주택 공급이 확대된다.

㉢ 전매차익을 줄이므로 투기적 수요는 감소된다.

㉣ 주택산업의 수익성이 향상되고, 경쟁으로 인해 주택의 품질이 개선된다.

㉤ 대형주택 위주로 주택공급이 확대될 가능성이 높으므로 대형주택 보유에 관한 과세를 강화하여야 한다.

㉥ 소형주택의 공급이 감소하고, 대형주택 위주의 주택공급이 확대되므로 저소득층의 주택부담이 가중된다.

3) 주택 선분양제도와 후분양제도

〈표 15-3〉 선분양제도와 후분양제도 비교

구분	선분양 제도	후분양 제도
의의	주택이 완공되기 이전에 소비자에게 분양하고 계약금 중도금 등을 완공 이전에 납부하도록 하여 건설금융에 충당할 수 있게 허용한 제도이다.	일정규모 이상 건설공사가 이루어진 공급하는 방식으로 건설자금을 건설은 자가 직접 조달하는 제도이다.
장점	① 건설자금조달 용이 ② 주택공급증가 ⇨ 주택시장 활성화 ③ 분양대금 분할납부로 금융부담 경감 ④ 소비자 위험부담하에 주택구입 용이	① 분양권 매매차익 소멸 ⇨ 투기억제 ② 완제품의 비교 선택 가능 ③ 소비자의 선택폭 확대 ⇨ 최적선택 용이 ④ 업체의 품질경쟁 ⇨ 품질 향상
단점	① 분양권 매매차익 발생 ⇨ 투기 발생 ② 완제품을 비교하여 선택할 수 없음 ③ 소비자의 선택폭 축소 ⇨ 최적 선택 곤란 ④ 부실공사 등 주택품질 저하 ⑤ 시장위험이 수요자에게 전가	① 건설자금조달 곤란 ② 공급감소 ⇨ 주택시장 침체 가능 ③ 건설업체의 부도 가능성 확대 ④ 건설업체의 시장위험부담 증가 ⑤ 주택가격 일시납부로 목돈마련이 어려움

5. 부동산 정책의 기능

정부가 부동산 시장에 개입하는 이유는 정치적 · 경제적 기능을 수행하기 위해서이다.

(1) 정치적 기능

사회적 목표를 달성하기 위해 시장에 개입하는 것을 말한다. 즉, 저소득층에 대한 여러 가지 주택공급 정책은 사회적 목표를 달성하기 위한 정부의 정치적 기능에 해당한다.

(2) 경제적 기능

시장의 실패를 수정하기 위해 시장에 개입하는 것을 말한다. 즉, 외부효과의 제거 문제는 시장의 실패를 수정하기 위한 정부의 경제적 기능에 해당한다.

(3) 시장의 실패(market failure)와 정부의 시장개입

① 시장실패의 의의 : 시장의 실패란 시장이 어떤 이유로 인해 자원의 적정 배분을 자율적으로 조정하지 못하는 것을 의미한다. 즉, 시장에서 어떤 원인으로 인해 자원의 효율적 배분에 실패하는 현상을 시장의 실패라 하는데, 이는 정부가 시장에 개입하는 근거가 된다. 독과점, 외부효과, 공공재의 존재, 정보의 불확실성 및 비대칭성 등은 시장가격기구가 자원의 최적배분을 달성할 수 없는 요인들이다. 이 경우 시장실패가 나타나는데, 정부의 경제적 개입을 정당화시키는 요인이 되기도 한다. 그러나 정부의 시장개입은 사회적 후생손실을 발생시킬 수 있으며, 정부개입의 결과가 오히려 정부실패를 야기하기도 한다.

② 시장실패의 원인

㉠ 불완전경쟁(독과점기업)의 존재 : 독과점현상과 같은 불완전경쟁이 나타나면 기업은 생산량을 조절하여 시장을 지배함으로써 기업이 윤의 극대화를 추구한다. 그 결과 완전경쟁상태에 비해 가격은 높게 책정되고 생산량은 적게 공급된다. 이러한 독과점기업은 경쟁상대가 없으므로 최선을 다해 좋은 품질의 제품을 가장 싼 비용으로 생산할 경제적 필요성을 느끼지 못하는 것이다. 따라서 독과점이 발생하면 그 기업은 생산량과 가격을 임의로 조정함으로써 자원의 비효율적 배분을 가져온다.

㉡ 규모의 경제 : 규모의 경제가 존재하면 장기적으로 기업 간의 경쟁에서 규모의 경제에 먼저 도달한 대기업이 유리하게 되어 이로 해 독점시장이 형성되므로 시장실패가 초래된다.

㉢ 외부효과의 존재 : 외부효과(external effect)는 한 개인이 자신의 경제활동과정(생산 또는 소비) 에서 특별한 보상이나 대가를 받지 않고 다른 경제주체의 효용이나 생산에 직접 영향을 미치는 현상이라고 할 수 있다. 이러한 외부효과가 존재하면 완전경쟁시장이라도 자원을 효율적으로 배분하는 데 실패할 수 있다.

㉣ 공공재의 부족 : 공공재란 소비에 있어서 비경합성(非競合性)과 비배제성(非排除性)의 특성을 가지는 재화를 말한다. 이러한 공공재가 시장경제원리에 의해 배분된다면 공공재에 대한 개인의 수요(선호)가 많은 사람에게는 가격이 높게, 개인의 수요가 적은 사람에게는 가격이 낮게 결정될 것이다. 그러나 공공재의 비배제성과 비경합성 때문에 수요가 많은 사람은 자신의 수요를 은폐하고 축소해서 표현함(무임승차(free-rider)의 유인으로써 자신의 공공재에 대한 가격을 낮추려고 노력할 것이다. 결국 생산을 시장에 맡길 경우 무임승차의 문제가 발생할 수 있다. 그렇게 되면 시장 전체에 나타나는 공공재의 수요는 실제의 필요량보다 매우 적게 나타나고, 이러한 수요를 믿고 공공재를 공급하면 사회 전체적으로 공공재의 공급량이 부족하게 되므로 자원의 효율적 배분에 실패하게 된다. 즉, 공공재의 생산을 시장에 맡길 경우 사회적 적정 생산량보다 과소하게 생산되는 경향이 있다. 이러한 공공재의 대표적인 예는 국방, 경찰, 소방, 도로, 의무교육, 공원 등이 있으며, 정부가 일반적으로 세금이나 공공의 기금으로 공급하는 경우가 많다.

㉤ 거래 쌍방 간의 정보의 비대칭성 및 불확실성 : 고전적 경제이론에 서는 수요자 및 공급자들이 시장정보에 대해 완전한 지식을 가지고 있다고 가정하고 있다. 그러나 현실에서는 시장에서 주어지는 정보 는 불완전할 뿐더러 이것이 옳게 거래당사자에게 전달되자면 상당 한 비용의 부담이 수반되어야 하므로, 가격의 정보는 실제에 있어 서 매우 불완전하다. 이로 인해 야기되는 거래 쌍방 간의 정보의 비대칭성 및 불확실성은 시장실패의 요인이 된다.

6. 외부효과와 정부의 시장개입

(1) 외부효과의 의의

외부효과란 어떤 경제활동에 관하여 거래당사자가 아닌 제3자(by-stander) 에게 의도하지 않은 이익이나 손해를 가져다주는데도 이에 대한 대가를 지 불하지도 받지도 않는 상태를 말한다. 외부효과는 외부성(externality)이 라고도 하는데 이러한 외부효과에는 정(+)의 외부효과(외부경제)와 부(-)의 외부효과(외부불경제)가 있다. 정(+)의 외부효과란 제3자에게 의도하지 않은 이익을 가져다주는데도 이에 대한 대가를 지불받지 않는 상태를 말하며, 부(-)의 외부효과란 제3자에게 의도하지 않은 손해를 가져다주는데도 이에 대한 대가를 지불하지 않는 상태를 말한다. 부동산의 특성 중 부동성과 인접성은 외부효과와 밀접한 관련이 있다.

(2) 생산측면의 외부효과

① 정(+)의 외부효과(생산의 외부경제에 양봉업과 과수원)

㉠ 비용의 특징 : 사적 (한계)비용 〉 사회적 (한계)비용

㉡ 생산의 특징

ⓐ 시장기구에 의한 생산량: 개별기업은 정(+)의 외부효과(외부경제)를 고려하지 않는다. 그런데 사적 한계비용이 사회적 (한계)비용보다 크므로 시장기구에서는 사회적으로 바람직한 적정생산량보다 적게 생산되며, 가격은 높게 형성된다.

ⓑ 시장실패의 이유 : 시장기구에서는 사회적으로 바람직한 가격과 적정생산량보다 과다가격, 과소생산으로 인해 시장실패를 야기한다.

ⓒ 해결방안 : 정부가 정(+)의 외부효과를 야기하는 기업에게 보조금을 지급하면 생산비가 감소하여 생산량이 증가하고 가격이 하락하여 사회적으로 바람직한 적정생산량과 가격수준에 도달하게 된다.

② 부(-)의 외부효과 생산의 외부불경제) 예 공장공해

㉠ 비용의 특징 : 사적 (한계)비용 〈사회적 (한계)비용

㉡ 생산의 특징

ⓐ 시장기구에 의한 생산량 : 개별기업은 부(-)의 외부효과(외부불경제)를 고려하지 않는다. 그런데 사적 한계비용이 사회적 (한계)비용 보다 작으므로 시장기구에서는 사회적으로 바람직한 적정생산량보다 많이 생산되며, 가격은 낮게 형성된다.

ⓑ 시장실패의 이유 : 시장기구에서는 사회적으로 바람직한 가격과 적정생산량보다 과소가격, 과다 생산으로 인해 시장실패를 야기한다.

ⓒ 해결방안 : 정부가 부(-)의 외부효과를 야기하는 기업에게 조세를 부과하면 생산비가 증가하여 생산량이 감소하고 가격이 상승하여 사회적으로 바람직한 적정생산량과 가격수준에 도달하게 된다.

(3) 소비측면의 외부효과

소비의 외부효과란 한 사람의 소비행위가 다른 사람의 효용을 변화시키는 경우를 말

한다. 한 사람의 소비행위가 다른 사람의 효용을 증가시키는 경우를 정(+)의 외부효과(소비의 외부경제)라고 하며, 한 사람의 소비행위가 다른 사람의 효용을 감소시키는 경우를 부(-)의 외부효과(소비의 외부분경제)라고 한다. 소비 측면의 외부효과가 존재한다면 생산 측면의 외부효과와 마찬가지로 시장기능에 의해서는 자원을 효율적으로 배분할 수 없게 되며 시장의 실패가 나타난다.

(4) 외부효과와 시장기구

① 인근지역에 대규모 생태공원이 들어서면 아파트시장에 정(+)의 외부효과가 발생할 것이고, 쓰레기소각장을 설치하면 아파트시장에 부(-)의 외부효과가 발생할 것이다. 또한 인근지역에 쇼핑몰이 개발됨에 따라 주변 아파트 가격이 상승하는 경우, 정(+)의 외부효과가 나타난 것으로 볼 수 있으며, 매연을 배출하는 석탄공장에 대한 규제가 전혀 없다면, 그 주변 주민들에게 부(-)의 외부효과가 발생하게 된다고 볼 수 있다.

② 새로 조성된 공원이 쾌적성이라는 정(+)의 외부효과를 발생시키면, 공원 주변 주택에 대한 수요가 증가하여 주택의 수요곡선은 우측으로 이동하게 된다. 부(-)의 외부효과를 발생시키는 공장에 대해서 부담금을 부과하면, 생산비가 증가하여 이 공장에서 생산되는 제품의 공급이 감소하게 된다. 또한 부(-)의 외부효과를 발생시키는 시설의 경우, 발생된 외부효과를 제거 또는 감소시키기 위한 사회적 비용이 발생할 수 있다.

③ 자유로운 시장기구에 맡겼을 경우, 생산 측면에서 정(+)의 외부효과가 존재하면 사적 비용이 사회적 비용을 초과하게 되어 사회적 최적수준 보다 적게 만들어지는 결과를 가져온다. 그러나 부(-)의 외부효과가 존재하면 사회적 비용이 사적 비용을 초과하게 되어 사회적 최적수준 보다 더 많이 만들어지는 결과가 나타난다.

④ 정(+)의 외부효과든 부(-)의 외부효과든 외부효과가 존재하면 사적 비용(편의)과 사회적 비용(편익)이 달라져 자원배분의 왜곡이 발생한다. 외부효과는 비록 완전경쟁시장이라 할지라도 존재할 수 있으며, 완전 경쟁시장하에서도 외부효과가 존재하면 시장기구는 자원을 효율적으로 배분할 수 없게 되며 시장의 실패가 나타난다.

(5) 외부효과에 대한 해결책

① 사적인 해결방안

㉠ 의의 : 정부의 시장개입 없이 시장기구가 스스로 외부효과 문제를 해결할 수 있도록 하는 방법으로 협상과 합병의 방법이 있다.

㉡ 협상 : 외부효과로 인하여 피해를 보는 오염피해자에게 피해보상 청구권을 주어 외부효과를 유발하는 오염가해자와 협상하게 함으로써 오염행위자로 하여금 오염행위에 대한 책임을 지도록 하는 방법을 말한다. 코즈의 정리(Coase theorem)

㉢ 합병 : 오염가해자와 오염피해자를 합병함으로써 외부효과를 내부화하여 해결하도록 하는 방법을 말한다.

② 시장적 접근을 통한 간접적 규제 - 조세부과와 보조금의 지급

㉠ 의의 : 정부가 외부효과를 야기하는 주체에게 어떤 행위를 취하도록 직접 통제하는 것이 아니라 적절한 유인을 제공하여 시장에서 스스로 최적생산량 수준으로 유도하는 정책으로 조세부과, 보조금의 지급 이외에도 오염허가서의 발급, 오염배출부과금, 오염정화보조금 등이 있다.

㉡ 조세부과와 보조금의 지급 : 생산 측면에서 부(-)의 외부효과가 발생하면 사회적 비용이 사적 비용보다 외부한계 비용만큼 크게 되는데, 이는 조세부과를 통해 제거하여 최적생산량 수준을 유지하도록 하고, 정(+)의 외부효과가 발생하면 사적 비용이 사회적 비용보다 외부한계 비용만큼 크게 되는데, 이는 보조금 지급을 통해 제거하여 최적생산량 수준이 되도록 한다.

③ 정부의 직접 규제

㉠ 의의 : 정부가 직접 규제를 통해 민간 주체의 선택에 영향을 주어 의사결정에 영향을 미치는 것을 말한다.

㉡ 방법

ⓐ 배출금지 : 오염을 유발하는 원인행위를 완전히 금지하는 것 수은, 핵폐기물, 특수 농약

ⓑ 의무화 : 배기가스 정화장치 설치의 의무화, 무연휘발유 사용의 무화 등

ⓒ 허용기준의 설정 : 오염물질의 배출허용기준을 설정

ⓓ 용도지정 : 지역지구제, 개발제한, 자연환경보호, 수자원보호 등

(6) 정부의 개입과 정부실패

① 외부효과의 존재는 시장실패(market failure)를 야기하는 요인 중 하 나로 이를 해결하기 위해 정부가 개입하기도 한다. 그러나 시장의 심패를 수정하기 위한 정부개입이 오히려 효율적인 자원배분을 저해하는 상황으로 나타날 수 있는데, 이를 정부의 실패(government failure) 라고 한다.

② 많은 사람들은 정(+)의 외부효과를 유지하고자 애쓰지만 지역주민들의 공동 노력이 없는 한 정(+)의 외부효과가 계속 유지되기는 어렵다. 그러므로 지역주민들은 인근지역의 주거환경을 일정수준 이상으로 유지하기 위해 규칙을 만들고 서로 협조

할 것이다. 그러나 무임승차자 문제가 발생하면 정부의 개입이 나타나게 된다.)

③ 도시지역에서의 용도지역지구제(zoning), 토지이용규제 등은 부(-)의 외부효과를 제거하는 주요한 법적 규제수단들이다. 그러나 정부의 실패가 발생하기 때문에 공공규제가 시장의 원리를 완전히 대체할 수는 없다.

〈표 15-4〉 외부효과(생산측면) 비교

구분	정(+)의 외부효과(외부경제)	부(-)의 외부효과(외부불경제)
의의	다른 사람 (제3자) 에게 의도하지 않은 혜택을 입히고도 이에 대한 보상을 받지 못하는 것 예 : 과수원과 양봉업	다른 사람 (제3자) 에게 의도하지 않은 손해를 입히고도 이에 대한 대가를 지불하지 않는 것 예 : 예양식업과 공장폐수
편익	사적 편익 〈 사회적 편익	사적 편익 〉 사회적 편익
비용	사적 비용 〉 사회적 비용	사적 비용 〈 사회적 비용
특징	과소생산, 과다가격	과다생산, 과소가격
해결방안	보조금 지급, 조세경감, 행정규제의 완화	오염배출업체에 대한 조세중과나 환경부담금 부과, 지역지구제
현상	PIMFY(Please In My Front Yard) 현상	NIMBY(Not In My Back Yard) 현상

7. 우리나라 주택정책의 과제

주택정책에서 여러 가지 문제점이 지적되고 있으나 간추려보면 대략 다음과 같은 것들이 있다.

(1) 기본목표의 설정

우리는 주택정책에 대한 기본목표(基本目標)를 갖고 있지 못하다고 지적하는 사람이 있다. 주택은 국민복지 결정의 기본요인이며, 경제사회 정책의 궁극적 목표가 되므로 주택정책의 기본목표나 방향도 이에 맞게 설정되어야 한다.

(2) 주거환경 개선

지금까지는 주로 도시주택의 양적 문제해결을 위하여 주택보급률을 제고하는 방향으로 주택정책이 치중되어 옴으로써 주택 간이나 주택과 주거환경시설(住居環境施設) 사이의 관계를 도외시한 점이 많았다.

앞으로는 주택의 양적 문제해결을 물론 쾌적한 생활환경의 조성이라는 질적 문제도 함께 고려하여야 할 것이다.

(3) 경제규모의 주택단지개발

주택단지(住宅團地), 특히 아파트는 호당 건설비가 가장 저렴하게 들 수 있도록 경제규모(經濟規模)로 개발하여야 한다. 비경제적인 주택단지의 건설은 장기적으로 생활비를 인상시키는 요인이 된다.

(4) 택지공급의 촉진

택지공급 촉진을 위해서는 다음과 같은 대안을 고려하여야 한다.

- 도시 내의 농경지나 기타 토지를 택지나 생활환경시설용지로 전환한다.
- 도시행정구역을 선별적으로 확정하여 토지의 총공급량을 증대시킨다.
- 도시와 도시주변·농촌지역의 생활격차를 해소시켜 인구가 도시 주변에 거주하면서 도시생활을 할 수 있게 한다.

(5) 주택평가의 합리화

현재, 주택은 정확한 평가가격이 부여되어 있지 않아 과세(課稅)나 협의매수 등의 문제를 발생시키고 있다. 행정목적으로라도 주택의 평가액을 정확히 평가하는 것이 바람직하다.

(6) 주택규모의 조정

불량주택이나 호화주택 문제를 해결하기 위해서는 주택규모의 조정이 필요하지만 쉬운 일이 아니다. 임의적인 대형 주택의 건설 억제는 주택의 규모별 수요불균형을 초래하여 오히려 주택가격을 상승시킬 위험이 있다. 주택규모의 조정문제는 지속적으로 연구되어야 할 과제이다.

연 습 문 제

1. 부동산 정책의 의의와 내용에 대해서 간략하게 기술하시오.

2. 부동산 문제를 ① 토지, ② 주택, ③ 국토계획과의 관계, ④ 부동산 활동분야로 구분하여 설명하시오.

3. 주택정책의 목표와 유형에 대해서 기술하시오.

4. 토지정책의 목표와 유형에 대해서 기술하시오.

5. 최근에 정부에서 발표한 주택정책의 내용과 과제 가운데 본인이 관심 있는 분야를 중심으로 간략하게 요약하시오.

공인중개사 기출 및 예상문제

1. 합리적 지가수준을 넘는 지가상태는 지가고(地價高)라 한다면 이러한 지가고의 폐단이라고 할 수 없는 것은? (14회 기출)

① 공공용지의 취득을 위한 보상가격이 높아져 공공기관의 재정부담이 커진다.

② 산업용지의 높은 가격은 생산품가격에 전가된다고 보는 견해가 있다.

③ 택지취득이 필요한 수요자가 취득하기 어려워진다.

④ 토지투기를 촉진하는 요인이 되기도 한다.

⑤ 부동산개발회사의 수익성을 높여 경기부양에 도움이 된다.

[해설]

⑤ 지가고 현상은 경제적 토지문제로 지가고 현상이 나타나면 부동산 수요나 공급을 비탄력적으로 하게 되어 경기부양을 어렵게 한다. 지가고의 폐단으로 다음과 같은 것이 있다.

㉠ 토지투기의 발생

㉡ 사회 불평등의 심화

㉢ 주택문제

㉣ 기업경영의 악화

㉤ 공공용지확보의 곤란

㉥ 토지의 비효율적 이용

2. 외부효과에 관한 설명으로 틀린 것은? (단, 다른 변수는 불변이라고 가정) (16회 기출)

① 인근지역에 쓰레기소각장을 설치하면 아파트 시장에 부(-)의 외부효과가 발생할 것이다.

② 어떤 사람이 타인의 경제행위로 인하여 아무런 보상 없이 일방적 피해를 받는 경우를 부(-)의 외부효과라고 한다.

③ 인근지역에 대규모 생태공원이 들어서면 아파트 시장에 정(+)의 외부효과가 발생할 것이다.

④ 용도지역지구제와 같은 토지이용규제는 부(-)의 외부효과를 억제하기 위한 수단으로도 이용된다.

⑤ 정(+)의 외부효과를 발생하는 재화는 사회적으로 적정한 수준보다 더 많이 생산된다.

[해설]

⑤ 정(+)의 외부효과를 발생시키는 재화는 사회적 이익이 사적 이익보다 크고, 사적으로 부담해야 할 비용이 많기 때문에 시장에서 적게 생산된다.

정답 1. ⑤ 2. ⑤

3. 토지정책수단에 관한 내용 중 틀린 것은? (16회 기출)

① 토지시장의 실패에 대응하기 위해서 직·간접형태의 정책수단이 활용되고 있다.

② 환지방식은 초기에 막대한 토지구입비용이 들기 때문에 사업시행자가 재정지출을 효율적으로 관리하기 어렵다.

③ 공영개발은 주로 대규모 개발 사업에 이용되어 왔다.

④ 수용방식의 문제점으로 토지매입과 보상과정에서 사업시행자와 주민의 갈등을 들 수 있다.

⑤ 공공투자사업은 시장기능에 맡길 경우 추진되기 어려운 도시계획사업 등에 자주 이용된다.

[해설]

② 환지방식은 토지를 개발하여 일정한 감보율을 적용한 후에 다시 원토지 소유자에게 환지하는 것이므로 토지매입비용이 들지 않는다. 상대적으로 매수방식의 형태인 공영개발은 초기에 토지매입비용이 많이 소요된다.

4. 용도지역지구제 등과 같은 토지이용에 관한 공법적 규제가 필요한 이유로서 부적당한 것은? (13회 기출)

① 토지자원의 개발과 보전의 적절한 조화를 위함.

② 토지이용에 따른 부(負)의 외부효과의 발생을 사전에 방지하기 위함.

③ 토지자원을 보다 효율적이고 합리적으로 이용하기 위함.

④ 도시 내의 지가를 합리적으로 조정하기 위함.

⑤ 토지자원의 활용측면에서 세대 간 형평성을 유지하기 위함.

[해설]

① 정부가 토지이용에 대해서 공법적 규제를 가하는 것은 토지자원의 보전과 개발의 적절한 조화를 이루기 위해서이며 이를 통하여 미래세대인 후세대를 배려함으로써 토지이용상의 세대 간 형평성을 달성하고자 하는 것이다(⑤)

② 공법적 규제수단으로 용도지역지구제는 어울리는 토지이용을 유도함으로써 부의 외부효과를 차단하고 효율적 토지이용을 도모하여 자원배분의 효율성을 달성하고자 함이다(③).

④ 지가의 합리적 조정은 공시지가제도를 통하여 이루어지는데 이 제도는 거래 시 또는 토지의 소유와 관련된 제도로서 적정가격을 정부가 제시함으로써 부동산 시장에서 거래질서를 확립하고자 하는 취지가 있다.

5. 다음 중 우리나라의 토지관련 제도에 대한 설명으로 가장 거리가 먼 것은? (15회 기출)

① 토지공개념은 토지의 공익성과 사회성을 강조하는 개념으로, 토지소유권에 대한 제한 가능성을 인식하려는 사고라고 볼 수 있다.

② 사유재산권의 보장은 개개인의 재산을 소유하고 상속하는 것은 물론, 법률의 범위 내에서 사

정답 3. ② 4. ④

용 · 수익 · 처분할 권리를 인정하는 것이다.

③ 공공기관의 개발사업 등에 의하여, 토지소유자가 자신의 노력에 관계없이 지가가 상승되어 현저한 이익을 받은 때에, 국가는 그 이익(개발이익)을 환수할 수 있다.

④ 오늘날 소유권은 그 자체가 당연히 사회성을 내포하지 않는 절대적 권리로 이해된다.

⑤ 국토의 계획 및 이용에 관한 법률에 의한 용도지역은 토지를 경제적·효율적으로 이용하고 공공복리의 증진을 도모하기 위하여, 서로 중복되지 아니하게 도시관리계획으로 결정하는 지역을 말한다.

[해설]

④ 토지공개념은 부동산의 사회성과 공공성을 강조하는 것으로 오늘날 사유재산권의 절대적 자유권을 부정하고 상대적 자유권을 강조하는 개념이다. 토지공개념의 의미는 나라마다 다르지만 거의 모든 국가에서 이 제도를 시행하고 있으며 토지의 취득·이용과 개발 · 처분의 전 단계에 걸쳐서 적용된다.

6. 다음 부동산 정책에 대한 설명 중 가장 적절하지 않은 것은? (15회 기출)

① 주택법에 의해 특별시·광역시 및 도는 주택정책의 장기전망을 위해, 10년 단위의 시·도 주택종합계획을 의무적으로 수립하여야 한다.

② 투기과열지구로 지정될 경우, 투지과열지구 안에서 사업주체가 건설·공급하는 주택의 입주자로 선정된 지위에 대하여는 전매제한조치를 취할 수 있다.

③ 토지은행(land banking)제도는 미래의 용도를 위해 정부가 미리 저렴한 가격으로 미개발토지를 구입하여, 비축하는 직접적인 정부개입수단이라고 볼 수 있다.

④ 개발권양도제도(transfer of development right)가 남용될 경우, 예외적 개발이 만연하여 용도 지역지구제 규제의 틀이 와해될 우려가 있다.

⑤ 도시개발법에 의한 도시개발사업은 시행자가 토지 등을 수용 또는 사용하는 방식이나 환지방식 또는 이를 혼용하는 방식으로 시행할 수 있다.

[해설]

① 주택법에 의해 특별시·광역시 및 도는 주택정책의 장기전망을 위해, 10년 단위의 시·도 주택종합계획을 의무적으로 수립하여야 하는 것이 아니라 임의로 수립할 수 있다.

② 투기과열지구 안에서 주택의 입주자들로 하여금 일정기간 동안 주택의 전매제한 조치를 취할 수 있다.

③ 토지은행은 정부의 직접적인 토지정책의 개입수단으로 미래의 용도를 위해 정부가 미리 저렴한 가격으로 매입하는 제도를 말한다.

④ 개발권양도제도가 남용될 경우에 개발지역에서 과밀이용을 초래할 수 있어 용도지역제에 의한 용적률의 의미가 퇴색될 수 있다.

정답 5. ④ 6. ①

⑤ 도시개발법에 의한 도시개발사업은 수용방식 또는 환지방식으로 사업을 진행할 수도 있고, 이를 혼용할 수도 있다.

7. 임대관련 제도에 관한 설명 중 틀린 것은? (단, 다른 요인은 불변이라고 가정) (16회 기출)

① 임대료보조제도는 수요자 지원 주택정책의 한 형태이다.
② 임대료보조 대신 동일한 금액을 현금으로 제공하면 저소득층의 효용은 감소한다.
③ 임대료보조를 받은 저소득층의 주택소비가 증가하는 이유는 소득효과와 대체효과 때문이다.
④ 임대료보조를 받는 저소득층의 효용은 임대료 보조를 받지 않는 경우보다 더 높아진다.
⑤ 시장균형가격보다 낮은 수준으로 임대료를 규제하면 저소득층 임차인들의 주거환경이 악화될 수 있다.

[해설]

① 임대료보조금 정책은 수요자인 임차인을 보호하기 위한 제도로 활용된다.
② 임대료를 보조하는 것만큼 저소득층의 실질소득이 증가하므로 저소득층의 효용은 증가한다.
③ 임대료보조금을 받는 저소득층은 실질소득이 증대되어 주택의 소비량을 늘릴 수 있고, 보조를 받는 만큼의 증대되는 효용을 넓은 평수로 이사함으로써 주택소비량을 늘리는 대체효과가 있다.
④ 임대료를 보조받는 계층은 그만큼의 재화의 소비를 늘릴 수 있으므로 그렇지 못한 계층보다 효용이 커진다.
⑤ 시장의 균형임대료보다 낮은 임대료로 규제를 하게 되면, 즉 최고 임대료규제정책을 실시하게 되면 단기에는 저소득층이 혜택을 볼 수 있지만 시장임대료보다 싼 임대료로 부동산을 공급해야 하는 공급자의 수익성은 나빠져서 장기적으로 임대주택량이 부족하게 되거나 임대주택을 공급하더라도 질적 수준이 떨어지는 임대주택을 공급하여 저소득층의 주거수준이 장기적으로 저하될 수 있다.

8. 다음은 토지문제가 발생하는 인문(위)적 원인을 설명한 것이다. 틀린 것은? (10회 기출)

① 인구의 지역 간 이동 및 도시토지의 입지경쟁은 토지문제의 원인이 된다.
② 정치가 불량하면 좋은 토지제도를 갖기 어렵고 유지도 힘들어 토지문제를 발생시킨다.
③ 도시의 주거집중, 지가고, 투기심리, 만연 등 여러 가지 사회요인의 변화는 토지문제를 발생시킨다.
④ 토지는 자연물이기 때문에 임의로 증감시킬 수 없고, 개별성이 있어서 이용이 제한되기 때문에 문제를 발생시킨다.
⑤ 국민의 생활방식 변화, 문화의 발달은 토지 이용 형태를 발생시킨다.

[해설]

토지의 자연적 특성으로서 부증성과 개별성에서 비롯된다. 우리나라의 토지문제로서 토지 수요의 급증, 토지소유 편중, 지가고와 토기투기, 토지이용의 비효율화, 개발이익의 사유화 등이 있다.

정답 7. ② 8. ④

9. 땅값이 지속적으로 상승할 때 나타나는 현상 중 틀린 것은? (10회 기출)

① 내 집 마련의 어려움　　② 내국자본의 증가
③ 공공사업비용의 증가　　④ 조방적 토지이용
⑤ 지가규제의 확대

[해설]
토지이용의 집약도가 낮은 것을 조방적 토지이용이라 하는데, 땅값의 상승으로 집약적으로 토지이용이 행하여진다.

〈지가고 (地價高)의 폐단〉
㉠ 주택문제의 해결에 나쁜 영향을 준다.
㉡ 공공용지의 확보를 어렵게 만든다.
㉢ 물가 및 산업코스트의 상승요인이 된다.
㉣ 토지이용에 악영향을 끼친다.
㉤ 투기를 조장시켜 근로의욕을 저하시킨다.

10. 다음은 부동산 활동에서 정부의 역할을 설명한 것이다. 옳지 않은 것은? (10회 기출)

① 부동산업 권익을 보호하고 고급정보서비스 제공의 원동력이 된다.
② 공익을 보호하기 위한 토지이용, 건축·환경규제 등의 강제적 권한을 행사한다.
③ 국·공유지의 매입과 처분을 통하여 토지의 수요·공급을 조절한다.
④ 저소득층의 주거안정을 위한 주택보조금을 지원한다.
⑤ 부동산 경기과열과 투자활동을 단속한다.

[해설]
정부의 부동산 활동의 목표는 사회후생의 극대화에 있기 때문에 개인의 부동산 활동의 목표인 사익의 보호인 권익을 보호하고 고급정보서비스제공을 정부의 역할로 적절하지 않다.

11. 지가규제와 국토이용규제의 제도적인 논리를 대표하는 원리들로 짝지어진 것은? (9회 기출)

① 안정성, 능률성　　② 경제성, 능률성　　③ 안전성, 경제성
④ 형평성, 효율성　　⑤ 안전성, 효율성

[해설]
(1) 지가고는 사회적·경제적 불평등을 야기하여 토지의 집중현상 및 부익부빈익빈 현상이 가속화하여 국민간의 위화감이 발생하여 사회적 정의가 바로 잡힐 수 없기 때문에 지가규제로 형평성이 유지되도록 하여야 한다.
(2) 자원으로서의 토지는 사회 전체에 대하여 직접·간접으로 커다란 영향을 주는 것이므로 토지이용의 비능률화와 오용을 방지하여 토지이용의 효율화를 높여야 한다.

정답　9. ④　10. ①　11. ④

12. 다음 중 도시의 과밀방지에 가장 직접적인 효과를 발휘하는 것은? (7회 기출)

① 개발부담금
② 교통유발부담금
③ 토지초과이득세
④ 종합토지세
⑤ 폐수배출부과금

[해설]
과밀도시란 인구나 산업이 집중적으로 한 곳에 모여 있는 도시로서 사회적 균형을 전제로 하여 그 불균형으로 인한 밀집의 피해가 집적의 이익보다 심한 상태이다. 이러한 도시의 과밀방지에 직접적인 효과를 발휘하는 것은 교통유발부담금, 도심통행세 등이다.

13. 용도지역제의 순기능에 관한 설명으로서 가장 타당한 것은? (9회 기출)

① 토지이용 상호간의 보완적 기능을 고려한 적절한 용도구분이 용이하다.
② 계획의 수립과 집행간의 시간차에 기인하는 상황의 변화에 대처하기 쉽다.
③ 기득권을 발생시키는 규제조치 이외에도 적극적인 개발을 유도하는데 유효하다.
④ 토지를 각각 다른 밀도로 용도 지정하는 데에 근본적인 평형성을 유지한다.
⑤ 허용 및 금지되는 행위를 법정함으로써 비전문가도 신속한 의사결정과 개발계획을 수립할 수 있다.

[해설]
토지도 적성에 따라 구분하여 토지이용을 규제하고 무질서한 토지이용의 혼란을 방지하며 능률적인 토지이용을 유도하고 쾌적한 환경을 유지하는데 용도지역제는 가장 대표적인 이용규제제도로서 용도지역의 지정은 토지의 적절한 개발을 유도한다. 즉, 어울리지 않은 이용은 규제되지만 어울리는 이용은 적극적으로 개발되는 순기능이 있다.

14. P. H. Clarke의 개발이익 환수방법에 속하지 않는 것은? (8회 기출)

① 개발이익이 발생할 토지의 전부 또는 일부를 국유화한 다음 이를 수요자에게 임대하여 토지의 개발이익을 환수하는 토지국유화법
② 수익자부담금, 개발이익세 등을 통한 직접부과법
③ 공공사업에 필요한 양 이상으로 토지를 매입하여 개발한 후 그 사업의 가치증가를 환수하는 초과매수법
④ 공공사업을 위한 토지수용시 지주에게 그 사업에 의한 개발이익을 상쇄한 후 보상하는 상쇄법

정답 12. ② 13. ③

⑤ 개발이익이 발생할 것으로 예상되는 지역을 미리 도시계획 등의 계획구역으로 지정하는 계획규제법

[해설]
〈개발이익의 환수방법(P. H. Clarke)의 4가지의 구분〉
(1) 초과매수 : 공공사업에 필요한 양 이상으로 토지를 매입하여 개발한 후 그 사업에 의한 지가를 반영한 높은 지가로 매각하거나 임대함으로써 공공사업에 의한 증가를 환수하는 방법
(2) 상쇄 : 공공사업을 위하여 토지를 수용하는 경우 수용당하는 지주의 주변 보유토지에 발생하는 그 사업에 의한 개발이익을 상쇄한 후 보상하는 방법
(3) 직접부과 : 수익자(이익자)부담금, 개발이익세, 증가세 등이 해당되는바 가장 많이 사용하는 방법
(4) 토지국유화 : 개발이익이 발생할 토지의 전부 또는 일부를 국유화한 후 그것을 수요자에게 임대함으로써 그 토지에 발생한 개발이익을 환수하는 방법

15. 정부에서 주택에 부과하는 재산세를 상승시켰을 때, 다른 조건이 동일한 경우 주택시장에서 나타나는 현상을 설명한 것 중 틀린 것은? (7회 기출)

① 주택임대료가 상승한다.
② 임대자는 부과되는 세금의 일부를 임차자에게 전가시킨다.
③ 세금의 귀착문제는 수요와 공급의 상대적 탄력성에 따라 다르게 나타난다.
④ 수요가 완전탄력적일 경우 재산세상승분은 전부 임차자에게 귀착된다.
⑤ 일률적으로 같은 비율을 주택가격에 적용하는 재산세는 역진세적인 효과를 나타낸다.

[해설]
주택소비자에게 재산세의 부과는 수요와 공급의 탄력성의 정도에 따라 다르게 나타난다.
① 공급이 완전 비탄력적이면 부과되는 세금은 전부 생산자(임대자)의 부담
② 공급이 완전 탄력적이면 부과되는 세금은 전부 소비자(임차자)의 부담
③ 수요가 완전 비탄력이면 부과되는 세금은 전부소비자(임차자)의 부담
④ 수요가 완전 탄력적이면 부과되는 세금은 전부 생산자(임대자)의 부담

16. 주택의 여과과정(filtering process)에 관한 설명으로서 맞는 것은? (9회 기출)

① 주택의 여과작용은 저급주택이 수선 또는 재개발되어 상위계층의 사용으로 전환되는 것을 뜻한다.
② 주거분리란 주거지역과 상업지역이 서로 분리되고 있는 현상을 뜻한다.
③ 주거분리현상은 인근지역을 제외한 도시 전체적인 측면에서만 일어난다.
④ 저소득층주택의 개량비가 가치 상승분보다 적다고 하여 반드시 저소득층주거지역이 재개발되는 것은 아니다.

정답 14. ⑤ 15. ④

⑤ 인근지역의 여과과정에는 일반적으로 침입(invasion)과 계승(succession)의 논리는 적용되지 않는다.

[해설]

① 하향여과란 상위계층이 사용하던 주택을 하위계층이 사용하게 되었을 때이고 상향여과란 하위계층이 사용하던 주택을 상위계층이 사용하게 되었을 때이다. 주택의 여과작용은 하향여과와 상향여과를 포함한다.

② 주거분리란 많은 도시에서 고소득층의 주거지역과 저소득층의 주거지역이 서로 분리되고 있는 현상을 말한다.

③ 주거분리현상은 도시 전체적인 측면에서뿐만 아니라 지리적으로 인접한 근린지역에서도 일어난다.

④ 낮은 소득수준이라든가 여러 가지 사회적·행정적 제약 등에 의해 반드시 저소득층의 주거지역이 재개발되는 것은 아니다.

⑤ 인근지역의 여과과정에는 침입과 계승이 일어난다. 즉, 어떤 지역의 주택을 개량하지 않아 가치가 점점 하락하게 되면 그 주택은 하향 여과되고 저소득층 가구가 들어오게 되는데 이 과정을 침입이라 하고, 이처럼 어떤 지역의 토지이용이 이질적인 요소의 침입으로 인해 다른 종류의 토지이용으로 변해가는 과정을 계승이라 한다.

17. 토지공개념 확대 도입으로 신설된 토지제도가 아닌 것은? (6회 기출)

① 토지개발부담금제

② 임야매매증명제도

③ 유휴지차지제도

④ 부동사등기의무제도

⑤ 택지소유상한제도

[해설]

(1) 토지공개념은 토지의 소유권과 개발권을 적절히 조절하여 제한된 자원인 토지를 공공의 이익에 최대한 이용한다는 뜻이다. 국가정책적 차원에서는 사익과 공익의 조화를 기하고 공공복리를 우선시킴으로써 유일한 국토자원의 효율적 이용을 추구하고자 하는 토지정책적 개념이다.

(2) 토지공개념을 위한 정책적 수단으로는 토지소유에 관한 정책수단(택지소유상한제도), 토지거래에 관한 정책수단(부동산등기의 무제도, 임야의 매매증명제도), 토지이용에 관한 정책수단(유휴지제도), 개발이익의 환수제도(개발 부담금 및 토지초과이득세) 등이 있다.

정 16. ④ 17. ③

18. 부동산 시장에 대한 정부의 개입에 관한 설명으로 틀린 것은?(34회 기출)

① 부동산투기, 저소득층 주거문제, 부동산 자원배분의 비효율성은 정부가 부동산 시장에 개입하는 근거가 된다.

② 부동산 시장실패의 대표적인 원인으로 공공재, 외부효과, 정보의 비대칭성이 있다.

③ 토지비축제도는 공익사업용지의 원활한 공급과 토지시장 안정을 위해 정부가 직접적으로 개입하는 방식이다.

④ 토지수용, 종합부동산세, 담보인정비율, 개발부담금은 부동산시장에 대한 직접 개입수단이다.

⑤ 정부가 주택시장에 개입하여 민간분양주택 분양가를 규제할 경우 주택산업의 채산성 수익성을 저하시켜 신축 민간주택의 공급을 축소시킨다.

[해설]

정부의 부동산시장에 대한 개입수단 중 토지수용은 직접개입수단에 해당하며, 종합부동산세, 담보인정비율, 개발 부담금은 간접개입수단에 해당한다.

19. 현재 우리나라에서 시행되고 있지 않는 부동산 정책수단을 모두 고른 것은? (34회 기출)

㉠ 택지소유상한제	㉤ 부동산 거래 신고제
㉡ 토지초과이득세	㉥ 주택의 전매제한
㉢ 부동산 실명제	㉦ 토지거래허가구역
㉣ 종합부동산세	㉧ 공한지세

① ㉠ ㉧

② ㉠ ㉢ ㉧

③ ㉠ ㉣ ㉤ ㉥

④ ㉡ ㉢ ㉣ ㉤ ㉦

⑤ ㉡ ㉣ ㉤ ㉥ ㉦ ㉧

[해설]

㉠ 택지소유상한제는 1990년부터 실시되었으나 사유재산권 침해 이유로 1998년에 폐지되었다.

㉢ 토지초과이득세는 실현되지 않은 이익에 대해 과세한다는 논란 등으로 1998년에 폐지되었다.

㉧ 공한지세는 1974년부터 실시되었으나 1986년에 폐지되었다.

정답 18. ④ 19. ②

제16장 부동산 조세론

16.1 부동산 조세의 의의와 목적

1. 부동산 조세의 의의

조세는 강제성(强制性)을 띠게 마련이다. 그래서 조세(租稅)란 일반적으로 정부나 지방자치단체와 같은 공권력을 가진 자가 그의 재정수요를 충족하기 위해 국민으로부터 강제로 징수하는 재화라고 한다.

그런데 이 조세의 세원은 개인소득, 재산 및 자본이다. 말하자면 국민은 소득을 올리거나 재산을 소유함으로써 납세의무를 지게 되는 것이다. 그중에서도 토지와 건물 등의 부동산을 취득·소유하는 경우, 이용하는 경우, 처분하는 경우 등에 부과되는 조세를 우리는 부동산 조세라 한다. 이것에는 매년 과세되는 것이 있고, 소유권 이전 시 혹은 특정시기에 과세되는 것이 있다.

2. 부동산 조세의 목적

부동산에 세금을 부과하는 목적은 크게 두 가지로 볼 수 있다. 하나는 정부나 지방자치단체가 공공재(公共財) 공급을 위한 재원조달을 목적으로 부과하는 것이고, 다른 하나는 사회경제 정책목적을 달성하기 위해 부과하는 것이다.

즉 전자는 개인의 사회 욕구를 충족시키기 위한 공공재 공급을 위해 조세를 부과하는 것이며, 후자는 공해 · 독점 · 도시집중 · 토지투기 등의 비효율적 경제행위를 제거하고 분배의 불공정 및 경제의 불안전을 시정하기 위해 부과하는 것이다. 바그너(A.H. Wangner)는 전자를 순재정조세(純財政租稅), 후자를 사회정책조세(社會政策租稅)라 한다.

3. 부동산 조세의 법원

법원(法源)이란 법의 존재형식을 말하는데 조세법률주의(租稅法律主義)를 채택하는 우리나라는 부동산 조세 법원으로 각각의 조세법과 부령, 고시 등이 있다. 또한 조세행정을 운영하는 데 법원은 아니지만 훈령이나 통칙 등의 명령도 있다.

4. 헌 법

헌법은 각 조세법의 장점이 되는 것인데, 제38조에는 "모든 국민은 법률이 정하는 바에 의하여 납세의 의무를 진다"고 규정하였고, 조세법률주의의 근거를 제 59조에서 "조세의 종목과 세율은 법률로 정한다"고 정하였다. 법률에 따르지 않는 조세는 모두 무효라 할 수 있다.

5. 법 률

조세법률주의는 조세 영역의 법적 안정성과 예측 가능성을 담보하는 원칙이다. 그래서 각 조세법은 과세요건, 즉 납세의무자, 과세대상물건, 과세표준, 세율, 비과세와 면제 등은 물론 조세부과의 징수에 관한 제사항 등을 자세히 정하고 있다.

6. 시행령

시행령(施行令)이란 대통령(총리, 부령)의 명령을 말한다[2]. 부동산 조세 부과의 징수에 관한 기본적 사항은 법률로 정하지만 그 세부사항은 시행령으로 정한다. 이때는 법률에서 시행령으로 위임한 사항만 정하는 것이 보통이다. 이같이 시행령으로 정하는 이유는 국회의 시간과 능력의 결여, 조세행정의 전문성 및 경제사정의 변화 등에 따라 법률로 정하는 것이 어려운 경우가 있기 때문이다.

7. 시행규칙

시행규칙(施行規則)은 법률이나 시행령에서 위임한 사항을 제정한 법규명령이다.

---

2) 국회의 의결을 거치지 않고, 행정기관에 의하여 제정되는 성문법이다. 대통령령, 총리령, 부령이 있으며 이 중에서 대통령령이 상위법에 해당한다.

8. 조례와 규칙

조례(條例)3)와 규칙(規則)4)은 지방세의 법원이다. 지방세의 세목, 과세객체, 과세표준, 세율, 기타 부과징수에 관한 사항은 조례로 정하는데, 도(道)는 행정안전부 장관, 시·군(市·郡)은 도지사의 승인이 필요하다. 또한 조례의 시행에 따른 절차, 기타 시행에 관해 필요한 사항은 지방자치단체의 장이 정할 수 있다.

9. 고 시

고시(告示)란 행정기관이 국민에게 널리 알리기 위하여 일정한 사항을 공고하는 일종의 공고 형식이다5). 예를 들면 양도소득을 계산할 때 적용하는 도매 물가상승률을 국세청장이 고시하는 것 등이다.

10. 훈 령

훈령(訓令)이란 소속기관 또는 직원의 직무운영의 기본에 관한 명령사항을 말하는 것으로 이는 법원(法源)이 되지 않는다. 국무총리가 조세부과를 위해 개별토지평가를 하는데 있어서 행정력의 낭비를 막고자 "지가조사를 각 기관이 별도로 하지 말고 국토교통부 장관의 총괄, 지휘, 감독 아래 관계기관이 합동으로 조사하라"(1990.4.11)고 내린 명령 등이 이 예이다.

11. 통 칙

통칙은 지휘감독권을 가진 상급 행정기관이 하급 행정기관에게 하는 명령으로 법령의 해석이나 운영방침 등에 관한 시달사항이다. 이것은 행정조직 내부의 구속력만 갖고 국민이나 재판의 구속력은 없다. 법원은 통칙에 구애받지 않고 독자적 판단으로 법령을 해석하고 적용하여 판결하는 수가 많다. 훈령과 마찬가지로 법원이 아니다.

---

3) 조례는 지방의회의 의결을 거쳐 제정된다.
4) 규칙은 지방단체장이 제정하는 것을 말한다. 예를 들어 지자체의 조직, 사무, 주민의 권리의무 등이 있다.
5) 고시는 일단 고시된 사항은 개정되거나 폐지되지 않는 한 그 효력이 계속되며, 공고는 단기적. 일시적 효력이 있다. 예를 들면 입찰공고, 시험공고 등이 이에 해당한다.

12. 판 례

대법원은 구체적 사건에 관한 조세법에 명문규정이 없는 경우 조세법 질서의 관점에서 판단·선언한다. 따라서 판례 자체는 법원이 아니지만 당해 판례는 하위법원인 고등법원, 지방법원을 법률적으로 구속한다.

13. 예규와 통첩

이것은 법원이 아니면서 훈령의 범주 내에 속하는 것이다. 예규(例規)는 상급관청이 소관기관 및 직원의 기본적이고 일반적인 직무운영 사항을 명령할 때 취하는 형식이다. 통첩(通牒)은 직무운영에 관한 세부적 사항, 법령해석 등을 개별적이고 구체적으로 시달할 때 취하는 형식이다. 양자는 실무상 엄격히 구별되는 게 아니어서 보통 예규통첩이라 부르고 있다.

16.2 부동산 조세의 기능과 분류

1. 부동산 조세의 본질

조세(租稅)는 일반적으로 국가, 지방자치단체가 재원(財源)을 조달할 목적으로 국민으로부터 강제적으로 징수하는 화폐 또는 재화라고 정의한다.

이러한 조세는 국가의 절대권력에 의하여 징수되는 강제적 성격을 갖고 국가수입을 조달할 목적으로 징수하는 재정적 수입이다.

부동산조세란 이들 조세 중에서 부동산에 관련된 조세만을 한정한 것을 말한다. 이들 부동산을 객체(대상)로 하는 조세수입의 목적을 세분하면 첫째, 국가 및 지방자치단체의 재원조달 둘째, 공적 투자로 인하여 발생한 불로소득의 사회환원 셋째, 부동산 투기 억제와 지가(地價)의 안정 넷째, 토지이용 증대와 주택공급을 통한 부동산의 효율성 제고 다섯째, 공적 토지취득의 원활과 부동산 소유와 거래활동을 능률화시킴으로써 부동산 시장질서 확립을 위한 것이다.

이러한 부동산 관련세법은 취득, 보유, 양도 시에 징수되고 있는데, 그 내용을 정리하면 다음 〈표 16-1〉과 같다.

〈표 16-1〉 부동산 관련 조세

거래 형태	부동산 관련 조세	
	국 세	지방세
취득할 때	상속세, 증여세, 인지세, 부가가치세	취득세, 면허세
보유할 때	종합부동산세, 종합소득세(개인 부동산 임대소득), 법인세(법인의 부동산 임대소득), 부가가치세(부동산임대업), 재평가세, 인지세	재산세, 도시계획세, 공동시설세, 사업소세, 농지세, 주민세
양도할 때 (처분)	양도소득세(개인), 특별부가세 및 법인세(법인), 사업소득세(개인의 부동산매매업 및 주택신축판매업), 부가가치세(부동산매매업), 인지세	주민세

한편 2012년 우리나라의 건물 및 기타 물건의 시가표준액 조정기준안[6]을 살펴보면 다음과 같다.

(1) 시가표준액 개요

시가표준액은 취득세, 재산세, 등록면허세, 지역자원시설세 등 4개 과목의 과세기준이 되는 기준가격이다. 이는 행정자치부장관이 정하는 기준에 따라 시장·군수는 매년 1월 1일 시가표준액을 결정 · 고시하도록 되어 있다[7].

시가표준액 산정체계는 국세청장이 고시하는 신축건물기준가액에 각종 지수, 경과연수 및 가감산 특례를 감안하여 산정하도록 하고 있다. 아울러 기타물건 시가표준액은 기준가격에 경과연수를 고려하여 산정토록 하고 있는데 그 내용은 다음과 같다.

건물시가표준액 = 건물신축가격기준액 × 각종지수(구조, 용도, 위치)
× 경과연수 잔가율 × 가감산특례

6) 지방세법 제4조 및 동법 시행령 제4조에 의해 건물 및 기타물건 시가조정의 기준안을 행정안전부 장관이 정하도록 하고 있다.

7) 지방세법 시행령 제4조에서는 건축물, 선박, 항공기 및 그 밖의 과세대상에 대한 시가표준액은 매년 1월 1일 현재 시장 · 군수가 행정안전부 장관이 정하는 기준에 따라 산정하여 도지사의 승인을 받아 결정하도록 하고 있다.

2. 부동산 조세의 기능

부동산 조세(不動産 租稅)정책은 조세목적을 달성하기 위하여 재정정책과 경제정책, 사회정책 등 여러 가지 기능을 할 수 있어야 한다. 재정정책은 공공부문과 민간부문 간의 적정한 자원배분 및 소득분배의 형평성을 통한 경제의 안정과 성장에 중점을 두고, 경제정책은 경제성장과 안정을 통하여 국민생활의 향상에 이바지하려는 것이다. 그리고 사회정책은 다음과 같은 목적을 달성하기 위함이다.

(1) 부동산 자원 분배

국가와 지방자치단체는 국민에게 각종 공공서비스를 제공하고 있다.

자본주의사회에서 국가와 지방자치단체는 재화와 서비스의 생산 및 교환에 종사하지 않고 이를 민간부문에 일임함으로써 국가 또는 지방자치단체가 필요한 자금은 세금에 의한다. 따라서 부동산 자원은 조세를 통하여 민간부문과 공공부문으로 활용할 수 있도록 분배한다. 예를 들어 특히 서민주택을 위한 조세상 특혜는 주거공간분배(住居空間分配)에 큰 역할을 담당한다.

(2) 소득재분배

자본주의 모순 중의 하나는 사회계층 간의 소득격차(所得隔差)이다. 소득분배에 불공평이 존재할 때는 사회계층 간 갈등이 심화되고, 국민총화에 위화감을 조성한다. 이에 따라 소득분포의 시정 또는 완화가 요구되며, 이때 부동산 조세는 소득을 재분배하는 도구로 쓰인다. 부동산의 상속세 · 재산세 등은 소득을 재분배하는 중요한 조세이다. 부동산조세가 소득재분배에 있어서 강조되는 것은 부동산 투기로 인한 불공정이 국민총화의 위기를 초래하므로 부동산조세를 강화하여 저소득층의 복지향상에 기여하는 데 목적이 있다.

(3) 지가안정과 투기억제

부동산 세제는 지가를 안정(地價安定)시키는 기능을 갖고 있다. 원래 지가안정을 위해서는 다른 제도가 마련되어 있다. 예를 들면 부동산 평가제도, 토지거래신고 및 허가제도 등이 그것이다. 그러나 그것만으로는 정책목표를 달성할 수 없어서 정책수단의 하나로 조세제도가 활용되고 있다. 말하자면, 양도소득세 · 특별부가세 · 토지초과이득세 등을 이용하여 지가를 안정시키고자 하는 것이 그것이라 할 수 있다.

한편 부동산 경기가 호황이 되면 단기매매차익을 실현하기 위해 투기자본이 부동산 시장에 참여하여 부동산 거래질서를 문란하게 하는 경우가 많다. 이러한 투기가 성행하는 지역, 투기가 우려되는 개발예정지역 등을 특정지역으로 고시하여 고율의 양도소득세를 부과한다든다, 매매차익을 세금으로 환수하여 투기를 억제할 수 있다.

(4) 경제성장과 안정

국가의 재정비중이 커지면 커질수록 경기변동에 더 효율적으로 대응할 필요가 있다. 즉 경기가 침체되면 조세부담을 경감하고 정부지원을 증대시켜 민간부문의 가처분소득을 늘림으로써 투자와 소비를 자극하고, 반대로 경기가 과열되어 인플레가 확산되면 조세부담을 증가시켜 소비를 억제하는 등의 방안을 마련하는 것이다.

또 조세제도가 누진적 구조를 갖는 경우에는 국가 또는 지방자치단체가 증세, 혹은 감세라는 적극적인 조치를 취하기에 앞서 그 제도 자체로 경기를 조절할 수 있는 기능을 할 수 있게 된다.

(5) 주택문제 해결에 기여

부동산 조세는 주택문제 해결(住宅問題解決) 수단의 기능을 갖고 있다. 주택문제에는 여러 가지가 있다. 공급의 확대, 호화주택의 건축억제, 주택가격의 안정 등이 그러한 것이며, 이러한 문제를 해결하는 데 세제는 해결수단으로서 역할을 한다. 예를 들면 1세대 1주택의 비과세라든지 호화주택 중과세, 주택공급업자의 세제상 혜택 등을 통하여 주택문제 해결에 이바지하는 것이 그것이라 할 수 있다.

아울러 공한지(空閑地)에 대해서는 토지소유자에게 무거운 세금을 부과하여 토지를 적정하게 이용토록 유도할 수 있으며, 또 토지를 주택건설업자에게 매도할 경우 주택건설업자가 수월하게 토지를 매입, 주택건설을 촉진할 수 있다.

3. 부동산 조세의 분류

부동산 조세는 여러 가지 기준으로 분류할 수 있다. 재정학의 관점이나 조세법률 등의 관점에 따라서도 분류할 수 있다. 또한 조세이론상 분류도 가능하며, 부동산 활동에 따라서 분류할 수도 있다.

여기에서는 조세이론가들이 말하는 것을 어떤 기준에도 개의치 않고 조세를 이해하는 데 필요하다고 여기는 내용을 소개하고, 이어서 부동산 활동의 사고방식에 따라서 분류해보기로 한다.

(1) 조세 이론상의 분류

1) 국세와 지방세

과세권자(課稅權者)가 누구냐에 따라 국세와 지방세로 나눌 수 있다. 중앙정부가 과세권으로 징수하는 조세를 국세라 하고, 지방자치단체가 국가로부터 부여받은 과세권으로 과징하는 조세를 지방세라 한다. 지방세는 다시 특별시세, 광역시세, 도세, 시·군세 및 구세(區稅)로 나눈다.

부동산의 국세는 소득세·법인세·재평가세·상속세·증여세·토지초과이득세가 있고, 지방세는 농지세·재산세·종합토지세·취득세·등록세(삭제)·도시계획세·공동시설세가 있다.

2) 내국세와 관세

이것은 조세를 부과하는 장소에 따라 구별하는 것이다. 국내에서 과세하는 조세를 내국세라 하고, 재화가 국경을 통과할 때 부과하는 조세를 관세라 한다. 부동산 조세는 모두 내국세이고, 관세에 해당하는 것이 없다.

3) 직접세와 간접세

소득 및 재산을 직접 포착하여 과징하는 조세를 직접세(直接稅)라 하고, 소득 및 재산에서 획득한 소득의 지출 혹은 그 소득 및 재산의 이전사실을 포착하여 과징하는 조세를 간접세(間接稅)라 한다. 부동산의 직접세는 소득세·재산세가 있고, 간접세는 소비세로 부가가치세와 유통세로 취득세·인지세가 있다.

4) 인세와 물세

과세대상 또는 과세표준에 따라 인세(人稅)와 물세(物稅)로 구분할 수 있다. 수입을 획득하는 사람의 급부능력(給付能力)을 표준으로 과징하는 조세를 인세라 하며, 상속세·소득세 등이 이에 해당한다. 물세는 부의 원천인 토지·건물·영업 등의 물적 측면에 중점을 두어 과세하는 것이다. 부가가치세, 인지세 등도 이에 해당한다.

5) 보통세와 목적세

조세 수입의 특정용도(特定用途) 여부를 기준으로 보통세와 목적세로 나눈다. 일반경비에 충당하는 조세를 보통세라 하고, 용도를 특정하여 그 용도에만 충당하는 조세를 목적세라 한다. 농지세·재산세·취득세 등은 보통세이고, 도시계획세·공동시설세는 목적세이다.

6) 수득세(收得稅) · 재산세 · 소비세 · 유통세

이것은 담세력(擔稅力)의 존재를 상징하는 과세물건을 기준으로 하는 분류이다.

수득세(收得稅)란 사람이 얻고 있다는 사실에 착안하여 과세하는 조세로 소득세 · 법인세 · 재평가세 · 토지초과이득세 등이 있다. 재산세는 재산을 소유한다는 사실에 담세력을 인정하여 과세하는 조세로 재산세 · 상속세 · 증여세가 있다.

소비세(消費稅)란 재화나 용역을 구입 · 소비하는 사실에 담세력을 인정하여 간접적으로 과세하는 조세로 부가가치세가 있다. 유통세(流通稅)란 권리의 취득·변경 또는 재화의 이전사실에 담세력을 인정하여 과세하는 조세로 등록세(삭제) · 취득세 · 상속세 · 증여세 · 인지세 등이 있다.

7) 종가세와 종량세

과세물건의 과세표준을 화폐단위로 표시하는가, 아니면 물량으로 표시하는가에 따른 구분이다. 종가세(終價稅)란 과세표준이 금액으로 표시되는 조세인데 세율은 100분비 또는 1,000분비로 표시한다. 부동산 재산세 · 상속세 등은 금액으로 표시하는 종가세이다.

종량세(從量稅)는 과세표준을 용량 · 건수 · 인원 등의 물량으로 표시하는 조세인데 부동산은 해당되지 않는다. 주세(酒稅) 같은 것이 종량세이다.

8) 대장세와 종률세

과세행정의 절차에 따라 과세대장(課稅臺帳)에 의거하여 부과되는 조세를 대장세라 하고, 과세요건이 성립될 때마다 부과되는 조세를 종률세(從率稅)라 한다. 토지세 · 건축물세 · 광구세 등은 전자에 속하고, 인지세 등은 후자에 속한다.

9) 비례세와 누진세

과세표준의 크기와는 관계없이 일정세율이 적용되는 것을 비례세(比例稅)라 하고, 과세표준금액이 증가함에 따라 세율도 점차 높아지는 조세를 누진세(累進稅)라 한다. 전자에는 부가가치세가 있고, 후자에는 소득세 · 상속세 · 증여세 · 법인세가 있다.

(2) 부동산 활동에 따른 분류

부동산 조세는 부동산 활동의 분류방식에 따라 취득활동에 따른 조세, 보유할 때에 따른 조세, 양도할 때의 조세로 나눌 수 있으며, 그 자세한 내용은 앞서 〈표 16-1〉과 같다.

▶ 참고 : 부동산 등기 시 참고할 사항

① 채권 발급번호
② 법정 수수료
③ 취득세, 교육, 채권, 인지세(증지) 수수료
④ 교통비, 기타비용, 잡비, 등록료, 등록대행료 등(통상적 지불)
※ 등록대행료, 교통비 등은 법정수수료에 포함된다.

4. 조세의 원칙

조세원칙은 과세방식이나 세제(稅制)가 어떤 형태인가에 따라 다르다. 따라서 국가, 사회에 따라 다르다. 여기에서는 조세원칙을 스미스(A. Smith), 와그너(Wagner), 머스그레이브(Musgrave)에 대해서 설명한다.

(1) 아담 스미스의 조세원칙

1) 공평의 원칙(equity)

국민은 그들이 국가의 보호하에서 실현하는 그들의 소득에 비례하여 공평하게 과세되어야 한다.

이 원칙은 세액은 같게 결정되어야 한다는 과세공평의 의미이다.

2) 명확의 원칙(certainty)

납세는 모든 사람이 이해될 수 있도록 명백하여야 하며, 그것을 임의로 조작, 변경해서는 안 된다. 납세기일, 납세방법, 납세액이 납세자에 명백하고 분명하여야 한다. 이는 과세행정의 투명성을 의미한다.

3) 지불편의의 원칙(convenience)

각 조세는 납세자에 대하여 그것을 납세하는 데 가장 편리하다고 생각되는 시일, 또는 방법으로 과세하여야 한다. 이는 납세자가 과세로 인해 필요 이상의 비용부담을 요구해서는 안 된다는 의미이다.

4) 징세비 절약의 원칙

과세는 그 징수에 있어서 국고에 들어오는 액수 이상의 부담을 납세자에게 부과해서는 안 된다. 이는 곧 세무행정비의 절약을 요구하며, 국민이 경제생활을 위한 근면성을 저해해서는 안 된다. 이는 과세당국의 측면에서 또한 필요 이상의 징세비가 발생되어서는 안 된다는 의미이다.

(2) 와그너의 조세원칙

19세기 자본주의가 성숙된 시기에 있어 조세원칙은 자유주의 시대와는 다른 환경이었다. 이에 와그너(A. Wagner)는 사회정책적인 조세원칙을 제시하였으며, 이는 오늘날까지 현대국가의 조세이념에 영향을 미치고 있다.

1) 재정수입적 조세원칙

재정수입적 조세원칙은 우선 과세의 충분성 원칙으로서 조세는 일정한 재정기간에 있어 주어진 재정수요를 조달할 수 있도록 한다는 것이다. 둘째, 조세는 재정수요의 변화에 따라, 그리고 세원(稅源)의 변동에 따라 신축성 있게 과세되어야 한다.

이 두 가지 조세원칙을 와그너는 가장 중요한 원칙으로 내세우고 있다. 이들은 재정학의 정통적인 원칙인 재정수입의 크기는 먼저 재정수요에 의해 결정되어야 하며, 재정수요는 재정수입에 의해 조달되어야 한다는 관방재정원리에 입각하고 있다.

2) 국민경제적 조세원칙

정당한 세원(稅源)은 재산에 있지 않고 소득에 있는 것이라고 본다. 자본이나 재산에 지나치게 중과될 때, 그것은 세원의 고갈을 초래할 가능성이 있기 때문이다. 이에 따라 국민경제적 관점에서 올바른 세종(稅種)과 세원(稅源)을 선택하여야 한다고 주장한다.

3) 공정의 원칙

과세의 공평성과 보편성을 의미한다. 모든 사람은 그 나라의 국적을 갖게 되면 신분과 특권에 관계없이 납세의무를 지닌다. 납세에 있어서 특권이란 있을 수 없으며, 비록 최저생계비 선상에 있는 사람도 원칙적으로 납세의 의무를 짐으로써 국민개세주의(國民皆稅主義)를 주장한다.

공평성이란 소득에 대해 공평한 조세의 비율을 의미한다. 즉 소득수준이 높아갈수록, 세율을 강화하는 누진세율의 적용을 뜻한다. 이같은 원칙의 적용은 결국 소득 또는 전시이윤(戰時利潤) 등의 불로소득에 대한 중과를 뜻함으로써 소득재분배효과를 강조한다.

4) 조세행정 원칙

조세행정 원칙은 명확의 원칙, 편의의 원칙, 징세비 절약의 원칙을 들고 있다. 명확의 원칙은 조세행정 담당자가 얼마나 유능한가에 달려 있으며, 먼저 조세체계의 간소화, 명확한 법규, 표현의 명확성, 정확한 납세액 및 납세기간, 기타 납세에 필요한 충분한 해설이 전제되어야 한다.

편의의 원칙을 실현하기 위해서 납세 장소, 납세기일 및 납세방법이 납세자에게 가장 편리한 방법으로 결정하여야 한다. 여기에서 편의는 단지 납세자만을 위한 것이 아니고, 조세당국을 위해서도 큰 의미를 지닌다. 왜냐하면 조세당국의 조세수입실적은 편의원칙에도 크게 영향을 받기 때문이다.

징세비 절약의 원칙은 조세당국은 물론 납세자에게도 발생되는 것이므로 양자(兩者)로부터의 비용의 최소화가 요구된다.

와그너의 조세원칙은 스미스의 조세원칙과 비교할 때 재정수입적 원칙과 사회정책적 조세원칙을 고려하고 있음이 그 특징으로 한다. 과세로 인한 배분의 왜곡요인은 조세재정원칙에 포함시키고 있다.

(3) 머스그레이브의 조세원칙

머스그레이브(R. Musgrave)는 후생경제학적 관점에서 6개의 조세원칙을 다음과 같이 제시하였다.

① 세 부담은 공평하여야 한다.
② 시장의 효율적인 선택행동을 침해하여서는 안 된다.
③ 시장의 비효율적인 행동은 시정해야 한다.
④ 경기조절 기능을 발휘하여야 한다.
⑤ 세제(稅制)의 체계는 확정적이고 명확하여야 한다.
⑥ 징세비는 최소이어야 한다.

머스그레이브의 조세원칙은 공평과세, 자원배분의 효율화, 경제의 안정화, 조세 행정적 측면 등에 중점을 두고 있어 조세의 거시·미시적인 기능을 모두 포함하고 있다.

연 습 문 제

1. 부동산 조세의 기능과 종류에 대해서 기술하시오.

2. 부동산 조세 가운데 취득시와 보유시 처분시로 구분하여 각각 국세와 지방세로 구분하여 기술하시오.

3. 최근 정부에서 발표한 부동산 조세와 관련된 정책 가운데 본인이 관심 있는 분야를 들어서 현황을 조사하시오.

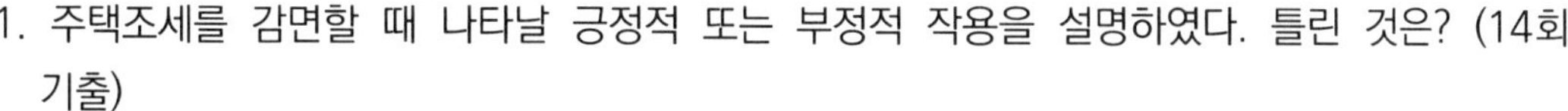

공인중개사 기출 및 예상문제

1. 주택조세를 감면할 때 나타날 긍정적 또는 부정적 작용을 설명하였다. 틀린 것은? (14회 기출)

① 주택수요의 소득탄력성이 0보다 큰 경우에 주택조세를 감면하면 고소득층은 더 규모가 크고 질이 좋은 주택을 구입할 수 있다.

② 주택조세를 감면하면 주택부문 투자는 증가하고 다른 부문 투자는 감소하는 효과가 나타날 수 있다.

③ 주택조세감면은 자가 소유를 촉진하는 효과가 있다.

④ 주택조세감면으로 주택수요가 증가하여 주택가격이 상승하면 저소득층은 주택을 구입하기 어려워진다.

⑤ 주택조세감면은 조세부과와 달리 소득을 재분배하는 효과가 발생한다.

[해설]

⑤ 주택조세감면은 자가 주택을 보유한 고소득층의 탄력성을 더욱 키워주게 되어서 상대적으로 비탄력적인 저소득층의 주택구입을 어렵게 하므로 소득재분배의 효과를 거둘 수 없다.

2. 정부는 주택에 부과하는 재산세를 상승시켰다고 가정할 경우, 단기적으로 주택시장에 나타나는 현상에 관한 설명이다. 가장 적합한 것은? (단, 다른 조건이 일정할 경우임) (13회 기출)

① 임대인과 임차인은 부과되는 재산세를 절반씩 부담한다.

② 재산세의 귀착문제는 수요의 탄력성과 공급의 탄력성의 상대적 크기에 따라 다르게 나타난다.

③ 주택의 임대료는 상승하고, 공급량은 증가한다.

④ 주택가격에 일률적으로 같은 세율을 적용하는 재산세는 누진세적인 효과를 나타낸다.

⑤ 수요가 완전탄력적일 경우 재산세 상승분은 전부 임차인에게 귀착된다.

[해설]

① 재산세 상승분에 대한 부담의 정도는 임대인과 임차인의 탄력성 크기에 따라 다르게 된다.

③ 재산세 상승시에 임대료는 상승하고, 공급량은 감소한다.

정답 1. ⑤ 2. ②

④ 주택의 가격을 구분하지 않고 고가주택과 저가주택의 구분 없이 동일세율을 적용하면 상대적으로 저가주택의 소유자들의 세부담률이 커지게 되므로 역진세적인 효과가 나타난다.
⑤ 수요가 완전 탄력적이라면 재산세 상승분은 임대인이 전부 부담한다.

3. 부동산 보유세의 경제적 효과에 대한 설명이다. 가장 거리가 먼 것은? (15회 기출)

① 헨리 조지는 토지에서 나오는 지대수입을 100%징세할 경우, 토지세 수입만으로 재정을 충당할 수 있다고 주장했다.
② 토지의 공급은 비탄력적이기 때문에, 토지에 대한 보유세는 자원배분 왜곡이 큰 비효율적인 세금이다.
③ 주택수요자의 수요곡선이 비탄력적이고 주택공급자의 공급곡선이 탄력적일 경우, 재산세의 부담은 상대적으로 주택수요자에게 많이 귀착된다.
④ 임대주택의 경우, 임대인의 공급곡선이 비탄력적이고 임차인의 수요곡선이 탄력적일 때, 재산세를 중과하더라도 재산세가 임대인으로부터 임차인에게 전가되는 부분이 상대적으로 적다.
⑤ 공공임대주택의 공급확대 정책은 임대주택의 재산세가 임차인에게 전가되는 현상을 완화시킬 수 있다.

[해설]
① 헨리 조지의 토지단일세를 말한다. 그는 빈곤의 문제를 해결하는 방법으로 오직 토지를 공유재산으로 해야 한다고 주장하며 다른 모든 조세는 폐지하고, 오직 토지에 대한 세금만으로 정부재정을 충당하자는 토지단일세를 주장한다.
② 토지의 공급은 비탄력적이기 때문에 조세의 전가가 적게 이루어진다. 따라서 토지에 대한 보유세는 자원배분 왜곡이 작은 효율적인 세금이다.

4. 부동산 조세에 관한 설명으로 옳은 것을 모두 고른 것은?(33회 기출)

> ㉠ 양도소득세와 부가가치세는 국세에 속한다.
> ㉡ 취득세와 등록면허세는 지방세에 속한다.
> ㉢ 상속세와 재산세는 부동산의 취득단계에 부과한다.
> ㉣ 증여세와 종합부동산세는 부동산의 보유단계에 부과한다.

① ㉠　　② ㉠, ㉡　　③ ㉡, ㉣
④ ㉠, ㉡, ㉢　　⑤ ㉡, ㉢, ㉣

정답 3. ②　4. ②

[해설]
㉢ 상속세는 부동산의 취득단계에 부과하나, 재산세는 보유단계에 부과한다.
㉣ 증여세는 부동산의 취득단계에 부과하나, 종합부동산세는 보유단계에 부과한다.

5. 부동산 조세에 관한 설명으로 옳은 것을 모두 고른 것은?(35회 기출)

> ㉠ 양도소득세의 중과는 부동산 보유자로 하여금 매각을 앞당기게 하는 동결효과(lock-in effect)를 발생시킬 수 있다.
> ㉡ 재산세와 종합부동산세의 과세기준일은 매년 6월 1일로 동일하다.
> ㉢ 취득세와 상속세는 취득단계에서 부과하는 지방세이다.
> ㉣ 증여세와 양도소득세는 처분단계에서 부과하는 국세이다.

① ㉡ ② ㉠, ㉢ ③ ㉡, ㉣
④ ㉠, ㉢, ㉣ ⑤ ㉠, ㉡, ㉢, ㉣

[해설]
㉠ 양도소득세의 중과는 부동산 보유자로 하여금 매각을 미루게 하는 동결효과(lock-in effect)를 발생시킬 수 있다.
㉢ 취득세와 상속세는 취득단계에서 부과하는 조세로서 취득세는 지방세이나 상속세는 국세이다.
㉣ 증여세는 취득단계, 양도소득세는 처분단계에서 부과하는 국세이다.

6. 토지세를 제외한 다른 모든 조세를 없애고 정부의 재정은 토지세만으로 충당하는 토지단일세를 주장하는 학자는?(35회 기출)

① 피쉬(A. Losch)
② 레일리(W. Reilly)
③ 알론소(W. Alonso)
④ 헨리 조지(H, George)
⑤ 버제스(E. Burgess)

[해설]
헨리 조지(H. George)는 그의 저서 '진보와 빈곤(Progress and Poverty)'에서 토지세를 제외한 다른 모든 조치를 없애고 정부의 재정은 토지세만으로 충당하는 토지단일세를 주장하였다.

정답 5. ① 6. ④

제17장 부동산 평가론

17.1 부동산 평가의 의의 및 필요성

1. 부동산 평가의 의의 및 개념

부동산 평가란 평가주체가 부동산가격을 평정하는 활동이다.

예를 들어 첫째, 부동산을 매매하고자 할 때 대상 부동산의 가격이 얼마나 되는지 둘째, 금융회사가 부동산을 담보로 자금을 빌려 줄 때 채권확보가 얼마나 가능한지 셋째, 기업이 합병할 때 자산의 가치는 어느 정도인지 넷째, 기업이 보유한 부동산자산의 가치를 파악하기 위할 때 다섯째, 정부가 토지나 건물에 세금을 부과하고자 할 때 여섯째, 정부가 공공사업으로 토지나 건물을 매수하거나 수용(收用)하고자 할 때 일곱째, 경매가 진행중인 부동산의 최초 입찰가를 정할때에 대상 부동산의 가격을 얼마로 할 것인가 하는 절차에 이르게 되는데 이 경우에 부동산자산의 정당한 가치를 평가하여 경제활동을 원활하고 능률적으로 하고자 부동산 평가라는 제도를 활용하는 것이다.

한편 부동산 평가의 개념은 감정·평가 일원설과 이원설로 양립되어 왔다. 부동산의 '감정(鑑定)'이 대상 부동산에 대한 사실관계를 조사, 확인하여 그 부동산의 진위(眞僞), 양부(良否) 등의 사실여부를 판정하는 것이라면, 부동산의 '평가(評價)'는 위의 감정기능의 토대 위에서 대상 부동산의 경제적 가치를 화폐단위로 평정하는 것이라 하겠다.

감정과 평가를 구분하려는 2원설의 입장에서는 '감정'을 대상 부동산의 내용을 판정하는 과정으로 보고, 다음 단계에서 부동산 평가를 전자의 감정결과에 따라 대상 부동산의 경제적 가치, 또는 교환가치를 화폐액으로 표시하는 과정으로 보고, 1원설의 입장은 2가지 개념을 구분하지 않고 포괄적으로 감정기능과 평가기능을 동일한 개념 속에서 파악하려는 개념이다.

2. 부동산 평가의 필요성

부동산 평가제도의 필요성을 살펴보면 다음과 같다.

① 부동산은 합리적 시장이 형성되지 않으므로 쉽게 인식할 수 있는 적정가격이 없으며, 부동산이 지니고 있는 부증성(不增性) 등의 자연적 특성으로 인하여 수요와 공급에 의한 균형가격이 형성되지 않는다.
② 부동산의 가격은 권리 및 이익의 가격이므로 평가활동을 하려면 법률 및 관련 전문지식이 요구된다. 그리고 부동산 시장의 기능을 적정화하는 가격평정기관이 필요하다.
③ 부동산 자체가 사회성 및 공공성이 있는 재화일 뿐 아니라, 그것을 다루는 평가활동도 높은 사회성과 공공성이 요구된다. 부동산이라는 재화는 현대에 이르러 그 독점·배타적 권리보다는 공공성과 사회성이 강조되는 재화이다. 부동산은 사회성과 공공성이 강조되므로 재화를 다루는 평가활동에 높은 윤리성과 전문지식이 요구되며, 감정평가 제도를 필요로 하는 것이다.
④ 특히 토지는 자연적 특성인 부동성 · 개별성 때문에 중앙시장이 존재하지 않으며 불완전시장인 하위시장이 성립하지만, 사용·수익 · 처분권이 있기 때문에 이익이 발생된다. 그러나 일물일가(一物一價)의 원칙 적용이 어렵다는 점이 부동산 가격결정은 감정평가사의 전문지식과 평가활동을 필요로 하게 되는 것이다.

3. 부동산 평가의 기능

부동산 평가는 부동산의 객관적 가치를 평가하여 효율적인 부동산정책의 형성과 집행을 가능하게 하고, 국민의 재산권을 보장하며, 나아가 불완전 경쟁시장의 결함을 보완함으로써 부동산자원의 효율적 분배와 경제 유통질서 확립에 기여한다. 이를 부동산 평가의 기능이라 하며, 전자를 정책기능, 후자를 경제기능이라 한다.

부동산 평가의 기능은 이 같이 크게 나눌 수 있는데 부동산 평가활동의 사회성 · 공공성이 강조되는 이유도 부동산 평가가 이러한 기능을 하고 있기 때문이다[8].

(1) 부동산 정책기능

부동산 정책기능은 공적 부동산 활동과 관계가 있으며, 부동산의 효율적 이용관리, 적

8) 지가공시 및 토지 등의 평가에 관한 법률이 정하는 표준지의 적정가격은 공공성을 갖기 때문에 그 업무범위는 법인과 비법인 간에 차등을 두고 있다(동법 제20조 제2항 및 동법 시행령 제35조).

정한 부동산 가격유도, 합리적인 손실보상, 과세의 합리화 등 부동산 정책의 효율적 수행에 기여한다.

1) 부동산의 효율적 이용관리

부동산 가격을 평정하는 것은 부동산의 최유효이용(最有效利用)의 방법을 모색하는 기준을 설정하기 위해서이다. 이미 평가된 평가지수(land price level) 등으로 지역을 분석할 수 있고, 사업계획에 이를 반영할 수 있어 부동산 이용관리에 활용된다.

2) 가격지표 및 적정가격의 유도

평가사가 평정한 부동산 가격은 당해 지역에서 가격지표로의 기능뿐만 아니라 비정상적인 가격형성을 억제함으로써 부동산 가격의 적정화에 이바지한다. 그리고 이 가격은 당해 지역의 지가상승을 억제하는 기능도 한다.

3) 합리적인 손실보상

공공사업을 위하여 사유재산권을 침해할 경우 적정한 가격을 평정하여 줌으로써 합리적 보상에 기여한다. 특히 시장성이 없는 부동산이나 용이하게 경제가치를 측정할 수 없는 부동산의 보상평가에 유용한 기능을 한다.

4) 과세의 합리화

부동산 가액은 조세(租稅)의 기초가 된다. 국가나 지방자치단체는 국민의 재산가치에 따라 조세수입에 영향을 받는다. 평가는 일반 국민이 가지고 있는 부동산의 재산권을 적정하게 평가하여줌으로써 조세 주체로 하여금 부동산 재산권의 가치에 따른 공평과세를 부과할 수 있도록 한다.

(2) 일반경제기능

부동산 평가의 일반경제 기능은 유통질서 유지에 관한 것으로서 부동산자원의 효율적 분배, 거래질서의 확립과 유지, 부동산 의사결정의 판단기준 제시 등이 있다.

1) 부동산 자원의 효율적 분배

부동산 시장은 물론 일반시장의 불완전함을 보완해주는 기능이다. 가격파악이 어려운 부동산의 적정가격을 산정하여 줌으로써 완전경쟁 가정하에 균형가격을 창조하여 거래를 도와 부동산 자원의 효율적 분배를 가능하게 한다.

2) 거래질서의 확립과 유지

부동산 평가활동은 부동산의 공정한 가격을 평정(評定)해줌으로써 매매, 임대차, 담보설정, 경매 등 여러 가지 거래활동을 능률적이고 합리적으로 하게 한다.

3) 의사결정 판단기준의 제시

부동산 평가결과는 계획의 타당성 분석기준으로 유용하게 활용된다. 주택구매, 투자용 부동산의 구매결정 등에 대한 의사결정이 필요한 때에는 대상 부동산의 평가가격이 투자의사결정에 유용한 판단기준으로 활용된다.

17.2 부동산 가격이론

1. 부동산과 그 가격

(1) 부동산 가격의 본질과 발생요인

1) 부동산 가격의 본질

부동산 가격이란 부동산의 소유에서 비롯되는 장래이익을 현재의 가격으로 표시한 것이다.

이를 보다 구체적으로 살펴보면 부동산 가격은 ① 장래이익이 그 바탕이 된다, ② 그것을 현재 가치로 환원한 것이다, ③ 소유권과 불가분의 관계에 있다는 것을 그 본질(本質)로 한다.

2) 부동산 가격의 발생요인

부동산의 가격이 형성되는 것은 유용성, 상대적 희소성, 욕망, 유효구매력의 4가지 요인의 상관결합으로 발생한다.

① 유용성은 부동산의 용도적 가치를 말하는 것으로 주거용 부동산에서는 쾌적성, 상업용 부동산에서는 수익성, 농업용 부동산은 생산성을 의미한다.
② 상대적 희소성은 토지의 물리적 절대량의 부족 때문에 나타나는데, 부동산은 일반경제재보다 희소성의 가치가 더 발휘된다. 또한 부동산은 용도적 부족이라는 현상이 희소성을 가중시키는 요인이 된다.
③ 욕망은 어떤 욕구를 충족시키기 위하여 부동산을 향한 욕망으로서 부동산 가격의

창조에 기여한다.

④ 유효 구매력이란 경제적 개념으로서 때와 장소에 따라 변화하는데, 부동산 가격이 발생하기 위해서는 구매력이 존재하여야 한다.

(2) 부동산 가격의 특징

1) 가격과 임료

부동산의 가격은 일반적으로 교환의 대가인 가격과 용익의 대가인 임료(賃料)로 표시된다. 이 가격과 임료는 과실의 상관관계가 있다.

2) 권리 및 경제이익의 대가

부동산 가격은 그 부동산의 소유권, 임차권 등의 권리대가(權利對價) 또는 경제적 이익의 대가이며, 또 둘 이상의 권리이익이 동일한 부동산에 존재하는 경우에는 그 각각의 권리이익에 가격이 형성될 수 있다.

3) 장래를 고려한 가격

부동산 가격은 보통 과거와 장래를 고려하여 형성된다. 부동산이 속하는 지역은 고정적인 것이 아니라 늘 확대, 축소, 집중, 확산, 발전, 쇠퇴의 변화과정에 있기 때문에 지역을 구성하고 있는 하나하나의 부동산 가격은 통상 과거로부터 장래에 걸치는 장기간을 고려하여 형성된다. 오늘의 가격은 어제의 전개이며, 내일을 반영하는 것으로 늘 변동과정에 있는 것이다.

4) 개별가격의 형성

부동산의 가격은 거래당사자의 개별적 사정에 따라 좌우된다. 왜냐하면 부동산의 현실가격은 거래 등의 필요에 따라 개별적으로 형성되는 것이 보통이며, 특히 부동산은 그 시장이 불완전하여 일물일가의 법칙이 성립되지 않기 때문이다.

(3) 부동산 가격의 종류

1) 정상가격

정상가격이란 시장성이 있는 부동산이 합리적인 시장에서 형성할 수 있는 시장가치를 표시한 적정한 가격이다. 우리나라의 '감정평가에 관한 규칙'에서는 정상가격을 '대상물건이 통상적인 시장에서 충분한 기간 거래된 후, 그 대상물건의 내용에 정통한 거래당사자간에 통상 성립한다고 인정되는 적정한 가격'이라고 규정하고 있다. 따라서 정상가격은 ① 출품시간의 합리성, ② 거래의 자연성, ③ 거래당사자의 정통성이라는 3가지 조건이 충족된 때 형성될 것을 기대하는 것이다.

2) 한정가격

부동산의 병합 또는 부동산의 일부를 취득하기 위하여 분할할 경우에 부동산 가격이 정상가격과 괴리(乖離)됨으로써 시장이 상대적으로 한정되어 형성되는 가격을 말한다.

3) 특정가격

부동산 가격은 정상가격으로 결정하는 것을 원칙으로 한다. 다만 대상 부동산이 공공 또는 공익의 목적에 제공되고 있는 등의 이유로 그 성격상 정상가격을 구하는 것이 부적당하거나 감정에 있어서 법령 또는 관습에 위배되지 않고 실현가능한 특수한 조건이 존재하는 경우에는 그 부동산의 성격 또는 조건에 부응하는 특정가격으로 결정할 수 있다.

〈표 17-1〉 부동산의 가치와 가격

가격(Price)	가치(Value)
① 현실적 시장에서 거래된 것 ② 부동산에 대한 교환의 대가로서 시장에서 매수인과 매도인 간에 실제 지불된 금액 ③ 대상 부동산에 대한 과거의 값 ④ 특정시장의 주어진 시점에서 하나밖에 없으며, 쉽게 구할 수 있다.	① 정상적인 시장에서 거래될 경우 형성될 수 있는 것 ② 가치=가격 ± 오차 ③ 장래의 편익을 현재가치로 환원한 값 ④ 현재의 값이기 때문에 보는 관점에 따라 다원적 개념이다.

〈표 17-2〉 가격형성의 일반요인

사회적 요인	경제적 요인	행정적 요인
① 인구의 상태 ② 가족구성 · 가구분리의 상태 ③ 도시형성 · 공공시설의 정비 상태 ④ 교육·사회복지 수준 ⑤ 부동산거래 · 사용·수익의 관행 ⑥ 건축양식 등과 그 상태 ⑦ 공원의 설치, 공장의 이전	① 저축 · 소비 · 투자 · 국제수지의 상태 ② 재정 · 금융의 상태 ③ 물가 · 임금 · 고용 등의 상태 ④ 세 부담의 상태 ⑤ 기술혁신 · 산업구조의 상태 ⑥ 교통체계의 상태	① 토지제도 ② 토지이용계획 · 규제 ③ 토지 및 건축물의 구조 · 방제 등의 규제 ④ 토지·주택정책 ⑤ 부동산세제

〈표 17-3〉 가격형성의 개별요인

토지의 개별요인	건물의 개별요인
① 위치 · 면적 · 지세 · 지질 · 지반 등 ② 가로에의 접면너비 · 깊이 · 형상 ③ 일조 · 통풍 · 건습 등 ④ 고저 · 각지 · 접면가로와의 관계 ⑤ 접면가로의 계통·구조 ⑥ 공공시설 · 상업시설 등과의 접근 정도 ⑦ 위험시설 · 혐오시설과의 접근 정도 ⑧ 공·사법상의 제한의 정도	① 건물의 면적 · 높이 · 구조 · 재질 등 ② 설계 · 설비 등의 양부 ③ 시공의 질과 양 ④ 공·사법상의 규제 및 제약 ⑤ 건물과 그 환경과의 적합 상태

2. 부동산 가격의 형성요인

(1) 일반요인

일반요인이란 일반 경제사회에 있어서 부동산 활동과 부동산 가격수준에서 영향을 미치는 여러 요인을 말한다[9]. 이것은 부동산이 입지한 지역 전반에 걸쳐 작용하는 것으로 요인의 내용에 따라서 사회적 요인, 경제적 요인, 행정적 요인으로 나누어 볼 수 있다.

1) 사회적 요인

① 인구의 상태(밀도, 성쇠 추이)
② 가족구성 및 가구분리
③ 도시형성 및 공공시설 등의 정비
④ 교육 및 사회복지
⑤ 부동산 거래 및 사용수익의 관행
⑥ 건축양식과 설비 상태
⑦ 생활양식의 변화 상태
⑧ 정보화 발전 상태

2) 경제적 요인

① 저축, 소비, 투자 등의 수준 및 국제수지
② 재정 및 금융상태

9) 미국 AI 교재에서는 일반요인을 사회, 경제, 행정, 환경으로 분류하고 있다(Appraisal Institute, The Appraisal of Real Estate. 12th edition, Chicago, Illinois, pp.43~47, 2001).

③ 물가, 임금 · 고용 및 기업활동의 상태
④ 이자율 및 조세 부담
⑤ 기술혁신 및 산업구조 상태
⑥ 교통체계
⑦ 국제화의 상태

3) 행정요인

① 토지제도정비 상태
② 토지이용계획 및 규제 상태
③ 토지 및 건축물의 구조, 방재 등의 규제 상태
④ 토지 및 주택정책
⑤ 부동산 관련세제 상태
⑥ 부동산 거래의 규제(신고제, 허가제 등)

4) 자연적 요인

① 지리적 위치의 상태
② 지질 · 지반 등의 상태
③ 토양 · 토층의 상태
④ 지세 상태
⑤ 기상 상태

(2) 지역요인

부동산 가격형성은 일반적 요인과 자연적 조건과의 상관결합에 의하여 대상지역의 규모와 특성을 형성하고, 그 지역에 속하는 부동산 가격이 형성되는 데 영향을 미친다.

평가활동은 일반요인보다 지역요인을 더 중요시한다. 이는 광역지역에 영향을 미치는 일반요인보다 평가대상 부동산이 속해 있는 지역차원의 일반요인이 대상 부동산의 가격에 더 영향을 주기 때문이다. 또 부동산 가격수준은 보통 지역요인 분석으로 파악하는 것이 설득력 있고, 효과적이며, 능률적이다. 왜냐하면 토지는 부동성 때문에 그 가격은 지역요인으로부터 영향을 받으며, 이것은 어느 특정지역의 지가(地價)가 지역적으로 형성되는 것을 보아도 알 수 있다.

그런데 주거 · 상업 · 공업 · 농업지역 등의 용도로 토지를 분류하는 것은 이러한 용도분류가 사회 · 경제 · 행정 · 자연적으로 분류하는 것보다 합리적이기 때문이다.

따라서 각 용도지역에 있어서 주요한 지역요인을 들면 다음과 같다.

1) 주거지역(residential neighborhood)

① 일조, 온도, 풍향 등 지역의 기상
② 지세, 조망, 경관 등의 자연환경
③ 홍수, 사태, 지진 등 재해발생의 위험성
④ 가로의 폭, 구조의 상태
⑤ 상하수도, 가스, 전기 등 공급처리 시설 상태
⑥ 공공시설, 공익시설의 배치 상태
⑦ 상업시설의 배치(quality of conveniences to service) 상태
⑧ 도심까지 거리 및 교통시설(public transportation) 등 접근성
⑨ 변전소, 오수처리장 등의 위험시설이나 혐오시설 유무
⑩ 소음, 대기오염, 토양오염, 수질오염 등의 상태
⑪ 획지의 면적과 배치 및 이용 상태
⑫ 주택, 담, 가로 형태 등 정비 상태
⑬ 토지이용계획 및 규제 상태
⑭ 정보통신기반의 정비 상태

이중에서 고급주택지역은 ②, ⑪, ⑫ 등이 주요 관심이 되고, 중급주거지역은 ⑦, ⑧이 중요시 된다[10].

2) 상업지역(commercial district)

① 상업시설 또는 업무시설의 종류, 규모, 집적도 정도
② 배후지(hinterland) 및 고객의 질과 양
③ 고객과 종업원의 교통수단 상태
④ 상품의 반입 및 반출의 편의성
⑤ 가로의 기능성(회유성 : 回遊性) 및 상가의 배치
⑥ 영업의 종별(種別) 및 경쟁 상태
⑦ 당해 지역 경영자의 창의력과 자금력
⑧ 번영 및 성쇠의 정도
⑨ 주차시설의 정비 상태
⑩ 행정상 조장(助長) 및 규제의 정도

상업지역요인 중 고도상업지역은 ①, ②가, 인근상업지역은 ④, ⑤가, 노선상업지역은

10) 방경식.장희순, 부동산학개론(제3판), 부연사, 253쪽, 2007.

⑧, ⑨, ⑩이 중요시 된다.

3) 공업지역(industrial district)

① 온도, 습도, 풍설 등의 기상
② 노동력 확보의 정도
③ 관련 산업과 상호 위치관계
④ 제품판매시장 및 원료구입시장의 위치관계
⑤ 간선도로, 항만, 철도, 공항 등의 운송시설 정비 상태
⑥ 동력자원 및 확보의 난이
⑦ 수질오염, 대기오염 등의 공해발생 위험성
⑧ 행정상의 조장 및 규제정도

4) 농업지역(agricultural district)

① 일조 · 온도 · 습도 · 풍우 등의 기상상태
② 경사 · 기복 · 고저 등 지세(地勢) 상태
③ 토양 및 토층상태
④ 수리(水利) 및 수질상태
⑤ 홍수·사태(沙汰) 등의 재해발생 위험성
⑥ 도로 등의 정비상태
⑦ 소비지까지의 거리 및 수송시설 상태
⑧ 출하집하장 또는 산지시장과 위치 등 관계
⑨ 취락의 위치관계
⑩ 행정상 조장(助長) 및 규제의 정도

답(畓 ; 논)이 많은 지역은 ③, ④, 전(田 ; 밭)이 많은 지역은 ③, ⑥, ⑦이 주요한 요건이 된다.

(3) 개별요인

개별요인은 대상 부동산의 구체적인 가격과 개별가격을 결정해 주는 요인이며, 평가작업을 할 때 지역요인분석으로 가격수준을 파악한 후, 이 개별요인을 분석함으로써 대상 부동산의 개별가격, 즉 구체적인 가격을 산정할 수 있다.

1) 토지의 개별요인

① 지세 · 지반 · 지질 등

② 방위 · 일조 · 통풍 · 건습 등
③ 가로에의 전면 너비(앞기장) · 가로에의 깊이(안기장) · 형상 · 면적 등
④ 고저 · 각지(角地) · 접면가로와의 관계
⑤ 접면가로의 폭 · 구조 등의 상태
⑥ 접면가로의 계통 및 연속성
⑦ 교통시설과의 거리, 접근성
⑧ 상하수도 · 가스 등의 공급처리시설의 유무 및 그 시설의 용이성
⑨ 오수처리장 · 송전시설 · 혐오시설의 근접 정도
⑩ 공공 및 공익시설의 접근 정도
⑪ 상업시설 등 편의시설의 접근 정도
⑫ 공·사법상 조장 및 규제 정도
⑬ 정보통신 기반시설의 구축 정도

〈표 17-4〉 지역분석과 개별분석의 관계

구 분	지역분석	개별분석
근 거	부동성, 인접성	개별성
분석요인	지역요인 분석	개별요인 분석
목 적	표준적 이용, 가격수준 파악	최유효이용 가격결정
선후관계	개별분석에 선행	지역분석에 후행
분석행태	전체적 · 거시적	부분적 · 미시적
가격원칙	적합의 원칙	균형의 원칙
감가종류	경제적 감가	기능적 감가

2) 건물의 개별요인

① 면적, 높이, 구조, 재질 등
② 설계, 시설 등의 기능성 및 양부(良否)
③ 방위 · 층수 및 배치상태
④ 시공의 질과 양
⑤ 내진(耐震) · 내화(耐火) 등 건물의 성능
⑥ 건축내용연수(신축, 증 · 개축 또는 이축)
⑦ 유지관리 상태

⑧ 유해물질의 사용 유무 및 그 상태
⑨ 건물과 주변 환경과의 적합상태
⑩ 공법상, 사법상의 규제 및 제약 등

3. 부동산 가격의 원칙

부동산 가격의 원칙이란 부동산 가격형성의 제요인, 부동산의 여러 가지 이론을 집약한 것으로 일반경제법칙에 기초를 둔 경제현상에서 주로 발견된 것이다. 이 원칙은 부동산 가격의 형성에 따른 법칙성을 추출하여 부동산 평가활동의 지침으로 삼으려는 하나의 행동기준이다.

(1) 수요와 공급의 원칙

부동산도 하나의 경제재이자 그 가격은 경제현상의 하나이다. 따라서 가격이 상승하면 공급(供給)이 늘고 수요(需要)는 감소하며, 가격이 하락하면 공급이 줄어들고 수요가 증가한다. 이러한 수요와 공급의 상호관계로 재화의 가격은 결정되며, 그 가격은 또 다시 수요와 공급에 영향을 미친다. 이를 수요와 공급의 원칙(principle of supply and demand)이라 한다.

그러나 부동산은 수요와 공급의 원칙이 그대로 적용되는 것은 아니다. 부동산은 일반재화와 달리 수요는 탄력적인 반면, 공급은 비탄력적이다. 그 이유는 부증성, 개별성이라는 특성으로 공급이 대체 가능한 범위 내에서 한정되기 때문이다. 이 같은 자연적 특성이나 인문적 특성으로 인해 수요·공급이 영향을 받고 가격형성에도 영향을 미친다.

(2) 변동의 원칙

변동의 원칙(principle of change)이란 부동산의 가격이 여러 가지 가격형성 요인 간에 상호 인과관계(相互 因果關係) 결합의 흐름인 변동의 과정에서 형성된다는 가격원칙이다.

부동산의 가격은 사회적·경제적·행정적 요인이나 부동산 자체가 가지는 개별적 요인에 따라 부단히 변동(變動)한다. 따라서 부동산의 평가에 있어서 부동산의 효용, 상대적 희소성, 유효수요에 미치는 지역요인 및 개별요인이 항상 변화의 과정으로 인식하고 이들 요인의 현재 작용뿐 아니라 과거의 추이나 장래의 동향 등을 정확히 파악할 필요가 있다[11].

(3) 대체의 원칙

일반적으로 대체(代替)란 어떤 재화 대신에 다른 재화를 선택하는 행위를 말한다. 부동산의 가격은 대체가능한 다른 부동산이나 재화의 가격에 따라 형성된다. 부동산은 개별성의 특성이 있어, 엄격한 의미에 있어서는 대체가 불가능하지만, 그 유용성의 측면에서는 대체가 가능하다. 이를 대체의 원칙(principles of substitution)이라 한다.

대체는 ① 용도, ② 유용성, ③ 가격이 유사하여야 한다. 이를 대체의 세 가지 조건이라 한다. 또한 대체는 부동산 상호간에만 이루어지는 것이 아니고, 지역과 지역 상호간에도 이루어지며 부동산과 일반재화 사이에도 이루어질 수 있다[12].

(4) 최유효이용의 원칙

최유효이용의 원칙(principle of highest and best use)이란 부동산의 사용법의 기준으로서 객관적으로 상식과 통상의 사용능력을 가진 사람에 의한 합리적·합법적인 최고·최선의 사용방법을 말한다.[13]

이와 같은 원칙이 적용되는 이유는 부동산은 다른 재화와는 달리 용도의 다양성이라는 특성이 있기 때문이다.

최유효이용은 상당기간 지속될 수 있는 이용이어야 하며, 건물이 그 부지와 균형을 이루고, 인근지역과 적합한 이용과 방법이어야 한다. 그러나 현실적인 이용방법은 최유효이용에 어긋나고 불합리하거나 개인적 사정이 다르기 때문에 유용성을 발휘하지 못하는 점이 많은 것에 유의하여야 한다.

최유효이용은 그 지역에서 이상적인 최적규모나 표준적인 이용만을 말하는 것이 아니고, 대상 부동산 하나하나의 구체적인 이용까지 말하기 때문에 최유효이용을 판정할 때는 위치·규모·환경 등을 고려하고, 시장수급 동향을 잘 살펴야 한다.

(5) 균형의 원칙

균형의 원칙(principle of balance)이란 부동산의 유용성이 최고도로 발휘되기 위하여 부동산의 구성요소 간 결합에 균형(equilibrium)이 있어야 한다는 가격원칙이다. 그 구성요소로서는 토지·노동·자본·경영뿐만 아니라 토지(앞기장, 안기장, 고저, 지세 등)나 건물의 모양(면적, 높이, 칸막이 등)에도 균형이 있어야 한다는 원칙이다.

이 원칙은 적합의 원칙·기여의 원칙·수익분배의 원칙과 관계가 있다.

---

11) 방경식·장희순은 부동산평가를 할 때 항상 변동의 과정을 확인하고, 요인 간의 상호인과 관계를 동적으로 파악해야 하며, 평가할 때에는 가격시점을 명확히 표시하여 줌으로써 의뢰인이 기준점을 삼도록 하여야 한다고 하였다(방경식·장희순, 부동산학개론, 부연사, 259쪽 참조, 2007)
12) 전게서, 방경식·장희순, 259쪽.
13) 日本不動産鑑定評價基準, 제4장 참조, 2002.

(6) 수익 체증 · 체감의 원칙

수익 체증·체감(收益 滯症·遞減)의 원칙이란 부동산의 단위 투자액이 계속적으로 증가하면 그에 대응한 수익이 어느 점까지는 증가하지만, 그 이후는 수익이 감소한다는 원칙이다. 이 원칙은 부동산에 대한 추가 투자에도 적용된다.

예를 들어 어떤 건축물을 짓는다고 가정을 할 경우 일정 층수까지는 투자액에 비례하여 수익이 증가하지만, 그 이상이 되면 수익이 감소한다. 이때 최고수익을 올릴 수 있는 기준이 되는 층수를 한계수익점(限界收益點)이라고 한다.

부동산의 최유효이용은 최대 수익점을 전제로 전개되기 때문에 부동산의 가격은 최대 수익점을 기준으로 형성된다고 할 수 있다. 따라서 이 원칙은 최유효이용의 원칙과 특히 밀접한 관계가 있다.

(7) 수익분배의 원칙

토지 · 자본 · 노동 및 경영의 각 요소결합으로 발생하는 총수익은 이들 각 요소의 공헌도에 따라서 각각 적정히 분배된다. 자본은 이자나 배당으로, 노동은 임금으로, 경영은 보수로, 그리고 나머지 잔여부분은 지대로서 토지에 귀속되는데 이것을 수익분배의 원칙(收益分配 原則 ; principle of surplus productivity)이라 한다.

(8) 기여의 원칙

기여의 원칙(寄與原則 ; principle of contribution)이란 부동산의 가격이 각 구성요소의 기여도에 따라 영향을 받는다는 가격원칙이다. 부동산의 어떤 부분이 그 부동산 전체의 수익획득에 기여하는 정도는 그 부동산 전체의 가격에 영향을 미치기 때문에 기여의 정도에 따라 그 부분의 가격을 알 수 있다.

이 원칙은 최유효원칙을 판정할 때 부동산의 일부에 대한 추가투자가 부동산에 어떻게 기여하는가를 알고자 할 때, 그리고 수익체증 · 체감의 원칙을 어떤 부분에 적용하고자 할 경우 유용하다. 예를 들어 부정형의 획지에 주변 다른 토지를 구입하여 합병할 경우 부지 전체에 어느 정도 기여할 것인가? 또는 건물을 증축할 경우 추가투자의 적정성을 판단하는 데 유용한 것이다.

기여의 원칙은 각 구성요소가 내부에 합리적으로 반영되어 각기 기여해야 한다는 원칙이며, 부동산 구성요소의 균형을 강조하는 균형의 원칙에 선행하는 것이다.

(9) 적합의 원칙

적합(適合)의 원칙이란 부동산이 그 유용성을 최고도로 발휘하기 위해서는 입지한 환경에 적합해야 한다는 원칙이다. 균형의 원칙이 부동산의 대내적인 관계라면 적합의 원칙은 대외적인 관계인 것이다. 따라서 최유효이용을 판정할 때에는 대상 부동산이 환경에 적합한지 여부를 먼저 분석하여야 한다.

어떤 부동산이 적합의 원칙에 충실하려면 그 지역특성에 적합하여야 하며, 그래야 최유효이용이 가능하다. 적합성은 당해 물건이 지역의 건축상태와 동질적인 이용인가 하는 것이다. 토지이용이 용도에 맞으면 1차적으로 적합하다고 할 수 있다. 예컨대 상업지역에 주택을 짓거나, 주거지역에서 농업을 하는 것은 1차적으로 적합의 원칙에 위배된다.

아울러 적합의 원칙은 행정규제(공법)뿐만 아니라 사회적·경제적 동질성까지 포함된다. 어느 지역의 주거지역이 공동주택 중심인데 이곳에 단독주택이 있다면 인근환경과 동질성이 결여되어 경제적으로 감가요인이 된다. 이는 물리적 측면의 적합성에 위배되는 것이다.

(10) 경쟁의 원칙

일반적으로 초과 이윤은 경쟁을 야기하고, 경쟁은 초과 이윤을 감소시키며, 종국적으로는 이를 소멸시킨다. 부동산도 초과 이윤 때문에 부동산 또는 다른 재화와의 사이에 경쟁관계가 생겨나고, 부동산 가격은 그러한 경쟁의 과정을 통하여 형성된다. 이를 경쟁의 원칙(競爭原則 ; principle of competition)이라 한다.

이 원칙은 경제활동의 모든 단계에서 인정되는 가장 기초적인 것이며, 수요공급 원칙의 성립근거가 된다[14]. 따라서 이 원칙은 대체의 원칙, 수요공급의 원칙과 관계가 있다.

대체의 원칙이 물적 경쟁, 선택 관계의 원칙인 반면, 경쟁의 원칙은 인적 경쟁, 투자참여 관계의 원칙이다.

(11) 예측의 원칙

재화의 가격은 장래의 수익성 예측을 반영하여 결정된다. 부동산 가격도 시장참가자가 변동을 예측하고 움직이는 행동에 따라 좌우된다. 그래서 평가활동에서는 가격형성요인의 변동추이 또는 동향을 예측하는데 이를 예측의 원칙(豫測原則; principle of anticipation)이라 한다.

부동산 가격은 부동산의 소유에서 비롯되는 장래이익의 현재가치를 의미하기 때문에 부동산의 정확한 가격을 파악하기 위해서는 장래에 대한 예측이 필요하다. 장래의 동향이나 상태를 예측하는 데에는 과거의 경향이나 상태에 관한 시계열 자료(historical data)가 도움이 된다.

---

14) 방경식.장희순(공역), 鑑定評價理論硏究會(편저), 要說不動産鑑定評價基準, 부연사, 72쪽, 2004.

(12) 외부성의 원칙

외부성의 원칙(externalities)은 부동산의 외적 요소들이 가치에 긍정적 또는 부정적 영향을 미친다는 원칙이다. 예컨대 신도시 건설, 도로건설 등은 긍정적 외부성이다. 그러니 쓰레기 매립장 등 혐오시설은 부정적 외부성이라 할 수 있다.

17.3 부동산 평가방식

부동산 평가방식이란 구체적인 부동산의 가격을 평정(評定)하기 위하여 평가과정 중에 적용하는 기법으로서 가격 형성요인을 분석하여 대상 부동산의 가치를 화폐액으로 계산하는데, 원가방식, 비교방식, 수익방식의 세 가지 방식이 있다. 이를 가격의 3방식이라 한다.

일반적으로 재화의 경제적 가치를 판단할 때는 어느 정도의 비용이 투입되고 만들어진 물건인가 하는 비용성, 어느 정도 가격으로 시장에서 거래되고 있는가 하는 시장성, 그리고 그 물건을 이용함으로써 어느 정도의 이익 또는 편익을 얻을 수 있는가 하는 수익성 등 세 가지 측면에서 고찰할 수 있다. 이를 가격의 3면성이라 한다.

〈표 17-5〉 부동산 감정평가의 3방식 및 6방법

<table>
<tr><th>가격의 3면성</th><th>3방식</th><th>평가목적</th><th>6방법</th><th>시산가격 임료</th><th>특 징</th></tr>
<tr><td rowspan="2">비용성</td><td rowspan="2">원가방식
(비용접근법)</td><td>가격</td><td>원가법
(복성식 평가법)</td><td>적산가격
(복성가격)</td><td rowspan="2">공급
가격</td></tr>
<tr><td>임료</td><td>적산법</td><td>적산임료</td></tr>
<tr><td rowspan="2">시장성</td><td rowspan="2">비교방식
(시장접근법)</td><td>가격</td><td>거래사례비교법
(매매사례비교법)</td><td>비준가격
(유추가격)</td><td rowspan="2">균형
가격</td></tr>
<tr><td>임료</td><td>임대사례비교법</td><td>비준임료
(유추가격)</td></tr>
<tr><td rowspan="2">수익성</td><td rowspan="2">수익방식
(소득접근법)</td><td>가격</td><td>수익환원법</td><td>수익가격</td><td rowspan="2">수요
가격</td></tr>
<tr><td>임료</td><td>수익분석법</td><td>수익임료</td></tr>
</table>

부동산 감정평가의 기본원리도 이를 바탕으로 부동산가격을 비용성 측면에서 접근하는 원가방식(cost approach)에는 가격을 구하는 원가법(복성식 평가법)과 부동산의 임료를 구하는 적산법이 있으며, 통상적인 시장에서 거래되고 있는 가격에서 접근하는 비교방식(market data approach)에는 가격을 구하는 거래사례비교법과 임료를 구하는 임료사례비교법이 있고, 부동산의 수익 정도를 관찰하여 접근하는 수익방식(income approach)에는 부동산의 가격을 구하는 수익환원법과 임료를 구하는 수익분석법이 있다. 이들 세 가지 방식과 여섯 가지 방법을 합하여 3방식 6방법이라 한다. 이를 정리하여 보면 다음과 같다.

1. 원가방식

(1) 원가법

1) 원가법의 의의

원가방식(原價方式)은 부동산의 재조달에 필요한 원가에 착안하여 부동산의 가격이나 임료를 구하는 방식이다. 따라서 원가법은 취득가격에 대해서 감가상각을 하거나, 그 가격의 상환을 나타내는 재조달원가로부터 물리적 요인, 기능적 요인 및 경제적 요인에 따라 감가상당액을 조정하여 대상 부동산의 가격시점에서 적산가격을 구하는 것이다.

원가방식에는 부동산의 가격을 구하는 방식을 원가법, 임료를 구하는 데 쓰이는 방식을 적산법이라 부른다.

따라서 원가법에 의해서 구한 시산가격을 '복성가격'이라 하고 적산법에 의하여 구한 시산임료를 '적산임료'라 한다. 이러한 원가방식은 이론적이며, 가격차이가 작고, 건물 등의 상각자산에 유용하다.

복성가격 = 재조달원가 − 감가누가액

그러나 재조달 원가와 감가수정액의 산정이 곤란하여 토지 등에 적용이 곤란하다.

2) 원가법의 특징

원가법은 자산 등의 취득가격에 대한 감가상각을 행하는 기업회계의 사고방식을 도입한 기술적 방법이다.

원가법의 장점으로는 다음과 같다.

① 건물, 구축물, 기계장치 등 재생산이 가능한 상각자산에 널리 적용할 수 있다.
② 비교적 논리적인 작업이고 평가주체의 주관이 개입될 여지가 적기 때문에 시산가

격(적산가격)의 편차도 적다.

③ 고정자산의 재평가, 기업회계처리에 관한 경우 또는 매매사례의 포착이 어려운 공공, 공익용 부동산 평가에 유용하다.

원가법의 단점으로는 다음과 같다.

① 원가법 적용이 어려운 경우는 토지와 같은 재생산이 불가능한 자산에 의해서는 적용하기 어렵다.
② 재조달원가와 감가상당액을 파악하는 데 기술적인 어려움이 있다.
③ 재조달원가를 기준으로 하기 때문에 수익성, 시장성이 고려되지 않은 경우가 많다.

(2) 재조달원가

1) 재조달원가의 의의

재조달원가란 현재 존재하는 가격시점에서 재조달할 것을 산정할 경우 이에 필요한 적정원가의 총액을 말한다.

2) 재조달원가의 산정방법

재조달원가(再調達原價)는 대상 부동산의 조달방법이 자기건설이나 도급건설의 경우를 묻지 않고, 도급자가 발주자에게 바로 사용 가능한 상태로 인도하는 통상의 경우를 상정하고, 발주자가 도급자에게 지급하는 표준적인 건설비에 발주자가 직접 부담하여야 할 통상의 부대비용을 가산하여 구한다. 즉, 도급건설을 상정하여 수급인에게 지불하는 표준적인 건설비와 도급인이 별도로 부담하는 통상 부대비용을 합한 것이다. 여기서 표준적인 건설비는 직접공사비와 간접공사비 및 수급인의 이윤을 말하며, 통상 부대비용이란 등기비용 및 제세금, 건설기간 중의 금리, 감독비용 등을 말하는 것이다.

〈표 17-6〉 재조달 원가에 포함되는 항목

구분	항목
표준적인 건설비	직접공사비 간접공사비 수급인의 이윤
통상부대비용	건설기간 중 소요자금 이자 감독비용 등기비용 및 제세금

이러한 재조달원가를 구하는 방법으로 직접법과 간접법이 있다.

① 직접법

직접법(直接法)은 대상 부동산의 구성부분 전체 또는 부분별로 사용자재의 종류와 수량, 노동의 종류와 시간 등을 조사하여 대상 부동산이 속하는 지역의 가격시점의 단가를 기초로 한 직접공사비를 적산하고, 이에 간접공사비 및 도급자의 적정이익을 포함한 일반관리비 등을 더하여 표준적인 건설비를 산출한 후, 발주자가 직접 부담하여야 할 통상의 부대비용을 가산하여 재조달원가를 구한다.

재조달원가를 구하는 직접법에는 총가격 적산법과 부분별 적산법이 있다.

총가격 적산법은 설계도 또는 건물을 조사하여 콘크리트(m3), 철근(ton) 등의 자재량과 이에 드는 노동량을 계산하고 단가를 곱하여 직접비를 구하고, 이에 노무비 등의 간접비를 가산하는 방법이다.

부분별 적산법은 실제 사용량과 관계없이 평균치 시가를 적용하여 집계한 수 건물 총면적의 건설비를 구하고, 여기에 부대경비를 가산하는 방법이다. 이 직접법을 적용할 때에는 실무에서 흔히 사용하는 일위대가표(一位代價表)나 표준공사비적산표(標準工事積費算表) 등을 이용하면 편리하다.

② 간접법

간접법(間接法)은 인근지역 또는 동일수급권 내의 유사지역에 존재하는 대상 부동산과 비교성이 있는 부동산을 통하여 그 건설 또는 제작에 든 공사비, 수급인의 이윤 등을 파악하여 보정한 후 대상 부동산의 재조달 원가를 구하는 방법이다. 간접법도 대상 부동산의 재조달 원가를 파악하는 방법은 직접법과 마찬가지인데, 대상 부동산의 지역요인 및 개별요인의 비교작업이 필요하다. 표준적산표를 이용하여 단위면적당 단가에 연면적을 곱하고, 여기에 건축설비가격을 합산하여 비교적 간단히 구할 수 있다. 비교적 동일하거나 유사한 유형이 많은 공동주택(아파트) 평가에 적용하기 쉽다.

3) 감가수정

감가수정이란 대상 부동산의 재조달 원가를 감액해야 할 요인이 있는 경우에 그에 해당하는 금액을 재조달 원가에서 공제하여 가격시점의 적산가격을 적정화하는 작업이다.

① 감가요인

감가요인은 물리 · 기능 · 경제의 3대 요인이 있다. 이는 현실적으로 발생하는 감가현상을 세 개의 관점으로 분류·정리한 것으로서 이들은 각각 독립, 배타적으로 작용하는 것이 아니라 서로 복합작용하게 된다.

- 물리감가요인 : 시간의 흐름이나 자연작용으로 노후화 하거나 이용으로 인한 마멸, 파손, 화재나 지진 등의 우발적 사고로 인한 손상 등이 있다.
- 기능감가요인 : 기능저하로 발생하는데, 건물과 부지의 부적합, 설계의 불량, 형식의 구식화, 설비의 부족, 이용효율의 저하 등의 내부적 요인과 인근건물에 비교한 디자인이나 외관의 낙후 등에 따른 외부적 저하요인이 있다.
- 경제감가요인 : 경제저하요인으로는 인근지역의 쇠퇴, 시장성의 감퇴, 부동산과 인근환경간의 부적합 등을 들 수 있다.

〈표 17-7〉 감가수정과 감가상각의 비교

구 분	감가수정	감가상각
적용분야	감정평가시 사용	기업회계시 사용
내용연수	경제적 잔조내용연수 기준	법정 경과내용연수 기준
감가요인 물리적	물리적 · 기능적 · 경제적 감가요인	물리적 · 기능적 감가요인
목적	대상물건의 현존가치의 적정화	대상물건의 투자자본 회수, 비용배분, 정확한 원가계산
적용	① 재조달원가 기준 ② 현존 물건만 대상 ③ 관찰감가법 인정 ④ 토지에도 인정 ⑤ 비용성 · 수익성 · 시장성 인정 ⑥ 잔가율이 물건에 따라 다름	① 장부(취득)가격 기준 ② 멸실된 자산에도 인정 ③ 관찰감가법 불인정 ④ 토지에는 불인정 ⑤ 시장성 불인정(비용성·수익성 인정) ⑥ 잔가율 인정

② 감가수정의 방법

감가수정의 방법은 내용연수를 기준으로 하는 방법과 관찰감가법에 의한 두 가지 방법이 있다. 각각 일장일단(一長一短)이 있기 때문에 원칙적으로 이것을 병용하는 것이 권고되고 있다.

내용연수로 하는 방법은 다시 정액법, 정률법, 상환기금법이 있는데 이 중에서 대상물건에 적합한 방법을 선택하도록 하고 있다.

내용연수에는 경제적 내용연수와 물리적 내용연수가 있다.

물리적 내용연수는 부동산을 정상적으로 관리할 경우 물리적으로 존속할 것으로 예측되는 기간을 말하는 기술적인 개념이고, 경제적 내용연수는 부동산의 유용성(효용과 수익성)이 지속될 것으로 예측되는 사용가능 시간을 말한다. 따라서 일반적으로 경제적 내용연수는 물리적 내용연수보다 그 기간이 짧다.

잔존가격은 일반적으로 내용연수 만료 시 그 물건의 잔재가격 또는 폐물가격을 말한다. 그리고 잔가율은 내용연수 말의 잔존가격과 재조달원가에 대한 비율이다.

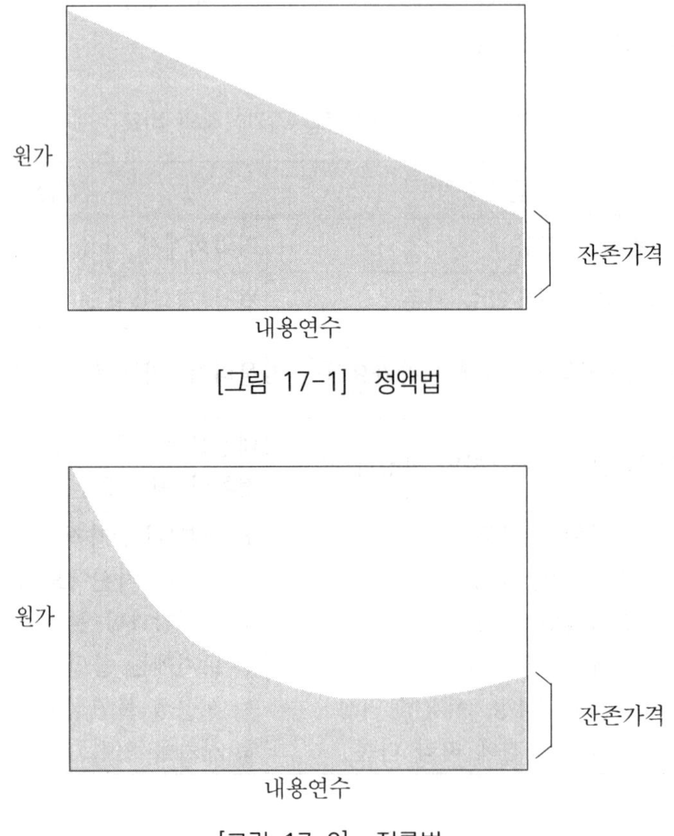

[그림 17-1] 정액법

[그림 17-2] 정률법

- 정액법 : 회계학의 정액법에 근거한 것이며, 감가액이 매년 일정하다고 가정하고, 부동산의 감가총액을 단순한 내용연수로 평분하여 매년의 상각액으로 하는 방법이다. 매년 감가누계액이 경과연수에 정비례하여 일직선으로 증가하기 때문에 직선법이라고도 한다. 계산이 가장 간편하나 실제의 감가와 일치되지 않는 단점이 있기 때문에 관찰감가법과 병용하여 쓰인다. 건물과 구축물 등의 평가에 적용한다.
- 정률법 : 정률법은 회계학의 정률법에 근거한 것으로 부동산의 매년 말 가격에 일정한 상각률을 곱하여 매년의 상각액을 구하는 방법이다. 매년의 감가율이 전년의 미상각잔고에 대해 일정률이라고 가정한 방법으로 초기에 크게 감가하고, 매년 곡선

으로 감가하기 때문에 곡선법이라고도 한다. 수익성 부동산, 임대용 빌딩 등은 처음에는 유용성도 크고 유지수선비도 적게 들어 소득이 크나 반면에 세부담이 크기 쉽다. 그래서 당초에 감가상각을 크게 하여 비용을 크게 하고, 매 사업년도를 통해 순수익의 조정을 도모하는데 적합한 것이 이 방법이다. 또한 관찰감가법을 병용하는 것이 좋다. 부동산 외에 동산과 기계의 평가에도 적용된다.

- 상환기금법 : 상환기금법은 건물의 내용연수가 만료할 때 감가누계상 환액과 그에 대한 복리계산의 이자상당분액을 포함하여 당해 내용연수로 상환하는 방법이다. 감가액이 정액법보다 적고, 적산가격은 정액법보다 크다. 광산의 평가에 적용한다.
- 관찰감가법 : 이것은 대상 부동산의 각 구성부분, 즉 지붕, 외벽, 창 등의 파손, 노후화, 균열 등의 실태를 관찰 조사하여 감가액을 직접 구하는 방법이다. 이 방법은 대상 부동산의 개별 상태가 세밀하게 관찰되어 감가수정에 반영된다는 장점이 있는 반면, 평가사의 능력이나 주관에 좌우되기 쉽고, 외부에서 관찰이 어려운 기술적 하자를 놓치기 쉽다는 단점도 있다.

〈표 17-8〉 정액법과 정률법의 비교

구 분	정액법	정률법
의의	대상물건의 감가총액을 경제적 내용연수로 나누어서 매년 감가액으로 함	대상물건의 전년도말 잔존가격에 일정한 감가율을 곱하여 매년 감가액으로 함
특징	① 감가액이 매년 균등함 ② 감가누계액은 경과연수에 정비례 하여 증가함	① 감가율이 매년 일정함 ② 감가액은 매년 체감함
장점	계산이 간편함	초기에 감가액이 많아 안전하게 자본은 회수함
단점	① 감가액의 균등성은 현실과 부합 되지 않음 ② 감가액에 대한 이자를 고려 안 함	① 계산이 복잡함 ② 잔존가격이 0인 경우 적용불가 ③ 감가액에 대한 이자를 고려 안 함
적용	건물	기계, 차량
매년 감가액	$\frac{\text{재조달원가} - \text{잔존가격}}{\text{경제적내용연수}}$	전년말 잔존가격×감가율 ※ 매년감가율 $\sqrt[n]{\frac{\text{잔존가격}}{\text{재조달원가}}}$ n : 내용연수
감가 누계액	매년감가액 × 경과연수	$\text{재조달원가} \times [1-(1-\text{감가율})^m]$ $= \text{재조달원가} \times (\text{전년대비잔가율})^m$

(3) 적산법

1) 의 의

적산법(積算法)은 평가대상 부동산의 가격시점에서 기초가격을 구하고, 여기에 기대이율을 곱하여 얻은 금액에다 대상 부동산의 임대차가 계속될 때 통상적으로 필요한 제경비를 가산하여 대상 부동산의 시산임료를 구하는 방법이다.

원가방식 중 부동산의 임료를 구하는 수법으로 부동산을 신규 취득하여 임대하는 경우를 상정한 일정기간의 용익(用益)의 원가에 착안한다. 이 방법에 의하면 구한 시산임료를 적산임료라 한다. 적산법은 원가방식이므로 원가법과 마찬가지로 그 이론적 근거가 대체의 원칙에 있다.

적산법의 적용에 있어서는 부동산의 기초가격, 기대이율, 필요제경비의 파악이 정확하게 이루어져야 유효한 작업이 된다.

적산임료 = (기초가격) × (기대이율) + 필요제경비

2) 기초가격(정상가격)

기초가격이란 적산법으로 임료를 구하는 데 기초가 되는 가격(원본가격)을 말하며, 임료의 가격시점에 있어서 대상 부동산의 경제가치를 표시한 가격이다.

〈표 17-9〉 기초가격과 정상가격의 비교

내 용	기초가격	정상가격
의의	적산법을 적용하여 대상 부동산의 적산임료를 구하는 기초가격	합리적인 시장이 존재한다면 형성될 시장가치를 적정하게 나타내는 가격
구하는 방법	원가법(복성식평가법) 및 거래사례비교법에 의하여 구함	3방식에서 구해진 적산가격, 비준가격, 수익가격을 조정하여 구함
내용	계약내용과 계약조건에 따른 최유효이용을 현재화하거나 계약감가를 포함한 가격	최유효이용을 전제로 파악되는 가격
시장과의 관계	임대차 등에 한정	시장개념으로 받아들여지는 가격의 종류로 분류되는 개념
대상기간	계약의 전 기간 유효	잔존 내용년수 전기간 동안 매가격시점

적산법은 원가방식이므로 기초가격은 원가법으로 구해야 하는 것이 원칙이나 거래사례 비교법으로 구해도 된다. 다만 수익환원법으로 기초가격을 구하는 것은 임료를 구하기 위하여 임료를 구한다는 것이 되어 순환논법의 모순이 되어 불합리하다. 기초가격은 정상임료를 구하므로 시장가격이어야 한다.

3) 적산법의 특징(장 · 단점)

① 기초가격과 기대이율에 착안하므로 비교적 이론적이다.
② 임대사례가 없는 물건에 효과적으로 적용할 수 있다.
③ 복성식평가법에서와 같이 기성 시가지(旣成 市街地)에 적용하기 곤란하다.
④ 수익을 목적으로 하는 물건에는 활용하지 못한다.

4) 기대이율

기대이율(期待利率)이란 임대차하는 부동산을 취득하는 데 투입된 일정자본에 대하여 기대하는 수익비율이다.

환원이율은 부동산이 물리적, 기능적, 경제적으로 소멸하기까지 전기간(全期間)에 걸친 장기적인 활동에 대한 이율인데 반하여, 기대이율은 임료산정기간에 적용되는 단기적인 활동에 대한 이율이다.

〈표 17-10〉 기대이율과 환원이율의 비교

구분	기대이율	환원이율
적용	적산법에 적용되는 이율	수익환원법에 적용되는 이율
목적	적산임료 산정	수익가격 산정
개념	투하자본에 대한 수익률	대상물건의 가격에 대한 순이익 비율로 순수익을 환원하는 이율
조건	당해 계약조건을 전제함	최유효이용을 전제함
기간	임대차 기간에 적용되는 단기간의 이율	내용연수 만료시까지 적용되는 장기적 이율
이율기준	금융기관의 정기예금이율이 산정의 기초	순수이율에 위험률(위험성, 관리의 난이성, 비유동성, 자금의 안정성) 고려함
물건별 적용	물건의 종류에 따라 차이가 없음	물건의 종류에 따라 차이가 있음
종합이율	종합이율의 개념이 없음	2개 이상의 복합물건에 대하여 종합이율의 개념이 있음
상각률과 세율	항상 상각후, 세공제전	상각전 · 후, 세공제전·후 구별함

환원이율은 대상 물건이 위치한 지역이나 용도 및 품질 등에 따라 달라질 수 있으나, 기대이율은 물건의 사용 및 수익과 관련하여 구하여지며 물건의 종별에 따른 차이가 거의 없다.

환원이율은 순수익의 성격에 따라 상각 전·후, 세금공제 전·후의 것이 있는 데 비해, 기대이율은 통상적으로 필요제경비 등에 감가상각비를 실제로 산정하기 때문에 상각 후의 순수익에 대응하는 것이 된다.

기대이율은 경합관계에 있는 금융자산 투자의 순수이율을 기초로 하고 위험률, 즉 위험성, 비유동성, 관리의 난이성, 자금의 안정성 등을 고려하여 결정한다.

5) 필요제경비

필요제경비(必要諸經費)란 임대차계약에 의하여 일정 기간 대상 부동산을 임대하여 투자수익을 확보하는 데 필요로 하는 제경비를 말한다.

① 감가상각비 : 대상 부동산이 건물 등의 상각 자산일 경우에는 감가상각비로써 필요경비에 계상하는 것을 말한다.

② 유지관리비 : 대상 부동산의 유용성을 적정하게 유지하기 위해 필요한 비용과 이를 관리하기 위하여 소요된 비용을 말한다. 일반수선비, 관리비 등이 이에 해당한다.

여기서 주의할 것은 수도료, 전기료, 청소비, 냉·온방비 등은 부가사용료 또는 공익비로 필요제경비에는 포함되지 않는다.

③ 제세공과 : 대상 부동산에 대한 재산세, 도시계획세, 하수도 설치에 의한 수익자 부담금이다.

④ 손해보험료 : 건물 등에 대한 화제보험, 기계, 보일러, 승강기 등의 각 보험이 이에 해당한다.

⑤ 대손준비금(결손준비금) : 임차인이 임료지불을 불이행하는 경우 손실 보전을 하기 위한 것으로, 표준적인 일정액을 계상하는 것이다. 하지만 보증금 등의 일시금이 수수되어 있는 경우에는 대손(결손)의 보전이 이미 담보되어 있기 때문에 대손준비비를 계상할 필요가 없다.

⑥ 공실 등에 의한 손실상당액 : 건물이 신축되어 임대되기 전까지 공실 또는 중도해약만료로 인한 공가·공실 등의 손실을 보전하려는 것이다. 이때 지역시장의 동향 등을 충분히 배려하여 종합적인 시장성을 검토하여야 한다.

2. 비교방식

비교방식은 부동산 시장에서 거래되고 있는 거래사례를 착안하여 부동산의 가격이나 임료를 구하는 방법으로 부동산의 가격을 구하는 방식으로 매매사례비교법, 임료를 구하는데 쓰이는 방식으로 임대사례비교법이 있다. 따라서 매매사례비교법에 의해서 구해진 시산가격을 유추가격, 임대사례비교법에 의해서 구해진 시산임료를 유추임료라고 한다.

이러한 비교방식은 현실적이고 설득력이 있으며, 부동산 전반에 적용이 가능하고, 3방식 중 중추적 역할을 한다. 그러나 비과학적이고 감정평가사의 지식경험판단에 의존도가 크다.

(1) 거래사례비교법

1) 거래사례비교법의 의의

거래사례비교법은 부동산의 시장성 논리에 따른 평가방법으로 대상 부동산과 비교성이 있는 다수의 거래사례를 비교하여 필요에 따라 사정보정(事情補正) 및 시점수정(時點修正)을 하고, 지역요인 및 개별요인을 비교하여 대상 부동산의 가격을 구하는 방법이다. 이 방법은 실증적인 방법으로 세 가지 평가방식 중에서 가장 중추적인 역할을 한다.

이러한 방식은 현실의 경제행위를 반영하므로 실증적이고 설득력이 있으며, 현실의 시장성을 반영할 수 있다는 점으로 대체의 원칙과 관련이 있다. 그러나 경험적이기 때문에 거래가 없는 공공용 부동산이나 특수용도 부동산은 적용이 곤란하고, 사정보정과 시점수정이 정확하지 않은 경우가 있는 점이 지적된다.

비준가격 = 거래사례 × 사정정보 × 시점수정 × 지역요인비교
× 개별요인비교 × 면적비교

2) 거래사례비교법의 특징(장·단점)

① 대체의 원칙에 이론적 근거를 두고 있어 현실적이고, 설득력이 있다.
② 토지평가에서는 3방식 중 중추적 역할을 하며, 거의 모든 물건에 적용할 수 있다.
③ 이해하기 쉽고 간편하다.
④ 순수익의 예측에서 야기될 수 있는 부정확성, 주관성을 피할 수 있다.
⑤ 감가상각의 주관성을 배제할 수 있다.
⑥ 인플레가 심할 경우에도 시장가치를 지지할 수 있다.
⑦ 평가사의 경험에 의존하는 산출과정(예 : 사정보정 및 요인비교 등)에서 견해 차이

가 발생할 수 있다.

⑧ 일반적으로 거래 빈도가 낮은 호화주택, 사찰, 교회, 특수용도(공공건물, 학교 등) 물건에는 적용하기가 곤란하다.

⑨ 과학성이 결여된다.

⑩ 시점수정, 사정보정, 지역요인 및 개별요인의 비교수정이 곤란한 경우가 있다.

⑪ 부동산시장이 불완전한 경우, 투기적 요인이 개입될 경우 거래사례에 대한 신뢰성이 의문시 된다.

⑫ 비교매매사례가격이 어디까지나 과거의 역사적 가격이다.

3) 사례의 수집 · 선택

거래사례비교법을 적용하려면 대상 부동산과 비교성이 있는 거래사례를 풍부하게 수집해야 한다. 많은 사례를 수집해야만 대상 부동산과 비교성이 높은 사례를 선택할 수 있기 때문이다. 여러 가지 사례 중에서 대상 부동산과 가장 비교성이 있는 사례를 선택하여 대상 부동산과 품등비교(品等比較), 시점비교(時點比較) 등을 한다. 그러나 사례의 수집은 무조건 많이 하면 좋은 것이 아니라 일정한 기준에 합당한 것을 수집해야 한다.

4) 거래사례의 수집기준

거래사례의 수집은 다음과 같은 기준을 따라야 한다.

① 위치의 유사성 : 거래사례는 인근지역에서 수집하는 것이 좋다. 만약 인근지역에 거래사례가 없으면 동일수급권 내의 유사지역에서 수집한다. 인근지역 또는 동일수급권 내의 유사지역에 있는 부동산만이 대상 부동산과 대체성이 있고, 가격에 영향을 미친다.

② 물적 유사성 : 사례 부동산의 개별요인이 대상 부동산의 개별요인과 비교가 가능하여야 한다. 개별요인 사이에 물적 유사성이 없으면 비교를 할 수 없다.

③ 시간적 유사성(시점 수정의 가능성) : 부동산의 가격은 시간이 흐르면 변화한다는 시간법칙이 작용하기 때문에 부동산의 가격은 부단히 변화한다. 따라서 거래 부동산의 거래시점과 대상 부동산의 가격시점 사이에 시간적 유사성이 있어 시점수정이 가능하여야 한다.

④ 사정보정의 가능성 : 사례 부동산의 거래에 개재된 특수한 사정이나 개별적 동기가 개입되어 있거나 시장 사정에 정통하지 못하여 그 가격이 적정하지 못한 경우, 그러한 사정이 없을 경우의 가격수준으로 정상화할 수 있는 것을 말한다.

5) 사례의 정상화

수집, 선택된 사례는 사정보정과 시점수정을 통하여 정상화하여야 한다.

① 사정보정 : 사정보정(adjustment of condition)이란 수집된 거래사례에 특수한 사정이나 개별적 동기가 게재되어 있거나, 시장에 정통하지 못하는(imperfect of knowledge) 등의 이유로 그 가격이 적정하지 못한 경우에 그러한 사정이 없었을 경우의 가격수준으로 사례가격을 정상화하는 작업이다. 사례보정작업은 일정한 규칙이나 기준이 없으므로 거래사례 자료의 내용에 따라 개별적으로 처리할 수밖에 없다. 따라서 평가사의 고도의 전문지식과 풍부한 경험 및 정확한 판단력이 요구되는 것이다.

② 시점수정 : 시점수정이란 거래사례 시점과 가격시점 사이가 시간적으로 불일치하여 가격수준에 차이가 있는 경우에 사례가격을 가격시점으로 정상화하는 작업이다. 수정가격은 사례가격에 변동률을 곱하여 구한다.

수정된 사례가격 = 거래사례가격 × 가격변동률

가격변동률 = 가격시점의 지수/거래시점의 지수

6) 지역요인 및 개별요인의 비교

① 지역요인 비교 : 부동산에는 지역성이 있어서 그 가격은 지역별로 수준이 형성되며, 개개의 부동산은 그 가격수준의 범위 내에서 구체화 된다. 따라서 거래사례를 인근지역에서 구했을 경우에는 대상 부동산과 같은 지역이므로 지역의 비교는 필요 없으나, 사례를 동일수급권 내의 유사지역에서 구한 경우에는 대상지역과 인근지역의 지역요인을 비교하여 지역격차를 수정해야 한다.

② 개별요인 비교 : 지역요인 비교 다음에는 사례 부동산과 대상 부동산의 개별요인의 물적 유사성을 비교하여야 한다. 물적 유사성을 비교할 때에는 우선 표준화보정(標準化補正) 작업을 해야 한다.

거래 사례가 있는 지역(동일수급권의 유사지역 혹은 인근지역)에서 표준적으로 이용되고 있는 토지를 산정하여, 거래사례 부동산을 그 표준적인 토지에 합치하도록 개별요인을 비교하여 표준화 보정을 해야 한다.

다음에 보정한 사례부동산의 개별요인과 대상 부동산의 개별요인을 비교한다. 비교방법은 종합비교법과 평점법이 있다. 종합비교법은 사례부동산과 대상 부동산의 개별요인을 포괄 비교하는 방법이고, 평점법은 몇 가지 항목을 설정하여 비교·검토하는 방법이다.

(2) 임대사례비교법

1) 의 의

임대사례비교법(賃貸事例比較法)은 다수의 임대차 사례를 수집하여 적절한 사례를 선택하고, 실제의 실질임료를 사정보정 및 시점 수정한 다음 지역요인, 개별요인을 비교하여 구한 임료와 비교함으로써 대상 부동산의 실질임료를 구하는 방식을 말한다. 이 방법에 의하여 구한 시산임료를 비준임료 또는 유추임료라 한다.

2) 사례의 수집 · 선택

임대사례비교법을 적용하기 위해서는 가급적 풍부한 사례를 수집하여야 한다. 다만 임대차의 조건이나 내용이 매우 다양하고 공익비, 부가사용료가 실비 이상으로 징수되는 경우도 있으므로 비교성 있는 임료라 함은 임대차계약의 내용, 조건 등의 비교도 해당된다. 아울러 임대사례 선택 시 주의하여야 할 사항은 다음과 같다.

① 인근지역 또는 동일수급권에 존재하는 부동산이어야 한다.
② 임대차사례 등의 사정(事情)이 정상인 것으로 인식될 수 있는 것 또는 정상적으로 보정(補正)이 가능하여야 한다.
③ 개별요인 및 지역요인의 비교가 가능하여야 한다.
④ 시점수정이 가능한 것이어야 한다.

3) 사례의 정상화 및 지역 · 개별요인의 비교

임대사례 자료로 비준임료를 구할 때에는 수집한 자료를 사정보정·시점수정을 하고, 지역요인 및 개별요인의 비교작업을 해야 한다.

3. 수익방식

수익방식(收益方式)은 그 부동산을 이용함으로써 어느 정도의 수익 또는 편익을 얻을 수 있는가 하는 데 착안하여 부동산의 가격 또는 임료를 구하는 방식이다. 수익방식 가운데 부동산의 가격을 구하는 데 쓰이는 방식을 수익환원법, 임료를 구하는 방식을 수익분석법이라 한다. 따라서 수익환원법에서 구해진 시산가격을 수익가격, 수익분석법에서 구해진 시산임료를 수익임료라고 한다.

수익환원법의 이론적 성립근거는 수익성과 최유효이용의 원칙 및 예측의 원칙에 있다. 즉 수익가격의 기초가 되는 순이익은 최유효이용의 상태에 있어야 한다. 또한 순이익은 현재의 순이익이 아닌 장래 산출될 것으로 기대되는 순이익이어야 한다.

이러한 수익방식은 과학적이며, 수익용 부동산에 유용하다. 그러나 비수익용 부동산에 적용이 불가능하고, 부동산 시장의 안정을 전제로 해야 하며, 신·구 부동산을 불구하고 가격 차이가 없게 되며, 진실한 순수익을 파악하기 곤란하다.

(1) 수익환원법

1) 의 의

수익환원법(收益還元法)은 대상물건이 장래 산출할 것으로 기대되는 순수익을 자본환원 이율로 환원하여 가격시점에 있어서의 대상물건의 평가가격을 산정하는 방법을 말한다. 이 방법은 수익방식 중에서 부동산의 가격을 구하는 방법이며, 임대용 부동산이나 기업용 부동산의 가격을 구하는데 유효하다.

그러나 이 방법은 수익이 발생하는 물건을 대상으로 하므로 수익성이 없는 교육용, 주거용, 공공용 부동산의 평가에는 이 방법에 의한 적용이 불가능하다. 수익환원법의 기초적인 산식은 다음과 같다.

수익가격 = 순수익/환원이율

이 수법의 적용에 있어서 가장 중요한 요소는 순수익, 환원이율, 수익환원의 방법으로 이를 수익환원법의 3요소라 한다. 또한 이 방법의 이론적 성립근거는 유용성의 사고방식과 최유효사용의 원칙, 예측의 원칙에 있으며, 이 방법의 적용은 대상물건의 시장이 안정시장이어야 한다.

2) 수익환원법의 특징(장·단점)

① 임대용, 기업용 부동산 등 수익용 부동산의 감정평가에 적합하다.
② 장래의 이익에 대한 현재의 가치를 구하는 것으로 이론적이다.
③ 안정시장 국면에서 자료가 정확하면 대체로 가격이 정확하게 산출된다.
④ 감정평가사의 주관이 개입될 여지가 적다.
⑤ 수익성이 없거나 파악이 어려운 교육용, 주거용, 공공용 부동산에는 적용하기 곤란하다.
⑥ 부동산 시장이 불안정하면 순이익과 환원이율 간의 적정한 파악이 어렵다.
⑦ 수익에만 중점을 둠으로써 건물 등의 내구연한으로 인한 차이가 반영되지 않는다.
⑧ 다른 평가방법보다 현실적인 필요성이 중요시 되는 추세이다. 이는 감정평가사가 가치추계 외에도 개발사업의 타당성 분석, 비용편익분석, 투자상담, 기업경영 및 자산상태 진단, 부지선정과 당해 부지의 최고·최선의 이용분석 등 다양한 분야가 있다.

3) 순이익

순이익이라 함은 경영주체가 대상 부동산을 통하여 획득할 수익에서 그 수익을 발생시키는 데 소요되는 비용을 공제한 것을 말한다.

임대용 부동산에서는 임대료의 형태로, 기업용 부동산에서는 판매의 형태로 수익이 발생하는데, 순이익은 부동산이 산출하는 총수익에서 그 수익을 올리는 데 소용되는 총비용을 공제한 것으로 연간단위로 산정하는 것이 통상적이다.

순이익은 대상 부동산에 귀속하는 적정한 것이라야 한다. 즉 부동산의 생산 공헌도에 대한 부분이다.

부동산의 감정평가는 시장가치를 구하는 것이므로 순수익도 타당성을 갖는 것이라야 하며, 주관적 요소가 배제된 표준적·객관적 수익이라야 한다. 보통 일반적인 이용으로 인하여 산출되는 것으로서 계속적, 규칙적으로 발생하는 것이며, 안전·확실해야 한다. 이러한 순수익을 구하는 방법으로는 직접법, 간접법이 있고 그 외에 잔여법이 있다.

① 직접법 : 직접법이란 부동산의 순이익을 대상 부동산에서 직접적으로 구하는 방법을 말한다. 이 방법에 의하면 대상 부동산이 산출하는 총수익을 구하고, 이에 필요한 총경비를 공제하여 순이익을 구한다.

② 간접법 : 간접법이란 인근지역 또는 동일수급권 내의 유사지역에 존재하는 유사한 부동산의 순이익을 구하여 시점보정, 지역요인 및 개별요인 등의 비교작업을 통하여 순이익을 구하는 방법이다.

③ 잔여법 : 순이익이 건물, 부지와 같은 복합 부동산으로 구성되어 있는 경우에 그 복합 부동산으로부터 발생하는 전체의 순이익에서 구성부분인 토지, 건물 중 어느 한 부문의 순이익을 공제함으로써 당해 토지 또는 건물의 수익을 구할 수 있다. 이를 잔여법이라고 한다.

4) 환원이율

환원이율(還元利率)이란 대상물건의 가격에 대한 대상물건이 산출하는 표준적인 순이익의 비율이다. 따라서 이 이율은 물건의 수익성을 나타내는 이율로서 대상물건의 최유효사용을 전제로 하여 구해지며, 금융시장의 이자율과 밀접한 관련성이 있다. 대상물건 전체 내용연수에 적용되는 장기적인 활동에 대한 이율로서 물건의 종별에 따라 차이가 크다.

수익환원법에 적용하는 환원이율은 순수익을 지분환원하는 이율로서, 순수익률에 대상 물건의 위험률을 가산한 이율로 하고, 위험률은 위험성, 비유동성, 관리의 난이성, 자금의 안전성 등을 참고한 것이어야 한다.

두 개 이상의 대상 물건이 함께 작용하여 순수익이 산출된 경우에는 종합환원이율을 적용할 수 있다.

5) 수익환원의 방법

수익을 환원하는 방법에는 직접법, 직선법, 연금법, 상환기금법 등 네 가지가 있다. 그중에서 어느 방법을 이용하여 순이익을 환원하는가 하는 것에 대하여는 절대적인 기준이 없다. 그러므로 대상 부동산의 내용과 수익추세의 계속성 등을 고찰하여 가장 적정한 방법을 선택하도록 하여야 한다.

① 직접법

직접법은 순수익이 영속적으로 기대되는 부동산, 즉 토지 등의 경우에 있어서 순수익을 환원이율로 환원하여 수익가격을 구하는 방법을 말한다.

토지, 농지, 염전 등과 같이 순수익이 영속적인 경우에는 내용연수가 무한하여 투하자본에 대한 회수도 불필요하므로 순수익을 환원이율로 직접환원하여 수익가격을 구하는 방법이다.

수익가격 = 순수익/환원이율 ···· $P = \frac{a}{r}$

여기서 P는 수익가격, a는 순이익, r은 환원이율이다.

② 직선법

직선법이란 대상 물건의 순수익에 상각률을 가산한 환원이율로 환산하여 수익가격을 구하는 방법이다. 이 방법은 건물, 구축물, 공삭물 등과 같이 내용연수가 유한하고, 수익발생 물건이 감가 또는 소멸되는 물건에 적용된다.

$$P = \frac{a'}{r + \frac{1}{n}}$$

여기서 a'는 상각 전 순이익, r은 상각 후 종합환원이율, n은 잔존내용연수이다.

③ 연금법(inwood 방식)

연금법이란 상각 전 순수익에 상각 후의 환원이율과 잔존내용연수를 기초로 한 복리연금현가율을 곱하여 수익가격을 구하는 방법이다. 이는 내용연수기간에 매년 발생하는 수익을 복리로 현가화하여 합한 것이 부동산가격이라는 수익환원법의 원리와 가장 적합하고, 이는 대상물건이 공장 등에서 보여주는 바와 같이 토지와 건물상각자산과의 결합으로 구성되어 있는 경우에 적용한다.

$$P = a'^{*} \frac{(1+r)^n - 1}{r(1+r)^n}$$

④ **상환기금법(hoskold 방식)**

상환기금법은 부동산이 토지와 건물, 기타 상각자산과의 결합으로 구성되어 있는 경우 부동산의 임대 또는 일반 기업경영에 따른 상각 전의 순수익에 환원이율(상각 후)과 축적이율 그리고 잔존내용연수를 기초로 하는 수익현가율을 곱하여 수익가격을 구하는 방법이다.

이 방법은 대상 물건이 토지와 건물 기타 상각자산과의 결합으로 구성되어 있는 경우에 적용한다.

이 방법은 매년 회수되는 상각액이 일정비율(축적이율)로 이자를 발생시킨다는 전제로 한다는 점에서 연금법과 구별되며, 또한 연금법이 상각액에 대해서 종합환원이율과 동일한 축적이율을 고려하는 데 비하여, 이 방식은 종합환원이율과 다른 축적이율을 고려한다는 점에서 차이가 있다.

$$P = a'^{*} \frac{1}{r + \frac{i}{(1+i)^n - 1}}$$

여기서 i는 축적이율이다.

(2) 수익분석법

1) 의 의

수익분석법은 일반 기업경영에 의하여 산출된 순수익을 분석하여 대상 부동산이 일정한 기간에 산출할 것으로 기대되는 순이익을 구한 후, 대상 부동산을 계속하여 임대차하는 데 필요한 경비를 가산하여 대상 부동산의 임료를 산정하는 방법을 말한다.

수익임료는 순수익에 필요제경비 등을 가산하여 구한다. 이 방법에 의하여 구한 임료를 수익임료라 한다.

수익임료 = 순수익+필요제경비(감가상각비, 유지관리비, 조세공과비, 손해보험료, 결손준비금, 공실 등에 의한 손실상당액)

수익분석법은 대상 부동산의 전 기간 중에서 일정한 기간에 기대되는 순수익액에 착안하여 대상 부동산의 자료를 구하는 방법이다. 이 방법은 기업용 부동산에 있어서 부동산에 귀속하는 적절한 순이익을 구할 수 있는 경우에 유효하며, 주거용 부동산과 같이 비수익성 부동산은 적용하기 곤란하다. 수익분석법의 이론적 근거는 수익분배의 원칙에 있다.

2) 적용방법

수익분석법의 적용에 있어서 수익임료는 상각 후 순이익에 필요제경비를 합산하게 된다.

① 순이익 : 수익 순임료를 산출하기 위해서는 일반 기업경영에 의한 표준적인 연간 순수익을 구하여야 한다. 총매출액에서 매출원가, 판매비, 일반관리비 등을 비롯한 정상운전 자금의 이자상당액 기타 순이익을 올리기 위하여 공제할 필요가 있는 비용을 공제하여야 한다. 이때의 순이익은 수익환원법에서의 상각 후 공제 전 순이익에 해당하며, 여기에도 수익환원법에서와 같이 대상 부동산에서 직접 구할 수 있는 직접법과 유사부동산에서 구할 수 있는 간접법을 채용할 수 있다.

② 수익임료 : 수익임료는 앞서 구한 순이익에 임대차 등에 있어서 임료에 포함되는 감가상각비 · 유지관리비 · 공조공과 · 손해보험료 · 결손준비금, 기타 공실 등으로 인한 손해상당액 등의 필요 제경비를 가산하여 구하며, 이때의 필요 제경비는 적산법에서의 필요제경비와 같다. 그리고 일반 기업경영에 의한 총수익을 분석하여 수익순임료와 필요제경비 등을 포함한 임료상당액을 수익임료로서 직접 구할 수도 있으며, 수익임료의 산정에 있어서 유의할 것은 임료의 성격이 기간적 성격을 내포하고 있으므로 이 기간에 대응하는 순이익 및 필요제경비라야 한다.

3) 수익분석법의 특징(장 · 단점)

수익분석법은 이론적이기는 하나 기업용 부동산이 아닌 경우에는 쓰이지 못하고 일반경제 정세나 산업추이 동향 등의 변화로 순이익의 파악이 곤란한 경우에는 신뢰성이 결여되는 단점이 있다.

4. 노선가식 평가법

(1) 노선가식 평가의 개념

노선가식 평가법은 유사한 가로별로 획지의 표준깊이에 따른 평균단가를 구하여 이를 기초로 깊이체감률 및 각종 보정률을 적용하여 대상 획지의 가격을 선정하는 방법이다.

이는 접근성이 용이하면 사회 및 상업 활동에 대한 접촉성이 크다고 보며, 표준적인 안기장보다 깊이가 지나치게 깊거나 낮은 획지는 가격이 낮고, 가로에 면하지 않은 획지나 뒷면도로에 접하는 획지는 가격이 낮다.

여기서 말하는 노선가는 가로에 접한 표준획지의 단가를 의미하고, 표준획지의 단가는 다음 요소에 의하여 결정된다.

① 가로조건 : 인접도로와의 폭, 구조와 같은 가로의 상황
② 접근조건 : 상가, 역, 공공시설 등에 대한 접근 정도
③ 획지조건 : 지반, 급·배수, 주위환경 등 택지 자체의 현황

(2) 노선가식 평가의 특징(장 · 단점)

① 단시일 내에 대량의 토지를 평가할 수 있다.
② 평가주체에 의한 가격 차이를 줄일 수 있다.
③ 가격 산정에 있어 이론적이며, 설득력이 있다.
④ 2차수준의 평가주체에 의해서도 평가가 가능하다.
⑤ 비교적 간편한 방법이다.
⑥ 획지의 형상과 지형이 다양하기 때문에 보정률의 완벽을 기할 수 없다.
⑦ 변동하는 시장성의 즉각적인 반영이 어렵다.
⑧ 노선에 접하지 않은 막힌 곳에서는 적용이 어렵다.

(3) 노선가 설정방법

1) 달관식

달관식은 지가에 관한 전문가가 가로상황, 공공 또는 공익시설과의 접근성, 입지특성 등을 감안하여 경험적으로 노선가를 결정하는 방법이다. 이 방법은 전문가의 주관적 개입이 개연성이 있으므로 이에 유의하여야 한다.

2) 채점식

채점식은 토지가격을 형성하는 가로계수, 접근계수, 택지계수 등의 요인을 분류하여 채점한 합계를 노선가로 결정하는 방법이다. 즉 노선가는 (가로계수+접근계수+택지계수)×표준획지의 단가로 계산한다.

3) 획지계산

획지계산은 노선가에 의한 택지 평가에 의하여 미리 평가된 노선가에다 깊이체감률을 곱하고 각지, 2면, 3면, 4면 노선, 지형부정, 깊이, 접면너비의 과소, 맹지, 자루형획지, 언덕획지 등 획지조건에 따라 증감하는 것을 말한다.

① 깊이가격체감 : 깊이가격체감은 획지의 형태가 접면노선에서 깊어질수록 가격수분이 체감하는 것을 말한다. 즉 동일노선에 접면하여 노선가가 동일한 획지라도 단위면적당 가격은 획지의 접면너비, 깊이, 형상, 지적 등에 따라 달라진다.

② 각 지 : 각지(角地)는 정면가로의 한쪽에 접하고 또 다른 측면이 가로에 접하는 획지를 말한다. 각지는 정면가로에서 계산한 획지단가에 측면가로로 인한 영향단가를 가산하여 산정한다.

③ 2면노선의 가산 : 2면가로는 정면과 이면가로에 접한 획지를 말한다. 2면가로 획지는 가격수준이 정면만 접한 획지보다 높고 각획지보다는 낮다. 이면노선의 가산은 이면가로 영향의 가산율을 곱한 가격을 가산하여 산정한다.

④ 3면 또는 4면 노선의 가산 : 3면 또는 4면 노선에 접한 획지의 노선가는 측면노선가산법 또는 이면노선가산법을 병용하여 획지단가를 산정한다.

⑤ 3각지의 보정 : 3각지는 일반적으로 정방형 토지에 비해 유용성이 떨어진다. 3각지에 대한 보정방법은 가로에 어떻게 접하느냐에 따라 달라진다. 즉, 3각지의 이면이 가로에 접할 때 또는 역삼각지의 경우에 따라 달라진다.

⑥ 부정형 획지보정 : 부정형 획지는 같은 면적의 정형 획지보다 이용도가 저하되지만 그 유형이 다양하기 때문에 부정형의 정도, 위치, 지적의 대소 등에 따라 부정형보정률을 곱하여 산정한다.

⑦ 맹지의 보정 : 맹지란 도로에 접한 부분이 없는 토지로서 그 가격은 실제로 이용하고 있는 쪽의 토지와 합필하여 산정한 가격에서 맹지 이외의 토지에 해당하는 가격을 공제한 것을 기초로 하고, 부근의 택지가격과 균형관계를 상정해서 보정한다. 일반적으로 30% 이내의 가격이 공제되어 평가된다.

⑧ 자루형 획지의 보정 : 자루형 획지는 보통 획지에 비해 이용가치 측면에서 유용성이 떨어진다. 도로에 접하는 접면 너비의 정도가 너무 협소하면 많은 감가요인이 된다.

17.4 부동산 평가활동의 절차

1. 평가활동 절차의 의의

부동산 평가활동은 가격평정이라는 목적을 달성하기 위하여 의도된 일련의 계획적인 작업이며, 모든 평가이론을 종합적으로 활용한다. 평가활동의 절차는 평가주체에 따라 다르고, 또 평가활동의 작업은 순차적으로 진행하는 것이 능률적이나 지나치게 경직적인 것은 아니다. 미국 부동산감정사협회는 평가절차를 다음과 같이 7단계로 분류하고 있다.

① 기본사항의 확정
② 예비분석 및 자료의 수집과 선별
③ 최유효이용의 분석
④ 토지가격의 추산
⑤ 3방식의 적용
⑥ 시산가격의 조정 및 최종가격의 평정
⑦ 평가서 작성

또 일본의 부동산감정평가기준은 9단계로 나누고 있다.

① 기본사항의 확정
② 처리계획의 수립
③ 대상 부동산의 확인
④ 자료의 수집과 정리
⑤ 자료의 검토와 가격 형성요인의 분석
⑥ 평가방식의 적용
⑦ 시산가격 또는 시산임료의 조정
⑧ 평가가격의 결정
⑨ 평가서의 작성

이같이 평가절차는 주체에 따라 다르나 실제 그 내용은 별 차이가 없다.

2. 평가활동의 절차

(1) 기본사항 확정

기본사항 확정이란 평가를 하는 데 기본인 대상 부동산, 가격시점, 평가해야 할 권리, 평가결과의 이용 목적, 가격의 분류 등을 확정하는 것을 말한다. 이러한 것들은 평가의 의뢰목적이나 조건 등에 따라 확정해야 하기 때문에 평가목적으로 조건 등이 명료하여야 작업이 편리하다.

(2) 처리계획의 수립

기본사항을 확정하면 작업의 성질, 양 등을 결정해야 하기 때문에 이에 대한 계획적이고 질서 있는 처리계획을 수립하여야 한다. 즉 대상 부동산의 확인으로부터 평가서의 작성에 이르기까지의 평가절차에 필요한 작업의 성질과 양, 평가주체 및 그 보조자의 업무처리능력 등을 감안하여 작업의 일정, 일의 분담내용 등을 정한다. 처리계획을 수립할 때에는 예비조사를 하여 평가방법, 수집할 자료의 종류 및 양을 판단한다.

(3) 대상 부동산의 확인

대상 부동산의 확인은 부동산의 현황과 확인자료의 내용이 실제로 부합되는지를 확인하는 것으로 부동산의 유형측면인 물적 확인과 무형측면인 권리태양(權利態樣) 및 진정성의 확인 두 가지가 있다. 물적 확인은 실지조사를 하고, 권리의 확인은 탁상작업으로 한다.

(4) 자료의 수집 및 정리

평가활동에서 자료란 대상 부동산의 가격을 평가하기 위하여 필요한 문서·정보·증언·증거 및 제요인의 정보와 그 상태를 말하며, 이는 확인자료, 요인자료 사례자료의 세 가지로 나눈다.

확인자료란 부동산의 물적 확인 및 권리 확인에 필요한 자료이며, 요인자료란 부동산의 가격 형성요인과 연관된 자료를 말하고, 그리고 사례자료란 평가에 적용한 경험적 자료로 거래사례, 임대사례, 수익사례 및 건축사례 등을 말한다.

(5) 자료의 검토와 가격 형성요인의 분석

수집한 자료를 충분히 활용할 수 있는가 그렇지 않은가, 자료의 내용이 편향적인가,

신뢰할 수 있는가를 검토한다. 가격 형성요인의 분석이란 부동산 가격형성에 영향을 미치는 제요인을 분석하는 것이다. 이는 수집한 자료의 영향을 크게 받는다.

(6) 평가방식의 적용

평가 3방식의 기능과 특징, 장단점을 충분히 이해하고 대상 부동산의 특징, 평가목적, 기타 제시 받은 조건(가격의 종류 등) 등에 유의하여 평가방식을 선택한다. 우리나라는 대개 3방식 중 어느 한 방식을 선택하여 평가한다.

(7) 시산가격 또는 시산임료의 조정

시산가격(試算價格) 또는 시산임료(試算賃料)의 조정이란 평가3방식의 적용으로 구한 시산가격을 관련시켜 재검토하여 시산가격간의 격차를 축소시키는 작업을 말한다. 등가성의 이론을 부정하는 입장에서의 이 작업은 의의가 없으나 미국과 일본의 통설은 시산가격 조정의 필요성을 강조하고 있다.

합리적인 부동산 시장에서는 적산가격, 비준가격, 수익가격이 일치하는 경향을 보이나 토지이용의 급변, 가치관의 다양화 등 변동적·동태적인 지역에서는 그 괴리가 커서 세 가격의 조정이 무의미하다. 그간의 경험으로 보면 우리나라 대도시도 특히 비준가격과 수익가격의 차이가 커서 시산가격의 조정이 불필요한 경우가 허다하였다. 시산가격을 조정하고자 할 때 평가사는 자료의 신뢰도, 대상 부동산의 성격, 대상 부동산의 용도 등에 따라 조정을 달리해야 한다.

(8) 평가가격의 결정

이상의 절차에 따라 충분한 작업이 이루어졌으면 평가사는 전문직업가로서 양심에 따라 정당하다고 판단하는 평가가격(액)을 결정하여야 한다.

(9) 평가서의 작성

평가액을 결정하면 평가서(評價書)를 작성함으로써 평가절차가 끝난다. 평가액을 마음속으로 결정한 것을 평가서로 작성하여야 완결된다.

감정평가업자는 이것을 의뢰인에게 교부해야 한다. 이때 평가서란 평가사가 그의 서비스 의뢰인 또는 지시자에게 알리기 위하여 작성하는 유형의 표현이며, 평가결과를 기재한 문서이다. 평가서에는 대상 부동산, 가격시점, 평가가격(액) 또는 임료, 평가의 종류, 평가사의 서명날인, 수집된 자료 및 처리 등을 표시한다. 평가보고서는 평가자가 그의 상사에게 보고하는 문서이다.

〈표 17-11〉 감정평가의 절차

절 차	내 용
① 기본적 사항 확정	평가목적·대상 부동산·가격시점·가격의 종류의 확정
② 처리계획 수립	자료의 수집범위와 일정수립
③ 대상 부동산 확인	물적확인과 권리상태 확인
④ 자료의 수집 및 정리	확인자료, 요인자료, 사례자료
⑤ 자료의 검토 및 가격형성요인 분석	일반분석, 지역분석, 개별분석
⑥ 감정평가방법 선정	원가방식, 비교방식, 수익방식의 병용
⑦ 시산가격 조정	3방식에 의한 시산가격 조정
⑧ 평가액 결정 및 표시	평가보고서 작성 및 교부

17.5 부동산 가격 공시제도

1. 지가의 공시

공시지가에는 감정평가사에 의해 조사·평가되어 국토교통부장관이 결정·공고하는 표준지공시지가와, 시·군·구 공무원이 표준지공시지가를 기준으로 지가를 산정하여 시·군·구청장이 결정 공고하는 개별공시지가가 있다.

(1) 표준지공시지가

1) 공시지가(公示地價)의 의의

가. 의의

① 표준지공시지가란 국토교통부장관이 토지이용상황이나 주변 환경, 그 밖의 자연적·사회적 조건이 일반적으로 유사하다고 인정되는 일단의 토지 중에서 선정한 표준지에 대하여 매년 공시기준일 현재의 단위면 적당 적정가격을 조사·평가하여 중앙부동산가격공시위원회의 심의를 거쳐 공시한 가격을 말한다(부동산 가격공시에 관한 법률 제3조 제1항).

② 표준지공시지가는 매년 공시기준일 현재의 단위면적당 적정가격을 조사·평가하고, 중앙부동산가격공시위원회의 심의를 거쳐 이를 공시하여야 한다. 여기에서 단위면

적은 1제곱미터로 하며, 적정가격이란 토지, 주택 및 비주거용 부동산에 대하여 통상적인 시장에서 정상적인 거래가 이루어지는 경우 성립될 가능성이 가장 높다고 인정되는 가격을 말한다.

나. 표준지공시지가의 공시기준일

공시기준일은 1월 1일로 한다. 다만, 국토교통부장관은 표준지공시지가 조사·평가 인력 등을 고려하여 부득이하다고 인정하는 경우에는 일부 지역을 지정하여 해당 지역에 대한 공시기준일을 따로 정할 수 있다.

2) 표준지공시지가의 공시(부동산 가격공시에 관한 법률 제3조)

① 국토교통부장관은 토지이용상황이나 주변 환경, 그 밖의 자연적·사회적 조건이 일반적으로 유사하다고 인정되는 일단의 토지 중에서 선정 한 표준지에 대하여 매년 공시기준일 현재의 단위면적당 적정가격(표준지공시지가)을 조사·평가하고, 중앙부동산가격공시위원회의 심의를 거쳐 이를 공시하여야 한다.

② 국토교통부장관은 표준지공시지가를 공시하기 위하여 표준지의 가격을 조사·평가할 때에는 대통령령으로 정하는 바에 따라 해당 토지 소유자의 의견을 들어야 한다.

③ 표준지의 선정·공시기준일, 공시의 시기, 조사·평가기준 및 공시절차 등에 필요한 사항은 대통령령으로 정한다.

〈표 17-12〉 표준지공시지가 결정절차

표준지의 선정	대표성·중용성·안정성·확정성이 있는 토지를 선정
조사·평가	표준지의 특성 등을 조사·평가하고 시장·군수·구청장 및 토지 소유자의 의견을 청취한 후 적정가격으로 감정평가함
중앙부동산가격 공시 위원회의 심의	평가가격에 대하여 중앙부동산가격공시위원회의 심의를 받음
지가공시	매년 2월 말경
이의신청	공시일부터 30일 이내에 서면으로 이의신청하면 그 내용을 심사하여 그 결과를 신청인에게 서면으로 통지

가. 표준지의 선정·조사·평가

① 표준지의 선정

㉠ 표준지 선정의 의의

ⓐ 표준지란 공시지가의 선정대상이 되는 토지를 말한다.

ⓑ 표준지란 일정한 지역마다 그 지역의 토지들을 대표할 수 있는 표준적 이용이나 규모가 되는 토지이다.

ⓒ 국토교통부장관은 표준지를 선정할 때에는 일단의 토지 중에서 해당 일단의 토지를 대표할 수 있는 필지의 토지를 선정하여야 한다.

ⓓ 표준지 선정 및 관리에 필요한 세부기준은 중앙부동산가격공시 위원회의 심의를 거쳐 국토교통부장관이 정한다.

ⓔ 지역분석을 통해 세분되어진 인근지역마다 이 지역을 대표하는 토지를 표준지로 한다. 지역분석은 표준지의 선정을 위한 전 단계로서의 성격을 지닌다.

㉡ 표준지의 선정기준

ⓐ 표준지를 선정하기 위한 일반적인 기준은 다음과 같다.

i) 지가의 대표성 : 표준지 선정 단위구역 내에서 지가수준을 대표할 수 있는 토지 중 인근지역 내 가격의 충화를 반영할 수 있는 표준적인 토지

ii) 토지특성의 중용성 : 표준지 선정 단위구역 내에서 개별토 지의 토지이용상황 면적·지형지세 도로조건·주위환경 및 공적규제 등이 동일 또는 유사한 토지 중 토지특성 빈도가 가장 높은 표준적인 토지

(iii) 토지용도의 안정성 : 표준지 선정 단위구역 내에서 개별토지의 주변이용상황으로 보아 그 이용상황이 안정적이고 장래 상당기간 동일 용도로 활용될 수 있는 표준적인 토지

iv) 토지구별의 확정성 : 표준지 선정 단위구역 내에서 다른 토지와 구분이 용이하고 위치를 쉽게 확인할 수 있는 표준적인 토지

ⓑ 특수토지 또는 용도상 불가분의 관계를 형성하고 있는 비교적 대규모의 필지를 일단지로 평가할 필요가 있는 경우에는 표준지로 선정하여 개별공시지가의 산정기준으로 활용될 수 있도록 하되, 토지형상·위치 등이 표준적인 토지를 선정한다.

ⓒ 국가 및 지방자치단체에서 행정목적상 필요하여 표준지를 선정하여 줄것을 요청한 특정지역이나 토지에 대해서는 지역특성을 고려하여 타당하다고 인정하는 경우에는 표준지를 선정할 수 있다.

㉢ 표준지 선정의 제외대상

ⓐ 국·공유의 토지는 표준지로 선정하지 아니한다. 다만, 「국유재산법」상 일반재산인 경우와 국·공유의 토지가 여러 필지로서 일단의 넓은 지역을 이루고 있어 그 지역의 지가수준을 대표할 표준지가 필요한 경우에는 국·공유의 토지를 표준지로 선정할 수 있다.

ⓑ 한 필지가 둘 이상의 용도로 이용되고 있는 토지는 표준지로 선정하지 아니

한다. 다만, 부수적인 용도의 면적과 토지의 효용가치가 경미한 경우에는 비교표준지로의 활용목적을 고려하여 표준지로 선정할 수 있다.

② 표준지공시지가의 조사 · 평가

㉠ 국토교통부장관이 표준지공시지가를 조사 · 평가하는 경우에는 인근 유사토지의 거래가격 · 임대료 및 해당 토지와 유사한 이용가치를 지닌다고 인정되는 토지의 조성에 필요한 비용추정액, 인근지역 및 다른 지역과의 형평성 · 특수성, 표준지공시지가 변동의 예측 가능성 등 제반사항을 종합적으로 참작하여야 한다.

㉡ 국토교통부장관이 표준지공시지가를 조사 · 평가하는 경우 참작하여야 하는 사항의 기준은 다음과 같다.

ⓐ 인근 유사토지의 거래가격 또는 임대료의 경우 : 해당 거래 또는 임대차가 당사자의 특수한 사정에 의하여 이루어지거나 토지거래 또는 임대차에 대한 지식의 부족으로 인하여 이루어진 경우에는 그러한 사정이 없었을 때에 이루어졌을 거래가격 또는 임대료를 기준으로 할 것

ⓑ 해당 토지와 유사한 이용가치를 지닌다고 인정되는 토지의 조성에 필요한 비용 추정액의 경우 : 공시기준일 현재 해당 토지를 조성하기 위한 표준적인 조성비와 일반적인 부대비용으로 할 것

㉢ 국토교통부장관이 표준지공시지가를 조사 · 평가할 때에는 업무실적, 신인도(信認度) 등을 고려하여 둘 이상의 감정평가법인등에게 이를 의뢰하여야 한다. 다만, 지가변동이 작은 경우 등 대통령령으로 정하는 기준에 해당하는 표준지에 대해서는 하나의 감정평가법인등에 의뢰할 수 있다. 이때 지가변동이 작은 경우 등 대통령령으로 정하는 기준에 해당하는 표준지란 다음의 요건을 모두 갖춘 지역의 표준지를 말한다.

ⓐ 최근 1년간 읍 · 면 · 동별 지가변동률이 전국 평균 지가변동률 이하인 지역

ⓑ 개발사업이 시행되거나 「국토의 계획 및 이용에 관한 법률」에 따른 용도지역 또는 용도지구가 변경되는 등의 사유가 없는 지역

㉣ 국토교통부장관은 개별공시지가의 산정을 위하여 필요하다고 인정하는 경우에는 표준지와 산정대상 개별 토지의 가격형성요인에 관한 표준적인 비교표(토지가격비준표)를 작성하여 시장 · 군수 또는 구청장에게 제공하여야 한다.

㉤ 표준지에 건물 또는 그 밖의 정착물이 있거나 지상권 또는 그 밖의 토지의 사용 · 수익을 제한하는 권리가 설정되어 있을 때에는 그 정착물 또는 권리가 존재하지 아니하는 것으로 보고 표준지공시지가를 평가하여야 한다.

③ 표준지공시지가의 조사 · 평가보고서 작성

㉠ 표준지공시지가 조사 · 평가를 의뢰받은 감정평가법인등은 표준지 공시지가 및

그 밖에 국토교통부령으로 정하는 사항을 조사·평가한 후 국토교통부령으로 정하는 바에 따라 조사·평가보고서를 작 성하여 국토교통부장관에게 제출해야 한다.

㉡ 감정평가법인등이 조사·평가보고서를 작성하는 경우에는 미리 해당 표준지를 관할하는 특별시장·광역시장·특별자치시장·도지사 또는 특별자치도지사(이하 시·도지사) 및 시장·군수·구청장의 의견을 들어야 한다.

㉢ 시·도지사 및 시장·군수·구청장은 의견 제시 요청을 받은 경우에는 요청받은 날부터 20일 이내에 의견을 제시해야 한다. 이 경우 시장·군수 또는 구청장은 시·군·구 부동산가격공시위원회의 심의를 거쳐 의견을 제시해야 한다.

㉣ 표준지공시지가는 제출된 보고서에 따른 조사·평가액의 산술평균치를 기준으로 한다.

㉤ 국토교통부장관은 제출된 보고서에 대하여 「부동산 거래신고 등에 관한 법률」에 따라 신고한 실제 매매가격(실거래신고가격) 및 「감정 평가 및 감정평가사에 관한 법률」에 따른 감정평가 정보체계 등을 활용하여 그 적정성 여부를 검토할 수 있다.

㉥ 국토교통부장관은 검토 결과 부적정하다고 판단되거나 조사·평가액 중 최고평가액이 최저평가액의 1.3배를 초과하는 경우에는 해당 감정평가법인등에게 보고서를 시정하여 다시 제출하게 할 수 있다.

㉦ 국토교통장관은 제출된 보고서의 조사·평가가 관계 법령을 위반하여 수행되었다고 인정되는 경우에는 해당 감정평가법인 등에게 그 사유를 통보하고, 다른 감정평가법인등 2인에게 대상 표준지공시지가의 조사·평가를 다시 의뢰해야 한다. 이 경우 표준지 적정가격은 다시 조사·평가한 가액의 산술평균치를 기준으로 한다.

나. 표준지공시지가의 공시 및 이의신청

① 표준지공시지가 공시사항(부동산 가격공시에 관한 법률 제5조, 영 제10조)

㉠ 표준지의 지번

㉡ 표준지의 단위면적(1제곱미터)당 가격

㉢ 표준지의 면적 및 형상

㉣ 표준지 및 주변토지의 이용상황

㉤ 지목

㉥ 용도지역

㉦ 도로상황

㉧ 그 밖에 표준지공시지가 공시에 필요한 사항

② 표준지공시지가의 열람(부동산 가격공시에 관한 법률 제6조) : 국토교통부 장관은 표준지공시지가를 공시한 때에는 그 내용을 특별시장 · 광역시장 또는 도지사를 거쳐 시장 · 군수 또는 구청장(지방자치단체인 구의 구청장)에게 송부하여 일반인이 열람할 수 있게 하고, 대통령령으로 정하는 바에 따라 이를 도서·도표 등으로 작성하여 관계 행정기관 등에 공급하여야 한다.

③ 표준지공시지가에 대한 이의신청(부동산 가격공시에 관한 법률 제7조)

㉠ 표준지공시지가에 이의가 있는 자는 그 공시일부터 30일 이내에 서면(전자문서 포함)으로 국토교통부장관에게 이의를 신청할 수 있다.

㉡ 국토교통부장관은 이의신청기간이 만료된 날부터 30일 이내에 이의신청을 심사하여 그 결과를 신청인에게 서면으로 통지하여야 한다. 이 경우 국토교통부장관은 이의신청의 내용이 타당하다고 인정될 때에는 해당 표준지공시지가를 조정하여 다시 공시하여야 한다.

④ 표준지공시지가의 적용(부동산 가격공시에 관한 법률 제8조): 지가 산정 의 주체가 지가 산정의 목적을 위하여 지가를 산정할 때에는 그 토지와 이용가치가 비슷하다고 인정되는 하나 또는 둘 이상의 표준지의 공시지가를 기준으로 토지가격비준표를 사용하여 지가를 직접 산정하거나 감정평가법인등에 감정평가를 의뢰하여 산정할 수 있다. 다만, 필요하다고 인정할 때에는 산정된 지가를 지가 산정의 목적에 따라 가감(加減) 조정하여 적용할 수 있다.

㉠ 지가 산정의 주체

ⓐ 국가 또는 지방자치단체

ⓑ 「공공기관의 운영에 관한 법률」에 따른 공공기관

ⓒ 그 밖에 대통령령으로 정하는 공공단체

㉡ 지가 산정의 목적

ⓐ 공공용지의 매수 및 토지의 수용 · 사용에 대한 보상

ⓑ 국유지 · 공유지의 취득 또는 처분

ⓒ 그 밖에 대통령령으로 정하는 지가의 산정

3) 표준지공시지가의 효력

표준지공시지가는 토지시장에 지가정보를 제공하고 일반적인 토지거래의 지표가 되며, 국가 지방자치단체 등이 그 업무와 관련하여 지가를 산정하거나 감정평가법인등이 개별적으로 토지를 감정평가하는 경우에 기준이 된다(부동산 가격공시에 관한 법률 제9조).

가. 토지시장의 지가정보 제공

표준지공시지가는 토지시장에 지가정보를 제공한다.

나. 일반적인 토지거래의 지표

표준지공시지가는 일반적인 토지거래의 지표가 된다.

다. 국가 등에 의한 지가산정의 기준

표준지공시지가는 국가 · 지방자치단체가 업무와 관련하여 지가를 산정하는 경우에 그 기준이 된다.

라. 개별토지의 평가기준

표준지공시지가는 감정평가법인등이 개별적으로 토지를 감정평가하는 경우에 그 기준이 된다. 즉, 표준지공시지가는 보상 등을 위한 지가산정의 기준이 되고, 또한 전문평가인이 타인의 의뢰에 의하여 지가를 산정 · 감정 평가하는 경우에도 기준이 된다.

(2) 개별공시지가

1) 의 의

개별공시지가란 시장·군수 또는 구청장이 국세 · 지방세 등 각종 세금의 부과, 그 밖의 다른 법령에서 정하는 목적을 위한 지가산정에 사용되도록 하기 위하여 시 · 군 · 구 부동산가격공시위원회의 심의를 거쳐 결정 · 공사한 매년 공시지가의 공시기준일 현재 관할 구역 안의 개별토지의 단위면적당 가격을 말한다.(부동산 가격공시에 관한 법률 제10조 제1항), 개별공시지가의 단위면적은 1제곱미터로 한다.

2) 개별공시지가의 결정 · 공시 및 이의신청

가. 개별공시지가의 결정 · 공시(부동산 가격공시에 관한 법률 제10조)

① 시장 · 군수 또는 구청장은 국세 · 지방세 등 각종 세금의 부과, 그 밖의 다른 법령에서 정하는 목적을 위한 지가산정에 사용되도록 하기 위하여 시 · 군 · 구 부동산가격공시위원회의 심의를 거쳐 매년 공시지가의 공시기준일 현재 관할 구역 안의 개별토지의 단위면적당 가격(개별공시 지가)을 결정 · 공시하고, 이를 관계 행정기관 등에 제공하여야 한다.

② 다만, 표준지로 선정된 토지, 조세 또는 부담금 등의 부과대상이 아닌 토지, 그 밖에 대통령령으로 정하는 토지에 대하여는 개별공시지가를 결정 · 공시하지 아니할 수 있다. 이 경우 표준지로 선정된 토지에 대하여는 해당 토지의 표준지공시지가를 개별공시지가로 본다.

③ 시장 · 군수 또는 구청장은 매년 5월 31일까지 개별공시지가를 결정 · 공시하여야 한다.

④ 시장·군수 또는 구청장은 공시기준일 이후에 분할·합병 등이 발생한 토지에 대하여는 대통령령으로 정하는 날'을 기준으로 하여 개별공시지가를 결정·공시하여야 한다.

⑤ 시장·군수 또는 구청장이 개별공시지가를 결정·공시하는 경우에는 해 당 토지와 유사한 이용가치를 지닌다고 인정되는 하나 또는 둘 이상의 표준지의 공시지가를 기준으로 토지가격비준표를 사용하여 지가를 산정하되, 해당 토지의 가격과 표준지 공시지가가 균형을 유지하도록 하여야 한다.

⑥ 시장·군수 또는 구청장은 개별공시지가를 결정·공시하기 위하여 개별 토지의 가격을 산정할 때에는 그 타당성에 대하여 감정평가법인등의 검증을 받고 토지소유자, 그 밖의 이해관계인의 의견을 들어야 한다. 다만, 시장·군수 또는 구청장은 감정평가법인등의 검증이 필요 없다고 인정되는 때에는 지가의 변동상황 등 대통령령으로 정하는 사항을 고려하여 감정평가법인등의 검증을 생략할 수 있다.

⑦ 시장·군수 또는 구청장이 위 ⑥에 따른 검증을 받으려는 때에는 해당 지역의 표준지의 공시지가를 조사·평가한 감정평가법인등 또는 대통령령으로 정하는 감정평가실적 등이 우수한 감정평가법인등에 의뢰하여야 한다.

⑧ 국토교통부장관은 지가공시 행정의 합리적인 발전을 도모하고 표준지 공시지가와 개별공시지가와의 균형유지 등 적정한 지가형성을 위하여 필요하다고 인정하는 경우에는 개별공시지가의 결정·공시 등에 관하 여 시장·군수 또는 구청장을 지도·감독할 수 있다.

나. 개별공시지가를 공시하지 아니할 수 있는 토지

① 시장·군수 또는 구청장은 다음의 어느 하나에 해당하는 토지에 대해서는 개별공시지가를 결정·공시하지 아니할 수 있다.

㉠ 표준지로 선정된 토지

㉡ 농지보전부담금 또는 개발부담금 등의 부과대상이 아닌 토지

㉢ 국세 또는 지방세 부과대상이 아닌 토지(국공유지의 경우에는 공공용 토지만 해당한다)

② 시장·군수 또는 구청장은 위 ①에도 불구하고 다음의 어느 하나에 해 당하는 토지에 대해서는 개별공시지가를 결정·공시하여야 한다.

㉠ 관계 법령에 따라 지가 산정 등에 개별공시지가를 적용하도록 규정되어 있는 토지

㉡ 시장·군수 또는 구청장이 관계 행정기관의 장과 협의하여 개별공시지가를 결정·공시하기로 한 토지

다. 개별공시지가 공시기준일을 다르게 할 수 있는 토지

개별공시지가 공시기준일을 다르게 할 수 있는 토지는 다음의 어느 하나에 해당하는 토지로 한다.

① 「공간정보의 구축 및 관리 등에 관한 법률」에 따라 분할 또는 합병된 토지
② 「공유수면매립 등으로 공간정보의 구축 및 관리 등에 관한 법률」에 따라 신규등록이 된 토지
③ 토지의 형질변경 또는 용도변경으로 「공간정보의 구축 및 관리 등에 관한 법률」에 따른 지목변경이 된 토지
④ 국유 공유에서 매각 등에 따라 사유(私有)로 된 토지로서 개별공시지가가 없는 토지

라. 개별공시지가의 이의신청(부동산 가격공시에 관한 법률 제11조)

① 개별공시지가에 대하여 이의가 있는 자는 개별공시지가의 결정 · 공시 일부터 30일 이내에 서면으로 시장 · 군수 또는 구청장에게 이의를 신청할 수 있다.
② 시장 · 군수 또는 구청장은 위 ①에 따라 이의신청기간이 만료된 날부터 30일 이내에 이의신청을 심사하여 그 결과를 신청인에게 서면으로 통지하여야 한다. 이 경우 시장 · 군수 또는 구청장은 이의신청의 내용이 타당하다고 인정될 때에는 해당 개별공시지가를 조정하여 다시 결정· 공시하여야 한다.
③ 개별공시지가에 대하여 이의신청을 하려는 자는 이의신청서에 이의신청 사유를 증명하는 서류를 첨부하여 해당 시장 · 군수 또는 구청장에게 제출하여야 한다.
④ 시장 · 군수 또는 구청장은 이의신청을 심사하기 위하여 필요할 때에는 감정평가법인등에게 검증을 의뢰할 수 있다.

3) 개별공시지가의 활용

개별공시지가는 토지 관련 국세의 부과기준과 지방세의 과세시가표준액의 조정자료로 활용됨은 물론 개발부담금 등 각종 부담금의 부과기준으로 쓰인다.

2. 주택가격의 공시

단독주택은 표준주택과 개별주택으로 구분하여 공시하는데, 단독주택 중 대표성이 인정되는 주택을 표준주택으로 선정하여 적정가격을 조사 · 산정하여 국토교통부장관이 공시하고, 그 외 개별주택은 시장 · 군수 · 구청장이 국토교통부장관이 공시한 표준주택가격을 기준으로 개별주택가격을 조사 · 산정하여 공시한다. 아파트, 연립, 다세대 등 공동주택은 표준주택과 개별주택으로 구분하지 않으며 한국부동산원에서 조사 · 산정하여 국토교통부장관이 가격을 공시한다.

(1) 단독주택가격의 공시

단독주택가격은 표준주택과 개별주택으로 구분하여 공시한다.

1) 표준주택가격의 공시

가. 표준주택가격의 의의

표준주택가격이란 국토교통부장관이 용도지역, 건물구조 등이 일반적으로 유사하다고 인정되는 일단의 단독주택 중에서 선정한 표준주택에 대하여 매년 공시기준일 현재의 적정가격을 조사·산정하여 중앙부동산가격공시 위원회의 심의를 거쳐 공시한 가격을 말한다(부동산 가격공시에 관한 법률 제 16조 제1항).

나. 표준주택가격의 선정 및 기준

① 표준주택의 선정

㉠ 국토교통부장관은 표준주택을 선정할 때에는 일반적으로 유사하다고 인정되는 일단의 단독주택 중에서 해당 일단의 단독주택을 대표 할 수 있는 주택을 선정하여야 한다.

㉡ 표준주택 선정 및 관리에 필요한 세부기준은 중앙부동산가격공시 위원회의 심의를 거쳐 국토교통부장관이 정한다.

② 표준주택의 선정기준 : 표준주택은 다음의 일반적인 기준을 종합적으로 반영하여 선정하여야 한다.

㉠ 토지

ⓐ 지가의 대표성 : 표준주택 선정 단위구역 내에서 지가수준을 대표할 수 있는 토지 중 인근지역 내 가격의 승화를 반영할 수 있는 표준적인 토지

ⓑ 토지특성의 중용성 : 표준주택 선정 단위구역 내에서 개별토지의 토지이용상황 대지면적 · 지형지세 도로조건 주위환경 및 공적규제 등이 동일 또는 유사한 토지 중 토지특성빈도가 가장 높은 표준적인 토지

ⓒ 토지용도의 안정성 : 표준주택 선정 단위구역 내에서 개별토지 의 주변이용상황으로 보아 그 이용상황이 안정적이고 장래 상당 기간 동일 용도로 활용될 수 있는 표준적인 토지

ⓓ 토지구별의 확정성 : 표준주택 선정 단위구역 내에서 다른 토지 와 구분이 용이하고 위치를 쉽게 확인할 수 있는 표준적인 토지

㉡ 건물

ⓐ 건물가격의 대표성 : 표준주택 선정 단위구역 내에서 건물가격 수준을 대표할 수 있는 건물 중 인근지역 내 가격의 층화를 반영 할 수 있는 표준적인 건물

ⓑ 건물특성의 중용성 : 표준주택 선정 단위구역 내에서 개별건물의 구조 · 용도 · 연면적 등이 동일 또는 유사한 건물 중 건물특성 빈도가 가장 높은 표준적인 건물

ⓒ 건물용도의 안정성 : 표준주택 선정 단위구역 내에서 개별건물 의 주변이용 상황으로 보아 건물로서의 용도가 안정적이고 장래 상당기간 동일 용도로 활용될 수 있는 표준적인 건물

ⓓ 외관구별의 확정성 : 표준주택 선정 단위구역 내에서 다른 건물 과 외관구분이 용이하고 위치를 쉽게 확인할 수 있는 표준적인 건물

③ 그 외에도 국가 및 지방자치단체에서 행정목적상 필요하여 표준주택을 선정하여 줄 것을 요청한 특정지역이나 단독주택에 대해서는 지역특성 을 고려하여 타당하다고 인정하는 경우에는 표준주택을 선정할 수 있다.

다. 표준주택가격의 조사 · 산정

① 국토교통부장관은 표준주택가격을 조사 · 산정하고자 할 때에는 「한국부동산원법」에 따른 한국부동산원에 의뢰한다. 표준주택가격 조사 · 산정을 의뢰받은 한국부동산원은 표준주택가격 및 그 밖에 국토교통부령으로 정하는 사항을 조사 · 산정한 후 표준주택가격 조사 · 산정보고서를작성하여 국토교통부장관에게 제출하여야 한다.

② 국토교통부장관이 표준주택가격을 조사 · 산정하는 경우에는 인근 유사 단독주택의 거래가격 · 임대료 및 해당 단독주택과 유사한 이용가치를 지닌다고 인정되는 단독주택의 건설에 필요한 비용추정액, 인근지역 및 다른 지역과의 형평성 · 특수성, 표준주택가격 변동의 예측 가능성 등 제반사항을 종합적으로 참작하여야 한다. 국토교통부장관이 표준주택가 격을 조사 · 산정하는 경우 참작하여야 하는 사항의 기준은 다음과 같다.

㉠ 인근 유사 단독주택의 거래가격 또는 임대료의 경우 : 해당 거래 또는 임대차가 당사자의 특수한 사정에 의하여 이루어지거나 단독주택거래 또는 임대차에 대한 지식의 부족으로 인하여 이루어진 경우에는 그러한 사정이 없었을 때에 이루어졌을 거래가격 또는 임대료를 기준으로 할 것

㉡ 해당 단독주택과 유사한 이용가치를 지닌다고 인정되는 단독주택의 건축에 필요한 비용추정액의 경우 : 공시기준일 현재 해당 단독주택을 건축하기 위한 표준적인 건축비와 일반적인 부대비용으로 할 것

③ 국토교통부장관은 개별주택가격의 산정을 위하여 필요하다고 인정하는 경우에는 표준주택과 산정대상 개별주택의 가격형성요인에 관한 표준적인 비교표(주택가격비준표)를 작성하여 시장 · 군수 또는 구청장에게 제공하여야 한다.

④ 표준주택에 전세권 또는 그 밖에 단독주택의 사용 · 수익을 제한하는 권리가 설정

되어 있을 때에는 그 권리가 존재하지 아니하는 것으로 보고 적정가격을 산정하여야 한다.

라. 표준주택가격 공시(부동산 가격공시에 관한 법률 제16조)

① 표준주택가격 공시 : 국토교통부장관은 용도지역, 건물구조 등이 일반적으로 유사하다고 인정되는 일단의 단독주택 중에서 선정한 표준주택에 대하여 매년 공시기준일 현재의 적정가격(표준주택가격)을 조사·산정하고, 중앙부동산가격공시위원회의 심의를 거쳐 이를 공시하여야 한다.

② 표준주택가격의 공시기준일 : 표준주택가격의 공시기준일은 1월 1일로 한다. 다만, 국토교통부장관은 표준주택가격 조사·산정인력 및 표준주택 수 등을 고려하여 부득이하다고 인정하는 경우에는 일부 지역을 지 정하여 해당 지역에 대한 공시기준일을 따로 정할 수 있다.

③ 표준주택가격의 공시사항

㉠ 표준주택의 지번

㉡ 표준주택가격

㉢ 표준주택의 대지면적 및 형상

㉣ 표준주택의 용도, 연면적, 구조 및 사용승인일(임시사용승인일 포함)

㉤ 지목

㉥ 용도지역

㉦ 도로 상황

㉧ 그 밖에 표준주택가격 공시에 필요한 사항

④ 표준주택가격의 이의신청

㉠ 표준주택가격에 이의가 있는 자는 그 공시일부터 30일 이내에 서면(전자문서 포함)으로 국토교통부장관에게 이의를 신청할 수 있다.

㉡ 국토교통부장관은 이의신청기간이 만료된 날부터 30일 이내에 이의신청을 심사하여 그 결과를 신청인에게 서면으로 통지하여야 한다. 이 경우 국토교통부장관은 이의신청의 내용이 타당하다고 인정 될 때에는 해당 표준주택가격을 조정하여 다시 공시하여야 한다.

2) 개별주택가격의 공시

가. 개별주택가격의 의의

개별주택가격이란 시장·군수 또는 구청장이 시·군·구 부동산가격공시위 원회의 심의를 거쳐 결정·공시한 매년 표준주택가격의 공시기준일 현재 관할 구역 안의 개별주택의 가격을 말한다(부동산 가격공시에 관한 법률 제17조 제1항).

나. 개별주택가격의 공시 및 이의신청

① 개별주택가격의 결정 · 공시

㉠ 시장 · 군수 또는 구청장은 시 · 군 · 구 부동산가격공시위원회의 심의를 거쳐 매년 표준주택가격의 공시기준일 현재 관할 구역 안의 개별주택의 가격(개별주택가격)을 결정 · 공시하고, 이를 관계 행정기관 등에 제공하여야 한다.

㉡ 다만, 표준주택으로 선정된 단독주택, 그 밖에 대통령령으로 정하는 단독주택에 대하여는 개별주택가격을 결정 · 공시하지 아니할 수 있다. 이 경우 표준주택으로 선정된 주택에 대하여는 해당 주택의 표준주택가격을 개별주택가격으로 본다.

㉢ 시장 · 군수 또는 구청장은 매년 4월 30일까지 개별주택가격을 결 정·공시하여야 한다.

㉣ 시장 · 군수 또는 구청장은 공시기준일 이후에 토지의 분할 · 합병이나 건축물의 신축 등이 발생한 경우에는 대통령령으로 정하는 날 을 기준으로 하여 개별주택가격을 결정 · 공시하여야 한다.

㉤ 시장 · 군수 또는 구청장이 개별주택가격을 결정 · 공시하는 경우에는 해당 주택과 유사한 이용가치를 지닌다고 인정되는 표준주택가 격을 기준으로 주택가격비준표를 사용하여 가격을 산정하되, 해당 주택의 가격과 표준주택가격이 균형을 유지하도록 하여야 한다.

㉥ 시장 · 군수 또는 구청장은 개별주택가격을 결정·공시하기 위하여 개별주택의 가격을 산정할 때에는 표준주택가격과의 균형 등 그 타 당성에 대하여 대통령령으로 정하는 바에 따라 한국부동산원의 겸 증을 받고 토지소유자, 그 밖의 이해관계인의 의견을 들어야 한다. 다만, 시장 · 군수 또는 구청장은 한국부동산원의 검증이 필요 없다 고 인정되는 때에는 주택가격의 변동상황 등 대통령령으로 정하는 사항을 고려하여 한국부동산원의 검증을 생략할 수 있다.

㉦ 국토교통부장관은 공시행정의 합리적인 발전을 도모하고 표준주택 가격과 개별주택가격과의 균형유지 등 적정한 가격형성을 위하여 필요하다고 인정하는 경우에는 개별주택가격의 결정 · 공시 등에 관하여 시장 · 군수 또는 구청장을 지도 · 감독할 수 있다.

② 개별주택가격의 공시사항

㉠ 개별주택의 지번

㉡ 개별주택가격

㉢ 개별주택의 용도 및 면적

㉣ 그 밖에 개별주택가격 공시에 필요한 사항

③ 개별주택가격을 공시하지 아니할 수 있는 단독주택

㉠ 시장 · 군수 또는 구청장은 다음의 어느 하나에 해당하는 단독주택에 대해서는 개별주택가격을 결정 · 공시하지 아니할 수 있다.

ⓐ 표준주택으로 선정된 단독주택

ⓑ 국세 또는 지방세 부과대상이 아닌 단독주택

㉡ 다만, 시장 · 군수 또는 구청장은 다음의 어느 하나에 해당하는 단독주택에 대해서는 개별주택가격을 결정 · 공시하여야 한다.

ⓐ 관계 법령에 따라 단독주택의 가격 산정 등에 개별주택가격을 적용하도록 규정되어 있는 단독주택

ⓑ 시장 · 군수 또는 구청장이 관계 행정기관의 장과 협의하여 개별주택 가격을 결정 · 공시하기로 한 단독주택

④ 개별주택가격 공시기준일을 다르게 할 수 있는 단독주택 : 개별주택가 격 공시기준일을 다르게 할 수 있는 단독주택은 다음의 어느 하나에 해당하는 단독주택으로 한다.

㉠ 「공간정보의 구축 및 관리 등에 관한 법률」에 따라 그 대지가 분할 또는 합병된 단독주택

㉡ 「건축법」에 따른 건축 · 대수선 또는 용도변경이 된 단독주택

㉢ 국유 공유에서 매각 등에 따라 사유로 된 단독주택으로서 개별주택가격이 없는 단독주택

⑤ 개별주택가격의 이의신청

㉠ 개별주택가격에 대하여 이의가 있는 자는 개별주택가격의 결정·공 시일부터 30일 이내에 서면으로 시장 · 군수 또는 구청장에게 이의를 신청할 수 있다.

㉡ 시장 · 군수 또는 구청장은 ㉠에 따라 이의신청기간이 만료된 날부터 30일 이내에 이의신청을 심사하여 그 결과를 신청인에게 서면으로 통지하여야 한다. 이 경우 시장 · 군수 또는 구청장은 이의신청의 내용이 타당하다고 인정될 때에는 해당 개별주택가격을 조정하여 다시 결정 · 공시하여야 한다.

(2) 공동주택가격의 공시

1) 공동주택가격의 의의

공동주택가격이란 국토교통부장관이 공동주택에 대하여 매년 공시기준일 현재의 적정가격을 조사 · 산정하여 중앙부동산가격공시위원회의 심의를 거쳐 공시한 가격을 말한다(부동산 가격공시에 관한 법률 제18조 제1항).

2) 공동주택가격의 결정 · 공시(부동산 가격공시에 관한 법률 제18조)

가. 공동주택가격 조사 · 산정

① 국토교통부장관은 공동주택가격을 공시하기 위하여 그 가격을 산정할 때에는 대통령령으로 정하는 바에 따라 공동주택소유자와 그 밖의 이해관계인의 의견을 들어야 한다.

② 국토교통부장관은 공시기준일 이후에 토지의 분할 · 합병이나 건물의 신축 등이 발생한 경우에는 대통령령으로 정하는 날을 기준으로 하여 공동주택가격을 결정 · 공시하여야 한다.

③ 국토교통부장관이 공동주택가격을 조사 · 산정하는 경우에는 인근 유사 공동주택의 거래가격 · 임대료 및 해당 공동주택과 유사한 이용가치를 지닌다고 인정되는 공동주택의 건설에 필요한 비용추정액, 인근지역 및 다른 지역과의 형평성 · 특수성, 공동주택가격 변동의 예측 가능성 등제반사항을 종합적으로 참작하여야 한다. 국토교통부장관이 공동주택가 격을 조사 · 산정하는 경우 참작하여야 하는 사항의 기준은 다음과 같다.

㉠ 인근 유사 공동주택의 거래가격 또는 임대료의 경우 : 해당 거래 또는 임대차가 당사자의 특수한 사정에 의하여 이루어지거나 공동주택거래 또는 임대차에 대한 지식의 부족으로 인하여 이루어진 경우에는 그러한 사정이 없었을 때에 이루어졌을 거래가격 또는 임대료를 기준으로 할 것

㉡ 해당 공동주택과 유사한 이용가치를 지닌다고 인정되는 공동주택의 건설에 필요한 비용추정액의 경우 : 공시기준일 현재 해당 공동주택을 건축하기 위한 표준적인 건축비와 일반적인 부대비용으로 할 것

④ 국토교통부장관이 공동주택가격을 조사 · 산정하고자 할 때에는 한국부동산원에 의뢰한다.

⑤ 공동주택에 전세권 또는 그 밖에 공동주택의 사용 · 수익을 제한하는 권리가 설정되어 있을 때에는 그 권리가 존재하지 아니하는 것으로 보고 적정가격을 산정하여야 한다.

나. 공동주택가격 공시

① 국토교통부장관은 공동주택에 대하여 매년 공시기준일 현재의 적정가 격(공동주택가격)을 조사 · 산정하여 중앙부동산가격공시위원회의 심의를 거쳐 공시하고, 이를 관계 행정기관 등에 제공하여야 한다.

② 다만, 대통령령으로 정하는 바에 따라 국세청장이 국토교통부장관과 협의하여 공동주택가격을 별도로 결정 · 고시하는 경우는 제외한다.

③ 국토교통부장관은 매년 4월 30일까지 공동주택가격을 산정 · 공시하여야 한다.

④ 국토교통부장관은 공동주택가격 공시사항을 공고일부터 10일 이내에 행정안전부장관, 국세청장, 시장 · 군수 또는 구청장에게 제공하여야 한다.

다. 공동주택가격의 공시기준일

공동주택가격의 공시기준일은 1월 1일로 한다. 다만, 국토교통부장관은 공 동주택가격 조사 · 산정인력 및 공동주택의 수 등을 고려하여 부득이하다고 인정하는 경우에는 일부 지역을 지정하여 해당 지역에 대한 공시기준일을 따로 정할 수 있다.

라. 공동주택가격 공시기준일을 다르게 할 수 있는 공동주택

공동주택가격 공시기준일을 다르게 할 수 있는 공동주택은 다음의 어느 하 나에 해당하는 공동주택으로 한다.

① 「공간정보의 구축 및 관리 등에 관한 법률」에 따라 그 대지가 분할 또는 합병된 공동주택

② 「건축법」에 따른 건축 대수선 또는 용도변경이 된 공동주택

③ 국유 공유에서 매각 등에 따라 사유로 된 공동주택으로서 공동주택가격이 없는 주택

마. 공동주택가격의 공시사항

① 공동주택의 소재지 · 명칭 · 동 · 호수

② 공동주택가격

③ 공동주택의 면적

④ 그 밖에 공동주택가격 공시에 필요한 사항

3) 공동주택가격의 이의신청

① 공동주택가격에 이의가 있는 자는 그 공시일부터 30일 이내에 서면(전 자문서 포함)으로 국토교통부장관에게 이의를 신청할 수 있다.

② 국토교통부장관은 이의신청기간이 만료된 날부터 30일 이내에 이의신청을 심사하여 그 결과를 신청인에게 서면으로 통지하여야 한다. 이 경우 국토교통부장관은 이의신청의 내용이 타당하다고 인정될 때에는 해 당 공동주택가격을 조정하여 다시 공시하여야 한다.

(3) 주택가격 공시의 효력

① 표준주택가격은 국가 · 지방자치단체 등이 그 업무와 관련하여 개별주택가격을 산정하는 경우에 그 기준이 된다.

② 개별주택가격 및 공동주택가격은 주택시장의 가격정보를 제공하고, 국가 지방자치

단체 등이 과세 등의 업무와 관련하여 주택의 가격을 산정하는 경우에 그 기준으로 활용될 수 있다.

3. 비주거용 부동산가격의 공시

(1) 비주거용 일반부동산가격의 공시

비주거용 일반부동산가격은 비주거용 표준부동산가격과 비주거용 개별부동산가격으로 구분하여 공시한다.

1) 비주거용 표준부동산가격의 공시

가. 비주거용 표준부동산가격의 의의

비주거용 표준부동산가격이란 국토교통부장관이 용도지역, 이용상황, 건물구조 등이 일반적으로 유사하다고 인정되는 일단의 비주거용 일반부동 산 중에서 선정한 비주거용 표준부동산에 대하여 매년 공시기준일 현재의 적정가격을 조사·산정하여 중앙부동산가격공시위원회의 심의를 거쳐 공시한 가격을 말한다(부동산 가격공시에 관한 법률 제20조 제1항).

나. 비주거용 표준부동산가격의 선정

① 국토교통부장관은 비주거용 표준부동산을 선정할 때에는 일단의 비주거용 일반부동산 중에서 해당 일단의 비주거용 일반부동산을 대표할 수 있는 부동산을 선정하여야 한다. 이 경우 미리 해당 비주거용 표준부동산이 소재하는 시·도지사 및 시장·군수·구청장의 의견을 들어야 한다.

② 비주거용 표준부동산의 선정 및 관리에 필요한 세부기준은 중앙부동산 가격공시위원회의 심의를 거쳐 국토교통부장관이 정한다.

다. 비주거용 표준부동산가격의 조사·산정

① 국토교통부장관은 비주거용 표준부동산가격을 조사·산정하려는 경우 감정평가법인등 또는 대통령령으로 정하는 부동산가격의 조사·산정에 관한 전문성이 있는 자에게 의뢰한다.

② 국토교통부장관이 비주거용 표준부동산가격을 조사·산정하는 경우에는 인근 유사 비주거용 일반부동산의 거래가격·임대료 및 해당 비주거용 일반부동산과 유사한 이용가치를 지닌다고 인정되는 비주거용 일반 부동산의 건설에 필요한 비용추정액 등을 종합적으로 참작하여야 한다. 국토교통부장관이 비주거용 표준부동산가격을 조사·산정하는 경우 참작하여야 하는 사항의 기준은 다음과 같다.

㉠ 인근 유사 비주거용 일반부동산의 거래가격 또는 임대료의 경우 : 해당 거래 또

는 임대차가 당사자의 특수한 사정에 의하여 이루어지거나 비주거용 일반부동산 거래 또는 임대차에 대한 지식의 부족으로 인하여 이루어진 경우에는 그러한 사정이 없었을 때에 이루어졌을 거래가격 또는 임대료를 기준으로 할 것

㉡ 해당 비주거용 일반부동산과 유사한 이용가치를 지닌다고 인정되는 비주거용 일반부동산의 건설에 필요한 비용추정액의 경우 : 공시기준일 현재 해당 비주거용 일반부동산을 건설하기 위한 표준적인 건설비와 일 반적인 부대비용으로 할 것

③ 국토교통부장관은 비주거용 개별부동산가격의 산정을 위하여 필요하다고 인정하는 경우에는 비주거용 표준부동산과 산정대상 비주거용 개별부동산의 가격형성요인에 관한 표준적인 비교표(비주거용 부동산가격 비준표)를 작성하여 시장·군수 또는 구청장에게 제공하여야 한다.

④ 비주거용 표준부동산가격의 조사·산정을 의뢰받은자(비주거용 표준부동산가격 조사·산정기관)는 비주거용 표준부동산가격 및 그 밖에 국토교통부령으로 정하는 사항을 조사 · 산정한 후 국토교통부령으로 정하는 바에 따라 비주거용 표준부동산가격 조사 · 산정보고서를 작성하여 국토교통부장관에게 제출하여야 한다.

⑤ 비주거용 표준부동산가격 조사 · 산정기관은 조사 · 산정보고서를 작성하는 경우에는 미리 해당 부동산 소재지를 관할하는 시 · 도지사 및 시 장 · 군수 · 구청장의 의견을 들어야 한다.

⑥ 시 · 도지사 및 시장 · 군수 · 구청장은 의견 제시 요청을 받은 경우에는 요청받은 날부터 20일 이내에 의견을 제시하여야 한다. 이 경우 시장 · 군수 또는 구청장은 시 · 군 · 구 부동산가격공시위원회의 심의를 거쳐 의견을 제시하여야 한다.

⑦ 비주거용 일반부동산에 전세권 또는 그 밖에 비주거용 일반부동산의 사용 · 수익을 제한하는 권리가 설정되어 있을 때에는 그 권리가 존재하지 아니하는 것으로 보고 적정가격을 조사 · 산정하여야 한다.

⑧ 그 밖의 비주거용 표준부동산가격의 조사 · 산정에 필요한 세부기준은 국토교통부장관이 정한다.

다. 비주거용 표준부동산가격의 공시

① 비주거용 표준부동산가격의 공사 : 국토교통부장관은 용도지역, 이용상황, 건물구조 등이 일반적으로 유사하다고 인정되는 일단의 비주거용 일반부동산 중에서 선정한 비주거용 표준부동산에 대하여 매년 공시기준일 현재의 적정가격(비주거용 표준부동산가격)을 조사 · 산정하고, 중앙 부동산가격공시위원회의 심의를 거쳐 이를 공시할 수 있다.

② 비주거용 표준부동산가격의 공시기준일 : 비주거용 표준부동산가격의 공시기준일은

1월 1일로 한다. 다만, 국토교통부장관은 비주거용 표준 부동산가격 조사·산정인력 및 비주거용 표준부동산의수 등을 고려하여 부득이하다고 인정하는 경우에는 일부 지역을 지정하여 해당 지역에 대한 공시기준일을 따로 정하여 고시할 수 있다.

③ 비주거용 표준부동산가격의 공시사항

㉠ 비주거용 표준부동산의 지번

㉡ 비주거용 표준부동산가격

㉢ 비주거용 표준부동산의 대지면적 및 형상

㉣ 비주거용 표준부동산의 용도, 연면적, 구조 및 사용승인일(임시사용승인일을 포함)

㉤ 지목

㉥ 용도지역

㉦ 도로 상황

㉧ 그 밖에 비주거용 표준부동산가격 공시에 필요한 사항

④ 비주거용 표준부동산가격의 이의신청

㉠ 비주거용 표준부동산가격에 이의가 있는 자는 그 공시일부터 30일 이내에 서면(전자문서 포함)으로 국토교통부장관에게 이의를 신청할 수 있다.

㉡ 국토교통부장관은 이의신청기간이 만료된 날부터 30일 이내에 이의신청을 심사하여 그 결과를 신청인에게 서면으로 통지하여야 한다. 이 경우 국토교통부장관은 이의신청의 내용이 타당하다고 인정 될 때에는 해당 비주거용 표준부동산가격을 조정하여 다시 공시하여야 한다.

2) 비주거용 개별부동산가격의 공시

가. 비주거용 개별부동산가격의 의의

비주거용 개별부동산가격이란 시장 · 군수 또는 구청장이 시 · 군 · 구 부동산가격공시위원회의 심의를 거쳐 결정 · 공시한 매년 비주거용 표준부동산 가격의 공시기준일 현재 관할 구역 안의 비주거용 개별부동산의 가격을 말한다. (부동산 가격공시에 관한 법률 제21조 제1항)

나. 비주거용 개별부동산가격의 공시 및 이의신청

① 비주거용 개별부동산가격의 결정 · 공시

㉠ 시장 · 군수 또는 구청장은 시 · 군 · 구 부동산가격공시위원회의 심의를 거쳐 매년 비주거용 표준부동산가격의 공시기준일 현재 관할 구역 안의 비주거용 개별부동산가격을 결정 · 공시할 수 있다.

㉡ 다만, 대통령령으로 정하는 바에 따라 행정안전부장관 또는 국세청장이 국토교

통부장관과 협의하여 비주거용 개별부동산의 가격을 별도로 결정·고시하는 경우는 제외한다.

㉢ 시장·군수 또는 구청장은 비주거용 개별부동산가격을 결정·공시 하려는 경우에는 매년 4월 30일까지 비주거용 개별부동산가격을 결정·공시하여야 한다.

㉣ 시장·군수 또는 구청장은 공시기준일 이후에 토지의 분할·합병이나 건축물의 신축 등이 발생한 경우에는 대통령령으로 정하는 날"을 기준으로 하여 비주거용 개별부동산가격을 결정·공시하여야 한다.

㉤ 시장·군수 또는 구청장이 비주거용 개별부동산가격을 결정·공시하는 경우에는 해당 비주거용 일반부동산과 유사한 이용가치를 지닌다고 인정되는 비주거용 표준부동산가격을 기준으로 비주거용 부동산가격 비준표를 사용하여 가격을 산정하되, 해당 비주거용 부동산의 가격과 비주거용 표준부동산가격이 균형을 유지하도록 하여야 한다.

㉥ 시장·군수 또는 구청장은 비주거용 개별부동산가격을 결정·공시하기 위하여 비주거용 일반부동산의 가격을 산정할 때에는 비주거용 표준부동산가격과의 균형 등 그 타당성에 대하여 비주거용 표준 부동산가격의 조사·산정을 의뢰받은 자 등 대통령령으로 정하는 자의 검증을 받고 비주거용 일반부동산의 소유자와 그 밖의 이해관계인의 의견을 들어야 한다. 다만, 시장·군수 또는 구청장은 비주거용 개별부동산가격에 대한 검증이 필요 없다고 인정하는 때에는 비주거용 부동산가격의 변동상황 등 대통령령으로 정하는 사항을 고려하여 검증을 생략할 수 있다.

㉦ 국토교통부장관은 공시행정의 합리적인 발전을 도모하고 비주거용 표준부동산가격과 비주거용 개별부동산가격과의 균형유지 등 적정한 가격형성을 위하여 필요하다고 인정하는 경우에는 비주거용 개 별부동산가격의 결정·공시 등에 관하여 시장·군수 또는 구청장을 지도·감독할 수 있다.

② 비주거용 개별부동산가격의 공시사항

㉠ 비주거용 부동산의 지번

㉡ 비주거용 부동산가격

㉢ 비주거용 개별부동산의 용도 및 면적

㉣ 그 밖에 비주거용 개별부동산가격 공시에 필요한 사항

③ 행정안전부장관 또는 국세청장이 비주거용 개별부동산가격을 결정 고시하는 경우 : 행정안전부장관 또는 국세청장이 비주거용 개별부동산 가격을 별도로 결정·고시하는 경우는 행정안전부장관 또는 국세청장 이 그 대상·시기 등에 대하여 미리 국토교통부장관과 협의한 후 비주 거용 개별부동산가격을 별도로 결정·고시하는 경우로 한다.

④ 비주거용 개별부동산가격을 공시하지 아니할 수 있는 비주거용 일반부동산

㉠ 시장·군수 또는 구청장은 다음의 어느 하나에 해당하는 비주거용 일반부동산에 대해서는 비주거용 개별부동산가격을 결정·공시하지 아니할 수 있다.

ⓐ 비주거용 표준부동산으로 선정된 비주거용 일반부동산

ⓑ 국세 또는 지방세 부과대상이 아닌 비주거용 일반부동산

ⓒ 그 밖에 국토교통부장관이 정하는 비주거용 일반부동산

㉡ 다만, 시장·군수 또는 구청장은 다음의 어느 하나에 해당하는 비주거용 일반부동산에 대해서는 비주거용 개별부동산가격을 공시 한다.

ⓐ 관계 법령에 따라 비주거용 일반부동산의 가격산정 등에 비주거용 개별부동산가격을 적용하도록 규정되어 있는 비주거용 일반부동산

ⓑ 시장·군수 또는 구청장이 관계 행정기관의 장과 협의하여 비주거용 개별부동산가격을 결정·공시하기로 한 비주거용 일반부동산

⑤ 비주거용 개별부동산가격 공시기준일을 다르게 할 수 있는 비주거용 일반부동산

비주거용 개별부동산가격 공시기준일을 다르게 할 수 있는 비주거용 일반부동산은 다음의 어느 하나에 해당하는 부동산으로 한다.

㉠ 「공간정보의 구축 및 관리 등에 관한 법률」에 따라 그 대지가 분할 또는 합병된 비주거용 일반부동산

㉡ 「건축법」에 따른 건축·대수선 또는 용도변경이 된 비주거용 일반부동산

㉢ 국유 공유에서 매각 등에 따라 사유로 된 비주거용 일반부동산으로서 비주거용 개별부동산가격이 없는 비주거용 일반부동산

⑥ 비주거용 개별부동산가격의 이의신청

㉠ 비주거용 개별부동산가격에 대하여 이의가 있는 자는 비주거용 개별부동산가격의 결정·공시일부터 30일 이내에 서면으로 시장·군 수 또는 구청장에게 이의를 신청할 수 있다.

㉡ 시장·군수 또는 구청장은 위에 따라 이의신청기간이 만료된 날부터 30일 이내에 이의신청을 심사하여 그 결과를 신청인에게 서면으로 통지하여야 한다. 이 경우 시장·군수 또는 구청장은 이의신청의 내용이 타당하다고 인정될 때에는 해당 비주거용 개별부동산가격을 조정하여 다시 결정·공시하여야 한다.

(2) 비주거용 집합부동산가격의 공시

1) 비주거용 집합부동산가격의 의의

비주거용 집합부동산가격이란 국토교통부장관이 비주거용 집합부동산에 대하여 매년

공시기준일 현재의 적정가격을 조사·산정하여 중앙부동산가격공시위원회의 심의를 거쳐 공시한 가격을 말한다(부동산 가격공시에 관한 법률 제22조 제1항).

2) 비주거용 집합부동산가격의 결정·공시

가. 비주거용 집합부동산가격 조사·산정

① 국토교통부장관은 비주거용 집합부동산가격을 공시하기 위하여 비주거용 집합부동산의 가격을 산정할 때에는 대통령령으로 정하는 바에 따라 비주거용 집합부동산의 소유자와 그 밖의 이해관계인의 의견을 들어야 한다.

② 국토교통부장관은 공시기준일 이후에 토지의 분할·합병이나 건축물의 신축 등이 발생한 경우에는 대통령령으로 정하는 날을 기준으로 하여 비주거용 집합부동산가격을 결정·공시하여야 한다.

③ 국토교통부장관이 비주거용 집합부동산가격을 조사·산정하는 경우에는 인근 유사 비주거용 집합부동산의 거래가격·임대료 및 해당 비주거용 집합부동산과 유사한 이용가치를 지닌다고 인정되는 비주거용 집합 부동산의 건설에 필요한 비용추정액 등을 종합적으로 참작하여야 한다.

④ 국토교통부장관은 비주거용 집합부동산가격을 조사·산정할 때에는 한국부동산원 또는 대통령령으로 정하는 부동산가격의 조사·산정에 관한 전문성이 있는 자에게 의뢰한다.

⑤ 비주거용 집합부동산가격을 조사·산정할 때 그 비주거용 집합부동산에 전세권 또는 그 밖에 비주거용 집합부동산의 사용·수익을 제한하는 권리가 설정되어 있는 경우에는 그 권리가 존재하지 아니하는 것으로 보고 적정가격을 산정하여야 한다.

나. 비주거용 집합부동산가격의 공시

① 국토교통부장관은 비주거용 집합부동산에 대하여 매년 공시기준일 현재의 적정가격(비주거용 집합부동산가격)을 조사·산정하여 중앙부동산 가격공시위원회의 심의를 거쳐 공시할 수 있다. 이 경우 시장·군수 또는 구청장은 비주거용 집합부동산가격을 결정·공시한 경우에는 이를 관계 행정기관 등에 제공하여야 한다.

② 국토교통부장관은 비주거용 집합부동산가격을 산정·공시하려는 경우에는 매년 4월 30일까지 비주거용 집합부동산가격을 산정·공시하여야 한다.

다. 비주거용 집합부동산가격의 공시기준일

비주거용 집합부동산가격의 공시기준일은 1월 1일로 한다. 다만, 국토교통부장관은 비주거용 집합부동산가격 조사·산정인력 및 비주거용 집합부동산의 수 등을 고려하여 부득이하다고 인정하는 경우에는 일부 지역을 지정하여 해당 지역에 대한 공시기준일을 따로 정할 수 있다.

라. 비주거용 집합부동산가격 공시기준일을 다르게 할 수 있는 비주거용 집합부동산

비주거용 집합부동산가격 공시기준일을 다르게 할 수 있는 비주거용 집합 부동산은 다음의 어느 하나에 해당하는 부동산으로 한다.

① 「공간정보의 구축 및 관리 등에 관한 법률」에 따라 그 대지가 분할 또는 합병된 비주거용 집합부동산

② 「건축법」에 따른 건축 대수선 또는 용도변경이 된 비주거용 집합부동산

③ 국유·공유에서 매각 등에 따라 사유로 된 비주거용 집합부동산으로서 비주거용 집합부동산가격이 없는 비주거용 집합부동산

마. 행정안전부장관 또는 국세청장이 비주거용 집합부동산가격을 결정·고시하는 경우

행정안전부장관 또는 국세청장이 비주거용 집합부동산가격을 별도로 결정·고시하는 경우는 행정안전부장관 또는 국세청장이 그 대상·시기 등에 대하여 미리 국토교통부장관과 협의한 후 비주거용 집합부동산가격을 별도로 결정·고시하는 경우로 한다.

바. 비주거용 집합부동산가격의 공시사항

① 비주거용 집합부동산의 소재지 명칭·동·호수

② 비주거용 집합부동산가격

③ 비주거용 집합부동산의 면적

④ 그 밖에 비주거용 집합부동산가격 공시에 필요한 사항

3) 비주거용 집합부동산가격의 이의신청

① 비주거용 집합부동산가격에 이의가 있는 자는 그 공시일부터 30일 이내에 서면(전자문서 포함)으로 국토교통부장관에게 이의를 신청할 수 있다.

② 국토교통부장관은 이의신청기간이 만료된 날부터 30일 이내에 이의신청을 심사하여 그 결과를 신청인에게 서면으로 통지하여야 한다. 이 경우 국토교통부장관은 이의신청의 내용이 타당하다고 인정될 때에는 해당 비주거용 집합부동산가격을 조정하여 다시 공시하여야 한다.

(3) 비주거용 부동산가격공시의 효력

① 비주거용 표준부동산가격은 국가·지방자치단체 등이 그 업무와 관련하여 비주거용 개별부동산가격을 산정하는 경우에 그 기준이 된다.

② 비주거용 개별부동산가격 및 비주거용 집합부동산가격은 비주거용 부동산 시장에 가격정보를 제공하고, 국가·지방자치단체 등이 과세 등의 업무와 관련하여 비주거용 부동산의 가격을 산정하는 경우에 그 기준으로 활용될 수 있다.

연 습 문 제

1. 감정평가의 의의와 필요성에 대해서 기술하시오.

2. 부동산 가격의 본질과 발생요인에 대해서 기술하시오.

3. 부동산 가격의 형성요인을 일반요인, 지역요인, 개별요인으로 구분하여 기술하시오.

4. 부동산 가격형성에 대한 법칙성, 즉 가격의 원칙에 대해서 기술하시오.

5. 부동산 평가에 있어서 3방식 6방법에 대해서 간략하게 기술하시오.

6. 부동산 평가활동을 위한 절차에 대해서 기술하시오.

공인중개사 기출 및 예상문제

1. 다음의 감정평가제도의 필연성에 대한 설명 중 가장 옳은 것은? (6회 기출)

① 부동산은 가격의 비중이 크기 때문에 감정평가의 필연성이 요구된다.
② 부동산에는 적정한 가격이 형성되지 못하며 합리적인 가격형성을 저해하는 요인이 많다.
③ 부동산은 대체성이 강하기 때문에 감정평가의 필연성이 요구된다.
④ 부동산은 일반적으로 자유 시장에서 가격이 형성되기 때문에 감정평가가 필연화된다.
⑤ 부동산은 소유권 및 권리, 이익의 가격이기 때문에 감정평가의 필연성이 요구된다.

[해설]
부동산 평가제도의 필연성
(1) 부동산은 합리적인 시장이 형성되지 않으므로 쉽게 인식할 수 있는 적정가격이 발생할 수 없다.
(2) 부증성으로 인하여 공급이 제한되어 수요공급에 의한 균형가격이 성립될 수 없다.
(3) 부동산 가격은 적정한 가격발생을 저해하는 요인이 많기 때문이다.
(4) 개별성 때문에 일물일가의 법칙이 적용되기 어렵다.
(5) 부동산은 사회성과 공공성이 강조되므로 감정평가제도 필요하다.

2. 부동산의 가격은 다른 일반재화와 다른 특징을 갖고 있다. 이러한 특징을 잘못 설명하고 있는 것은? (9회 기출)

① 부동산의 경제가치는 일반적으로 교환의 대가인 가격으로 표시됨과 동시에 그 용익의 대가인 임료로도 표시된다.
② 부동산의 가격은 그 부동산의 소유권, 임차권 등의 권리의 대가 또는 경제적 이익의 대가를 말한다.
③ 부동산의 가격은 통상 과거의 거래사례자료에 기초하여 단기적인 시장상황을 고려하여 형성된다.
④ 부동산의 인문적·물리적 특성은 적정한 가격을 형성하는 시장의 구축을 곤란하게 한다.
⑤ 둘 이상의 권리이익이 동일 부동산에 존재하는 경우에는 각각의 권리이익에 그 가격이 형성될 수 있다.

[해설]
부동산의 가격은 과거와 장래에 걸쳐서 장기적인 고려 하에 형성된다. 즉, 오늘의 가격은 어제의 전개임과 동시에 내일을 반영하는 것으로 항상 변화의 과정에 있는 것이다.

정답 1. ② 2. ③

3. 시장에서 부동산에 대한 가치가 형성되고, 사람들이 거기에 기꺼이 대가를 지불하기 위해서는 가치발생 요인들이 구비되어야 한다. 다음 중 이에 해당되지 않는 것은? (10회 기출)

① 효용　② 이전성(Transferability)　③ 상대적 희소성
④ 유효수요　⑤ 효율성

[해설]
(1) 부동산 가치의 발생요인으로는 부동산의 효율성(유용성), 부동산의 상대적 희소성, 부동산에 관한 유효수요, 이전성 등이다.
(2) 가치발생요인은 수요면에서는 효용성(유효성)·유효수요이고 공급면에서 상대적 희소성이고 수요공급면에서 이전성이다.
(3) 부동산의 가치발생요인은 부동산이 하나의 재화로서 가치(가격)를 지니기 위해 필수적 요인들이며 부동산의 경제 가치를 가액으로 표시하는 부동산 가격은 이러한 요인들의 상호결합에 의하여 발생한다.

4. 부동산 가격의 원칙에 대한 설명이다. 잘못된 설명은 어느 것인가? (5회 기출)

① 변동의 원칙은 예측의 원칙과 관계가 있다.
② 최유효이용의 원칙은 부동산 특유의 가격원칙이다.
③ 부동산의 가격은 현재의 이용 상태를 전제로 하여 평가하여야 한다는 원칙이 예측의 원칙이다.
④ 부동산의 효용을 최대로 하기 위해서는 그 부동산이 주위환경과 균형을 이루어야 한다는 원칙이 적합의 원칙이다.
⑤ 부동산의 수익성 또는 쾌적성을 높이기 위해서는 그 부동산의 구성요소 간에 서로 균형이 이루어져야 한다는 원칙이 균형의 원칙이다.

[해설]
일반적으로 재화의 가격은 그 재화에 대한 현재까지의 수익실적보다는 장래에 있어서 예측되는 수익성을 반영하여 결정되므로, 부동산의 가격도 그 가격형성요인에 대한 예측에 의해서 결정된다는 예측이다.

5. 최유효이용의 원칙을 지켜야 할 이유로서 합당하지 않은 것은? (7회 기출)

① 이용주체의 이윤극대화
② 사회성 · 공공성의 최대발휘
③ 공공복지증대를 위한 능률적 토지정책강구
④ 부증성으로 인하여 일어나는 토지문제발생의 방지
⑤ 지역발전을 위한 부동산 상호간의 대체추구에의 부응

정답 3. ⑤　4. ③　5. ⑤

[해설]

(1) 최유효이용이란 객관적으로 보아 양식과 통상의 이용능력을 가진 사람에 의한 합리적·합법적인 최고·최선의 이용방법을 말한다. 부동산의 가격은 이와 같은 최유효이용을 전제로 하여 파악되는 가격을 표준으로 하여 결정된다.

(2) 최유효이용의 원칙이 지켜져야 하는 이유
 ㉠ 토지의 자연적 특성의 하나인 부증성으로 말미암아 야기되는 토지와 인간과의 관계악화의 방지
 ㉡ 토지의 사회성·공공성의 최대발휘
 ㉢ 공공복지를 증대하기 위한 능률적인 토지정책의 강구
 ㉣ 부동산경영주체의 이윤극대화·적정화 등을 들 수 있다.

6. 최유효이용(highest and best use)의 원칙에 관한 설명 중 틀린 것은? (10회 기출)

① 현재보다는 미래에 최대의 수익을 발생시킬 수 있는 방법으로 부동산을 이용하는 것을 전제로 한다.
② 객관적으로 합리적, 합법적, 최고최선의 이용방법을 의미한다.
③ 부동산의 최대가치는 시장가치(market value)보다 생산 가치에 치중한다.
④ 부동산의 효용이 최고로 이용되는 경우를 의미한다.
⑤ 부동산의 가치는 가변적이므로 최유효이용의 판정에는 항상 변동과 예측의 원칙이 바탕이 되어야 한다.

[해설]

최유효이용을 전제로 파악되는 가격을 표준으로 하여 부동산의 가격이 형성된다는 것이 최유효이용의 원칙이다. 특히 부동산의 가격이 사회통념상 합리적이고 현실적인 방법으로 그 부동산의 효용이 최고로 발휘될 가능성이 있는 이용을 전제로 형성되어야 한다는 원칙이다. 최유효이용의 원칙은 시장가치(시장성)이나 생산가치(비용성)보다도 수요가격인 수익가치(수익성)를 추구한다.

7. 다음 부동산 가격원칙 중 최유효이용의 원칙과 가장 관련이 적은 것은? (8회 기출)

① 균형의 원칙 ② 수익배분의 원칙 ③ 적합의 원칙
④ 기여의 원칙 ⑤ 수요공급의 원칙

[해설]

최유효이용원칙과 관련되는 가격원칙

(1) 대상 부동산의 내부적 구성요소에 관련된 원칙 : 균형의 원칙, 수익체증체감의 원칙, 수익배분의 원칙, 기여의 원칙

(2) 대상 부동산의 외부적 구성요소에 관련된 원칙 : 적합의 원칙, 경쟁의 원칙

(3) 대내외적인 입장에 관련된 원칙 : 예측의 원칙, 변동의 원칙

정답 6. ③ 7. ⑤

8. 다음 중 감정평가 3방식 모두의 이론적 근거가 되는 가격 원칙은? (2, 10회 기출)

① 최유효사용의 원칙 ② 경쟁의 원칙 ③ 변동의 원칙
④ 예측의 원칙 ⑤ 대체(代替)의 원칙

[해설]
(1) 대체의 원칙이란 대체성이 있는 두 개 이상의 재화가 존재할 때 그 재화의 가격은 서로 관련되어 이루어진다는 것을 대체의 법칙이라고 한다.
(2) 부동산은 자연적 특성에 있어서는 비대체적이지만 이용의 측면에서는 대체적이다. 따라서 부동산의 가격도 대체가능한 다른 부동산 또는 재화의 가격과 상호 관련되어 형성된다.

9. 지역분석의 의의를 가장 설명한 것은? (10회 기출)

① 지역분석은 평가대상 부동산이 속하는 지역 내의 부동산의 표준적인 이용을 판단하여 이의 가격수준을 판단하는 작업니다.
② 지역분석은 용도적 지역인 주거지역, 상업지역, 공업지역, 녹지지역의 지역특성을 파악하는 작업이다.
③ 지역분석은 그 지역에 속하는 부동산의 최유효이용을 중심으로 가격 형성요인을 판단하는 작업이다.
④ 지역분석은 표준적인 이용의 입지인자를 분석하여 인근지역의 범위를 劃定하는 작업이다.
⑤ 지역분석은 지역의 표준적 이용의 최유효이용을 판단하여 이의 가격수준을 판단하는 작업이다.

[해설]
② 지역특성의 파악
③ 최유효이용의 파악이며
④ 입지인자분석이고
⑤ 최유효이용판단이다.

10. 인근지역에 대한 기술 중 잘못된 것은? (10회 기출)

① 인근지역은 대상 부동산이 속하는 용도적 지역이다.
② 인근지역은 대상 부동산의 가격형성에 간접적으로 영향을 미치는 지역범위이다.
③ 인근지역은 유사지역과 함께 용도적 지역을 구성한다.
④ 인근지역은 그 지역의 특성을 형성하는 지역요인의 추이, 동향에 따라 변화하게 된다.
⑤ 인근지역은 하천 등 자연적 경계와 토지 행정규제 등 공법상 규제에 의해 지역범위가 확정될 수도 있다.

정답 8. ⑤ 9. ① 10. ②

[해설]
인근지역이란 대상 부동산이 속하는 지역으로서 대상 부동산의 가격형성에 대하여 직접적으로 영향을 주는 지역적 특성을 가진 지역을 말한다.

11. 동일수급권에 대한 설명으로서 가장 적당한 것은? (1회 기출)
① 상업지의 동일수급은 통근거리에 영향을 받는다.
② 공업지의 동일수급권은 배후지 · 판매비가 중요시 된다.
③ 동일수급권 내의 부동산간에는 대체 · 경쟁 · 의존 · 보완관계가 있다.
④ 주거지의 동일수급권에 관한 파악은 배후지가 중요시 된다.
⑤ 이행지의 동일수급권은 이행 전 토지의 동일수급권과 같이 파악된다.

[해설]
(1) 동일수급권이란 일반적으로 대상 부동산과 대체 · 경쟁관계가 성립되고 가격형성에 있어서 서로 영향을 미치는 관계에 있는 다른 부동산이 존재하는 권역을 말한다.
(2) 동일수급권의 지역적 범위는 부동산의 종별, 성격, 규모에 따라 다르며 토지에 대한 동일수급의 판정에 유의할 사항은 다음과 같다.

㉠ 주거지	도심에의 통근이 가능한 지역의 범위와 일치하는 경향을 가진다.
㉡ 상업지	배후지를 기초로 하여 영업수익을 올리는 지역의 범위가 중요시 된다.
㉢ 공업지	대체로 제품의 생산, 판매에 관한 비용의 경제성에 관하여 대체성을 가지는 지역이다.
㉣ 농 지	당해 농지에 대하여 통상적인 형태로 농업경영이 가능한 거리의 범위와 일치하는 경향이 있으며, 통근경작가능 거리의 약 2배를 반경으로 하는 원내지역이 된다.
㉤ 임 지	농지의 경우와 비슷하지만 임업의 경영주체는 그 성격상 농업의 경우와 약간 다른 점이 있다.
㉥ 이행지	일반적으로 그 토지가 이행될 것으로 예상되는 토지(이행후의 토지)와 같은 종류의 동일수급권과 일치하는 경향이 있다(주거지역 → 상업지역).
㉦ 후보지 (가망지)	그 토지가 전환될 것으로 예상되는 토지(전환후의 토지)와 같은 종류와 일치하는 경향이 있다(농지→택지).

12. 동일수급권에 관한 설명 중 옳지 않은 것은? (4회 기출)
① 소문난 고급 주택지는 다른 지역과의 대체성이 적으므로 동일수급권의 범위가 비교적 좁다.
② 고도상업지의 동일수급권은 서울 · 인천 · 부산 등을 포함하는 광역성인 범위에 미치는 경우도 있다.
③ 소규모점포지가 주로 있는 보통상업지의 동일수급권은 일반적으로 좁은 것이 보통이다.
④ 대규모공업지의 동일수급권은 전국적인 규모까지 확대되는 경향이 있다.

정답 11. ③

⑤ 보통 주거지의 동일수급권은 도심으로 통근이 가능한 범위와 일치하는 경향이 있으며 지역적 선호도에 따라 좁아지지는 않는다.

[해설]
주거지의 동일수급권은 도심에의 통근이 가능한 지역범위와 일치하는 경향을 가진다. 다만 출생, 생육 기타 지역적 선호에 따라서 대체관계가 성립되는 범위가 좁아지는 경향도 있다.

13. 감가수정의 산정방법이 아닌 것은?

① 내용연수 기준 산정방식
② 물리적 감가액, 기능적 감가액, 외부적(경제적)감가액을 구하여 합산하는 방식
③ 유사 경과연수를 가진 부동산의 거래사례를 이용하는 방식
④ 정액법 또는 정률법
⑤ 건물 잔여법

[해설]
(1) 감가수정이란 대상부동의 재조달원가에서 물리적·기능적·경제적 요인 등에 의한 감가액을 공제하여 일정한 가격시점에서 대상 부동산의 적정한 복성가격을 구하는 것을 말한다.
(2) 감가수정의 방법으로는 내용연수에 의하는 방법(정액법, 정률법, 상환기금법)과 관찰 감가법이 있다.
(3) 감가상각의 추계방법으로 나이-수명법, 분해법, 관찰상태법, 시장추출법(매매사례비교법), 임대료손실환원법(소득환원법)이 있다.
　㉠ 나이 - 수명법 - 대상 부동산의 경과연수와 수명으로 감가상각을 추계하는 방법이다.
　㉡ 분해법 - 대상 부동산에 대한 감가상각요인을 물리적·기능적· 경제적 요인으로 세분한 후 이에 대한 감가상각액을 각각 별도로 특정하고 이것을 전부 합산하여 감가상각추계치를 산출하는 방법을 말한다.
　㉢ 관찰상태법 - 경험과 지식을 가진 평가사의 개인적인 관찰에 더 중요성을 두는 견해를 바탕으로 하는 감가상각이다.
　㉣ 시장추출법(매매사례비교법) - 대상 부동산과 유사한 매매사례를 이용하는 방법이다.
　㉤ 임대료손실환원법(손실환원법) - 감가상각요인으로부터 발생한 임대료 손실을 직접환원법이나 조소득승수법으로 환원하여 감가상각을 추계한다.
(4) 건물잔여법은 복합부동산의 총수익에서 건물귀속분을 구하여 이를 건물환원이율로 환원하여 건물의 가격을 구하는 방법으로 감가수정과는 관련이 없다.

정 12. ⑤ 13. ⑤

14. 회계목적의 감가상각과 평가목적의 감가상각과의 차이를 기술한 것 중 틀린 것은? (7회 기출)

① 회계목적의 감가상각은 회계기간동안 비용을 어떻게 할당하느냐에 초점을 맞추고 있다.
② 부동산평가에서는 건물의 물리적 내용연수에 따라서 감가상각한다.
③ 일반기업회계에서는 감가상각비를 업무경비로 취급하지만, 부동산평가에서는 이를 업무경비로 취급하지 않는다.
④ 회계목적의 감가상각은 건물의 원래 구입가격을 기준으로 하지만, 부동산평가에서는 건물의 재생산비용(또는 재조달원가)을 기준으로 감가 상각한다.
⑤ 부동산평가에서는 대상 부동산에서 실제로 발생한 가치상의 손실을 감가상각으로 한다.

[해설]
감가수정과 감가상각의 비교

구 분	감정평가의 감가수정	회계목적의 감가상각
목 적	가격시점에서의 현존가격의 적정화 (경제적 가치산정)	비용배분 · 자본의 유지회수 · 정확한 원가 계산진실한 제정상태 파악
	① 제조달원가를 기초로 함 ② 경제적 내용연수를 기초로 하되 - 장래보존연수 중점 ③ 현존물건만을 대상으로 함 ④ 물리적 · 기능적 · 경제적 감가요인 모두 취급 ⑤ 잔가율이 물건에 따라 다른 개별성이 있음 ⑥ 감가에 있어 시장성이 고려됨 ⑦ 감가액이 실제감가와 일치 ⑧ 비상각자산인 토지에도 인정되는 경우가 있음	① 취득원가(장부가액)를 기초로 함 ② 법정 내용연수를 기초로 하되 - 경과연수를 중점 ③ 자산으로 계상되면 멸실되어도 상각은 계속됨 ④ 물리적 · 기능적 감가요인만 취급함 ⑤ 잔가율인정 ⑥ 시장성이 고려되지 않음 ⑦ 감가액이 실제감가와 일치하지 않음 ⑧ 상가자산에만 인정

15. 다음 중 매매사례비교법에 대한 설명으로 옳지 않은 것은? (4회 기출)

① 대체의 원칙은 매매사례비교법이 성립되는 이론적 근거가 된다.
② 이 방법은 사정보정이나 시점수정 등 분석판단이 불명확하므로 널리 이용되고 있지 않다.
③ 이 방법으로 산정된 감정가격을 유추가격이라 한다.
④ 이 방법은 매매가 잘 성립되지 않거나 시장성이 없는 부동산에는 적용이 곤란한다.
⑤ 대상물건과 동일성 또는 유사성이 있는 다른 물건의 매매사례와 비교, 시점수정 및 사정보정을 가하여 가격을 추정하는 방법이다.

정답 14. ② 15. ②

[해설]
매매사례비교법이란 대상 부동산과 동일성 또는 유사성 있는 다른 부동산의 거래사례와 비교하여 가격시점과 대상 부동산의 현황에 맞게 시점수정 및 사정보정을 가하여 감정가격을 추정하는 방법이며 이 방법에 산정된 시산가격을 유추가격 혹은 비준가격이란 한다. 매매 사례법의 이론적 근거는 대체의 원칙에 있으며 장점으로 현실적이고, 실증적이며 설득력이 있으며 3방식중 중추적 역할을 하고 토지 건물·동산 등의 평가에 널리 활용된다.

16. 거래사례비교법에 대한 다음 기술 중 틀린 것은? (9회 기출)

① 매수자가 토지지상에 소재하는 낡은 건물의 철거를 전제로 매입한 거래사례가격은 거래지불가격에 철거비를 공제한 가격으로 보정의 가능성을 고려하여 선택하여야 한다.
② 거래사례는 위치의 유사성, 물적 유사성, 시점수정의 가능성 및 사정보정의 가능성을 고려하여 선택하여야 한다.
③ 거래사례의 보정방법으로는 곱의 방식 및 가감방식이 이용될 수 있으나, 곱의 방식은 오차를 확대하는 결과를 초래할 수 있다.
④ 거래사례의 선택은 거래사례의 분포 및 거래내용을 검증(verification)하여 선택하여야 한다.
⑤ 지역요인의 비교는 거래사례가 속한 지역의 표준적 이용과 대상 부동산이 속한 지역의 표준적 이용을 기준으로 비교하여야 한다.

[해설]
① 거래사례비교법이란 대상 부동산과 동일성 또는 유사성이 있는 다른 부동산의 거래사례와 비교하여, 가격시점과 대상 부동산의 현황에 맞게 사정보정 및 시점수정을 가하여 감정가격을 추출하는 방법을 말한다.
② 소재하는 낡은 건물의 철거를 전제로 매입한 거래사례가격은 거래지불가격에 철거비를 가산하여 보정한다.

17. 부동산의 매매사례자료수집에서 시점수정을 하는 경우 그 산출 방식은? (3회 기출)

① 매매사례가격 × 가격시점의 지수/수정시점의 지수
② 매매사례가격 × 수정시점의 지수/가격시점의 지수
③ 매매사례가격 × 매매(거래)시점의 지수/수정시점의 지수
④ 매매사례가격 × 가격시점의 지수/매매(거래)시점의 지수
⑤ 매매사례가격 × 매매(거래)시점의 지수/가격시점의 지수

정답 16. ① 17. ④

[해설]

(1) 시점수정은 매매(거래)사례자료의 매매(거래)시점과 가격시점이 서로 달라 가격수준에 변동이 있을 때에 그 변동률을 매매(거래)가격에 곱함으로써 가격시점의 가격으로 수정하는 것을 말한다.

(2) 시점수정의 산식

$$\text{매매(거래)사례가격} \times \frac{\text{가격시점의 지수}}{\text{매매(거래)시점의 지수}}$$

= 거래시점에 SIM 있어서의 SIM 매매(거래)사례자료의 SIM 가격

18. 다음 중 수익환원법에 있어 가장 중요시되는 세 가지 요소는? (3회 기출)

① 수익, 비용, 순이익

② 순이익의 지속성, 환원이율(還元利率), 수익환원

③ 순이익, 순수이율, 수익환원의 방법

④ 수익, 환원이율의 조정, 수익환원의 방법

⑤ 순이익, 환원이율, 수익환원의 방법

[해설]

수익환원법이란 대상물건이 장래 산출한 것으로 기대되는 순이익을 환원이율로 환원하여 가격시점에 있어서의 평가가격을 산정하는 방법을 말한다. 이 방법에 의하여 산정된 감정가격을 수익가격이라 한다.

※ 수익가격 $= \frac{\text{순수익}}{\text{환원이율}}$

19. 노선가식평가법에 대한 설명 중 옳지 않은 것은? (8회 기출)

① 각 획지의 지형이 다양하므로 보정률의 완벽을 기하기 어렵다.

② 비교적 주관성이 크며 평가사에 따른 가격편차가 크다.

③ 모든 획지는 가로의 깊이가 깊어짐에 따라 그 가격이 체감된다.

④ 번화가에서는 하나의 가로를 세분화하여 복수의 노선가를 적용할 수 있다.

⑤ 단순한 깊이 외에도 형태 및 면적 등의 차이도 보정의 대상이 된다.

[해설]

(1) 노선가식 평가법이란 접근성이 유사한 가로별로 획지의 표준깊이에 따른 평균단가를 구하여 인근가로에 붙이고, 이를 기초로 깊이체감률 및 각종 보정률을 적용하여 대상획지의 가격을 산정하는 방법을 말한다.

정답 18. ⑤ 19. ②

(2) 노선가식 평가법은 매매사례비교법에서 고려되어야 하는 대상획지의 여러 가지 특성을 사전에 정해진 수식에 의해서 평가하고 있다. 이 방법은 토지구획정리사업 등 대상획지의 가치를 신속하고 일치성 있게 구할 수 있는 편리함에 있다. 그리고 획지의 성격에 따라 어느 정도의 수치를 부여해서 노선가를 수정해야 하는가를 계수표로 만들어서 제공하고 있으므로 평가사의 주고나성을 상당한 정도로 배제할 수 있다는 장점이 있다. 그러나 대상획지의 가치가 이런 몇 가지의 수식의 결합으로 평가될 수 있는지, 시장에서의 매도인과 매수인의 행태에 부합되는지에 대해서는 의문의 여지가 있다.

20. 다음은 부동산통계에 필요한 회귀분석에 관한 설명이다. 틀린 것은? (9회 기출)

① 고급식당의 고객수로부터 미지의 식당수입을 구할 수 있다.

② $y = a + bx$에는 종속변수, 회귀상수, 회귀계수, 1개의 독립변수가 성립한다.

③ $y = a + b_1x_1 + b_2x_2 + b_3x_3 = \cdots + b_nx_n$는 복수의 독립변수로 성립한다.

④ 위 ③을 선형회귀분석, ②를 다중회귀분석이라고 한다.

⑤ 회귀분석을 통하여 모텔근처의 교통량으로부터 모텔이용객의 수를 추정할 수 있다.

[해설]

(1) 단순회귀분석(선형회귀분석)이란 부동산 가격에 영향을 미치는 가장 중요한 특성이라고 생각되는 하나의 독립변수를 사용하여 대상 부동산의 시장가치(종속변수)를 추계하는 것을 말한다. $y = a + bx$(y : 종속변수 a : 회귀상수 b : 회귀계수 x : 독립변수)

(2) 다중회귀분석이란 부동산가치에 영향을 미치는 여러 가지 요인(대상토지 면적, 대상토지의 위치, 지역지구제, 주변의 토지이용 등)들을 종합해서 부동산의 가치를 계량적으로 추계하는 것을 말한다. 어떤 부동산 시장가치에 영향을 미치는 요소가 x_1, x_2, x, $\cdots$, x_t라고 하면 다중회귀분석에 의한 시장가치의 추계식은 다음과 같다.

$$y = a + b(x_1) + b_2(x_2) + \cdots + b_t(x_t) + e$$

(y : 종속변수 x : 독립변수 a : 회귀상수 b : 회귀계수 e : 오차)

회귀계수의 부호는(+)인 것이 보통이나 경우에 따라서는 (-)이 될 수도 있다.

21. 공시지가표준지를 이용하여 토지가격을 산정할 경우 표준지의 선택기준에 대해 잘못 기술하고 있는 것은? (9회 기출)

① 공시지가표준지의 선택은 도시계획구역 내에서는 평가대상 부동산과 용도지역이 동일한 표준지 중에서 선택하여야 한다.

② 공시지가를 기준으로 평가할 경우 사정보정을 감안할 필요가 없다.

③ 비도시지역에 소재하는 토지의 경우 표준지의 선택은 국토이용관리법상의 용도지역을 감안하여 결정하여야 한다.

정답 20. ④

④ 도시계획시설에 저촉된 공시지가표준지의 공시지가는 이를 적정하게 보정하여 사용하여야 한다.

⑤ 개발제한구역 내에 소재하는 건부지의 평가시에는 건부지의 토지대장상의 지목을 기준으로 표준지를 선정하여야 한다.

[해설]
개발제한구역내의 건부지의 평가는 인근 지역 내 건부지의 공시지가 기준으로 하되 대상토지 면적이 토지보상평가지침 제18조 3항의 면적초과부분은 이를 감안 감정 평가할 수 있다.

22. 현행 지가공시제도에서 지가비준표에 대한 설명으로 옳은 것은? (7회 기출)

① 표준지간의 가격의 차이를 정리한 표이다.

② 표준지의 토지특성을 요약한 표이다.

③ 개별필지의 가격을 도출하기 위해 토지특성항목별 가격배율을 표시한 표이다.

④ 개별지가로부터 표준지의 가격을 도출하기 위해 토지수급권별로 작성한 표이다.

⑤ 전국의 지가에 대해 국회의 동의를 거쳐 시행되는 지가특성에 관한 표이다.

[해설]
토지가격비준표란 감정평가사가 아니더라고 누구나 신속하게 대량으로 지가를 산정할 수 있도록 객관적으로 작성한 개별필지의 토지특성항목별 가격배율을 표시한 표이다. 따라서 비준표는 감정평가사가 평가해서 공시한 표준지가격을 기준으로 하여 개별토지의 가격을 산정하는 기준이 됨으로써 전문평가사와 일반인의 지가산정을 연결시켜 주며 표준지평가와 개별필지평가를 연계해 주는 장치라 할 수 있다.

23. 건축부지의 평가에 관한 다음 설명 중 맞는 것은? (5회 기출)

① 나지(裸地)로서의 평가액을 한도로 한다.

② 나지로서의 평가액과 같게 된다.

③ 나지로서의 평가액에 건물의 평가액을 더해서 구한다.

④ 나지로서의 평가액보다 반드시 상회한다.

⑤ 나지로서의 평가액을 초과하는 것이 일반적이다.

[해설]
건부지란 건물 등의 토지상의 부가물로 제공되고 있는 부지를 건부지라고 한다. 건부지의 감정평가액은 갱지(나지)로서의 평가액을 한도로 하고 배분법에 기한 비준가격 및 토지잔여법에 의해 수익가격을 결정한다.

정답 21. ⑤ 22. ③ 23. ①

24. 부동산 가격(value)을 설명한 것이다. 옳은 것은?(14회 기출)

① 부동산 가격은 희소성, 유효수요, 효용 등의 요인이 결합하여 발생한다.

② 하나의 부동산에는 하나의 가격만 성립한다.

③ 부동산의 가격형성요인은 부단히 변동하나 각 요인은 서로 영향을 주지 않는다.

④ 부동산 가격원칙이란 부동산 가격이 시장에서 형성되는 원리에 관한 것으로 능률성의 원칙, 안전성의 원칙, 전달성의 원칙 등이 있다.

⑤ 최유효이용의 원칙은 부동산이 최고의 가격을 형성할 수 있는 용도로 이용하여야 한다는 원칙이다.

[해설]

① 부동산 가격은 대상 부동산의 희소성, 유효수요, 효용성 등에 의해서 발생한다.

② 하나의 부동산은 하나의 가격만 형성하는 것이 아니라 가격은 항상 변동하게 되는 것이며 또한 평가의 목적에 따라 과세가치, 보상가치, 담보가치 등이 서로 다를 수 있다.

③ 가격형성요인은 상호 독립적으로 작용하는 것이 아니라 상호 유기적으로 작용하여 서로 간에 영향을 주고받는다.

④ 능률성의 원칙, 안정성의 원칙, 전달성의 원칙 등은 감정평가활동의 특별원칙이지 부동산 가격의 제 원칙이 아니다.

⑤ 최유효이용의 원칙은 가격을 최고로 형성할 수 있는 용도로 이용해야한다는 단편적인 개념이 아니라 주어진 조건 하에서 용도상·시계열적으로 적합한 토지이용이 되도록 해야 한다는 것이다.

25. 부동산 가격의 제 원칙에 대한 다음 설명 중 가장 바르게 설명한 것은? (13회 기출)

① 부지(敷地)와 건물 등 구성요소 간의 적응상태를 분석하는 것이 적합의 원칙이다.

② 토지, 자본, 노동 및 경영의 각 생산요소에 의하여 발생하는 총수익은 이들 제요소에 배분되는데 자본, 노동 및 경영에 배분된 몫 이외의 잔여액은 그 배분이 정당하게 행하여지는 한 토지에 귀속된다는 것이 기여의 원칙이다.

③ 부동산의 유효성이 최고도로 발휘되기 위하여서는 그 부동산이 속한 지역의 환경에 적합하여야 한다는 것이 최유효이용의 원칙이다.

④ 초과이윤은 경쟁은 야기하며 경쟁은 결국 초과이윤을 감소 또는 소멸시킨다는 것이 수익체증, 체감의 원칙이다.

⑤ 부동산의 가격도 일반재화와 마찬가지로 가격형성요인의 변화에 따라 상호 인과관계의 변동과정에서 형성된다는 것이 변동의 원칙이다.

정답 24. ① 25. ⑤

[해설]
① 부지와 건물 등 구성요소 간의 적응상태를 분석하는 것은 균형의 원칙이다.
② 대상 부동산으로부터 발생하는 수익을 토지, 자본, 노동 및 경영의 각 생산요소에 배분되는데 자본, 노동 및 경영에 배분된 몫 이외의 잔여액은 그 배분이 정당하게 행하여지는 한 토지에 귀속된다는 것은 수익배분의 원칙이다.
③ 부동산의 유효성이 최고도로 발휘되기 위하여서는 그 부동산이 속한 지역의 환경에 적합하여야 한다는 것은 적합의 원칙이다.
④ 초과이윤은 경쟁을 야기하며 경쟁은 결국 초과 이윤을 감소 또는 소멸시킨다는 것은 경쟁의 원칙이다.

26. 부동산 감정평가에서 지역분석에 관한 설명 중 옳은 것은? (16회 기출)
① 성숙도가 낮은 후보지의 동일수급권은 전환 후 용도 지역의 동일수급권과 일치하는 경향이 있다.
② 지역분석은 개별분석 후에 이루어지는 것이 일반적이다.
③ 인근지역의 사회적 · 경제적 · 행정적 위치는 고정적인 것이 아니라 유동적인 것이다.
④ 인근지역의 생애주기를 성장기, 성숙기, 쇠퇴기, 천이기, 악화기 등으로 구분할 때 가격수준은 성장기에 최고에 이른다.
⑤ 인근지역은 대상 부동산이 속해 있지 않지만 그 지역적 특성이 대상 부동산의 가격형성에 영향을 미치는 지역이다.

[해설]
① 성숙도가 낮은 후보지의 동일수급권은 전환 전 용도 지역의 동일수급권과 일치하는 경향이 있다.
② 지역분석 후에 개별분석이 이루어지는 것이 일반적이다.
③ 인근지역의 물리적 위치는 불변이지만 당해 지역의 사회적 · 경제적 · 행정적 위치는 항상 유동적이다. 예컨대, 공공시설이 들어선다든지 도로가 없다가 신설도로가 개설된다든지 용도지역의 변화가 생긴다든지 항상 유동성을 가지고 있다.
④ 인근지역의 생애주기에서 가격수준이 최고인 단계는 성숙기이다.
⑤ 인근지역은 대상 부동산이 속해 있는 지역이다.

27. 다음은 지역분석과 개별분석에 관한 설명이다. 가장 올바른 것은? (13회 기출)
① 개별분석은 당해 지역의 표준적 이용의 장래의 동향을 명백히 하고 지역분석은 지역적 특성하에서의 당해 부동산의 최유효이용을 판정하는 것이다.
② 지역분석은 개개 부동산의 가격을 판정하는 것을 말하며, 개별분석은 그 지역에 속하는 부동산의 가격수준을 판정하는 것을 말한다.

정답 26. ③

③ 부동산감정평가에 있어 지역분석이 중요시되는 이유는 부동산의 가격은 그 부동산의 최유효이용을 전제로 하며 파악되는 가격을 기준으로 당해 부동산의 최유효이용을 판정하기 때문이다.

④ 범위와 분석방법상으로는 지역분석은 부분적·국지적인 개념인 데 비하여, 개별분석은 지역적·광역적인 개념이다.

⑤ 지역분석에서 사용되는 유사지역은 특성이 인근지역과 유사하여 인근지역과 가격 면에서 대체관계가 성립될 수 있는 지역을 말한다.

[해설]

① 지역분석은 그 지역의 토지의 표준적 이용을 파악하고 개별분석은 대상 부동산의 최유효이용을 판정하는 것이다.

② 지역분석은 그 지역의 가격수준을 파악하고 개별분석은 대상 부동산의 가격을 결정하는 것이다.

③ 개별분석에 대해 설명하고 있다.

④ 지역분석은 지역적 · 광역적이고 개별분석은 부분적·국지적이다.

28. 감정평가의 3방식을 설명한 것이다. 옳은 것은? (14회 기출)

① 10년 전에 건축된 빌딩의 건축비가 명확히 알려져 있어, 여기에 바로 감가수정을 가하여 복성가격을 구하였다.

② 대상나대지의 지난 1년간 순수익 실적에 종합환원이율을 적용하여 수익가격을 구하였다.

③ 대상 부동산과 인접한 부동산이 1년 전에 거래된 적이 있어 이 사례에 사정보정 및 시점수정을 가하여 적산가격을 구하였다.

④ 감정평가 3방식은 시장성·수익성·비용성에 착안하여 성립한 것이며, 가격과 임료를 구하는 방법으로 나뉜다.

⑤ 3방식 적용 결과 각 시산가격이 일치하지 않았기 때문에, 산술평균하여 평가가격을 경정하였다.

[해설]

① 10년 전의 건축비와 비교하여 복성가격을 구하는 것이 아니라 가격 시점 현재에 재조달원가를 구하고 감가수정액을 공제하여 복성가격을 구한다.

② 수익방식을 적용하기 위해서는 상당기간의 순수익이 발생하여야 한다.

③ 비준가격을 말하는 것이다.

⑤ 시산가격이 일치하지 않을 경우에 산술평균하여 평가가격을 결정하는 것이 아니라 대상 부동산의 특성에 가장 적합한 평가방식을 적용하는 것이 원칙이며 시산가격을 조정한다면 가중평균하여야 한다.

정답 27. ⑤ 28. ④

29. 다음은 부동산 감정평가 방식 중 비교방식의 거래사례비교법에 관한 설명이다. 가장 타당한 것은? (13회 기출)

① 임대사례 부동산과 감정평가 대상 부동산에 대한 원가법과 적산법 등을 비교대조해서 부동산의 적산가격을 구하고자 하는 수법으로서, 이론적 근거는 예측의 원칙이다.

② 거래사례 부동산과 감정평가 대상 부동산에 대한 순수익, 환원이율을 적용하여 부동산의 가격을 구하고자 하는 수익방식으로서, 이론적 근거는 수익체증체감의 원칙이다.

③ 임대사례 부동산과 감정평가 대상 부동산에 대한 품등·시점 등을 비교해서 부동산의 임료를 구하고자 하는 실증적 수법으로서, 이론적 근거는 최유효이용의 원칙이다.

④ 거래사례 부동산과 감정평가 대상 부동산에 대한 수익환원법과 수익분석법을 적용하여 부동산의 비준임료를 구하고자 하는 수법으로서, 이론적 근거는 수요공급의 원칙이다.

⑤ 거래사례 부동산과 감정평가 대상 부동산에 대한 품등·시점 등을 비교대조해서 부동산의 가격을 구하고자 하는 실증적 수법으로서, 이론적 근거는 대체의 원칙이다.

[해설]

① 거래사례비교법은 임대사례부동산과 감정평가 대상 부동산에 대한 거래사례등을 비교대조해서 부동산의 비준가격을 구하고자 하는 수법으로서, 이론적 근거는 대체의 원칙 및 수요공급의 원칙이다(④).

② 수익환원법에 대한 설명이다.

③ 임대사례비교법에 대한 설명이다.

30. 영업권의 평가에 관하여 감정평가에 관한 규칙에 규정된 내용으로 가장 타당한 것은? (15회 기출)

① 원가법에 의한다. 다만 원가법에 의한 평가가 적정하지 아니한 경우에는, 수익환원법 또는 거래사례비교법에 의할 수 있다.

② 거래사례비교법에 의한다. 다만 거래사례비교법에 의한 평가가 적정하지 아니한 경우에는, 원가법 또는 수익환원법에 의할 수 있다.

③ 원가법에 의한다. 다만 원가법에 의한 평가가 적정하지 아니한 경우에는 수익환원법에 의한다.

④ 거래사례비교법에 의한다. 다만 거래사례비교법에 의한 평가가 적정하지 아니한 경우에는 원가법에 의한다.

⑤ 수익환원법에 의한다. 다만 수익환원법에 의한 평가가 적정하지 아니한 경우에는, 거래사례비교법 또는 원가법에 의할 수 있다.

정답 29. ⑤ 30. ⑤

[해설]

⑤ 영업권의 평가는 수익환원법을 사용하는 것이 원칙이며, 다만 수익환원법에 의한 평가가 적정하지 아니한 경우에는, 거래사례비교법 또는 원가법에 의할 수 있다.

31. 감정평가에 관한 규칙에서 규정하고 있는 내용에 관하여 가장 타당한 것은? (15회 기출)

① 가격시점은 대상물건의 가격조사를 완료한 일자로 한다. 가격시점이 미리 정하여진 때에는, 가격조사가 가능하지 않더라도 그 일자를 가격시점을 정할 수 있다.

② 감정평가법인 등이 평가를 할 때에는, 실지조사에 의하여 대상물건을 확인하여야 한다. 신뢰할 수 있는 자료가 있는 경우라도, 실지조사를 생략하여서는 아니 된다.

③ 소음·진동·일조 침해 또는 환경오염 등으로 인한 토지 등의 가치하락분에 대하여 평가를 하는 경우에는, 관계 법령에 의한 소음 등의 허용기준은 고려하여야 하나, 원상회복비용은 고려하지 아니한다.

④ 전문가의 자문 등을 거쳐 평가한 경우, 그 자문 등의 내용을 감정평가서에 기재하여야 한다.

⑤ 집합건물의 소유 및 관리에 관한 법률에 의한 구분소유권의 대상이 되는 건물부분과 그 대지사용권을 일괄하여 평가하는 경우에는 원칙적으로 원가법에 의한다.

[해설]

① 가격시점은 대상물건의 가격조사를 완료한 일자로 하고, 가격시점이 미리 정하여진 때는 가격조사가 가능한 일자를 가격시점으로 해야 한다.

② 감정평가업자가 평가를 할 때 에는, 실지조사에 의하여 대상물건을 확인하는 것이 원칙이다. 단, 신뢰할 수 있는 자료가 있는 경우에는 예외가 인정된다.

③ 소음진동규제법·항공법·건축법 그 밖의 법령에 의한 소음·진동·일조침해 및 환경오염 등으로 인한 손해의 평가는 관련 법령상의 허용기준·규제사항·수인한도·원상회복비용 및 소음 등으로 인한 가치하락분 등을 고려하여 평가한다(감평규 칙제33조).

⑤ 구분소유건물과 그 대지 사용권의 평가는 거래사례비교법에 의한다. 다만, 거래사례비교법에 의한 평가가 적정하지 아니한 경우에는 원가법 또는 수익환원법에 의할 수 있다.

32. 공시지가를 설명한 것이다. 틀린 것은? (14회 기출)

① 개별공시지가는 수용할 토지의 보상액 산정기준이 된다.

② 시장·군수·구청장은 일정한 절차를 거쳐 매년 공시기준일 현재 개별토지의 단위면적당 가격을 고시한다.

③ 공시지가 이의가 있는 자는 이의를 제기하거나 행정소송을 제기할 수 있다.

④ 표준지 공시지가는 감정평가업자가 개별적으로 토지를 감정평가 하는 경우에 그 기준이 된다.

정답 31. ④

⑤ 국토해양부장관을 일정한 절차를 거쳐 매년 공시기준일 현재 표준지의 단위면적당 가격을 공시한다.

[해설]

① 정부나 지방자치단체에서 토지 수용시 보상금의 산정기준이 되는 것은 표준지 공시지가이다. 표준지 공시지가의 효력과 개별공시지가의 효력은 다음과 같다.

〈표준지 공시지가의 효력〉

㉠ 표준지 공시지가는 토지시장의 지가정보를 제공

㉡ 일반적인 토지거래의 지표

㉢ 국가·지방자치단체 등의 기관이 그 업무와 관련하여 지가를 산정기준

㉣ 감정평가업자가 개별적으로 토지를 감정평가 시 기준

〈개별공시지가의 효력〉

개별토지에 대한 각종 세금 및 부담금의 부과의 기준

33. 다음은 감정평가 과정상 지역분석 및 개별분석과 관련된 내용이다. ( )에 들어갈 용어는?(32회 기출)

> 지역분석은 해당 지역의 (㉠) 및 그 지역 내 부동산의 가격수준을 판정하는 것이며, 개별분석은 대상부동산의 (㉡)을 판정하는 것이다. 지역분석의 분석 대상지역 중 (㉢)은 대상부동산이 속한 지역으로서 부동산의 이용이 동질적이고 가치형성요인 중 지역요인을 공유하는 지역이다.

① ㉠ : 표준적 이용　㉡ : 최유효이용　㉢ : 유사지역

② ㉠ : 표준적 이용　㉡ : 최유효이용　㉢ : 인근지역

③ ㉠ : 최유효이용　㉡ : 표준적 이용　㉢ : 유사지역

④ ㉠ : 최유효이용　㉡ : 표준적 이용　㉢ : 인근지역

⑤ ㉠ : 최유효이용　㉡ : 최유효이용　㉢ : 유사지역

[해설]

지역분석은 해당 지역의 '표준적 이용 및 그 지역 내 부동산의 가격수준을 판정하는 것이며, 개별분석은 대상부동산의 '최유효이용'을 판정하는 것이다. 지역분석의 분석 대상지역 중 '인근지역'은 대상부동산이 속한 지역으로서 부동산의 이용이 동질적이고 가치형성요인 중 지역요인을 공유하는 지역이다.

정답 32. ① 33. ②

34. 감정평가 과정상 지역분석 및 개별분석에 관한 설명으로 옳은 것은? (34회 기출)

① 동일수급권(同一受給權)이란 대상부동산과 대체 경쟁 관계가 성립하고 가치 형성에 서로 영향을 미치는 관계에 있는 다른 부동산이 존재하는 권역(圈域)을 말하며, 인근지역과 유사지역을 포함한다.

② 지역분석이란 대상부동산이 속해 있는 지역의 지역요인을 분석하여 대상부동산의 최유효이용을 판정하는 것을 말한다.

③ 인근지역이란 대상부동산이 속한 지역으로서 부동산의 이용이 동질적이고 가치형성요인 중 개별요인을 공유하는 지역을 말한다.

④ 개별분석이란 대상부동산의 개별적 요인을 분석하여 해당 지역 내 부동산의 표준적 이용과 가격수준을 판정하는 것을 말한다.

⑤ 지역분석보다 개별분석을 먼저 실시하는 것이 일반적이다.

[해설]

② 지역분석이란 대상부동산이 속해 있는 지역의 지역요인을 분석하여 해당 지역 내 부동산의 표준적 이용과 가격수준을 판정하는 것을 말한다.

③ 인근지역이란 대상부동산이 속한 지역으로서 부동산의 이용이 동질적이고 가치형성요인 중 지역요인을 공유하는 지역을 말한다.

④ 개별분석이란 대상부동산의 개별적 요인을 분석하여 대상부동산의 최유효이용을 판정하는 것을 말한다.

⑤ 개별분석보다 지역분석을 먼저 실시하는 것이 일반적이다.

35. 원가법에서의 재조달원가에 관한 설명으로 틀린 것은?(35회 기출)

① 재조달원가란 대상물건을 기준시점에 재생산하거나 재취득하는 데 필요한 적정원가의 총액을 말한다.

② 총량조사법, 구성단위법, 비용지수법은 재조달원가의 산정방법에 해당한다.

③ 재조달원가는 대상물건을 일반적인 방법으로 생산하거나 취득하는 데 드는 비용으로 하되, 제세공과금 은 제외한다.

④ 재조달원가를 구성하는 표준적 건설비에는 수급인의 적정이윤이 포함된다.

⑤ 재조달원가를 구할 때 직접법과 간접법을 병용할 수 있다.

[해설]

재조달원가는 대상물건을 일반적인 방법으로 생산하거나 취득하는 데 드는 비용으로 하되, 제세공과금 등과 같은 일반적인 부대비용을 포함한다.

정답 34. ① 35. ③

36. 감가수정에 관한 설명으로 옳은 것을 모두 고른 것은? (33회 기출)

> ㉠ 감가수정과 관련된 내용연수는 경제적 내용연수가 아닌 물리적 내용연수를 의미한다.
> ㉡ 대상물건에 대한 재조달원가를 감액할 요인이 있는 경우에는 물리적 감가, 기능적 감가, 경제적 감가 등을 고려한다.
> ㉢ 감가수정방법에는 내용연수법, 관찰감가법, 분해법 등이 있다.
> ㉣ 내용연수법으로는 정액법, 정률법, 상환기금법이 있다.
> ㉤ 정률법은 매년 일정한 감가율을 곱하여 감가액을 구하는 방법으로 매년 감가액이 일정하다.

① ㉠, ㉡　② ㉡, ㉢　③ ㉢, ㉣
④ ㉡, ㉢, ㉣　⑤ ㉢, ㉣, ㉤

[해설]
감가수정과 관련된 내용연수는 물리적 내용연수가 아닌 경제적 내용연수를 의미한다. 정률법은 매년 일정한 감가율을 곱하여 감가액을 구하는 방법으로 매년 감가액은 점차 감소한다.

37. 「감정평가에 관한 규칙상」 대상물건별로 정한 감정평가방법(주된 감정평가방법)에 관한 설명으로 옳은 것 을 모두 고른 것은? (35회 기출)

> ㉠ 건물의 주된 감정평가방법은 원가법이다.
> ㉡ 자동차와 선박의 주된 감정평가방법은 거래사례비교법이다. 다만, 본래 용도의 효용가치가 없는 물건은 해체처분가액으로 감정평가를 할 수 있다.
> ㉢ 집합건물의 소유 및 관리에 관한 법률에 따른 구부소유권의 대상이 되는 건물부분과 그 대지사용권을 일괄하여 감정평가하는 경우의 주된 감정평가방법은 거래사례비교법이다.
> ㉣ 영업권과 특허권의 주된 감정평가방법은 수익분석법이다.

① ㉠, ㉡　② ㉡, ㉣　③ ㉠, ㉡, ㉢
④ ㉠, ㉡, ㉣　⑤ ㉠, ㉢, ㉣

[해설]
㉡ 자동차의 주된 감정평가방법은 거래사례비교법이나 선박을 감정평가할 때에 선체 기관 의장별로 구분하여 감정평가하되, 각각 원가법을 적용해야 한다. 다만 본래 용도의 효용가치가 없는 물건은 해체처분가격으로 감정평가를 할 수 있다.

정답 36. ④ 37. ①

㉣ 영업권과 특허권의 주된 감정평가방법은 수익환원법이다.

38. 감정평가에 관한 규칙상 대상물건별로 정한 감정평가방법(주된 방법)이 수익환원법인 대상물건은 모두 몇 개인가? (34회 기출)

상표권	임대료	저작권	특허권
과수원	기업가치	광업재단	실용신안권

① 2개 ② 4개 ③ 3개
④ 6개 ⑤ 5개

[해설]
감정평가에 관한 규칙상 대상물건별로 정한 감정평가방법(주된 방법)에서 상표권, 저작권, 특허권, 기업가치 광업재단, 실용신안권은 수익환원법으로 평가하고, 임대료는 임대사례비교법, 과수원은 거래사례비교법으로 평가한다.

39. 부동산 가격공시에 관한 법령에 규정된 내용으로 옳은 것은? (33회 기출)

① 국토교통부장관이 표준지공시지가를 조사・평가할 때에는 반드시 둘 이상의 감정평가법인등에게 의뢰 하여야 한다.
② 표준지공시지가의 공사에는 표준지의 지번, 표준지의 단위면적당 가격, 표준지의 면적 및 형상, 표준지 및 주변토지의 이용상황, 그 밖에 대통령령으로 정하는 사항이 포함되어야 한다.
③ 국토교통부장관은 표준주택에 대하여 매년 공시기준일 현재 적정가격을 조사 산정하고, 시·군·구부 동산가격공시위원회의 심의를 거쳐 이를 공시하여야 한다.
④ 국토교통부장관은 표준주택가격을 조사 산정하고자 할 때에는 감정평가법인동 또는 한국부동산원에 의뢰한다.
⑤ 표준공동주택가격은 개별공동주택가격을 산정하는 경우에 그 기준이 된다.

[해설]
① 국토교통부장관이 표준지공시지가를 조사 평가할 때에는 업무실적 신인도(信認度) 등을 고려하여 등 이상의 감정평가 및 강정평가사에 관한 법률에 따른 감정평가법인등에게 이를 의뢰하여야 한다. 다만, 지가 변동이 작은 경우 등 대통령령으로 정하는 기준에 해당하는 표준지에 대해서는 하나의 감정평가법인등에 의뢰할 수 있다(부동산 가격공시에 관한 법률 제3조 제5항)
③ 국토교통부장관은 표준주택에 대하여 매년 공시기준일 현재 적정가격을 조사 산정하고, 중앙부동산가격공 시위원회의 심의를 거쳐 이를 공시하여야 한다.
④ 국토교통부장관은 표준주택가격을 조사 산정하고자 할 때에는 한국부동산원에 의뢰한다.
⑤ 공동주택은 표준주택가격과 개별주택가격으로 구분하지 않는다.

정답 38. ① 39. ②

40. 부동산 가격공시에 관한 법령에 규정된 내용으로 틀린 것은?(34회 기출)

① 표준지공시지가는 토지시장에 지가정보를 제공하고 일반적인 토지거래의 지표가 되며, 국가 지방자치 단체 등이 그 업무와 관련하여 지가를 산정하거나 감정평가법인등이 개별적으로 토지를 감정평가하는 경우에 기준이 된다.

② 국토교통부장관이 표준지공시지가를 조사·산정할 때에는 「한국부동산원법」에 따른 한국부동산원에게 이를 의뢰하여야 한다.

③ 표준지공시지가에 이의가 있는 자는 그 공시일부터 30일 이내에 서면(전자문서를 포함한다)으로 국토교통부장관에게 이의를 신청할 수 있다.

④ 시장·군수 또는 구청장이 개별공시지가를 결정·공시하는 경우에는 해당 토지와 유사한 이용가치를 지닌다고 인정되는 하나 또는 둘 이상의 표준지의 공시지가를 기준으로 토지가격비준표를 사용하여 지가를 산정하되, 해당 토지의 가격과 표준지공시지가가 균형을 유지하도록 하여야 한다.

⑤ 표준지로 선정된 토지에 대하여는 개별공시지가를 결정 공시하지 아니할 수 있다. 이 경우 표준지로 선정된 토지에 대하여는 해당 토지의 표준지공시지가를 개별공시지가로 본다.

[해설]

국토교통부장관이 표준지공시지가를 조사 평가할 때에는 업무실적, 신인도 등을 고려하여 둘 이상의 「감정평가 및 감정평가사에 관한 법률에 따른 감정평가법인등에게 이를 의뢰하여야 한다. 다만, 지가 변동이 작은 경우 등 대통령령으로 정하는 기준에 해당하는 표준지에 대해서는 하나의 감정평가법안 등에 의뢰할 수 있다(부동산 가격공시에 관한 법률 제3조 제5).

국토교통부장관은 표준주택가격을 조사·산정하고자 할 때에는 한국부동산원법에 따른 한국부동산원에 의뢰한다(부동산 가격공시에 관한 법률 제16조 제4항).

41. 부동산 가격공시에 관한 법령상 부동산 가격공시제도에 관한 내용으로 틀린 것은? (35회 기출)

① 표준주택으로 산정된 단독주택, 국세 또는 지방세 부과대상이 아닌 단독주택에 대하여는 개별주택가격 을 결정·공시하지 아니할 수 있다.

② 개별주택가격 및 공동주택가격은 주택시장의 가격정보를 제공하고, 국가 지방자치단체 등이 과세 등의 업무와 관련하여 주택의 가격을 산정하는 경우에 그 기준으로 활용될 수 있다.

③ 표준주택가격은 국가 지방자치단체 등이 그 업무와 관련하여 개별주택가격을 산정하는 경우에 그 기준이 된다.

④ 개별주택가격에 이의가 있는 자는 그 결정·공시일로부터 30일 이내에 서면(전자문서를 포함한다)으로 시장·군수 또는 구청장에게 이의를 신청할 수 있다.

정답 40. ②

⑤ 시장 · 군수 또는 구청장은 공시기준일 이후에 토지의 분할 · 합병이나 건축물의 신축 등이 발생한 경우에는 대통령으로 정하는 날을 기준으로 하여 공동주택가격을 결정 · 공시하여야 한다.

[해설]
국토교통부장관은 공시기준일 이후에 토지의 분할·합병이나 건축물의 신축 등이 발생한 경우에는 대통령령으로 정하는 날을 기준으로 하여 공동주택가격을 결정·공시하여야 한다(부동산 가격공시에 관한 법률 제18조 제4항)

42. 부동산 가격공시에 관한 법률에 규정된 내용으로 틀린 것은? (32회 기출)

① 국토교통부장관은 표준주택가격을 조사 · 산정하고자 할 때에는 한국부동산원에 의뢰한다.
② 표준주택가격은 국가 지방자치단체 등이 그 업무와 관련하여 개별주택가격을 산정하는 경우에 그 기준이 된다.
③ 표준주택으로 선정된 단독주택, 그 밖에 대통령령으로 정하는 단독주택에 대하여는 개별주택가격을 결정 · 공시하지 아니할 수 있다.
④ 개별주택가격 및 공동주택가격은 주택시장의 가격정보를 제공하고, 국가 · 지방자치단체 등이 과세 등의 업무와 관련하여 주택의 가격을 산정하는 경우에 그 기준으로 활용될 수 있다.
⑤ 개별주택가격 및 공동주택가격에 이의가 있는 자는 그 결정 · 공시일부터 30일 이내에 서면(전자문서를 포함한다)으로 시장 · 군수 또는 구청장에게 이의를 신청할 수 있다.

[해설]
개별주택가격에 이의가 있는 자는 그 결정 · 공시일부터 30일 이내에 서면(전자문서를 포함한다)으로 시장 · 군수 또는 구청장에게 이의를 신청할 수 있고, 공동주택가격에 이의가 있는 자는 그 공시일부터 30일 이내에 서면(전자문서를 포함한다)으로 국토교통부장관에게 이의를 신청할 수 있다.

정답 41. ⑤ 42. ⑤

참고문헌

- 김성래, 공인중개사 부동산세법, 랜드스쿨
- 김영진, 부동산학범론, 東京, 法經學院
- 김영진, 부동산학개론, 경영문화원
- 김영진, 부동산학총론, 범론사
- 김영진, 부동산평가론, 건설연구사
- 김영진, 신 부동산평가론, 경영문화원
- 김원규 · 이양교, 부동산학개론, 학문사
- 김용민외 3인, 부동산감정평가론, 형설출판사
- 김서경, 가상의 과학, 현암사
- 문영기 외 1인, 신 부동산중개론, 기공사
- 박홍전, 공인중개사 부동산학개론, 랜드3
- 방경식, 부동산학개론, 범론사
- 방경식 · 장희순, 부동산학개론, 부연사
- 송태영, 감정평가실무, 경영문화원
- 이래영, 부동산학개론, 삼영사
- 이창석, 부동산학원론, 형설출판사
- 이창석, 알기쉬운 부동산학개론, 형설출판사
- 이태교, 부동산마케팅, 경영문화원
- 이중환(이영택 역), 택리지, 삼중당
- 장성국외 1인, EBS 부동산학개론, EBS
- 정태경, 감정평가이론, 경영문화원
- 최창조, 한국의 풍수사상, 민음사
- 최창조, 한국의 풍수지리, 민음사
- 최창조, 도시풍수, 판미동
- 김원규, 도로교통 운용에 대한 시민의 의식과 만족도에 관한 연구, 건국대 박사학위논문
- 법조고시연구회, 공인중개사 기출문제해설, 도서출판 심우
- 이영방, 공인중개사 부동산학개론, 에듀윌

찾아보기

||| 저자약력 |||

▌김 원 규

- 동원대학교 교수
- 충남대 및 건국대 대학원 석 · 박사(건축학 · 도시개발 · 행정학/도시 및 지역개발 전공)
- 극동대 대학원 · 건국대 행정대학원 등 9개 대학 및 연수기관 강사
- 한중대학교 전임강사 및 조교수(역임)
- 동원대학교 조교수 및 부교수(역임)
- 한국직업능력개발원 e-Learning 심사위원(역임)
- 공인중개사 및 주택관리사 출제 및 심의위원
- 빌딩경영관리사(민간자격) 출제위원
- 한국건물관리학회 및 한국주거환경학회 부회장
- 한국건물행정기술관리협회 이사
- 기술표준원 서비스인증 국가품질상 공적 및 평가위원
- 서울특별시 5급 공무원 승진자격시험 출제 및 검증위원
- 경기도 광주시 분양가상한제 자문위원(위원장)
- 경기도 광주시 행정정보 및 새주소 심의위원
- 경기도 이천시 · 여주군 임대주택분쟁 조정위원

▌김 행 조

- 나사렛대학교 금융부동산학과 교수
- 일본 메이카이대학교 대학원 부동산학 박사
- 건국대학교 대학원 부동산학 석사
- 메이카이대학교 부동산학부 강사
- 일본부동산학회 정회원
- 대한부동산학회 부회장/편집위원장
- 한국부동산분석학회 정회원
- 대한국토도시계획학회 종신회원
- 한국토지주택공사 경영투자심사위원
- 감정평가사시험 출제위원
- 공인중개사시험 출제위원
- 최신 부동산컨설팅연구, 부연사, 2023
- 부동산공법의 이해, 도서출판 상학당, 2025
- 최신 부동산학의 이해, 부연사, 2018
- 최신 부동산학개론, 부연사, 2016

▌서 영 천

- 서원대학교 교수
- 부동산학 박사
- 건국대학교 대학원 부동산학 석사
- 한국토지주택공사 경영투자심사위원
- 서울특별시 상가임대차 분쟁조정위원
- 한국자산관리공사 자문위원
- 한국공인중개사협회 실무교육 교수
- 한국부동산경영학회 이사
- 대한부동산학회 이사
- 생애 처음 만나는 부동산 교과서, 매일경제신문사, 2025
- 부동산 유통리더 육성을 위한 부동산중개 이론과 실무, 부연사, 2024
- 투자 전 꼭 알아야 하는 상가임대차법, 매일경제신문사, 2020
- 사례와 판례로 알아보는 임대차보호법 - 주인이 나가래요, 한국경제신문, 2018

부동산학개론

2026년 3월 15일 1판 1쇄 발행

저 자 김원규・김행조・서영천
발행인 남 승 우

발행처 도서출판 상尙 학學 당堂

서울특별시 동작구 사당로9가길 6
TEL : 02) 595-1692~4
FAX : 02) 595-1394
E-mail : shdbooks@naver.com

신고 : 2-155호 (1968. 11. 29)

정가 38,000원

ISBN 978-89-6587-280-1 13320